k:wer-Schriften

Herausgegeben von
Prof. Dr. Edmund Brandt

Redaktion:
Prof. Dr. Bernd Günter

§ | INSTITUT FÜR
RECHTSWISSENSCHAFTEN

k:wer
KOORDINIERUNGSSTELLE
WINDENERGIERECHT

Edmund Brandt (Hrsg.)

Jahrbuch Windenergierecht 2018

BWV | BERLINER WISSENSCHAFTS-VERLAG

Bibliografische Information der Deutschen Nationalbibliothek:
Die Deutsche Nationalbibliothek verzeichnet diese Publikation in der Deutschen Nationalbibliografie; detaillierte bibliografische Daten sind im Internet über http://dnb.d-nb.de abrufbar.

Markgrafenstraße 12–14, 10969 Berlin,
E-Mail: bwv@bwv-verlag.de, Internet: http://www.bwv-verlag.de

Druck: docupoint, Magdeburg
Gedruckt auf holzfreiem, chlor- und säurefreiem, alterungsbeständigem Papier.
Printed in Germany.

ISBN Print: 978-3-8305-3941-4
ISBN E-Book: 978-3-8305-4099-1

Editorial

Das Thema Windenergie hat verschiedene Dimensionen, der angemessene Umgang mit ihr erfordert die Einbringung des Know-how einer Reihe von Disziplinen. Aus rechtswissenschaftlicher Sicht besteht die zentrale Aufgabe darin, auf der Makro- wie auf der Mikroebene zur Klärung der zahlreichen Fragen beizutragen, die normative Bezüge aufweisen. Die Summe der in dem Zusammenhang gewonnenen Erkenntnisse bildet das Windenergierecht. Seine Konturierung ergibt sich derzeit ganz überwiegend nicht aus einer systematischen rechtsdogmatischen Durchdringung – eine solche ist allenfalls in Teilbereichen erkennbar –, sondern daraus, dass der Gegenstand – die Windenergie – zwar außerordentlich facettenreich immer neue Ausprägungen hervorbringt, als solcher aber doch bereits über klar erkennbare Ränder verfügt.

Auf dem so abgesteckten Terrain bewegt sich das Jahrbuch Windenergierecht. Mit ihm wird eine Reihe von Zielen verfolgt:

- Es soll als Plattform für Fachbeiträge – vornehmlich mit rechtswissenschaftlichem Zuschnitt – dienen.
- In ihm sollen aktuelle rechtliche und rechtspolitische Entwicklungen auf dem Gebiet der Windenergie dargestellt und kommentiert werden.
- In Auseinandersetzung mit zentralen Rechtsfiguren soll nach und nach das Rechtsgebiet mit Haltepunkten versehen werden, die Weiterentwicklungen ermöglichen.
- Im Recht der Erneuerbaren Energien stellt das Windenergierecht eine wichtige Ausprägung dar, aber eben doch nur eine Ausprägung. Deshalb sind Querverbindungen zu anderen Ausprägungen zu beleuchten, Besonderheiten, aber auch Gemeinsamkeiten herauszuarbeiten.

Unverzichtbare Basisgröße ist dabei stets – so auch im Jahrbuch 2018 – die Dokumentation mit Informationen insbesondere zu (rechts-)politischen Entwicklungen, Gerichtsentscheidungen und Literatur *(Günter)*.

Bei den Fachbeiträgen fügt es sich, dass sie schwerpunktmäßig dort ansetzen, wo derzeit ersichtlich wesentliche Konfliktlinien verlaufen und der wissenschaftliche Klärungsbedarf besonders groß ist. Das betrifft namentlich den in den letzten Jahren immer stärker in den Vordergrund tretenden Bereich der kommunalen Teilhabe an der lokalen Wertschöpfung der Windenergie – gerade vor dem Hintergrund der Akzeptanzdiskussion ist sie von geradezu überragender Bedeutung. Hier mit einer Außenbereichsabgabe anzusetzen, könnte auf der Handlungsebene neue Perspektiven eröffnen, nicht zu vergessen sind allerdings nicht zu unterschätzende insbesondere finanzverfassungsrechtliche Hürden, die es zu nehmen gilt. Beide Aspekte werden in dem Beitrag von Kahl/Wegner aufgegriffen und intensiv diskutiert. Ebenfalls auf der kommunalen Ebene setzt Hirschner an, wenn er die Frage aufwirft, inwieweit der Konzessionsbetrag ein zielführender Baustein kommunaler Energiepolitik zur Unterstützung der Windenergie sein kann.

Aus einer anderen Perspektive, nämlich der Änderung des EEG vom Juli 2017, beleuchtet *Stark* das Instrument der Bürgerenergiegesellschaften – mit einem ebenso abgewogenen wie ernüchternden Befund.

Ein zentrales Dauerthema der letzten Jahre ist im luftverkehrsrechtlichen Bereich angesiedelt, wo nach wie vor mögliche DVOR-Störungen durch Windenergieanlagen im Kontext von § 18a LuftVG namentlich von der Deutschen Flugsicherung ebenso beharrlich wie wissenschaftlich fragwürdig ins Feld geführt werden. Josipovic trägt mit seinen Erläuterungen maßgeblich dazu bei, (endlich) bei der Problemdurchdringung und -lösung einen deutlichen Schritt voranzukommen.

Wie viele das Thema Windenergierecht betreffende Gerichtsentscheidungen es in den letzten Jahren gegeben hat, lässt sich schwer sagen. In Auswertung des Newsletters WER-aktuell sowie der alljährlichen Dokumentation Windenergierecht in den Jahrbüchern kommt *Gawron* allein auf inzwischen über 1.000 Entscheidungen seit 2012. Unter Rückgriff auf rechtssoziologische Grundannahmen wie Ansätzen der Implementationsforschung sowie der rechtssoziologischen Verfahrenstheorie gelangt der Verfasser zu einem perspektivreichen Forschungsdesign, das unbedingt der weiteren Entfaltung harrt.

Inhalt

Hartmut Kahl/Nils Wegner

Kommunale Teilhabe an der lokalen Wertschöpfung der Windenergie – Das Instrument einer Außenbereichsabgabe*

Inhaltsverzeichnis

I. Einleitung

Der Koalitionsvertrag zwischen CDU, CSU und SPD strebt beim Bruttostromverbrauch unter bestimmten Voraussetzungen „einen Anteil von etwa 65 Prozent" erneuerbarer Energien bis 2030 an[1]. Daneben hat sich die Koalition vorgenommen, „durch eine bundeseinheitliche Regelung beim weiteren Ausbau der Erneuerbaren Energien (EE) die Standortgemeinden stärker an der Wertschöpfung von EE-Anlagen [zu] beteiligen [...] ohne dass dies insgesamt zu Kostensteigerungen beim EE-Ausbau führt"[2].

In der Tat hängt der weitere Ausbau der erneuerbaren Energien von der Bereitstellung konkreter Anlagenstandorte ab, die gerade bei der Windenergie an Land vor Ort immer wieder auf **Akzeptanzprobleme** stößt. Die von Anwohnern nicht selten als ungewohnt empfundene Technisierung der Landschaft durch Windenergieanlagen, die Sozialforscher als eine bestimmende Akzeptanzhürde ausmachen[3], dürfte bei einem ambitionierten Ausbaupfad eher zu- als abnehmen. Es scheint daher jedenfalls nicht unplausibel, für die **stärkere materielle Beteiligung der Standortgemeinden** an der Wertschöpfung ein Instrument zu schaffen, das die Akzeptanz vor Ort fördert oder die Skepsis gegenüber neuen Windparks zumindest dämpft.

Nun gibt es bereits eine Reihe von Maßnahmen, die darauf abzielen, die Akzeptanz für Windenergieanlagen zu erhöhen[4]. Teils sind dies **von der Branche entwickelte Teilhabemodelle** wie Darlehen, Sparverträge oder vergünstigte Stromtarife, teils **von einzelnen Landesregierungen initiierte Instrumente** wie das Bürger- und Gemeindenbeteiligungsgesetz (BüGembeteilG) in Mecklenburg-Vorpommern[5] oder das Siegel „Faire Windenergie" in Thü-

---

* Der Beitrag stellt eine aktualisierte und ergänzte Fassung der gleichnamigen Würzburger Studie zum Umweltenergierecht Nr. 9 vom Juni 2018 dar, abrufbar unter: www.stiftung-umweltenergierecht.de.

1 *Ein neuer Aufbruch für Europa – Eine neue Dynamik für Deutschland – Ein neuer Zusammenhalt für unser Land, Koalitionsvertrag zwischen CDU, CSU und SPD, 19. Legislaturperiode* (im Folgenden *Koalitionsvertrag*), Rz. 442.

2 *Koalitionsvertrag*, Rz. 3301 ff.

3 Vgl. *FA-Wind*, Mehr Abstand – mehr Akzeptanz?, 2015, S. 20, Tabelle 3; siehe außerdem das Interview mit dem Soziologen Prof. Dr. Olaf Kühne zum Thema Landschaftsbild und Energiewende, abrufbar unter https://www.buergerdialog-stromnetz.de/assets/Downloads/Interview-mit-Prof.-Olaf-Kuhne-.pdf, wonach gerade die Veränderung der vertrauten Umgebung entscheidend ist: „Das zentrale Motiv für den Widerstand ist, dass sich die eigene Heimat nicht verändern soll. Weil der Veränderungsdruck durch fortschreitende Globalisierung und Beschleunigung der Lebenswelt immer größer wird, soll wenigstens unsere physische Umgebung dauerhaft stabil und vertraut bleiben. Deshalb ist beispielsweise auch der Protest gegen solche Veränderungen ein regionales Phänomen [...]".

4 Siehe dazu im Einzelnen m. z. N. *Hoffmann/Wegner*, Mechanismen finanzieller Teilhabe am Ausbau der Windenergie, Würzburger Studien zum Umweltenergierecht Nr. 7, März 2018, abrufbar unter www.stiftung-umweltenergierecht.de.

5 Siehe dazu vertieft *Wegner*, Verfassungsrechtliche Fragen ordnungsrechtlicher Teilhabemodelle am Beispiel des Bürger- und Gemeindenbeteiligungsgesetzes Mecklenburg-Vorpommern, Würzburger Studien zum Umweltenergierecht Nr. 8, März 2018, abrufbar unter www.stiftung-umweltenergierecht.de.

ringen[6]. Diese Ansätze können im Einzelnen durchaus wertvoll sein, ihre Wirkung in Summe für den noch anstehenden Ausbau der Windenergie erscheint aber begrenzt:

Zum einen zielen die Modelle primär auf die **Beteiligung Einzelner** und weniger auf die Gesamtheit der vor Ort Betroffenen[7]. Damit ist der Erfolg der Modelle stark vom Identifikations- und Mitwirkungspotenzial, dem Geldbeutel oder der Risikoaversion der individuellen Adressaten abhängig, während die Akzeptanz derjenigen, die sich nicht beteiligen wollen oder können, gar nicht oder nur unvollkommen angesprochen wird.

Zum anderen führen die Modelle, die – wie in Mecklenburg-Vorpommern und Thüringen – mit einem rechtlichen oder faktischen Zwang arbeiten, in den bundesweiten Ausschreibungen um die EEG-Förderung zu **potenziellen Wettbewerbsverzerrungen**. Projektentwickler in Bundesländern ohne entsprechende Maßnahmen müssen insoweit keinen Aufwand in ihre Kostenkalkulation einbeziehen und können günstiger bieten. Solange nicht alle Bundesländer entsprechende Maßnahmen ergreifen, drohen sich diejenigen Länder, die hier vorangehen, einem Standortnachteil auszusetzen.

Daher ist es naheliegend, über ein **bundesweit einheitliches Modell** nachzudenken,

- das einerseits in den EEG-Ausschreibungen keine regional bedingten Wettbewerbsnachteile schafft und
- andererseits vom Mitwirkungswillen Einzelner unabhängig ist, indem es von vornherein die Standortkommune als die politisch repräsentative und rechtlich verfasste Gemeinschaft vor Ort in den Blick nimmt[8].

Die **Einnahmen** könnten **vor Ort verwendet** werden und kämen (abstrakt) allen, nämlich der örtlichen Gemeinschaft, zugute. Im Idealfall ist diese Einnahmequelle für Kommunen so attraktiv, dass sie sich aktiv darum bemühen, Standort für Windparks zu werden.

Zwar gibt es insoweit als – allgemein konzipiertes – Instrument bereits die **Gewerbesteuer**. Allerdings ist diese bisher strukturell nicht geeignet, den Haushalten der Standortkommunen einen nennenswerten und stetigen Mittelfluss als Teilhabe an der Wertschöpfung der Windenergie zu sichern[9]:

- Zunächst fällt die Höhe der Gewerbesteuer gerade in den ersten Betriebsjahren regelmäßig besonders gering aus, da sich der Ertrag, an dem sich die Höhe der Steuer bemisst, in dieser Zeit etwa durch Abschreibungen und Verlustvorträge reduziert.

---

6 Siehe dazu vertiefend *Hoffmann/Wegner*, Mechanismen finanzieller Teilhabe am Ausbau der Windenergie, Würzburger Studien zum Umweltenergierecht Nr. 7, März 2018, S. 54 ff. m. w. N.

7 Siehe aber die Option der Ausgleichszahlung an Kommunen in Mecklenburg-Vorpommern, die das subsidiär schon aufgreift.

8 Die Gemeinde hat die Gebietshoheit in der kommunalen Gebietskörperschaft, deren Mitgliedschaft durch den Wohnsitz begründet wird. Die Gebietshoheit erstreckt sich auf die „Angelegenheiten der örtlichen Gemeinschaft", so auch die Selbstverwaltungsgarantie in Art. 28 Abs. 2 GG.

9 Ausführlich zur Gewerbesteuer *Hoffmann/Wegner*, Mechanismen finanzieller Teilhabe am Ausbau der Windenergie, Würzburger Studien zum Umweltenergierecht Nr. 7, März 2018, S. 5 ff. m. w. N.

- Auch entfällt die Beteiligung der Standortgemeinde am Aufkommen der Gewerbesteuer nach der 16-jährigen Abschreibefrist[10], da als Maßstab insoweit der bilanzielle Sachanlagewert der Windenergieanlage herangezogen wird[11].
- Schließlich reduziert sich das Gewerbesteueraufkommen der Standortgemeinden durch die Gewerbesteuerumlage und eine zumindest teilweise Anrechnung auf die Höhe der sog. Schlüsselzuweisungen der Länder an die Kommunen[12].

Der Einfluss des windenergiebedingten Gewerbesteueraufkommens zugunsten der Standortkommunen auf die Akzeptanz ist daher begrenzt. Mehrere gesetzgeberische Anläufe, diese Situation zu ändern, sind gescheitert[13]. Das im Koalitionsvertrag benannte, neu zu schaffende Instrument hat daher den Charakter eines Ersatzvehikels zur Gewerbesteuer.

Auch die Einnahmen aus der sog. Eingriffsregelung, nach der für die Anlagenbetreiber als finanzielle Kompensation für den Eingriff in Naturhaushalt und Landschaftsbild regelmäßig eine Zahlungspflicht besteht[14], sind insoweit nicht zielführend. Zum einen kommen die Mittel, je nach Bundesland, den Standortkommunen meist gar nicht zugute, zum anderen handelt es sich um zweckgebundene Einnahmen, die naturschutzfachlich zu verwenden sind und nicht für Maßnahmen zur Akzeptanzförderung eingesetzt werden können[15].

Die Diskussion zur **lokalen Teilhabe an der Wertschöpfung der Windenergie** hat daher zuletzt stark an Dynamik gewonnen. Während die Debatte anfangs sehr abstrakt um die Frage „Wem gehört der Wind?“ oszillierte[16], gibt es mittlerweile eine ganze Reihe von (konkreten) Vorschlägen für Instrumente, die es sich näher anzuschauen lohnt[17]. Dieses Papier stellt diese Instrumente vor, ordnet sie mit Blick auf ihre rechtliche Umsetzbarkeit ein und stellt im Anschluss einen eigenen Vorschlag samt seiner rechtlichen Einordnung zur Diskussion.

---

10 AfA-Tabelle für die allgemein verwendbaren Anlagegüter, BMF-Schreiben vom 15. Dezember 2000, BStBl I 2000, 1532, Ziffer 3.1.5; Vgl. dazu: *Bundesfinanzhof*, Urt. v. 14.04.2011 – IV R 46/09, Rn. 27 ff.

11 § 6 Abs. 1 Nr. 1, § 7 Abs. 1 EStG.

12 Siehe *Hoffmann/Wegner*, Mechanismen finanzieller Teilhabe am Ausbau der Windenergie, Würzburger Studien zum Umweltenergierecht Nr. 7, März 2018, S. 10 f. zur Gewerbesteuerumlage sowie S. 14 zu den Auswirkungen des kommunalen Finanzausgleichs auf die Verteilung des zusätzlichen Gewerbesteueraufkommens von Standortkommunen durch eine Gewerbesteuerzerlegung nach § 29 Abs. 1 Nr. 2 GewStG.

13 Ausführlich zur Gewerbesteuer *Hoffmann/Wegner*, Mechanismen finanzieller Teilhabe am Ausbau der Windenergie, Würzburger Studien zum Umweltenergierecht Nr. 7, März 2018, S. 5 ff.

14 Ausführlich *Fülbier*, Die naturschutzrechtliche Eingriffsregelung bei Windenergieanlagen, NuR 2017, 804-812.

15 Siehe im Einzelnen *Paschedag/Buchholz*, Zulässige Maßnahmen zur Kompensation von Eingriffen in das Landschaftsbild durch Windenergieanlagen, Rechtsgutachten im Auftrag der Westfalen-Wind GmbH, Berlin, 22.10.2014, S. 29 ff.

16 Siehe hierzu ZUR 12/2017 sowie die Beiträge in ZUR 1/2018. Kritisch dazu *Korbmacher*, Wind ist ganz anders – Zugleich eine Antwort auf Beiträge im ZUR-Sonderheft „Wem gehört der Wind?“, ZUR 2018, 277-281.

17 Dazu sogleich unter II.

Bei aller – auch durch den Koalitionsvertrag befeuerten – Fokussierung der Debatte auf kommunale Einnahmen aus der Windenergie bleibt jedoch Folgendes festzuhalten: Eine stärkere materielle Teilhabe der Standortkommunen an der Windenergie ist per se kein „silver bullet" für mehr Akzeptanz. **Andere Elemente** wie Transparenz- und Dialogbereitschaft der Projektierer, Informationsveranstaltungen oder eine frühzeitige Einbindung in Planungs- und Genehmigungsprozesse bleiben essenziell, wie auch die aus der Branche heraus entwickelten Formate weiter ihre Berechtigung haben können und hilfreich bleiben.

Daher sollte der Gesetzgeber auch immer im Blick haben, wann verschiedene Ansätze zur finanziellen Beteiligung nebeneinander bestehen sollen und können. Ein Instrument sollte nicht das ersticken, was schon gut läuft und deshalb nach Möglichkeit vor Ort auch flexibel gehandhabt werden können. Daneben ist zu beachten, was an möglichen Folgeänderungen auch und gerade im Landesrecht erforderlich ist. So ist – will das Instrument effektiv sein – sicherzustellen, dass die Gelder auch tatsächlich bei den Gemeinden verbleiben und von ihnen für die jeweils sinnvollste Maßnahme eingesetzt werden können, die vor Ort am besten zur Akzeptanzförderung beitragen kann. Gehen die neu erschlossenen Einnahmen hingegen im kommunalen Finanzausgleich oder in der Haushaltssicherung unter, bleibt diese Wirkung aller Voraussicht nach aus.

Zu der Debatte gehört nicht zuletzt auch eine ehrliche Auseinandersetzung mit der Frage, welche Folgewirkungen die **Einführung eines neuen Kostenblocks** für Strom aus Windenergie nach sich zieht und inwiefern diese gewünscht sind. Antizipiert man das marktrationale Verhalten der Betreiber von Windenergieanlagen, ist nämlich anzunehmen, dass sie die Mehrkosten eines solchen Instruments nicht einfach von ihrer Gewinnerwartung abziehen, sondern im Rahmen der EEG-Ausschreibungen zumindest teilweise in ihre Gebote einpreisen. In der Folge dürfte das Preisniveau und der mit der EEG-Umlage finanzierte Förderbedarf steigen. Das heißt, den Zuwachs der Einnahmen aufseiten der Standortkommunen würden am Ende die Stromverbraucher über die bundesweit erhobene EEG-Umlage zahlen. Hinter die Formulierung des Koalitionsvertrages[18], dass das Instrument zu keinen „Kostensteigerungen beim EE-Ausbau führt", darf man daher getrost ein Fragezeichen setzen – unabhängig davon, ob sie nun als Versprechen oder Bedingung zu werten ist.

Eine **Umverteilung** würde allerdings insoweit stattfinden, als die Stromkunden in (urbanen) Gebieten mit wenig Windenergieerzeugung die Einnahmenseite derjenigen (ländlichen) Gemeinden verbessern, in denen es viele Windenergieanlagen gibt. Die Einwohner dieser Gemeinden zahlen zwar auch die EEG-Umlage, profitieren aber indirekt von dem Transfer, indem ihre Kommunen größere finanzielle Spielräume bekommen, vor Ort in lokale Lebensqualität zu investieren.

Ob die anzunehmende **Verteuerung des Endkundenstrompreises** für das beabsichtigte Mehr an Akzeptanz in Kauf genommen wird oder ob es die Notwendigkeit konterkariert, erneuerbar erzeugten Strom möglichst günstig zu machen, um ihn im Sinne der **Sektorenkopplung** stärker auch im Verkehrs- und Wärmesektor einzusetzen, muss vom Gesetzgeber entschieden werden. Dieser kann den Zielkonflikt ggf. auch als einen weiteren Anlass da-

18 *Koalitionsvertrag*, Rz. 3301 ff.

für nehmen, andere Kostenblöcke der EEG-Umlage, wie etwa die Besondere Ausgleichsregelung für stromkostenintensive Unternehmen, künftig über Haushaltsmittel zu finanzieren.

Die Debatte um ein Akzeptanzinstrument für Windenergie an Land zugunsten der Standortkommunen bietet die Gelegenheit, im Wettbewerb der Ideen konkrete Instrumente zu entwickeln, auf ihre rechtliche Umsetzbarkeit und Administrierbarkeit hin zu untersuchen und ihre Folgewirkungen möglichst umfassend in den Blick zu nehmen. Dazu einen Beitrag zu leisten, ist Anliegen des vorliegenden Beitrags.

II. Bisher diskutierte Instrumente und ihre Einordnung

1. Finanzierungssonderabgabe

Den Vorschlag, im EEG eine sog. Finanzierungssonderabgabe zugunsten der Standortkommunen einzuführen, haben das Institut für Klimaschutz, Energie und Mobilität e.V. (IKEM), die Kanzlei Becker Büttner Held (BBH) und das Fachgebiet Wirtschafts- und Infrastrukturpolitik (WIP) der TU Berlin im Auftrag von Agora Energiewende vorgelegt[19].

a) Hintergrund und Konzept

Die Abgabe impliziert eine Finanzierungsverantwortung der Betreiber,

> „die als Verursacher von Nachteilen und Beeinträchtigungen durch ihre WEA herangezogen werden können und zudem von einer möglichen Akzeptanzsteigerung finanziell weit überwiegend profitieren würden“[20].

Anspruchsberechtigt sollen die Kommunen entsprechend ihres Gemeindegebietsanteils an einer Kreisfläche um die jeweilige Anlage herum sein, wobei der Radius des Kreises der x-fachen Gesamthöhe der Anlage entsprechen soll[21]. Vorgesehen ist eine Einmalzahlung zum Zeitpunkt der Inbetriebnahme, die sich aus einem „Höhenentgelt“ (in EUR/m der Gesamthöhe) und einem „Anlagenleistungsentgelt“ (in EUR/kW installierter Leistung) zusammen-

---

19 *IKEM* u. a., Ausgestaltungsoptionen und -empfehlungen zur finanziellen Beteiligung von Kommunen beim Ausbau von Windenergieanlagen an Land, in: Agora Energiewende, Wie weiter mit dem Ausbau der Windenergie? Zwei Strategievorschläge zur Sicherung der Standortakzeptanz von Onshore Windenergie, Berlin, Januar 2018, abrufbar unter www.agora-energiewende.de/veroeffentlichungen/ (im Weiteren mit Blick auf die fortlaufenden Seitenzahlen der beiden Vorschläge im Gesamtdokument: *IKEM* u. a., Agora Energiewende, Wie weiter mit dem Ausbau der Windenergie?).

20 *IKEM* u. a., in: Agora Energiewende, Wie weiter mit dem Ausbau der Windenergie?, S. 69.

21 *IKEM* u. a., in: Agora Energiewende, Wie weiter mit dem Ausbau der Windenergie?, S. 72 mit dem vorgeschlagenen neuen § 7a Abs. 4 EEG.

setzt[22]. Die daneben tretende, jeweils zum Jahresende fällig werdende laufende Zahlung soll sich wiederum aus dem „Höhenentgelt" (in EUR/m der Gesamthöhe) und einem „Strommengenentgelt" (in EUR/erzeugter kWh) zusammensetzen[23]. Als Handlungsform wählt die Studie dafür eine Finanzierungssonderabgabe.

Sonderabgaben mit Finanzierungszweck unterliegen bestimmten Voraussetzungen, da sie im Steuerstaat die Ausnahme bleiben sollen: Der Gesetzgeber kann mit einer solchen Abgabe nur eine homogene Gruppe in Anspruch nehmen, die wegen ihrer spezifischen Sachnähe zu dem verfolgten Zweck einer besonderen Finanzierungsverantwortung unterliegt; im Gegenzug können die eingenommenen Mittel auch nur gruppennützig, also zweckgebunden, verwendet werden[24].

Die Autoren der von Agora Energiewende beauftragten Studie gehen davon aus, dass die Betreiber von Windenergieanlagen eine homogene Gruppe bilden und einer solchen Finanzierungsverantwortung unterliegen[25]. Der Gesetzgeber habe durch die Etablierung der Sonderregelungen für Bürgerenergiegesellschaften in § 36g EEG 2017 und durch die 10 H-Regelung in Bayern den Betreibern von Windenergieanlagen zumindest „implizit eine (Mit-) Verantwortung für die Schaffung von lokaler Akzeptanz"[26] zugewiesen, denn ohne Akzeptanz sei der weitere Ausbau der Windenergie an Land gefährdet. Da die Betreiber vom Bau der Anlagen profitierten, die Bevölkerung vor Ort aber nicht notwendigerweise finanziell partizipiert, läge es nahe, „die Verantwortung zur Finanzierung akzeptanzsteigernder Maßnahmen speziell bei den WEA-Betreibern zu sehen"[27].

Das Verursacherprinzip, das die Autoren im Staatsziel des Umweltschutzes in Art. 20a GG verorten, erschöpfe sich zudem nicht in den Betreiberpflichten des Bundesimmissionsschutzgesetzes (BImSchG). Denn „[f]ür gleichwohl der Allgemeinheit oder der Nachbarschaft entstehende Nachteile oder Belästigungen" würden sie „weiterhin die Verantwortung" tragen[28]. Damit korrespondiere „eine Finanzierungsverantwortung im Sinne der verfassungsrechtlichen Sonderabgabendogmatik": Der Staat könne „an diese Verantwortung einen Nachteils- und Belästigungsausgleich im Wege einer Finanzierungssonderabgabe" anknüpfen: „Mögliche Benachteiligungen und Belästigungen in diesem Sinne" könnten „den Akzeptanzdebatten entnommen werden, zum Beispiel Sichtbarkeit und Verschattung"[29].

---

22 *IKEM* u. a., in: Agora Energiewende, Wie weiter mit dem Ausbau der Windenergie?, S. 72 mit dem vorgeschlagenen neuen § 7a Abs. 2 EEG.

23 *IKEM* u. a., in: Agora Energiewende, Wie weiter mit dem Ausbau der Windenergie?, S. 72 mit dem vorgeschlagenen neuen § 7a Abs. 3 EEG.

24 Vgl. *von Stockhausen*, Gesetzliche Preisintervention zur Finanzierung öffentlicher Aufgaben, Berlin 2007, S. 164 ff.

25 *IKEM* u. a., in: Agora Energiewende, Wie weiter mit dem Ausbau der Windenergie?, S. 60 f.

26 *IKEM* u. a., in: Agora Energiewende, Wie weiter mit dem Ausbau der Windenergie?, S. 61.

27 *IKEM* u. a., in: Agora Energiewende, Wie weiter mit dem Ausbau der Windenergie?, S. 61.

28 *IKEM* u. a., in: Agora Energiewende, Wie weiter mit dem Ausbau der Windenergie?, S. 62.

29 *IKEM* u. a., in: Agora Energiewende, Wie weiter mit dem Ausbau der Windenergie?, S. 62.

Allerdings liege es „in der Natur der Sache, dass die ‚Verantwortlichen' nicht effektiv individuell identifizierbar" seien, „da es unmöglich erscheint, objektive überprüfbare Kriterien aufzustellen, wann die Betreiber ihre Pflicht zur Akzeptanzsteigerung und zum Ausgleich für Nachteile und Belästigungen sämtlicher umliegender Kommunen erfüllt haben"[30]. Die pauschale Inanspruchnahme aller Gruppenmitglieder sei insoweit gerechtfertigt, wenn man auch erwägen könne, die Abgabenpflicht im Einzelfall entfallen zu lassen oder zu reduzieren.

Für eine Finanzierungsverantwortung der Betreiber spreche schließlich, dass die eingenommenen Mittel von den Kommunen gruppennützig verwendet werden müssten, wobei sich die Autoren dafür aussprechen, eine „weiche Form der Zweckbindung" zu wählen, um „durch eine zu starre Zweckbindung im Einzelfall" die Akzeptanzsteigerung nicht zu gefährden[31].

Als Problem identifizieren die Autoren das sog. Aufgabenübertragungsverbot des Art. 84 Abs. 1 S. 7 GG. Danach dürfen den Kommunen durch ein Bundesgesetz keine Aufgaben übertragen werden. Für die vorgeschlagene Regelung aber sei „es denkbar, in der Pflicht zur zweckgebundenen Verausgabung der Mittel aus der Sonderabgabe eine verbotene Aufgabenübertragungsvorschrift zu sehen, denn die Kommunen müssen darüber gesondert beraten und beschließen und die Umsetzung der Maßnahmen administrieren"[32].

Im Mittelpunkt der Vorschrift stehe der Schutz der Finanzhoheit der Kommunen, die keine Aufgaben übertragen bekommen sollen, ohne die dafür notwendigen Mittel zu erhalten. Hier gehe es gerade darum, den Kommunen Mittel zukommen zu lassen, deren zweckgebundene Verwaltung aber eine neue Aufgabe mit sich bringe. Bei „einer allgemein gehaltenen Zweckbindungsklausel" würde ein Eingriff in die kommunale Selbstverwaltungshoheit „eher gering ausfallen", was auch dann noch der Fall wäre, „wenn diese Klausel im Sinne der Rechtssicherheit mit Regelbeispielen veranschaulicht würde"[33]. Dagegen falle „die Einschränkung der Regelungsautonomie der Länder und Kommunen umso intensiver aus, je konkreter der Bundesgesetzgeber die Zweckbindung" ausgestalte: „Würde der Bund die Maßnahmen zur Akzeptanzsteigerung (abschließend) regeln, wie zum Beispiel die Finanzierung von Spielplätzen etc.", könne dies verfassungsrechtlich nicht mehr zulässig sein[34].

Letztlich sei die mit der Föderalismusreform I eingeführte Regelung zum Aufgabenübertragungsverbot noch zu neu, um sich auf eine klar konturierte Rechtsprechung dazu stützen zu können. Es bleibe eine Herausforderung, einerseits das Aufgabenübertragungsverbot zu berücksichtigen, indem man eine möglichst lockere Zweckbindung der Mittel statuiere, andererseits aber die Anforderungen an die gruppennützige Verwendung und Zweckbindung einzuhalten, um keine Sonderabgabe zu schaffen, die sich zu weit einer unzulässigen Sondersteuer annähert. Alle durchgespielten Regelungsvarianten seien insofern „nicht unproblematisch"[35].

30 *IKEM* u. a., in: Agora Energiewende, Wie weiter mit dem Ausbau der Windenergie?, S. 62.
31 *IKEM* u. a., in: Agora Energiewende, Wie weiter mit dem Ausbau der Windenergie?, S. 62.
32 *IKEM* u. a., in: Agora Energiewende, Wie weiter mit dem Ausbau der Windenergie?, S. 64.
33 *IKEM* u. a., in: Agora Energiewende, Wie weiter mit dem Ausbau der Windenergie?, S. 64.
34 *IKEM* u. a., in: Agora Energiewende, Wie weiter mit dem Ausbau der Windenergie?, S. 64.
35 *IKEM* u. a., in: Agora Energiewende, Wie weiter mit dem Ausbau der Windenergie?, S. 65.

b) Rechtliche Einordnung

Auf Anhieb überzeugend ist der Vorschlag, nicht nur die Standortgemeinde an den Einnahmen zu beteiligen, sondern anteilig alle Kommunen in einem bestimmten Radius um die Anlagen herum. Allerdings beschreibt die Studie die (finanz-)verfassungsrechtlichen Herausforderungen einer solchen Sonderabgabe zutreffend als mit einem „rechtliche[n] Restrisiko“[36] belegt. Dieses betrifft allerdings nicht nur den von der Rechtsprechung noch nicht auskonturierten Prüfungsmaßstab für das Aufgabenübertragungsverbot des Art. 84 Abs. 1 S. 7 GG, sondern unseres Erachtens auch die bemühten Begründungsmuster für den Vorschlag selbst.

aa) Wer trägt die Verantwortung für die Akzeptanz des Windenergieausbaus?

Ganz grundsätzlich stellt sich die Frage, ob es überhaupt eine (Finanzierungs-)Verantwortung der Betreiber für die Akzeptanz ihrer Anlagen gibt. Offen ist dabei nicht nur, was überhaupt unter „Akzeptanz“ zu verstehen ist: Nur eine (widerwillige) Duldung seitens der Betroffenen oder eher ein affirmatives Begrüßen[37]? Auch ist keineswegs vorgezeichnet, dass ausgerechnet die Betreiber selbst dafür – wofür konkret auch immer – verantwortlich sind.

Denn die Verantwortung für die Akzeptanz von gesetzgeberisch vorgezeichneten und behördlich administrierten Entscheidungen liegt im demokratischen Rechtsstaat jedenfalls nicht primär beim Normadressaten. Der Inhaber einer bestandskräftigen Genehmigung nach dem BImSchG, der mit dieser legal eine Windenergieanlage errichten und betreiben darf, muss zunächst darauf vertrauen können, dass der Staat – auch als Inhaber des Gewaltmonopols – dafür Sorge trägt, dass er sein Recht als Betreiber auch faktisch und frei von Störungen Dritter ausüben kann.

Nun ist dies eine sehr formale Sicht und im Übrigen völlig klar, dass sich Akzeptanzmaßnahmen für Windenergie deshalb nicht erübrigen, gerade im Vorfeld der Errichtung und des Betriebs. Diese formale Sicht macht aber deutlich, dass den Betreibern hier zumindest keine primäre Einstandspflicht für die Sicherstellung der Akzeptanz ihrer Tätigkeit trifft. Dies bleibt zunächst eine öffentliche Aufgabe der Allgemeinheit, die in den verfassten Handlungsformen einer Repräsentativdemokratie die Entscheidung getroffen hat, dass es künftig eine Energieversorgung auf Basis gerade auch der Windenergie geben soll. Die Betreiber von Windenergieanlagen können also nicht als eine Art Anlass- oder Zustandsstörer[38] betrachtet werden,

36 *IKEM* u. a., in: Agora Energiewende, Wie weiter mit dem Ausbau der Windenergie?, S. 64.

37 Vgl. zur Spannbreite dessen, was unter Akzeptanz verstanden werden kann *Würtenberger,* Akzeptanz durch Verwaltungsverfahren, NJW 1991, 257 (258); *Benda*, Zur gesellschaftlichen Akzeptanz verwaltungs- und verfassungsgerichtlicher Entscheidungen, DÖV 1983, 305 (306) sowie jüngst *Kindler*, Zur Steuerungskraft der Raumordnungsplanung – Am Beispiel akzeptanzrelevanter Konflikte der Windenergieplanung, Baden-Baden 2018, S. 42 f.

38 In der Tat wurde bereits die Parallele gezogen, Betreiber von Windenergieanlagen seien wie Fußballveranstalter zu behandeln, die nach neuester Rechtsprechung (*OVG Bremen*, Urt. v. 05.02.2018 – 2 LC 139/17) auch für die Polizeieinsätze zur Absicherung von sog. Hochrisikospielen zahlen müssten. Trotz Vergleichbarkeit der Problemlagen auf den ersten Blick erscheint eine Parallelisierung nicht unproblematisch, geht es hier doch um eine spezielle Problematik des Gebührenrechts,

die durch ihr Verhalten das Problem mangelnder Akzeptanz erst geschaffen haben und deshalb auch selbst dafür verantwortlich wären, diese sicherzustellen.

In seinem Urteil zur (zulässigen) Umlage zur Finanzierung der Bundesanstalt für Finanzdienstleistungsaufsicht (BaFin)[39] hat das *Bundesverfassungsgericht* (*BVerfG*) eine Sachnähe der Gruppe der Kredit- und Finanzdienstleistungsinstitute und deren besondere Finanzierungsverantwortung angenommen: Damit werde eine Aufsicht finanziert, die der Bewältigung von Risiken diene, die spezifisch für den Markt seien, auf dem die Institute tätig sind. Insbesondere gehe es um die Erhaltung eines hinreichenden Vertrauens in die der Aufsicht unterstehenden Märkte, ohne das die Institute nicht arbeiten könnten und das eine konstitutive Rahmenbedingung für ihre Tätigkeit sei[40].

Anders liegt der Fall bei der Realisierung von Windenergieanlagen und ihrer Akzeptanz: Hier kommt es nur darauf an, dass die immissionsschutzrechtlichen Genehmigungsvoraussetzungen eingehalten werden, während die Akzeptanz des Vorhabens gerade keine (konstitutive) Voraussetzung ist. Schließlich kann eine erteilte BImSchG-Genehmigung auch zwangsweise durchgesetzt werden. Die Akzeptanz dafür ist hier nur insoweit von Bedeutung, als diese – so die Annahme – zu weniger Widerstand führt, der in Verwaltungs- und Gerichtsverfahren zu verarbeiten ist. Zu einer faktischen Verhinderung der Windenergievorhaben kann und darf die mangelnde Akzeptanz allein letztlich nicht führen[41].

Das *Bundesverfassungsgericht* hat zwar hervorgehoben, dass es für die Annahme einer Finanzierungsverantwortung nicht hinderlich ist, wenn das Erreichen des mit der Abgabe verfolgten Zwecks auch im öffentlichen Interesse liegt, denn dies sei Zweck eines jeden staatlichen Handelns[42]. Dennoch spricht viel dafür, dass bei der Akzeptanzsicherung für die Windenergie weniger das gemeinsame Gruppeninteresse der Vorhabenträger an einer reibungslosen Realisierung ihrer Projekte als vielmehr das öffentliche Interesse sichergestellt werden soll, die vom Gesetzgeber beschlossenen Gesetze zum Ausbau der Windenergie mit der für die Zielerreichung nötigen Stetigkeit umzusetzen. Eine besondere Finanzierungsverantwortung gerade der Vorhabenträger begründet dies nicht.

Die Finanzierungsverantwortung kann sich auch nicht aus der zweckgebundenen Verwendung der Mittel begründen, wie die Studie nahelegt[43]. Zwar ist es richtig, wie die Autoren hervorheben, dass das *BVerfG* die Gruppennützigkeit der Mittelverwendung als indiziert

---

nicht aber die finanzverfassungsrechtliche Rechtfertigung einer Sonderabgabe, vgl. *Pötsch,* Die Kostentragung für Polizeieinsätze bei Fußballspielen – eine neue Verwaltungsgebühr ante portas, NVwZ 2018, 868 (868 f.).

39 BVerfGE 124, 235.

40 BVerfGE 124, 235, juris Rn. 24.

41 Hierzu bereits *Wegner,* Verfassungsrechtliche Fragen ordnungsrechtlicher Teilhabemodelle am Beispiel des Bürger- und Gemeindebeteiligungsgesetzes Mecklenburg-Vorpommern, Würzburger Studien zum Umweltenergierecht Nr. 8, März 2018, S. 46 f.

42 BVerfGE 108, 186 (227 f.); 124, 235, juris Rn. 26.

43 *IKEM* u. a., in: Agora Energiewende, Wie weiter mit dem Ausbau der Windenergie?, S. 62.

annimmt, wenn Sachnähe und Finanzierungsverantwortung vorliegen[44]. Daraus lässt sich aber nicht ableiten, dass umgekehrt eine gruppennützige Verwendung die Finanzierungsverantwortung begründet. Dadurch würde das Pferd von hinten aufgezäumt. Einen Rückschluss von dem Nutzen aus der Mittelverwendung auf die Finanzierungsverantwortung für die Mittelbeschaffung hat das *BVerfG* lediglich fakultativ bei der sog. Indienstnahme Privater angenommen[45], die – anders als eine Sonderabgabe – nur grundrechtlichen Grenzen unterliegt[46]. Die Studie begründet nicht, weshalb diese Argumentationsfigur dennoch auch für Sonderabgaben gelten sollte.

bb) Wie lässt sich eine gruppennützige Verwendung konturieren?

Bei der Ausgestaltung des Vorschlags steht der Gesetzgeber vor der Herausforderung, die – von der Rechtsprechung für Sonderabgaben geforderte – Gruppennützigkeit der Mittelverwendung zu konturieren. Dass es – wie schon auf der Einnahmenseite bei der Begründung der Finanzierungsverantwortung – schwierig ist, Akzeptanz normativ überhaupt fassbar zu machen, zeigt sich auch auf der Ausgabenseite: In dem ausformulierten Gesetzesvorschlag der Studie heißt es, die Gemeinden sollten die eingenommenen Mittel „zur Steigerung der Akzeptanz für Windenergieanlagen bei ihren Einwohnern verwenden“[47].

Immerhin lässt der Vorschlag die Kommunen mit dieser Vorgabe nicht allein, sondern macht in einem nicht abschließenden Katalog Vorschläge, die teils eins zu eins aus § 11 Abs. 4 des BüGembeteilG in Mecklenburg-Vorpommern stammen. Zur Erreichung des Zwecks nennt der Vorschlag „insbesondere“ folgende Maßnahmen[48]:

> „1. Aufwertung von Ortsbild und ortsgebundener Infrastruktur,
> 2. Information über Stromerzeugung aus Erneuerbaren Energien und über Möglichkeiten zur Nutzung Erneuerbarer Energien und zur
> 3. Förderung kommunaler Veranstaltungen oder Einrichtungen, die der Kultur, Bildung oder Freizeit dienen, oder unternehmerischer Tätigkeiten in der Gemeinde, wobei für

44 Vgl. *BVerfG*, Beschl. der 2. Kammer des Zweiten Senats vom 24. November 2015 - 2 BvR 355/12 - Rn. 40: „Sind Sachnähe […] und Finanzierungsverantwortung der belasteten Gruppe der Abgabepflichtigen gegeben, wirkt die zweckentsprechende Verwendung des Abgabenaufkommens zugleich gruppennützig, entlastet die Gesamtgruppe der Abgabenschuldner nämlich von einer ihrem Verantwortungsbereich zuzurechnenden Aufgabe.“

45 Vgl. BVerfGE 114, 196 (246) zur Einbindung von Großhändlern und Apotheken in die gesetzliche Krankenversicherung und BVerfGE 85, 226 (236 f.) zum Nutzen auch des Arbeitgebers aus dem Sonderurlaub seines Arbeitnehmers für ehrenamtliche Jugendarbeit.

46 Vgl. *von Stockhausen*, Gesetzliche Preisintervention zur Finanzierung öffentlicher Aufgaben – Maßstäbe der Finanzverfassung, der Freiheitsrechte und des Prinzips der Lastengleichheit, 2007, S. 158 ff.

47 *IKEM* u. a., in: Agora Energiewende, Wie weiter mit dem Ausbau der Windenergie?, S. 72 mit dem neu zu schaffenden § 7a Abs. 6 S. 1 EEG.

48 *IKEM* u. a., in: Agora Energiewende, Wie weiter mit dem Ausbau der Windenergie?, S. 72 mit dem neu zu schaffenden § 7a Abs. 6 S. 2 EEG.

> die Einwohner ein Bezug zu den aus der Windenergieerzeugung generierten Geldmitteln erkennbar sein sollte".

Bei allem Bemühen, den Kommunen keine zu engen Vorgaben zu machen, stellen sich bei den vorgeschlagenen Beispielen eine Reihe von Fragen.

Mag die Aufwertung des Ortsbildes als ästhetische Kompensation für die Veränderung des Landschaftsbildes durch Windenergieanlagen noch einleuchten, stellt sich schon bei der ortsgebundenen Infrastruktur die Frage, warum etwa bei einer vom Wortlaut umfassten Ertüchtigung der kommunalen Abwasserleitungen die Akzeptanz der Windenergie gewinnen müsste.

Die vorgeschlagenen Informationen über die Stromerzeugung aus erneuerbaren Quellen und den weiteren Möglichkeiten ihrer Nutzung sind da gewiss sachnäher, allerdings leuchtet nicht auf Anhieb ein, weshalb gerade die Kommune der richtige Vermittler dafür sein soll. Die nötigen fachlichen und kommunikativen Kompetenzen für diese Art der Bildungsarbeit gibt es andernorts schon zur Genüge und im Zweifel können gerade die Betreiber dies selbst viel kompetenter wahrnehmen, weil es ohnehin zu ihrem unternehmerischen Vertriebskonzept gehört. Dabei ist dies nicht nur eine reine Effizienzerwägung, sondern hat auch eine justitiable Seite. Bei der Beurteilung des Forstabsatzfondsgesetzes hat das *BVerfG* festgestellt, dass bei einer „zwangsweise durchgeführten Fördermaßnahme"[49] „im Wege staatlich organisierter ‚Selbsthilfe'"[50] „erhöhte Anforderungen an den Gruppennutzen"[51] erfüllt sein müssen[52]:

> „Die abgabepflichtigen Unternehmen verursachen keinen Bedarf, für dessen Befriedigung sie ohne weiteres verantwortlich gemacht werden könnten. Der Staat greift vielmehr [...] mit wirtschaftspolitisch begründeten Förderungsmaßnahmen gestaltend in die Wirtschaftsordnung ein und weist den erst dadurch entstehenden Finanzierungsbedarf den mit der Abgabepflicht belasteten Unternehmen zu. Diese finanzielle Inanspruchnahme für die staatliche Aufgabenwahrnehmung, die durch hoheitliche Entscheidung an die Stelle des individuellen unternehmerischen Handelns tritt, stellt sich aus der Sicht des Abgabepflichtigen nicht nur als eine rechtfertigungsbedürftige, zur Steuer hinzutretende Sonderbelastung, sondern auch als Verkürzung seiner durch Art. 12 Abs. 1 GG geschützten unternehmerischen Freiheit dar [...] und bedarf auch insoweit besonderer Rechtfertigung."

Auch bei der Förderung einer aus umweltpolitischen Gründen gewünschten Technologie gibt es laut *BVerfG* keine Vermutung für den Mehrwert staatlichen Handelns[53]:

> „Es kann dahingestellt bleiben, ob [...] sich die Forst- und Holzwirtschaft, wie behauptet, in besonderer Weise Vorurteilen der Bevölkerung gegen den Werkstoff Holz gegenübersieht. Ebenso kann offen bleiben, ob die staatlichen Interventionen in den Wettbe-

49 *BVerfG*, Beschl. v. 12.5.2009, Az. 2 – BvR 743/01, Rn. 62.

50 *BVerfG*, Beschl. v. 12.5.2009, Az. 2 – BvR 743/01, Rn. 54 mit Verweis auf BVerfGE 82, 159 (178).

51 *BVerfG*, Beschl. v. 12.5.2009, Az. 2 – BvR 743/01, Rn. 63.

52 *BVerfG*, Beschl. v. 12.5.2009, Az. 2 – BvR 743/01, Rn. 62.

53 *BVerfG*, Beschl. v. 12.5.2009, Az. 2 – BvR 743/01, Rn. 67.

> werb zwischen Baumaterialien nicht ausschließlich oder doch ganz überwiegend durch allgemeine wirtschafts- und umweltpolitische Allgemeinwohlziele getragen werden und auch getragen werden müssen, die als solche eine spezifische Finanzierungsverantwortung der Abgabepflichtigen gerade nicht begründen können. Denn jedenfalls folgt aus dem zur Rechtfertigung der Abgabe Vorgebrachten nicht mit der gebotenen Evidenz die Sachgerechtigkeit staatlicher, durch Sonderabgaben finanzierter Absatzförderung. Angesichts einer, wie allgemein bekannt, hochentwickelten Holztechnologie und differenzierter Produkte, die sich jeweils in spezifischen Konkurrenzlagen zu behaupten haben, kann nicht ohne weiteres angenommen werden, eine auf die Materialgattung Bauholz bezogene staatliche Absatzförderung sei unverzichtbar [...]. Die Verbesserung der allgemeinen Wertschätzung für ein Produkt ist im Ergebnis Gegenstand jedweder Absatzförderung. Für eine allgemeine Vermutung evidenten Mehrwerts staatlich organisierter im Vergleich mit privatwirtschaftlicher Absatzförderung fehlt auch hier die Grundlage."

Eine Auseinandersetzung mit dieser Rechtsprechung liefert die Studie insoweit nicht. Dabei wäre es nötig, hier den spezifischen Mehrwert der Informationsvermittlung gerade durch die Kommunen zu begründen.

Auch eine Begründung, weshalb sich der Vorschlag für die Informationen allgemein auf „die Stromerzeugung aus Erneuerbaren Energien" bezieht, obwohl das Ziel die Akzeptanzsteigerung nur für die Windenergie ist, bleibt aus. Bekanntlich ist die Akzeptanz für die Energiewende und den Ausbau erneuerbarer Energien allgemein ja vorhanden, während die Schaffung der Akzeptanz für konkrete Windenergievorhaben vor Ort die eigentliche Herausforderung ist. Warum Informationen allgemeiner Natur zu (beliebigen) erneuerbaren Energieträgern diese Akzeptanz schaffen, wird nicht klar.

Die als drittes Beispiel vorgeschlagene Förderung von Kultur-, Bildungs- oder Freizeitformaten sowie unternehmerischen Tätigkeiten in der Gemeinde steht unter dem Vorbehalt, dass für die Einwohner ein Bezug zur Herkunft der Fördergelder aus der Windenergie „erkennbar sein sollte". In den Grenzen des Beihilferechts, gerade für die unternehmerischen Tätigkeiten, sollte dies praktisch einfach umsetzbar sein, indem die Formate entsprechend gelabelt werden. Ob diese Zuordnung allein ausreichend ist, um die Akzeptanz zu erhöhen, darf allerdings bezweifelt werden, da den Formaten im Übrigen der faktische Bezug zur Windenergienutzung fehlen dürfte. Geschaffen würde ein Pflicht-Sponsoring für beliebige (und ggf. sogar sachfremde) Inhalte, in das die Anlagenbetreiber programmatisch nicht einbezogen werden und für die im Zweifel nur die Hoffnung besteht, dass sie akzeptanzförderlich sind.

Wenn schon, so müsste hier in den aufgelegten Formaten zumindest eine Verknüpfung mit inhaltlichen Fragen der Windenergienutzung erfolgen, um dem Gruppennutzen der Betreiber gerecht zu werden. Eine Finanzierungsverantwortung für „panem et circenses" haben die Betreiber nämlich nicht. Deutlich wird hier wieder, dass Akzeptanz ein viel zu konturloser Begriff ist, um ihn in den Mittelpunkt einer Gruppenverantwortung für eine Sonderabgabe zu stellen. Spätestens bei dem Versuch, die Akzeptanz durch konkrete Maßnahmen herbeizuführen, zeigt sich, dass diese zu voraussetzungsreich und zu wenig messbar ist, um Ziel und Maßnahmen hinreichend rechtssicher verbinden zu können.

cc) Sind Zweckbindung der Mittel und Aufgabenübertragungsverbot kompatibel?

Charakteristisch für die Zweckbindungsklausel des Agora-Vorschlags sind seine weichen Formulierungen. Er arbeitet nicht nur – wie eben gesehen – mit sog. Regelbeispielen („insbesondere"), sondern bedient sich auch sonst einer eher unverbindlichen Sprache: Die Kommunen „sollen" (nicht: müssen) die eingenommenen Mittel „nach Möglichkeit" zur Steigerung der Akzeptanz einsetzen, wofür die exemplarisch genannten und oben schon beschriebenen Beispiele lediglich „in Betracht" kommen[54].

Hintergrund dieser Zurückhaltung ist das oben bereits thematisierte Aufgabenübertragungsverbot in Art. 84 Abs. 1 S. 7 GG, nach dem ein Bundesgesetz den Kommunen keine Aufgaben übertragen darf. Die Autoren wollen durch die weichen Vorgaben bei der Zweckbindung vermeiden, dass die Grenze dieses Verbotes überschritten wird. Dabei sind sie sich bewusst, dass diese Grenze weder sonderlich scharf konturiert ist, noch dass ihr Vorschlag garantiert, in dieser Frage verfassungsfest zu sein. Richtig ist daher die Einschätzung der Autoren, dass insoweit ein „rechtliches Restrisiko" besteht. Allerdings gilt dies nicht für ihre Einschätzung, dass dieses Risiko „jedoch hingenommen werden" könne: Erkennbar ist nämlich nicht, mit welchen Argumenten diese Entwarnung zu begründen wäre und wie das „Restrisiko" quantifiziert und damit kalkulierbar gemacht werden könnte. Die versuchsweise aufgebaute Argumentation, die von Art. 84 Abs. 1 S. 7 GG adressierte Gefährdung der kommunalen Haushaltssituation durch eine Aufgabenzuweisung des Bundes sei eingedämmt, wenn die Aufgabe nur die Verwaltung zusätzlicher Mittel beträfe, klingt zwar auf den ersten Blick plausibel, hat aber (bisher) keine Verankerung in der Rechtsprechung, sodass man sich besser am eindeutigen Wortlaut der Norm orientiert („[...] dürfen [...] Aufgaben nicht übertragen werden").

Entscheidet sich der Gesetzgeber bewusst für den Weg einer Finanzierungssonderabgabe, entscheidet er sich damit zwingend auch für die Zweckbindung der Mittel. Überträgt er den Kommunen dann die Aufgabe, diese Zweckbindung umzusetzen, gerät der Gesetzgeber damit unvermeidlich auf das sensible Terrain des Aufgabenübertragungsverbots. Dieses Dilemma lässt sich unseres Erachtens nicht damit auflösen, die Zweckbindung besonders unverbindlich zu formulieren, denn dies garantiert nicht die gewünschte Rechtssicherheit: Dass die Kommunen eine zusätzliche Aufgabe übertragen bekommen, steht ja auch dann außer Zweifel, wenn sie bei der Umsetzung dieser Aufgabe einen gewissen Spielraum haben. Nicht zuletzt gefährdet die weiche Zweckbindung auch wieder die Zulässigkeit der Sonderabgabe; nämlich dann, wenn sie keine Gruppennützigkeit garantieren kann. Insoweit dürften sich Zweckbindungsgebot und Aufgabenübertragungsverbot gegenseitig blockieren.

dd) Hilft das Ausweichen auf eine Sonderabgabe mit Lenkungszweck oder Ausgleichscharakter?

Als weniger riskante Alternative zur Finanzierungssonderabgabe diskutiert der Agora-Vorschlag daher noch die Ausgestaltungsvariante einer Sonderabgabe mit Lenkungszweck bzw.

---

54 *IKEM* u. a., in: Agora Energiewende, Wie weiter mit dem Ausbau der Windenergie?, S. 72 mit dem neu zu schaffenden § 7a Abs. 6 EEG.

eine Ausgleichsabgabe. Bei diesem Instrument entfielen die Finanzierungsverantwortung und die gruppennützige Verwendung, sodass die Problematik des Aufgabenübertragungsverbotes „entschärft" würde, weil der Bundesgesetzgeber hier darauf verzichten könne, eine Zweckbindung anzuordnen[55].

Eine Sonderabgabe mit Lenkungszweck sei mit einem Bußgeld zu vergleichen, das nicht auf die Erzielung von Einnahmen abziele, sondern ein unerwünschtes Verhalten sanktioniere. Dieser Begründungsstrang könne bei der Errichtung von Windenergieanlagen aber nicht tragen, da der Ausbau der Windenergie politisch ja gerade gewünscht sei[56].

Für eine Ausgleichsabgabe hingegen sei es erforderlich, eigentlich bestehende immissionsschutzrechtliche Betreiberpflichten – wie etwa das Vermeiden von erheblichen Nachteilen oder Belästigungen für die Nachbarschaft – aufzuheben, um eine an ihre Stelle tretende sekundäre Zahlungspflicht überhaupt erst zu begründen. Dies sei aber nicht möglich, da der Gesetzgeber auf diese drittschützenden Normen nicht einfach verzichten könne. Auch sei es kaum möglich, eine neue (primäre) Handlungspflicht zu konstruieren, deren Missachtung dann die (sekundäre) Zahlungspflicht auslöse. Eine solche Pflicht hinreichend bestimmt zu formulieren, sei kaum möglich und könne zudem gegen den Gleichheitssatz des Art. 3 Abs. 1 GG verstoßen, wenn sie nur Betreiber von Windenergieanlagen träfe[57].

Der Einordnung der Autoren, dass sich die Einführung einer Lenkungs- oder Ausgleichsabgabe nicht empfiehlt, teilen wir. In der Tat gibt es keine Primärpflicht, nach der es geboten wäre, keine Windenergieanlagen zu errichten. Zielsetzung und Ausbaupfad des EEG 2017 sprechen gerade für einen weiteren Ausbau der Windenergie; der Koalitionsvertrag möchte diesen sogar nochmals forcieren. Auch eine Ausgleichspflicht ist kaum begründbar, sollte sich der Betrieb der Anlagen innerhalb der immissionsschutzrechtlichen Betreiberpflichten bewegen.

Daneben ist die von den Autoren der Studie aufgestellte Einschätzung problematisch, bei Sonderabgaben mit Lenkungszweck oder Ausgleichscharakter entfielen Finanzierungsverantwortung und Gruppennützigkeit. Denn in dieser Frage gibt es nach wie vor keine einheitliche Linie beider Senate des *BVerfG*. Der 2. Senat ist in dieser Frage nämlich weniger ausnahmefreudig als der 1. Senat. Er hält daran fest, dass alle Zulässigkeitskriterien einer Sonderabgabe zu gelten hätten, sobald eine Abgabe – auch nur als Nebenzweck – einen Finanzierungszweck verfolge[58]. In jüngerer Zeit hat sich der 2. Senat auf die Formulierung zurückgezogen, bei „ähnlich den Steuern ‚voraussetzungslos' erhobene[n] Sonderabgaben mit Finanzierungsfunktion" habe das Gericht „die allgemeinen finanzverfassungsrechtlichen Begrenzungen für nichtsteuerliche Abgaben in besonders strenger Form präzisiert"[59]. Was als

55 *IKEM* u. a., in: Agora Energiewende, Wie weiter mit dem Ausbau der Windenergie?, S. 65.

56 *IKEM* u. a., in: Agora Energiewende, Wie weiter mit dem Ausbau der Windenergie?, S. 65 f.

57 *IKEM* u. a., in: Agora Energiewende, Wie weiter mit dem Ausbau der Windenergie?, S. 66.

58 Siehe *Beckhaus*, Der Verantwortungsbegriff im Rahmen öffentlich-rechtlicher Zahlungspflichten, 2013, S. 122 mit Verweis auf BVerfGE 67, 256 (278). Siehe zur Differenz zwischen 1. und 2. Senat in Bezug auf die Bedeutung des Finanzierungszwecks auch *Sacksofsky*, Umweltschutz durch nicht-steuerliche Abgaben, 2000, S. 63 ff.

59 BVerfGE 124, 235 (244).

nicht besonders streng gelten darf, lässt der Senat insoweit aber offen. Eine allgemeingültige Aussage, dass bei Sonderabgaben mit Lenkungszweck oder Ausgleichscharakter nur ein abgespeckter Prüfkatalog gelte, ist – anders als die Autoren der Agora-Studie meinen – aus dieser durchwachsenen Rechtsprechung nicht abzuleiten. Damit stellt unseres Erachtens auch eine Sonderabgabe mit Lenkungszweck oder Ausgleichscharakter kein rechtssicheres Instrument dar – selbst wenn es gelingen würde, eine Primärpflicht zu begründen.

2. Konzessionierung des Windes als „Bodenschatz"

Den Reigen der Vorschläge für eine stärkere Beteiligung der Kommunen an der Wertschöpfung der Windenergie ergänzt seit Kurzem die Idee des Berliner Planungsrechtlers Gerd Schmidt-Eichstaedt, die Nutzung des Windes analog zur Erdwärme wie einen Bodenschatz zu konzessionieren[60].

a) Hintergrund und Konzept

Er skizziert zunächst die bergrechtlichen Anforderungen an die Aufsuchung von bergfreien Bodenschätzen sowie die Verpflichtung zur Zahlung der Förderabgabe i. H. v. 10 % des Marktwerts und schlussfolgert:

> „Diese Regelungen vor Augen, müsste es jedermann einleuchten, dass nicht nur die Schätze in der Tiefe der Erde einschließlich der Erdwärme, sondern auch die Schätze in der Höhe über der Erde einschließlich der Windenergie nicht dem Bodeneigentümer gehören, sondern der Allgemeinheit. […] Kraft Gewohnheitsrechts darf zwar jeder Eigentümer den Wind über seinem Grundstück für eine Kornmühle nutzen; auch die Windkraftnutzung durch ein einfaches Windrad zur Klimatisierung oder auch zur Stromerzeugung im Eigenverbrauch wird man ihm nicht verwehren können. Aber dieses Recht muss in größerer Höhe enden – zum Bespiel ab 100 m über Grund. Wer die Windkraft in größeren Höhen nutzen will, bedarf einer Konzessionierung. Darum sollte sich der Gesetzgeber dringend kümmern."[61]

Woher das „Muss" für die Konzessionierung herrührt und wie die dafür vorgeschlagene Höhe von 100 Metern zustande kommt, bleibt offen.

Der Gedanke, Wind wie einen Bodenschatz zu behandeln, fand sich schon 2013 in einem Urteil des *Finanzgerichts Hannover*, auf das Schmidt-Eichstaedt verweist. Dieses hatte „für die Errichtung eines Windparks (überirdischer Bodenschatz)" festgestellt, dass die Rechtsprechung des *Bundesfinanzhofs* (*BFH*) „zur Qualifizierung eines Bodenschatzes als Wirtschaftsgut […] auch auf die Rechte zur überirdischen Nutzung von Grundstücken anzuwen-

---

60 *Schmidt-Eichstaedt*, Wem gehört der Wind? – oder: Der Wind als Bodenschatz, LKV 2018, 1-10.

61 *Schmidt-Eichstaedt*, Wem gehört der Wind? – oder: Der Wind als Bodenschatz, LKV 2018, 1 (1 f.). Unterstreichung durch die Autoren.

den" sei[62]. Der *BFH* war dieser Auffassung zwar nicht gefolgt[63], Schmidt-Eichstaedt meint gleichwohl, dass der Grundgedanke zutreffend bleibe[64].

Er schlägt vor, dass die Standortkommune

- für Grundstücke, auf denen die Windenergienutzung planungsrechtlich zulässig ist,
- auf Antrag für eine vom Antragsteller zu bestimmende Zahl von Anlagen
- gegen die Zahlung einer laufenden Gebühr pro Jahr und Anlage

eine Konzession erteilen muss[65]. Eine Ablösung der Gebühr durch eine Einmalzahlung soll dabei möglich sein. Die Höhe der Gebühr solle sich nach einer von der Kommune als Satzung erlassenen Gebührenordnung richten und dürfe nicht 10 % der Einnahmen aus der Einspeisung des Stroms überschreiten[66]. Jede Kommune habe innerhalb dieser Obergrenze das Recht, den konkreten Hebesatz selbst festzulegen und sich hier eher „windkraftfreundlich" oder „windkraftrestriktiv" zu zeigen[67]. Zusätzlich sollten die Kommunen über den Flächennutzungsplan Windparks so abgrenzen können, dass nur eine einheitliche Konzession vergeben werden kann[68].

Die Konzession soll von der Kommune öffentlich auszuschreiben sein. Bewerber auf die Konzession müssten dann angeben, welche Ablöse sie im Falle eines erfolgreichen Zuschlags im Ausschreibungsverfahren nach dem EEG zu zahlen bereit wären. Geht der Zuschlag in der EEG-Ausschreibung nicht an den Bewerber mit der höchsten Ablöse, bleibe es bei der laufenden Erhebung der Gebühr nach der Satzung für den Bieter, der den Zuschlag bekommen hat[69]. Die Windenergieanlagen sollen spätestens innerhalb von 30 Monaten nach der Zustellung der Konzession errichtet werden, sonst verfällt diese und der Windpark ist von der Kommune erneut auszuschreiben. Die Konzession soll erlöschen, wenn die Anlage endgültig außer Betrieb genommen wird[70]. Zur Sicherung der Grundstücke schlägt Schmidt-Eichstaedt dem Gesetzgeber vor, wie im Bergrecht mit Grundabtretungen zu arbeiten[71].

Zuständig für die Einführung einer solchen Konzessionierung sind nach Schmidt-Eichstaedts ausführlicher Analyse des gesetzgeberischen status quo die Länder: Im Rahmen der konkurrierenden Gesetzgebung hätte der Bund für die Nutzung der Windenergie die Kompe-

---

62 *Schmidt-Eichstaedt*, Wem gehört der Wind? – oder: Der Wind als Bodenschatz, LKV 2018, 1 (1) mit Verweis auf *FG Hannover*, Urt. v. 30.10.2013 – 3 K 487/12 = BB 2013, 3056.

63 Siehe *BFH*, Urt. v. 10.03.2016 – IV R 41/13.

64 *Schmidt-Eichstaedt*, Wem gehört der Wind? – oder: Der Wind als Bodenschatz, LKV 2018, 1 (2).

65 *Schmidt-Eichstaedt*, Wem gehört der Wind? – oder: Der Wind als Bodenschatz, LKV 2018, 1 (3).

66 *Schmidt-Eichstaedt*, Wem gehört der Wind? – oder: Der Wind als Bodenschatz, LKV 2018, 1 (4).

67 *Schmidt-Eichstaedt*, Wem gehört der Wind? – oder: Der Wind als Bodenschatz, LKV 2018, 1 (4).

68 *Schmidt-Eichstaedt*, Wem gehört der Wind? – oder: Der Wind als Bodenschatz, LKV 2018, 1 (4).

69 *Schmidt-Eichstaedt*, Wem gehört der Wind? – oder: Der Wind als Bodenschatz, LKV 2018, 1 (5).

70 *Schmidt-Eichstaedt*, Wem gehört der Wind? – oder: Der Wind als Bodenschatz, LKV 2018, 1 (5).

71 *Schmidt-Eichstaedt*, Wem gehört der Wind? – oder: Der Wind als Bodenschatz, LKV 2018, 1 (6).

tenztitel zum Recht der Wirtschaft und zum Bodenrecht noch nicht „vollständig ausgenutzt". Folglich hätten hier nach der Grundregel des Art. 70 Abs. 1 GG die Länder die Gesetzgebungskompetenz, zu deren „klassischen Befugnissen" ohnehin das Recht der kommunalen Abgaben zähle[72]. Als „lebendigen Beleg für die Zuständigkeit der Länder" weist er schließlich auf das BüGembeteilG Mecklenburg-Vorpommerns hin. Die in diesem Gesetz vorgesehene „Ausgleichsabgabe" sei der von ihm vorgeschlagenen Konzessionsabgabe grundsätzlich ähnlich und seine Verfassungskonformität habe ein Gutachten aus der Feder des wissenschaftlichen Dienstes des Bundestages bestätigt[73].

b) Rechtliche Einordnung

Was die Begründung der Länderkompetenz angeht, muss man nicht jedes von Schmidt-Eichstaedts Argumenten teilen. Zunächst ist das beispielhaft herangezogene BüGembeteilG – wenn man es überhaupt als Beleg heranziehen kann – kompetenzrechtlich hochumstritten[74]. Nicht zuletzt deshalb wurde in zwei Musterverfahren auf Landes- und Bundesebene die Verfassungsgerichtsbarkeit angerufen[75], die – und nicht etwa der wissenschaftliche Dienst des Bundestages – allein letztverbindlich dazu berufen ist, über die Tragfähigkeit der bemühten Kompetenzgrundlage zu entscheiden. Zwar könnte der Erlass von Regelungen, die dem BüGemBeteilG entsprechen, heute auf § 36g Abs. 7 EEG gestützt werden, den der Bundesgesetzgeber als Öffnungsklausel für Akzeptanzmaßnahmen der Länder geschaffen hat. Ob hierunter aber auch eine Konzessionierung des Windes fiele, erscheint angesichts der großen Nähe des Vorschlags zur Materie der Kommunalabgaben nicht eindeutig und spiegelt – dies nur nebenbei – auch die Unbestimmtheit des § 36g Abs. 7 EEG wider[76].

---

72 *Schmidt-Eichstaedt*, Wem gehört der Wind? – oder: Der Wind als Bodenschatz, LKV 2018, 1 (7).

73 *Schmidt-Eichstaedt*, Wem gehört der Wind? – oder: Der Wind als Bodenschatz, LKV 2018, 1 (7).

74 Eine Gesetzgebungskompetenz Mecklenburg-Vorpommerns sehen etwa *Ott/Schäfer-Stradowsky*, Gesetz über die Beteiligung von Bürgerinnen und Bürgern sowie Gemeinden an Windparks in Mecklenburg-Vorpommern, EnWZ 2016, 68 (75 f.); *Bovet/Lienhoop*, Trägt die wirtschaftliche Teilhabe an Flächen für die Windkraftnutzung zur Akzeptanz bei?, ZNER 2015, 227 (231); *Wissenschaftliche Dienste des Bundestages*, Zulässigkeit von Beteiligungsmöglichkeiten für betroffene Dritte an Windparkvorhaben, WD 3 – 3000 – 026/16, S. 9; a. A. *Böhlmann-Balan/Herms/Leroux*, Neuer Wind für die Bürgerbeteiligung, ER 2016, 241 (246); *Greenpeace Energy eG*, Stellungnahme zum Fragenkatalog im Rahmen der öffentlichen Anhörung zum Entwurf des BüGemBeteilG vom 13. Januar 2016, S. 5 (Verf. Jörn Bringewat); *Wegner*, Verfassungsrechtliche Fragen ordnungsrechtlicher Teilhabemodelle am Beispiel des Bürger- und Gemeindenbeteiligungsgesetzes Mecklenburg-Vorpommern, Würzburger Studien zum Umweltenergierecht, März 2018, S. 10 ff.; siehe auch *Vollprecht*, Erhöhung der Akzeptanz von Windenergieanlagen, ZUR 2017, 698 (703).

75 Beim *Landesverfassungsgericht* geführt unter LVerfG 4/17 beim *Bundesverfassungsgericht* unter 1 BvR 1187/17.

76 Kritisch bereits *Wegner*, Verfassungsrechtliche Fragen ordnungsrechtlicher Teilhabemodelle am Beispiel des Bürger- und Gemeindenbeteiligungsgesetzes Mecklenburg-Vorpommern, Würzburger Studien zum Umweltenergierecht, März 2018, S. 18 f.

Löst man sich von der – unglücklich gewählten – Illustration anhand der vergleichbaren Regelung in Mecklenburg-Vorpommern, lohnt sich auch ein kritischer Blick auf die weitere Argumentation. Dass nämlich die Kommunalabgaben eine klassische Ländermaterie sind, mag empirisch richtig sein; verfassungsrechtlich zwingend ist dies nicht, wie das von Schmidt-Eichstaedt selbst gewählte Beispiel der Erschließungsbeiträge zeigt, deren Regelung vor der Föderalismusreform über das Bodenrecht noch dem Bund oblag[77]. Jenseits konkreter Zuordnungen gibt es kein Verbot des Grundgesetzes, dass der Bund nicht auch eine abgabenrechtliche Finanzierungsquelle zugunsten der Kommunen regeln könnte[78].

Davon abgesehen, schließt nicht (allein) die unvollständige Ausschöpfung eines Kompetenztitels für einen bestimmten Regelungsbereich die Kompetenz des Bundes aus. Dass die Länder in einem noch nicht vollständig durchnormierten Regelungsbereich der konkurrierenden Gesetzgebung tätig werden dürfen, heißt ja nicht, dass es der Bund in der Zwischenzeit nicht (auch schon) darf. Die Kompetenzsperre gilt einseitig für die Länder, wenn der Bund etwas abschließend geregelt hat. Hat der Bund eine Materie noch nicht abschließend geregelt, heißt dies nicht, dass er dies nicht noch nachholen dürfte. Das Instrument gerade bei den Ländern verorten zu wollen, ist daher nicht zwingend[79].

Die Frage, ob der Vorschlag durch die Länder oder durch den Bund umgesetzt werden müsste, ist dabei nicht nur formaler Natur. Soll die Konzessionsgebühr bzw. die Ablöse im bundeseinheitlichen Ausschreibungsverfahren des EEG nicht wettbewerbsverzerrend wirken, müsste sie idealerweise auch im Bundesrecht geregelt werden. Dies sieht Schmidt-Eichstaedt offenbar anders, wenn er vorschlägt, die Abgabe nicht bundesweit, sondern „nur in wenigen Bundesländern" zu erheben[80]. Die daraus folgenden Mehrkosten der in diesen Bundesländern adressierten Bieter will er zwar aus der Gebotsreihung der EEG-Ausschreibungen heraushalten, sodass dort keine Nachteile auftreten würden. Der Zuschlag solle dann aber die Mehrkosten wieder abbilden und als „Konzessionierungsbonus" über die EEG-Umlage mitfinanziert werden[81].

Problematisch an dieser Verschränkung ist, dass der Bund über eine Änderung des EEG zwar die Umlagenzahler mit dem „Konzessionierungsbonus" belasten müsste, selbst aber keinen Einfluss darauf hätte, welches Bundesland die Konzessionierung wann einführt und welche Kommune den Hebesatz wie hoch festlegt. Ein Teil der aus der EEG-Umlage finanzierten Förderkosten würde sich also unvorhersehbar der Steuerung des Bundesgesetzgebers entziehen. Da stellt sich die Frage, warum die gesplittete Lösung über die Länder gegenüber einer von vornherein im Bundesrecht angesiedelten Variante vorzugswürdig ist. Eine Umset-

77 *Schmidt-Eichstaedt*, Wem gehört der Wind? – oder: Der Wind als Bodenschatz, LKV 2018, 1 (7).

78 Zu beachten ist dann freilich das Aufgabeübertragungsverbot nach Art. 84 I S. 7 GG, das den tatsächlichen Spielraum für solche Abgaben einschränkt, sie aber nicht unmöglich macht.

79 Schmidt-Eichstaedt geht davon aus, dass sein Instrument zunächst nur „in einzelnen Bundesländern – zunächst vielleicht nur im Bundesland Brandenburg – eingeführt würde", wie er auf 1 (8) schreibt.

80 *Schmidt-Eichstaedt*, Wem gehört der Wind? – oder: Der Wind als Bodenschatz, LKV 2018, 1 (8).

81 *Schmidt-Eichstaedt*, Wem gehört der Wind? – oder: Der Wind als Bodenschatz, LKV 2018, 1 (8).

zung durch Bundesrecht, die Schmidt-Eichstaedt auch nicht anstrebt, würde aber ebenfalls keine rechtssichere Lösung sein. Denn durch die vorgeschlagene Festsetzung der Gebührenhöhe durch eine kommunale Satzung wäre sehr wahrscheinlich das Aufgabenübertragungsverbot des Art. 84 Abs. 1 S. 7 GG verletzt. Würde man versuchen, dies mit einer einfachen „Opt-out-Regelung" der Kommunen zu vermeiden, riskierte man wiederum die flächendeckende Anwendung des Instruments.

Schließlich wirft Schmidt-Eichstaedts Vorschlag auch mit Blick auf die grundrechtliche Rechtfertigungsfähigkeit Fragen auf, die von ihm selbst aber gar nicht adressiert werden. Zwar ist es richtig anzunehmen, dass der Wind nicht eigentumsfähig, sondern ein Gut der Allgemeinheit ist[82]. Dass er deshalb einfach konzessioniert werden darf, ist damit aber noch nicht gesagt. Die Rechtsprechung verlangt bei nichtsteuerlichen Abgaben immer eine über die bloße Mittelbeschaffung hinausgehende, besondere Rechtfertigung. So urteilte das *Bundesverwaltungsgericht* (*BVerwG*) in seiner Entscheidung zum Emissionshandel[83]:

> „Die Auferlegung nichtsteuerlicher Abgaben wird [...] grundsätzlich begrenzt durch das Erfordernis eines besonderen sachlichen Rechtfertigungsgrundes, der einerseits eine deutliche Unterscheidung gegenüber den Steuern ermöglicht und andererseits auch im Hinblick auf die zusätzliche Belastung neben den Steuern geeignet ist, der Belastungsgleichheit der Abgabepflichtigen Rechnung zu tragen."

Weiter führte das *BVerwG* aus[84]:

> „Für knappe natürliche Ressourcen wie das Wasser, die einer öffentlich-rechtlichen Nutzungsregelung unterliegen, ist anerkannt, dass der Staat als Ausgleich für ihre Nutzung eine Abgabe erheben darf."

Es wird also deutlich, dass eine Abgabe auf die Nutzung einer Ressource jedenfalls bisher nur dann von der Rechtsprechung für zulässig gehalten wird, wenn die Ressource knapp ist. Die Knappheit wiederum zieht dann inhärent die Notwendigkeit einer öffentlich-rechtlichen Bewirtschaftung nach sich.

Dass der Wind etwa wie ein Bodenschatz oder das Wasser knapp wäre, wird man aber schlechterdings nicht behaupten können. Zwar kann das kinetische Energiepotenzial des

82 Für den Wind ist das sogar noch eindeutiger als bei den Bodenschätzen, deren Zuordnung zum Bergregal historisch durchaus umstritten war. *Arndt sen.*, Bergbau und Bergbaupolitik, Leipzig 1894, S. 5 schreibt dazu: „Gewöhnlich wird angenommen, daß der Grundeigentümer ursprünglich auch die unter seinem Grundstücke vorkommenden Mineralien zu gewinnen befugt gewesen sei; daß erst später die Habsucht des Fiskus oder volkswirtschaftliche Erwägungen [...] ihn dieser Befugnis beraubt [...] haben. In Wahrheit beruht diese Annahme auf dem von ADAM SMITH und Anderen rückwärts in die Geschichte konstruierten Manchestertum. Der Bergbau ist viel älter als das private Grundeigentum [...]. Der Grundeigentümer in Deutschland war ursprünglich nur Ackerbaunutzungsberechtigter, die Mineralschätze hatten ihm nie gehört und sind ihm daher niemals entzogen worden."

83 *BVerwG*, Urt. v. 10.10.2012 – 7 C 9.10, Rn. 18.

84 *BVerwG*, Urt. v. 10.10.2012 – 7 C 9.10, Rn. 21.

Windes durch ein Windrad in der Regel nur einmal geerntet werden und steht den dahinterliegenden Windrädern jedenfalls nicht mehr in gleichem Umfang zur Verfügung. Dies betrifft – bildlich gesprochen – aber immer nur die jeweilige „Brise“. Durch die unterschiedlichen Druckgebiete in der Atmosphäre, also Hoch- und Tiefdruckgebiete, bildet sich Wind aber immer wieder neu. Wind ist damit – wie die solare Strahlungsenergie, ohne die es die Druckgebiete gar nicht gäbe – eine genuin erneuerbare Ressource, die unerschöpflich und damit per se nicht knapp ist.

Da sich jedenfalls diese Naturgesetzlichkeit nicht ändern lässt, müsste man insoweit zumindest die verfassungsrechtlichen Anforderungen an nichtsteuerliche Abgaben anpassen, um den Wind konzessionieren zu können. Warum die Konzessionierung einer nicht knappen, sondern erneuerbaren Ressource entgegen der bisherigen Rechtsprechungslinie zulässig sein kann, bedürfte dann einer besonderen Begründung, die der Vorschlag von Schmidt-Eichstaedt nicht mitliefert.

Ob eine solche Rechtfertigung über die angedeutete Parallele zur Erdwärme plausibler wird, erscheint fraglich. Aus der Einbeziehung dieser erneuerbaren und deshalb für das Bergrecht untypischen Ressource[85] kann kaum auf die Zulässigkeit der Konzessionierung des Windes geschlossen werden. Die Einbeziehung ihrer Gewinnung in die bergrechtliche Förderabgabe dürfte sich allenfalls über den Gedanken rechtfertigen lassen, dass hier nicht die Nutzung der Ressource selbst, sondern das klassisch bergmännische Aufsuchen und Gewinnen über das Bohrloch konzessioniert wird. Die allgemeine Einbeziehung der Erdwärme in das BBergG war im Gesetzgebungsverfahren im Jahr 1980 erst auf Intervention des Bundesrates erfolgt, ohne dass dem eine Diskussion über die abgabenrechtlichen Konsequenzen vorausgegangen war[86]. Für Analogieschlüsse stellt dies eine denkbar schlechte Grundlage dar.

3. Abschöpfung des Planungsvorteils aus der Raumnutzung

Von dem Leipziger Umweltrechtler Wolfgang Köck stammt der Vorschlag, den Vorteil der Windenergiebetreiber abzuschöpfen, der ihnen durch die im Wege der Konzentrationszonenplanung eröffnete Raumnutzung zukommt[87].

---

85 Vgl. zur bloßen Fingierung der Eigenschaft von Erdwärme als Bodenschatz § 3 Abs. 3 S. 2 Nr. 2 b) BBergG.

86 Der Gesetzentwurf der Regierung hatte zunächst nur eine partielle Anwendung der Vorschriften des BBergG auf die Gewinnung von Erdwärme vorgesehen, vgl. § 130 Abs. 2 BBergG RefE, BT-Drs. 8/1315, S. 47. Erst auf Vorschlag des Bundesrates hin kam die grundsätzliche Anwendung aller Vorschriften des BBergG einschließlich der Regelungen zur Förderabgabe zustande, um so der perspektivisch wachsenden Bedeutung der Erdwärmegewinnung Rechnung zu tragen, vgl. BT-Drs. 8/1315, S. 173 f. sowie 189 f.

87 *Köck,* Zur Parallelität von Wassernutzungsrechten und Windnutzungsrechten, ZUR 2017, 684.

a) Hintergrund und Konzept

Der Vorschlag greift im Ansatz das Instrument der Wasserentnahmeentgelte auf, die heute in den meisten Bundesländern erhoben werden. Das *BVerfG* hatte diese schon vor mehr als 20 Jahren als mit dem Grundgesetz vereinbar erklärt[88]. Das Gericht sah hierin die zulässige Abschöpfung eines Sondervorteils, der den Wassernutzern durch die staatliche Erlaubnis zukam, das Wasser über den Gemeingebrauch hinaus zu nutzen. Im Ausgangspunkt sieht Köck jedoch durchaus Trennendes: Er geht davon aus, dass es sich beim Wind um eine grundsätzlich unbegrenzte natürliche Ressource handelt und sieht gerade hierin einen Unterschied zum Wasser, der die Übertragung der wasserhaushaltsrechtlichen Bewirtschaftungsordnung auf den Wind zumindest problematisch erscheinen lässt[89]. Als rechtlichen Anknüpfungspunkt für eine Bewirtschaftung schlägt er deshalb die für die Nutzung der Windenergie geeigneten knappen Räume, d. h. die Raumnutzung, vor[90].

In der planerischen Ausweisung von Räumen für die Windenergie sieht Köck schon heute – jedenfalls in gewissem Umfang – eine Bewirtschaftungsordnung verwirklicht, wie sie Voraussetzung für die Einführung eines Windnutzungsentgelts als Umweltabgabe ist. Konstituierend sei hier insbesondere der Planvorbehalt des § 35 Abs. 3 S. 3 BauGB als Ausgleich zur planungsrechtlichen Privilegierung der Windenergie nach § 35 Abs. 1 Nr. 5 BauGB[91]. Dabei weist er darauf hin, dass Einzelne gerade keinen Anspruch auf bestimmte planerische Entscheidungen haben, sondern diese vielmehr bestimmten konzeptionellen Entscheidungen unterliegen, die im Rahmen planerischer Gestaltungsfreiheit vorzunehmen sind. Hieraus leitet Köck ab, dass die bauliche Bodennutzung

> „überall dort, wo sie sich nicht aufdrängt, wie in den Innenbereichen, oder wo sie nicht durch Gesetz begründet worden ist, wie in den Privilegierungstatbeständen des § 35 Abs. 1 BauGB, unter Planungsvorbehalt – und damit unter raumbewirtschaftender Zuteilung“

steht.

Im Mittelpunkt steht für ihn dabei die Planung als „gestaltender Rechtsakt“, der erst das Baurecht schafft, was wegen der Knappheit des Bodens auch gerechtfertigt sei. Er hält hierdurch nicht nur in verfassungsgemäßer Weise Inhalt und Schranken des Eigentums für bestimmt[92], sondern sieht gerade in der Ausübung des verbleibenden Planungsermessens zugunsten nur einzelner Grundstücke einen (planungsbedingten) Sondervorteil für die Eigentümer. Dieser bestehe trotz der Anforderungen an die Konzentrationszonenplanung und dürfe vom Gesetzgeber auch wieder abgeschöpft werden. Dem stimmen wir zu.

---

88 *BVerfG*, Beschl. v. 07.11.1995 – 2 BvR 413/88, 2 BvR 1300/93 im Anschluss an *Murswiek*, Die Ressourcennutzungsgebühr, NuR 1994, 170 ff.

89 *Köck*, Zur Parallelität von Wassernutzungsrechten und Windnutzungsrechten, ZUR 2017, 684 (687).

90 *Köck*, Zur Parallelität von Wassernutzungsrechten und Windnutzungsrechten, ZUR 2017, 684 (687).

91 *Köck*, Zur Parallelität von Wassernutzungsrechten und Windnutzungsrechten, ZUR 2017, 684 (687).

92 *Köck*, Zur Parallelität von Wassernutzungsrechten und Windnutzungsrechten, ZUR 2017, 684, (688).

Eine Bewirtschaftungsordnung, wie sie auch in der Rechtsprechung des *BVerfG* zur Voraussetzung einer Abschöpfungsabgabe (oder auch Ressourcennutzungsgebühr[93]) gemacht wurde, soll dennoch nur dort bestehen, wo dem Einzelnen kein individueller Anspruch auf eine Raumnutzung zukommt[94]. Positiv gewendet soll sie nur dort vorliegen, wo eine planerische Ausweisung eines Windnutzungsgebietes vorliegt.

Köck sieht dies bei der Ausübung des Planvorbehalts nach § 35 Abs. 3 S. 3 BauGB als gegeben an. Auch wenn nicht ausdrücklich aufgeführt, dürfte aber auch bei der Aufstellung von Bebauungsplänen von einer Raumbewirtschaftung in seinem Sinne auszugehen sein. Demzufolge wäre nach dieser Konzeption dann nicht von einer Bewirtschaftung auszugehen, wenn sich der Standort einer Anlage planungsrechtlich als ein im Zusammenhang bebauter Ortsteil im Sinne von § 34 BauGB darstellt und insbesondere auch dann nicht, wenn sich das Baurecht unmittelbar aus einer gesetzlichen Privilegierung ergibt, wie sie mit § 35 Abs. 1 Nr. 5 BauGB für die Windenergie besteht[95].

b) Rechtliche Einordnung

Dass nach der Konzeption von Köck eine Abschöpfungsabgabe nur in Fällen begründbar ist, in denen eine Windkonzentrationszonenplanung vorliegt, erscheint in mehrfacher Hinsicht als zu eng. Zunächst ist nicht ersichtlich, was der tatsächliche, insbesondere auch akzeptanzrelevante Unterschied zwischen Standorten sein soll,

- die innerhalb einer Konzentrationszone liegen und
- denen, die nicht in einer Konzentrationszone liegen, wie es bei Anlagen der Fall ist, deren planerische Zulassung allein auf Grundlage der Privilegierung im Außenbereich nach § 35 Abs. 1, 3 BauGB erfolgt.

Seine Konzeption brächte demnach mit sich, dass ein erheblicher Teil an Windenergieanlagen überhaupt nicht einbezogen werden könnte. Ein kommunaler Einfluss bei Anlagenzulassungen allein über § 35 BauGB wäre allenfalls noch über zivilrechtliche Vereinbarungen zu Wegenutzungsrechten möglich oder dann, wenn es ausnahmsweise um die Nutzung von Grundstücken im kommunalen Eigentum geht[96].

Hinzu kommt, dass sich Konzentrationszonenplanungen, auf die sich Köck insbesondere stützen will, in den letzten Jahren als nicht sehr gerichtsfest erwiesen haben[97]. Nicht selten wurden diese in der Vergangenheit noch vor Realisierung von Windenergieanlagen gerichtlich aufgehoben. Selbst wenn ihre Realisierung bereits stattgefunden hat, stellt sich die

---

93 Begriff nach *Murswiek*, Die Ressourcennutzungsgebühr, NuR 1994, 170 ff.

94 *Köck*, Zur Parallelität von Wassernutzungsrechten und Windnutzungsrechten, ZUR 2017, 684 (688).

95 *Köck*, Zur Parallelität von Wassernutzungsrechten und Windnutzungsrechten, ZUR 2017, 684 (688).

96 Vgl. dazu *Diez/Frey*, Vergabe kommunaler Grundstücke an Windenergieinvestoren – Verfahren und taugliche Auswahlverfahren, KommJur 2017, 206-211.

97 Siehe nur *Wegner*, Fehlerquellen von Konzentrationszonenplanungen, ZfBR 2016, 548 ff.

Frage, was mit der Abgabe passiert, wenn der sie legitimierende Anknüpfungspunkt – nach der Konzeption Köcks eben die Konzentrationsplanung – nach ihrer Erhebung entfällt. Die Verknüpfung der Abgabe mit Konzentrationsplanungen würde zudem einen weiteren Anreiz bieten, diese durch Klagen anzugreifen.

4. „Konzessionsabgabe Wind"

Vom Städte- und Gemeindebund Brandenburg kommt der Vorschlag, zugunsten der Standortkommune eine Konzessionsabgabe auf die Einspeisung von Strom aus erneuerbaren Energien zu erheben[98].

a) Hintergrund und Konzept

Der Vorschlag geht davon aus, dass es nicht mehr zeitgemäß ist, die Konzessionsabgabe – wie bisher – allein am Stromverbrauch in einer Gemeinde zu bemessen. Vielmehr müsse auch die Einspeisung in die Konzessionsabgabe einbezogen werden. Angedacht ist eine Abgabe in Höhe von 0,33 Cent je eingespeister kWh, wobei auch Strom aus Solar- und Biomasseanlagen einbezogen werden soll.

Die dadurch steigenden Strompreise für Endverbraucher seien bei jedem Instrument unvermeidlich, könnten aber durch Änderungen bei der Strom- oder Mehrwertsteuer bzw. Beihilfen für ärmere Menschen oder durch die Senkung anderer Strompreiskomponenten kompensiert werden. Als weitere Option zur Verhinderung steigender Strompreise weist der Vorschlag auf die Möglichkeit hin, das heutige Aufkommen der Konzessionsabgabe zu deckeln und es neu umzuverteilen: Demnach würden Kommunen mit einem hohen Stromverbrauch und geringen Erzeugungskapazitäten Einnahmen verlieren, solche mit viel Erzeugungskapazität würden von einer höheren Konzessionsabgabe profitieren.

Als Vorteil benennt der Vorschlag u. a., dass er sich nicht nur auf Neu-, sondern auch auf Bestandsanlagen erstreckt. Auch unterstreicht er, dass die Einnahmen aus der Konzessionsabgabe den Kommunen komplett erhalten bleiben, weil sie nicht in den kommunalen Finanzausgleich einfließen. Nicht zuletzt betont der Vorschlag, er basiere auf einem bewährten und etablierten System, bedürfe keiner komplexen juristischen Begründung und sei auf Bundesebene normativ einfach umsetzbar.

Gesetzgebungstechnisch werden folgende Änderungen des Energiewirtschaftsgesetzes (EnWG) und der Konzessionsabgabenverordnung (KAV)[99] vorgeschlagen:

---

98 Siehe das Interview mit dem zuständigen Referatsleiter Sebastian Kunze „Kleinere Gemeinden würden sehr profitieren" in: neue energie 3/2018, S. 68. Dazu jüngst auch verschriftlicht, wenn auch noch nicht online abrufbar *Kunze*, Vorschlag zur Einführung einer Konzessionsangabe auf Stromeinspeisungen, Mitteilungen des Städte- und Gemeindebundes Brandenburg, Mai 2018.

99 Ebd., die kursiv gesetzten und unterstrichenen Hervorhebungen zeigen die vorgeschlagenen Änderungen an. Den Änderungsbedarf hatten schon *Hoffmann/Wegner*, Mechanismen finanzieller

§ 46 Abs. 1 S. 1 EnWG:

Gemeinden haben ihre öffentlichen Verkehrswege für die Verlegung und den Betrieb von Leitungen, einschließlich Fernwirkleitungen zur Netzsteuerung und Zubehör, zur unmittelbaren Versorgung von Letztverbrauchern im Gemeindegebiet *sowie zur Ableitung von im Gemeindegebiet aus regenerativen Energiequellen erzeugter Energie* diskriminierungsfrei durch Vertrag zur Verfügung zu stellen.

§ 48 Abs. 1 S. 1 EnWG:

Konzessionsabgaben sind Entgelte, die Energieversorgungsunternehmen für die Einräumung des Rechts zur Benutzung öffentlicher Verkehrswege für die Verlegung und den Betrieb von Leitungen, die *entweder* der unmittelbaren Versorgung von Letztverbrauchern im Gemeindegebiet mit Energie *oder der Ableitung von im Gemeindegebiet aus regenerativen Energiequellen erzeugter Energie* dienen, entrichten.

§ 2 KAV:

(1) Konzessionsabgaben dürfen nur in Centbeträge je gelieferter *und aus regenerativer Energieerzeugung eingespeister* Kilowattstunde vereinbart werden. *Für die aus regenerativer Energieerzeugung eingespeisten Strommengen sind die Einspeisungen in alle Spannungsebenen zugrunde zu legen.*

(2) Bei der Belieferung von Tarifkunden dürfen folgende Höchstbeträge je Kilowattstunde nicht überschritten werden:

1. a) […]

b) Bei Strom, der nicht als Schwachlaststrom geliefert wird,
in Gemeinden bis 25.000 Einwohner 1,32 Cent,
bis 100.000 Einwohner 1,59 Cent,
bis 500.000 Einwohner 1,99 Cent,
über 500.000 Einwohner 2,39 Cent, […]

(3) Für den aus regenerativer Energieerzeugung eingespeisten Strom darf die Konzessionsabgabe einen Höchstbetrag von 0,33 Cent je Kilowattstunde nicht überschreiten[100].

b) Rechtliche Einordnung

Unbestreitbar liegt ein wesentlicher Vorteil des Vorschlags darin, dass die Einnahmen aus der Konzessionsabgabe nicht dem kommunalen Finanzausgleich unterliegen und den Gemeinden

Teilhabe am Ausbau der Windenergie, Würzburger Studien zum Umweltenergierecht Nr. 7, März 2018, S. 21 ff. beschrieben.

100 Da § 2 Abs. 3 der gegenwärtigen KAV-Fassung schon besetzt ist, müsste der vorgeschlagene Absatz 2a heißen.

insoweit tatsächlich erhalten bleiben. Richtig ist auch, dass das bisherige System mit seiner Fixierung auf den Strombezug fragwürdig ist, weil die Kommunen dadurch ein Interesse daran haben, dass in ihrem Gemeindegebiet besonders viel Strom verbraucht wird. Die erstmalige Einbeziehung auch von Einspeisungen in das System der Konzessionsabgaben würde allerdings einen Paradigmenwechsel bedeuten, den der Gesetzgeber bisher gescheut hat.

Zwar würde sich die Einbeziehung von Einspeisungen auf einfachgesetzlichem Wege und im nachgeordneten Verordnungsrecht umsetzen lassen, da dem als solches keine unüberwindbaren Vorgaben höherrangigen Rechts entgegenstehen[101]. Allerdings ist das Konzessionsabgabenrecht über Jahre hinweg immer wieder Gegenstand von Reformansätzen gewesen[102], ohne dass sich diese durchsetzen konnten[103]. Es handelt sich damit um eine Baustelle, die politisch als weitgehend änderungsresistent gelten muss, was die konkreten Umsetzungschancen des Vorschlags stark schmälern dürfte. Dies gilt umso mehr, wenn die Änderung eine Umverteilung des bisherigen Aufkommens nach sich ziehen würde, die die Profiteure der bisherigen Bemessung schlechter stellen würde, also insbesondere Städte mit vielen Einwohnern und hohem Energieverbrauch.

Auf gesetzestechnischer Ebene müsste zu den vorgeschlagenen Änderungen des EnWG zudem wenigstens eine weitere hinzutreten. Bevor die KAV geändert werden könnte, müsste auch ihre Ermächtigungsgrundlage in § 48 Abs. 2 S. 2 EnWG geändert werden. Dort wird nämlich nur Bezug auf die „gelieferte Kilowattstunde" genommen. Die Ergänzung der KAV auch um die „eingespeiste Kilowattstunde" wäre davon nicht gedeckt[104].

Zudem steht noch die Beantwortung einer Reihe von Folgefragen aus, um das Konzept inhaltlich und juristisch abzusichern, bevor es als umsetzungstaugliche Blaupause in Betracht kommt: Dies betrifft etwa die Frage, was passiert, wenn der Ort der Einspeisung und die Standortkommune der Anlagen auseinanderfallen. Gerade wenn Anschluss(stich-)leitungen über privaten Grund führen, was bei Windparks häufig der Fall ist, ist ein solches Auseinanderfallen nicht unwahrscheinlich. Wenn die Standortkommune dadurch leer ausginge, wäre das ein trauriger Befund.

Auch die Frage, inwiefern der Vorschlag an den bisherigen Vollzugsmechanismus für die Konzessionsabgabe anschlussfähig ist, müsste noch vertieft werden. Nach § 11 Abs. 2 Nr. 2 der Anreizregulierungsverordnung (ARegV) sind Konzessionsabgaben bei der Netzentgeltkalkulation als dauerhaft nicht beeinflussbare Kosten zu veranschlagen. Das heißt, die Konzessionsabgaben werden über die Netzentgelte eingezogen, die wiederum nur beim Bezug (nicht auch bei der Einspeisung) von Strom anfallen, wie § 17 Abs. 2 Stromnetzentgeltver-

101 Vgl. dazu, insbesondere zum Recht auf kommunale Selbstverwaltung und zum Äquivalenzprinzip bei der Bemessung der Höhe von Konzessionen bzw. Verleihungsgebühren, *Hoffmann/Wegner*, Mechanismen finanzieller Teilhabe am Ausbau der Windenergie, Würzburger Studien zum Umweltenergierecht Nr. 7, März 2018, S. 27 ff.

102 Nachgezeichnet bei *Cronenberg*, Anwendungs- und Auslegungsfragen der neuen Konzessionsabgabenverordnung, ET 1992, S. 175 (175 ff.).

103 Vgl. *Theobald,* in: Danner/ders. (Hrsg.), Energierecht, 93. EL. Juni 2017, § 48 EnWG, Rn. 7.

104 Vertiefend *Hoffmann/Wegner*, Mechanismen finanzieller Teilhabe am Ausbau der Windenergie, Würzburger Studien zum Umweltenergierecht Nr. 7, März 2018, S. 22 ff.

ordnung (StromNEV) zeigt, der ausdrücklich nur auf die „Entnahmestelle“ abstellt. In § 17 Abs. 1 StromNEV heißt es zudem, dass die „von Netznutzern zu entrichtenden Netzentgelte [...] ihrer Höhe nach unabhängig von der räumlichen Entfernung zwischen dem Ort der Einspeisung elektrischer Energie und dem Ort der Entnahme“ sind. Ob sich mit dieser Vorgabe eine Konzessionsabgabe auf Einspeisungen vereinbaren lässt, die ja Teil des Netzentgeltes ist, ist zumindest klärungsbedürftig. Denn wenn in jeder Kommune eine Zuteilung der neuen Konzessionsabgabe auf die Einspeisungen zu der schon bisher bestehenden Konzessionsabgabe auf die Entnahmen erfolgen würde, wäre dieses Abstandsgebot aufgeweicht. Dies illustriert nur bespielhaft die sich stellenden Herausforderungen, wenn eine Konzessionsabgabe auf Einspeisungen isoliert eingeführt würde, es aber (noch) kein Netzentgelt auf Einspeisungen gibt. Hier würde der zweite Schritt vor dem ersten getan.

Eng verknüpft damit ist auch die Frage, inwiefern es eine überregionale oder gar bundesweite Wälzung der Kosten geben müsste, will man verhindern, dass faktisch nur die Einwohner der Standortgemeinden die Einspeisekonzessionsabgabe aufbringen. Ohne einen solchen Mechanismus hätte die Standortkommune zwar Mehreinnahmen, diese würden aber nur von ihren eigenen Einwohnern generiert. Sonderlich akzeptanzfördernd wäre dies vermutlich nicht.

Nicht zuletzt müsste auch mit Blick auf den Gleichheitssatz des Art. 3 Abs. 1 GG geklärt werden, warum nur eine Einbeziehung von Strom aus erneuerbaren Energien erfolgt, der aus konventioneller Erzeugung aber außen vor bleiben soll.

5. „Grundsteuer E“

Zwar gibt es in Mecklenburg-Vorpommern mit dem BüGembeteilG bereits ein Instrument, das zumindest auch die Einnahmen der Kommunen in den Blick nimmt, konkrete Anwendungsfälle, in denen sich das Instrument hätte bewähren können, sind aber noch nicht bekannt[105].

a) Hintergrund und Konzept

Daher haben die Fraktionen von CDU, SPD und Die Linke im dortigen Landtag die Landesregierung in einem Antrag aufgefordert, sich auf Bundesebene dafür einzusetzen, eine sog. „Grundsteuer E“ zu schaffen, wie dies zuvor schon die IHK Schwerin gefordert hatte[106]. Ziel des Vorstoßes ist es, parallel zu den häufig als unbefriedigend empfundenen gewerbesteuerlichen Regelungen eine Komponente der Grundsteuer einzuführen, die diejenigen Eigentümer zu zahlen haben, auf deren Grundstücken sich Anlagen zur Erzeugung von Strom aus erneu-

105 Dazu *Wegner*, Verfassungsrechtliche Fragen ordnungsrechtlicher Teilhabemodelle am Beispiel des Bürger- und Gemeindenbeteiligungsgesetzes Mecklenburg-Vorpommern, Würzburger Studien zum Umweltenergierecht Nr. 8, März 2018, S. 7.

106 Vgl. www.nordkurier.de/demmin/mehr-windkraft-geld-fuer-die-gemeinden-2131561803.html.

erbaren Energien befinden. Im Gespräch ist eine Größenordnung von jährlich 5.000 Euro je MW installierter Leistung[107].

b) Rechtliche Einordnung

Da die Grundsteuer bekanntlich beim Eigentümer erhoben wird, zielt die „Grundsteuer E“ nicht direkt auf die Anlagenbetreiber, sondern auf die Eigentümer der Flächen, die diese verpachtet haben. Es würde also über die Pachtzahlung eine mittelbare Abschöpfung der Erlöse aus der Stromerzeugung erfolgen. Problematisch ist dies bei Bestandsanlagen insoweit, als dann eine Neuverhandlung des Pachtzinses erforderlich würde und bei den Anlagenbetreibern ein Renditeloch entstünde.

Insbesondere bei sog. Pooling-Modellen[108], bei denen im Sinne einer möglichst breiten Streuung der Gewinne die Pachtzahlungen an Standort- und Abstandsflächeneigentümer jeweils besonders austariert sind, dürfte dies schwierig werden. Hier müssten ganze Vertragspakete wieder neu aufgeschnürt werden. Pooling-Modelle gelten aber aus Akzeptanzgesichtspunkten gerade als besonders wünschenswert, weil sie mögliche Mitnahmeeffekte für nur einzelne Flächeneigentümer ausschließen und gerade eine Vielzahl von örtlichen Grundeigentümern an der Wertschöpfung teilhaben lassen.

Daher kann es sich empfehlen, die „Grundsteuer E“ nur auf diejenigen Grundstücke zu erstrecken, auf denen Neuanlagen in Betrieb genommen werden. Allerdings braucht es zur Rechtfertigung dieser Ungleichbehandlung gegenüber den Grundstücken mit Bestandsanlagen einen sachlichen Rechtfertigungsgrund. Diesen zu finden, dürfte nicht ganz trivial sein, hält man sich vor Augen, dass die aus dem allgemeinen Gleichheitssatz des Art. 3 Abs. 1 GG folgende Lastengleichheit im Steuerrecht leicht in verfassungsrechtlich vermintes Gelände führt – wie die jüngste Entscheidung des *BVerfG* zur Grundsteuer gezeigt hat[109]. Ob hier allein die Erwägung ausreicht, Grundstücke mit bestehenden Pooling-Verträgen müssten aus Gründen der Akzeptanzsicherung innerhalb der Gruppe der Grundstückseigentümer von der neuen Steuer ausgenommen werden, erscheint zumindest fraglich. Zwar hat der Gesetzgeber grundsätzlich

> „einen weit reichenden Entscheidungsspielraum […] bei der Auswahl des Steuergegenstandes […]. Abweichungen von der […] einmal getroffenen Belastungsentscheidung müssen sich indessen ihrerseits am Gleichheitssatz messen lassen (Gebot der folgerichtigen Ausgestaltung des steuerrechtlichen Ausgangstatbestands). Demgemäß bedürfen sie eines besonderen sachlichen Grundes, der die Ungleichbehandlung zu rechtfertigen

---

107 Siehe zur Intention im Einzelnen das Plenarprotokoll der 32. Sitzung der 7. Wahlperiode am 15.03.2018, S. 7 ff., abrufbar unter www.dokumentation.landtag-mv.de/Parldok/dokument/40851/plenarprotokoll-7-32.pdf, zuletzt aufgerufen am 26.11.2018.

108 Zu praktischen Beispielen siehe *BWE*, Gemeinsam gewinnen – Windenergie vor Ort, 2018, S. 33.

109 *BVerfG*, Urt. v. 10.04.2018 – 1 BvL 11/14, abrufbar unter www.bundesverfassungsgericht.de/SharedDocs/Entscheidungen/DE/2018/04/ls20180410_1bvl001114.html.

> vermag. Dabei steigen die Anforderungen an den Rechtfertigungsgrund mit dem Ausmaß der Abweichung und ihrer Bedeutung für die Verteilung der Steuerlast insgesamt […].“[110]

Entscheidet sich der Gesetzgeber im Grundsatz, eine „Grundsteuer E“ für Grundstücke einzuführen, auf denen eine Windenergienutzung stattfindet, nimmt dann aber Grundstücke mit Bestandsanlagen aus, hätte dies ohne Zweifel eine große Bedeutung für die Verteilung der Steuerlast. Insoweit dürfte hier mit gesteigerten Rechtfertigungsanforderungen zu rechnen sein.

Schließlich erscheint es uns fraglich, ob die vom *BVerfG* gewährte Frist von nicht einmal zwei Jahren[111] zur Etablierung einer verfassungskonformen Bemessungsgrundlage für die Grundsteuer bei der Vielzahl der Interessenlagen und Beteiligten ausreicht, in die Neuordnung des Grundsteuerrechts auch eine „E“-Komponente einzubauen. Neben der verfassungsrechtlichen Frage einer zulässigen Differenzierung von Grundstücken mit Bestands- oder Neuanlagen spricht daher gegen den Vorschlag vor allem die Einschätzung, dass die ohnehin anstehende grundständige Neuordnung der Grundsteuer als politisch-gesetzgeberischer Kraftakt die Einbeziehung von Nebenschauplätzen nicht erwarten lässt.

6. Städtebauliche Verträge und sonstige Vereinbarungen

Nicht erst seit Kurzem steht schließlich die Frage im Raum, welche Vorteile sich Standortkommunen von Windenergie-Projektierern in vertraglichen Vereinbarungen einräumen lassen können.

a) Hintergrund und Konzept

In der Praxis kommen solche Vereinbarungen vielfach in der Form städtebaulicher Verträge, aber auch – gesondert hiervon – als „Gestattungsverträge, Sponsoringverträge, Spendenvereinbarungen oder ähnlich bezeichneten Vereinbarungen“[112] vor. Die mit solchen Vereinbarungen gemachten Erfahrungen werden in der Praxis teils als positiv bewertet[113]. Für den hier untersuchten Zusammenhang kommt es aber darauf an, dass ein Instrument nicht nur geeignet ist, in Einzelfällen zu akzeptablen Ergebnissen zu führen, sondern eine flächendeckende Teilhabe von Kommunen zu gewährleisten – und dies mit einem möglichst hohen Grad an Rechtssicherheit.

---

110 *BVerfG*, Urt. v. 10.04.2018 – 1 BvL 11/14, Rn. 96.

111 Siehe *BVerfG*, Urt. v. 10.04.2018 – 1 BvL 11/14, Ziff. 2 des Tenors: „Der Gesetzgeber ist verpflichtet, eine Neuregelung spätestens bis zum 31. Dezember 2019 zu treffen.“

112 *Geerds,* Strafbarkeitsrisiken kommunaler Amts- und Mandatsträger im Zusammenhang mit Windparks, wistra 2017, 381 (382).

113 Siehe etwa das grundsätzlich positive Fazit bei *Geßner,* Städtebauliche Verträge und Windenergie – Drum prüfe, wer sich (ewig) bindet?, AnwBl 2014, 39 (45); gewisse risikofreie Handlungsspielräume sehen auch *Bringewat/Bringewat,* Rechtliche Beurteilung der Vereinbarung von Beteiligungsmodellen mit Kommunen bei der Projektierung von Windenergieanlagen, KommJur 2015, 1 (9).

b) Rechtliche Einordnung

Das kooperative Instrument des vertraglichen Handelns ist dafür – so viel sei hier vorweggenommen – aufgrund der engen gesetzlichen Vorgaben nicht geeignet.

aa) Unterscheidung unterschiedlicher Konstellationen

So ist etwa zu beachten, dass jedenfalls die Literatur vor allen Dingen dort Gestaltungsspielräume sieht, wo es um die Einräumung von Rechten zur (alleinigen und dauerhaften) Nutzung kommunaler Flächen geht. Hier sind etwa Pachtvereinbarungen zivilrechtlicher Natur möglich, in deren Rahmen auch ein kommunales Beteiligungsmodell und damit eine weitergehende wirtschaftliche Teilhabe vereinbart werden kann[114]. Nicht selten stellen sich aber auch in solchen Fällen die in den Bundesländern unterschiedlichen Vorgaben des Gemeindewirtschaftsrechts als Hindernis für kommunale Beteiligungen heraus[115].

Anders ist die Situation ohnehin dann, wenn es an einer Gegenleistung mit besonderer wirtschaftlicher Werthaltigkeit wie der Bereitstellung von Flächen seitens einer Gemeinde fehlt. Auch in solchen Konstellationen sind Vereinbarungen zwischen Kommunen und Vorhabenträgern nach Maßgaben der rechtlichen Vorgaben zwar grundsätzlich möglich. Zulässige Forderungen der Kommunen sind jedoch in der Regel etwa darauf beschränkt, Entgelte für wegerechtliche Sondernutzungen oder für das unterirdische Verlegen von Zu- und Ableitungen auf kommunalen Flächen zu verlangen[116].

Möglich ist es zudem, im Rahmen städtebaulicher Verträge nach § 11 Abs. 1 Nr. 1 und 3 BauGB dem Projektentwickler die Kosten der Aufstellung vorhabenbezogener Bauleitpläne oder der öffentlichen Erschließung sowie Folgekosten städtebaulicher Maßnahmen aufzuerlegen. In diesen Konstellationen geht es jedoch um eine Kostentragung der Projektentwickler für konkrete Leistungen der Kommunen. Eine über den Lastenausgleich zugunsten der Kommunen hinausgehende wirtschaftliche Teilhabe an dem eigentlichen Vorhaben – dem Betrieb von Windenergieanlagen – ist hiermit nicht verbunden.

---

114 Vgl. das Beispiel bei *Bringewat/Bringewat,* Rechtliche Beurteilung der Vereinbarung von Beteiligungsmodellen mit Kommunen bei der Projektierung von Windenergieanlagen, KommJur 2015, 1 (2 f.).

115 Vgl. etwa §§ 100 ff. GemO Brandenburg, die, wie auch alle anderen Gemeindeordnungen in den Ländern, Anforderungen an die Zulässigkeit der wirtschaftlichen Betätigung von Gemeinden stellen und für die Beteiligung an Unternehmen in Privatrechtsform weitergehende Voraussetzungen formulieren. § 100 Abs. 2 GemO-BB: *„Die Gemeinde darf sich zur Erledigung von Aufgaben der örtlichen Gemeinschaft wirtschaftlich betätigen, wenn 1. der öffentliche Zweck dies rechtfertigt 2. die Betätigung nach Art und Umfang in einem angemessenen Verhältnis zur Leistungsfähigkeit der Gemeinde und zum voraussichtlichen Bedarf steht."* Absatz 3 enthält zudem eine Subsidiaritätsklausel zugunsten privater Anbieter, wie sie sich auch in dieser oder ähnlicher Form in den anderen Landesgesetzen findet. § 102 GemO-BB: *„Die Gemeinde darf zur Erfüllung ihrer Aufgaben ein Unternehmen in einer Rechtsform des privaten Rechts nur gründen, übernehmen oder sich daran beteiligen, wenn [...]."*

116 *Geerds,* Strafbarkeitsrisiken kommunaler Amts- und Mandatsträger im Zusammenhang mit Windparks, wistra 2017, 381 (384).

bb) Grenzen vertraglicher Gestaltungsfreiheit

Die Schwierigkeit, im Rahmen solcher zumeist öffentlich-rechtlicher Vereinbarungen zu einer weitergehenden Teilhabe von Kommunen zu kommen, liegt aus juristischer Sicht in den engen Vorgaben für die Gestaltung öffentlich-rechtlicher Verträge begründet. Diese finden sich in den §§ 54 ff. des Verwaltungsverfahrensgesetzes (VwVfG), insbesondere in Form

- des Gebots der Angemessenheit von Leistung und Gegenleistung sowie
- dem Verbot der Koppelung sachlich nicht miteinander zusammenhängender Leistungen (sog. Koppelungsverbot) gem. § 56 Abs. 1 S. 2 VwVfG.

Nach dem Angemessenheitsgebot ist es etwa ausgeschlossen, dass Gemeinden sich für relativ geringe Leistungen Gegenleistungen in einer Höhe versprechen lassen, die zu ihrer Leistung unter Berücksichtigung aller Umstände außer Verhältnis stehen, d. h. zu einer Unausgewogenheit im Leistungsaustausch führen[117]. Damit ist es ausgeschlossen, dass etwa anlässlich von Vereinbarungen über wegerechtliche Nutzungen auch Entgelte vereinbart werden, die eine wirtschaftliche Teilhabe der Kommunen am Betrieb von Windrädern in einem Umfang festsetzen sollen, die mit der Leistung der Kommune – der Bereitstellung von Nutzungsmöglichkeiten an öffentlichen Wegen – tatsächlich in keinem wirtschaftlichen Zusammenhang stehen.

Nach dem Koppelungsverbot ist es untersagt, Leistungen der Kommune mit Gegenleistungen zu verknüpfen, die nicht ohnehin in einem sachlichen Zusammenhang stehen. Dieses Verbot setzt insbesondere auch der Finanzierung von rein akzeptanzbezogenen Maßnahmen jeder Art enge Grenzen. Um dem Koppelungsverbot zu genügen, reicht es gerade nicht, dass eine gemeindliche Leistung – etwa die Erteilung des Einvernehmens nach § 36 BauGB – gegen eine Geldleistung zum Zwecke der Umsetzung einer die Akzeptanz der Windenergie fördernden Maßnahme zugesagt wird: Die Erteilung des Einvernehmens nach § 36 BauGB steht hierzu in keinem sachlichen Zusammenhang, da dieses nur aus den im Gesetz genannten Gründen versagt werden darf. Ein Mangel an Akzeptanz ist gerade kein im Gesetz aufgeführter Versagungsgrund.

cc) Strafrechtliche Risiken und regulatorische Gefahren

Vertragliche Vereinbarungen sind aber nicht nur wegen der für sie geltenden Wirksamkeitsvoraussetzungen für eine Vielzahl von Konstellationen ungeeignet, zu dem von der Koalition angestrebten Maß an kommunaler Teilhabe zu führen. Daneben legen auch strafrechtliche Risiken nahe, dass es sich hierbei nicht um ein für den Normalfall geeignetes Instrument handelt. Hinzu kommen bei diesem Weg der Akzeptanzschaffung regulatorische Gefahren für den Ausbau der Windenergie.

---

117 *Brüning/Bosesky*, in: Mann/Sennekamp/Uechtritz, VwVfG 2014, § 56 Rn. 46 f.

(1) Strafrechtliche Risiken

Absprachen über finanzielle Zuwendungen im Zusammenhang mit Windenergievorhaben haben in den letzten Jahren immer wieder Staatsanwaltschaften[118], seltener auch Gerichte[119] beschäftigt. Die Vereinbarung von Vorteilen zugunsten von Amtsträgern oder anderer für den öffentlichen Dienst besonders Verpflichteter unterliegt spätestens seit der Verschärfung der Straftatbestände der Vorteilsnahme und der Bestechlichkeit und ihren spiegelbildlichen Pendants der Vorteilsgewährung und Bestechung (§§ 331 ff. Strafgesetzbuch) im Jahr 1997 einem erhöhten Strafbarkeitsrisiko[120]. Strafrechtliche Ermittlungen und auch die tatsächliche Erfüllung der Straftatbestände sind selbst dann nicht auszuschließen, wenn die Beteiligten in transparenter Weise und mit völlig uneigennützigen Motiven zugunsten der jeweiligen Kommune handeln. Ein eigennütziges Handeln ist seitdem nämlich keine Voraussetzung mehr für die Tatbestandsverwirklichung[121].

Als geschütztes Rechtsgut der genannten Straftatbestände sieht der *Bundesgerichtshof* neben der Lauterkeit des öffentlichen Dienstes selbst

> „das Vertrauen der Allgemeinheit in die Lauterkeit des öffentlichen Dienstes, das Vertrauen in die Sachgerechtigkeit und Nichtkäuflichkeit dienstlichen Handelns"

an[122]. Für den Schutz dieses Gutes wurden Tatbestandsmerkmale wie dasjenige der Vorteilsgewährung sowie das der Unrechtsvereinbarung weit ausgelegt. Entsprechend besteht ein Strafbarkeitsrisiko nicht nur dann, wenn Vereinbarungen zwischen Kommunen und Vorhabenträgern bereits nach öffentlich-rechtlichen Maßstäben rechtswidrig und nichtig sind, sondern selbst bei deren Wirksamkeit[123]. Erfasst werden können von den Straftatbeständen zudem Vereinbarungen, in denen, wie im Rahmen von Spendenvereinbarungen, Kommunen gar keine Leistungen zusagen, sondern allein zugesagt bekommen. Auch Modelle auf der Grundlage eines Solidarpaktes, bei dem es um die Aufteilung von Pachterträgen zwischen Standortflächeneigentümern, sonstigen Flächeneigentümern und Standortkommunen geht, sind nicht frei von strafrechtlichen Risiken[124].

---

118 Vgl. *Krug/Rathgeber*, Strafrechtliche Risiken bei kommunaler Wertschöpfung durch Windenergieanlagen, KommJur 2014, 47 (47), die von 31 Verfahren gegen Bürgermeister in Niedersachsen im Jahr 2004 berichten.

119 *BGH*, Urt. v. 17.03.2015 – 2 StR 281/14; *LG Stade*, Urt. v. 28.01.2005 – 12 Qs 153/04.

120 *Bringewat/Bringewat*, Rechtliche Beurteilung der Vereinbarung von Beteiligungsmodellen mit Kommunen bei der Projektierung von Windenergieanlagen, KommJur 2015, 1 (5).

121 *Geerds*, Strafbarkeitsrisiken kommunaler Amts- und Mandatsträger im Zusammenhang mit Windparks, wistra 2017, 381 (383).

122 Kritisch *Geerds*, Strafbarkeitsrisiken kommunaler Amts- und Mandatsträger im Zusammenhang mit Windparks, wistra 2017, 381 (382, 385).

123 *Bringewat/Bringewat*, Rechtliche Beurteilung der Vereinbarung von Beteiligungsmodellen mit Kommunen bei der Projektierung von Windenergieanlagen, KommJur 2015, 1 (6).

124 Zu den strafrechtlichen Risiken dieses in Rheinland-Pfalz auch von der Landesregierung im „Rundschreiben Windenergie" von 2013 empfohlenen sog. Solidarpaktmodells siehe *Krug/Rathgeber*,

Unter den Voraussetzungen des § 108e StGB, der Bestechlichkeit und Bestechung von Mandatsträgern, können sich seit dessen Anpassung an internationale Vorgaben des Strafrechtsübereinkommens des Europarats und der UN-Konvention zur Bekämpfung der Korruption[125] auch Mandatsträger, d. h. etwa Gemeinderäte, strafbar machen, denen für die Straftatbestände der Vorteilsnahme und der Bestechlichkeit die dort vorausgesetzte Amtsträgereigenschaft bzw. die hiermit gleichgestellte besondere Verpflichtung für den öffentlichen Dienst fehlt.

(2) Regulatorische Gefahren

Die Gewährleistung finanzieller Teilhabe über das Instrument vertraglicher Vereinbarungen würde zudem auch solchen Kommunen eine Blockadeposition eröffnen, die nicht an einer finanziellen Teilhabe, sondern an der Verhinderung von Windenergievorhaben interessiert sind. Die Verweigerung einer entsprechenden Vereinbarung könnte dann dazu genutzt werden – ohne dass damit die Ansiedlung des Windparks selbst rechtlich verhindert würde – eine ablehnende Haltung gegen den lokalen Windenergieausbau zu erzeugen. Im Ergebnis könnte dies zu einer „Lose-lose-Situation" führen: Ein Windenergievorhaben wird gar nicht oder nur gegen Widerstand umgesetzt und eine Teilhabe der Kommune kommt nicht zustande.

III. Eine Abgabe für die Inanspruchnahme des Außenbereichs

Zur Diskussion stellen wollen wir hier nun ein Instrument, das einen Mittelfluss an die Standortkommunen generiert und in seinem Zuschnitt keine verfassungsrechtlichen Risiken nach sich zieht, wie sie etwa eine Sonderabgabe mit sich bringt. Die hier vorgeschlagene Zahlungsverpflichtung soll ihren Grund darin haben, dass Windenergieanlagen in erheblichem Umfang Flächen außerhalb von Siedlungsgebieten, zumeist im planungsrechtlichen Außenbereich, nutzen[126]. Zum einen greift dieser Anknüpfungspunkt lebensnah den sozialpsychologischen „Urgrund" mangelnder Akzeptanz auf, indem er auf die raumgreifende Inanspruchnahme der Landschaft im Außenbereich (samt möglicher Folgewirkungen) abstellt. Zum anderen bezieht er sich normativ auf diejenigen Regelungen, welche Windenergienutzungen eine Inanspruchnahme von Außenbereichsflächen ermöglichen.

Strafrechtliche Risiken bei kommunaler Wertschöpfung durch Windenergieanlagen, KommJur 2014, 47 (51 f.).

125 Vgl. hierzu *Geerds,* Strafbarkeitsrisiken kommunaler Amts- und Mandatsträger im Zusammenhang mit Windparks, wistra 2017, 381 (385).

126 Insoweit gleicht der hier unterbreitete Vorschlag auch dem von Wolfgang Köck skizzierten Weg, geht aber in seinem Umfang deutlich darüber hinaus und unterscheidet sich auch in Einzelfragen von diesem, siehe *Köck,* Zur Parallelität von Wassernutzungsrechten und Windnutzungsrechten, ZUR 2017, 684 ff. Zur kritischen Auseinandersetzung mit diesem Vorschlag siehe bereits oben II.3.

Die hier vorgestellte Zahlungsverpflichtung zugunsten der Standortkommune soll ihrem Typus nach daher eine Ressourcennutzungsgebühr für die (privilegierte) Inanspruchnahme des Außenbereichs durch die Windenergieanlagen sein. Der Vorteil einer solchen Ressourcennutzungsgebühr gegenüber einer (Finanzierungs-)Sonderabgabe liegt insbesondere darin, dass hier keine gruppennützige Verwendung erforderlich ist, die das Risiko einer unzulässigen Aufgabenübertragung des Bundes auf die Kommunen inhärent nach sich zieht.

Für die von uns vorgeschlagene Außenbereichsabgabe gelten folgende Eckpunkte, die sich aus den einschlägigen verfassungsrechtlichen Vorgaben ableiten:

- Die Abgabe hat ihren sog. Belastungsgrund in der Inanspruchnahme von Außenbereichsflächen durch die Windenergieanlagen und knüpft damit an eine knappe Ressource an.
- Die Einnahmen kommen direkt den Standortkommunen zugute, die darüber frei verfügen können. (Zur optimalen Sicherstellung des Akzeptanzmehrwerts vor Ort ist sicherzustellen, dass den Kommunen die Gelder auch tatsächlich erhalten bleiben und sich nicht negativ auf das Aufkommen ihrer sonstigen Einnahmen auswirken.)
- Um den Standortkommunen keine neuen Aufgaben zuzuweisen, erfolgt die Einziehung der Außenbereichsabgabe durch die Netzbetreiber.
- Jede Standortkommune kann zudem frei entscheiden, auf die Einnahmen zu verzichten, wenn sich vor Ort ein besseres Akzeptanzinstrument gefunden hat.
- Die Abgabe wird aus Vertrauensschutzgründen nur für Neuanlagen erhoben.

Welchen Hintergrund die Eckpunkte im Einzelnen haben und was überhaupt unter einer Ressourcennutzungsgebühr zu verstehen ist, wird im Folgenden detailliert erläutert.

1. Was ist eine Ressourcennutzungsgebühr?

Der Typus der Ressourcennutzungsgebühr (oder auch Vorteilsabschöpfungsabgabe) geht zurück auf eine Entscheidung des *BVerfG*, in der es den sog. Wasserpfennig zu überprüfen hatte. Darin heißt es in Bezug auf die Rechtfertigung der gesetzlichen Zahlungsverpflichtung:

> „Jedenfalls ergibt sich die sachliche Legitimation aus ihrem Charakter als Vorteilsabschöpfungsabgaben im Rahmen einer öffentlich-rechtlichen Nutzungsregelung. Knappe natürliche Ressourcen, wie etwa das Wasser, sind Güter der Allgemeinheit. Wird Einzelnen die Nutzung einer solchen, der Bewirtschaftung unterliegenden Ressource [...] eröffnet, wird ihnen die Teilhabe an einem Gut der Allgemeinheit verschafft [...]. Sie erhalten einen Sondervorteil gegenüber all denen, die das betreffende Gut nicht oder nicht in gleichem Umfang nutzen dürfen. Es ist sachlich gerechtfertigt, diesen Vorteil

> ganz oder teilweise abzuschöpfen. Dieser Ausgleichsgedanke liegt auch der herkömmlichen Rechtfertigung der Gebühr zugrunde […].“[127]

In einem späteren Kammerbeschluss des *BVerfG* zur landesrechtlichen Bepreisung der Grundwasserentnahme heißt es mit Blick auf die Wasserpfennig-Entscheidung:

> „Diese sachliche Rechtfertigung der Vorteilsabschöpfungsabgabe im Rahmen einer öffentlich-rechtlichen Nutzungsregelung liegt auch der Grundwasserentnahmeabgabe […] zu Grunde. […] Wird dem einzelnen Abgabepflichtigen […] die Nutzung des der Bewirtschaftung unterliegenden Grundwassers […] eröffnet, wird ihm die Teilhabe an einem Gut der Allgemeinheit verschafft. Er erhält so einen besonderen Vorteil gegenüber all denen, die das betreffende Gut der Allgemeinheit nicht oder nicht in gleichem Umfang nutzen. […] Das Gut der Allgemeinheit Grundwasser darf und wird von den Einzelnen aber nicht in gleichem Umfang genutzt. So nutzen die Bf. dieses Gut […] in der Regel quantitativ wesentlich intensiver als die einzelnen Privathaushalte. Sie erhalten damit einen Vorteil, der durch die Grundwasserentnahmeabgabe ganz oder teilweise abgeschöpft werden kann.“[128]

Auch die Fachgerichte ziehen seither den Typus der Ressourcennutzungsgebühr oder Vorteilsabschöpfungsabgabe für die landesrechtlichen Wasserentnahmeentgelte als einschlägig heran[129]. Zumindest bei der Gebührenerhebung für die Nutzung von Wasser als empirisch bisher bedeutendstem Anwendungsfall der Bewirtschaftung von knappen Umweltgütern gibt es also eine gefestigte Rechtsprechung, die die Zulässigkeit der Vorteilsabschöpfung konturiert. Erforderlich ist demnach ein

- knappes Gut der Allgemeinheit,
- das staatlich bewirtschaftet wird und
- aus dem jemand einen Vorteil schöpft, der der Allgemeinheit nicht offensteht.

In der Literatur ist teilweise umstritten, ob es überhaupt einer staatlichen Bewirtschaftungsordnung bedarf[130]. Ohne diese Diskussion weiter zu vertiefen, wird im Folgenden schlicht davon ausgegangen, dass eine staatliche Bewirtschaftung der Ressource erforderlich ist. Denn die Umsetzbarkeit neuer Instrumente sollte sich nicht darauf stützen, bei ihren Zulässigkeitsvoraussetzungen einen (in der Literatur umstrittenen) Rabatt zu bekommen.

Wie also verhalten sich die drei Kriterien in Bezug auf die Nutzung des Außenbereichs durch die Windenergieanlagen?

---

127 BVerfGE 93, S. 319 (345 f.).

128 *BVerfG*, NVwZ 2003, 467 (469 f.).

129 Siehe etwa *BVerwG*, Beschl. v. 29.19.2007 - 7 B 36.07 -, juris Rn. 9 sowie Urt. v. 28. Juni 2007 – 7 C 3.07 -, juris Rn. 26 f. sowie *OVG Münster*, Urt. v. 09.09.2016, 9 A 938/14, Rn. 51, abrufbar unter: http://www.justiz.nrw.de/nrwe/ovgs/ovg _nrw/j2016/9_A_938_14_Urteil_20160909.html.

130 Siehe zu dieser Diskussion nur *Murswiek*, Ein Schritt in Richtung auf ein ökologisches Recht – Zum „Wasserpfennigbeschluß“ des BVerfG, NVwZ 1996, 417, Fn. 26 und 27.

2. Warum sind Außenbereichsflächen eine knappe Ressource?

Der Typus der Ressourcennutzungsgebühr ist nicht auf die Wassernutzung beschränkt, wenn er auch dafür entwickelt wurde. Dies zeigt sich nicht zuletzt in der Rechtsprechung des *BVerwG* zur kostenpflichtigen Versteigerung von Emissionszertifikaten, die jüngst vom *Bundesverfassungsgericht* bestätigt wurde[131]. Das Gericht betonte,

> „dass die Luft nach – nicht zu beanstandender – Einschätzung des europäischen Richtlinien- und des Gesetzgebers wegen ihrer begrenzten Kapazität, Treibhausgase ohne schädliche Auswirkungen auf das Klima aufzunehmen, [...] in vergleichbarer Weise wie das Wasser der Budgetierung bedarf; insofern stellt auch sie eine knappe Ressource dar, die als Anknüpfungspunkt für eine Vorteilsabschöpfung durch Erhebung eines Entgelts für ihre Nutzung dienen kann."[132]

Deutlich wird hier auch, dass der Gesetzgeber bei der Einordnung, was eine knappe Ressource ist, einen Einschätzungsspielraum hat.

Ist nun auch der Außenbereich eine solche knappe Ressource? Um dies zu klären, lohnt sich zunächst ein Blick auf die Regelungen zum Schutz des Außenbereichs und ihre Hintergründe:

Zweifel an der Knappheit des Gutes der Außenbereichsflächen – welche der Gesetzgeber immer noch in den Grenzen seines Einschätzungsspielraums übergehen könnte – dürften dabei allerdings kaum bestehen.

Mit dem Begriff der Außenbereichsflächen wird hier zunächst der für Bau und Betrieb von Windenergieanlagen tatsächlich genutzte Raum außerhalb von besiedelten Bereichen bezeichnet. Diese Flächen sind, aufgrund der Unvermehrbarkeit des Bodens, tatsächlich knapp. Im jeweiligen Gemeindegebiet werden sie durch die Gemeindegrenzen, insgesamt durch die Staatsgrenzen der Bundesrepublik Deutschland begrenzt. Es handelt sich zudem um Flächen, die vielfältigen Raumnutzungsansprüchen etwa seitens der Land- und Forstwirtschaft, der Allgemeinheit zu Erholungszwecken oder der staatlichen Infrastrukturplanung ausgesetzt sind[133]. Zudem sollen hier gerade auch unterschiedliche ökologische Raumfunktionen erfüllt werden[134]. Der begrenzten Ressource der Außenbereichsflächen steht also ein Nutzungsinteresse gegenüber, das die faktische Knappheit der Ressource nochmals deutlicher werden lässt.

---

131 Siehe *BVerfG*, Beschl. v. 15.3.2018 – 1 BvR 2864/13, Rn. 33: „Die Reinheit der Luft stellt eine knappe natürliche Ressource dar. Der deutsche Gesetzgeber hat mit der Einführung des Emissionshandelssystems die Knappheitssituation daraus hergeleitet, dass die Luft nur in begrenztem Maße Kohlendioxid aufnehmen könne, ohne dass dies schädliche Auswirkungen auf das Klima habe [...]. Das knappe Gut ist folglich nicht die Luft selbst, sondern ihr Verschmutzungsgrad. Diese Erwägung ist ohne weiteres nachvollziehbar, jedenfalls aber von Verfassungs wegen nicht zu beanstanden."

132 *BVerwG*, Urt. v. 10.10.2012 – 7 C 9.10, Rn. 22.

133 Vgl. *Rieger*, in: Schrödter, Baugesetzbuch, 8. Aufl. 2015, § 35 Rn. 3.

134 Vgl. den öffentlichen Belang des § 35 Abs. 3 S. 1 Nr. 5: *„Belange des Naturschutzes und der Landschaftspflege, des Bodenschutzes [...]"* sowie § 2 Abs. 2 Nr. 2 S. 5 und 6 ROG: *„Der Freiraum ist [...] zu schützen; es ist ein großräumig übergreifendes, ökologisch wirksames Freiraumverbundsystem zu schaffen. Die weitere Zerschneidung der freien Landschaft und von Waldflächen ist da-*

Zur Gewährleistung eines sparsamen und schonenden Umgangs mit der knappen Ressource der Außenbereichsflächen finden sich in der Rechtsordnung verschiedene Instrumente. Insbesondere das Bundes- und Landesnaturschutzrecht sind hier zu nennen. Soweit es allerdings um die bauliche Inanspruchnahme von Außenbereichsflächen geht, ist zu allererst das Recht der Bauleitplanung und das hierauf Bezug nehmende Bauordnungsrecht einschlägig. Hier, genauer gesagt in § 35 BauGB, findet sich auch der dogmatische Begriff des Außenbereichs.

Gemeint ist hier nicht der Außenbereich im Sinne freier Natur[135] außerhalb von Siedlungsgebieten. Der juristische Begriff des Außenbereichs bestimmt sich vielmehr allein in Abgrenzung zu den übrigen bauplanungsrechtlichen Gebietskategorien[136]. Diese sind entweder mit (qualifizierten) Bebauungsplänen überplant (sog. beplanter Innenbereich, § 30 Abs. 1, 2 BauGB) oder gehören dem sog. unbeplanten Innenbereich an (§ 34 BauGB), d.h. stellen im Zusammenhang bebaute Ortsteile dar, ohne dass diesen ein Bebauungsplan zugrunde liegt. Hieraus folgt, dass der planungsrechtliche Außenbereich im dogmatischen Sinne seinem Umfang nach kleiner ist als der Bereich außerhalb von Siedlungsgebieten und zwar um den Umfang, mit dem solche Flächen mittels eines Bebauungsplans überplant und so im rechtlichen Sinne dem Außenbereich entzogen und dem beplanten Innenbereich zugeschlagen wurden.

Dies lenkt den Blick auf die einfache, zugleich aber für den vorliegenden Zusammenhang zentrale Erkenntnis, dass bauliche Nutzungen im Außenbereich im naturalistischen Sinne auf zweierlei Weise planerisch zugelassen werden können. Zum einen kann dies unmittelbar über § 35 BauGB erfolgen, der einen gesetzgeberischen Planersatz[137] darstellt und die bauliche Nutzung im (rechtlichen) Außenbereich in bestimmten Grenzen unmittelbar zulässt. Zum anderen ist es aber den Kommunen möglich, Flächen des bauplanungsrechtlichen Außenbereichs mit einem Bebauungsplan zu überplanen, der Art und Maß der baulichen Nutzung regelt. Auf diese Weise werden dem Außenbereichsregime des § 35 BauGB Flächen entzogen und dem Innenbereichsregime des § 30 Abs. 1, 2 BauGB unterworfen. Die Zulassung von Vorhaben findet dann auf den nun dem planerischen Innenbereich zugehörigen Flächen aufgrund von § 30 Abs. 1, 2 BauGB statt.

In Rahmen beider Vorgehensweisen ist aber – in unterschiedlichem Maße – der Knappheit (faktischer) Außenbereichsflächen Rechnung getragen. Im Rahmen von § 35 BauGB geschieht dies durch die Unterscheidung privilegierter und nicht privilegierter Vorhaben und die hieran anknüpfende unterschiedliche Zulassungsfähigkeit: Während nach § 35 Abs. 1 BauGB privilegierte Vorhaben zuzulassen sind, soweit diesen nicht im konkreten Fall ein öffentlicher Belang nach § 35 Abs. 3 BauGB entgegensteht, sind nicht privilegierte sonstige Vorhaben

bei so weit wie möglich zu vermeiden; die Flächeninanspruchnahme im Freiraum ist zu vermeiden.“ Siehe außerdem § 1 BNatSchG, soweit er sich auf den „unbesiedelten Bereich“ bezieht.

135 *Schröter,* Die bauplanungsrechtliche Zulässigkeit von Bauvorhaben im Außenbereich, 2013, S. 66.

136 *Mitschang/Reidt,* in: Battis/Krautzberger/Löhr, BauGB, 13. Aufl. 2016, § 35 Rn. 2; *Rieger,* in: Schrödter, Baugesetzbuch, 8. Aufl. 2015, § 35 Rn. 5.

137 *Schröter,* Die bauplanungsrechtliche Zulässigkeit von Bauvorhaben im Außenbereich, 2013, S. 93; *Rieger,* in: Schrödter, Baugesetzbuch, 8. Aufl. 2015, § 35 Rn. 7.

nach § 35 Abs. 2 BauGB bereits dann unzulässig, wenn ihre Umsetzung einen öffentlichen Belang nach Absatz 3 auch nur beeinträchtigt[138].

Zweck dieser gesetzlichen Regelung ist die weitestmögliche Schonung des Außenbereichs[139]. Sie dient dem Umweltschutz und weiteren städtebaulichen und bodenrechtlichen Anliegen, wie sie in § 35 Abs. 3 BauGB in der Form vertypter, aber nicht abschließend genannter öffentlicher Belange wie dem Naturschutz und der Landschaftspflege ihren Niederschlag gefunden haben[140]. Durch die insgesamt restriktive Zulassung baulicher Vorhaben im planerischen Außenbereich soll dieser für außenbereichsadäquate Nutzungen – insbesondere solche der Land- und Forstwirtschaft – freigehalten und auch seine Funktion als Raum für Erholung und Entspannung der Allgemeinheit gesichert werden[141]. Normativ dienen die Regelungen zudem nicht zuletzt auch der Erfüllung des Staatsziels Umweltschutz gem. Art. 20a GG durch die sparsame Inanspruchnahme des knappen Gutes Boden[142].

Während der gesetzgeberische Planersatz des § 35 BauGB also in erster Linie ein insgesamt restriktives Modell der Zulassung von Außenbereichsvorhaben vorsieht, so sichert dieser doch auch zugleich den Grundsatz der Planmäßigkeit baulicher Nutzungen[143] und damit die Kompetenz der Kommunen, mittels Bauleitplanung dem Außenbereichsregime Flächen zu entziehen um städtebauliche Entwicklungsvorstellungen zu realisieren. Zwar kann die Kommune in diesem Zuge auch Belange im Rahmen der Abwägung überwinden, deren Schutz § 35 BauGB bewirkt. Im Rahmen der Planaufstellung sind die kommunalen Planungsträger aber gleichwohl gem. § 1a Abs. 2 S. 1 BauGB verpflichtet, das knappe Gut Grund und Boden zu schonen, indem eine Ausweisung bebaubarer Flächen nur sparsam erfolgt[144].

Das eben skizzierte System gesetzlicher Regelungen hat zwar bislang nicht zum Erreichen des in der Nachhaltigkeitsstrategie des Bundes[145] niedergelegten Ziels der Verringerung des Flächenverbrauchs geführt[146]. Dennoch macht es deutlich, dass der faktischen Knappheit

138 *Mitschang/Reidt,* in: Battis/Krautzberger/Löhr, BauGB, 13. Aufl. 2016, § 35 Rn. 6 sowie 63.

139 *B. Stüer,* Hdb. des Bau- und Fachplanungsrechts, 5. Aufl. 2015, Rn. 2832; *Schröter,* Die bauplanungsrechtliche Zulässigkeit von Bauvorhaben im Außenbereich, 2013, S. 147; Vgl. auch *Söfker,* in: Ernst/Zinkahn/Bielenberg/ Krautzberger, BauGB, 127. EL 2017, § 35 Rn. 13.

140 *Söfker,* in: Ernst/Zinkahn/Bielenberg/Krautzberger, BauGB, 127. EL 2017, § 35 Rn. 13.

141 *Rieger,* in: Schrödter, Baugesetzbuch, 8. Aufl. 2015, § 35 Rn. 3.

142 *Schröter,* Die bauplanungsrechtliche Zulässigkeit von Bauvorhaben im Außenbereich, 2013, S. 126.

143 *Söfker,* in: Ernst/Zinkahn/Bielenberg/Krautzberger, BauGB, 127. EL 2017, § 35 Rn. 13.

144 Dem Zweck der sparsamen Neuinanspruchnahme von Flächen diente auch die Einführung verschiedener Vorschriften für eine stärkere Innenentwicklung, vgl. „Gesetz zur Stärkung der Innenentwicklung in den Städten und Gemeinden und weiteren Fortentwicklung des Städtebaurechts" vom 11. Juni 2013, BGBl. I S. 1548.

145 Inzwischen ist das ursprünglich bereits für das Jahr 2020 vorgesehene Ziel der Reduzierung der Neuinanspruchnahme von Flächen auf 30 ha pro Tag auf das Jahr 2030 verschoben worden: *Bundesregierung*, Deutsche Nachhaltigkeitsstrategie – Neuauflage 2016, 2017, S. 38.

146 Dementsprechend gibt es Überlegungen – und im Bayerischen Landtag auch eine Gesetzesinitiative von Bündnis 90/Die Grünen – zur Einführung effektiverer Instrumente wie das einer Flächenverbrauchsobergrenze sowie einem hieran anknüpfenden Flächenzertifikatehandel, vgl. *Köck/Bo-*

der Flächen in der Rechtsordnung auf unterschiedliche Weise Rechnung getragen wird. Theoretisch ist es zwar in einzelnen Regionen Deutschlands nicht ausgeschlossen, wenn auch für Deutschland insgesamt beim nach wie vor zunehmenden „Flächenfraß“ völlig unrealistisch, dass der Rückbau von bebauten Gebieten punktuell zu einem Anwachsen an Außenbereichsflächen führt und diese durch die Aufhebung eines Bebauungsplans dem Regime des § 35 BauGB wieder zugeordnet werden. An der Knappheit des Guts der Außenbereichsfläche – im tatsächlichen wie rechtlichen Sinne – ändert dies jedoch nichts.

3. Wird der Außenbereich öffentlich-rechtlich bewirtschaftet?

Wie oben schon erwähnt, wird hier davon ausgegangen, dass eine öffentlich-rechtliche Bewirtschaftung des knappen Guts der Allgemeinheit für die Zulässigkeit des Instruments erforderlich ist. Demnach stellt sich die Frage, ob man bei der Zuordnung des Außenbereichs zu den Windenergieanlagen von einer solchen öffentlich-rechtlichen Bewirtschaftungsordnung sprechen kann.

Von der Wassernutzung kommend darf man dabei aber kein schematisches Verständnis anlegen. Das heißt, die traditionelle Bewirtschaftung des Wassers ist hier keine Blaupause, die nachgezeichnet werden müsste. Darauf hat das *BVerwG* in seiner Entscheidung zum Emissionshandel hingewiesen:

> „Ebenso wenig greift der Einwand durch, der Gedanke des Vorteilsausgleichs könne mangels einer staatlichen Bewirtschaftungsordnung nicht zum Tragen kommen. Eine Bewirtschaftungsordnung dergestalt, dass individuelle Rechte zur Nutzung des betreffenden Umweltmediums durch ordnungsrechtliche Entscheidungen kontingentiert eingeräumt werden, ist nicht Voraussetzung für die Annahme eines abschöpfbaren Sondervorteils. Das Bundesverfassungsgericht hat zur Erhebung von Wasserentnahmeentgelten lediglich ausgeführt, dass sich deren Legitimation aus ihrem Charakter als Vorteilsabschöpfungsabgabe im Rahmen einer öffentlich-rechtlichen Nutzungsregelung ergibt […]. Eine Nutzungsregelung kann aber unterschiedlich ausgestaltet werden. Neben der hoheitlichen Verleihung begrenzter Nutzungsrechte ist es ebenso denkbar, die Nutzungsmöglichkeit nicht individuell zu limitieren, sondern an eine Entgeltzahlung zu koppeln.“[147]

Das *BVerwG* hält also mehrere Ausgestaltungsvarianten einer Nutzungsregelung für möglich. Eine Engführung auf eine ordnungsrechtliche Individualzuteilung wie beim Wasser ist jedenfalls nicht angezeigt. Daher ist es aufschlussreich, einmal im Einzelnen zu betrachten, wie der Außenbereich der Windenergienutzung zugeordnet wird.

---

vet/Tietz, Mengensteuerung der baulichen Flächenneuinanspruchnahme – Zur Notwendigkeit eines Flächenzertifikatehandelsgesetzes, ZUR 2018, 67 ff.; *Kment,* Flächenverbrauchsobergrenzen, Flächenhandelssysteme und kommunale Planungshoheit – eine bayerische Perspektive, NuR 2018, 217 ff.; zur Gesetzesinitiative in Bayern siehe Lt-Drs. 17/16760.

147 *BVerwG*, Urt. v. 10.10.2012 – 7 C 9.10, Rn. 23.

a) Gestuftes System der Planung und Vorhabenzulassung

Die Zuordnung von Flächen in Deutschland findet allgemein in einem Zusammenspiel aus planerischen Vorgaben und ordnungsrechtlicher sowie fachplanerischer Vorhabenzulassung statt. Planerische Vorgaben erfolgen in einem System gestufter Planung, beginnend mit einer schwach ausgeprägten Bundesraumordnung, der sich anschließenden zweistufigen Raumordnung in den Ländern, dem vorbereitenden kommunalen Flächennutzungsplan und schließlich dem auf Umsetzung gerichteten Bebauungsplan[148].

Die idealtypische Ausgestaltung dieses Systems gestufter, d. h. sich schrittweise konkretisierender Planung hat – gerade hinsichtlich der Nutzung der Windenergie – in den letzten Jahren erhebliche Veränderungen erfahren. Wegen der nur eingeschränkten Steuerungsleistung des Außenbereichsregimes des § 35 BauGB auf kommunaler Ebene und dem definitionsgemäßen Fehlen von detaillierten Bebauungsplänen für den Außenbereich haben raumordnerische Planungen sowie Flächennutzungspläne über den Planvorbehalt des § 35 Abs. 3 S. 3 BauGB eine kompensatorische Funktion wahrgenommen[149]. Die Steuerung der Windenergie findet heute – allerdings je nach Bundesland in unterschiedlicher Weise – in beträchtlichem Umfang durch Raumordnung und Flächennutzungsplanung statt. Über Öffnungsklauseln können diese Planungen zudem ein gutes Stück weit die Ausübung des Zulassungsregimes des § 35 BauGB dirigieren. Dabei ist, wie bereits angedeutet, der Knappheit des Bodens, d. h. der Fläche[150], unabhängig von der konkreten Regelungsebene stets Rechnung zu tragen[151].

b) Varianten planungsrechtlicher Zulassung von Windenergievorhaben

aa) Konzentrationszonenplanungen als der Zulassung vorausgehende Flächenkontingentierung

Soweit der Zulassung Konzentrationsplanungen auf der Ebene von Flächennutzungsplan- oder Regionalplan mit ihrer gleichzeitigen Ausschlusswirkung i. S. v. § 35 Abs. 3 S. 3 BauGB für die Windenergienutzung auf anderen Flächen vorgeschaltet sind, kommt dies einer staatlichen Flächenkontingentierung[152] gleich: Aus der großen Zahl der überhaupt für Windenergienutzungen rechtlich und faktisch geeigneten Flächen werden diejenigen planerisch ausgewählt,

---

148 Zum Idealtypus der kaskadenförmigen Planung *Institut für nachhaltige Energie- und Ressourcennutzung/Stiftung Umweltenergierecht* (Hrsg.), Instrumente für eine verbesserte räumliche Steuerung der Stromerzeugung aus erneuerbaren Energien, 2016, S. 36 f.

149 *Münkler*, Ansiedlungssteuerung im Außenbereich, VerwArch 2015, 475 (477 f.).

150 Der gestiegenen Bedeutung des Guts der Fläche ist zuletzt auch durch dessen explizite Nennung im UVPG Rechnung getragen worden. Eine inhaltliche Änderung ist damit freilich nicht verbunden, war das Gut auch bislang schon über das Schutzgut Boden erfasst.

151 Für die Raumordnung siehe § 2 Abs. 2 Nr. 2 S. 6 Hs. 2: „[…] die Flächeninanspruchnahme im Freiraum ist zu begrenzen“; für die Bauleitplanung siehe noch einmal § 1a Abs. 2 S. 1: „Mit Grund und Boden soll sparsam und schonend umgegangen werden; […]“.

152 *BVerwG*, Urt. v. 17.12.2002 – 4 C 15/01 = BVerwGE 117, 287-304.

die der Windenergienutzung auch rechtlich zur Verfügung gestellt und für diese gesichert werden sollen. Bei diesem Prozess kommt dem jeweiligen Planungsträger ein planerischer Abwägungsspielraum zu. Ein Anspruch darauf, dass gerade seine Fläche in die Konzentrationszone einbezogen wird, kommt dem Einzelnen nicht zu. Die Planung schafft hier zwar nicht erst das Baurecht[153], sie begrenzt es aber für den Regelfall auf bestimmte Flächen.

bb) Zulassung ohne vorangehenden Planungsakt

Dass Konzentrationsplanungen das Baurecht für Windenergieanlagen nicht erst schaffen, sondern vielmehr räumlich begrenzen, folgt daraus, dass die Regelungen des § 35 BauGB auch ohne vorangehende windspezifische Planungen ausreichen, um eine Windenergieanlage an einem konkreten Standort im Außenbereich planungsrechtlich zuzulassen. Stehen der Zulassung keine öffentlichen Belange i. S. v. § 35 Abs. 3 S. 1 BauGB entgegen und liegen auch alle weiteren Anforderungen vor, so ist die immissionsschutzrechtliche Zulassung und damit die Genehmigung zu Errichtung und Betrieb dem Vorhabenträger der Windenergieanlage zu erteilen. Ein Ermessen kommt der Genehmigungsbehörde hier nicht zu[154]. Bei der durch die Genehmigungsbehörde vorzunehmenden Abwägungsentscheidung nach § 35 Abs. 1 Nr. 5, Abs. 3 BauGB handelt es sich lediglich um eine sog. nachvollziehende Abwägung, bei der allein die gesetzgeberischen Wertungen nachzuvollziehen sind[155]. Der Antragsteller hat bei Vorliegen aller Voraussetzungen einen Rechtsanspruch auf Erteilung der Genehmigung.

Aus dem Bestehen eines Zulassungsanspruches bei dieser Zulassungsvariante folgt dennoch nicht, dass nicht auch insoweit von einer Bewirtschaftung auszugehen ist. Sieht man als notwendiges Element einer Bewirtschaftung die Ausübung eines Entscheidungsspielraums an[156], so kann von Bewirtschaftung auch hier fraglos gesprochen werden. Die Bewirtschaftungsentscheidung wurde lediglich bereits abschließend durch den Gesetzgeber vorgenommen, der mit der Ausgestaltung von § 35 BauGB seinen gesetzgeberischen Regelungsspielraum ausgeübt hat. Speziell mit Blick auf die Nutzung der Windenergie hatte sich der Gesetzgeber zu einer expliziten Bewirtschaftungsentscheidung gezwungen gesehen, nachdem das *Bundesverwaltungsgericht* in einer Entscheidung im Jahr 1994 die Zuordnung von Windenergieanlagen unter die schon damals vorhandenen Privilegierungstatbestände abgelehnt hatte[157].

Zur Schaffung der Privilegierung von Windenergieanlagen in § 35 Abs. 1 BauGB war der Gesetzgeber auch dann nicht gezwungen, insbesondere nicht durch Art. 14 GG. Ausweislich der Gesetzesmaterialien handelte der Gesetzgeber vielmehr zur Realisierung sei-

153 So aber *Köck*, Zur Parallelität von Wassernutzungsrechten und Windnutzungsrechten, ZUR 2017, 684 (688).

154 *Mitschang/Reidt*, in: Battis/Krautzberger/Löhr, BauGB, 13. Aufl. 2016, § 35 Rn. 5.

155 *Rieger*, in: Schrödter, Baugesetzbuch, 8. Aufl. 2015, § 35 Rn. 8; vgl. auch *Mitschang/Reidt*, in: Battis/Krautzberger/Löhr, BauGB, 13. Aufl. 2016, § 35 Rn. 6.

156 So wohl *Köck*, Zur Parallelität von Wassernutzungsrechten und Windnutzungsrechten, ZUR 2017, 684 (688).

157 *BVerwG*, Urt. v. 16.6.1994 – 4 C 20/93 = BVerwGE 96, 95-109.

ner klimaschutz-, energie-, und umweltpolitischen Vorstellungen[158]. Damit aber wurde das Ziel der möglichst weitgehenden Schonung des Außenbereichs nicht aufgegeben[159], die Zulässigkeit von Windenergieanlagen vielmehr unter den Vorbehalt entgegenstehender öffentlicher Belange gestellt und die Entscheidung über einen konkreten Standort der Zulassungsebene überantwortet[160].

cc) Zulassung auf der Grundlage eines Bebauungsplans

Bleibt schließlich eine dritte, das Regime des § 35 BauGB verdrängende Konstellation. Hier wird das Baurecht für die Errichtung von Windenergieanlagen mittels eines kommunalen Bebauungsplans geregelt. Dem kann eine Konzentrationszonenplanung oder eine anderweitige windenergiespezifische Planung vorausgegangen sein. Zwingend ist dies jedoch nicht. Bei Aufstellung des Planes kommt dem Planungsträger ein Abwägungsspielraum zu, der umso größer ist, je geringer die Bindungswirkungen vorgelagerter Ebenen ausfallen. Die überplanten Flächen werden so dem planungsrechtlichen Außenbereich entzogen und dem Zulassungsregime des § 30 Abs. 1, 2 BauGB unterstellt.

Auch hierbei handelt es sich um eine Bewirtschaftung von Flächen. Zwar ist mit bauplanerischen Festsetzungen keine Ausschlusswirkung für den übrigen Außenbereich verbunden. Es wird also keine Entscheidung zulasten anderer Standorte getroffen. Für die überplante Fläche aber wird für Rechtsklarheit gesorgt, da das bei der Zulassung über § 35 BauGB erforderliche Einvernehmen der Gemeinde gem. § 36 BauGB hier nicht nötig ist, sondern bereits im Planungsakt Ausdruck findet. Zudem wird im Einzelfall auch das Baurecht erst geschaffen oder es findet eine Konkretisierung der planungsrechtlichen Zulässigkeit mittels Festsetzung etwa eines Baufensters sowie Art und Maß der baulichen Nutzung statt. Die Zulässigkeit von Windenergieanlagen an den festgesetzten Standorten ist nicht länger von der Entscheidung nach § 35 BauGB – die auch zulasten der Windenergie ausgehen kann – abhängig, sondern nur noch davon, dass das Windenergievorhaben den Festsetzungen des Bebauungsplans nicht widerspricht und seine Erschließung gesichert ist, § 30 Abs. 1 BauGB.

c) Zwischenergebnis: Das System der gestuften Planung und Zulassung als Bewirtschaftungsordnung

Insgesamt lässt sich somit eine umfassende planerische Bewirtschaftung von Flächen außerhalb geschlossener Siedlungsgebiete feststellen. Diese wird nicht allein durch eine einzige staatliche Stelle vollzogen, sondern ist verschiedenen Trägern der Raumordnung und der kom-

---

158 BT-Drs. 13/4978, S. 2.

159 BT-Drs. 13/4978, S. 7; *BVerwG*, Urt. v. 17.12.2002 – 4 C 15/01, juris Rn. 52 = BVerwGE 117, 287-304.

160 Beschlussempfehlung und Bericht des Ausschusses für Raumordnung, Bauwesen und Städtebau, BT-Drs. 13/4978, S. 6: *„Welchen Belangen der Vorrang gebührt, kann nicht pauschal und auf Bundesebene, sondern nur im Einzelfall und vor Ort abgewogen und entschieden werden.“*

munalen Bauleitplanung zugewiesen bzw. schon unmittelbar durch den Gesetzgeber ausgeführt worden. Dabei ist das System so ausgestaltet, dass es sich bei den planerischen Ausweisungen durch die verschiedenen Planungsträger in der Regel allein um optionale, nicht aber notwendige Vorgänge handelt, um Windenergieanlagen planerisch zuzulassen. Im Normalfall kann dies allein über das Regelungsregime des § 35 Abs. 1, 3 BauGB erfolgen. Auch diese Regelung legt aber ein Bewirtschaftungsregime fest, das der Gesetzgeber in Ausübung seiner Gestaltungsbefugnis geschaffen hat. Dass den ausführenden Behörden insoweit kein Ermessensspielraum zukommt, hindert diese Annahme nicht.

Auf jeder der einschlägigen Regelungsebenen hat das Gebot der Sparsamkeit des Umgangs mit dem knappen Gut des Bodens auf unterschiedliche Weise Berücksichtigung gefunden und ist, neben verschiedenen anderen Zielen, ein maßgeblicher Zweck des Bewirtschaftungssystems. Dass dieses bislang nicht dazu geführt hat, das angestrebte Ziel der Flächeneinsparung zu erreichen, steht dem nicht entgegen[161].

4. Haben die Träger von Windenergievorhaben einen Sondervorteil aus der Nutzung des Außenbereichs?

Schließlich stellt sich die Frage, ob insbesondere die Betreiber von Windenergieanlagen durch die planungsrechtlich auf unterschiedliche Weise ermöglichte Nutzung des Außenbereichs einen Vorteil haben, der der Allgemeinheit so nicht zur Verfügung steht. Kennzeichnend hierfür ist das Vorliegen einer die Vorhabenträger begünstigenden individuell zurechenbaren öffentlichen Leistung. Dabei reicht es für die Annahme eines Sondervorteils aus, dass der Gegenleistungsbezug der hieran anknüpfenden Abgabe einen bestimmten Grad übersteigt, der ihre Einordnung als Gebühr rechtfertigt und das Vorhandensein einer gegenleistungsunabhängigen Steuer ausschließt.[162]

Es ist zu zeigen, dass das Bestehen eines solchen Sondervorteils nicht nur für Fälle der Flächensicherung mittels Konzentrationszonenplanungen, sondern vielmehr auch unabhängig hiervon in Fällen der alleinigen Geltung des Regelungsregimes des § 35 Abs. 1 Nr. 5, Abs. 3 BauGB oder der Geltung des § 30 Abs. 1 BauGB aufgrund vorgehender Bebauungsplanung begründbar ist.

a) Sondervorteil innerhalb von Konzentrationszonen

Ein planungsbedingter Sondervorteil liegt zunächst dann vor, wenn durch eine Konzentrationszonenplanung bestimmte Grundstücke ausgewählt werden, auf denen Windenergieanlagen grundsätzlich errichtet werden können[163].

---

161 Zu den deshalb erwogenen Maßnahmen zur Reduktion der Flächenneuinanspruchnahme siehe oben, Fn. 146.

162 Vgl. *Sacksofsky,* Umweltschutz durch nicht-steuerliche Abgaben, 2000, S. 206.

163 *Köck,* Zur Parallelität von Wassernutzungsrechten und Windnutzungsrechten, ZUR 2017, 684 (688).

Der Sondervorteil besteht hier zwar nicht darin, dass die Nutzungsmöglichkeiten durch die Konzentrationsplanung erweitert werden[164]. Auch in Konzentrationszonen richtet sich die Zulässigkeit der Vorhaben weiterhin nach § 35 Abs. 1 Nr. 5, Abs. 3 BauGB und steht damit unter dem Vorbehalt entgegenstehender öffentlicher Belange. Zwar muss bei der Ausweisung der Konzentrationszone geprüft werden, dass sich die Windenergie auf den Flächen in substanzieller Weise und nicht lediglich im Einzelfall durchsetzen können wird. Dass auf einzelnen Flächen der Realisierung eines Vorhabens aber gleichwohl öffentliche Belange entgegenstehen können, ist damit noch nicht ausgeschlossen.

Der durch die Konzentrationszonenplanung vermittelte Sondervorteil besteht deshalb vielmehr darin, dass nur die Flächen innerhalb der Konzentrationszone nicht von der Ausschlusswirkung des § 35 Abs. 3 S. 3 BauGB getroffen werden und nur hier die Privilegierung der Windenergienutzung zu voller Wirkung gelangt. Dieser Vorteil besteht im Vergleich zu Flächeneigentümern außerhalb solcher Gebiete, die regelmäßig nicht mehr als zwei Prozent eines Planungsgebietes umfassen. Die ganz überwiegende Mehrheit – die Allgemeinheit – kommt damit nicht in den Genuss dieser Vorteile. Während sich der Sondervorteil aber zunächst allein als abstrakte Wertsteigerung bei den Flächeneigentümern einstellt, materialisiert er sich doch letztlich nur dort, wo aufgrund eines Flächennutzungsvertrags mit einem Vorhabenträger eine Pachtzahlung vereinbart oder die Fläche durch den Eigentümer selbst zur Windenergieerzeugung genutzt wird. Ein Teil des sich so monetarisierenden Sondervorteils verbleibt dann beim Flächeneigentümer selbst, im Übrigen aber kann er bei den Vorhabenträgern abgeschöpft werden.

b) Sondervorteil trotz Fehlens windenergiespezifischer Planungen

Auch wenn keine Konzentrationsplanung stattgefunden hat, lässt sich ein Sondervorteil von Vorhabenträgern sowie in geringerem Umfang von Flächeneigentümern begründen.

Im baulichen Außenbereich besteht dieser schon aufgrund der privilegierten Zulässigkeit von Windenergieanlagen nach § 35 Abs. 1 Nr. 5, Abs. 3 BauGB. Bis auf das Fehlen einer staatlichen Voruntersuchung der Flächen auf Planungsebene besteht hinsichtlich der planungsrechtlichen Zulässigkeit von Windenergievorhaben kein Unterschied zu Vorhaben innerhalb einer Konzentrationszone – auch hier kann allein das Entgegenstehen öffentlicher Belange nach § 35 Abs. 3 BauGB ihre Zulässigkeit hindern.

Der Sondervorteil besteht zunächst im Vergleich zu anderen baulichen Nutzungen, denen keine Privilegierung nach § 35 Abs. 1 BauGB im Außenbereich zukommt, da deren Umsetzung hier in aller Regel unzulässig ist. Auch im Vergleich zu den übrigen privilegierten Nutzungen kann aber ein Sondervorteil festgestellt werden: Die staatliche Begünstigung besteht hier in erster Linie darin, dass mit Windenergieanlagen ein Massenphänomen dem Außenbereich zugewiesen wurde[165]. Die tatsächliche Inanspruchnahme des Außenbereichs durch

164 So aber *Köck,* Zur Parallelität von Wassernutzungsrechten und Windnutzungsrechten, ZUR 2017, 684 (688).

165 *BVerwG*, Urt. v. 17.12.2002 – 4 C 15/01, juris Rn. 27.

Windenergieanlagen dürfte nicht nur rein flächenmäßig über die der meisten anderen privilegierten Vorhaben hinausgehen. Vielmehr werden auch die von ihnen als regelmäßig raumbedeutsamen Vorhaben[166] ausgehenden Wirkungen und damit auch das Zurückdrängen des öffentlichen Interesses an der Freihaltung des Außenbereichs in sehr viel weiter gehendem Ausmaß hingenommen, als dies bei anderen privilegierten Vorhaben nötig ist.

Nichts anderes ergibt sich auch, wenn man die übrigen Formen erneuerbarer Energien in den Blick nimmt, die ebenfalls in § 35 Abs. 1 BauGB eine Privilegierung erfahren haben. Sowohl die Nutzung von solarer Strahlungsenergie (Nr. 8) als auch von Biomasse (Nr. 6) wird schon nicht allgemein privilegiert, sondern vielmehr allein unter einengenden Voraussetzungen und jeweils gekoppelt an andere bauliche Vorhaben. Photovoltaik-Freiflächenanlagen, die ebenfalls eine enorme Flächenwirksamkeit besitzen können, sind demgegenüber überhaupt nicht im Rahmen von § 35 BauGB privilegiert. Gegenüber der ebenfalls allgemein privilegierten Nutzung der Wasserkraft (Nr. 5 Alt. 2) besteht schon in der zahlenmäßigen Relevanz ein bedeutender Unterschied, zumal die eigentliche Beschränkung der Nutzung der Wasserenergie in den wasserrechtlichen Anforderungen, insbesondere dem wasserrechtlichen Verschlechterungsverbot liegt.

c) Sondervorteil bei Vorliegen eines Bebauungsplans

Ein Sondervorteil lässt sich schließlich auch für Flächeneigentümer und Vorhabenträger feststellen, deren Vorhaben auf der Grundlage eines Bebauungsplans und damit auf Flächen realisiert werden, die dem planerischen Außenbereich entzogen worden sind.

Auch hier resultiert der Sondervorteil letztlich aus § 35 BauGB, nur dass sich dieser hier nicht durch eine planungsrechtliche Zulassung auf dieser Grundlage realisiert. Ohne Bedeutung ist die Norm rechtspraktisch nämlich auch für solche Fälle nicht. Die grundsätzliche Zulässigkeit von Windenergieanlagen im Außenbereich nach § 35 Abs. 1 Nr. 5, Abs. 3 BauGB bedeutet nämlich, dass es eines Bebauungsplans regelmäßig nicht zum Zwecke der planungsrechtlichen Zulassung von Windenergieanlagen bedarf. Das Bebauungsplanverfahren hat in solchen Fällen vielmehr überwiegend die Zwecke, einen Einfluss der Kommune auf die Realisierung des Vorhabens zu sichern, städtebauliche Verträge im Rahmen des Verfahrens abzuschließen oder lediglich Modalitäten räumlicher Steuerung von untergeordneter Bedeutung festzusetzen. Wenn auch das Regime des § 30 Abs. 1 BauGB i. V. m. dem jeweiligen Bebauungsplan § 35 BauGB verdrängt, so wirkt diese Norm hier doch insoweit fort, als in der Regel lediglich eine Fläche überplant wird, auf der das Windenergievorhaben auch bereits auf Grundlage von § 35 BauGB hätte zugelassen werden können.

Am Fortwirken des Sondervorteils nach § 35 BauGB ändert sich auch dadurch nichts, dass selbstverständlich auch andere bauliche Vorhaben auf der Grundlage eines Bebauungsplans im Außenbereich zugelassen werden können, ohne dass diese dort privilegiert zulässig wären. Den Kommunen kommt hier eine ungleich größere Entscheidungsgewalt zu. Ihre

166 Vgl. *Hinsch,* in: Schulz, Handbuch Windenergie, 2015, Kap. 3, Rn. 33.

Entscheidung ist hier konstitutiv und nicht – wie in den meisten Fällen bei der Zulassung der Windenergie – allein deklaratorisch. Wie gewichtig die Privilegierung nach § 35 Abs. 1 Nr. 5 BauGB für Windenergieanlagen im Hintergrund ist, sieht man derzeit in Bayern, wo der Privilegierung mit der dortigen 10 H-Regelung ihre Wirkung genommen wurde. Hier ist der Bebauungsplan deshalb konstitutiv für die Zulässigkeit von Windenergieanlagen innerhalb des Abstands von 10 H. Seit ihrem Erlass im Jahr 2014 haben jedoch lediglich eine Handvoll Kommunen einen Bebauungsplan für Windenergieanlagen aufgestellt[167]. Die im übrigen Bundesgebiet nur eingeschränkt gegebene Rechtswirkung der Bebauungsplanung für die Zulassung von Windenergieanlagen ließe es zweifelhaft erscheinen, wollte man allein aufgrund des Vorliegens eines Bebauungsplans solche Vorhaben vom Anwendungsbereich der hier vorgeschlagenen Abgabe ausnehmen.

Das *BVerfG* hat jüngst zudem mit Blick auf die verschiedenen Regime zur anlagenbezogenen Regulierung des Kohlendioxidausstoßes festgestellt, dass die Annahme eines Sondervorteils zugunsten einer bestimmten Tätigkeit innerhalb eines Bewirtschaftungssystems nicht dadurch infrage gestellt wird, dass im Rahmen eines anderen Regimes andere Tätigkeiten von einer Bewirtschaftung ausgenommen sind[168]. Ohnehin könnte eine vergleichbare Ausnahme vorliegend allein für fachplanerisch zuzulassende Vorhaben von überörtlicher Bedeutung sowie nach dem BImSchG zuzulassende öffentlich zugängliche Abfallbeseitigungsanlagen i. S. v. § 38 BauGB erwogen werden, auf welche die §§ 29 ff. gem. § 38 S. 1 BauGB keine Anwendung finden. Auch im Rahmen der Fachplanung ist aber dem Ziel der Reduktion des Flächenverbrauchs Rechnung zu tragen und weitergehend sogar noch der Bedarf für das Vorhaben allgemein zu begründen. Eine für den vorliegenden Zusammenhang interessierende Begünstigung solcher Vorhaben außerhalb der §§ 29 ff. BauGB liegt deshalb ohnehin nicht vor.

Zusammenfassend kann festgestellt werden, dass in allen drei Varianten eine kausale Verknüpfung von der staatlichen Begünstigung insbesondere von Vorhabenträgern[169] einerseits und der Abgabe als Gegenleistung andererseits besteht. Die Abgabe würde den staatlich induzierten Vorteil beim Vorhabenträger abschöpfen, nicht aber eine gegenleistungsunabhängige Belastung darstellen.

d) Sondervorteil trotz Grundrechtsbetroffenheit

Ein möglicher Einwand in Bezug auf den Sondervorteil bleibt allerdings noch zu klären: Nämlich die Frage, ob eine Außenbereichsabgabe deshalb ausscheiden müsste, weil es einen grundrechtlichen Anspruch darauf gäbe, im Außenbereich Windenergieanlagen errichten zu dürfen.

167 Vgl. die Stellungnahme des *BWE*, Landesverband Bayern, veröffentlicht als Anlage 2 zum Protokoll der Anhörung 74. WI vom 16.11.2017, S. 27.

168 *BVerfG*, Beschl. v. 15.3.2018 – 1 BvR 2864/13, Rn. 32.

169 Zur Abschöpfung des anteiligen Sondervorteils auch bei den Flächeneigentümern siehe unten III.5.a).

Zumindest das *OVG Münster* hat nämlich in einem Urteil (wiederum) zur Gewässerbenutzung betont, dass es keinen Rechtsanspruch auf die Erteilung einer wasserrechtlichen Erlaubnis oder Bewilligung gibt

> „[…] weil die Gewässerbenutzung nicht – wie etwa die Bautätigkeit – Ausfluss der Eigentumsgarantie des Art. 14 Abs. 1 Satz 1 GG [...], anderer Rechte oder der allgemeinen Handlungsfreiheit des Art. 2 Abs. 1 GG ist, denen gegenüber die öffentlich-rechtliche Zulassung lediglich eine der generellen Kontrolle prinzipiell erlaubter Tätigkeiten dienende Schranke darstellt (sog. präventives Verbot mit Erlaubnisvorbehalt). Die Erteilung einer [wasserrechtlichen] Bewilligung oder Erlaubnis verleiht dem Inhaber vielmehr konstitutiv das Recht bzw. die Befugnis zur Gewässerbenutzung, welche(s) er zuvor – anders als im Verhältnis der Baugenehmigung zur prinzipiellen Baufreiheit – schlicht nicht besaß (sog. repressives Verbot mit rechts- oder befugnisverleihendem Befreiungsvorbehalt).“[170]

Zur Rechtfertigung der Vorteilsabschöpfung im Wasserrecht unterstreicht das Gericht hier also, dass der Staat die Wassernutzung erst einräumen muss und der Nutzer sonst gerade keinen (grundrechtlichen) Anspruch darauf hätte. Als Gegenbeispiel zieht das Gericht die sog. Baufreiheit heran; hier gebe es einen Anspruch, bauen zu dürfen, der in der Baugenehmigung nur konkretisiert würde.

Heißt das nun, dass ein Vorteil dort nicht abgeschöpft werden kann, wo schon ein Anspruch auf die Nutzung besteht? Wohl kaum. Zum einen sind die Ausführungen des Gerichts zur Baufreiheit offensichtlich nur illustrativer Natur. Eine konstitutive Anreicherung der vom *BVerfG* entwickelten Zulässigkeitskriterien ist mit dem vom Gericht gewählten Gegenbeispiel sicher nicht beabsichtigt. Zum anderen darf man sich dadurch nicht vom eigentlichen Fokus ablenken lassen: Es geht darum, einen Sondervorteil abzuschöpfen, den eine bestimmte Nutzergruppe innehat, die Allgemeinheit dagegen nicht. Selbst wenn ein grundrechtlicher Anspruch besteht, bauen zu dürfen, gibt es Fälle, in denen die freie Bautätigkeit als Inhalts- und Schrankenbestimmung der Eigentumsgarantie[171] (wieder) eingeschränkt ist. Erlaubt man nun

---

170 *OVG Münster*, Urt. v. 09.09.2016 – 9 A 938/14, Rn. 51, abrufbar unter: http://www.justiz.nrw.de.

171 Siehe nur *Köck/Bovet/Tietz*, Mengensteuerung der baulichen Flächenneuinanspruchnahme – Zur Notwendigkeit eines Flächenzertifikatehandelsgesetzes, ZUR 2018, 67, 74 mit Hinweis auf BVerfGE 100, 226 (241) und *Lege*, Eigentumsdogmatik und Umweltrecht, in: Hendler/Marburger/Reinhardt (Hrsg.), Jahrbuch des Umwelt- und Technikrechts, 2005, S. 7, 38: „Für die Fälle der baulichen Grundeigentumsnutzung ist von einem besonderen sozialen Bezug des Grundeigentums auszugehen, weil der Boden unvermehrbar und unentbehrlich für die soziale Nutzung ist. Die Knappheit von Grund und Boden rechtfertigt insbesondere in dicht besiedelten Gesellschaften eine Bewirtschaftung der Bodennutzung zur Abstimmung und Koordinierung unterschiedlicher Nutzungs- und Schutzansprüche. Eine ‚Baufreiheit‘ in dem Sinn, dass zum Inhalt des Grundeigentums von Verfassungs wegen die Bebaubarkeit gehöre […] gibt es somit nicht.“ Siehe auch *Köck*, Zur Parallelität von Wassernutzungsrechten und Windnutzungsrechten, ZUR 2017, 684 (688); vgl. auch *Hermes*, Der Wind, seine Nutzung und das Eigentum, ZUR 2017, 677 (678, Fn. 9).

einigen Adressaten ausnahmsweise trotzdem dort bauen zu dürfen, so haben sie einen Sondervorteil, der auch abgeschöpft werden kann[172].

Konkret heißt das hier, dass diejenigen einen Sondervorteil haben, die im Außenbereich bauen dürfen, obwohl das dort eigentlich unzulässig ist. Dieser Sondervorteil besteht unabhängig davon, im Rahmen welcher der oben aufgezeigten Konstellationen die Zulässigkeit von Windenergievorhaben herbeigeführt wird. Der Einzelne hat keinen Einfluss darauf, ob dies durch eine staatliche Planung herbeigeführt wird oder ob die Zulässigkeit unmittelbar aus dem Gesetz folgt. An der aus Sicht des Bauwilligen willkürlichen Unterscheidung das Bestehen oder Nichtbestehen eines Sondervorteils festzumachen, überzeugt nicht.

Die Diskussion um die Frage, ob die Baufreiheit auch für den Außenbereich einen grundrechtlichen Ausfluss darstellt, dessen Beschränkung der Rechtfertigungspflicht unterliegt[173], muss hier auch deshalb nicht vertieft werden. Die Privilegierung der Windenergienutzung im Außenbereich war unstreitig nicht verfassungsrechtlich gefordert. Die gleichwohl erfolgte einfachgesetzliche Öffnung des Außenbereichs im BauGB oder seine planerische Überformung zugunsten von Windvorhabenträgern sind bereits der Sondervorteil, der abgeschöpft werden kann.

5. Höhe und Ausgestaltung der Außenbereichsabgabe

Nach Klärung der Zulässigkeitsvoraussetzungen stellt sich natürlich die Frage, wie sich die Höhe der hier vorgeschlagenen Außenbereichsabgabe bemessen würde und wie diese administriert werden könnte.

a) Bemessungsmaßstab

Schon in seiner Wasserpfennig-Entscheidung hat das *BVerfG* klargestellt, dass man von einer Vorteilsabschöpfung überhaupt nur sprechen kann, wenn die Höhe der Gebühr „den Wert der öffentlichen Leistung nicht übersteigt“[174].

Zur Frage, wie hoch die Vorteilsabschöpfung ausfallen darf, ist eine jüngere Kammerentscheidung des *BVerfG* aufschlussreich, denn der Gesetzgeber habe hier einen weiten Spielraum: Die Bemessung der Gebühr dürfe nicht „in einem groben Missverhältnis zu dem verfolgten Gebührenzweck“ stehen; ein solches Missverhältnis sei nicht anzunehmen, wenn der

172 So auch *Sacksofsky*, Umweltschutz durch nicht-steuerliche Abgaben, 2000, S. 219.

173 So *Papier/Shirvani*, in: Maunz/Dürig, Art. 14, Stand: 84 Lfg. 2018, Rn. 164, 170 f.; *Depenheuer*, in: von Mangoldt/Klein/Starck, GG, Bd. 1, 6. Aufl. 2010, Art. 14 Rn. 117; a. A. *Wieland*, in: Dreier, Grundgesetz, Bd. I, 3. Aufl. 2013, Art. 14 Rn. 50; aus der aktuellen Diskussion auch *Köck*, Zur Parallelität von Wassernutzungsrechten und Windnutzungsrechten, ZUR 2017, 684 (688) sowie *Hermes*, Der Wind, seine Nutzung und das Eigentum, ZUR 2017, 677 (678, insbesondere Fn. 9).

174 BVerfGE 93, 319 (347).

Gesetzgeber „ein gemessen am jeweiligen Nutzungsvorteil in sich schlüssiges, jedenfalls vertretbares System der Gebührenbemessung“ vorsieht[175].

Vor diesem Hintergrund fragt sich, wie ein solches schlüssiges Konzept hier aussehen könnte. Wenn der Zweck der Gebühr ist, den Sondervorteil der Windenergienutzung aus der sonst unzulässigen Inanspruchnahme des Außenbereichs abzuschöpfen, spricht zunächst viel dafür, auch tatsächlich die raumgreifende Wirkung der Anlagen als Anknüpfungspunkt zu nehmen, wegen der sie auf einen Standort gerade im Außenbereich angewiesen sind.

Demnach könnte etwa die Anzahl der Anlagen als eine gestaffelte Bemessungsgrundlage in Betracht kommen. In diese Richtung geht etwa eine Windkraftabgabe der spanischen Region Kastilien-La Mancha, die neulich der *Europäische Gerichtshof* (*EuGH*) zu überprüfen hatte. Dort sind für Windparks mit 3 bis 7 Generatoren pro Quartal 489 EUR je Generator zu zahlen und bei Parks mit mehr als 15 Anlagen bis zu 1.275 EUR[176]. Die Euro-Beträge werden hier rein illustrativ wiedergegeben und sind ausdrücklich keine Festlegung der Autoren.

Da die raumgreifende Wirkung der Anlagen nicht allein von ihrer Anzahl, sondern auch ihrer Höhe bestimmt wird, bietet es sich an, auch diese ebenfalls als Parameter einzubeziehen. Auch hier ist eine Staffelung naheliegend. Ein Abstellen auf die Gesamthöhe statt nur auf die Nabenhöhe würde auch die Länge der Rotoren berücksichtigen, ohne dafür eine eigene Kategorie schaffen zu müssen, etwa zur überstrichenen Fläche.

Da sich der Vorteil, der abgeschöpft werden soll, aber nicht unmittelbar nach der bloßen Anzahl und Höhe der Anlagen bemisst, sondern nach ihrem Ertrag, spricht viel dafür, diesen ebenfalls in die Bemessungsgrundlage einzubeziehen. Gerade weil das *BVerfG* angemahnt hat, es dürfe nicht mehr abgeschöpft werden als der eigentliche Sondervorteil, ist – jedenfalls als Korrektiv – auch ein Abstellen auf den Ertrag angezeigt. Stellt man hier dann nicht auf die reine Menge der erzeugten bzw. eingespeisten kWh ab, sondern auf den anzulegenden Wert der tatsächlich ausgekehrten EEG-Förderung, ermöglicht dies automatisch auch eine Einbeziehung der Standortgüte, wie sie das EEG mit den Korrekturfaktoren für die einzelnen Standortqualitäten[177] festgelegt hat.

Da der Vorteil aus den EEG-Einnahmen aber nicht allein beim Anlagenbetreiber eintritt, sondern mittelbar auch bei den Eigentümern der Fläche, die entsprechende Pachteinnahmen verbuchen können, liegt es nicht fern, zusätzlich zum Ertrag der Anlage auch die Höhe des Pachtzinses in die Bestimmung der Abgabenhöhe einzubeziehen. Damit würde die örtliche Gemeinschaft auch an dem Vorteil teilhaben, den die Flächeneigentümer aus der Nutzung der Windenergie ziehen[178].

---

175 *BVerfG*, Beschl. v. 20.01.2010 – 1 BvR 1801/07 und 1 BvR 1878/07, S. 5 und 7 des Umdrucks.

176 Siehe dazu *Kahl*, EuGH hält spanische Windkraftabgabe für mit Europarecht vereinbar, Anm. zu EuGH, Urt. v. 20.09.2017, C 215/16, C-216/16, C 220/16 und C 221/16, EnWZ 2018, Heft 1/2, S. VI f.

177 Siehe § 36h Abs. 1 EEG 2017.

178 Da mit der Pachthöhe auch die hier vorgeschlagene Abgabe mitwächst, dürfte so ein Anreiz entstehen, die Pachthöhe entweder zu deckeln oder aber die Gemeinde als gesellschaftsrechtlichen Teilhaber in die Realisierung des Vorhabens einzubinden, um so zumindest einen Rückfluss des durch die Pachthöhe induzierten Abgabenteils in das Vorhaben zu erreichen.

In einer Kombination der genannten Parameter muss dann eine konkrete Formel gefunden werden, die die Bemessungsgrundlagen in ein Verhältnis zueinander setzt und den erlangten Wert monetarisiert. Die Festlegung, wie genau diese Formel am Ende aussieht, entzieht sich juristischer Expertise und kann deshalb hier nicht vertieft werden. In Abhängigkeit davon lässt sich hier auch nicht sagen, wie hoch das Volumen der jeweiligen Einnahmen für die Standortkommunen jeweils ausfiele. Sicher wird aber darauf zu achten sein, dass die Einnahmen über ein nur marginales Maß hinausgehen, sollen sie vor Ort tatsächlich akzeptanzfördernd sein.

b) Praktische Umsetzung

Geht es um die praktische Umsetzung der Außenbereichsabgabe, ist vor allem zu klären, wie der Mittelfluss von den Anlagenbetreibern zu den Kommunen zu organisieren ist.

Denkbar ist hier zunächst, dass dieser Mittelfluss auf direktem Weg erfolgt. Das heißt, der Betreiber der jeweiligen Windenergieanlagen als Adressat der Abgabe wäre direkter Schuldner der Standortkommune. Der Vorteil einer solchen unmittelbaren Leistung läge – zumindest auf den ersten Blick – in seiner schlank gehaltenen Struktur. Auch wäre ein solcher direkter Mittelfluss eine treffende Umsetzung des mit der Abgabe verfolgten Partizipationsgedankens, wenn der Ertrag quasi direkt vom Windfeld in die Kasse des Kämmerers gespült wird.

Allerdings stellt sich hier das Problem, dass den Kommunen nicht die Daten vorliegen, die sie brauchen, um die Höhe der Abgabe zu berechnen. Dies gilt selbst dann, wenn der Anlagenbetreiber zunächst selbst die zu zahlende Summe berechnen würde, da die Kommune wenigstens nachvollziehen können muss, ob der überwiesene Betrag korrekt ermittelt wurde. Zwar könnte man die Kommunen mit den nötigen Daten ausstatten. Dies würde aber zu zusätzlicher Bürokratie auf Zahler- und Empfängerseite führen und zudem ein verfassungsrechtliches Risiko nach sich ziehen: Wenn die Kommunen durch eine bundesrechtliche Regelung die Aufgabe bekommen würden, Daten entgegenzunehmen und mit diesen die Höhe der geschuldeten Abgabe zu berechnen, könnte dem das oben schon erörterte Aufgabenübertragungsverbot des Art. 84 Abs. 1 S. 7 GG entgegenstehen.

Vorzugswürdig ist daher der Ansatz, die Betreiber desjenigen Netzes in die Abwicklung der Abgabe einzubeziehen, an das die Anlagen jeweils angeschlossen sind. Denn diese haben in der Abwicklung der Förderung nach dem EEG ohnehin eine zentrale Funktion und verfügen in dieser Rolle auch über die nötigen Daten. Diese Netzbetreiber könnten neben ihren bereits bisher bestehenden Aufgaben auch die Ermittlung der Abgabenhöhe übernehmen, diese vom Anlagenbetreiber erheben und an die Standortkommune weiterleiten. Ob die Anlagenbetreiber dazu eine eigene Zahlungsaufforderung vom Netzbetreiber bekommen oder der Betrag mit der Förderung verrechnet wird, ist dabei eine reine Ausgestaltungsfrage, die gesetzlich mitgeregelt werden müsste[179]. Die Zahlungsansprüche zwischen Anlagenbetreiber

179 Bei einer systematisch vorgeschriebenen Aufrechnung könnte etwa § 27 Abs. 1 EEG 2017 ausdrücklich ergänzt werden, der eine Aufrechnung bisher eher nur einzelfallbezogen vorsieht, wenn „die Forderung unbestritten oder rechtskräftig festgestellt ist“.

und Netzbetreiber sowie zwischen Netzbetreiber und Kommune müssten in Form von für das EEG typischen gesetzlichen Schuldverhältnissen verankert werden. Die Kommunen würden also im Ergebnis Zahlungen vom örtlichen Netzbetreiber empfangen, deren Höhe die Netzbetreiber nach den gesetzlichen Vorgaben und anhand der ihnen zur Verfügung stehenden Daten berechnet haben[180].

Die neutrale Position der Netzbetreiber und die Anforderungen an die Erfüllung ihrer gesetzlich wahrzunehmenden Aufgaben[181] dürften eine reibungslose und korrekte Abwicklung garantieren. Eine entsprechende Aufsichtsbefugnis etwa der Bundesnetzagentur (BNetzA) könnte flankierend gleichwohl geschaffen werden. Aus Sicht der Kommunen dürfte es ausreichen, ihnen im Sinne einer Plausibilitätskontrolle lediglich eine Einsichtnahmemöglichkeit in die Abrechnung der Netzbetreiber einzuräumen.

Schließlich wäre festzulegen, in welchen Intervallen die Abgabe fällig wird. Denkbar ist hier ein vierteljährlicher Rhythmus wie im Falle der oben angeführten Windkraftabgabe in Kastilien-La Mancha. Aufgrund der Einbindung der Netzbetreiber und der eingespielten Routine bei der Abrechnung der Zahlungsströme nach dem EEG liegt es allerdings viel näher, als Abrechnungszeitraum – wie im EEG etabliert – das Kalenderjahr festzusetzen und monatliche Abschlagszahlungen vorzusehen[182].

Nicht zuletzt gehört zur Umsetzung der Folgeänderungsbedarf im Landesrecht. Insbesondere muss der Landesgesetzgeber prüfen und sicherstellen, dass den Kommunen die Zusatzeinnahmen aus der Abgabe im Ergebnis auch tatsächlich erhalten bleiben. Dabei ist nicht ausgeschlossen, dass dies die Länder auch zum Anlass für eine Konditionierung nehmen. Anbieten könnte sich etwa eine Regelung, mit der den Standortkommunen aufgegeben wird, die Einnahmen anteilig mit den Nachbarkommunen zu teilen, die im Umkreis eines Windparks liegen.

6. Ertragshoheit

Zu klären ist weiterhin, ob der Bund dazu berechtigt ist, die Ertragshoheit an einer Abgabe – wie hier vorgeschlagen – unmittelbar den Kommunen und nicht etwa den Ländern zuzuweisen.

Sucht man nach rechtlichen Anknüpfungspunkten für die Ertragshoheit an einer Abgabe, so könnte man zunächst an die nach Art. 83 GG im Grundsatz den Ländern zugewiesene Verwaltungszuständigkeit denken. Diesbezüglich heißt es in der UMTS-Entscheidung des *Bundesverfassungsgerichts*:

---

180 Die Zwischenschaltung der Netzbetreiber als Inkassostelle hat auch keine Auswirkungen auf die Qualifizierung der Abgabe als Gebühr. Kennzeichnend für diese ist ihr Gegenleistungscharakter für eine individuell zurechenbare öffentliche Leistung. Dieser Charakterzug geht aber bei der hier vorgeschlagenen Ausgestaltung nicht verloren.

181 Siehe etwa § 61j Abs. 1 EEG 2017, dessen Maßstab ähnlich auch auf die Abwicklung der Außenbereichsabgabe erstreckt werden könnte: „Die Netzbetreiber müssen bei der Erhebung der EEG-Umlage die Sorgfalt eines ordentlichen und gewissenhaften Kaufmanns anwenden."

182 Siehe beispielhaft nur §§ 58 Abs. 2 und 26 Abs. 1 EEG 2017.

„Für Einnahmen, die nicht aus Steuern oder Finanzmonopolen stammen, bei denen vielmehr ein unmittelbarer Zusammenhang mit der Erfüllung einer bestimmten öffentlichen Aufgabe oder Tätigkeit besteht, folgt die Ertragszuständigkeit mangels anderweitiger Regelung grundsätzlich der jeweiligen Verwaltungszuständigkeit für die Sachaufgabe, für die die Abgabe erhoben wird[183]."

Allerdings ist dies nicht so zu verstehen, als ob die Anknüpfung an die Verwaltungszuständigkeit der einzige Weg wäre, die Ertragshoheit zuzuordnen. Schon die gewählte Formulierung („grundsätzlich") lässt Spielraum für die Auswahl anderer Anknüpfungspunkte. Der hinter dem formulierten Grundsatz stehende Gedanke ist der, dass im Normalfall das Aufkommen einer Abgabe derjenigen Einheit zugutekommen soll, die den mit der Gegenleistung verbundenen Verwaltungsaufwand hat[184]. Dies ist für den Normalfall gegenleistungsbezogener Abgaben auch ohne Weiteres einsichtig, greift aber im Falle von Ressourcennutzungsgebühren gerade nicht[185]. Hier besteht die staatliche Leistung gerade nicht in einer mit Verwaltungsaufwand verbundenen Handlung, sondern vielmehr in einem Unterlassen – der Duldung der Nutzung einer knappen natürlichen Ressource durch einen Dritten[186]. Fehlt aber der Zuweisungsgehalt, der für den Normalfall gerade in dem bestehenden Verwaltungsaufwand zum Ausdruck kommt, so ist nach anderen Umständen zu suchen, welche die Zuweisung der Ertragshoheit legitimieren[187].

Dass das *BVerfG* mit seinen Ausführungen in der UMTS-Entscheidung einer solchen Suche ganz generell eine Absage erteilen wollte, erscheint nicht nur angesichts der gewählten Formulierung, sondern mehr noch aufgrund des Kontexts der Entscheidung zweifelhaft. In dem Verfahren hatten mehrere Bundesländer versucht, unmittelbar aus der Verfassung eine Pflicht des Bundes zu ihrer Beteiligung an den Einnahmen aus der UMTS-Frequenzversteigerung herzuleiten[188]. Ziel der zitierten Ausführungen des *BVerfG* war es mithin nicht, die verfassungsrechtlichen Maßgaben der Ertragszuständigkeit bei nichtsteuerlichen Abgaben abschließend zu bestimmen, sondern vielmehr allein das Ansinnen der klagenden Länder im konkreten Fall abzulehnen. Da die grundsätzliche Ertragszuständigkeit des Bundes im entschiedenen Fall überhaupt nicht streitig war, genügte es, die Zuständigkeit des Bundes in Akzessorietät zu seiner Verwaltungszuständigkeit festzustellen. Auch ein Blick in die Literatur

183 BVerfGE 105, 185 (193).

184 *Sacksofsky*, Umweltschutz durch nicht-steuerliche Abgaben, 2000, S. 244 m. w. N.

185 *Sacksofsky,* Umweltschutz durch nicht-steuerliche Abgaben, 2000, S. 245.

186 *Murswiek*, Ein Schritt in Richtung auf ein ökologisches Recht – Zum „Wasserpfennig"-Beschluß des BVerfG, NVwZ 1996, 417 (419); *Sacksofsky*, Umweltschutz durch nicht-steuerliche Abgaben, 2000, S. 201.

187 *Sacksofsky,* Umweltschutz durch nicht-steuerliche Abgaben, 2000, S. 245; siehe auch *Wieland,* Die Konzessionsabgaben, 1991, S. 324.

188 Vgl. auch das Gutachten von *Korioth* im Auftrag des Finanzministeriums Baden-Württemberg, des Bayerischen Staatsministeriums der Finanzen und des Ministeriums der Finanzen des Landes Hessen, Verfassungsrechtliche und verfassungsprozessuale Aspekte einer Beteiligung der Länder an den Erlösen aus der Versteigerung der UMTS/IMT-2000-Lizenzen, Januar 2001, S. 74 ff.

legt nahe, dass die Ausführungen des *BVerfG* keinen abschließenden Charakter haben sollten. Hier wird die Frage der Ertragszuständigkeit und ihre Anknüpfung differenziert diskutiert[189].

Insoweit ist es also sehr wohl möglich und aufgrund des in den Hintergrund tretenden Verwaltungsaufwands bei Ressourcennutzungsgebühren auch nötig, die Abgabenhoheit entsprechend anderer Maßgaben als der Verwaltungszuständigkeit zuzuweisen, soweit dem nicht andere Gründe entgegenstehen. Insoweit ist noch einmal das Aufgabenübertragungsverbot in den Blick zu nehmen. Gegen einen Verstoß gegen Art. 84 Abs. 1 S. 7 GG spricht allerdings bereits dessen am natürlichen Wortsinn orientiertes Verständnis, wird hier doch nicht eine „Aufgabe“, sondern eine Ertragshoheit für eine Abgabe übertragen, für die nach der hier vorgeschlagenen Administrierung nicht einmal die Inkassofunktion den Kommunen zugewiesen, sondern bei diesen vielmehr allein die Verbuchung der Einnahmen nötig würde. Selbst wenn man aber schon diesen Umstand für die tatbestandliche Erfüllung des Art. 84 Abs. 1 S. 7 GG ausreichen lassen wollte, dürfte die Zuweisung der Erträge aus der hier vorgeschlagenen Abgabe wegen deren Anknüpfung gerade an die Planungshoheit der Gemeinde letztlich doch nicht zur Anwendbarkeit des Übertragungsverbots führen. Im Zuge seiner Einführung hatte sich der verfassungsändernde Gesetzgeber ausdrücklich die Ansicht des Rechtsausschusses zu eigen gemacht, wonach die Bestimmung so auszulegen sei, dass gerade Aufgaben der Bauleitplanung i. S. v. Art. 28 Abs. 2 GG hiervon nicht erfasst würden. Nur so könne nämlich verhindert werden, dass die gemeindliche Planungshoheit ausgehöhlt werde[190]. Wenn aber sogar Sachaufgaben der Bauleitplanung hier nicht erfasst werden, dann muss dies erst recht für eine hieran anknüpfende Abgabe, d. h. für die auf sie bezogene Ertragshoheit gelten.

Dass der Zuweisung auch nicht etwa ein ungeschriebenes verfassungsrechtliches Verbot entgegensteht, legen zudem verschiedene Beispiele nahe. Hierzu gehört das Recht der Erschließungsgebühren. Bis 1994 war dieses durch den Bundesgesetzgeber geregelt, ihre Erträge unmittelbar den Kommunen zugewiesen. Hinter der dann erfolgten Zuweisung der Materie an die Länder durch Änderung von Art. 74 Abs. 1 Nr. 18 GG stand dann auch keineswegs ein allgemeiner Gedanke der Entflechtung der Finanzbeziehungen zwischen Bund und Ländern[191]. Auch die Föderalismusreformen von 2006 und 2009 haben bei der Entflechtung der Finanzbeziehungen diesbezüglich in der Verfassung keine allgemeinen Grundsätze, sondern spezifische Regelungen getroffen, die nicht auf ein allgemeines Verbot schließen lassen, das der hier vorgeschlagenen Zuweisung entgegenstünde[192]. Ein weiteres Beispiel unmittelbarer Zuweisung der Ertragszuständigkeit durch den Bund an die Kommunen sind zudem die – auch im

189 Siehe nur die Nachweise bei *Sacksofsky*, Umweltschutz durch nicht-steuerliche Abgaben, 2000, S. 244 f.

190 BT-Drs. 16/2069, S. 4 und 13; *Broß/Mayer*, in: von Münch/Kunig, GG, Bd. 2, 6. Aufl. 2012, Art. 84, Rn. 28.

191 Zu den Zweifeln der damaligen Bundesregierung an der Sachgemäßheit der Regelung BT-Drs. 12/7109, S. 10; *Oeter,* in: von Mangoldt/Klein/Starck, GG, Bd. 2, 6. Aufl. 2010, Art. 74, Rn. 126. Zu fortbestehenden Zweifeln *Kunig,* in: von Münch/Kunig, GG, Bd. 2, 6. Aufl. 2012, Art. 74, Rn. 71.

192 Siehe *Siekmann,* in: Sachs, GG, 8. Aufl. 2018, Vor Art. 104a, Rn. 39 ff., insbesondere Rn. 43.

vorliegenden Zusammenhang diskutierten[193] – energiewirtschaftlichen Konzessionsabgaben. Auch hier wurden Zweifel an der Verfassungsmäßigkeit dieser Zuweisung nie geltend gemacht.

Lässt die Verfassung somit hinreichend Raum für legitimatorische Erwägungen des Gesetzgebers für die Zuweisung der Ertragszuständigkeit, so ist auch die Zuweisung unmittelbar an die Kommunen ganz konkret zu rechtfertigen. Da die vorgeschlagene Abgabe für die Nutzung von Außenbereichsflächen erhoben wird, deren Bewirtschaftung den Kommunen als Teil ihrer Planungshoheit – übrigens als Ausnahme von Art. 83 GG[194] – auch verfassungsrechtlich zugewiesen ist, kann auch die Ertragshoheit an dieser Abgabe den Kommunen zugewiesen werden. Ganz im Sinne der Ressourcennutzungsgebühr kann so einerseits sichergestellt werden, dass die Abschöpfung des Sondervorteils bei Dritten der Allgemeinheit zugutekommt und andererseits auch der mit der Öffnung des Außenbereichs für Windenergienutzungen verbundene Eingriff in die gemeindliche Planungshoheit ein Stück weit kompensiert wird.

7. Gesetzgebungskompetenz

Um mögliche Wettbewerbsverzerrungen in den EEG-Ausschreibungen zu vermeiden, ist es wichtig, mit der Außenbereichsabgabe ein bundesweit einheitliches Instrument zu schaffen. Zwar könnte diese Einheitlichkeit auch erreicht werden, indem alle Bundesländer synchron ein und dieselbe Regelung einführen. Allerdings ist dies nicht nur umständlich, sondern mit Blick auf die Kompetenzverteilung des Grundgesetzes auch weder notwendig noch zulässig. Die Gesetzgebungskompetenz für die hier vorgeschlagene Abgabe liegt nämlich beim Bund.

Da die Außenbereichsabgabe keine Steuer ist, folgt die Zuständigkeit für ihre Einführung nicht aus der Finanzverfassung (Art. 105 GG), sondern aus den einschlägigen Sachgesetzgebungskompetenzen. Der Bund hat nach Art. 74 Abs. 1 Nr. 11 GG beim „Recht der Wirtschaft" inklusive der „Energiewirtschaft" die konkurrierende Gesetzgebungskompetenz. Dasselbe gilt für das „Bodenrecht" nach Art. 74 Abs. 1 Nr. 18 GG. Da die hier vorgeschlagene Abgabe einerseits zum bereits vorhandenen bodenrechtlichen Regime der Flächenbewirtschaftung hinzutritt, andererseits aber in das Recht der erneuerbaren Energien, insbesondere das Ausschreibungsverfahren nach dem EEG eingepasst wird, sind vorliegend beide Kompetenzgrundlagen gleichermaßen einschlägig.

Einer bundeseinheitlichen Regelung steht dabei auch nicht entgegen, dass der Bund auf dem Gebiet des Rechts der Wirtschaft nur dann Regelungen erlassen darf, „wenn und soweit die Herstellung gleichwertiger Lebensverhältnisse im Bundesgebiet oder die Wahrung der Rechts- oder Wirtschaftseinheit im gesamtstaatlichen Interesse eine bundesgesetzliche Regelung erforderlich macht", Art. 72 Abs. 2 GG.

Wegen der bundeseinheitlichen Ausschreibungen für die Förderung von Strom aus Windenergie nach dem EEG und dem für die gesamte Bundesrepublik festgelegten Ausbauziel für die Windkraft liegt die Erforderlichkeit einer bundesgesetzlichen Regelung hier auf der Hand.

---

193 Siehe hierzu oben unter II.4.

194 BVerfGE 22, 180 (209 f.); 77, 288 (298 f.); *Nierhaus/Engels,* in: Sachs, GG, 8. Aufl. 2018, Art. 28 Rn. 62.

Mit Einführung der Außenbereichsabgabe hätten die Länder keine Kompetenz mehr, das entsprechende Bundesrecht hier wieder abzuschaffen oder zu modifizieren. Denn nach Art. 72 Abs. 1 GG haben die Länder im Bereich der konkurrierenden Gesetzgebung die Befugnis zur Gesetzgebung nur, „solange und soweit der Bund von seiner Gesetzgebungszuständigkeit nicht durch Gesetz Gebrauch gemacht hat."

Schließlich ist auch keine Abweichungskompetenz der Länder nach Art. 72 Abs. 3 GG ersichtlich. Die hier vorgeschlagene Regelung würde weder unter den Abweichungskompetenztitel der „Bodenverteilung"[195] nach Art. 72 Abs. 3 Nr. 3 GG noch der „Raumordnung" nach Art. 72 Abs. 3 Nr. 4 GG fallen. Der Kompetenztitel der Raumordnung wird auch nicht dadurch eröffnet, dass die zum Anknüpfungspunkt für die vorgeschlagene Abgabe genommene Flächenbewirtschaftungsordnung auch Konzentrationszonenplanungen umfasst, die auf Raumordnungsebene stattfinden. Diese werden eben nur zum Anknüpfungspunkt einer Regelung genommen, ohne dass aber ein die Raumordnung modifizierender Regelungsgehalt vorgeschlagen wird. Erst ein solcher aber würde dem Kompetenztitel der Raumordnung unterfallen.

Aus der Einbeziehung der (Standort-)Kommunen als Begünstigte der Abgabe erwachsen ebenfalls keine kompetenzrechtlichen Probleme: Bei der hier vorgeschlagenen Ausgestaltung, nach der die Netzbetreiber die Abgabe berechnen und bei den Anlagenbetreibern einziehen, ist das Aufgabenübertragungsverbot des Art. 84 I S. 7 GG nicht einschlägig. Ohne eigenen Verwaltungsaufwand bekommen die Kommunen die Beträge vom Netzbetreiber überwiesen und können darüber frei verfügen. Die Möglichkeit der Einsichtnahme in die Abrechnung ist rein fakultativer Natur und muss von den Kommunen nicht in Anspruch genommen werden.

Um ganz sicher zu gehen, dass auch die bloße Entgegennahme (und Verbuchung) der Einnahmen keine verpflichtende Aufgabenzuweisung des Bundes an die Kommunen darstellt, kann es sich zudem empfehlen, den Kommunen die Option einzuräumen, auf die Mittel zu verzichten. Durch die Schaffung eines solchen Opt-out würde zugleich ein Spielraum für Projektierer geschaffen, sich vor Ort als Alternative ein anders konzipiertes, besseres Akzeptanzinstrument einfallen zu lassen und damit auf die Gemeinde zuzugehen. Diese könnte dann prüfen, ob und warum sich dieses ggf. als vorteilhafter darstellt und auf ihren Anspruch auf die Einnahmen aus der Außenbereichsabgabe verzichten.

Im Sinne einer möglichst hohen Planungssicherheit müsste dann aber gesetzlich geregelt werden, innerhalb welcher Frist die Kommune den Verzicht erklären kann und für welchen Zeitraum dieser gilt. Jedenfalls sollten die Einnahmen aus der Außenbereichsabgabe der Grundfall sein, der automatisch greift, solange die Kommune ihren Verzicht auf die Mittel nicht erklärt hat. Wenn das Alternativmodell wirtschaftlich gleichwertig zur Abgabenhöhe ist, könnte der Abgabenschuldner auch formell eine Opt-out-Initiative eingeräumt bekommen. Erforderlich wären dann aber gesetzliche Kriterien und eine dritte unabhängige Stelle, die die Gleichwertigkeit sicherstellen. Der Handlungsspielraum, der dabei über das zwanglose Anbieten von Alternativmodellen für die Projektierer und Anlagenbetreiber entsteht, schont zudem deren grundrechtliche Inanspruchnahme, die wir im Folgenden aber ohne Opt-out prüfen und auch so für zulässig halten.

---

195 Vgl. zur engen Auslegung dieses Titels *Degenhart,* in: Sachs, GG, 8. Aufl. 2018, Art. 74 Rn. 80.

8. Grundrechte

Bei der Frage nach der Vereinbarkeit der Außenbereichsabgabe mit den Grundrechten sind die Eigentumsfreiheit, die Berufsausübungsfreiheit und der Gleichheitssatz des Grundgesetzes näher zu betrachten.

a) Kein Eingriff in das Eigentum

Ein Eingriff in die Eigentumsgarantie des Art. 14 Abs. 1 S. 1 GG liegt nicht vor, denn diese wird durch die Auferlegung öffentlich-rechtlicher Geldleistungspflichten grundsätzlich nicht beeinträchtigt[196]. Etwas anderes gilt nur, wenn die Abgabe eine erdrosselnde Wirkung hat und den Adressaten „übermäßig belasten und seine Vermögensverhältnisse grundlegend beeinträchtigen würde“[197]. Da die Außenbereichsabgabe in ihrer Höhe ohnehin nicht mehr abschöpfen darf als den Vorteil des Sondernutzens (siehe oben unter III.5.a)), ist eine solche erdrosselnde Wirkung ausgeschlossen. Zudem kann die Außenbereichsabgabe als Teil der Betriebskosten im Ausschreibungsverfahren durch die Bieter eingepreist werden, sodass sie am Ende mittelbar über die EEG-Umlage von den Verbrauchern aufgebracht wird (siehe oben unter I.)[198].

Angenommen, man würde der Außenbereichsabgabe wegen ihrer Einziehung über die privaten Netzbetreiber ihren öffentlich-rechtlichen Charakter absprechen, käme als schützenswertes Gut ggf. der eingerichtete und ausgeübte Gewerbebetrieb[199] der Anlagenbetreiber in Betracht. Dieser darf grundsätzlich keinen gesetzlich veranlassten ruinösen Rahmenbedingungen ausgesetzt werden[200]. Da die Außenbereichsabgabe auf den Vorteil des Sondernutzens begrenzt ist, kann eine solche ruinöse Wirkung ausgeschlossen werden, sofern sie nicht ohnehin über die EEG-Umlage weitergereicht wird. Da es sich um ein bundesweit einheitliches Instrument handelt, sind im Bieterwettbewerb auch keine Verzerrungseffekte zu erwarten, die einzelne Mitbewerber gerade deswegen aus dem Markt drängen würden.

Auch für die Eigentümer der Außenbereichsgrundstücke stellt die Abgabe keinen Eingriff in ihr Eigentum dar. Sie können ihren Grund weiterhin uneingeschränkt an Windkraftnutzer verpachten (oder ihn selbst dafür in Anspruch nehmen). Es handelt sich allenfalls um eine Inhalts- und Schrankenbestimmung nach Art. 14 Abs. 1 S. 2 GG. Eine solche darf der Gesetzgeber gemäß seinem Regelungsauftrag, die Sozialbindung des Eigentums nach Art 14 Abs. 2

196 Vgl. BVerfGE 70, 219 (230); E 75, 108 (154); E 78, 249 (277); E 91, 207 (220).

197 BVerfGE 14, 221 (241); E 78, 232 (243); E 82, 159, 190.

198 Inwiefern der vorgegebene Höchstwert nach § 36b EEG 2017 hier einen Spielraum für die Weitergabe der Außenbereichsabgabe belassen muss, kann hier nicht beziffert werden. Jedenfalls denkbar erscheinen Konstellationen, in denen die Höhe der Abgabe und der Höchstwert verfassungsrechtlich aufeinander abzustimmen sind.

199 Vgl. BVerfGE 81, 208 (227 f.). Dort wird allerdings offengelassen, ob der eingerichtete und ausgeübte Gewerbebetrieb unter den Schutz des Art. 14 Abs. 1 GG fällt.

200 Vgl. BVerfGE 58, 300 (353).

GG sicherzustellen[201], erlassen, sofern sie verhältnismäßig ist. Davon ist hier – wie eben gezeigt – auszugehen. Nicht zuletzt sind etwaige Einbußen beim Pachtzins irrelevant, da bloße Gewinnerwartungen ohnehin nicht von Art. 14 Abs. 1 GG geschützt werden[202].

b) Keine unzulässige Berufsausübungsregelung

Für die Nutzer der Windenergie stellt die Außenbereichsabgabe eine sog. Berufsausübungsregelung dar. Diese ist zwar als Eingriff in die Berufs(-ausübungs)freiheit des Art. 12 Abs. 1 GG zu werten, kann aber durch jede vernünftige Erwägung des Allgemeinwohls gerechtfertigt werden[203]. Dabei hat der Gesetzgeber einen weiten Spielraum bei der Festlegung seiner sozial- und wirtschaftspolitischen Ziele[204]. Zu beachten ist u. a., dass die Regelung die Betroffenen nicht übermäßig belastet[205]. In diesem Zusammenhang sind auch Kumulierungen mit anderen hoheitlich veranlassten Zahlungspflichten zu beachten. In Betracht kommt hier etwa die eingangs erwähnte Eingriffsregelung, nach der für die Anlagenbetreiber als finanzielle Kompensation für den Eingriff in Naturhaushalt und Landschaftsbild regelmäßig eine Zahlungspflicht besteht. Diese mag sich in ihrem Belastungsgrund zwar partiell mit dem der Außenbereichsabgabe decken, hat aber insoweit eine andere Zielrichtung, als sie vor allem an die ästhetische Wertigkeit der Landschaft anknüpft[206] und nicht an das grundsätzliche Freihalten des Außenbereichs von Bebauungen. Nicht zuletzt ist als weiterer Merkposten zu beachten, dass eine mögliche wettbewerbsverzerrende Wirkung einer besonders weitreichenden Rechtfertigung bedarf[207] – eine solche ist hier schon nicht ersichtlich.

Die vorgeschlagene Außenbereichsabgabe zielt auf eine bessere Beteiligung der Standortkommunen an der lokalen Wertschöpfung der Windenergie und soll die Akzeptanz für diese fördern. Dies ist zweifelsohne eine vernünftige Erwägung des Allgemeinwohls, für die der Gesetzgeber noch nicht einmal den ohnehin bestehenden weiten Spielraum in Anspruch nehmen müsste. Durch die Begrenzung auf den Vorteil des Sondernutzens und die Möglichkeit der Weiterreichung über die EEG-Umlage scheidet eine übermäßige Belastung aus. Eine Wettbewerbsverzerrung ist ebenfalls nicht zu befürchten, da es sich bei der Außenbereichsabgabe um ein bundesweites Instrument handelt.

Wird – wie hier empfohlen – eine Umsetzung gewählt, in der die Netzbetreiber die Abwicklung der Abgabe übernehmen (müssen), stellt sich die Frage, wie dies grundrechtlich zu bewerten ist. Immerhin gehört diese Aufgabe nicht zu deren Kerngeschäft und stellt einen

---

201 Vgl. BVerfGE 37, 132 (140 f.).

202 Vgl. BVerfGE 45, 142 (173); E 78, 205 (211); BGHZ 117, 236 (237).

203 Vgl. BVerfGE 70, 1 (28); E 78, 155 (162); E 95, 173 (183).

204 Vgl. BVerfGE 81, 156 (189).

205 Vgl. BVerfGE 81, 156 (188 f.); E 83, 1 (19); E 85, 248 (259).

206 Siehe zum Landschaftsbild *Fülbier*, Die naturschutzrechtliche Eingriffsregelung bei Windenergieanlagen, NuR 2017, 804, 806.

207 Vgl. BVerfGE 86, 28 (38 f./42).

zusätzlichen Aufwand dar. Als Berufsausübungsregelung ist diese Aufgabenzuordnung wiederum am Maßstab einer vernünftigen Erwägung des Allgemeinwohls zu messen, wobei es auch hier nicht zu einer übermäßigen Belastung kommen darf. Hält man sich vor Augen, dass die Netzbetreiber jeweils natürliche Monopolisten in ihrem Versorgungsgebiet sind und das Anschlussverhältnis zu den Betreibern der Windenergieanlagen ein ausschließliches ist, wird deutlich, dass aus dieser besonderen Stellung auch eine besondere Verantwortung für die Abwicklung energiewirtschaftlicher Prozesse folgen darf[208]. Die Synergien mit dem Datenbestand aus der Abwicklung des EEG legen es hier geradezu nahe, die Aufgaben bei den Netzbetreibern zu bündeln. Den zusätzlichen Aufwand werden diese regelmäßig verkraften, da sie in ihrem Kerngeschäft mit garantierten Renditen über regulierte Entgelte keinen klassischen Marktrisiken ausgesetzt sind. Sollte der Aufwand der Abwicklung wider Erwarten dennoch ins Unverhältnismäßige kippen, könnte dies durch eine angemessene materielle Abgeltung – in welcher Form auch immer – kompensiert werden.

c) Vertrauensschutz gewährleisten: Erstreckung nur auf Neuanlagen

Aus den grundrechtlichen Gewährleistungen[209] und dem Rechtsstaatsprinzip in Art. 20 Abs. 3 GG folgt das Rückwirkungsverbot, welches das Vertrauen in die Beständigkeit der Rechtsordnung schützt[210]. Dabei wird zwischen

- der grundsätzlich für unzulässig erachteten echten Rückwirkung[211] und
- der grundsätzlich für zulässig gehaltenen unechten Rückwirkung[212]

unterschieden. Eine echte (oder retroaktive) Rückwirkung wird angenommen, wenn eine Norm zum Nachteil des Betroffenen nachträglich ändernd in bereits vollständig abgewickelte, also schon der Vergangenheit angehörende Tatbestände eingreift; eine unechte (oder retrospektive) Rückwirkung liegt hingegen vor, wenn eine Norm auf gegenwärtig noch andauernde, also schon begonnene, aber noch nicht abgeschlossene Sachverhalte oder Rechtsbeziehungen einwirkt[213].

Nachteilige nachträgliche Änderungen der Rechtslage während der 20-jährigen Förderdauer einer EEG-Anlage wertet das *BVerfG* als unechte Rückwirkung: Die Rechtsfolgen eines solchen Gesetzes treten zwar

208 Vgl. BGHZ 134, 1 (133 ff.) und BGHZ 155, 141 ff.

209 Vgl. BVerfGE 109, 96 (121).

210 Siehe BVerfGE 88, 384 (403); E 95, 64 (82).

211 St. Rspr., vgl. BVerfGE 45, 142 (167 f); E 101, 239 (262); E 132, 302 (318) Rn. 42 f.; E 135, 1 (13) Rn. 37.

212 St. Rspr., vgl. BVerfGE 132, 302 (318) Rn. 42 f.; E 135, 1 (13) Rn. 37.

213 BVerfGE 11, 139 (145 f.).

> „erst nach seiner Verkündung ein, entwerten aber in gewissem Umfang das Vertrauen in den Bestand der zuvor durch Gesetz auf rund 20 Jahre zugesicherten Vergütungsoptionen für aus bereits in Betrieb genommenen [A]nlagen erzeugten Strom“[214].

Aus der Einordnung als unechte Rückwirkung folgt aber nicht ohne Weiteres deren Zulässigkeit, im Gegenteil:

> „Verspricht der Gesetzgeber [...] – wie hier in den verschiedenen Fassungen des Erneuerbare Energien-Gesetzes – für einen konkret festgelegten längeren Zeitraum Vergütungen einer bestimmten Höhe für nach den Bedingungen des Gesetzes produzierten Strom, schafft er eine besondere Vertrauensgrundlage für darauf aufbauende Investitionen. Auf die Initiierung derartiger Investitionen ist eine solche Gesetzgebung angelegt. Die Erwartung, diese Rechtslage werde für den garantierten Zeitraum insoweit unverändert bleiben, genießt daher besonderen verfassungsrechtlichen Schutz. Den darauf aufbauenden Investitionen kann der Gesetzgeber mit Wirkung für den geschützten Zeitraum nicht ohne weiteres im Nachhinein die Grundlage entziehen. Dieser besondere Vertrauensschutz für Investitionen, die auf der Grundlage einer derartigen, eine bestimmte Vergütung garantierenden Gesetzeslage getätigt wurden, schließt allerdings – gerade wenn sich die Zusage, wie hier, über einen so langen Zeitraum erstreckt – nicht jegliche Randkorrektur der Gewährungsbedingungen aus, sofern sie sich auf ein berechtigtes öffentliches Interesse stützen kann, die Garantie im Kern unberührt lässt und das berechtigte Vertrauen der Betroffenen nicht unangemessen zurücksetzt.“[215]

Das *BVerfG* geht also davon aus, dass bei vergütungsrelevanten Änderungen für Strom aus schon in Betrieb genommenen EEG-Anlagen allenfalls „Randkorrekturen“ möglich sind, da der Gesetzgeber hier mit dem spezifischen – sichere Langfristinvestitionen geradezu einladenden – Rechtsrahmen einen besonderen Vertrauenstatbestand geschaffen hat.

Für die Einführung einer Außenbereichsabgabe heißt das, dass diese nur für Neuanlagen vorgesehen werden kann. Bei einer Erstreckung auch auf Bestandsanlagen würde sich die Erlössituation für den darin erzeugten Strom verschlechtern und das Vertrauen in die getätigte Investition zerstört. Obendrein geht es dem Instrument der Außenbereichsabgabe darum, die Akzeptanz gerade von neu hinzuzubauenden Windenergieanlagen zu fördern, sodass einer Erstreckung der Abgabe auch auf Altanlagen nicht nötig wäre, um dem gesetzgeberischen Motiv der Akzeptanzschaffung Rechnung zu tragen.

d) Ungleichbehandlung anderer Außenbereichsnutzungen gerechtfertigt

Mit Blick auf den Gleichheitssatz des Art. 3 Abs. 1 GG ist zu fragen, ob es zulässig ist, nur die Windenergie in eine Außenbereichsabgabe einzubeziehen, andere Außenbereichsnutzungen und Erzeugungstechnologien jedoch nicht.

---

214 *BVerfG*, Beschl. v. 20.09.2016 – 1 BvR 1299/15, Rn. 21.

215 *BVerfG*, Beschl. v. 20.09.2016 – 1 BvR 1299/15, Rn. 25.

Wichtig ist, dass der Gleichheitssatz dem Gesetzgeber nicht jede Differenzierung verwehrt; Differenzierungen „bedürfen jedoch stets der Rechtfertigung durch Sachgründe, die dem Differenzierungsziel und dem Ausmaß der Ungleichbehandlung angemessen sind“[216]. Bei der Prüfung des Gleichheitssatzes wird meist ein Vergleich von Sachverhalten angestellt, die allerdings „nie in allen, sondern nur in einzelnen Elementen übereinstimmen“[217]. Grundsätzlich ist es „Sache des Gesetzgebers zu entscheiden, welche Elemente der zu ordnenden Lebensverhältnisse er dafür als maßgebend ansieht, sie im Recht gleich oder verschieden zu behandeln“[218].

Für die Außenbereichsabgabe stellt sich also die Frage, welche Sachgründe es gibt, nur die Windenergie in diese einzubeziehen, andere privilegierte Nutzungen des Außenbereichs hingegen nicht. Der wichtigste Grund liegt hier sicher in der raumgreifenden und quantitativen Präsenz der Windenergieanlagen. Keine andere vom BauGB zugelassene Außenbereichsnutzung weist diese so spezifisch auf. Landwirtschaftliche (bauliche) Nutzungen etwa kommen ausgesprochen häufig vor, sind aber oberflächennah und als solche kaum raumgreifend. Solaranlagen sind ohnehin nur auf Gebäuden zulässig, die einem eigenen Zulassungsregime unterliegen. Biomasseanlagen sind bedingt raumgreifend, kommen aber – und daran wird sich nach dem für sie vorgesehenen Ausbaupfad auch künftig nicht viel ändern – nicht annähernd so häufig vor wie Windenergieanlagen, deren empirische Bedeutung im Rahmen der Energiewende noch zunehmen wird (und muss).

Augenscheinlich ist es gerade diese Kombination der flächendeckenden und raumgreifenden Präsenz von Windenergieanlagen, die zu den Herausforderungen bei der Schaffung der nötigen Akzeptanz für sie führt. Sie sind im wachsenden Erzeugungsmix der Energiewende das sichtbarste Rückgrat und insoweit – im Wortsinne – unausweichlich. Für andere Erzeugungstechnologien – ob nun mit Standorten im Außen- oder Innenbereich – gilt dies nicht. Sorgt sich der Gesetzgeber deswegen vor allem um den weiteren Ausbau dieses Volumenträgers der (v. a. auch zukünftigen) Erzeugung und begegnet er dieser Sorge mit einem maßgeschneiderten Umverteilungsinstrument ausschließlich für die Windenergie, liegt darin ein ausreichender Sachgrund für eine Differenzierung.

IV. Zusammenfassung und Fazit

In ihrem Koalitionsvertrag haben sich CDU, CSU und SPD vorgenommen, „durch eine bundeseinheitliche Regelung beim weiteren Ausbau der Erneuerbaren Energien (EE) die Standortgemeinden stärker an der Wertschöpfung von EE-Anlagen [zu] beteiligen“[219]. Die Frage,

216 BVerfGE 130, 240 (253).

217 BVerfGE 71, 255 (271).

218 BVerfGE 50, 57 (77); st. Rspr.

219 *Koalitionsvertrag*, Rz. 3301 ff.

mit welchem Instrument dies konkret umgesetzt werden kann, ist noch nicht beantwortet und wird im (vor-)politischen Raum diskutiert.

Mittlerweile gibt es eine Reihe von Vorschlägen, die diese Studie vorstellt und einordnet. Die Auseinandersetzung mit diesen Vorschlägen ermöglicht eine wertvolle Analyse möglicher Untiefen und Hemmnisse, die sich bei der Suche nach einem rechtssicheren, praktikablen und schnell umsetzbaren Instrument auftun. Vor diesem Hintergrund schlagen wir in dieser Studie mit der Außenbereichsabgabe eine weitere Handlungsoption vor, die die – teils verfassungsrechtlichen – Umsetzungshürden der bisher auf dem Tisch liegenden Vorschläge nicht nach sich zieht.

1. Bisherige Vorschläge

Agora Energiewende hat vorgeschlagen, eine Sonderabgabe zugunsten der Standortkommune einzuführen, deren Aufkommen von den Kommunen gruppennützig, also zur Steigerung der Akzeptanz von Windenergieanlagen, verwendet werden muss. Anhand der Rechtsprechung zu einer ähnlich gelagerten Konstellation ist unseres Erachtens fraglich, ob den Anlagenbetreibern überhaupt eine rechtlich greifbare Finanzierungsverantwortung für die Akzeptanz ihrer Anlagen zukommt, wenn sie über eine bestandskräftige BImSchG-Genehmigung verfügen. Die mit einer Sonderabgabe zwingend einhergehende Zweckbindung der Mittel, die sog. Gruppennützigkeit, führt zudem dazu, dass die Kommunen nicht frei darin sind, wie sie die Gelder ausgeben können. Stattdessen sollen sie selbst akzeptanzsteigernde Maßnahmen ergreifen. Darin liegt eine Aufgabenübertragung des Bundes an die Kommunen, die das Grundgesetz verbietet.

Der Vorschlag des Berliner Planungsrechtlers Schmidt-Eichstaedt zielt darauf, Wind wie einen Bodenschatz zu konzessionieren und dafür ein Entgelt nach dem Vorbild der bergrechtlichen Förderabgabe zu erheben. Dem steht unseres Erachtens entgegen, dass Wind keine knappe Ressource ist: Die Rechtsprechung verlangt bei nichtsteuerlichen Abgaben immer eine besondere Rechtfertigung, die sie aus den Grundrechten ableitet. Bei der Begründung einer Zahlungspflicht für die Benutzung von Ressourcen ist u. a. die Knappheit der Ressource konstitutiv, die für den Wind – als einer erneuerbaren Quelle – gerade nicht charakteristisch ist.

Von dem Leipziger Umweltrechtler Wolfgang Köck stammt die Idee, die planerische Flächenbereitstellung zur Grundlage für eine Ressourcennutzungsgebühr zu machen. Mit der Knappheit der für die Windenergie geeigneten Flächen wird an der auch hier gewählten knappen Ressource der Außenbereichsflächen angeknüpft. Nach diesem Vorschlag soll eine Gebührenerhebung jedoch nur dort möglich sein, wo Windenergieanlagen erst durch einen Planungsakt ermöglicht werden, nicht jedoch dort, wo sich deren planungsrechtliche Zulässigkeit unmittelbar aus dem Gesetz ergibt. Damit werden aber all jene Anlagen nicht erfasst, deren Zulassung allein auf Grundlage der Privilegierung der Windenergienutzung im Außenbereich erfolgt. Diese Beschränkung des Anwendungsbereichs ist nicht nur unter Akzeptanzgesichtspunkten nicht zu rechtfertigen. Sie wird auch dem Umstand nicht gerecht, dass auch die Privilegierung der Windenergienutzung Teil der Bewirtschaftung der Flächen im Außenbereich ist, nur dass hier die planerische Entscheidung bereits vom Gesetzgeber selbst abschließend getroffen wurde.

Der Städte- und Gemeindebund Brandenburg hat die Idee entwickelt, zugunsten der Standortkommune eine Konzessionsabgabe auf die Einspeisung von Strom aus erneuerbaren Energien zu erheben. Die Einbeziehung auch von Einspeisungen in das System der Konzessionsabgaben würde einen Paradigmenwechsel bedeuten, den der Gesetzgeber bisher – wie überhaupt Änderungen des Konzessionsabgabenrechts – gescheut hat. Soweit ersichtlich, stehen dem zwar keine unüberwindbaren Vorgaben höherrangigen Rechts entgegen. Es wären aber systemfremde Änderungen der Konzessionsabgabenverordnung und des Energiewirtschaftsgesetzes erforderlich. Ferner sind noch mehrere Punkte offen, etwa die Frage, was passiert, wenn der Ort der Einspeisung und die Standortkommune auseinanderfallen und warum eine Einbeziehung nur von erneuerbar erzeugtem Strom erfolgt, der Strom aus konventioneller Erzeugung aber außen vor bleiben soll. Auch ist noch offen, ob und mit welchem Mechanismus es eine Umverteilung geben soll, sodass nicht nur die Einwohner der Standortgemeinden die Einspeisekonzessionsabgabe aufbringen müssen; dies wäre im Hinblick auf die Akzeptanz kontraproduktiv.

Aus dem Landtag von Mecklenburg-Vorpommern kommt die Initiative, dass der Bund eine neue Komponente der Grundsteuer einführt, die diejenigen Eigentümer zu zahlen haben, auf deren Grundstücken sich Anlagen zur Erzeugung von Strom aus erneuerbaren Energien befinden. Problematisch ist dies bei Bestandsanlagen, weil dann eine Neuverhandlung des Pachtzinses erforderlich würde. Insbesondere bei sog. Pooling-Modellen, bei denen im Sinne einer möglichst breiten Streuung der Gewinne die Pachtzahlungen an Standort- und Abstandsflächeneigentümer jeweils besonders austariert sind, dürfte dies schwierig werden. Eine Erstreckung nur auf Neuanlagen dürfte wiederum problematisch sein, weil die aus dem allgemeinen Gleichheitssatz folgende Lastengleichheit im Steuerrecht besondere Anforderungen an eine Ungleichbehandlung stellt.

Nicht zuletzt gibt es schon die Möglichkeit, dass Kommune und Projektierer städtebauliche Verträge und andere vertragliche Vereinbarungen schließen, um eine Teilhabe der Kommunen zu garantieren. Während die Gestaltungsmöglichkeiten bei städtebaulichen Verträgen insbesondere durch das gesetzliche Äquivalenzgebot und das Koppelungsverbot stark beschränkt sind, hängen die Optionen für sonstige vertragliche Vereinbarungen stark davon ab, inwieweit etwa die Kommune im Einzelfall selbst Flächeneigentümer ist oder ob die Nutzung öffentlicher Wege für Zuleitungen notwendig wird. Eine gleichmäßige Teilhabe über den Einzelfall hinaus kann so nicht sichergestellt werden. Auch aufgrund des Risikos, durch solche Vereinbarungen Tatbestände der Bestechungsdelikte nach dem Strafgesetzbuch zu erfüllen oder zumindest strafrechtliche Ermittlungen auszulösen, ist eine gesetzliche Abgabenlösung der Ausweitung des Einsatzes vertraglicher Lösungen vorzuziehen.

2. Die Außenbereichsabgabe

Charakteristisch für die hier vorgeschlagene Außenbereichsabgabe sind folgende Eckpunkte:

- Die Abgabe hat ihren sog. Belastungsgrund in der Inanspruchnahme von Außenbereichsflächen durch die Windenergieanlagen und knüpft damit an den Vorteil der Nutzung einer knappen, staatlich bewirtschafteten Ressource an.

- Die Einnahmen kommen direkt den Standortkommunen zugute. Da es sich gerade nicht um eine Sonderabgabe handelt, können die Kommunen frei über die Einnahmen verfügen.
- Zur optimalen Sicherstellung des Akzeptanzmehrwerts vor Ort ist darauf zu achten, dass den Kommunen die Gelder auch tatsächlich erhalten bleiben. Dies ist nicht zuletzt von den Ländern zu leisten.
- Durch Landesrecht kann den Standortkommunen ggf. auch aufgegeben werden, die Einnahmen anteilig mit den Nachbarkommunen zu teilen, die im Umkreis eines Windparks liegen.
- Um den Standortkommunen keine neuen Aufgaben zuzuweisen, was per Bundesgesetz unzulässig ist, erfolgt die Einziehung der Außenbereichsabgabe durch die Netzbetreiber, die sie an die Kommunen weiterleiten.
- Jede Standortkommune kann zudem frei entscheiden, auf die Einnahmen der Außenbereichsabgabe zu verzichten, etwa wenn sich vor Ort ein besseres Akzeptanzinstrument gefunden hat. Dies stärkt auch den Handlungsspielraum für Projektierer und Betreiber, die mit eigenen, maßgeschneiderten Akzeptanzmaßnahmen auf die Kommunen zugehen können.
- Wenn ein Projektierer ein Alternativmodell entwickelt, das wirtschaftlich gleichwertig zur Abgabenhöhe ist, könnte auch der Abgabenschuldner eine Opt-out-Initiative eingeräumt bekommen. Erforderlich wären dann aber gesetzliche Kriterien und eine dritte unabhängige Stelle, die die Gleichwertigkeit sicherstellen.
- Die Abgabe wird aus Vertrauensschutzgründen nur für Neuanlagen erhoben.

Eine konkrete Höhe für die Außenbereichsabgabe nennt die Studie bewusst nicht. Als mögliche Parameter für die Bemessungsgrundlage kommen – jeweils gestaffelt – die Anzahl der Anlagen, ihre Höhe, ihr Ertrag sowie die Pachtzahlungen an die Flächeneigentümer in Betracht. Sollen die kommunalen Einnahmen aus der Abgabe vor Ort tatsächlich akzeptanzfördernd sein, können sie in ihrer Höhe jedenfalls nicht nur symbolisch sein.

Trotz der derzeitigen Fokussierung der Debatte auf kommunale Einnahmen bleibt festzuhalten, dass die Studie nicht den Eindruck erwecken will, eine stärkere materielle Teilhabe der Kommunen an der Windenergie sei per se ein „silver bullet“ für mehr Akzeptanz. Andere Elemente, wie die Transparenz- und Dialogbereitschaft der Projektierer oder eine frühzeitige Einbindung der Einwohnerinnen und Einwohner in Planungs- und Genehmigungsprozesse bleiben weiterhin essenziell.

Literaturverzeichnis

Arndt, Adolf, Bergbau und Bergbaupolitik, Leipzig 1894

Battis, Ulrich/Michael Krautzberger/Rolf-Peter Löhr (Begr.), Baugesetzbuch, 13. Auflage, München 2016

Beckhaus, Jana, Der Verantwortungsbegriff im Rahmen öffentlich-rechtlicher Zahlungspflichten, Frankfurt am Main 2013

Benda, Ernst, Zur gesellschaftlichen Akzeptanz verwaltungs- und verfassungsgerichtlicher Entscheidungen, Die öffentliche Verwaltung (DÖV) 1983, S. 305–310

Böhlmann-Balan, Antje/Manuel Herms/Cathérine Leroux, Neuer Wind für die Bürgerbeteiligung?!, EnergieRecht (ER) 2016, S. 241–248

Bovet, Jana/Nele Lienhoop, Trägt die wirtschaftliche Teilhabe an Flächen für die Windkraftnutzung zur Akzeptanz bei? – Zum Gesetzesentwurf eines Bürger- und Gemeindebeteiligungsgesetzes in Mecklenburg-Vorpommern unter Berücksichtigung von empirischen Befragungen, Zeitschrift für neues Energierecht (ZNER) 2015, S. 227–233

Bringewat, Peter/Jörn Bringewat, Rechtliche Beurteilung der Vereinbarung von Beteiligungsmodellen mit Kommunen bei der Projektierung von Windenergieanlagen, Kommunaljurist (KommJur) 2015, S. 1–9

Bundesregierung, Deutsche Nachhaltigkeitsstrategie – Neuauflage 2016, 2017

Bundesverband WindEnergie e. V., Gemeinsam gewinnen – Windenergie vor Ort, Verfasser: Margarita Ermisch/Ina Hildebrandt/Marta Kaiser/Jonathan Packroff/Philine Wedell/Christoph Zipf, Berlin 2018

Bürgerdialog Stromnetz, Interview mit Prof. Olaf Kühne zum Thema Landschaftsbild und Energiewende, abrufbar unter: https://www.buergerdialog-stromnetz.de/assets/Downloads/Interview-mit-Prof.-Olaf-Kuhne-.pdf (abgerufen: 26.11.2018)

CDU, CSU, SPD, Ein neuer Aufbruch für Europa – Eine neue Dynamik für Deutschland – Ein neuer Zusammenhalt für unser Land Koalitionsvertrag zwischen CDU, CSU und SPD, 19. Legislaturperiode, Berlin 2018 (zitiert als: *Koalitionsvertrag*)

Cronenberg, Martin, Anwendungs- und Auslegungsfragen der neuen Konzessionsabgabenverordnung, Energiewirtschaftliche Tagesfragen (ET) 1992, S. 175–180

Danner, Wolfgang/Christian Theobald (Hrsg.), Energierecht (Loseblatt), Stand: 93. Ergänzungslieferung, München, Juni 2017

Diez, Carla/Marius Uricher/Michael Frey, Vergabe kommunale Grundstücke an Windenergieinvestoren – Verfahren und taugliche Auswahlkriterien, Kommunaljurist (KommJur) 2017, 206–211

Dreier, Horst, Grundgesetz Kommentar, Band I: Präambel, Artikel 1-19, 3. Auflage, Tübingen 2013

Ernst, Werner/Willy Zinkahn/Walter Bielenberg/Michael Krautzberger (Hrsg.), Baugesetzbuch (Loseblatt), Stand: 127. Ergänzungslieferung, München 2017

Fachagentur für Windenergie an Land (Hrsg.), Mehr Abstand – mehr Akzeptanz? Ein umweltpsychologischer Studienvergleich, Verfasser: Gundula Hübner/Johannes Pohl, Berlin 2015

Fülbier, Viktoria, Die naturschutzrechtliche Eingriffsregelung bei Windenergieanlagen, Natur und Recht (NuR) 2017, S. 804–812

Geerds, Detlev, Strafbarkeitsrisiken kommunaler Amts- und Mandatsträger im Zusammenhang mit der Errichtung von Windparks, Zeitschrift für Wirtschafts- und Steuerstrafrecht (wistra) 2017, S. 381–387

Geßner, Janko, Städtebauliche Verträge und Windenergie – Drum prüfe, wer sich (ewig) bindet?, Anwaltsblatt (AnwBl) Sonderheft 2014, S. 39–45

Greenpeace Energy e. G., Stellungnahme zum Fragenkatalog im Rahmen der öffentlichen Anhörung zum Entwurf des BüGemBeteilG vom 13. Januar 2016, Verfasser: Jörn Bringewat

Hendler, Reinhard/Peter Marburger/Michael Reinhardt, Jahrbuch des Umwelt- und Technikrechts 2005, Berlin 2005

Hermes, Georg, Der Wind, seine Nutzung und das Eigentum, Zeitschrift für Umweltrecht (ZUR) 2017, S. 677–684

Hoffmann, Ilka/Nils Wegner, Mechanismen finanzieller Teilhabe am Ausbau der Windenergie, Würzburger Studien zum Umweltenergierecht Nr. 7, Würzburg 2018, abrufbar unter: http://stiftung-umweltenergierecht.de/wp-content/uploads/2018/03/Stiftung_Umweltenergierecht_WueStudien_07_Mechanismen_finanzieller_Teilhabe.pdf (abgerufen: 26.11.2018)

IKEM u. a., Ausgestaltungsoptionen und -empfehlungen zur finanziellen Beteiligung von Kommunen beim Ausbau der Windenergie an Land, in: *Agora Energiewende* (Hrsg.), Wie weiter mit dem Ausbau der Windenergie? – Zwei Strategievorschläge zur Sicherung der Standortakzeptanz von Onshore Windenergie, Berlin 2018, S. 27 ff., abrufbar unter: https://www.agora-energiewende.de/veroeffentlichungen/wie-weiter-mit-dem-ausbau-der-windenergie/ (abgerufen: 26.11.2018) (zitiert als: *IKEM* u. a., in: Agora Energiewende, Wie weiter mit dem Ausbau der Windenergie?)

Institut für nachhaltige Energie- und Ressourcennutzung/Stiftung Umweltenergierecht (Hrsg.), Instrumente für eine verbesserte räumliche Steuerung der Stromerzeugung aus erneuerbaren Energien, Verfasser: Elke Bruns/Matthias Futterlieb/Bernd Wenzel/Dörte Ohlhorst/Nils Wegner/Anna-Maria Grüner/Frank Sailer

Kahl, Hartmut, EuGH hält spanische Windkraftabgabe für mit Europarecht vereinbar, Anm. zu EuGH, Urt. v. 20.09.2017, C 215/16, C-216/16, C 220/16 und C 221/16, Zeitschrift für das gesamte Recht der Energiewirtschaft (EnWZ) 2018, Heft 1/2, S.VI-VII

Kindler, Lars, Zur Steuerungskraft der Raumordnungsplanung, Baden-Baden 2018

Kleindienst, Denny, Mehr Windkraft-Geld für die Gemeinden?, Nordkurier 21.03.2018, abrufbar unter: https://www.nordkurier.de/demmin/mehr-windkraft-geld-fuer-die-gemeinden-2131561803.html (abgerufen: 26.11.2018)

Kment, Martin, Flächenverbrauchsobergrenzen, Flächenhandelssysteme und kommunale Planungshoheit – eine bayerische Perspektive, Natur und Recht (NuR), S. 217–228

Köck, Wolfgang, Zur Parallelität von Wassernutzungsrechten und Windnutzungsrechten, Zeitschrift für Umweltrecht (ZUR) 2017, 684–689

Köck, Wolfgang/Jana Bovet/Hendrik Tietz, Mengensteuerung der baulichen Flächenneuinanspruchnahme – Zur Notwendigkeit eines Flächenzertifikatehandelsgesetzes, Zeitschrift für Umweltrecht (ZUR) 2018, 67–75

Korbmacher, Raphael, Wind ist ganz anders! – Zugleich eine Antwort auf Beiträge im ZUR-Sonderheft „Wem gehört der Wind?", Zeitschrift für Umweltrecht (ZUR) 2018, S. 277–281

Korioth, Stefan, Verfassungsrechtliche und verfassungsprozessualeAspekte einer Beteiligung der Länder an den Erlösen aus der Versteigerung der UMTS/IMT-2000-Lizenzen. Gutachten im Auftrag des Finanzministeriums Baden-Württemberg, des Bayerischen Staatsministeriums der Finanzen und des Ministeriums der Finanzen des Landes Hessen, München 2001

Krug, Björn/Christian Rathgeber, Strafrechtliche Risiken bei kommunaler Wertschöpfung durch Windenergieanlagen, Kommunaljurist (KommJur) 2014, S. 47–53

Mangoldt, Hermann/Friedrich Klein/Christian Strack, Kommentar zum Grundgesetz, Band I, 6. Auflage, München 2010

Mann, Thomas/Christoph Sennekamp/Michael Uechtritz (Hrsg.), Verwaltungsverfahrensgesetz, Baden-Baden 2014

Maunz, Theodor/Günter Dürig, Grundgesetz, Loseblatt-Kommentar, Stand: 83. EL (April 2018)

Münch, Ingo von/Philip Kunig (Hrsg.), Grundgesetz-Kommentar: GG, 6., neubearbeitete Auflage, München 2012

Münkler, Laura, Ansiedlungssteuerung im Außenbereich, Verwaltungsarchiv (VerwArch) 2015, S. 475–498

Murswiek, Dietrich, Die Ressourcennutzungsgebühr, Natur und Recht (NuR) 1994, 170–176

Murswiek, Dietrich, Ein Schritt in Richtung auf ein ökologisches Recht – Zum „Wasserpfennig"-Beschluß des BVerfG, Neue Zeitschrift für Verwaltungsrecht (NVwZ) 1996, S. 417–421

Ott, Ralf/Simon Schäfer-Stradowsky, Gesetz über die Beteiligung von Bürgerinnen und Bürgern sowie Gemeinden an Windparks in Mecklenburg-Vorpommern, Zeitschrift für das gesamte Recht der Energiewirtschaft (EnWZ) 2016, 68–78

Pötsch, Marvin, Die Kostentragung für Polizeieinsätze bei Fußballspielen – eine neue Verwaltungsgebühr ante portas?, Neue Zeitschrift für Verwaltungsrecht (NVwZ) 2018, S. 868–871

Sachs, Michael (Hrsg.), Grundgesetz Kommentar, 8. Auflage, München 2018

Sacksofsky, Ute, Umweltschutz durch nicht steuerliche Abgaben, Tübingen 2000

Schmidt-Eichstaedt, Gerd, Wem gehört der Wind? – oder: Der Wind als Bodenschatz, Landes- und Kommunalverwaltung (LKV) 2018, S. 1–10

Schrödter, Wolfgang (Hrsg.), Baugesetzbuch, 8. Auflage, Baden-Baden 2015

Schröter, Patrick, Die bauplanungsrechtliche Zulässigkeit von Bauvorhaben im Außenbereich, Baden-Baden 2013

Schulz, Thomas (Hrsg.), Handbuch Windenergie, Berlin 2015

Städte- und Gemeindebund Brandenburg, Vorschlag zur Einführung einer Konzessionsabgabe, Mitteilungen des Städte- und Gemeindebundes Brandenburg, Verfasser: Sebastian Kunze, Brandenburg 2018

Stockhausen, Christian von, Gesetzliche Preisintervention zur Finanzierung öffentlicher Aufgaben – Maßstäbe der Finanzverfassung, der Freiheitsrechte und des Prinzips der Lastengleichheit, Berlin 2007

Stüer, Bernhard, Handbuch des Bau- und Fachplanungsrecht, 5. Auflage, München 2015

Vollprecht, Jens, Erhöhung der Akzeptanz von Windenergieanlagen, Zeitschrift für Umweltrecht (ZUR) 2017, S. 698–704

Wegner, Nils, Fehlerquellen von Windkonzentrationszonenplanungen, Zeitschrift für deutsches und internationales Bau- und Vergaberecht (ZfBR) 2016, 548–555

Wegner, Nils, Verfassungsrechtliche Fragen ordnungsrechtlicher Teilhabemodelle am Beispiel des Bürger- und Gemeindenbeteiligungsgesetzes Mecklenburg-Vorpommern, Würzburger Studien zum Umweltenergierecht Nr. 8, Würzburg 2018, abrufbar unter: http://stiftung-umweltenergierecht.de/wp-content/uploads/2018/03/Stiftung_Umweltenergierecht_WueStudien_08_B%C3%BCGemBeteilG.pdf (abgerufen 26.11.2018)

Wissenschaftliche Dienste des Deutschen Bundestages, Fachbereich WD 3: Verfassung und Verwaltung, Zulässigkeit von Beteiligungsmöglichkeiten für betroffene Dritte an Windparkvorhaben, WD 3 – 3000 – 026/16, 04.02.2016

Würtenberger, Thomas, Akzeptanz durch Verwaltungsverfahren, Neue Juristische Wochenschrift (NJW) 1991, S. 257–263

Zimmermann, Jörg-Rainer, Interview Sebastian Kunze – „Kleinere Gemeinden würden sehr profitieren“, neue energie (ne) 3/2018, S. 68–69

Ruthard Hirschner

Der Konzessionsvertrag – Baustein kommunaler Energiepolitik zur Unterstützung der Windenergie im Rahmen der Energiewende?

Inhaltsverzeichnis

I. Einführung

Zur Sicherung der örtlichen Energieversorgung schließen die Kommunen regelmäßig Konzessionsverträge für die Dauer von 20 Jahren ab, die einem Versorgungsunternehmen die Möglichkeit eröffnen, in öffentlichen Wegen Versorgungsleitungen zu verlegen und damit die Energielieferung an die Endverbraucher zu gewährleisten. Bisher war das Thema für Kommune und Energieversorger alle 20 Jahre relevant, wenn der Konzessionsvertrag endete und die Neuvergabe anstand oder wenn der Vertrag verlängert werden sollte. Die früher übliche „geräuschlose“ Verlängerung eines Konzessionsvertrages mit einem überregionalen Energieversorger für Strom oder Gas[1] hat sich heute – teilweise auch für mittlere Kommunen – zu einem Streit mit harten Bandagen und gerichtlichen Auseinandersetzungen entwickelt.[2]

Die Versorgung der Kommune mit Energie wurde in der Vergangenheit üblicherweise auf der Grundlage eines Wegenutzungsvertrages (Konzessionsvertrag) einem Energieversorger überlassen. Heute reifen im Zeichen der Energiewende andere Überlegungen: Zum einen die regionale Wertschöpfung durch Energieerzeugung und Energieverwendung, um dadurch möglicherweise auf neue kostspielige Überlandleitungen verzichten zu können. Zum anderen streben die Kommunen eine kommunale Energiepolitik an, um mit einer Rekommunalisierung der Netze eigene örtliche energiepolitische Ziele zu verfolgen und gestaltend tätig zu sein.[3] Zur Stärkung der Daseinsvorsorge wollen sie über ein eigenes Versorgungsnetz verfügen, um in ihrem Gebiet und für ihre Bevölkerung Energie z. B. aus Windkraft liefern zu können. Ferner wollen sie sich über den Erwerb des Energieverteilnetzes und dessen Betrieb neue finanzielle Einnahmequellen durch Erlöse aus Netzentgelten erschließen, welche für den Transport des Stromes zum örtlichen Endverbraucher anfallen. Damit verbunden sind allerdings neue fachliche Kompetenzen, die auch eine Kommune vorweisen muss.

Während in der Vergangenheit nur wenige Kommunen unter dem Stichwort „Energie in Bürgerhand“ die Energieversorgung in die eigene Hand nehmen wollten[4], stellen heute viele Kommunen für alternative Energieerzeugung entweder Grundstücke zur Verfügung oder sind z. B. an Windenergieanlagen oder an Wasserkraftanlagen selbst beteiligt. Sie wollen dann den so produzierten regenerativen Strom auch an ihre eigene Bevölkerung liefern. Ob und auf welche Weise eine Gemeinde die Möglichkeit zur Energielieferung erhalten kann und welche Hürden dabei zu überwinden sind, wird im folgenden Beitrag aufgezeigt.

Die Praxisrelevanz dieses Themas zeigt sich ganz besonders dann, wenn man sich vor Augen hält, dass in den 10 Jahren ab 2020 bundesweit in 5.620 Gemeinden die Stromnetz-Konzessionen auslaufen und zur Neuvergabe anstehen.[5] Einerseits werden die bisherigen,

1 Die weiteren Ausführungen gelten nicht nur für die leitungsgebundene Energie Strom, sondern auch für Gas.

2 Hierzu *Mahro*, Vergabe beginnt von vorn, Der Sonntag, 04.11.2018, S. 2.

3 Siehe *Flauger*, Teurer Sinneswandel, Handelsblatt, 01.06,2015, S. 20.

4 Siehe *Janzing* (Hrsg.), Störfall mit Charme, 2008, S. 25 ff., 31 ff.

5 Vgl., *Walk,* Der Wechsel ist Realität, ZfK, 10/2017, S. 1 f., in: Lutum+Tappert, Auslaufende Konzessionen für Strom- und Gasverteilnetze, https://www.konzessionsnavigator.de.

überregional agierenden Konzessionäre dieses Feld sicherlich nicht kampflos räumen.[6] Andererseits müssen die Kommunen überlegen, ob sich der Erwerb des örtlichen Versorgungsnetzes lohnt. Eine Frage, die im Einzelfall zu entscheiden ist. Damit stehen mehrere richtungsweisende Entscheidungen in der Gemeinde an: Ob und wie die Gemeinde in das Eigentum und den Betrieb des örtlichen Stromverteilernetzes gelangen kann, welche Voraussetzungen sie dafür erfüllen muss und welche Grenzen dabei zu beachten sind. Es lohnt sich daher, das Verfahren einer Netzübernahme in kommunale Hand zu beleuchten.

II. Konzessionsvertrag als Grundlage für einen Netzerwerb

1. Wegenutzungsvertrag als Basis des Konzessionsvertrages

Ein Wegenutzungsvertrag ist die Vereinbarung zwischen einem Energieversorgungsunternehmen und einer Gemeinde, wonach diese gestattet, dass das Unternehmen in öffentlichen Verkehrswegen Versorgungsleitungen verlegen und betreiben darf, und zwar zur unmittelbaren Versorgung von Letztverbrauchern. Darin eingeschlossen sind auch die notwendigen Steuerungsleitungen zur Netzsteuerung und das Zubehör. Hierfür hat die Gemeinde ihre Wege diskriminierungsfrei zur Verfügung zu stellen.[7] Die Gemeinden können den Abschluss solcher Wegenutzungsverträge nicht verweigern, sondern es besteht ein Kontrahierungszwang, die Wege für Energieleitungen zur Verfügung zu stellen.[8] Das resultiert letztlich aus der Überlegung, dass für eine Volkswirtschaft die Versorgung mit leitungsgebundener Energie, insbesondere mit Strom – einer nicht substituierbaren Ressource – essenziell ist.[9] Die Strom- und Gaswirtschaft ist eine Schlüsselbranche mit erheblicher Bedeutung für die gesamtwirtschaftliche Entwicklung und das öffentliche Leben.[10]

Beim Wegenutzungsvertrag ist der sog. einfache Wegenutzungsvertrag vom qualifizierten Wegenutzungsvertrag zu unterscheiden. Letzterer wird auch als Konzessionsvertrag bezeichnet, für den besondere gesetzliche Regelungen gelten.[11]

---

6 Vgl. *o. V.*, Lörrach: Etappensieg für Badenova im Strom-Streit, ZfK, 27.07.2018, https://www.zfk.de/energie/strom/artikel/loerrach-etappensieg-fuer-badenova-im-strom-streit-2018-07-27/.

7 Siehe §§ 46 Abs. 1 Satz 1 EnWG.

8 Vgl. *Kment* (Hrsg.), Energiewirtschaftsgesetz, 2015, § 46 Rn. 3.

9 Vgl. BT-Drs. 13/7274, S. 9.

10 Vgl. BT-Drs. 18/8184, S. 10.

11 Vgl. §§ 46 Abs. 1 Satz 2 ff. EnWG.

a) Einfacher Wegenutzungsvertrag

Einfache Wegenutzungsverträge sichern das Recht für Leitungen zur unmittelbaren Versorgung eines Letztverbrauchers (z. B. eines Gewerbebetriebes). Diese Leitungen sind nicht einem Energieversorgungsnetz der allgemeinen Versorgung zuzurechnen, sondern versorgen den Letztverbraucher in sonstiger Weise.[12]

b) Qualifizierter Wegenutzungsvertrag (Konzessionsvertrag)

Der qualifizierte Wegenutzungsvertrag ist ein Konzessionsvertrag, der die Verlegung in Verkehrswegen und den Betrieb von Versorgungsleitungen erlaubt, die zu einem Energieversorgungsnetz der allgemeinen Versorgung des Gemeindegebiets gehören. Für diese Wegenutzung erhalten die Gemeinden vom Energieversorgungsunternehmen – dem Konzessionär – das im Konzessionsvertrag vereinbarte privatrechtliche Entgelt, die Konzessionsabgabe nach § 48 Abs. 1 Satz 1, Abs. 3 EnWG, deren zulässige Höhe die Konzessionsabgabenverordnung abschließend regelt.[13] Dieser Wegenutzungsvertrag ist zeitlich limitiert und darf längstens für eine Laufzeit von 20 Jahren abgeschlossen werden. Die Laufzeitbegrenzung bezweckt den Schutz des Wettbewerbs. Spätestens alle 20 Jahre sollen die Parteien eines Konzessionsvertrages völlig frei darüber entscheiden können, ob die Energieversorgung durch den bisherigen Vertragspartner fortgesetzt werden oder wechseln soll. Unwirksam sind daher Vereinbarungen, die in ihren tatsächlichen Auswirkungen zu einer Bindung über die 20 Jahre hinaus führen.[14] Eine längere Laufzeit wäre ein Verstoß gegen ein gesetzliches Verbot und damit unwirksam.[15]

Nach der Rechtsprechung und der vorherrschenden Literatur wird durch die Verlegung der privaten Leitungen[16] eines Energieversorgungsunternehmens der öffentliche Zweck und damit der Gemeingebrauch einer Straße nur kurzzeitig beeinträchtigt. Daher werden solche Verträge dem Zivilrecht zugeordnet. Einer öffentlich-rechtlichen Sondernutzungserlaubnis bedarf es deshalb nicht.[17] Ferner sind bei der Konzessionsvergabe nach der herrschenden Meinung die vergaberechtlichen Vorschriften der §§ 97 ff. GWB nicht anzuwenden, weil es sich beim Wegenutzungsvertrag nicht um eine Konzession im vergaberechtlichen Sinne han-

12 Vgl. *Britz/Hellermann/Hermes*, Energiewirtschaftsgesetz, 2015, § 46 Rn. 3.

13 Vgl. BT-Drs. 13/7274, S. 21; § 2 Konzessionsabgabenverordnung vom 09.01.1992 (BGBl I S. 12, 407), die zuletzt durch Art. 3 Abs. 4 der Verordnung vom 01.11.2006 (BGBl. I S. 2477) geändert wurde.

14 Vgl. *BGH,* Urt. v. 16.11.1999 – KZR 12/97, Rn. 45, 49, http://lexetius.com/1999,1141.

15 Vgl. § 46 Abs. 2 Satz 1 EnWG i. V. m. § 134 BGB.

16 Die Leitungen gehören eigentumsrechtlich dem Versorgungsunternehmen und sind in der öffentlichen Straße nur Scheinbestandteil im Sinne des Zivilrechts. Siehe hierzu *Britz/Hellermann/Hermes*, Energiewirtschaftsgesetz, 2015, § 46 Rn. 71.

17 Vgl. *Britz/Hellermann/Hermes*, Energiewirtschaftsgesetz, 2015, § 46 Rn. 9, 59 m. w. N.; *Kment* (Hrsg.), Energiewirtschaftsgesetz, 2015, § 46 Rn. 28.

delt. Mit dem Wegenutzungsvertrag ist weder eine Lieferverpflichtung noch der Erwerb einer Dienstleistung verbunden.[18]

2. Inhalte eines Konzessionsvertrages

a) Notwendiger Inhalt eines Konzessionsvertrages

Mit einem Konzessionsvertrag werden zunächst die beiden Hauptleistungspflichten festgeschrieben: Zum einen die Nutzung der öffentlichen Wege der Kommune durch den Konzessionär zur Verlegung und zum Betrieb von Versorgungsleitungen im Gemeindegebiet zur allgemeinen Energieversorgung mit Strom (oder Gas) und zum anderen die Zahlung einer Konzessionsabgabe an die Kommune sowie deren Höhe.[19] Die Höhe der Konzessionsabgabe ist vertraglich zu regeln, da die Konzessionsabgabenverordnung in § 3 KAV lediglich Höchstbeträge als Obergrenze für eine Zahlung festlegt, die nicht überschritten werden dürfen. Konkretisiert werden muss die Konzessionsabgabe im Vertrag durch Vereinbarung der Parteien. In der Regel fordern die Kommunen, die Höchstsätze als Entschädigungszahlung zu vereinbaren.

Da das Energiewirtschaftsgesetz die Laufzeit eines Konzessionsvertrages auf höchstens 20 Jahre beschränkt, muss die individuelle Laufzeit im Vertrag festgeschrieben werden. In der Praxis sind Konzessionsverträge im Hinblick auf die Investitionen in ein Leitungsnetz langlaufende Verträge, so dass in der Regel die höchst zulässige Laufzeit von 20 Jahren[20] vereinbart wird. Zwar hätte ein Konzessionär wegen der hohen Investitionen in das Netz ein Interesse an einer noch längeren Laufzeit. Diese ist aber aufgrund der gesetzlichen Höchstlaufzeit nicht möglich und wäre nach § 134 BGB unwirksam.[21] Daneben werden im Konzessionsvertrag noch eine Reihe von Nebenpflichten festgeschrieben, die sowohl die Vertragslaufzeit als auch deren Beendigung betreffen.[22]

b) Sonstiger Inhalt eines Konzessionsvertrages

Konzessionsverträge beinhalten weitere umfangreiche Regelungen, insbesondere für den Fall von Baumaßnahmen an öffentlichen Straßen und Wegen während der Vertragslaufzeit, und zwar für bedeutende Sachverhalte:

---

18 Vgl. *Bundesnetzagentur/Bundeskartellamt* (Hrsg.), Gemeinsamer Leitfaden zur Vergabe von Strom- und Gaskonzessionen und zum Wechsel des Konzessionsnehmers, 2015, Rn. 14; BT-Drs. 18/8184, S. 10; *Krönke*, Das neue Vergaberecht aus verwaltungsrechtlicher Perspektive, NVwZ 2016, 568 (575); *Bergmann/Vetter*, Vergaberechtsmodernisierungsgesetz und die Vergaberechtsmodernisierungsverordnung, VBlBW 2016, 221 (225).

19 Vgl. §§ 46 Abs. 2, 48 Abs. 1 Satz 1, Abs. 3 EnWG.

20 Vgl. § 46 Abs. 2 Satz 1 EnWG.

21 Vgl. *Britz/Hellermann/Hermes*, Energiewirtschaftsgesetz, 2015, § 46 Rn. 60.

22 Rechtsbeziehungen zwischen dem Energieversorgungsunternehmen und den Letztabnehmern (Verbrauchern) in der Gemeinde werden im Konzessionsvertrag nicht geregelt.

- Folgepflichten und Folgekosten bei Baumaßnahmen
  Für eine Kommune ist dies bedeutend, denn dadurch werden Regelungen zur Kostentragung getroffen, wenn durch kommunale Baumaßnahmen Leitungen gesichert, verändert oder umgelegt werden müssen. Ein Regelungsbedarf besteht auch für den Fall, dass das Energieversorgungsunternehmen seine Anlagen erweitern oder erneuern möchte oder kommunale Baumaßnahmen durch einen dritten privaten Investor (z. B. Deutsche Bahn oder Nahverkehrsgesellschaft) veranlasst werden. Ziel derartiger Regelungen ist die eindeutige Festlegung der Folgekostenpflicht. In diesem Zusammenhang ist das Nebenleistungsverbot zu beachten, da die möglichen Nebenleistungen des Konzessionärs abschließend genannt sind.[23] Danach dürfen dem Konzessionär nicht solche Kosten auferlegt werden, die bei der Gemeinde aufgrund ihrer Tätigkeit außerhalb des Zuständigkeitsbereichs als Straßenbaubehörde anfallen (z. B. Wiederherstellungskosten für Straßen infolge Wasserleitungs- oder Kanalsanierung, Breitbandverlegung, Nahverkehr).

- Rückbau von Leitungen
  Hierbei ist auf ein angemessenes Kosten-Nutzen-Verhältnis zu achten, um zu verhindern, dass diese Leistung nicht verweigert wird.[24]

- Mitverlegung oder Mitnutzung von Leerrohren
  Für die Mitverlegung neuer oder die Mitbenutzung vorhandener Leerrohre für andere Zwecke als der Energieverteilung sollte im Konzessionsvertrag eine angemessene Vergütung vereinbart werden, um einen Verstoß gegen § 3 Abs. 2 KAV als unzulässige Sachleistung zu vermeiden. Das Gleiche gilt für die Umwidmung von Leerrohren.

- Dokumentation
  Die Netzinfrastruktur ist stets aktuell zu dokumentieren. Mit der Gemeinde sind der reibungslose Informationsaustausch und die Zusammenarbeit im Hinblick auf die kommunalen Bedürfnisse zu regeln. Das betrifft die Netzdaten für Infrastruktur-, Verkehrs- und Bauleitplanung sowie für die Liegenschaften unter Beachtung des Nebenleistungsverbots.

- Kündigungsrechte und Regelungen zur Rechtsnachfolge
  Letztere sind relevant, da es im Energiesektor in den letzten Jahren zahlreiche Übernahmen bzw. im Vorfeld davon gesellschaftsrechtliche Umstrukturierungen gegeben hat.

- Endschaftsklauseln
  Diese sind für eine Gemeinde besonders wichtig, um sich die Option offen zu halten, das Stromnetz einmal selbst zu übernehmen oder wenn ein Wechsel des Energie-

23 Vgl. § 3 Abs. 2 KAV - unzulässige Sachleistung; siehe auch II. 2. c) bb).

24 Vgl. § 275 Abs. 2 BGB.

versorgers in Betracht kommt.[25] Hierdurch wird vermieden, dass sich die Übernahme durch langwierige Verhandlungen hinzieht. Die vertraglichen Endschaftsklauseln auf Übereignung zugunsten der Gemeinde treten neben den gesetzlichen Übertragungsanspruch aus § 46 Abs. 2 Satz 2 EnWG des Neukonzessionärs. Gemeinde und Neukonzessionär sind im Verhältnis zum Altkonzessionär nur Gesamtgläubiger nach § 428 BGB.[26]

- Vertragsanlagen
  Diese werden angefügt, wenn sie bereits in der Ausschreibung als Netzbetriebs- oder Netzbewirtschaftungskonzepte verlangt waren und den Zweck haben, den Zielen des § 1 EnWG zu dienen.

c) Nebenleistungen im Konzessionsvertrag

Zur Klarstellung werden im Konzessionsvertrag auch die nach § 3 KAV zulässigen und unzulässigen Nebenleistungen aufgenommen.

aa) Zulässige Nebenleistungen

An zulässigen Nebenleistungen werden nach § 3 Abs. 1 KAV in der Regel aufgenommen: Kommunalrabatte auf die ausgewiesenen Netzentgelte für den abgerechneten Eigenverbrauch der Gemeinde;[27] Kostenerstattungen für Bau- und Unterhaltungsmaßnahmen in Höhe der notwendigen Kosten, die einer Gemeinde aufgrund der Verursachung durch den Energieversorger entstehen; Verwaltungskostenbeiträge, wenn die Gemeinde Leistungen für den Netzbetrieb erbringt, die über die bloße Zurverfügungstellung der Straßen hinausgehen.[28]

bb) Unzulässige Nebenleistungen

Die unzulässigen Nebenleistungen, die nicht erbracht werden dürfen, sind in § 3 Abs. 2 KAV als nicht abschließende Regelbeispiele aufgeführt und betreffen:

- Finanz- oder Sachleistungen
  Sie dürfen weder unentgeltlich noch zu einem Vorzugpreis gewährt werden. Dabei ist ein Fremd- oder Drittvergleich Maßstab für ihre Zulässigkeit. Ob die Rechtsprechung die bislang noch zugelassenen Leistungen bei der Aufstellung – nicht jedoch

---

25 Siehe hierzu das Beispiel bei *OLG Celle*, Urt. v. 17.03.2016 – 13 U 141/15 (Kart), S. 35 f.

26 Vgl. *Britz/Hellermann/Hermes*, Energiewirtschaftsgesetz, 2015, § 46 Rn. 84.

27 Zu Berechnungsfragen siehe auch *BGH,* Beschl. v. 20.06.2017 – EnVR 24/16, („Netzentgeltbefreiung III") m. w. N., jurionRS 2017, 17879. Danach scheint offen, welche weiteren Leistungen als Grundlage dienen dürfen. Zum Sachstand der regulatorischen Behandlung und zum Umfang des Gemeinderabattes vgl. *PricewaterhouseCoopers GmbH*, Public Services, Frankfurt a. M., Januar 2019, S. 10 f.

28 Sondernutzungsgebühren fallen nicht darunter, da diese mit der Konzessionsabgabe abgegolten sind.

der Umsetzung – kommunaler Energieerzeugungskonzepte oder Maßnahmen zum rationalen und sparsamen sowie ressourcen-schonenden Umgang mit der vertraglich vereinbarten Energieart als zulässig ansieht, muss als offen bezeichnet werden.

– Übertragung einer Versorgungseinrichtung ohne angemessenen Kaufpreis
  Eine Orientierung enthält der Rechtsgedanke in § 46 Abs. 2 Satz 2, 4 EnWG mit der Festlegung auf den objektivierten Ertragswert. Es ist aber auch eine einvernehmliche anderweitige Vergütung zugelassen, wenn Netz bzw. Versorgungseinrichtung und Kaufpreis in einem angemessenen Verhältnis stehen.[29] Auch Sanktionen oder Vertragsstrafen im Konzessionsvertrag müssen in Einklang stehen mit dem Nebenleistungsverbot, das auch nicht umgangen werden darf.

3. Mögliche Rechtsfolgen für einen Konzessionsvertrag

a) Nichtigkeit

Wird das Nebenleistungsverbot nicht beachtet, sind die Folgen einschneidend. Die vereinbarte Regelung ist wegen Verstoßes gegen ein gesetzliches Verbot nach § 134 BGB nichtig mit der Folge, dass die Gemeinde einen höheren Preis zahlen muss. Die Vereinbarung einer unzulässigen Nebenleistung führt dann zu einer Gesamtnichtigkeit des Konzessionsvertrages, wenn die unzulässige Klausel ein Auswahlkriterium war oder sich auf die Auswahlentscheidung der Gemeinde ausgewirkt hat.[30]

b) Vorzeitige Verlängerung

Beabsichtigt die Gemeinde, einen laufenden Konzessionsvertrag vor Ablauf des Vertragsendes zu verlängern, so ist dieser zunächst zu beenden. Diese vorzeitige Beendigung sowie das Laufzeitende sind nach § 46 Abs. 3 Satz 1 EnWG im Bundesanzeiger öffentlich bekannt zu machen. Am Markt wird damit bekannt, dass eine Konzession zu vergeben ist.[31]

Diese Vergabe hat, wenn sich ein interessierter Marktakteur meldet und sein Interesse bekundet, wie bei einem Neuabschluss in einem diskriminierungsfreien Wettbewerb zu erfolgen (§§ 46 Abs. 3 Satz 3, 46 a, 47 Abs. 2 EnWG).

---

29 Vgl. § 46 Abs. 2 Satz 6 EnWG.

30 Vgl. *BGH*, Urt. v. 07.10.2014 – EnZR 86/13, („Stromnetz Olching“), Rn. 38 f., 40, 45 f., 48 f, 58 f., JurionRS 2014, 27472.

31 Hierzu *BGH* Urt. v. 18.11.2014 – EnZR 33/13 (Stromnetz Schierke), Nr. 9, 13, 19 ff., https://lexetius.com/2014,4352 (abgerufen: 15.01.2019).

c) Vertragsloser Zustand

Endet ein Konzessionsvertrag durch Ablauf oder Beendigung, ohne dass ein neuer in Kraft tritt, weil z. B. noch Rechtsstreitigkeiten anhängig sind, so kommt es zu einem vertragslosen Zustand. Allerdings ist für die Gemeinde die Zahlung der Konzessionsabgabe durch den bisherigen Konzessionär so lange – ohne zeitliche Begrenzung – gesichert, bis die Verteilungsanlagen auf einen neuen Vertragspartner übertragen werden, obwohl der bisherige Konzessionsvertrag an sich ausgelaufen ist.[32] Das steht allerdings unter dem Vorbehalt, dass es die Gemeinde nicht versäumt hat, das Verfahren zu einem Neuabschluss nach § 46 Abs. 3 bis 5 EnWG in Gang zu setzen und zügig zu führen.[33] Der Zahlungsanspruch nach Vertragsablauf ist ein neuer gesetzlicher Anspruch der Gemeinde gegen den Altkonzessionär, der noch die Wege in Anspruch nimmt.[34] Er trägt zur Stabilisierung der Gemeindefinanzen bei und vermeidet für die Gemeinde eine aufwendige Wertersatzermittlung nach §§ 812 ff. BGB.[35]

4. Fazit

Will die Gemeinde ihre eingangs beschriebenen energiepolitischen Ziele realisieren, so kann sie dies nur erreichen, wenn sie das Eigentum am Netz selbst erwerben oder in einer Kooperation (z. B. innerhalb einer Netzgesellschaft) Einfluss ausüben kann. Das erfordert, dass die Wegekonzession an die Gemeinde selbst oder an die Netzgesellschaft fällt. Beide sind aber nicht verpflichtet, das Netz selbst zu betreiben, sondern können das Netz zum Betrieb verpachten, wenn diese Lösung bereits im Auswahlverfahren bekannt war und bewertet wurde. Für die energiepolitischen Aktivitäten der Gemeinde stellen sich unter anderem folgende Fragen: Welche organisatorischen Möglichkeiten bestehen, um einen Betrieb des Netzes in die Kommune zu integrieren, welche Grenzen bestehen hinsichtlich eines Erwerbs und welches Verfahren für eine Konzessionsvergabe ist von ihr einzuhalten.

III. Kommunale Energiepolitik im Zeichen der Energiewende

1. Kommunale Energiepolitik als Aufgabe der Gemeinde

Die Gemeinden sind für die Erledigung aller in ihrem Hoheitsgebiet anfallenden kommunalen Aufgaben zuständig und erledigen sie in eigener Verantwortung. Dies ist Ausdruck der grundgesetzlich in Art. 28 Abs. 2 GG garantierten kommunalen Selbstverwaltung. Sie umfasst die

32 Vgl. § 48 Abs. 4 EnWG.

33 Vgl. BT-Drs. 18/8184, S. 17.

34 Vgl. *Britz/Hellermann/Hermes*, Energiewirtschaftsgesetz, 2015, § 48 Rn. 28.

35 Vgl. *Danner/Theobald*, Energierecht, Energiewirtschaftsgesetz, 2018, § 48 Rn. 30.

Ermessens-, Gestaltungs- und Weisungsfreiheit, die sich auf das Ob, Wann und Wie der Aufgabenwahrnehmung bezieht; jedoch bei gleichzeitiger Gesetzesbindung.[36] Dieser Gesetzesvorbehalt konkretisiert die allgemeine Gesetzesbindung nach Art. 20 Abs. 3 GG und berechtigt zwar zu Eingriffen in die Selbstverwaltungsgarantie, nicht jedoch in den Kernbereich der Selbstverwaltung. Zudem ist dabei der Grundsatz der Verhältnismäßigkeit und das Willkürverbot zu beachten.[37] Zur kommunalen Selbstverwaltung gehört unter anderem die gesetzlich nicht definierte Daseinsfürsorge. Sie umfasst auch den Bereich der klassischen Ver- und Entsorgung, zu der die Energieversorgung gehört.[38]

Die kommunale Energieversorgung ist durch technische und wirtschaftliche Besonderheiten auf den Energiemärkten und durch die Energiepolitik geprägt. Die Energiemärkte, insbesondere aber der Strommarkt, sind regulierte Märkte.[39] Die Regulierung ist eine gesetzlich normierte Verhaltensbeeinflussung der Marktakteure des Energiemarktes, die sich im Wesentlichen auf Marktzugang, Preis, Qualität und Konditionen sowie auf den Kontrahierungszwang bezieht.[40] Das resultiert aus der besonderen Bedeutung dieser Märkte für die Volkswirtschaft.[41] Damit sind gesetzliche Regelungen durch überwiegende und verhältnismäßige Gemeinwohlbelange des Energie- und Wettbewerbsrechts zulässig.[42]

Wie dabei die Gemeinde die Energieversorgung als Aufgabe der Daseinsvorsorge erfüllt, d. h. auf welche Art und Weise sie die Energieversorgung in der Gemeinde sicherstellt, ist Ausdruck ihrer kommunalen Gestaltungsfreiheit. Dazu hat sie allerdings Überlegungen anzustellen und Alternativen zu ermitteln. Ob die Aufgaben von der Gemeinde direkt mit eigenem Personal und durch eigene Investitionen erfüllt oder unter Einschaltung Dritter erfolgen soll, obliegt ihrem Ermessen. Mit der Gewährleistung der Energieversorgung in ihrem Gebiet hat die Gemeinde ihren Gemeinwohlauftrag erfüllt. Für die Art und Weise der Aufgabenerfüllung gilt für die Gemeinden nach § 77 Abs. 2 GemO BW in jedem Falle der Grundsatz der Sparsamkeit und Wirtschaftlichkeit.[43]

Im Jahre 2015 haben sich auf der UN-Klimakonferenz in Paris fast alle Staaten der Welt zum Ziel gesetzt, die globale Erwärmung auf deutlich unter zwei Grad Celsius und wenn möglich auf 1,5 Grad Celsius zu begrenzen.[44] Die Umsetzung dieses Klimaziels ist derzeit defizitär; auch in Deutschland, das eine noch höhere CO_2-Emission hat als der Durchschnitt

36 Vgl. *Jarass/Pieroth*, Grundgesetz, 2011, Art. 28 Rn. 12, 16; *Gern*, Kommunalrecht, 2005, Rn. 38.

37 Vgl. *Jarass/Pieroth*, Grundgesetz, 2011, Art. 28, Rn. 20, 22 f.; *Gern*, Kommunalrecht, 2005, Rn. 41 ff., 45 ff.

38 Vgl. *VGH Mannheim*, Urt. v. 05.11.2014 – 1 S 2333/13, NVwZ-RR 2015, 307 (309).

39 Vgl. *Häder*, Energiepolitik in Deutschland, 2010, S. 22.

40 Vgl. *Bach*, Energieversorgungssicherheit, 2015, S. 328 ff.

41 Vgl. *Hensing/Pfaffenberger/Ströbele*, Energiewirtschaft, 1998, S. 16, 37.

42 Vgl. *Leidinger*, Energiewirtschaftsgesetz contra kommunale Selbstverwaltungsgarantie, DÖV 1999, 861 (865 ff., 867 f.).

43 Hierzu *Aker/Hafner/Notheis*, Gemeindeordnung, 2013, § 77 Rn. 15–23.

44 Zur Problematik *Ekardt*, Das Paris-Abkommen zum globalen Klimaschutz, NVwZ 2016, S. 355 (356 ff.).

der G20-Staaten.[45] Das Klimaziel kann nur dann erreicht werden, wenn auch die Kommunen hierzu einen Beitrag leisten. Dieser Verantwortung sind sich die Kommunen bewusst und sehen daher den Klimaschutz auch als eine kommunale Aufgabe an. Die Kommunalen Landesverbände in Baden-Württemberg und das Land haben daher den im Jahre 2015 beschlossenen Klimaschutzpakt, der zahlreiche Förderprogramme enthält, verlängert.[46] Bereits mit der Bauplanungsrechtsnovelle im Jahre 2011 war mit der neuen Klimaschutzklausel[47] den Erfordernissen des Klimaschutzes als kommunale Aufgabe der Bauleitplanung Rechnung getragen worden, indem der Klimawandel und die Klimaanpassung Eingang in die städtebauliche Planung gefunden haben.[48]

Die Energiewende, die hauptsächlich die Abkehr von der konventionellen Stromerzeugung vorsieht und vordringlich die Verminderung der Treibhausgasemissionen anstrebt, wird bezüglich ihres bisherigen Umsetzungserfolgs kritisch gesehen. Sie eröffnet jedoch auch den Kommunen ein weites Betätigungsfeld und erlaubt Ziele wie regionale Wertschöpfung und mögliche Akzeptanz der Bürgerinnen und Bürger einzubeziehen.[49]

2. Handlungsfelder kommunaler Energiepolitik

Die Handlungsfelder kommunaler Energiepolitik beziehen sich sowohl auf die Angebots- als auch auf die Nachfrageseite des Energiemarktes. Die Möglichkeiten, auf der Nachfrageseite zu reagieren und damit den Energieverbrauch einzuschränken, sind für die Gemeinde größer als ihr Spielraum auf der Angebotsseite und einfacher umzusetzen.

Gestaltungsmöglichkeit für kommunale Energiepolitik lässt auch die Regelung des § 46 Abs. 4 Satz 2 EnWG zu. Die Gemeinde kann bei der Konzessionsvergabe Angelegenheiten der örtlichen Gemeinschaft berücksichtigen.[50] Allerdings ist der kommunalpolitische Spielraum gering, denn die Maßnahmen stehen unter dem Vorbehalt der Wahrung netzwirtschaftlicher Anforderungen, insbesondere der Versorgungssicherheit und der Kosteneffizienz, die vorrangig sind; zudem müssen sich die Maßnahmen in die Ziele des § 1 Abs. 1 EnWG einfü-

45 Vgl. *Kersting,* Ein verlorenes Jahrzehnt, Handelsblatt, 14.11.2018, S. 10.

46 Vgl. *Braun*, Klimaschutz: eine kommunale Aufgabe, BWGZ 2018, 471; *Hohmann*, Klimaschutzpakt stärkt Engagement der Kommune beim Klimaschutz, BWGZ 2018, 472 (472 f.).

47 Vgl. § 1 a Abs. 5 BauGB.

48 Hierzu *Hofmeister*, Die BauGB-Novellierungen zur Förderung des Klimaschutzes in 2011 und zur Stärkung der Innenentwicklung in 2013, in: Spannowsky/Hofmeister (Hrsg.), Novellierungen des BauGB, 2013, S. 2 ff.

49 Vgl. hierzu *Kindermann*, Die Energiewende und ihre Gestalter im Schlaglicht, BWGZ 2018, 489 (490 f.).

50 Vgl. BT-Drs. 18/8184, S. 14 f.; BR-Drs. 73/16, S. 17 f.

gen.[51] Letztlich hat die Rechtsprechung entschieden, dass rein fiskalische und politische Interessen der Gemeinde trotz Art. 28 Abs. 2 GG unzulässig sind.[52]

Im Hinblick auf Erzeugung und Verbrauch regenerativer Energie aus der Windkraft- bzw. Solarnutzung hat die Gemeinde verschiedene energiepolitische Handlungsoptionen. Sie reichen von der Überlassung von Flächen und Grundstücken über die Beteiligung an Windenergieanlagen bis zum Aufbau eines kommunalen Energieunternehmens und Wahl bzw. Gestaltung von Stromtarifen.

a) Nachfrageaspekte kommunaler Energiepolitik

Die Nachfrageseite kommunaler Energiepolitik steht im Mittelpunkt der Betrachtung, wenn es um die Verwendung angebotener Energie für Endziele geht. Neben dem Bezug des Stromes von einem Lieferanten für erneuerbare Energie, insbesondere von Windenergie, kann eine Gemeinde konkret am Energieverbrauch ansetzen und an der Energieeffizienz. Dazu sind oft Investitionen zur energetischen Sanierung bestehender Gebäudesubstanz und vorhandener technischer Anlagen notwendig, wie Gebäudedämmung, Elektrosanierung, Heizungsumbauten, Wärmerückgewinnung bei Schulen, Kindergärten, Verwaltungsgebäuden, Bädern, Nutzung anfallender Abwärme eines Industriebetriebes für Heizzwecke eines Schul- oder Sportzentrums u. dergl.

Bei der Beurteilung ist eine nachhaltige Betrachtungsweise erforderlich. Nicht tagespolitischer Aktionismus ist angesagt, sondern eine reale Ressourcenbetrachtung und Ressourcenbilanz des Verbrauchs als Ergebnis getroffener Maßnahmen. Auch bei energiesparenden Maßnahmen ist die Frage zu stellen, welche Energieressourcen für eine geplante Maßnahme benötigt und wieviel Energie dadurch über die technische Lebensdauer der geplanten Maßnahme eingespart wird. Nur wenn im Laufe der Lebensdauer der Maßnahme die eingesparten Ressourcen größer sind als die mit der Maßnahme verbrauchten, ist die durchgeführte Maßnahme nachhaltig, und es kann damit langfristig die CO_2-Bilanz verbessert werden.

b) Angebotsaspekte kommunaler Energiepolitik

Die Angebotsseite ist angesprochen, wenn es um die Produktion und Verteilung der Energie geht. Die Gemeinde ist kein Energieproduzent und Anbieter im klassischen Sinne. Aber sie kann z. B. städtische Dachflächen für Photovoltaikanlagen selbst nutzen oder Dritten überlassen. Auch beim Verkauf städtischer Baugrundstücke kann sie im Kaufvertrag zur Bedingung machen, dass die Erwerber statt eines Ziegeldaches Solardächer herstellen und zur Solarstromerzeugung nutzen müssen.

---

51 Zur Kritik des Bundesrates im Gesetzgebungsverfahren vgl. BT-Drs. 18/8184, S. 19 f., 26.

52 Vgl. *BGH*, Urt. v. 17.12.2013 – 66/12 KZR (Stromnetz Berkenthin), NVwZ 2014, 807 (815, Rn. 94 ff).

Eine Gemeinde kann des Weiteren Angebotskapazitäten initiieren, indem sie Flächen pachtweise zur Verfügung stellt, die für eine Windkraftnutzung geeignet sind und auf denen nach längerer Planungsphase Windenergieanlagen realisiert werden.[53] Alternativ kann sich die Gemeinde auch an einer Windenergieanlage beteiligen, wobei die Vorgaben für eine wirtschaftliche Betätigung einzuhalten sind.[54] Dabei ist die Beteiligung auch ohne Kapitaleinsatz denkbar. Da die Grundstücke in der Regel pachtweise überlassen werden, könnte ein Großteil der jährlichen Pachteinnahmen kapitalisiert und damit eine Beteiligung an der Windenergieanlage finanziert werden. Das würde überdies dem Nachhaltigkeitsaspekt entsprechen, da Vermögenserträgnisse im Vermögen verbleiben würden und der tagespolitischen Ausgabefreudigkeit entzogen wären. Damit könnte die Gemeinde indirekt als Produzentin für erneuerbare Energie aus Windkraft auftreten. Die Bürgerschaft hätte dann die Möglichkeit, eigenen Windstrom aus kommunaler Mitunternehmerschaft zu erwerben, was auch die Akzeptanz von Windenergieanlagen innerhalb der Gemeinde verbessern könnte.[55]

Die Erstellung von gemeindeeigenen Windenergieanlagen wird, wenn die Gemeinde nicht über ein eigenes Energieversorgungsunternehmen verfügt, aus finanziellen Gründen nicht in Betracht kommen, da mit Investitionskosten je nach Anlagetyp von bis zu 5 Mio. Euro pro Anlage gerechnet werden muss. Demnach bleibt der kommunalen Energiepolitik nur die Möglichkeit der Beteiligung oder Initiierung über den Grundstücksmarkt.

c) Auswirkungen steigender Windenergiekapazitäten

aa) Produktionstechnische Wirkungen der Windstromerzeugung

Die Bedeutung der Windkraft für die Volkswirtschaft und für die Energiewende lässt sich an der installierten Leistung (Kapazität) und dem steigenden Anteil an der Stromproduktion ablesen. Abb. 1 zeigt den Bestand der Windenergieanlagen an Land Ende 2018 mit insgesamt 29.213 Anlagen sowie deren Entwicklung seit dem Jahr 2000. Die bis Ende 2018 installierte Gesamtleistung (Abb. 2) beläuft sich auf 52.931 MW.[56]

53 Vgl. hierzu *Tusch*, Die regionalisierte Energieerzeugung durch Windenergieanlagen als Bürgerbeteiligungsmodell, in: Hirschner (Hrsg.), Die Naturlandschaft des Schwarzwalds als Standort für Windenergieanlagen, 2015, S. 79 (86 ff.).

54 Vgl. §§ 102 ff. GemO BW.

55 Zur Akzeptanz von Windenergieanlagen und deren Verbesserung durch die Bevölkerung vgl. *Hirschner*, Beteiligung der Zivilgesellschaft am Ausbau der Windenergie, in: Brandt (Hrsg.), Jahrbuch Windenergierecht 2017, S. 94 (99 f., 102, 104, 128, 134 ff.).

56 Vgl. Deutsche Windguard GmbH, entnommen: Bundesverband WindEnergie, https://www.windenergie.de/themen/zahlen-und-fakten/deutschland/.

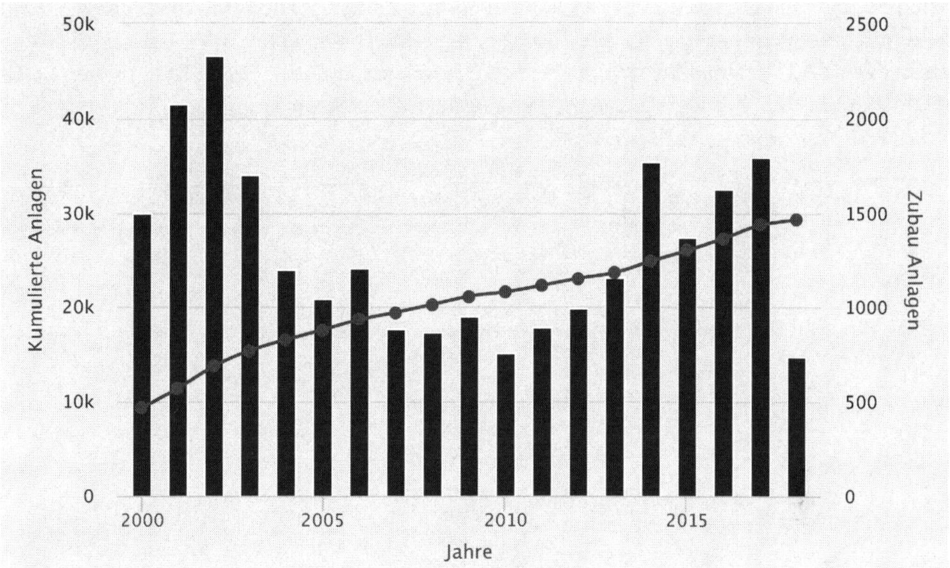

Abbildung 1: Anlagenbestand (Quelle: Deutsche Windguard GmbH, entnommen: Bundesverband WindEnergie, https://www.wind-energie.de/themen/zahlen-und-fakten/deutschland/).

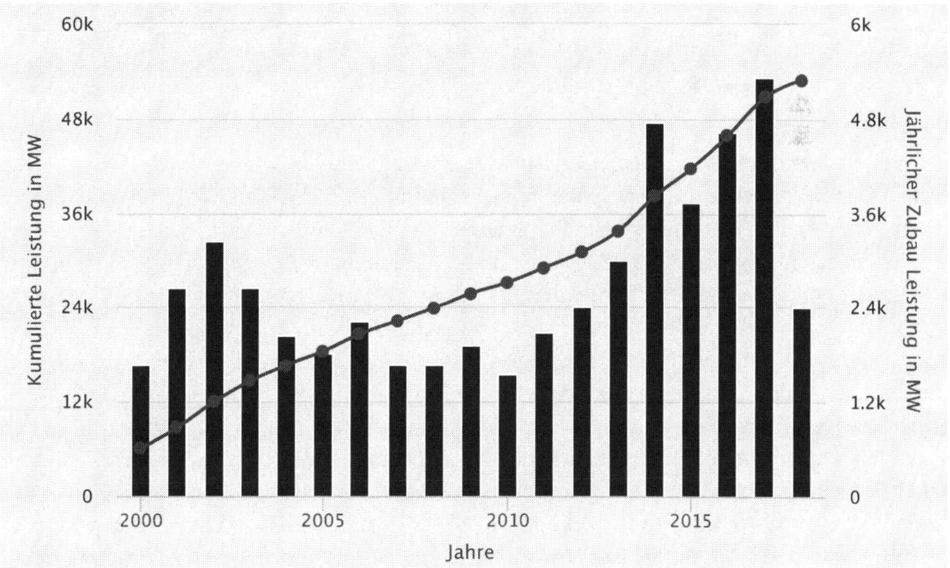

Abbildung 2: Installierte Windenergieleistung (Quelle: Deutsche Windguard GmbH, entnommen: Bundesverband WindEnergie, https://www.wind-energie.de/themen/zahlen-und-fakten/deutschland/).

Mit diesem Aufbau der Kapazitäten an Windenergieanlagen ist auch eine steigende Stromproduktion verbunden. Diese zeigt Abb. 3 mit der Produktion aus On- und Offshore-Windenergieanlagen. Die Windenergie ist im Jahre 2018 geschätzt auf über 113 TWh gestiegen und erreicht erstmals den zweitgrößten Anteil an der deutschen Stromproduktion.[57]

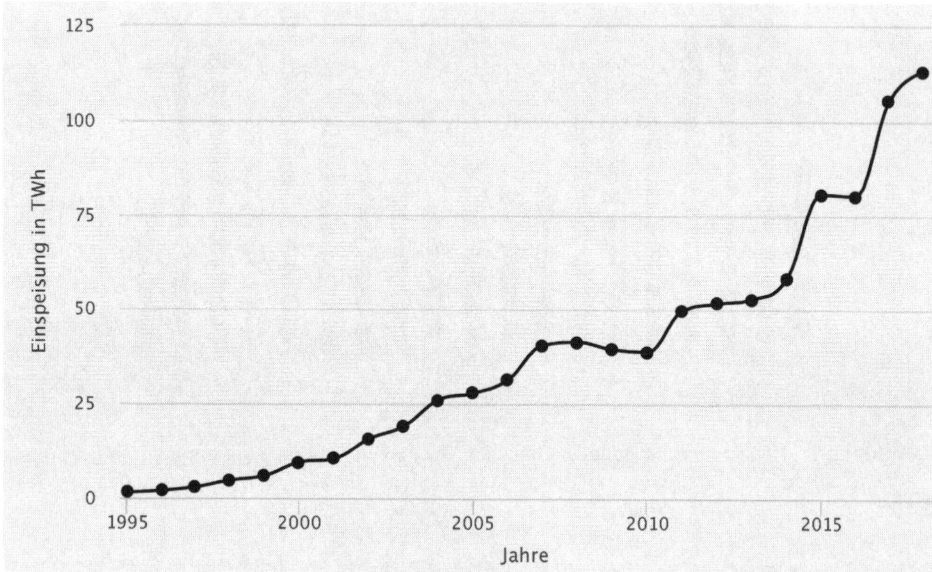

Abbildung 3: Stromeinspeisung (Quelle: AG Energiebilanzen e.V., entnommen: Bundesverband WindEnergie, https://www.wind-energie.de/themen/zahlen-und-fakten/deutschland/).

Die steigenden Produktionskapazitäten für Windenergie und die erzeugten Windstrommengen haben Auswirkungen auf den bestehenden konventionellen Kraftwerkspark. Dessen Auslastung sinkt und die Gestehungskosten je erzeugter Einheit steigen an. Das beruht auf folgenden technischen Gegebenheiten: Die Umwandlung von Primärenergie (Kohle, Gas) in Strom erfolgte in den vergangenen Jahrzehnten hauptsächlich in Wärmekraftwerken über Generatoren. Die verschiedenen Kraftwerkstypen unterscheiden sich hinsichtlich ihrer Investitionskosten, ihrem Wirkungsgrad und den Preisen für die eingesetzte Primärenergieart sowie der Entsorgungs- und Umweltschutzkosten. Im Hinblick auf das wirtschaftspolitische Ziel einer preisgünstigen Energieversorgung werden kurzfristig die Kraftwerkskapazitäten nach ihren variablen Kosten betrachtet. Die Gesamtkosten der Stromproduktion sind in einer Volkswirtschaft kurzfristig dann am niedrigsten, wenn für die Leistungserstellung und Deckung der Nachfrage nach Strom die Kraftwerke mit den niedrigsten variablen Kosten eingesetzt werden. Aus den Grenzkosten (Kosten für die zuletzt erzeugte Einheit) der eingesetzten Kraft-

57 Vgl. AG Energiebilanzen e.V., entnommen: Bundesverband WindEnergie, https://www.wind-energie.de/themen/zahlen-und-fakten/deutschland/.

werke ergibt sich dann die kurzfristige Angebotsfunktion der Energieversorger, die typischerweise treppenförmig verläuft.[58] Dieser Zusammenhang kann mit der sog. Merit-Order (Abb. 4)[59] aufgezeigt werden.

Die Merit-Order war bislang gekennzeichnet durch den Einsatz von Kernkraft-, Kohle- und Gaskraftwerken. Durch den Einsatz erneuerbarer Energien hat sich die Merit-Order beträchtlich verändert. Da Windenergie- und Photovoltaikanlagen – ebenso wie Wasserkraftwerke – fast keine oder nur geringe Grenzkosten aufweisen, drängen diese die konventionellen Stromerzeugungskapazitäten aus dem Markt und führen dort zu einem Produktionsrückgang mit sinkendem Umsatz und folglich zum Erlösrückgang bei diesen Unternehmen.

58 Vgl. *Hensing/Pfaffenberger/Ströbele*, Energiewirtschaft, 1998, S. 117 ff., 123 ff., 120 f.

59 Siehe *Mayer/Burger,* Kurzstudie zur historischen Entwicklung der EEG-Umlage, hrsg. v. Fraunhofer ISE, Freiburg 2014, S. 5, entnommen: https://www.ise.fraunhofer.de/content/dam/ise/de/documents/publications/studies/ISE_Kurzstudie_EEG_Umlage_2014_07_14.pdf.

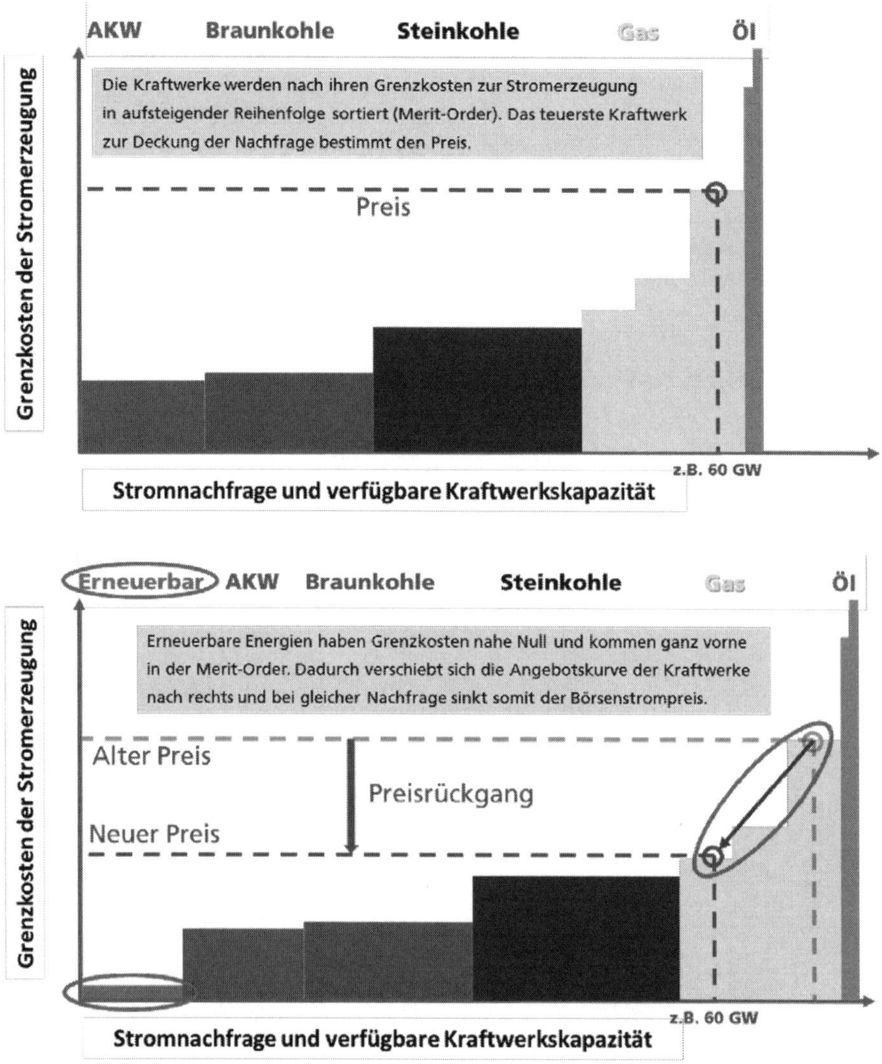

Abbildung 4: Merit-Order (Quelle: *Mayer/Burger,* Kurzstudie zur historischen Entwicklung der EEG-Umlage, hrsg. v. Fraunhofer ISE, Freiburg 2014, S. 5, entnommen: https://www.ise.fraunhofer.de/content/dam/ise/de/documents/publications/studies/ISE_Kurzstudie_EEG_Umlage_2014_07_14.pdf).

Dieser technisch bedingte Vorgang in der Realwirtschaft ist aber auch mit Auswirkungen für die Verbraucher auf der Preisseite verbunden. Ein Windanlagenbetreiber kann seinen erzeugten Windenergiestrom entweder auf direktem Wege mit einem Vertrag an einen Abnehmer liefern oder auf indirektem Wege über die Einspeisung in das allgemeine Stromnetz vermarkten, mit jeweils unterschiedlichen ökonomischen Wirkungen.

bb) Ökonomische Wirkungen des steigenden Windstromangebotes

Der Betreiber von Windenergieanlagen hat das Recht, den in seiner Anlage erzeugten Windstrom direkt zu vermarkten als sonstige Direktvermarktung nach § 21 a EEG. In diesem Falle erhält er ausschließlich den mit dem Verbraucher vereinbarten Preis. Hierfür muss der Windanlagenbetreiber eine direkte Leitungsverbindung zu seinem Endabnehmer (z. B. einem größeren Gewerbebetrieb) schaffen und mit ihm einen Liefervertrag abschließen.

Im Falle der Einspeisung in das allgemeine Stromnetz konkurriert der erzeugte Windstrom mit dem Strom aus konventionellen Energieträgern (Braun- und Steinkohle, Gas oder Atom) bzw. aus anderen erneuerbaren Energien, die alle unterschiedliche Gestehungskosten in der Produktion aufweisen. Letztendlich würden alte konventionelle und abgeschriebene Anlagen mit neuen Windenergieanlagen mit hohen jährlichen Abschreibungen konkurrieren. Die Unternehmen würden aus Kostengründen versuchen, mit den alten und oft umweltschädlichen Anlagen zu produzieren, um diese auszulasten.

Dieser Konflikt zwischen einzelwirtschaftlicher Betrachtung und umweltpolitischer Notwendigkeit zur Schadstoffreduktion ist aus Gründen des Umweltschutzes durch eine gesetzliche Vorgabe gelöst worden: Strom aus erneuerbaren Energien hat Vorrang: Die Netzbetreiber sind verpflichtet, Anlagen zur Erzeugung von Strom aus erneuerbaren Energien unverzüglich vorrangig an einer im Gesetz näher bezeichneten, geeigneten Stelle in kürzester Entfernung zum Anlagenstandort an ihr Netz anzuschließen.[60] Sie sind – vorbehaltlich ihres Einspeisemanagements nach § 14 EEG – ferner verpflichtet, den gesamten angebotenen Strom aus erneuerbaren Energien unverzüglich vorrangig abzunehmen, zu übertragen und zu verteilen.[61] Ebenso besteht für die Netzbetreiber nach näherer gesetzlicher Bestimmung die Verpflichtung, ihr Netz zu optimieren und auszubauen, um die Abnahme sicherzustellen.[62] Damit wird der gesamte durch Windkraft erzeugte Strom in das allgemeine Stromnetz eingespeist, was Auswirkungen auf Stromproduktion und Strompreise hat. Die Folge ist, dass technisch bedingt die Stromproduktion bei den konventionellen Kraftwerken bedarfsgerecht abgeregelt, d. h. gedrosselt werden muss. Sie dürfen dann weniger Strom ins Netz einspeisen, da aus Gründen der Netzstabilität immer nur so viel Strom ins Netz eingespeist werden kann wie gerade verbraucht wird.

Der Betreiber einer Windenergieanlage verkauft seinen gesamten erzeugten Windstrom an den lokalen Netzbetreiber zu dem Preis, der durch die fixe Einspeisevergütung[63] für die Laufzeit der Anlage festgelegt ist.[64] Diesen gelieferten Windstrom veräußert der Netzbetreiber an der Strombörse und erhält dort nur den niedrigeren Preis des Strommarktes. Dem Netz-

60 Vgl. § 8 Abs.1 EEG.

61 Vgl. § 11 Abs. 1 Satz 1 EEG.

62 Vgl. § 12 Abs. 1 EEG.

63 Diese ist mit dem EEG (2017) neu geregelt worden.

64 Es ist aber auch möglich, dass der Windanlagenbetreiber den Strom über das allgemeine Netz an Abnehmer direkt vermarktet. Dafür erhält er vom Netzbetreiber nach § 20 Abs. 1 EEG die Marktprämie, die den Unterschied zwischen dem aktuellen Preis an der Strombörsenpreis und der EEG-Vergütung ausgleicht. Damit erhält der Anlagenbetreiber einen Erlös, der der Einspeisevergütung entspricht.

betreiber entsteht dadurch ein Verlust in Höhe der Differenz zwischen der Einspeisevergütung und dem niedrigeren Marktpreis an der Strombörse. Diese Verluste werden ihm auf der Grundlage des Erneuerbare-Energien-Gesetzes erstattet.[65] Die hierzu erforderlichen finanziellen Mittel werden über die EEG-Umlage aufgebracht. Die EEG-Umlage zahlen die Letztverbraucher, soweit diese nach der gesetzlichen Regelung nicht entfällt, verringert oder besonders geregelt ist[66], in der jährlichen Stromabrechnung.

d) Zwischenergebnis

Die Umsetzung der energiepolitischen Ziele einer Gemeinde ist von ihren Handlungsoptionen abhängig, die auf der Erzeugerseite und auf der Verbraucherseite bestehen. Die kommunale Energiepolitik einer einzelnen Kommune kann auf der Angebots- bzw. Produktionsseite nur flankierend wirken, im Hinblick auf die Gesamtheit der Kommunen jedoch einen bedeutenden Beitrag für die Energiewende leisten.

Viele Gemeinden streben die Rekommunalisierung des örtlichen Stromverteilernetzes an,[67] weil die örtlichen Leitungen in der Regel bisher nicht im Eigentum der Gemeinde stehen. Die Gemeinden sehen hier die Möglichkeit, über die Rekommunalisierung des Netzes und über ihre kommunale Energiepolitik weiteren Einfluss auf Erzeugung und Vermarktung des Stromes nehmen zu können. Dabei kann eine Gemeinde in verschiedenen öffentlich-rechtlich oder zivilrechtlich organisierten Formen auftreten, die politisch einen unterschiedlichen Spielraum und Einfluss verleihen.

3. Organisationsformen kommunaler Einrichtungen

a) Regiebetrieb

Für eine Rekommunalisierung des örtlichen Stromnetzes wird empfohlen, die Netzrechte während der Laufzeit eines Konzessionsvertrages, spätestens aber zwei Jahre vor dessen Auslaufen, vom privaten Versorgungsunternehmen zurückzukaufen. Damit könnte eine Gemeinde das Netz in ihren durch das Selbstverwaltungsrecht geschützten öffentlichen Aufgabenbereich übernehmen[68] und in einen Regiebetrieb eingliedern. Ein Regiebetrieb ist ein integraler Bestandteil der Gemeinde und ein rechtlich, organisatorisch, personell, haushalts- und rechentechnisch unselbstständiges wirtschaftliches Unternehmen. Er entsteht durch verwaltungsinterne Anordnung und wird im Hinblick auf die Struktur nur für kleine Betriebseinheiten

---

65 Hierzu auch *Arbeitsgruppe Alternative Wirtschaftspolitik,* Memorandum, 2014, S. 215 ff.

66 Vgl. §§ 56 ff., §§ 63 ff. EEG.

67 Ebenso auch den Auftrag zur Lieferung des durch regionale Windkraft erzeugten Stroms.

68 Vgl. hierzu *Eufinger*, Neuvergabe von Konzessionsverträgen durch Gemeinden, NVwZ 2014, S. 779 (782 f.).

geschaffen.[69] Wird die örtliche Stromversorgung in kommunaler Hand in Gestalt eines Regiebetriebes geführt, ist die Vorschrift des § 46 Abs. 6 EnWG nach dem Wortlaut nicht anzuwenden, da es sich bei dem Regiebetrieb gerade nicht um einen Eigenbetrieb handelt. Außerdem schließt ein Regiebetrieb mit der Gemeinde keine Verträge, da es sich jeweils um denselben Rechtsträger handelt.[70] Auch eine unzulässige Bevorzugung, wie sie für die übrigen kommunalen Betriebsformen (Eigenbetrieb, Eigengesellschaft, Beteiligungsformen) besteht,[71] wäre mit dem Regiebetrieb nicht verbunden.

Zivilrechtlich würde ein bestehender Konzessionsvertrag durch Konfusion erlöschen, da sich Forderung und Schuld in der Hand der Gemeinde vereinigen.[72] Wird das Stromnetz in den hoheitlichen, durch das Selbstverwaltungsrecht aus Art. 28 Abs. 2 GG geschützten Regiebetrieb übernommen, findet weder eine Konzessionsvergabe nach § 46 EnWG noch eine solche nach Vergaberecht entsprechend §§ 97 ff. GWB statt, und es gilt das europarechtlich anerkannte „Inhouse-Privileg".[73] Erwirbt nun eine Gemeinde das Netz im Zuge einer Rekommunalisierung, könnte sie es im Wege des Inhouse-Privilegs an einen Regiebetrieb übertragen, da es ihr freisteht, ihre öffentlichen Aufgaben – die Selbstverwaltungsaufgabe, ein Energienetz zur Verfügung zu stellen – mit ihren eigenen administrativen, technischen und finanziellen Mitteln wahrzunehmen.[74] [75]

Die kommunale Aufgabenerfüllung der Energieversorgung durch einen Regiebetrieb wird jedoch im Hinblick auf einerseits die üblicherweise kleine organisatorische Einheit sowie andererseits die vorgeschriebenen technischen Voraussetzungen und den erheblichen finanziellen Aufwand faktisch sehr schnell an Grenzen stoßen und scheitern,[76] weshalb Kommunen einer der nachfolgenden Organisationsformen den Vorzug geben werden. Würde die Kommune allerdings einen Regiebetrieb aus betrieblichen, technischen oder organisatorischen Gründen in einen Eigenbetrieb umwandeln, so stellt sich die Frage einer Vergabe nach § 46 EnWG erneut, weil dann die Vergabevorschriften entsprechend anzuwenden sind.[77]

69 Vgl. *Gern*, Kommunalrecht, 2005, Rn. 402.

70 Vgl. *Britz/Hellermann/Hermes*, Energiewirtschaftsgesetz, 2015, § 46, Rn. 86.

71 Vgl. *OLG Celle,* Urt. v. 17.03.2016 – 13 U 141/15 (Kart), S. 12.

72 Vgl. *Grüneberg*, in: Palandt, Bürgerliches Gesetzbuch, 2013, Überblick vor § 362, Rn. 4.

73 Vgl. *Britz/Hellermann/Hermes*, Energiewirtschaftsgesetz, 2015, § 46, Rn. 65, 67 b, 67 i.

74 Vgl. *Danner/Theobald*, Energierecht, Energiewirtschaftsgesetz, 2018, § 48 Rn. 152 ff.

75 Eine analoge Anwendung der Vorschrift ist im Hinblick auf den klaren Wortlaut des § 46 Abs. 6 EnWG und in Anbetracht der geringen Bedeutung der Regiebetriebe für Markt, Wettbewerb und Volkswirtschaft nicht in Betracht zu ziehen. Die Gemeinde handelt mit ihrem Regiebetrieb in ihrem Gebiet als marktbeherrschendes Unternehmen nach § 19 Abs. 2 Nr. 1 GWB und unterliegt dem Missbrauchsverbot. Daher könnten kartellrechtliche Sanktionen nach §§ 19, 29, 32 ff. GWB in Betracht kommen.

76 Vgl. hierzu IV.

77 Vgl. § 46 Abs. 6 EnWG.

b) Eigenbetrieb

Im Rahmen der Daseinsvorsorge wird seit Jahrzehnten in vielen Gemeinden die Wasserversorgung und die Abwasserbeseitigung und damit auch die entsprechenden Leitungsnetze als kommunale Einrichtung durch sog. Eigenbetriebe betrieben. Diese Hilfsbetriebe der öffentlichen Verwaltung sind unselbstständige Anstalten des öffentlichen Rechts ohne eigene Rechtspersönlichkeit, die zugleich eine öffentliche Einrichtung[78] einer Gemeinde sein und auch eine kommunale Stromversorgung beinhalten können.

Die Errichtung und die Organisation von Eigenbetrieben richtet sich nach dem Eigenbetriebsgesetz und dessen Durchführungsverordnung sowie subsidiär nach der Gemeindeordnung.[79] Die Eigenbetriebe sind finanzwirtschaftlich gesehen Sondervermögen der Gemeinde, die gesondert verwaltet und nachgewiesen werden. Ihr Vorteil liegt in der rechnungsmäßigen Verselbstständigung, die zu einer Transparenz der wirtschaftlichen Ergebnisse führt, das Kostenbewusstsein stärkt und mit der kaufmännischen Buchführung Vergleichsmöglichkeiten zu anderen Betrieben gewährleistet. Gleichzeitig unterliegen sie aber der demokratischen Einflussnahme und Kontrolle durch den Gemeinderat.[80] Diese Eigenbetriebe können über ihre Leitungsnetze nicht nur die kommunale Wasserver- und -entsorgung betreiben, sondern über mögliche Strom- und Gasverteilernetze auch die Versorgung der Bevölkerung mit Energie. Damit wäre eine kommunale Versorgung aus einer Hand garantiert. Die Eigenbetriebe kommen eher für kleinere Gemeinden in Betracht; es dürfte auch nur eine geringe Zahl sein, die über ein eigenes Stromverteilungsnetz verfügen.

Die Versorgung der Abnehmer von Strom und Gas über kommunale Leitungsnetze ist jedoch zunächst nur auf die Dauer von 20 Jahren garantiert. Dies ergibt sich aus entsprechender zulässiger Anwendung der Vorschriften des Energiewirtschaftsgesetzes für Wegenutzungsverträge auf die kommunalen Eigenbetriebe.[81] Das beruht auf der Tatsache, dass der Eigenbetrieb keine eigene Rechtspersönlichkeit besitzt und die Gemeinde mit ihm keinen Konzessionsvertrag abschließt. Dieser wird ersetzt durch die Betrauung mit der Aufgabe, was faktisch einem langfristigen Ausschluss aller anderen Bewerber um die Wegenutzung gleichkommen würde. Deshalb soll mit der entsprechenden Anwendung der Konzessionsvergabe auf Eigenbetriebe nach § 46 Abs. 6 EnWG die Möglichkeit eröffnet werden, dass es zu einem Wechsel des Netzbetreibers kommen kann, um so der Entstehung von sog. Ewigkeitsrechten entgegenzuwirken und einen Wettbewerb um das Leitungsnetz zu eröffnen.[82]

---

78 Vgl. § 10 Abs. 2 GemO BW.

79 Vgl. §§ 1, 18, 3 Abs. 1 EigBG BW.

80 Hierzu *Gern,* Kommunalrecht, Rn. 401 m. w. N.

81 Vgl. § 46 Abs. 6 i. V. m. § 46 Abs. 2 Satz 1 EnWG.

82 Vgl. *BGH,* Urt. v. 17.12.2013 – KZR 65/12 – (Stromnetz Heiligenhafen), NVwZ 2014, 817 (823 f., 820, Rn. 78 ff., 36); *Danner/Theobald*, Energierecht, Energiewirtschaftsgesetz, 2018, § 46 Rn. 151 unter Bezugnahme auf BT-Drs. 13/7274, S. 21; BT-Drs. 18/8184, S. 9 f., 13.

Mit der Bestimmung des § 46 Abs. 6 EnWG greift der Bund in das Kommunalrecht und damit in die Regelungskompetenz der Länder ein.[83] Mit dem Erlass des Energiewirtschaftsgesetzes hat er jedoch zuständigerweise von seiner vorrangigen Regelungskompetenz aufgrund der konkurrierenden Gesetzgebungskompetenz[84] Gebrauch gemacht, die neben der Energiegewinnung auch die Energieverteilung, die Energieleitungen und die Sicherheit der Energieversorgung umfasst.[85] Dennoch bleibt mit dieser Regelung ein Eingriff in die kommunale Selbstverwaltungsgarantie verbunden, da mit der Limitierung des Betriebes des kommunalen Stromnetzes eine belastende Regelung für die Kommunen verbunden ist. Die kommunale Selbstverwaltung und damit der Bereich der Daseinsvorsorge wird jedoch nur garantiert „im Rahmen der Gesetze", was einen Gesetzesvorbehalt beschreibt.[86] Die bundesrechtliche Limitierung einer kommunalen Nutzung des eigenen Energieversorgungsnetzes durch die Gemeinde auf die maximale Dauer von 20 Jahre erfolgt zulässigerweise aufgrund des Rechts der Wirtschaft, aus Gründen des Wettbewerbs, der Sicherung der Energieversorgung und der Transparenz am Strommarkt, damit nach diesem Zeitraum ein Wettbewerb um das Versorgungsnetz ermöglich wird.[87]

Ein weiterer Grund für eine Ausschreibung liegt darin, dass die Gemeinde bei der Vergabe der Wegenutzung eine marktbeherrschende Stellung im Sinne von § 19 Abs. 1 Nr. 2 GWB einnimmt. Das Gemeindegebiet ist der sachlich relevante Markt für das Angebot der Wegenutzungsrechte (Konzession). Sie muss sich mit ihrem Versorgungsbetrieb (Eigenbetrieb) als auftretender Marktanbieter mit den übrigen Marktakteuren des Systems im Wettbewerb messen lassen und hat die Wegenutzung diskriminierungsfrei am Markt anzubieten.[88] Sie ist an die unionsrechtlichen Vorgaben, insbes. das Transparenzgebot und das Diskriminierungsverbot und ebenso an das verfassungsrechtlich geschützte Gleichheitsgebot gebunden, das zur Neutralität verpflichtet. Demnach muss sie zwei Jahre vor Ablauf des Konzessionsvertrages nach § 46 Abs. 3 u. 6 EnWG dessen Ende bekannt machen. Melden sich Interessenten, hat sie ein Konzessionsvergabeverfahren durchzuführen und kann sich mit dem Eigenbetrieb am Wettbewerb beteiligen.[89]

---

83 Vgl. Art. 70 Abs. 1, 71 GG.

84 Vgl. Art. 74 Abs. Nr. 11 i. V. m. 72 Abs. 1 GG.

85 Vgl. *Jarass/Pieroth*, Grundgesetz, 2011, Art. 74 Rn. 25.

86 Vgl. *Jarass/Pieroth*, Grundgesetz, 2011, Art. 28 Rn. 18, 20, 25.

87 Vgl. Art. 74 Abs. 1 Nr. 11, 72 Abs. 1, ebenso nach Art. 72 Abs. 2 zur Wahrung der Wirtschaftseinheit, i. V. m. §§ 1 Abs. 2, 2 Abs. 2, 5 EnWG.

88 Vgl. *BGH*, Urt. v. 17.12.2013 – 66/12 KZR (Stromnetz Berkenthin), NVwZ 2014, 807 (809, Rn. 19 ff).

89 Vgl. *Britz/Hellermann/Hermes*, Energiewirtschaftsgesetz, 2015, § 46 Rn. 66 ff.

c) Kommunalanstalt

Für größere Kommunen besteht nach § 102a Abs. 1 Satz 1 GemO BW die Möglichkeit, ihren Eigenbetrieb durch eine Ausgliederung in eine selbstständige Kommunalanstalt, einer rechtsfähigen Anstalt des öffentlichen Rechts, umzuwandeln und dieser Rechtsperson bestimmte Aufgaben zu übertragen. Die Rechtsverhältnisse sind in der Anstaltssatzung zu regeln, die der Genehmigung der Rechtsaufsichtsbehörde bedarf. Die Organe der Anstalt sind der Vorstand und der Verwaltungsrat.[90] Für ihre Wirtschaftsführung und das Rechnungswesen gelten die Vorschriften des Handelsgesetzbuches sinngemäß.[91] Da allerdings beim Eigenbetrieb eine wirtschaftliche Betätigung vorliegt, ist eine Umwandlung in eine rechtsfähige Anstalt nur dann zulässig, wenn die Voraussetzungen für eine wirtschaftliche Betätigung der Kommune im Sinne des § 102 GemO BW vorliegen.[92] Das setzt zum einen voraus, dass der öffentliche Zweck das Unternehmen rechtfertigt sowie dieses nach Art und Umfang in einem angemessenen Verhältnis zur Leistungsfähigkeit der Gemeinde und zum voraussichtlichen Bedarf steht und zum anderen, dass bei einer Tätigkeit außerhalb der kommunalen Daseinsvorsorge der Zweck nicht ebenso gut und wirtschaftlich durch einen privaten Anbieter erfüllt wird oder erfüllt werden kann.[93] Der Betrieb eines kommunalen Energieversorgungsnetzes für Strom (und Gas) gehört aber ebenso wie der Betrieb eines Wasserversorgungsnetzes, eines Abwasserleitungsnetzes oder eines Breitbandnetzes zur Sicherung der Grundbedürfnisse der örtlichen Gemeinschaft und damit zur Daseinsvorsorge, der ureigenen Aufgabe einer Gemeinde. Entscheidend für die Umwandlung ist daher nur, ob das Unternehmen nach Art und Umfang in einem angemessenen Verhältnis zur Leistungsfähigkeit der Gemeinde steht. Dies ist eine Tatfrage und kann nur nach den Verhältnissen des Einzelfalles beurteilt werden. Die Ausgliederung eines Eigenbetriebes und die Umwandlung in eine selbstständige kommunale Anstalt ist damit zulässig.

Nach der Umwandlung eines Eigenbetriebs in eine rechtsfähige Kommunalanstalt gelten die gleichen energiewirtschaftlichen Beschränkungen wie bei Dritten: Zur Nutzung der öffentlichen Wege durch die Kommunalanstalt bedarf es – anders als bei einem Eigenbetrieb – des Abschlusses eines Konzessionsvertrages mit der Gemeinde auf die maximal mögliche Dauer von 20 Jahren, da die Kommunalanstalt als juristische Person des öffentlichen Rechts im Rechtsverkehr als Wettbewerberin um die Konzession auftritt. Ihre Verpflichtung zur Teilnahme am Wettbewerb ergibt sich als Marktakteur mit eigener Rechtspersönlichkeit.[94] Mit dem Ende der 20 Jahre laufenden Gestattung des ursprünglichen Eigenbetriebes zur Wegenutzung, die mit der Umwandlung im Wege der Gesamtrechtsnachfolge[95] auf die selbststän-

---

90 Vgl. §§ 102a Abs. 3, 4, 102 b GemO BW; *Fabry/Augsten*, Die Kommunalanstalt in Baden-Württemberg, VBlBW 2016, 103 (104 f.).

91 Vgl. §§ 102a Abs. 6 GemO BW.

92 Vgl. § 102a Abs. 1 Satz 2 GemO BW.

93 Vgl. § 102 Abs. 1 GemO BW.

94 Vgl. *Britz/Hellermann/Hermes,* Energiewirtschaftsgesetz, 2015, § 46 Rn. 85.

95 Vgl. *Fabry/Augsten*, Die Kommunalanstalt in Baden-Württemberg, VBlBW 2016, 103 (105).

dige Kommunalanstalt übergegangen ist, muss die Gemeinde wieder neu über die Konzession nach den energiewirtschaftsrechtlichen Vorgaben entsprechend § 46 ff. EnWG entscheiden. Das Ende der Laufzeit ist bekannt zu machen. Melden Marktakteure ihr Interesse an, so ist ein Vergabeverfahren nach §§ 46 ff. EnWG durchzuführen. Es gelten hier ebenso die Grundsätze des Wettbewerbsrechts, da seitens der Gemeinde eine marktbeherrschende Stellung vorliegt. Die Kommunalanstalt muss sich mit den übrigen Marktakteuren des Systems im Wettbewerb messen lassen; deshalb hat eine Konzessionsvergabe stattzufinden.[96]

d) Gesellschaftsrechtliche Formen

Zur Realisierung energiepolitischer Ziele stehen der Gemeinde neben den öffentlich-rechtlichen Konstruktionen auch privatrechtliche Formen und gesellschaftsrechtliche Lösungen (z. B. AG, AG & Co, GmbH, GmbH & Co KG, KGaA) zur Verfügung.[97] Die Gemeinde ist in solchen Fällen je nach gesellschaftsrechtlicher Ausrichtung Gesellschafterin und Alleineigentümerin oder Mitgesellschafterin und Miteigentümerin; zweckmäßigerweise Mehrheitsgesellschafterin mit 51 % der Kapitalanteile, um sich den kommunalen Einfluss auf die Geschäftspolitik zu sichern.

Solange die Gemeinde jedoch nicht über das eigene örtliche Stromversorgungsnetz verfügt oder mitverfügt, stellt sich die Frage, wie sie die Rekommunalisierung des Netzes erreichen kann. Mit anderen Worten: wann und unter welchen Voraussetzungen kann eine Gemeinde über das Leitungsnetz als energiepolitisches Instrument zumindest über eine Kooperation (mit)verfügen und welche technischen, rechtlichen und finanziellen Hürden sind dabei zu überwinden.[98]

---

96 Vgl. *BGH*, Urt. v. 17.12.2013 - 66/12 KZR (Stromnetz Berkenthin) -, NVwZ 2014, 807 (809, Rn. 19 ff).

97 Zu den möglichen Formen *Hirschner*, Beteiligung der Zivilgesellschaft am Aufbau der Windenergie, in: Brandt (Hrsg.), Jahrbuch Windenergierecht 2017, S. 137 ff.

98 Zwar garantiert eine Stromnetzübernahme noch nicht, dass der mit kommunaler Unterstützung erzeugte Strom aus Windkraft auch tatsächlich in der eigenen Gemeinde verbraucht wird. Die Bürgerschaft muss sich aufgrund ihrer Wahlfreiheit für den Stromanbieter nach §§ 20, 20a EnWG dafür entscheiden, ihren Strom von dem Anbieter bzw. kommunalen Anbieter erneuerbarer Energien (Windstrom) liefern zu lassen. Um das zu erreichen, bedarf es sicherlich einer kommunalen Informations- und Überzeugungsarbeit. Nur wenn diese Kette zwischen dem Windstromerzeuger und den Windstromverbrauchern über das kommunale Leitungsnetz geschlossen werden kann, wird der unter kommunaler Mitwirkung erzeugte Strom aus Windkraft auch tatsächlich in der Gemeinde verbraucht.

IV. Rechtliche Voraussetzungen der Rekommunalisierung des örtlichen Energienetzes

Die rechtlichen Voraussetzungen für eine kommunale Übernahme des örtlichen Versorgungsnetzes für Strom (und Gas) resultieren aus zahlreichen Rechtsgebieten, da sich die Gemeinde bei einer Rekommunalisierung nicht nur kommunalen Fragen vor allem hinsichtlich der Finanzierbarkeit zu stellen hat, sondern auch fachlich-technischen, finanziellen, gesellschaftsrechtlichen, vor allem aber auch Fragen des Wettbewerbs- und des Kartellrechts, weil sie sich aufgrund wirtschaftlicher Interdependenzen (Verflechtungen) auch auf Gebieten außerhalb des Kommunalrechts bewegt und die dort geltenden Restriktionen zu beachten hat. Dabei ist Voraussetzung, dass die Konzessionierung in dem gesetzlichen Bieterverfahren an die Gemeinde fällt, denn nur dann kann sie als neuer Konzessionär auch das Stromnetz herausverlangen und dessen Eigentümerin werden.

Es ist davon auszugehen, dass die Kommune die erforderlichen finanziellen Mittel für eine Netzübernahme nicht alleine aufbringen kann, sondern zu diesem Zweck mit einem Partnerunternehmen (ggf. aus der Energiebranche) kooperieren muss.

1. Energiewirtschaftliche Voraussetzungen

a) Energiewirtschaftliche Eignungsanforderungen

Will die Gemeinde ein Stromnetz betreiben, so braucht sie hierfür eine Genehmigung, die durch die nach Landesrecht zuständige Behörde entsprechend § 4 EnWG innerhalb von sechs Monaten nach Vorlage der vollständigen Antragsunterlagen erteilt wird, wenn die notwendigen Voraussetzungen vorliegen. Zu diesem Zweck sind bereits in dem Antrag konkrete Angaben zur Sicherheit des Betriebes zu machen. Voraussetzungen für eine Genehmigung zum kommunalen Netzbetrieb sind die personelle, technische und wirtschaftliche Leistungsfähigkeit und die Zuverlässigkeit, einen Netzbetrieb entsprechend den Vorschriften des EnWG auf Dauer zu gewährleisten. Dazu muss der Antragsteller die volle technische Ausstattung seines Betriebes einschließlich der personellen Ressourcen und sein wirtschaftliches Potenzial nachweisen. Der Netzbetrieb muss sich dabei an § 1 Abs. 1 EnWG (dem Zweck des Energiewirtschaftsgesetzes) orientieren, der eine möglichst sichere, preisgünstige, verbraucherfreundliche, effiziente und umweltverträgliche leitungsgebundene Versorgung der Allgemeinheit mit Elektrizität und Gas verlangt, die zunehmend auf erneuerbaren Energien beruht.

Zur technischen Sicherheit des Betriebes gehören auch die Anforderungen nach §§ 11, 11a EnWG. Der Betreiber eines Energieversorgungsnetzes hat die Verpflichtung, ein sicheres, zuverlässiges und leistungsfähiges Versorgungsnetz zu betreiben, zu warten, bedarfsgerecht zu optimieren, zu verstärken und auszubauen, soweit es wirtschaftlich zumutbar ist. Das schließt auch die Verpflichtung ein, das Stromnetz angemessen gegen Bedrohungen der Steuerungsleitungen und der Telekommunikations- und elektronischen Datenverarbeitungssysteme zu schützen, die für einen sicheren Netzbetrieb erforderlich sind. In § 49 Abs. 1 EnWG werden weitere Sicherheitsanforderungen an die Energieanlagen formuliert. Diese sind so zu errichten und zu betreiben, dass die technische Sicherheit gewährleistet ist, was durch Einhaltung der allgemein anerkannten Regeln der Technik sichergestellt wird. Die technische Sicherheit beim Betrieb eines Stromnetzes ist auch unter dem Blickwinkel der in § 1 Abs. 1 EnWG genannten sicheren Energieversorgung zu sehen. Die Versorgungssicherheit in Form eines angemessenen Energieflusses ist für eine Volkswirtschaft von besonderer Bedeutung. Die technische Sicherheit ist dazu eine wesentliche und notwendige Voraussetzung.[99]

Investitionen im Bereich der energiefachlichen Voraussetzungen wird eine Gemeinde im Hinblick auf die kommunalwirtschaftliche Leistungsfähigkeit vor Abschluss der Konzessionsvergabe nicht tätigen, da sie noch gar nicht weiß, ob sie das Stromnetz erwerben und wirtschaftlich betreiben kann. Vor der Entscheidung über die Konzession ist diese energiewirtschaftliche Eignung nach der Rechtsprechung zwar noch nicht vorzulegen, aber es muss aufgrund von Tatsachen eine positive Prognose darüber möglich sein, dass diese Genehmigung nach § 4 EnWG erlangt werden kann. Dieser Tatsachennachweis kann durch die Vorlage einer Kooperationsvereinbarung mit einem Unternehmen, das die Eignungsgenehmigung bereits besitzt, nachgewiesen werden.[100]

Die Gemeinde wird daher versuchen, die technischen Kapazitäten und Voraussetzungen durch Kooperation mit einem bestehenden Unternehmen der Energieversorgungsbranche nachzuweisen. Zu diesem Zweck wird sie ein Unternehmen zum Erwerb der Konzession und des Energienetzes (Netzgesellschaft) gründen, das sich dann bei der Ausschreibung um die örtliche (Strom-)Konzession bewirbt. Sodann wird sich nicht die Gemeinde selbst um die Konzession bewerben, sondern nur indirekt über das Beteiligungsunternehmen, die Netzgesellschaft.

Damit stellt sich die Frage, welche Verträge eine Gemeinde abschließen muss, welche Voraussetzungen dabei zu beachten sind und welches Verfahren einzuhalten ist.

b) Netzgesellschaft als öffentlich-private Kooperation

Kommunen sehen die Möglichkeit in einem „kommunalen Modell", und zwar in einer mehrheitlichen Beteiligung zwischen der Kommune und einem strategischen Partner aus der Energiewirtschaft, die zusammen eine Netzgesellschaft gründen.[101] Für die Netzgesellschaft, die Eigentümerin des örtlichen Energienetzes Strom (oder Gas) werden soll, ist eine gesellschaftsrechtliche Lösung zu suchen, die den kommunalen Einfluss in der Gesellschaft sicherstellt. Dabei ist ein stufenweises Vorgehen angezeigt. Zunächst muss auf der Grundlage eines Konsortialvertrages ein diskriminierungsfreies Partnersuchverfahren zur Suche nach einem strategischen privaten Partner für ein zu gründendes Kooperationsunternehmen „Netzgesellschaft" durchgeführt werden, die erst im Anschluss gegründet werden kann. Zur Vorbereitung dieser

99 Vgl. *Wessel*, Vergabe von Konzessionen für Energieleitungen, NVwZ 2014, 912 (914).

100 Vgl. *LG Berlin*, Urt. v. 09.12.201516 – O 224/14 Kart, ZNER 2015, 158 (164). Siehe hierzu die Möglichkeit der Eignungsleihe in § 47 Abs. 1 VgV.

101 Siehe *Zipperlen*, Städte unter Strom, Der Sonntag, 30.04.2017.

Suche, für den Entwurf des Konsortialvertrages sowie des Vertrages zur Gründung der Netzgesellschaft und das Suchverfahren selbst fallen Beratungs- und Dienstleistungskosten an.[102]

aa) Konsortialvertrag zur Vorbereitung einer Kooperation

Zwecks Suche eines Partnerunternehmens (Kooperationspartner) hat die Kommune zunächst einen Konsortialvertrag zu entwerfen, der vom Gemeinderat zu beschließen ist, da es sich nicht um ein Geschäft der laufenden Verwaltung handelt.[103]

Den eigentlichen vertraglichen Regelungen vorangestellt wird als Grundlage eine Präambel, in der das gemeinsame Ziel formuliert wird. Nämlich sich um die auslaufende Stromkonzession in der Gemeinde zu bewerben und im Erfolgsfall zunächst möglicherweise das Stromnetz zu pachten, um es später zu erwerben. Weiter werden als zentrale Ziele die Leitlinien der Netzgesellschaft als kommunales und regionales Unternehmen formuliert: zum einen hinsichtlich der zu schaffenden Infrastruktur, die an den Anforderungen des § Abs. 1 EnWG angelehnt ist und zum anderen das entsprechende Angebot der Versorgungsleistung, das verbraucherfreundlich und preiswert zu gestalten ist. Dabei soll die Geschäftspolitik auf umweltgerechtes, nachhaltiges, bürgernahes und zugleich effizientes Wirtschaften ausgerichtet sein, um eine angemessene Rendite zu erwirtschaften.

Im Konsortialvertrag werden ferner die Grundlagen der Partnerschaft geregelt. Das gemeinsame Ziel ist die Bewerbung um die neu zu vergebende Konzession für den Strombereich der Gemeinde und die Übernahme des Stromverteilernetzes. Zu diesem Zweck verpflichtet sich das Partnerunternehmen, im zukünftigen Konzessionsvergabeverfahren die notwendigen Bewerbungs- und Angebotsunterlagen zu erstellen und mit der Kommune abzustimmen, um im Verfahren eine bestmögliche Bewerbung vorlegen zu können. Dabei wird allerdings auch klargestellt, dass die Kommune in keiner Weise verpflichtet ist, die Konzession an die Netzgesellschaft zu vergeben, sondern dass die Konzession nur aufgrund eines diskriminierungsfreien Wettbewerbs vergeben werden kann.[104] In der Literatur werden jedoch Bedenken erhoben, wenn eine Gesellschaft als Bewerberin auftritt, an der genau die Gemeinde beteiligt ist, die später über die Konzession entscheiden soll.[105] Diesen Bedenken wird allerdings durch einen transparenten und diskriminierungsfreien Entscheidungsablauf entgegengewirkt. Die Gemeinde muss ferner zusagen und dafür sorgen, dass das Gebot der Neutralität bei der Vergabe streng eingehalten wird. Das bedeutet in der Konsequenz nicht nur eine personelle und räumliche Trennung der Entscheidungseinheiten bei der Gemeinde, sondern auch ein über das

---

102 Für eine Kommune mit ca. 30.000 Einwohner können sich diese auf 50 bis 70 T € belaufen. Solche Kosten fallen ebenso bei den Unternehmen an, die sich als potenzieller Partner bewerben wollen und die sich je nach Anforderungen einer Ausschreibung auf bis zu ca. 100.000 € belaufen können.

103 Vgl. §§ 44 Abs. 2, 24 Abs. 1 GemO BW.

104 Vgl. hierzu unten V.

105 Vgl. *Sauer*, OLG Düsseldorf Vergabesenat, Beschluss vom 09.01.2013, Az.: VII-Verg. 26/12; „Münsterland Netzgesellschaft“, EWeRK 2013, 100 (110 f.).

kommunale Mitwirkungsverbot hinausgehendes wettbewerbsrechtliches Mitwirkungsverbot für kommunale Organmitglieder, das selbst für die Dienstleisterebene gilt.[106] [107]

Ein weiterer Punkt im Konsortialvertrag ist die spätere Gründung einer Netzgesellschaft in Form einer juristischen Person mit der Festlegung entsprechender Beteiligungsverhältnisse, um den kommunalen Einfluss mit mindestens 51 % der Kapitalanteile für die Kommune zu sichern. Wichtig sind auch die Bestimmungen für eine Beendigung der Kooperation, falls die Konzession nicht gemeinsam erworben werden kann. Die Kooperation wird weiter ergänzt durch Verfahrensregelungen der Zusammenarbeit zum einen für den Fall, dass die Bewerbung erfolgreich ist und die Netzgesellschaft das Stromnetz übernehmen kann und zum anderen zu möglichen Entwicklungsperspektiven, wenn weitere Energienetze (z. B. neben dem Strom- auch das Gasnetz) in die Gesellschaft eingebracht werden sollen. Weitere Regelungen betreffen die Finanzierung, die Übertragung weiterer Geschäftsanteile an die Gemeinde, die Loyalität und Unterstützung sowie die Wirksamkeitsvoraussetzungen im Hinblick auf erforderliche Genehmigungen und Fragen der Vertragsabwicklung einschließlich der Kostenverteilung, falls die Konzession nicht erworben werden kann.

Der Konsortialvertrag ist vorrangig und bildet die Basis der Zusammenarbeit; diesem folgt der Entwurf eines Gesellschaftsvertrages über die Errichtung einer Netzgesellschaft, die meist als GmbH oder aus steuerlichen Gründen als GmbH & Co KG organisiert ist.

bb) Gesellschaftsvertrag zur Gründung der Netzgesellschaft

Die Gemeinde hat im Zuge des Konsortialvertrages gleichzeitig einen Gesellschaftsvertrag zu entwerfen, der später – ebenso wie der Konsortialvertrag – noch mit dem Partnerunternehmen zur Gründung der gemeinsamen Netzgesellschaft abzustimmen ist. Er enthält zunächst die üblichen Inhalte über die Errichtung z. B. einer GmbH mit seinen allgemeinen Bestimmungen über Firma, Sitz, Gegenstand und Dauer der Gesellschaft. In diesem Zusammenhang ist zu entscheiden, ob die Netzgesellschaft selbst das Netz betreiben oder ob es an das Partnerunternehmen (Energieversorgungsunternehmen) verpachtet werden soll. Weitere Inhalte sind das Stammkapital, die Regelung der Geschäftsführung und der Gesellschafterversammlung, ebenso die Gewinnverteilung sowie Übertragung und Einziehung von Geschäftsanteilen und die für die Kommunalpolitik wichtige Frage der Bestellung eines Beirates sowie dessen Aufgaben, Rechte und Pflichten. Insgesamt muss der Gesellschaftsvertrag kommunalrechtliche Grenzen beachten.

---

106 Vgl. OLG *Naumburg,* Urt. v. 21.09.2018 – 7 U 33/17, S. 15 ff.

107 Würde das nicht beachtet, wäre das Auswahlverfahren fehlerhaft mit der möglichen Nichtigkeit des Konzessionsvertrages.

2. Kommunalrechtliche Voraussetzungen[108]

Bezüglich der kommunalrechtlichen Voraussetzungen sind zwei voneinander unabhängige Fragen zu unterscheiden: Erstens, darf die Gemeinde aus der Sicht des Kommunalrechts die Aufgabe „Übernahme und Betrieb eines Stromnetzes" in der Gemeinde als wirtschaftliches Unternehmen wahrnehmen und zweitens, ist dafür eine Rechtsform des privaten Rechts zulässig. Sämtliche Beschlüsse hierzu sind vom Gemeinderat zu fassen, da keine Geschäfte der laufenden Verwaltung vorliegen, für die der Bürgermeister zuständig wäre.[109]

a) Zulässigkeit des wirtschaftlichen Unternehmens

Die Gemeinde will sich an einer Netzgesellschaft beteiligen, deren Ziel es ist, die Konzession der Gemeinde zu erhalten und dadurch das Stromnetz in der Gemeinde zu erwerben und zu betreiben. Für die Gemeinde muss sich das als ein zulässiges wirtschaftliches Unternehmen darstellen.

Die wirtschaftliche Betätigung einer Gemeinde gehört zu ihrer Selbstverwaltungsgarantie, die grundrechtlich geschützt ist.[110] Die Gemeinde unterliegt dabei aber den gesetzlichen Schranken nach § 102 Abs. 1 GemO. Wirtschaftliche Unternehmen sind ihr nur dann möglich, wenn der öffentliche Zweck ein solches rechtfertigt. Art und Umfang des Unternehmens müssen in einem angemessenen Verhältnis zur Leistungsfähigkeit der Gemeinde und zum voraussichtlichen Bedarf stehen; außerdem darf der Zweck außerhalb der Daseinsvorsorge nicht besser und wirtschaftlicher durch einen Dritten erfüllt werden können. Damit ist der Grundsatz der Subsidiarität kommunaler wirtschaftlicher Tätigkeit angesprochen, da die Gewinnerzielung als alleiniger Zweck oder als Hauptzweck für eine wirtschaftliche Betätigung der Gemeinde verboten ist. Als Nebenzweck ist allerdings ein Gewinn für den Haushalt zulässig.[111]

Der öffentliche Zweck ist nur dann gerechtfertigt, wenn er sich auf den kommunalen Aufgabenbereich zurückführen lässt und das Wohl der Einwohner im Sinne der Daseinsfürsorge fördert.[112] Die Schaffung einer Möglichkeit zur Versorgung der Bevölkerung mit leitungsgebundener Energie wie Strom und Gas gehört ebenso zur Grundausstattung einer Gemeinde wie die Versorgung mit Wasser oder die Abwasserentsorgung. Diese Infrastruktureinrichtungen sind Voraussetzung für ein Zusammenleben und Arbeiten in einer Kommune. Versorgungsfra-

---

108 Fragen der Investition, der Finanzierbarkeit und der kommunalen Haushaltswirtschaft im Hinblick eines Netzerwerbs sind hier nicht zu erörtern, jedoch einschlägig nach §§ 77, 85, 87, 91, 96 GemO BW für die Beurteilung der Wirtschaftlichkeit der Entscheidung. Vgl. hierzu *OVG Lüneburg*, Beschl. v. 11.09.2013 – 10 ME 88/12, NVwZ-RR 2013, 995 (997 f.).

109 Vgl. §§ 44 Abs. 2, 24 Abs. 1 GemO BW.

110 Vgl. *Gern*, Kommunalrecht, 2005, Rn. 388; *Jarass/Pieroth*, Grundgesetz, 2011, Art. 28, Rn. 14 m. w. N.

111 Vgl. *Gern*, Kommunalrecht, 2005, Rd. 389.

112 Vgl. § 1 Abs. 2 i. V. m. § 2 Abs. 1 GemO BW.

gen sind daher öffentliche Zwecke, die eine Gemeinde befriedigend lösen muss, wozu auch der Erwerb und der Betrieb eines örtlichen Stromleitungsnetzes gehören.

Weiter muss das wirtschaftliche Unternehmen „Übernahme und Betrieb des örtlichen Stromnetzes“ in einem angemessenen Verhältnis zur Leistungsfähigkeit der Gemeinde und zum voraussichtlichen Bedarf stehen. Da die Netzübernahme schon aus energiefachlichen Gründen nur in einer Kooperation mit einem Energieunternehmen möglich ist, kann die gesellschaftsrechtliche Gestaltung der Beteiligungsverhältnisse im Einzelfall so erfolgen, dass dieses Kriterium erfüllt wird. Ein Verstoß gegen die subsidiäre kommunalwirtschaftliche Betätigung liegt nicht vor, weil sich die Gemeinde im Bereich der kommunalen Daseinsvorsorge betätigt,[113] denn die Sicherstellung der Energieversorgung einer Gemeinde ist eine verpflichtende Aufgabe der Daseinsvorsorge.[114] Bei der Ausfüllung des Begriffs der „kommunalen Daseinsvorsorge“, einem unbestimmten Rechtsbegriff, besteht für die Gemeinde nur ein gewisser Beurteilungsspielraum hinsichtlich der konkreten Feststellung der Gemeinwohlbedürfnisse mit Blick auf sich wandelnde örtliche Verhältnisse und andere individuelle Faktoren vor Ort.[115]

Die Gemeinde hat bei der Beurteilung der Frage, mit welchen Mitteln sie die Aufgabe wahrnimmt, im Hinblick auf eine sachgerechte Kommunalpolitik einen an den örtlichen Verhältnissen orientierten weiten Beurteilungsspielraum. Dieser ist auch einer richterlichen Kontrolle weitgehend entzogen, da er planerische und prognostische Elemente beinhaltet. Mithin kann sich die Gemeinde im Rahmen einer Neuvergabe der Konzession – mit ihrem Versorgungsunternehmen – als potenzieller Marktakteur und Nachfrager für den örtlichen Wegenutzungsvertrag (Konzession) bewerben. Eine Vorlagepflicht dieses Beschlusses an die Rechtsaufsichtsbehörde zur Prüfung der Rechtsmäßigkeit besteht nach § 108 GemO BW nicht.[116]

b) Zulässige Beteiligung an einer privaten Rechtsform

Nach § 108 GemO BW sind Gemeinderatsbeschlüsse über Maßnahmen und Rechtsgeschäfte zur Gründung eines Gemeinschaftsunternehmens in privater Rechtsform als Gesellschaft mit beschränkter Haftung (GmbH) nach § 103, 103a GemO BW vorlagepflichtig. Zum einen ist dies der Beschluss zur Aufgabenübernahme im Konsortialvertrag als „Basis- oder Grundgeschäft“, der Grundlage und Voraussetzung für die Unternehmensgründung ist und zum anderen der Beschluss zur Gründung der Netzgesellschaft-mbH. Beide Beschlüsse sind als Einheit zu sehen und insgesamt der Rechtsaufsichtsbehörde vorzulegen, da die Beurteilung des zweiten Beschlusses nicht ohne Beurteilung des ersten erfolgen kann.[117] Beide Beschlüsse dürfen erst vollzogen werden, wenn die Gesetzmäßigkeit bestätigt oder die Beschlüsse nicht in-

113 Vgl. *Aker/Hafner/Notheis*, Gemeindeordnung, 2013, § 102 Rn. 71 ff.

114 Vgl. *BGH*, Urt. v. 07.07.1992 – KZR 2/91, NJW 1992, 2888 (2889).

115 Vgl. *VGH Mannheim*, Urt. v. 05.11.2014 – 1 S 2333/13, NVwZ-RR 2015, 307 (310 f.).

116 Vgl. *Aker/Hafner/Notheis*, Gemeindeordnung, 2013, § 107 Rn. 2.

117 Vgl. *Aker/Hafner/Notheis*, Gemeindeordnung, 2013, § 108 Rn. 3.

nerhalb eines Monats beanstandet worden sind.[118] Die Rechtsaufsichtsbehörde hat innerhalb der Monatsfrist zu prüfen, ob die Gemeinde die für das Verfahren geltenden gesetzlichen Bestimmungen beachtet hat. Insbesondere, ob die Gemeinde die ihr gesetzlich obliegenden Verpflichtungen erfüllt, die ihr zustehenden Befugnisse nicht überschreitet und die gesetzlichen Verfahrensvorschriften beachtet hat.[119]

Prüfungsmaßstab der Rechtsaufsichtbehörde ist insbesondere, ob das Unternehmen in der privaten Rechtsform als GmbH[120] oder in anderen möglichen privatrechtlichen Formen die Voraussetzungen der §§ 103 ff. GemO BW erfüllt.[121] Bei der Gründung der Netzgesellschaft als privates Unternehmen ist von der Gemeinde zu beachten: Sie darf sich unabhängig von der Rechtsform an wirtschaftlichen Unternehmen nur beteiligen, wenn der Gesellschaftsvertrag sicherstellt, dass

- der öffentliche Zweck erfüllt wird,
- die Haftung der Gemeinde angemessen begrenzt und satzungsmäßig abgesichert ist,
- für das Geschäftsjahr ein Wirtschaftsplan und eine fünfjährige Finanzplanung zugrunde gelegt werden und
- der Jahresabschluss sowie der Lagebericht nach den Vorgaben des Handelsgesetzbuches erstellt werden,
- die Gemeinde über den Jahresabschluss mit allen weiteren Anlagen und den Prüfungsbericht unterrichtet wird sowie
- der Gemeinde weitere umfassende Prüfungsrechte eingeräumt und Unterlagen zur Verfügung gestellt werden;
- außerdem die Aufwendungen nachhaltig mindestens zu einem Viertel durch Erlöse gedeckt werden.[122]

Zulässig ist danach die Rechtsform einer Gesellschaft mit beschränkter Haftung sowie deren gesellschaftsrechtliche Kombinationen, während eine Aktiengesellschaft (AG) nur subsidiär zulässig ist; andere Rechtsformen sind der AG gegenüber vorrangig zu wählen.[123]

Sobald die genannten Anforderungen eingehalten werden, kann sich die Gemeinde ein Partnerunternehmen suchen und zusammen mit ihm die Netzgesellschaft zum Erwerb der Konzession gründen.

---

118 Vgl. § 121 Abs. 2 GemO BW.

119 Vgl. VwV GemO BW zu § 118 Ziff. 3, Vgl. *Aker/Hafner/Notheis*, Gemeindeordnung, 2013, § 121 Rn. 11, 15.

120 Vgl. §§ 103, 103a GemO BW.

121 Vgl. *Aker/Hafner/Notheis*, Gemeindeordnung, 2013, § 103 Rn. 6.

122 Vgl. §§ 103, 103a GemO.

123 Vgl. § 103 Abs. 2 GemO.

3. Rechtliche Anforderungen an die Suche des strategischen Partners

Im Anschluss an den Entwurf des Konsortialvertrages und des Gesellschaftsvertrages sowie der Bestätigung der Gesetzmäßigkeit muss die Gemeinde – unabhängig von dem Verfahren zur (Strom-)Konzessionsvergabe – ein Partnerunternehmen für die zu gründende Netzgesellschaft am Markt suchen. Beide Verfahren, das Partnersuchverfahren und das Konzessionsverfahren könnten verbunden und damit einstufig durchgeführt werden, was allerdings Konsequenzen für das Verfahren und dessen rechtliche Überprüfung hat.[124] Dabei ist nämlich sicherzustellen, dass die Kriterien und Konditionen zur Auswahl des strategischen Partners keinen Einfluss auf die Auswahl des neuen Konzessionärs haben darf. Der strategische Partner kann deshalb auch vorab, und zwar vor der Auswahl des Stromkonzessionärs, innerhalb eines zweistufigen Verfahrens gesucht werden,[125] was aus Gründen der Praktikabilität, Übersichtlichkeit und Sicherheit vorzuziehen ist.

a) Anwendung des Konzessionsvergaberechts

Gegenstand der strategischen Partnersuche ist ein Unternehmen, das zusammen mit der Gemeinde die Netzgesellschaft gründen soll mit dem Zweck, das Stromnetz selbst zu betreiben oder an einen anderen Betrieb weiter zu verpachten. Sobald solche Dienstleistungen in einem Vertrag vereinbart werden, ist eine Dienstleistungskonzession im Sinne des Wettbewerbsrechts gegeben und macht das Partnersuchverfahren für die öffentlich-private Partnerschaft für die Kommune vergabepflichtig, wofür die Konzessionsvergabeverordnung[126] anzuwenden ist, welche das weitere Verfahren konkretisiert.[127] Für den Fall, dass der Vertragsumfang den Schwellenwert nach § 106 GWB erreicht oder übersteigt, ist diese Leistung auch europaweit auszuschreiben. Die Schwellenwerte werden entsprechend § 106 Abs. 3 GWB nachrichtlich im Bundesanzeiger veröffentlich und sind zum 01.01.2018 für die nächsten zwei Jahre neu festgesetzt worden.[128]

Die Gemeinde hat nach § 152 Abs. 3 Satz 1 und 3 GWB das Unternehmen auszuwählen, welches nach den Zuschlagskriterien, die auch qualitative, umweltbezogene oder soziale Belange beinhalten können, das günstigste (wirtschaftlichste) Angebot vorlegt. Hierauf

124 Vgl. *Kment* (Hrsg.), Energiewirtschaftsgesetz, 2015, § 46 Rn. 73 a. E.

125 Zur Beurteilung der beiden Verfahren vgl. *Bundesnetzagentur/Bundeskartellamt* (Hrsg.), Gemeinsamer Leitfaden zur Vergabe von Strom- und Gaskonzessionen und zum Wechsel des Konzessionsnehmers, 2015, Rn. 16, 27 f.

126 Konzessionsvergabeverordnung vom 12. April 2016, BGBl. I S. 624, 683, die zuletzt durch Artikel 6 des Gesetzes vom 10. Juli 2018, BGBl. I S. 1117, geändert worden ist.

127 Vgl. §§ 105 Abs. 1 Nr. 2, 101 Abs. 1 Nr. 1, 99 Nr. 1 u. 2, 98, 148 ff. GWB.

128 Siehe hierzu Bundesanzeiger Verlag vom 09.01.2018, Neue EU-Schwellenwerte für 2018/2019 veröffentlicht, www.bundesanzeiger-verlag.de/vergabe/aktuelles-news-termine-etc/nachrichten/nachrichten/nachrichten-detail/artikel/neue-eu-schwellenwerte-fuer-20182019-veroeffentlicht-24038.html.

hat der Bieter einen Anspruch, da die Bestimmungen über das Vergabeverfahren nach § 97 Abs. 6 GWB einzuhalten sind.[129]

b) Durchführung des Vergabeverfahrens

aa) Verfahrensart

Die Gemeinde muss strukturell vorgehen und zunächst die Frage klären, in welchem Verfahren, das transparent und diskriminierungsfrei durchzuführen ist, sie den strategischen Partner suchen möchte. Dazu muss sie die Konzession beschreiben, um zu bekunden, für welche Leistungen der Partner gesucht wird. Sodann legt sie die Entscheidungsparameter (Eignungskriterien, Mindestanforderungen, Zuschlagskriterien) fest, nach denen sie die Auswahl der Bewerber vornehmen wird.

Eine bestimmte Verfahrensart wird der Gemeinde nicht vorgegeben. Sie hat einen Wettbewerb durchzuführen, den sie unter Beachtung der Konzessionsvergabeverordnung frei ausgestalten und – orientiert an der Vergabeverordnung – auch ein Verhandlungsverfahren mit Teilnahmewettbewerb auswählen kann. Auf der ersten Stufe wird zunächst ein Teilnahmewettbewerb durchgeführt, der die Eignung der Bewerber prüft. Auf der zweiten Stufe werden dann die ausgewählten Bewerber aufgefordert, ihre Angebote abzugeben (oder in Verhandlungen einzutreten) und die abschließende Auswahl getroffen. Die Gemeinde hat auch die Möglichkeit, auf der zweiten Stufe nur eine begrenzte Anzahl an Bewerbern zuzulassen. Es wird dann eine Auswahl getroffen, wer die Eignungskriterien am besten erfüllt.[130]

Aufgrund des verpflichtenden Transparenzgebotes ist es der Kommune allerdings versagt, den Konzessionsgegenstand, die Mindestanforderungen an das Angebot sowie die Zuschlagskriterien im Laufe der Verhandlungen zu ändern.[131]

bb) Marktinformation

Das Transparenzgebot erfordert unter anderem, dass eine Konzessionsbeschreibung mit den nicht verhandelbaren Mindestanforderungen (Eckpunkten) erstellt wird, die die zu erbringende Dienstleistung beschreibt, nämlich die eines Partnerunternehmens zur Gründung einer Netzgesellschaft zwecks Bewerbung um die Stromkonzession und Betrieb des Stromnetzes oder dessen Verpachtung. Die Konzessionsbeschreibung mit den Mindestanforderungen, Eignungskriterien und weiteren Teilnahmebedingungen, der Organisations- und Zeitplan des Verfahrens mit dem geplanten Schlusstermin, die Zuschlagskriterien und – je nach Verfah-

---

129 Vgl. *Bundesnetzagentur/Bundeskartellamt* (Hrsg.), Gemeinsamer Leitfaden zur Vergabe von Strom- und Gaskonzessionen und zum Wechsel des Konzessionsnehmers, 2015, Rn. 14, 16, 26; *Sauer,* OLG Düsseldorf Vergabesenat, Beschluss vom 09.01.2013, Az.: VII-Verg. 26/12; „Münsterland Netzgesellschaft, EWeRK 2013, 103 (110).

130 Vgl. §§ 151 GWB i. V. m. §§ 12 Abs. 1 KonzVgV, 17 Abs. 1, 51 Abs. 1, 14 Abs. 1, VgV.

131 Vgl. §§ 97 Abs. 1 Satz 1 GWB, 12 Abs. 2 KonzVgV.

ren – die Aufforderung zur Abgabe von Angeboten sind in der Konzessionsbekanntmachung öffentlich bekannt zu machen.[132]

cc) Entscheidungsparameter

Wichtig für die Auswahl eines Bewerbers für die Netzgesellschaft sind Eignungskriterien, Mindestanforderungen und Zuschlagskriterien. Konzessionen dürfen nur an ein fachkundiges und leistungsfähiges Unternehmen vergeben werden. Die diskriminierungsfreien, den Wettbewerb gewährleistenden Eignungskriterien müssen sicherstellen, dass der Konzessionsnehmer zur Durchführung der Konzession fähig ist.[133] Die Kriterien dürfen sich nicht nur auf die Befähigung und Erlaubnis zur Berufsausübung sowie auf die wirtschaftliche und finanzielle, sondern auch auf die technische und berufliche Leistungsfähigkeit beziehen.[134]

Da es sich bei dem strategischen Partner um ein Unternehmen handeln muss, das die Netzbetriebsgenehmigung im Sinne von § 4 EnWG besitzt, gehört diese Fachkunde zu den zwingenden Mindestvoraussetzungen der Berufsausübung. Als Kooperationspartner werden daher hauptsächlich Energieversorgungsunternehmen oder deren regional agierende Tochtergesellschaften in Betracht kommen.[135] Soweit die wirtschaftliche und finanzielle Leistungsfähigkeit angesprochen ist, soll beurteilt werden, ob ein Bewerber in der Lage ist, die für die Kooperation notwendigen finanziellen Mittel aufzubringen. Bankenerklärungen, die letzten drei Jahresabschlüsse und eine Eigenerklärung sind geeignete, nachprüfbare Unterlagen hierfür. Die technische und berufliche Leistungsfähigkeit beinhaltet die Prüfung, ob ein Bewerber das notwendige Fachwissen und die erforderlichen personellen und technischen Ressourcen für den Betrieb des örtlichen Energienetzes bereitstellen kann. Hierfür kommen als Nachweis Referenzen in Betracht und die Beschäftigtenzahl, insbesondere aber die Anzahl an Fachkräften und die Ausstattung mit fachtechnischem Gerät.

dd) Zuschlagskriterien

Vorgaben für die Zuschlagskriterien, die in absteigender Reihenfolge aufzuführen sind,[136] werden durch § 152 Abs. 3 GWG vorgegeben: Es muss sich um objektive Kriterien handeln, die mit dem Konzessionsgegenstand in Verbindung stehen. Die Zuschlagskriterien müssen sicherstellen, dass die Angebote unter wirksamen Wettbewerbsbedingungen bewertet werden, ohne dass sie eine uneingeschränkte Wahlfreiheit einräumen. Sie müssen weiter gewährleisten, dass ein wirtschaftlicher Gesamtvorteil für den Konzessionsgeber ermittelt werden

---

132 Vgl. § 19 ff. KonzVgV.

133 Vgl. §§ 25 Abs. 2 KonzVgV, 125 Abs. 2 i. V. m. 122 Abs. 1 GWB, 25 Abs. 2 KonzVgV.

134 Vgl. § 122 Abs. 1 Satz 2 GWB.

135 Die fachlichen Voraussetzungen können nach der Rechtsprechung allerdings auch durch eine Kooperationsvereinbarung mit solchen Unternehmen nachgewiesen werden, vgl. *LG Berlin*, Urt. v. 09.12.201516 - O 224/14 Kart, ZNER 2015, 158 (164); Siehe hierzu auch die Möglichkeit der Eignungsleihe in § 47 Abs. 1 VgV.

136 Vgl. § 31 Abs. 1 KonzVgV.

kann. Zu diesem Zweck erfordern sie eine Beschreibung, die eine Überprüfung der Bieterinformationen möglich macht, ob und wieweit sie erfüllt werden.

Die Zuschlagskriterien für die Auswahl des Kooperationspartners zur Gründung der Netzgesellschaft haben den gesamten wirtschaftlichen Vorgang abzubilden, und zwar sowohl den Erwerb als auch den Betrieb und die zukünftige Entwicklung des Stromnetzes vor dem Hintergrund einer 20-jährigen Laufzeit der zu erwerbenden Konzession. Für die Bewertung sind daher – in absteigender Reihenfolge entsprechend ihrer Bedeutung – folgende fünf Zuschlagskriterien denkbar: Renditeerwartung, Risikominimierung, Einfluss, Netzbetrieb, Entwicklungspotenzial. Das Ergebnis einer Bewertung ist die erreichte Punktzahl aus dem Bewertungsvorgang. Die Addition der Wertungspunkte aller Zuschlagskriterien ergibt dann die Gesamtpunktzahl für ein Angebot.

Unproblematisch ist die Bewertung bei quantifizierbaren Zuschlagskriterien, wie der Renditeerwartung. Hier wird von dem Anbieter verlangt, dass er die durchschnittliche Eigenkapitalverzinsung des von der Gemeinde eingesetzten Eigenkapitals in Prozent angibt. Das beste Angebot wird mit der entsprechend höchsten Punktzahl bewertet. Aus der angebotenen höchsten Rendite und der zugeordneten Punktzahl können die niedriger liegenden Renditeangaben in konkrete Punkte umgerechnet werden.

Schwierigkeiten bestehen bei qualitativen Zuschlagskriterien wie beispielsweise bei der „Risikominimierung“. Für das von der Netzgesellschaft zum Erwerb vorgesehene Stromnetz bestehen verschiedene Risiken, die sich auf Kaufpreis, Entflechtung und den Transaktionsaufwand beziehen können. Diese bilden Unterkriterien zum Kriterium „Risikominimierung“. Die Kommune will nach dem ökonomischen Minimalprinzip ihre Risiken bei der Netzgesellschaft im Hinblick auf die genannten Unterkriterien minimieren. Die Anbieter haben die zu erwartenden möglichen Risiken abzuschätzen. Beim Kaufpreis und dem Entflechtungsaufwand besteht das Risiko, dass diese Werte höher ausfallen als geplant und damit die zu erwartende Rendite sinkt; ebenso können im Falle einer Verzögerung der Netzübernahme weitere Kosten für Dienstleister und Gerichte entstehen. Der Bieter muss angeben, wie er den Eintritt dieser Risiken einschätzt, welche Risikobegrenzung er vorsieht und welche Auswirkungen letztlich auf die Renditeerwartung der gemeindlichen Eigenkapitalverzinsung verbleiben. Diese Einschätzung erfolgt anhand einer absteigenden Punkteskala mit der Abstufung: „kein Risiko“, „geringes Risiko“, „mittleres Risiko“, „hohes Risiko“.

Wird in einem Angebot eine innovative Lösung mit außergewöhnlich hoher funktioneller Leistungsfähigkeit angegeben, die der Konzessionsgeber nicht vorhersehen konnte, so kann die Reihenfolge der Zuschlagskriterien geändert werden. Die übrigen Anbieter sind zu unterrichten; unter Wahrung der Mindestfrist nach § 27 Absatz 4 Satz 1 KonzVgV ist eine neue Aufforderung zur Angebotsabgabe zu veröffentlichen.[137]

---

137 Vgl. § 31 Abs. 2 KonzVgV.

ee) Vergabeentscheidung

Bei dem Suchverfahren für den strategischen Partner hat die Gemeinde zur Ermittlung und Entscheidung zugunsten des wirtschaftlichsten Angebotes folgende Entscheidungsstruktur einzuhalten: Formale Angebotsprüfung, Prüfung der Eignungskriterien, Feststellung, dass keine Ausschlussgründe vorliegen[138] und Erfüllung der Mindestanforderungen durch die Angebote. Hieran schließt sich dann der wertende Vergleich an, der aufgrund der Zuschlagskriterien vorzunehmen ist. Aus der Addition sämtlicher Bewertungspunkte aller Zuschlagskriterien ergibt sich die Gesamtbewertung des jeweiligen Angebotes.

Über das am besten bewertete Angebot ist das strategische Partnerunternehmen ermittelt, mit dem die Gemeinde die Netzgesellschaft gründet, welche sich um die zu vergebende Konzession für das örtliche Wegenutzungsrecht bewirbt, um das Stromnetz in einem Beteiligungsverhältnis zu rekommunalisieren. Diese abschließende Entscheidung ist durch den Gemeinderat zu treffen. Die Bieter sind entsprechend begründet zu informieren, wem der Zuschlag erteilt worden ist.[139] Außerdem ist die Vergabe entsprechend §§ 21, 23 KonzVgV bekannt zu machen.

c) Rechtsschutz im Vergabeverfahren

Für die Unterzeichnung des Kooperationsvertrages gibt es zunächst eine Vertragssperre. Der Vertrag darf erst 15 Tage nach Absendung der Information an alle Bieter unterzeichnet werden. Es soll den Bewerbern die Gelegenheit gegeben werden, die Entscheidung überprüfen zu lassen. Das Vergabeverfahren kann auf Antrag eines Unternehmens, das ein Interesse an dem Auftrag hat, in einem Nachprüfungsverfahren durch die Vergabekammer überprüft werden.[140] Den Sachverhalt hat die Vergabekammer von Amts wegen zu untersuchen.[141]Gegen ihre Entscheidung ist eine sofortige Beschwerde zu dem Oberlandesgericht zulässig, in dessen Bezirk die Vergabekammer ihren Sitz hat.§ 171 GWB. Bei einer beantragten Nachprüfung ist die Vertragsunterzeichnung bis zur Entscheidung der Vergabekammer auszusetzen.[142]

d) Missbrauchsverbot

Die Suche eines geeigneten Vertragspartners ist für die Gemeinde ein einmaliger Vorgang und verleiht der Gemeinde in wirtschaftlicher Hinsicht eine monopolartige Stellung.[143] Die Gemeinde ist in diesem Bereich als marktbeherrschend im Sinne von § 19 Abs. 2 Nr. 1 GWB

138 Vgl. § 154 Nr. 2 i. V. m. § 123 ff GWB.

139 Vgl. § 134 Abs. 1 GWB, § 31 Abs. 1 KonzVgV.

140 §§ 155, 156 Abs. 1, 160 Abs. 1, 161, 168 GWB.

141 § 163 Abs. 1 Satz 1 GWB.

142 Vgl. §§ 134 Abs. 2, 160 Abs. 2, 169 Abs. 1 GWB.

143 Ebenso wie beim Abschluss von Wegenutzungsverträgen (Konzessionsverträgen).

anzusehen[144] und hat schon aus diesem Grund bei der Suche nach einem Partnerunternehmen als Kooperationspartner für die Netzgesellschaft die europarechtlichen Grundsätze des Wettbewerbs – Transparenzgebot, Diskriminierungsgebot, Gleichheits- und Neutralitätgebot – zu beachten.

e) Fazit

Nach der Auswahl steht das Partnerunternehmen fest, mit dem die Gemeinde die Netzgesellschaft gründet, welche sich dann um die Konzession in der Gemeinde bewirbt und das Stromnetz der Gemeinde übernehmen möchte. Die Gemeinde ihrerseits kann über die Beteiligung an der Netzgesellschaft Einfluss auf die Geschäftspolitik der Gesellschaft und das Netz nehmen und durch diese (Teil-)Rekommunalisierung ihre Ziele einer kommunalen Energiepolitik verfolgen, sofern die örtliche (Strom-)Konzession an diese Netzgesellschaft fällt. Ein Risiko verbleibt aber noch bei der Gemeinde: Vergabekonzessionen werden in der Regel auf fünf Jahre beschränkt vergeben. Zeitlich darüber hinausgehende Verträge dürfen nach näherer Bestimmung grundsätzlich nicht länger sein, als der Konzessionsnehmer seine Investitionsaufwendungen für die Erbringung der Dienstleistung zuzüglich einer Rendite auf das investierte Kapital wieder erwirtschaften kann. Es kommt daher auf die Vertragsgestaltung im Einzelnen an.[145]

Die daran anschließende (zweite) Konzessionsvergabe, nunmehr für das örtliche Stromnetz, kann nur auf der Grundlage von § 46 Abs. 2 EnWG in einem von der Gemeinde administrierten und geheimen Wettbewerb unter Beachtung ihrer marktbeherrschenden Stellung erfolgen.[146] Ob die Netzgesellschaft den Zuschlag erhält, entscheidet sich deshalb im durchzuführenden Wettbewerb um das örtliche Stromnetz, an dem sich die Netzgesellschaft als Bieter beteiligt.

V. Verfahren zur Vergabe der (Strom-)Konzession

Die Gemeinde muss vor dem Abschluss eines Wegenutzungsvertrages nach § 46 Abs. 2 EnWG (Konzessionsvertrag) einen geheimen und administrierten[147] „Wettbewerb um das Netz", einen sog. Administrativwettbewerb durchführen, da für die Vergabe der Konzessionen kein freier Wettbewerb stattfindet.[148] Das bedeutet, dass die Gemeinde ein transparentes und dis-

---

144 Vgl. *OLG Naumburg*, Urt. v. 21.09.2018 – 7 U 33/17, S. 11; Vgl. *OLG Karlsruhe*, Urt. v. 03.04.2017 – 6 U 151/16, Rn. 91 m.w. N., www.lrbw.juris.de, abgefragt 15.12.2018.

145 Im Einzelnen hierzu § 3 KonzVgV.

146 Vgl. BT-Drs. 18/8184, S. 8 f., 13; BR-Drs. 73/16, S. 13.

147 Vgl. *Bundesnetzagentur/Bundeskartellamt* (Hrsg.), Gemeinsamer Leitfaden zur Vergabe von Strom- und Gaskonzessionen und zum Wechsel des Konzessionsnehmers, 2015, Rn. 24 m. w. N.

148 Vgl. BT-Drs. 18/8184, S. 8 f., 11, 13; BR-Drs. 73/16, S. 13 f.

kriminierungsfreies wettbewerbliches, am Gebot der Neutralität orientiertes Auswahlverfahren durchführen muss, dessen wesentliche Anforderungen sich aus §§ 46 Abs. 3 bis 6 EnWG ergeben sowie aus den allgemeinen Grundsätzen eines fairen Wettbewerbs nach § 19 Abs. 1 i. V. m. Abs. 2 Nr. 1 GWB, die das weitere Verfahren bestimmen und regeln.[149] Das bedeutet, dass bei der Vergabe die allgemeinen Regeln rechtsstaatlicher Marktgrundsätze auch von der Gemeinde einzuhalten sind. Sie hat deshalb das Vergabeverfahren und die Auswahlentscheidung diskriminierungsfrei, transparent nach dem Gebot der Neutralität zu führen.[150] Aufgrund der Komplexität ist nicht ausgeschlossen, dass solche Konzessionsvergaben erst im wiederholten (dritten!) Anlauf gelingen.[151]

Zur Wahrung des Geheimwettbewerbs, des Gleichbehandlungsgrundsatzes und des Neutralitätsgebots verlangt das materielle Kartellrecht in Anlehnung an den Rechtsgedanken des § 16 VgV eine strikte organisatorische und personelle Trennung zwischen der Kommune als verfahrensleitender Stelle und der Kommune als „Bieter" (direkt oder indirekt über die Netzgesellschaft). Das kann in ausreichender Weise z. B. durch Dienstanweisung sichergestellt werden, dass nicht dieselben Personen auf Bewerber- und Gemeindeseite tätig werden und dass diese auch räumlich voneinander getrennt sind. Eine solche Regelung ist ebenso für die Vertreter in gesellschaftlichen Organen notwendig, die sich um die Konzession bewerben. Dort darf ein städtischer Vertreter (Bürgermeister, Gemeinderat) während des Konzessionsvergabeverfahrens weder an Gesellschafterversammlungen noch an Beiratssitzungen teilnehmen.[152]

1. Informationsverfahren

Der Abschluss eines neuen Konzessionsvertrages zur Verlegung und zum Betrieb von Versorgungsleitungen in öffentlichen Straßen und Wegen ist in der Vergangenheit zwischen der Gemeinde und einem Energieversorgungsunternehmen als Konzessionär abgeschlossen worden. Die Unterzeichnung eines solchen Vertrages wird in der Regel pressewirksam bekannt gegeben. Der Inhalt beruht jedoch auf den vertraglichen Vereinbarungen der beiden Vertragspartner und ist nicht bekannt, da kein Vertragspartner Interesse daran hat, den Inhalt zu veröffentlichen.

Soll ein Wettbewerb um das örtliche Leitungsnetz stattfinden, so ist ein Markt erforderlich, bei dem Interessenten auftreten können. Dazu müssen grundlegende und detaillierte Informationen bekannt sein, um das Interesse weiterer Energieversorgungsunternehmen als Marktakteure zu wecken. Zur Erstellung eines Angebots für einen auslaufenden Konzessionsvertrag brauchen potenzielle Anbieter nicht nur Interesse, sondern auch diese Informationen und Daten. Um das zu gewährleisten, müssen die notwendigen Informationen am Markt zur

149 Siehe hierzu *BGH*, Urt. v. 17.12.2013 – KZR 66/12, NVwZ 2014, 807 (809 ff., Rn. 19 ff., 45, 54 ff.); *OLG Celle*, Urt. v. 17.03.2016 – 13 U 141/15 (Kart), S. 12.

150 Vgl. *OLG Naumburg*, Urt. v. 21.09.2018 – 7 U 33/17, S. 12.

151 Vgl. *OLG Celle*, Urt. v. 17.03.2016 – 13 U 141/15 (Kart), S. 3; *Badische Zeitung*, 15.10.2015.

152 Vgl. *OLG Naumburg*, Urt. v. 21.09.2018 – 7 U 33/17, S. 12 ff., 25 f.; *OLG Karlsruhe*, Urt. v. 03.04.2017 – 6 U 151/16, Rn. 99, www.lrbw.juris.de; *KG Berlin Kartellsenat*, Urt. v. 25.10.2018 – 2 U 18/18 EnWG, juris Rn. 33.

Verfügung stehen. Es muss dafür Sorge getragen werden, dass die technischen Details aus einem Konzessionsvertrag, die auch die Gemeinde nicht kennt, bekannt werden. Dieses Wissen kann nur der derzeitige Konzessionär zur Verfügung stellen. Für einen Wettbewerb sieht das Gesetz deshalb verschiedene Informationspflichten vor.

a) Informationspflicht des bisherigen Konzessionärs

Ein Wegenutzungsberechtigter (Konzessionär) hat der Gemeinde spätestens ein Jahr vor ihrer Bekanntmachung nach § 46 Abs. 3 Satz 1 EnWG, dass der Konzessionsvertrag in zwei Jahren abläuft (also insgesamt drei Jahre vor dessen Auslaufen), Informationen zur Verfügung zu stellen. Der Konzessionär muss der Gemeinde Informationen und Daten über die technische und wirtschaftliche Situation des Netzes vorlegen, die für eine Bewertung des Netzes im Rahmen einer Bewerbung um die Konzession erforderlich sind. Hierauf hat die Gemeinde gegenüber dem Konzessionär einen Anspruch nach § 46a EnWG.[153] Damit müssen die Kalkulationsgrundlagen des Netzes offengelegt werden. Dazu gehören insbesondere:

- Aktivierte Anschaffungs- und Herstellungskosten von Verteilungsanlagen,
- Jahr der Aktivierung,
- die angesetzte betriebsgewöhnliche Nutzungsdauer,
- die jeweiligen kalkulatorischen Restwerte und Nutzungsdauern aus den Bescheiden der jeweiligen Regulierungsbehörde.[154]

Umfang und Format der zur Verfügung zu stellenden Daten kann durch die Bundesnetzagentur im Einvernehmen mit dem Bundeskartellamt festgelegt werden.

b) Informationspflicht der Gemeinde

aa) Information des Marktes

Die Informationspflichten der Gemeinde beginnen frühzeitig vor Auslaufen des Konzessionsvertrages, sind umfangreich und begleiten sie über das gesamte Vergabeverfahren. Die Gemeinde muss nach § 46 Abs. 3 Satz 1 EnWG das Ende des laufenden Konzessionsvertrages spätestens zwei Jahre vor dessen Ablauf bekannt machen. Diese Bekanntmachung soll im Wesentlichen folgendes beinhalten:

- Ablaufzeitpunkt des Konzessionsvertrages und Name des derzeitigen Konzessionärs,

153 Hierzu BT-Drs. 18/8184, S. 16.

154 Zum Umfang siehe *Bundesnetzagentur/Bundeskartellamt* (Hrsg.), Gemeinsamer Leitfaden zur Vergabe von Strom- und Gaskonzessionen und zum Wechsel des Konzessionsnehmers, 2015, Rn. 39 ff.

- Angabe des Konzessionsgebietes als relevanter Markt,
- Laufzeit des künftigen Vertrages,
- Art des Versorgungsnetzes (Strom oder Gas),
- Aufforderung zur Interessenbekundung innerhalb der gesetzten Frist,
- Form der Interessenbekundung,
- Hinweis auf die technische und wirtschaftliche Netzsituation sowie auf Art, Weise und Ort deren Veröffentlichung,
- Hinweis auf eine Vertraulichkeitserklärung bezüglich der zur Verfügung gestellten Daten,
- Verfahrensleitende Stelle mit Postanschrift und Ansprechpartner.[155] [156]

Die Veröffentlichung ist im Bundesanzeiger vorzunehmen. Sobald mehr als 100.000 Kunden in der Gemeinde an das Verteilernetz angeschlossen sind, hat diese Bekanntmachung zusätzlich im Amtsblatt der Europäischen Union zu erfolgen.[157] Die Gemeinde muss in der Bekanntgabe ferner eine Frist von mindestens drei Kalendermonaten für eine Interessenbekundung durch den Markt setzen.[158]

bb) Interessenbekundung der Marktakteure

Während der Mindestfrist von drei Kalendermonaten (Bekundungsfrist) können sich Unternehmen als Marktakteure bei der Gemeinde melden und ihr Interesse am Abschluss eines Konzessionsvertrages bekunden. Nach Ablauf dieser Frist eingehende Bekundungen können von der Gemeinde nach ihrem Ermessen zugelassen werden, da die Gemeinde bekanntlich eine Auswahl zwischen mehreren Alternativen haben möchte. Das setzt aber voraus, dass die Bekundungsfrist verlängert und erneut bekannt gemacht wird, um weiteren Interessenten die Chance zu geben, an dem verlängerten Bekundungsverfahren teilzunehmen. Diskriminierungsfreiheit und Transparenz im Verfahren erfordern diese Vorgehensweise, damit jedes Unternehmen jederzeit über den Stand des Vergabeverfahrens informiert ist und unter den gleichen erweiterten Voraussetzungen am Verfahren teilnehmen kann. Auf diese Weise wird eine ungleiche Behandlung der Interessenten verhindert, keiner wird dann bevorzugt oder ausgeschlossen, Transparenz[159] ist gegeben und die Neutralität der Gemeinde gewahrt.

---

155 Vgl. BT-Drs. 18/8184, S. 16.

156 Im Einzelnen hierzu *Bundesnetzagentur/Bundeskartellamt* (Hrsg.), Gemeinsamer Leitfaden zur Vergabe von Strom- und Gaskonzessionen und zum Wechsel des Konzessionsnehmers, 2015, Rn. 18, 40.

157 Vgl. § 46 Abs. 3 Satz 1 und 2 EnWG.

158 Vgl. § 46 Abs. 4 Satz 4 EnWG.

159 Siehe hierzu folgende Ziff. 2.

Sind bei der Gemeinde innerhalb der gesetzten oder verlängerten Frist form- und fristgerecht mehrere Interessenbekundungen eingegangen, so hat sie ein wettbewerbliches Auswahlverfahren durchzuführen, das durch sog. Verfahrensbriefe gesteuert wird, welche gleichlautende Erklärungen für alle Bewerber beinhalten.

2. Vorbereitung des Vergabeverfahrens

Für ein transparentes und offenes (unverfälschtes) Auswahlverfahren ist es erforderlich, dass gewichtete Auswahlkriterien und Bewertungsmethoden von vornherein erarbeitet und nachvollziehbar festgelegt werden sowie vor Angebotsabgabe bekannt sein müssen. Die Details sind den Bewerbern mitzuteilen, damit sie erkennen können, welchen Einfluss die einzelnen Kriterien auf die Entscheidung haben. Diese Kriterien können später (im Laufe des Verfahrens) auch nicht mehr einseitig von der Gemeinde geändert werden.[160] Die Mitteilung an die Interessenten erfolgt dann mit einem ersten Verfahrensbrief, wenn die Gemeinde die gewichteten Auswahlkriterien und die Bewertungsmethode ermittelt und festgelegt hat.

a) Erarbeitung der Auswahlkriterien

Von den Auswahlkriterien sind die vorab anzuwendenden, unverzichtbaren Mindestanforderungen zu unterscheiden, die für alle Angebote verbindlich vorgegeben werden. Diese Mindestanforderungen sind für die einzelnen Angebote Ausschlusskriterien und als solche kenntlich zu machen. Sie beziehen sich z.B. auf Eignung und Zuverlässigkeit eines Bewerbers.[161] Sobald ein Angebot die Mindestanforderungen nicht erfüllt, ist es vom weiteren Verfahren ausgeschlossen und nimmt nicht an der Wertung teil. Allerdings können Mindestanforderungen im weiteren Verfahren auch Wertungskriterien sein.[162]

Die Gemeinde ist nach § 46 Abs. 4 Satz 1 EnWG bei ihrer Entscheidung und damit der Auswahl eines Unternehmens – vorrangig – den Zielen des Energiewirtschaftsgesetzes verpflichtet, die in § 1 Abs. 1 EnWG wie folgt festgeschrieben sind: Versorgungssicherheit, Preisgünstigkeit, Verbraucherfreundlichkeit, Effizienz, Umweltverträglichkeit sowie eine zunehmend auf erneuerbaren Energien basierende Energieversorgung der Allgemeinheit mit Elektrizität und Gas. Wie die Gemeinde diese Ziele in Kriterien umzusetzen hat, ist im Gesetz nicht vorgegeben. Wichtig ist vor allem, dass durch die Auswahlkriterien die Ziele aus § 1 EnWG konkretisiert werden.[163] Bei der Formulierung darf es aber nicht zu einer mittel-

160 Vgl. *OLG Celle*, Urt. v. 17.03.2016 – 13 U 141/15 (Kart), S. 13, 26; *Bundesnetzagentur/Bundeskartellamt* (Hrsg.), Gemeinsamer Leitfaden zur Vergabe von Strom- und Gaskonzessionen und zum Wechsel des Konzessionsnehmers, 2015, Rn. 23.

161 Zum Nachweis der Eignung vgl. hierzu oben Fn. 100 und Fn. 135.

162 Vgl. *OLG Celle*, Urt. v. 17.03.2016 – 13 U 141/15 (Kart), S. 18 f., 19, 20, 40 ff.

163 Vgl. *BGH,* Urt. v. 17.12.2013 – KZR 66/12, NVwZ 2014, 807 (810 ff., Rn. 38, 46 f., 57, 82 ff., 97); . *OLG Celle,* Urt. v. 17.03.2016 – 13 U 141/15 (Kart), S. 13; *Bundesnetzagentur/Bundeskar-*

baren Besserstellung eines kommunalen Bewerbers kommen, weshalb das Kriterium „kommunaler Einfluss“ kein zulässiges Auswahlkriterium sein kann, da dieses Kriterium durch eine kommunale Unternehmensbeteiligung immer besser erfüllt sein würde als von nicht-kommunalen Bewerbern.[164] Ferner ist auch das Kriterium „Schaffung neuer Arbeitsplätze vor Ort“ nicht zulässig, da es weder konzessionsabgaberechtlich zugelassen ist, noch mit der Ausrichtung auf die Ziele in § 1 EnWG in Einklang steht.[165]

Bei der Bildung von Auswahlkriterien können auch Angelegenheiten der örtlichen Gemeinschaft berücksichtigt werden. Das steht allerdings unter dem Vorbehalt der Wahrung netzwirtschaftlicher Anforderungen, insbesondere der Versorgungssicherheit und der Kosteneffizienz.[166] Damit ist den Gemeinden die Möglichkeit eingeräumt, ihre konkreten örtlichen Besonderheiten und/oder energiewirtschaftlichen Vorstellungen im Rahmen des Auswahlverfahrens unterzubringen. Laut Gesetzesbegründung sind hierunter zu verstehen: „Laufzeit und Modelle, die bessere Koordinierung von Baumaßnahmen mit weiteren Sparten (z. B. Wasserleitungen) sowie die Zahlung der höchstmöglichen Konzessionsabgabe nach der Konzessionsabgabenverordnung“[167]. Sachverhalte, die bislang auch schon nach der KAV zulässig waren. Weitere Vorgaben zur Bildung der Auswahlkriterien bestehen nicht. Zu beachten ist aber, dass auch bei der Festlegung von Auswahlkriterien die Vorgaben der KAV zu beachten sind. Zwar ist die Forderung nach der höchstmöglichen Konzessionsabgabe zulässig; welche weiteren Leistungen daneben noch erbracht werden dürfen bzw. ausgeschlossen sind, ist in § 3 KAV geregelt.[168]

b) Gewichtung der Auswahlkriterien

Die Auswahlkriterien – einschließlich aller Unter- und ggf. Unterunterkriterien – müssen in ein diskriminierungsfreies, transparentes und faires Bewertungsschema eingebunden werden. Eine zwingende Vorgabe zur Gewichtung der einzelnen Bestandteile zueinander sowie innerhalb der einzelnen Bestandteile ist dabei dem Gesetz nicht zu entnehmen.[169]

Die Gemeinde ist berechtigt, bei der Gewichtung der einzelnen Auswahlkriterien den Anforderungen des jeweiligen Netzgebietes Rechnung zu tragen.[170] Dieser kommunale Entscheidungsspielraum ist auch sachgerecht, weil die Gemeinden in der Lage sein müssen, man-

tellamt (Hrsg.), Gemeinsamer Leitfaden zur Vergabe von Strom- und Gaskonzessionen und zum Wechsel des Konzessionsnehmers, 2015, Rn. 29, 31.

164 Vgl. *BGH,* Urt. v. 17.12.2013 – KZR 66/12, NVwZ 2014, 807 (815, Rn. 97 ff.).

165 Vgl. *BGH*, Urt. v. 07.10.2014 – EnZR 86/13, („Stromnetz Olching“), Rn. 58 f., JurionRS 2014, 27472.

166 Vgl. § 46 Abs. 4 Satz 2 EnWG.

167 BT-Drs. 18/8184, S. 14 und 15.

168 Hierzu oben II. 2. c).

169 Vgl. BT-Drs. 18/8184, S. 13.

170 Siehe § 46 Abs. 4 Satz 3 EnWG.

che Ziele stärker zu gewichten als andere, was von den netzbetrieblichen Herausforderungen vor Ort abhängt.[171] Allerdings müssen die Auswahlkriterien – auch im Verhältnis zueinander – sachgerecht gewichtet werden, wobei die Ziele des § 1 Abs. 1 Satz 1 EnWG vorrangig (mit mindestens 50 %)[172] zu berücksichtigen sind. Mit Sicherheit reicht eine 70 % Gewichtung dieser Ziele aus; zugelassen wurde auch schon eine Gewichtung mit 65 %[173]. Unzulässige Kriterien oder eine unsachgerechte Gewichtung sind ein Verstoß gegen das Diskriminierungs- und Behinderungsverbot.[174] Eine Hilfestellung gibt in Baden-Württemberg ein Musterkriterienkatalog[175].

Dieser Musterkatalog schlägt fünf Kriterien vor: Netzsicherheit; effiziente, preisgünstige, verbraucherfreundliche Versorgung; Umweltverträgliche Versorgung der Allgemeinheit mit Strom und Gas, die zunehmend auf erneuerbaren Energien beruht, einschließlich ortsbezogener Belange; sonstige Belange des Vergebenden; Konzessionsvertrag. Gleichzeitig folgen weitere Erläuterungen und Vorschläge für zahlreiche Unterkriterien mit einer zu vergebenden Punktzahl und einer internen Gewichtung. Ein beeindruckendes Beispiel für die Bildung und Überprüfung von Kriterien liegt einer Entscheidung des *Oberlandesgerichts Karlsruhe* zugrunde, bei dem folgende Hauptkriterien genannt waren: Netzsicherheit und Netzqualität, Preisgünstigkeit und Effizienz, Verbraucherfreundlichkeit, Umweltverträglichkeit, Kommunale Belange. Die Kriterien wurden mit bis zu 9 Unterkriterien bei den kommunalen Belangen differenziert und mittels bis zu 5 Unterunterkriterien weiter differenziert.[176]

c) Festlegung der Bewertungsmethode

Neben den Auswahlkriterien und deren Gewichtung ist auch die Bewertungsmethode festzulegen, nach der die Angebote im Hinblick auf die einzelnen Auswahlkriterien bewertet werden. Da eine bestimmte Methode nicht vorgegeben ist, hat die Gemeinde einen Entscheidungsspielraum, ob sie die absolute oder relative Bewertungsmethode für geeignet hält und folglich auswählt, solange diese nachvollziehbar und vertretbar ist.[177] Das Transparenzgebot

---

171 Vgl. *KG Berlin Kartellsenat*, Urt. v. 25.10.2018 – 2 U 18/18 EnWG, juris Rn. 64, 114; BT-Drs. 18/8184, S. 15.

172 Vgl. *OVG Lüneburg*, Beschl. v. 11.09.2013 – 10 ME 88/12, NVwZ-RR 2013, 995 (997).

173 Vgl. *OLG Celle*, Urt. v. 17.03.2016 – 13 U 141/15 (Kart), S. 15.

174 Zu Einzelheiten vgl. *Bundesnetzagentur/Bundeskartellamt* (Hrsg.), Gemeinsamer Leitfaden zur Vergabe von Strom- und Gaskonzessionen und zum Wechsel des Konzessionsnehmers, 2015, Rn. 32 f., 33 m. w. N.

175 Hierzu *Ministerium für Umwelt, Klima und Energiewirtschaft Baden-Württemberg,* Konzessionsvergabe. Musterkriterienkatalog als Orientierungshilfe vom 06.09.2013, zuletzt geändert am 26.03.2014 und 05.03.2015, Az.: 4-4452.85/145, S. 2 ff.

176 Vgl. *OLG Karlsruhe,* Urt. v. 03.04.2017 – 6 U 151/16, Rn. 17 f., 34, www.lrbw.juris.de.

177 Vgl. *OLG Celle*, Urt. v. 17.03.2016 – 13 U 141/15 (Kart), S. 38.

verlangt jedoch, dass ein Bewerber im Vorfeld erkennen muss, welche Anforderungen an sein Angebot gestellt werden.[178]

Bei der absoluten Bewertung liegt ein Maßstab zugrunde. Es wird jedes Angebot für sich bewertet, inwieweit es die Anforderungen der Gemeinde erfüllt, und zwar unabhängig von den Angeboten der anderen Bewerber.[179] Bei einer relativen Bewertung dagegen erhält das – aus Sicht der Gemeinde – relativ beste Angebot aller eingegangenen Angebote die Höchstpunktzahl und die hieran zu messenden schlechteren Angebote entsprechend weniger Punkte.[180] [181] Mit der Festlegung der Bewertungsmethode sind die Vorbereitungen des Vergabeverfahrens abgeschlossen.

3. Durchführung des Vergabeverfahrens

a) Erster Verfahrensbrief an die Interessenten

Ist die Vorbereitung des Vergabeverfahrens abgeschlossen, kommt es zu einem ersten Verfahrensbrief nach § 46 Abs. 4 Satz 4 EnWG an diejenigen Interessenten, die form- und fristgemäß ihr Interesse am Abschluss des Wegenutzungsvertrages bekundet haben. Diesen Unternehmen hat die Gemeinde schriftlich die Auswahlkriterien für ihre Entscheidung, deren Gewichtung und die Bewertungsmethode in Textform mitzuteilen.

Damit folgt die Gemeinde dem Grundsatz der Transparenz, um ein offenes Auswahl- und Entscheidungsverfahren zu sichern. Aus der näheren Erläuterung von Auswahlkriterien, Gewichtung und Bewertungsmethode kann jeder Interessent entnehmen, auf welcher Grundlage die Gemeinde entscheiden wird. Diese Erläuterungen sind für alle verbindlich und können nicht mehr einseitig von der Gemeinde geändert werden. Bei Nachfragen im Verfahren oder Änderungen müssen ergänzende Erläuterungen allen Interessenten bzw. Bewerbern zur Verfügung gestellt werden. Das erfordern Transparenz und Diskriminierungsfreiheit gegenüber allen Mitbewerbern.[182]

Im Verfahrensbrief werden ferner alle Interessenten über den weiteren Verfahrensablauf informiert und aufgefordert, innerhalb einer bestimmten Frist ein Angebot abzugeben. Dabei hat die Gemeinde eine Wahlmöglichkeit. In diesem Verfahrensstadium kann sie entweder bereits ein verbindliches Angebot einfordern oder zunächst ein sog. indikatives (unverbindliches) Angebot, und erst im Anschluss daran ein verbindliches verlangen.

---

178 Vgl. *KG Berlin Kartellsenat*, Urt. v. 25.10.2018 – 2 U 18/18 EnWG, juris Rn. 57.

179 Zur objektiven Methode vgl. *OLG Karlsruhe*, Urt. v. 03.04.2017 – 6 U 151/16, Rn. 128, www.lrbw.juris.de.

180 Zur Zulässigkeit und zur Berechnung der relativen Methode vgl. *KG Berlin Kartellsenat*, Urt. v. 25.10.2018 – 2 U 18/18 EnWG -, juris Rn. 155; *OLG Karlsruhe*, Urt. v. 03.04.2017 – 6 U 151/16, Rn. 21 ff., 35, 56, 125 ff., www.lrbw.juris.de; *OLG Celle,* Urt. v. 17.03.2016 – 13 U 141/15 (Kart), S. 38 ff.

181 Zum Vergleich der beiden Methoden siehe *Kupfer*, Die Neufassung des Rechts zur Vergabe von Energiekonzessionen, NVwZ 2017, 428 (428).

182 Vgl. *OLG Celle*, Urt. v. 17.03.2016 – 13 U 141/15 (Kart), S. 13, 26.

b) Zweiter Verfahrensbrief an die Interessenten

Hatte sich die Gemeinde entschieden, zunächst unverbindliche (indikative) Angebote anzufordern, ist das Bewertungsverfahren zwingend mehrstufig. Auf der Grundlage der abgegebenen indikativen Angebote, die von der Gemeinde vertraulich zu behandeln sind, weil es sich um einen sog. Geheimwettbewerb[183] handelt, werden mit allen Bietern separate Präsentationstermine durchgeführt. Die Präsentationstermine sind Bietergespräche, bei denen die Angebote erläutert und Unklarheiten abgefragt werden; diese Gespräche sind diskriminierungsfrei und transparent zu gestalten. Mit einem weiteren – zweiten – Verfahrensbrief werden Erkenntnisse aus den Präsentationsterminen allen Anbietern gleichermaßen zur Verfügung gestellt. Gleichzeitig werden die Bewerber aufgefordert, ihre verbindlichen Angebote innerhalb einer vorgegebenen Frist vorzulegen.[184]

4. Kommunale Auswahlentscheidung im Vergabeverfahren

Die Gemeinde muss die fristgerecht eingegangenen Angebote, unter denen sich auch das Angebot der Netzgesellschaft befindet, prüfen, bewerten und eine Auswahlentscheidung treffen. Dabei hat sie das Angebot des Unternehmens auszuwählen, das nach seiner personellen und sachlichen Ausstattung, seiner fachlichen Kompetenz und seinem Betriebskonzept am besten geeignet ist, beim Netzbetrieb eine den Zielen des § 1 Abs. 1 EnWG entsprechende Versorgung der örtlichen Gemeinschaft mit Elektrizität zu gewährleisten. Sie muss folglich das Angebot auswählen, das im Hinblick auf die Auswahlkriterien und ihrer Gewichtung die beste Bewertung erhält.[185] Eine solche Beurteilung ist wegen der 20-jährigen Vertragslaufzeit nur im Wege einer Prognose möglich, weshalb der Gemeinde insoweit eine Einschätzungsprärogative zuzubilligen ist.[186]

Die Entscheidung über das beste Angebot trifft der Gemeinderat. Hierüber ist aufgrund des Transparenzgebots ein Vergabevermerk zu fertigen, der die Begründung der Bewertung nachvollziehbar enthält und belastbar dokumentiert.[187] Damit ist festgehalten, wie die Auswahlentscheidung im Gemeinderat getroffen und begründet wurde. Zu beachten ist dabei, dass sich Spielräume bei der Festlegung von Auswahlkriterien auf die Bewertung der Angebote auswirken. Die Bewertung bedarf dann einer ausführlicheren Begründung. Soweit die Netzgesellschaft das für die Gemeinde beste Angebot abgegeben hat, wird sie den Zuschlag erhalten und die Konzession erwerben.

183 Vgl. *Bundesnetzagentur/Bundeskartellamt* (Hrsg.), Gemeinsamer Leitfaden zur Vergabe von Strom- und Gaskonzessionen und zum Wechsel des Konzessionsnehmers, 2015, Rn. 24 m. w. N.

184 Vgl. *Kupfer*, Die Neufassung des Rechts zur Vergabe von Energiekonzessionen, NVwZ 2017, 428 (429).

185 Vgl. *BGH,* Urt. v. 17.12.2013 – KZR 66/12, NVwZ 2014, 807 (812, Rn. 56); *KG Berlin Kartellsenat*, Urt. v. 25.10.2018 – 2 U 18/18 EnWG, juris Rn. 43.

186 Vgl. *OLG Celle*, Urt. v. 17.03.2016 – 13 U 141/15 (Kart), S. 23.

187 Siehe auch § 6 Abs. 2 Nr. 4 KonzVgV.

Bevor allerdings ein neuer Konzessionsvertrag von der Gemeinde unterzeichnet werden kann, sind noch mehrere rechtliche Hürden zu überwinden, die zum einen dem Schutz der Gemeinde dienen und zum anderen auf den Wettbewerb abzielen.

a) Genehmigungserfordernisse

Aus kommunalrechtlichen Gründen ist es erforderlich, dass die Gemeinde den Beschluss des Gemeinderates über die Vergabe der Konzession und den Konzessionsvertrag als solchen der Rechtsaufsichtsbehörde zur Prüfung der Rechtmäßigkeit vorlegt.[188]

Diese prüft, ob die gesetzlichen Voraussetzungen für den Vertragsschluss vorliegen. Denn eine Gemeinde darf einen Konzessionsvertrag nur dann abschließen, wenn ihre Aufgabenerfüllung nicht gefährdet wird sowie ihre berechtigten wirtschaftlichen Interessen und diejenigen ihrer Einwohner gewahrt sind. Das ist durch ein Gutachten nachzuweisen, das auch dem Gemeinderat vor seiner Entscheidung vorgelegt werden soll.[189] Ein Gutachten ist jedoch entbehrlich, wenn sich die Vertragspartner auf einen von den Kommunalen Spitzenverbänden ausgehandelten Musterkonzessionsvertrag einigen.[190]

Den Konzessionsvertrag darf die Gemeinde grundsätzlich erst dann unterzeichnen, wenn die Rechtsaufsichtsbehörde die Gesetzmäßigkeit in formeller und materieller Hinsicht[191] bestätigt oder den Beschluss nicht innerhalb eines Monats beanstandet hat.[192] Aber auch danach kann der Vertrag erst dann unterschrieben werden, wenn die weiteren Voraussetzungen vorliegen, die sich aus dem Energiewirtschaftsgesetz ergeben.

b) Schlussinformation

Liegt die Auswahlentscheidung vor, hat die Gemeinde denjenigen Interessenten, deren Angebot nicht angenommen werden soll, die Auswahlentscheidung mitzuteilen. Die Gründe der beabsichtigten Ablehnung sind schriftlich nachvollziehbar und überprüfbar darzulegen. Gleichzeitig hat die Gemeinde auch schriftlich über den frühesten Zeitpunkt des beabsichtigten Vertragsschlusses zu informieren.[193] Der Neuabschluss (oder die Verlängerung) eines Konzessionsvertrages ist unter Angabe der maßgeblichen Gründe ferner öffentlich bekannt zu machen.[194]

---

188 Vgl. §§ 108, 107 GemO BW.

189 Vgl. § 107 Abs. 1 GemO.

190 Vgl. *Aker/Hafner/Notheis*, Gemeindeordnung, 2013, § 107 Rn. 9.

191 Vgl. *Aker/Hafner/Notheis*, Gemeindeordnung, 2013, § 121 Rn. 11.

192 Vgl. § 121 Abs. 2 GemO BW.

193 Vgl. § 46 Abs. 5 Satz 1 EnWG.

194 Vgl. § 46 Abs. 5 Satz 2 EnWG.

Für den Abschluss des neuen Konzessionsvertrages gibt es allerdings zunächst eine Vertragssperre[195], damit unterlegene Bewerber die Auswahlentscheidung auch gerichtlich überprüfen lassen können. Der Vertrag darf daher frühestens 30 Tage nach der Information an die unterlegenen Bewerber abgeschlossen werden, sofern die Auswahlentscheidung nicht durch einen unterlegenen Bewerber fristgerecht gerügt wird. Der Abschluss muss unterbleiben, wenn ein Gericht ihn im Wege der einstweiligen Verfügung untersagt hat oder noch nicht über alle erhobenen Rügen abschließend rechtskräftig entschieden hat.[196]

5. Rügeobliegenheiten und Präklusion im Vergabeverfahren

Die Vergabe der Wegenutzung erfolgt nicht durch einen offenen Wettbewerb am Markt, sondern durch einen geheimen Administrativwettbewerb, der durch ein transparentes und diskriminierungsfreies Verfahren zu arrangieren ist. Die Bewerber um eine Konzession haben daher nicht nur ein hohes Interesse daran, die einzelnen Schritte nachvollziehen zu können, sondern bei Zweifeln auch das Bedürfnis, das Verfahren umgehend und begleitend nachprüfen zu lassen. Gleichzeitig besteht aber das Interesse der Kommune, nach der Entscheidung nicht jahrelang in Prozesse verwickelt zu sein. Die Lösung erfolgt über zahlreiche Rügemöglichkeiten der Bewerber, die im Verfahren als Rügeobliegenheiten ausgestaltet sind.

a) Rügemöglichkeiten

Die Bewerber haben im Verfahren dreimal die Möglichkeit, mit einer Rüge gegenüber der Gemeinde Verfahrensfehler anzugreifen, und zwar

- Fehler in der Bekanntmachung innerhalb der Bekundungsfrist mit der Rüge 1,
- Fehler bei Auswahlkriterien innerhalb von 15 Tagen ab Mitteilung durch die Gemeinde mit der Rüge 2,
- Fehler in der Auswahlentscheidung innerhalb von 30 Tagen ab Zugang der Information durch die Gemeinde[197] mit der Rüge 3.

Die Rügen sind jeweils fristgebunden[198], in Textform zu erklären und zu begründen[199], wobei an Form und Inhalt der Rüge, insbesondere an die Begründung, keine allzu großen Anforderungen zu stellen sind. Es wird aber erwartet, dass der Antragsteller einen konkreten Rechtsverstoß beschreibt und begründet. Allgemeine Bedenken gegen eine Verfahrenshand-

---

195 Vgl. § 47 Abs. 6 EnWG; BT-Drs. 18/8184/17, S. 17.

196 Vgl. § 47 Abs. 6 i. V. m. Abs. 2 Satz 3 und Abs. 5 Satz 1 EnWG.

197 Diese Frist beginnt erneut zu laufen vom Tage der gemeindlichen Aktenbereitstellung an vgl. § 47 Abs. 2 Satz 4 i. V. m. Abs. 3 EnWG.

198 Vgl. § 47 Abs. 2 EnWG.

199 Vgl. § 47 Abs. 1 Satz 2 EnWG.

lung reichen nicht aus.[200] Werden Rügen, die als Obliegenheit ausgestaltet sind, nicht fristgerecht erhoben, sind die Bewerber mit den Rügen im weiteren Verfahren präkludiert. Dies hat zur Folge, dass diese Rügen im weiteren Verfahren nicht mehr geltend gemacht werden können und somit ausgeschlossen sind.[201]

b) Rügeverfahren[202]

Die Rügeobliegenheit dient zum einen dem Ziel, im Verfahren Rechtssicherheit innerhalb einer kurzen Frist herzustellen. Zum anderen, um die Möglichkeit der Heilung eines Verfahrensschrittes herbeizuführen, damit das Verfahren von der Gemeinde zügig geführt werden kann. Außerdem soll verhindert werden, dass ein Bewerber (in der Regel der unterlegene bisherige Konzessionsinhaber) erst nach der Vergabeentscheidung klagt und danach das gesamte Verfahren oder große Teile davon wiederholt werden müssen mit der Folge, dass so lange die Konzession nicht neu vergeben werden kann.[203] Die zweistufige Ausgestaltung des Rügeverfahrens erfordert folgendes:

aa) Rügen der Bewerber

Ein Fehler im Verfahren muss innerhalb einer bestimmten Frist gegenüber der Gemeinde textlich und begründet gerügt werden.[204] Werden mit der dritten Rüge Fehler in der Auswahlentscheidung der Gemeinde geltend gemacht, so hat ein unterlegener Bewerber ein Recht auf Akteneinsicht[205], das ihm zügig zu gewähren ist. Der diesbezügliche Antrag ist innerhalb einer Woche nach Zugang der Information über die Auswahlentscheidung bei der Gemeinde in Textform zu stellen und bezieht sich – mit Ausnahme der Betriebs- und Geschäftsgeheimnisse – auf die gesamten Unterlagen des Auswahlverfahrens.[206] Nur nach Akteneinsicht kann die Rechtsverletzung begründet werden. In diesem Zusammenhang erhält auch der Vergabevermerk besondere Bedeutung.

bb) Entscheidung der Gemeinde über Rügen

Die Gemeinde hat zu entscheiden, ob und wie sie den Fehler beheben will (z. B. durch Wiederholung des Verfahrensschrittes), um damit der Rüge abzuhelfen. Eine Frist hierfür ist der Gemeinde nicht vorgegeben. Es ist jedoch empfehlenswert, alsbald nach Ablauf der Rüge-

200 Vgl. *KG Berlin Kartellsenat*, Urt. v. 25.10.2018 – 2 U 18/18 EnWG, juris Rn. 53.

201 Vgl. § 47 Abs. 1 Satz 1 EnWG.

202 Zur Anwendung und Voraussetzungen von Rügen auf bereits laufende Verfahren siehe die Übergangsregelung in § 118 Abs. 23 EnWG.

203 Vgl. BT-Drs. 18/8184, S. 16.

204 Vgl. § 47 Abs. 1 Satz 2 und Abs. 2 EnWG.

205 Vgl. § 47 Abs. 3 Satz 1 EnWG.

206 Vgl. § 47 Abs. 3 Satz 2 und 3 EnWG.

frist zu entscheiden, um das Verfahren zeitnah und zügig zu führen. Hilft die Gemeinde einer Rüge nicht ab, hat sie das rügende Unternehmen darüber zu informieren und ihre Entscheidung zu begründen.[207]

cc) Gerichtliche Geltendmachung

Hat die Gemeinde der Rüge nicht abgeholfen, so muss die Rüge innerhalb von 15 Kalendertagen gerichtlich geltend gemacht werden,[208] und zwar im Wege eines Antrags auf einstweilige Verfügung vor dem zuständigen Landgericht mit dem Ziel, das Auswahlverfahren nicht fortzusetzen oder den Vertrag nicht zu unterzeichnen.[209] Dabei gilt, abweichend vom üblichen Verfahren, eine Verfahrenserleichterung. Der Verfügungsgrund in Form einer Rechtsgefährdung[210], der die Dringlichkeit dokumentiert, muss nicht glaubhaft gemacht werden.[211] Dieser ergibt sich aus der drohenden Präklusion.[212]

Bei einer Rüge über mangelnde Transparenz oder über eine Diskriminierung erfolgt nicht nur eine summarische Prüfung, sondern wegen der materiellen Präklusion eine umfassende und detaillierte Kontrolle jedes einzelnen gerügten Rechtsverstoßes.[213]

Sind die Rügemöglichkeiten präkludiert oder sind alle möglichen Anträge auf einstweilige Verfügung im Rügeverfahren gerichtlich zurückgewiesen oder sind Rügen durch Urteil oder Berufung zurückgewiesen worden und damit allen erhobenen Rügen abgeholfen worden, so kann das Vergabeverfahren mit Abschluss des neuen Konzessionsvertrages beendet[214] und das Stromnetz durch den Neukonzessionär übernommen werden.

VI. Netzübernahme bei Wechsel des Konzessionärs

1. Entflechtung des Netzes

Nach dem Vertragsabschluss mit dem Neukonzessionär (im Erfolgsfall die Netzgesellschaft) sind eine Reihe von technischen, regulatorischen und rechtlichen Fragen zu klären. Gegenstand des Übergangs ist nur das Verteilernetz und damit das Anlagevermögen.[215] Der Neu-

---

207 Vgl. § 47 Abs. 4 EnWG.

208 Vgl. § 47 Abs. 5 Satz 1 EnWG.

209 Vgl. §§ 47 Abs. 5 Satz 2, 102 Abs. 1 EnWG.

210 Siehe §§ 940, 936, 920 Abs 2 ZPO.

211 Vgl. § 47 Abs. 5 Satz 3 EnWG.

212 Siehe *OLG Karlsruhe*, Urt. v. 03.04.2017 – 6 U 151/16, Rn. 89, www.lrbw.juris.de, abgefragt 15.12.2018; Vgl. BT-Drs. 18/8184, S. 17.

213 Vgl. *KG Berlin Kartellsenat*, Urt. v. 25.10.2018 – 2 U 18/18 EnWG, juris Rn. 31, 52.

214 § 47 Abs. 5 u. 6 EnWG i. V. m. §§ 936, 922, 924 f. ZPO; BT-Drs. 18/8184, S. 17.

215 Nur in Ausnahmefällen muss mit einem Teilbetriebsübergang nach § 613 a BGB gerechnet werden.

konzessionär hat nach § 46 Abs. 2 Satz 2 EnWG gegen den bisherigen Konzessionär einen Anspruch auf Übereignung des Netzes. Von der Möglichkeit einer Besitzeinräumung und einer Pacht des Netzes[216] dürfte selten Gebrauch gemacht werden. Der Altkonzessionär ist nach § 46 Abs. 2 Satz 2 EnWG verpflichtet, die notwendigen örtlichen Verteilungsanlagen, die der allgemeinen Versorgung dienen,[217] gegen Zahlung einer wirtschaftlich angemessenen Vergütung an den Neukonzessionär zu übereignen. Statt einer Übereignung kann letzterer nach § 46 Abs. 2 Satz 3 EnWG aber auch die Einräumung des Besitzes verlangen.[218]

Die vertraulichen Verhandlungen zwischen dem Altkonzessionär und dem Neukonzessionär verfolgen das Ziel, eine vertragliche Vereinbarung über die Trennung (Entflechtung) des örtlichen Versorgungsnetzes herbeizuführen. Fragen der Eigentumsabgrenzung, der baulichen Trennung und jeweiligen Kostentragung und Durchführungsverantwortung stehen dabei im Mittelpunkt. Das örtliche Stromverteilungsnetz muss aus dem Netz des Altkonzessionärs herausgelöst und in das Netz des Neukonzessionärs integriert werden. Es stehen zwei Grundformen für das Entflechtungskonzept des Netzes zur Verfügung. Dies kann entweder physikalisch oder messtechnisch oder kombiniert erfolgen und hat sich an den einzelnen Netzfunktionen zu orientieren.

Die Entflechtungsvereinbarung regelt die zukünftige Eigentumsabgrenzung, die notwendigen Maßnahmen zur Trennung (Entflechtung) vom Netz des Altkonzessionärs und zur Integration (Einbindung) in das übrige Netz des Neukonzessionärs einschließlich der jeweiligen Kostentragung[219] und die Durchführungsverantwortung. Ziel dieser Vereinbarung ist auch die Sicherstellung der Versorgungsaufgabe beider Beteiligter. Mit der Entflechtungsvereinbarung wird gleichzeitig der Umfang des Kaufgegenstandes definiert, der dem Übertragungsvertrag zugrunde gelegt werden kann.

2. Kaufpreis des Netzes

Der Neukonzessionär kann nach § 46 Abs. 2 Satz 2 EnWG die Übereignung der örtlichen Verteilungsanlagen nur gegen Zahlung einer wirtschaftlich angemessenen Vergütung verlangen. Der Kaufpreis als „angemessene Vergütung" ist der objektivierte Ertragswert des Versorgungsnetzes, der auf der Grundlage der zu erzielenden Erlöse zu ermitteln ist. Der „objektivierte Ertragswert"[220] ist allerdings ein unbestimmter Rechtsbegriff und auslegungsbedürftig.

---

216 Vgl. § 46 Abs. 2 Satz 3 EnWG.

217 Vgl. *BGH*, Beschl. v. 03.06.2014 – EnVR 10/13 (Stromnetz Homberg), openJur 711978, Rn. 39, 43.

218 Die Besitzeinräumung wird in der Regel durch ein Pachtverhältnis erfolgen, vgl. *Britz/Hellermann/Hermes*, Energiewirtschaftsgesetz, 2015, § 46, Rn. 77, was eine realistische Alternative für Kommunen ist, die eine hohe Kapitalbeteiligung an der Netzgesellschaft nicht finanzieren können.

219 Nach dem Rechtsgedanken des § 448 Abs. 1 BGB trägt der Altkonzessionär im Zweifel die Ausbindungskosten, der Neukonzessionär die Einbindungskosten, sofern nichts Abweichendes vereinbart wird Vgl. *BGH*, Urt. v. 07.07.1992 – KZR 2/91, NJW 1992, 2888 (2890).

220 Vgl. § 46 Abs. 2 Satz 2 u. Satz 4 EnWG sowie *BGH*, Beschl. v. 03.06.2014 – EnVR 10/13 (Stromnetz Homberg), openJur 711978, Rn. 53 ff.

Zur Konkretisierung sollen die Grundsätze der sog. Kaufering-Entscheidung[221] herangezogen werden, wonach der Kaufpreis den Ertragswert nicht erheblich übersteigen darf. Zur Berechnung werden die zukünftig anfallenden Ertragsüberschüsse auf den Bewertungsstichtag abgezinst. Damit soll verhindern werden, dass durch prohibitiv hohe Kaufpreisforderungen ein Wechsel des Wegenutzungsrechtsinhabers scheitert und so ein Wettbewerb verhindert wird.[222] Gleichzeitig soll mit dieser Festlegung mehr Rechtssicherheit geschaffen werden.[223] Das Gesetz lässt aber auch zu, dass sich die Beteiligten einvernehmlich auf ein anderes Verfahren zur Bestimmung der wirtschaftlich angemessenen Vergütung einigen.[224]

Der Kaufpreis ist für den Netzerwerber lediglich für die handelsrechtliche Aktivierung maßgebend. Er hat keinerlei Einfluss auf die Ermittlung der Erlösobergrenze beim Netzentgelt. Dafür maßgebend sind nach § 26 ARegV[225] die beim bisherigen Konzessionär gebildeten kalkulatorischen Restwerte, die übergehen und die nach § 6 StromNEV[226] zu bilden waren.

3. Übernahme des Netzes

Der Neukonzessionär hat einen Anspruch auf Übereignung der „für den Betrieb der Netze der allgemeinen Versorgung im Gemeindegebiet notwendigen Verteilungsanlagen“[227]. Die Beurteilung der Übertragung von Messstellen regelt sich grundsätzlich nach den Vorgaben des Messstellenbetriebsgesetzes (MsbG)[228] [229].

Eine Übertragung des Leitungsnetzes ist nur dann formbedürftig, wenn mit dem Netz Grundstücke auf den neuen Konzessionär übergehen sollen.[230] Entscheidend sind die Endschaftsbestimmungen eines Konzessionsvertrages. Enthalten sie die Verpflichtung zur Übertragung von Grundstücken, bedarf der Konzessionsvertrag einer notariellen Beurkundung. Eine Nichtbeachtung der Form wird jedoch nach § 139 BGB nicht zur Gesamtnichtigkeit des Über-

---

221 Vgl. BT-Drs. 18/8184, S. 12 sowie *BGH*, Urt. v. 16.11.1999 – KZR 12/97, lexetius.com/1999,1141, Rn, 55 ff., 61, 66 f.

222 Vgl. hierzu *BGH*, Urt. v. 16.11.1999 – KZR 12/97, („Stromnetz Kaufering“), Rn. 66, http://lexetius.com/1999,1141. Hierzu auch *Wessel*, Vergabe von Konzessionen für Energieleitungen, NVwZ 2014, S. 912 (915 ff.); *Lecheler*, Einige grundsätzliche Bemerkungen zur Welle neuer Konzessionsverträge, NVwZ 2014, S. 917 (920 f.).

223 Vgl. BT-Drs. 18/8184, S. 9.

224 Vgl. § 46 Abs. 2 Satz 5 EnWG.

225 Anreizregulierungsverordnung vom 29. Oktober 2007 (BGBl. I S. 2529), die zuletzt durch Artikel 2 der Verordnung vom 20. Juni 2018 (BGBl. I S. 865) geändert worden ist.

226 Stromnetzentgeltverordnung vom 25. Juli 2005 (BGBl. I S. 2225), die zuletzt durch Artikel 5 des Gesetzes vom 17. Dezember 2018 (BGBl. I S. 2549) geändert worden ist.

227 § 46 Abs. 2 Satz 2 EnWG.

228 Messstellenbetriebsgesetz vom 29. August 2016 (BGBl. I S. 2034), das durch Artikel 15 des Gesetzes vom 22. Dezember 2016 (BGBl. I S. 3106) geändert worden ist.

229 Siehe § 2 Nr. 4 i. V. m. §§ 41, 43 MsbG.

230 Vgl. §§ 311 b Abs. 1, 125 BGB.

nahmevertrages führen.[231] Ist eine Verpflichtung zur Grundstücksübertragung nicht enthalten und nur die Übertragung des Leitungsnetzes und der Verteilungsanlagen vorgesehen, bedarf es keiner notariellen Beurkundung, da die Leitungen und Anlagen regelmäßig nur als zu einem vorübergehenden Zweck mit dem Grundstück verbunden und deshalb als Scheinbestandteile im Sinne von § 95 BGB zu beurteilen sind. Diese sind dann Gegenstand eines selbstständigen Eigentums. Das gilt auch für Betriebsgebäude, die Teil der Verteilungsanlagen sind.[232]

Der tatsächliche Netzübergang auf den Neukonzessionär (im Idealfall die Netzgesellschaft, sofern sie den Zuschlag erhalten hat) erfolgt durch den Vollzug des Übertragungsvertrages durch Einigung zur Eigentumsübertragung an den Bestandteilen des Stromnetzes auf den Neukonzessionär sowie mit der Einräumung des unmittelbaren Besitzes. Vom Zeitpunkt des Netzübergangs an übernimmt der Neukonzessionär die Marktkommunikation im vollen Umfange. Alle relevanten Akteure am Strommarkt sind rechtzeitig über den Wechsel zu informieren. Der Wechsel des Netzbetreibers ist nach § 25 Abs. 2 Satz 2 NAV[233] außerdem öffentlich bekannt zu machen und auf der Internetseite des Netzbetreibers zu veröffentlichen.

4. Fazit

Unter der Voraussetzung, dass die Netzgesellschaft als Kooperation zwischen Gemeinde und Partnergesellschaft am Konzessionsvergabeverfahren teilgenommen und für die Gemeinde das wirtschaftlich beste Angebot abgegeben hat, wird sie neuer Konzessionär der Gemeinde und Eigentümerin des örtlichen Stromverteilungsnetzes. Die Gemeinde kann aufgrund ihrer Beteiligung an der Netzgesellschaft – unter Beachtung der Vorgaben des Konzessionsvertrages – nunmehr im Sinne einer kommunalen Energiepolitik Einfluss auf die Geschäftspolitik der Netzgesellschaft nehmen.

VII. Schlussbetrachtung

Viele Gemeinden in Deutschland haben die Energiewende angenommen und vielfältige Aktivitäten entfaltet. Zahlreiche Gemeinden streben die Übernahme der leitungsgebundenen gemeindlichen Energieversorgung mit Strom und Gas in kommunale Regie an. Mit einer Rekommunalisierung erhoffen sie sich, größeren Einfluss auf die Energiewende nehmen zu können – nicht nur bei der Erzeugung von Strom aus Windenergie, indem sie dafür Grund-

---

231 Vgl. *Britz/Hellermann/Hermes*, Energiewirtschaftsgesetz, 2015, § 46, Rn. 67 j.

232 Vgl. *BGH*, Urt. v. 02.12.2005 – V ZR 35/05, NJW 2006, 990 (991 f.); *Britz/Hellermann/Hermes*, Energiewirtschaftsgesetzt, 2015, § 46, Rn. 67 j, 71; *Ellenberger*, in: Palandt, Bürgerliches Gesetzbuch, 2013, § 95 Rn. 6.

233 Niederspannungsanschlussverordnung vom 1. November 2006 (BGBl. I S. 2477), die zuletzt durch Artikel 6 des Gesetzes vom 17. Dezember 2018 (BGBl. I S. 2549) geändert worden ist.

stücke käuflich oder pachtweise zur Verfügung stellen oder sich am Bau von Windenergieanlagen beteiligen.

Will eine Gemeinde das örtliche Stromnetz erwerben, greift sie dadurch in ein System ein, in dem sie selbst auf verschiedene Weise zu den Akteuren gehört. Sie tritt einmal auf als Eigentümer des gemeindlichen Wegenetzes, das ihr ökonomisch gesehen eine Monopolstellung verleiht. Sie ist damit monopolistischer Anbieter einer Leistung in einem Markt. Zum anderen tritt sie gleichzeitig als Nachfrager auf, wenn sie im Rahmen ihrer kommunalen Energiepolitik das Eigentum am örtlichen Leitungsnetz vom bisherigen Eigentümer käuflich erwerben möchte. Dieser Erwerb ist aber für die Gemeinde nur auf zwei Wegen möglich: Zum einen aufgrund einer freiwilligen Einigung mit dem bisherigen Versorger als Eigentümer, was Letzterer aus wirtschaftlichen Gründen ablehnen wird. Zum anderen, wenn die Kommune – wie ein Dritter – die Erlaubnis besitzt, ihre eigenen öffentlichen Straßen und Wege für die Verlegung der Versorgungsleitung zu benutzen. Diese Berechtigung (Konzession) muss die Gemeinde – obwohl sie diese Berechtigung selbst vergibt – über einen Wettbewerb am Markt erwerben.

Der Erwerb der Konzession hat in einem wettbewerblichen Verfahren zu erfolgen, das transparent und diskriminierungsfrei zu führen ist. Die gesetzlichen Vorgaben hierfür ergeben sich für die Gemeinde primär aus §§ 46 ff. EnWG sowie aus den allgemeinen rechtsstaatlichen Grundsätzen des Wettbewerbsrechts, die den Rahmen bilden und durch zahlreiche gerichtliche Entscheidungen geprägt sind.

Für eine Übernahme des Stromnetzes durch die Gemeinde bestehen weitere Hürden. Zum einen in fachlicher Hinsicht, wenn die Gemeinde nicht schon über ein kommunales Energieversorgungsunternehmen verfügt, weil bereits zu Beginn der Bewerbung um das Stromnetz ein Nachweis der fachlichen Kompetenz zum Betrieb eines solchen Energieversorgungsnetzes vorgelegt werden muss. Zum anderen aber in wirtschaftlicher Hinsicht. Viele Gemeinden sind finanziell nicht in der Lage, den Erwerb des örtlichen Stromnetzes zu finanzieren, weil damit ein erheblicher Kapitalbedarf verbunden ist.

Will die Gemeinde dennoch erwerben, so ist sie auf einen Partner aus dem Energiebereich angewiesen. Dieser würde die fachliche Eignung mitbringen und die Finanzierung erleichtern. Das erfordert eine öffentlich-private Kooperation mit einem solchen Unternehmen. Zum Zweck einer Kooperation muss die Gemeinde am Markt ein Partnersuchverfahren starten, das ebenfalls diskriminierungsfrei durchzuführen ist. Die Suche des strategischen Partners für die Kooperation ist aus wettbewerblichen Gründen – zweckmäßigerweise – vorab in einem eigenständigen Konzessionsvergabeverfahren durchzuführen. Bereits für diese Aktivitäten fallen im Vorfeld auch für die Gemeinde erhebliche Kosten für diverse Dienstleistungen (Beratung, Gutachten etc.) im Zusammenhang mit der Gründung des Gemeinschaftsunternehmens „Netzgesellschaft" an. Dieses öffentlich-private Unternehmen kann sich dann – im zweiten Vergabeverfahren – um die örtliche (Strom-)Konzession bewerben.

Konnte nun das Gemeinschaftsunternehmen, das von der Gemeinde und einem Unternehmen aus der Energiebranche getragen wird, im Wettbewerb die Konzession erwerben, stellt sich die Frage, ob das für eine kommunale Energiepolitik, die den Strom aus Windkraft fördern will, notwendig war. Schließlich stellt die Liefermöglichkeit von Strom aus Windenergie noch nicht sicher, dass die Bevölkerung ihren Strom tatsächlich auch von einem Unternehmen der Windkraftbranche bezieht. Schließlich sind die Verbraucher frei in der Wahl ihres Energielieferanten. Somit ist der kommunale Besitz des örtlichen Versorgungsnetzes alleine keine Garantie dafür, dass die Bevölkerung auch tatsächlich Strom aus regionaler Windenergie bezieht.

Dies ist nur durch gesetzgeberische Rahmenbedingungen im Zuge einer Energiewende gewährleistet, indem der erzeugte Windstrom vorrangig in das überörtliche Netz einzuspeisen und zu vermarkten ist. Das bedeutet, dass produzierter Windstrom stets zu den Verbrauchern gelangt, soweit das technisch möglich ist, weil die Stromerzeugung mit anderen Energiequellen (Kohle, Öl, Atom) in diesem Umfange zurückgedrängt wird. Damit sind für die Verwendung des durch Windkraft erzeugten Stromes die überörtlichen gesetzlichen Rahmenbedingungen im EEG entscheidend. Zum einen die Produktionsbedingungen für Strom aus Windkraft, d. h. den weiteren Zubau von Windkraftkapazitäten, und zum anderen die Abnahmeverpflichtung der Netzbetreiber für den erzeugten Windkraftstrom durch die gesetzliche Vorrangregelung.

Die Gemeinden können zwar durch eine kommunale Energiepolitik das Bewusstsein für den Energieverbrauch schärfen und durch Aktionen das Verhalten der Bevölkerung beeinflussen. Dafür ist aber nicht zwingend ein eigenes Stromnetz erforderlich. Insofern ist der Versuch der Rekommunalisierung des Stromnetzes in Anbetracht der finanziellen Vorleistungen für die Dienstleistungen der beiden Konzessionsverfahren „ein hohes Eintrittsgeld“ für die Teilnahme am Wettbewerb um die örtliche (Strom-)Konzession. Trotzdem bieten sich weitergehende Einflussmöglichkeiten bei einer Mitverfügung über das Netz. Der Netzerwerb kann zusätzlich unter wirtschaftlichen Gesichtspunkten vorteilhaft sein und für den kommunalen Haushalt eine Rendite abwerfen, was im Einzelfall vorab zu prüfen und zu beurteilen ist.

Für die Verwendung des aus Windenergie erzeugten Stromes und des dadurch verringerten CO_2-Ausstoßes kommt es nicht ausschließlich auf die Kommunen und den Erwerb des örtlichen Stromnetzes an, sondern entscheidend sind die volkswirtschaftlichen Rahmenbedingungen, die der Bund zu setzen hat. Dies sowohl im Hinblick auf die Energieerzeugung (sprich Kohleausstieg) als auch auf die Energieverwendung in allen Verbrauchssektoren, die derzeit allerdings sogar noch durch einen Anstieg des Energieverbrauchs im Verkehrssektor gekennzeichnet ist. In diesen Bereichen liegen politische Versäumnisse vor, die auf kommunaler Ebene keinesfalls kompensiert werden können und die zu einem Verfehlen der Pariser Klimaziele führen. Daran ändern auch die Beschlüsse der Nachfolgekonferenz von Kattowitz nichts, die zwar Transparenz und Vergleichbarkeit bringen, aber konkrete Maßnahmen zur Verringerung der Treibhausgase nicht festschreiben. Daher leidet auch die deutsche Klimapolitik an einem zentralen Widerspruch: Es werden zur Absenkung des CO_2-Ausstoßes zu wenige Maßnahmen – wie z. B. eine CO_2-Bepreisung – beschlossen, sondern stattdessen reagieren die Staaten wie folgt: „Um nicht schlecht dazustehen, setzen sie sich für die kommenden Jahrzehnte umso ehrgeizigere Ziele, die wohl erst recht nicht zu schaffen sind.“[234], weshalb die fehlenden konkreten Maßnahmen auch als „Staatsversagen“[235] apostrophiert werden.

234 *Schultz*, Klimagipfel in Katowice, SPIEGELONLINE, 15.12.2018, http://www.spiegel.de/wirtschaft/soziales/uno-klimagipfel-in-katowice-wie-der-planet-noch-zu-retten-ist-a-1243005.html, abgefragt 13.01.2019.

235 Vgl. hierzu *Kersting*, Kattowitz offenbart Staatsversagen, Handelsblatt, 17.12.2018, S. 6 f.; *dieselbe*, Weckruf für die Politik, Handelsblatt, 09.10.2018, S. 6 f.

Literaturverzeichnis

Aker, Bernd/Wolfgang Hafner/Klaus Notheis, Gemeindeordnung. Gemeindehaushaltsverordnung Baden-Württemberg, Stuttgart 2013

Arbeitsgruppe Alternative Wirtschaftspolitik, Memorandum 2014, Köln 2014

Bach, Dominik, Energieversorgungssicherheit jenseits der Geopolitik, Bonn 2015

Badische Zeitung, Lokalausgabe Schopfheim, 15.10.2015

Bergmann, Tina/Andrea Vetter, Vergaberechtsmodernisierungsgesetz und die Vergaberechtsmodernisierungsverordnung, Verwaltungsblätter Baden-Württemberg (VBlBW) 2016, S. 221–235

Braun, Stefan, Klimaschutz: eine kommunale Aufgabe? Die Gemeinde (BWGZ) 2018, S. 471

Britz, Gabriele/Johannes Hellermann/Georg Hermes, Energiewirtschaftsgesetz, 3. Auflage, München 2015

Bundesnetzagentur/Bundeskartellamt (Hrsg.), Gemeinsamer Leitfaden zur Vergabe von Strom- und Gaskonzessionen und zum Wechsel des Konzessionsnehmers, 2. Auflage, 2015

Bundesverband WindEnergie, Deutschland in Zahlen. Windenergie in Deutschland – Zahlen und Fakten, abrufbar unter: https://www.wind-energie.de/themen/zahlen-und-fakten/deutschland/ (abgerufen: 13.03.2019)

Danner, Wolfgang/Christian Theobald, Energierecht. Kommentar, Loseblatt. 97. Ergänzungslieferung, München 2018

Ekardt, Felix, Das Paris-Abkommen zum globalen Klimaschutz, Neue Zeitschrift für Verwaltungsrecht (NVwZ) 2016, S. 355–358

Eufinger, Alexander, Neuvergabe von Konzessionsverträgen durch Gemeinden, Neue Zeitschrift für Verwaltungsrecht (NVwZ) 2014, S. 779–783

Fabry, Beatrice/Ursula Augsten, Die Kommunalanstalt in Baden-Württemberg – rechtliche und steuerliche Hinweise zur neuen Rechtsform, Verwaltungsblätter Baden-Württemberg (VBlBW) 2016, S. 103–106

Flauger, Jürgen, Teurer Sinneswandel, Handelsblatt, 01. Juni 2015, S. 20

Gern, Alfons, Kommunalrecht Baden-Württemberg, 9. Auflage, Baden-Baden 2005

Häder, Michael, Energiepolitik in Deutschland, Bochum 2010

Hensing, Ingo/Wolfgang Pfaffenberger/Wolfgang Ströbele, Energiewirtschaft, München 1998

Hirschner, Ruthard, Beteiligung der Zivilgesellschaft am Ausbau der Windenergie, in: Edmund Brandt (Hrsg.), Jahrbuch Windenergierecht 2017, Berlin 2018, S. 93–149

Hofmeister, Andreas, Die BauGB-Novellierungen zur Förderung des Klimaschutzes in 2011und Stärkung der Innenentwicklung, in: Willy Spannowsky/Andreas Hofmeister (Hrsg.), Novellierungen des BauGB 2011 und 2013 mit den Schwerpunkten Klimaschutz und Innenentwicklung, Berlin 2013

Hohmann, Iris, Klimaschutz stärkt Engagement der Kommunen beim Klimaschutz, Die Gemeinde (BWGZ) 2018, S. 472–473

Janzing, Bernward (Hrsg.), Störfall mit Charme, Vöhrenbach 2008

Jarass, Hans/Bodo Pieroth, Grundgesetz für die Bundesrepublik Deutschland. Kommentar, 11. Auflage, München 2011

Kersting, Silke, Ein verlorenes Jahr, Handelsblatt, 14.11.2018

Kersting, Silke, Kattowitz offenbart Staatsversagen, Handelsblatt, 17.12.2018

Kersting, Silke, Weckruf für die Politik, Handelsblatt, 09.10.2018

Kindermann, Elke, Die Energiewende und ihre Gestalter im Schlaglicht, Die Gemeinde (BWGZ) 2018, S. 489–491

Kment, Martin (Hrsg.), Energiewirtschaftsgesetz, Baden-Baden 2015

Krönke, Christoph, Das neue Vergaberecht aus verwaltungsrechtlicher Perspektive, Neue Zeitschrift für Verwaltungsrecht (NVwZ) 2016, S. 568–775

Kupfer, Dominik, Die Neufassung des Rechts zur Vergabe von Energiekonzessionen, Neue Zeitschrift für Verwaltungsrecht (NVwZ) 2017, S. 428–433

Lecheler, Helmut, Einige grundsätzliche Bemerkungen zur Welle neuer Konzessionsverträge, Neue Zeitschrift für Verwaltungsrecht (NVwZ) 2014, S. 917– 921

Leidinger, Tobias, Energiewirtschaftsgesetz contra kommunale Selbstverwaltungsgarantie? – Zur Verfassungsmäßigkeit des neuen Energiewirtschaftsgesetzes, Die Öffentliche Verwaltung (DÖV) 1999, S. 861–869

Mahro, Anette, Vergabe beginnt von vorn, Der Sonntag, 04.11.2018

Mayer, Johannes N./Bruno Burger, Kurzstudie zur historischen Entwicklung der EEG-Umlage, hrsg. v. Fraunhofer ISE, Freiburg 2014, abrufbar unter: https://www.ise.fraunhofer.de/content/dam/ise/de/documents/publications/studies/ISE_Kurzstudie_EEG_Umlage_2014_07_14.pdf (abgerufen: 15.01.2019)

Ministerium für Umwelt, Klima und Energiewirtschaft Baden-Württemberg (Hrsg.), Konzessionsvergabe, Musterkriterienkatalog als Orientierungshilfe vom 06.09.2013, Az.: 4-4452.85/145

o. V., Lörrach: Etappensieg für Badenova im Strom-Streit, Zeitung für kommunale Wirtschaft (ZfK) 27.07.2018, abrufbar unter: https://www.zfk.de/energie/strom/artikel/loerrach-etappensieg-fuer-badenova-im-strom-streit-2018-07-27/ (abgerufen: 13.01.2019)

Palandt, Bürgerliches Gesetzbuch, 73. Auflage, München 2013 (zitiert: *Bearb.,* in: Palandt)

PricewaterhouseCoopers GmbH, Public Services, Frankfurt a. M., Januar 2019, S. 1–43

Sauer, Mirko, OLG Düsseldorf Vergabesenat, Beschluss vom 09.01.2013, Az.: VII-Verg. 26/12; „Münsterland Netzgesellschaft" – öffentlich-private Partnerschaften bei der Konzessionsvergabe, Zeitschrift für Energie- und Wettbewerbsrecht (EWeRK) 2013, S. 100–110

Schultz, Stefan, Klimagipfel in Katowice, SPIEGELONLINE, 15.12.2018, http://www.spiegel.de/wirtschaft/soziales/uno-klimagipfel-in-katowice-wie-der-planet-noch-zu-retten-ist-a-1243005.html

Tusch, Tobias, Die regionalisierte Energieerzeugung durch Windenergieanlagen als Bürgerbeteiligungsmodell, in: Ruthard Hirschner (Hrsg.), Die Naturlandschaft des Schwarzwalds als Standort für Windenergieanlagen, Schopfheim 2015, S. 79–90

Walk, Jürgen, Der Wechsel ist Realität, Zeitung für Kommunale Wirtschaft (ZfK) 2017, Ausgabe 10, S. 1–2, in: Lutum+Tappert, Auslaufende Konzessionen für Strom- und Gasverteilnetze, abrufbar unter: https://www.konzessionsnavigator.de (abgerufen: 13.01.2019)

Wessel, Markus, Vergabe von Konzessionen für Energieleitungen, Neue Zeitschrift für Verwaltungsrecht (NVwZ) 2014, S. 912–917

Zipperlen, René, Städte unter Strom, Der Sonntag, 30.04.2017

Melf-Christian Stark

Bürgerenergiegesellschaften – Perspektiven unter Berücksichtigung der Änderung des EEG vom 17.07.2017*

Inhaltsverzeichnis

I. Einleitung

1. Ausgangslage und Problemstellung

Seit den 1990er-Jahren leisten Bürgerwindparks und Bürgerenergiegesellschaften einen Beitrag zum Ausbau der Windenergie an Land in Deutschland. Nach der Einführung des Ausschreibungsmodells im Jahr 2017 konnte festgestellt werden, dass Bürgerenergiegesellschaften eine marktführende Rolle für Windenergie an Land einnehmen können. In Anbetracht der geänderten Gesetzeslage bezüglich der ersten beiden Ausschreibungsrunden 2018 stellt sich aktuell jedoch die Frage, ob Bürgerenergiegesellschaften weiterhin erfolgreich am Ausschreibungsmodell teilnehmen können und welche Perspektive sie unter Berücksichtigung der neuen Bedingungen in Zukunft haben.

Die Ausschreibungsrunden für Windenergie an Land wurden im Jahr 2017 deutlich von Bürgerenergiegesellschaften dominiert. Bei jeder der drei Ausschreibungen wurden über 90 Prozent der Gebotszuschläge an Bürgerenergiegesellschaften vergeben.[1] Der eigentliche Zweck des Ausschreibungsmodells, eine wettbewerbliche Ermittlung der finanziellen Förderung zu gewährleisten, ist somit augenscheinlich verzerrt. Experten prophezeien deshalb sogar ein Scheitern des gesamten Ausschreibungsmodells.[2] Bis zur Änderung des EEG 2017 vom 17.07.2017[3] konnten Bürgerenergiegesellschaften ohne eine Genehmigung nach dem BImSchG an den Ausschreibungen teilnehmen und von einer deutlich verlängerten Realisierungspflicht Gebrauch machen. Diese Privilegien könnten maßgeblich dafür verantwortlich sein, dass es in den Jahren 2019 und 2020 zu einem erheblichen Rückgang des Ausbaus der Windenergie an Land kommen könnte. Bürgerenergiegesellschaften, die im Jahr 2017 einen Gebotszuschlag erhalten haben, müssen die bezuschlagten Windenergieanlagen erst in 54 Monaten, also im Jahr 2021, in Betrieb nehmen. Es kann deshalb davon ausgegangen werden, dass die bezuschlagten Anlagen erst in den Jahren 2020 und 2021 realisiert werden. Da eine Erteilung der BImSchG-Genehmigung für diese Anlagen nicht garantiert ist, könnte bei einer Nichterteilung eine immense Menge der geplanten Energie aus Windkraft nicht realisiert und die entsprechende Leistung folglich bei der Erreichung der politischen Energieziele nicht verbucht werden. Aufgrund der beschriebenen Situation nahmen die Forderungen nach einer Überarbeitung des Gesetzes zu. Um die finanzielle Förderung in einem fairen, diskriminierungsfreien und wettbewerblichen Verfahren zu ermitteln, hat der Gesetzgeber am 17.07.2017 den § 104 Abs. 8 EEG 2017 angefügt und darin festgelegt, dass Bürgerenergiegesellschaften bei den Ausschreibungen am 01. Februar und 01. Mai 2018 teilweise mit anderen

---

* Der Beitrag beruht auf der gleichnamigen Abschlussarbeit des Autors am Institut für Rechtswissenschaften der TU Braunschweig. Die Arbeit wurde am 23.08.2018 eingereicht und mit dem Förderpreis des Fördervereins der Koordinierungsstelle Windenergierecht (k:wer) e. V. ausgezeichnet.

1 *BMWi*, Überwiegender Teil der Zuschläge an Bürgerenergiegesellschaften, 2017.

2 *Weber*, Ausschreibungssystem ist gescheitert, Erneuerbare Energien, 22.11.2017.

3 Erneuerbare-Energien-Gesetz (EEG) vom 21. Juli 2014 (BGBl. I S. 1066), zuletzt geändert durch Artikel 1 des Gesetzes zur Förderung von Mieterstrom und zur Änderung weiterer Vorschriften des Erneuerbare-Energien-Gesetzes vom 17. Juli 2017 (BGBl. I S. 2532).

Ausschreibungsteilnehmern gleichgestellt werden. Die Festlegungen beinhalten unter anderem, dass Bürgerenergiegesellschaften bereits bei der Gebotsabgabe eine Genehmigung nach dem BImSchG vorweisen müssen und die Realisierungspflicht auf 30 Monate angepasst wird.

2. Zielsetzung

Der Beitrag verfolgt zwei Ziele. Erstens sollen die Zukunftsperspektiven von definierten Bürgerenergiegesellschaften abgeschätzt werden. Hierbei soll die Frage beantwortet werden, ob trotz der Änderung des EEG 2017 Grund zu der Annahme besteht, dass Bürgerenergiegesellschaften auch in den Jahren 2019 und 2020 in signifikanter Größenordnung erfolgreich am Ausschreibungsverfahren teilnehmen werden. Als signifikante Größenordnung wird eine jährliche Zuschlagsquote für Bürgerenergiegesellschaften in Höhe von 30 Prozent definiert. Das jährliche Ausschreibungsvolumen für Windenergie an Land beträgt bis zum Jahr 2019 2.800 MW und in den Jahren 2020 sowie 2021 jährlich 2.900 MW. Da das Geschäftsmodell der Bürgerenergiegesellschaften zum Großteil in den nördlichen Bundesländern angewandt wird und es sich hier häufig um Netzausbaugebiete handelt, entfällt rund ein Drittel[4] der gesamten Ausbaumenge auf diese Fläche. Um die Frage verlässlich beantworten zu können, muss die finanzielle sowie die zeitliche Veränderung bei der Realisierung von Windenergieprojekten mit Bürgerbeteiligung untersucht werden.

Zweitens sollen Ansätze entwickelt werden, welche eine Beteiligung der Bürger an Windenergieprojekten erhalten oder steigern können. Die Auswertung der Ergebnisse wird zeigen, ob neue Ansätze zur Beteiligung notwendig sind oder ob das Konstrukt von Bürgerenergiegesellschaften für die Windenergie an Land weiterhin von Bedeutung ist. In diesem Zusammenhang müssen ebenfalls mögliche Veränderungen in der Finanzstruktur und in der Verteilung der Anteile untersucht werden.

3. Methode und Aufbau

Es wird angenommen, dass die teilweise Gleichstellung der Bürgerenergiegesellschaften mit anderen Ausschreibungsteilnehmern über den definierten Zeitraum hinaus Bestand haben wird und § 104 Abs. 8 EEG 2017 dauerhaft zur Anwendung kommt. Zusätzlich wird angenommen, dass das Ausschreibungsmodell von äußeren Faktoren nicht beeinflusst wird und im Betrachtungszeitraum 2018 bis 2020 keine weiteren Änderungen des EEG 2017 erfolgen. Zur Erreichung aussagekräftiger Ergebnisse und zur Ableitung möglicher Ansätze werden zum einen sekundäranalytische Untersuchungen angestellt (Analyse und Auswertung z. B. von der Bundesnetzagentur veröffentlichter Daten); zum anderen werden primäranalytisch die themenrelevanten Paragraphen des EEG 2017 unter Beachtung juristischer Auslegungsregeln betrachtet.[5]

4 Jährliche Ausschreibungsmenge: 2.800 MW. Netzausbaugebiet: circa 900 MW. Rechnung: (900*100) / 2800 = 32 %.

5 *Smeddinck*, Rechtliche Methodik: Die Auslegungsregeln, 2013, S. 1f.

Im Folgenden wird zunächst das Geschäftskonzept von Bürgerenergiegesellschaften dargestellt (unter II.). Sodann wird (unter III.) das EEG 2017 sowie das Ausschreibungsmodell für Windenergie an Land betrachtet. Die gesetzlichen Sonderregelungen werden erläutert, um im Anschluss daran die Unterschiede zur zeitlich begrenzten Veränderungen des Ausschreibungsmodells durch § 104 Abs. 8 EEG 2017 verdeutlichen zu können. Dabei geht es auch darum, eine Verbindung zwischen Bürgerenergiegesellschaften und dem Ausschreibungsmodell herzustellen und die unterschiedlichen Teilnahmevoraussetzungen in den Jahren 2017 und 2018 zu verdeutlichen.

Unter IV. und V. wird ein 3-Phasen-Modell des Ausschreibungsverfahrens dargestellt. Zunächst werden die Ergebnisse der Ausschreibungsrunden des Jahres 2017 untersucht, um darauf aufbauend die im Ausschreibungsprozess 2017 entstandenen Probleme zu verdeutlichen (erste Phase). Die zweite Phase behandelt die gesetzliche Veränderung und somit die Einführung von § 104 Abs. 8 EEG 2017. Um die Auswirkungen der Veränderung zu untersuchen, werden die Ausschreibungsergebnisse der ersten beiden Ausschreibungsrunden des Jahres 2018 dargestellt und interpretiert. Die Ergebnisse der ersten beiden Phasen werden abschließend zusammengeführt und bilden die Grundlage für die Einschätzung, ob Bürgerenergiegesellschaften auch in der dritten Phase erfolgreich am Ausschreibungsmodell teilnehmen werden. In dieser Phase werden die zukünftige Ausgestaltung des Ausschreibungsverfahrens und das Fortbestehen von Bürgerenergiegesellschaften abgeschätzt.

Ein abschließendes Fazit ermöglicht die Darstellung der wichtigsten Herausforderungen und Entwicklungsmöglichkeiten für Bürgerenergiegesellschaften.

II. Die Bürgerenergiegesellschaft

1. Definition und Anforderungen

Seit den 1990-er Jahren sind Bürgerwindparks ein fester Bestandteil der Windenergie-Szene an Land. Es besteht allerdings ein wesentlicher Unterschied zwischen Bürgerwindparks im ursprünglichen Sinn und den im EEG 2017 definierten Bürgerenergiegesellschaften. Ein Windenergieprojekt mit Bürgerbeteiligung ist in der Regel durch ein hohes Maß an Regionalität beziehungsweise Lokalität, der Einbeziehung lokaler Dienstleister sowie einer hohen Anzahl beteiligter Bürger gekennzeichnet und kann als echter Bürgerwindpark bezeichnet und verstanden werden. Die Definition von Bürgerenergiegesellschaften im EEG 2017 bezieht sich ebenfalls auf Windenergieprojekte mit Bürgerbeteiligung, dennoch gibt es Unterschiede zum ursprünglichen Gedanken der Bürgerwindparks. Aufgrund der Einführung des Ausschreibungsmodells im EEG 2017 und den damit verbundenen Privilegien[6] für Bürgerenergiegesellschaften musste die Gesellschaftsform vom Gesetzgeber erstmals definiert werden. Die Anforderungen an eine Bürgerenergiegesellschaft sind in § 3 Nr. 15 EEG 2017 festgelegt. Jede Gesell-

6 Siehe Kapitel III.2.c).

schaft, unabhängig von der Rechtsform, kann als Bürgerenergiegesellschaft definiert werden. Sie muss aus mindestens zehn natürlichen Personen als stimmberechtigte Mitglieder bestehen, welche wiederum mindestens 51 Prozent der gesamten Stimmrechte halten müssen. Die natürlichen Personen müssen mindestens ein Jahr vor der Gebotsabgabe mit ihrem Hauptsitz nach dem Bundesmeldegesetz in dem Landkreis gemeldet sein, in dem die Windenergieanlagen errichtet werden sollen. Kein Mitglied und kein Anteilseigner der Gesellschaft darf mehr als 10 Prozent der Stimmrechte halten. Ein Zusammenschluss mehrerer juristischer Personen oder Personengesellschaften zu einer Gesellschaft ist möglich, wenn jedes einzelne Mitglied der Kooperation diese Kriterien erfüllt. Neben der Legaldefinition aus § 3 Nr. 15 EEG sind weitere Anforderungen und Gestaltungsrichtlinien im Gesetz festgelegt. So dürfen nach § 36g Abs. 1 Nr. 3b EEG weder die Gesellschaft noch einzelne Mitglieder 12 Monate vor Gebotsabgabe einen Zuschlag für andere Windenergieprojekte erhalten haben oder zum Ausschreibungstermin andere Gebote abgegeben haben. Windenergieprojekte von Bürgerenergiegesellschaften werden weiterhin durch § 36g Abs. 1 EEG 2017 in ihrer Größe begrenzt. Die Bürgerenergiegesellschaft darf lediglich ein Gebot für bis zu sechs Windenergieanlagen mit einer Gesamtleistung von maximal 18 Megawatt abgeben. Um eine missbräuchliche Inanspruchnahme der Privilegien zu unterbinden, sind in § 36g EEG weitere Anforderungen für Bürgerenergiegesellschaften festgelegt. Demzufolge müssen die in § 3 Nr. 15 EEG 2017 definierten Anforderungen an eine Bürgerenergiegesellschaft von der Gebotsabgabe bis zwei Jahre nach der Inbetriebnahme ununterbrochen erfüllt sein, damit die Gesellschaft die definierten Privilegien nutzen kann. Nach diesem Zeitraum dürfen die Eigentumsverhältnisse durch Verkäufe der Gesellschaftsanteile verändert werden und die Gesellschaft muss die Anforderungen einer Bürgerenergiegesellschaft nicht länger erfüllen. Um die Einhaltung der Anforderungen für den Zeitraum von zwei Jahren zu gewährleisten, sind Bürgerenergiegesellschaften während des Ausschreibungsverfahrens zu regelmäßigen Eigenerklärungen verpflichtet, aus denen hervorgeht, dass zu jedem Zeitpunkt die Anforderungen der Legaldefinition erfüllt sind.

2. Förderung der regionalen Wertschöpfung

Bürgerenergiegesellschaften sind durch den Gesetzgeber in der grundsätzlichen Ausgestaltung legal definiert, und in der Regel sind sie durch ein hohes Maß an Regionalität charakterisiert. Durch eine konsequente regionale Ausrichtung der Bürgerenergiegesellschaft können sowohl für die beteiligten Bürger als auch für die Standortgemeinde positive wirtschaftliche Effekte entstehen. Eine hohe Regionalität wird unter anderem durch die Einbindung lokaler/regionaler Unternehmen erreicht. Dadurch wird die wirtschaftliche Situation, die Beschäftigungsrate sowie die Kaufkraft in der Region positiv beeinflusst und die Gemeinde gewinnt erhöhte Einnahmen durch die Gewerbe- sowie Einkommenssteuer. Da die Gemeinden jedoch gemäß § 6 GemFinRefG[7] eine Gewerbesteuerumlage abführen müssen, die dem Bund und den Ländern zur Verfügung gestellt wird, werden auch diese am wirtschaftlichen Erfolg beteiligt.

In der Regel kommen 70 Prozent der zu entrichtenden Gewerbesteuer eines Windenergieprojektes der Standortgemeinde zugute. Die verbleibenden 30 Prozent der Gewerbesteuer erhält die Gemeinde, in der die Betreibergesellschaft des Windparks ihren Geschäftssitz gemeldet hat. Bei Bürgerenergiegesellschaften entspricht der Standort der Betreibergesellschaft häufig der Standortgemeinde, wodurch der Gemeinde 100 Prozent der Gewerbesteuer, abzüglich des Anteils für den Bundeshaushalt, zur Verfügung stehen. Mit Hilfe des wirtschaftlichen Mehrertrags können Investitionen z. B. in Infrastruktur, Bildung Kultur finanziert und die Attraktivität der Kommune wie der Region gesteigert werden.

III. Die Rechtsgrundlagen

1. Das EEG 2017

Das Erneuerbare-Energien-Gesetz ist eines der wichtigsten Instrumente auf dem Weg zu einer nachhaltigen Energieversorgung in Deutschland und bildet die Grundlage für den weiteren Ausbau der erneuerbaren Energien. Die Grundsteine für die jüngste Novellierung dieses Gesetzes wurden bereits in den Jahren 2012 und 2014 gelegt. In den jeweiligen Novellierungen des im Jahr 2000 eingeführten Gesetzes wurden unter anderem die Ausbaukorridore für erneuerbare Energien festgelegt sowie die Direktvermarktung und die damit verbundene Marktprämie eingeführt.[8] [9] Im Folgenden wird lediglich die Stromerzeugung aus Windenergieanlagen an Land sowie die veränderten Bedingungen für Bürgerenergiegesellschaften betrachtet, die sich im Rahmen der Gesetzesnovellierung im Jahr 2017 ergeben haben.

a) Zweck, Ziele und Grundsätze des novellierten Gesetzes

Im Laufe der Jahre erfuhr das EEG mehrere Novellierungen, die eine Konkretisierung sowie eine Verschiebung der verfolgten Ziele zur Folge hatten. Seit der letzten Novellierung zum EEG 2017 verfolgt das Gesetz den Zweck, eine nachhaltige, klima- und umweltfreundliche sowie kosteneffiziente Energieversorgung zu realisieren. In § 1 S. 2 EEG 2017 wird der zukünftig angestrebte Anteil der erneuerbaren Energien am Bruttostromverbrauch festgelegt. Um eine nachhaltige Energieversorgung unter kontrollierten und geregelten Bedingungen zu realisieren, legte die Bundesregierung im EEG 2017 Etappenziele fest. Die Etappenziele dienen

7 Gemeindefinanzreformgesetz (GemFinRefG) in der Fassung der Bekanntmachung vom 10.März 2009 (BGBl. I S. 502), das zuletzt durch Artikel 6 des Gesetzes vom 17. Dezember 2018 (BGBl. I S. 2522) geändert worden ist.

8 BGBl. I, 2011.

9 BGBl. I, 2014.

zum einen der Kontrolle des Ausbaus, und zum anderen sollen sie einen konstanten Ausbau gewährleisten. In § 1 Abs. 2 S. 1 Nr. 1-3 EEG 2017 sind die prozentualen Anteile am Bruttostromverbrauch festgelegt, die aus erneuerbaren Energien stammen müssen:

40 bis 45 Prozent bis zum Jahr 2025,
55 bis 60 Prozent bis zum Jahr 2035 und
mindestens 80 Prozent bis zum Jahr 2050.

Der in § 4 Nr. 1 EEG 2017 definierte Ausbaupfad für Windenergie an Land dient dazu, die Etappenziele in einem kontrollierten Rahmen zu erreichen und den Ausbau systematisch voran zu treiben. In Abbildung 4 wird deutlich, welche Ausbaumengen zur Erreichung der Etappenziele definiert sind. Die größte und offensichtlichste Neuerung ist im Rahmen der finanziellen Förderung auszumachen. In § 2 Abs. 3 EEG 2017 wird erstmals das Ausschreibungsmodell eingeführt, um so die finanzielle Förderung von der festen staatlichen Vergütung auf eine wettbewerbliche Ermittlung umzustellen. Die Höhe der Zahlung für Strom aus erneuerbaren Energien wird demnach mit Hilfe von öffentlichen Ausschreibungen ermittelt und auf das definierte Ausschreibungsvolumen begrenzt.

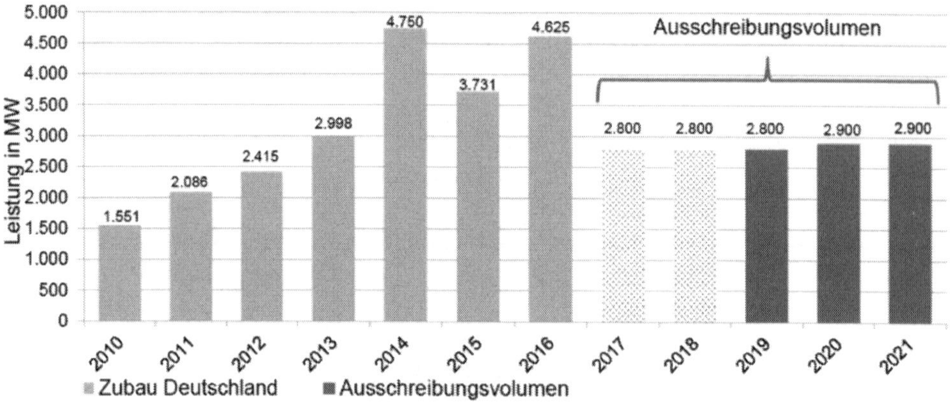

Abbildung 1: Ausbaukorridor für Windenergie an Land[10]

2. Das Ausschreibungsmodell für Windenergie an Land

Das Ausschreibungsmodell ist die zentrale Neuerung in der Novellierung des Erneuerbare-Energien-Gesetztes von 2017. Die finanzielle Förderung von stromproduzierenden Anlagen, die erneuerbare Energien als Quelle nutzen, wird durch die Marktteilnehmer in einem wirt-

10 *Fischer*, Finanzierung von Windparks / PPAs als Alternative zum EEG? Windenergietage, Siemens Gamesa Forum 08.11.2017, S. 16.

schaftlichen Wettbewerb maßgeblich beeinflusst und bestimmt. Im Folgenden werden die wichtigsten Ausnahmeregelungen des Ausschreibungsmodells für Windenergie an Land erläutert.

a) Besondere Bestimmungen für Bürgerenergiegesellschaften

Im Rahmen der Einführung des Ausschreibungsmodells wurden in § 36g Besondere Ausschreibungsbestimmungen für Bürgerenergiegesellschaften einige Sonderregelungen geschaffen, um Bürgerenergiegesellschaften im Vergleich zu großen Unternehmen besserzustellen.[11] Ziel ist, eine hohe Akteursvielfalt zu gewährleisten und sicherzustellen, dass Anlagenbetreiber aller Größenordnungen die Chance auf eine finanzielle Förderung erhalten.[12] In § 36g können vier wesentliche Vorteile identifiziert werden, die für eine erleichterte Teilnahme der Bürgerenergiegesellschaften sorgen sollen und dieser Gesellschaftsform Privilegien gewährleisten.

- Bürgerenergiegesellschaften können bereits ohne Genehmigung nach dem BImSchG ein Gebot für 6 Windenergieanlagen mit einer gesamten zu installierenden Leistung von maximal 18 Megawatt abgeben. Sie müssen jedoch zum Gebotstermin ein Stromertragsgutachten nach den Vorgaben der DIN EN ISO IEC 17025[13] vorlegen, aus dem der vorrausichtlich jährlich produzierte Strom ersichtlich wird. Weiterhin ist ein Gesellschaftsnachweis vorzulegen, welcher die Einhaltung der Anforderungen an eine Bürgerenergiegesellschaft gemäß § 3 Nr. 15 EEG 2017 sicherstellt. Zudem muss bei der Gebotsabgabe nachgewiesen werden, dass die geplante Errichtungsfläche entweder im Besitz der Gesellschaft ist oder eine Nutzungszustimmung des Eigentümers vorliegt. Bürgerenergiegesellschaften werden nicht vollständig von einem Genehmigungsprozess nach dem Bundes-Immissionsschutzgesetz befreit, sie müssen ihn ebenfalls nach einer erfolgreichen Teilnahme am Gebotstermin vollständig durchlaufen.
- Für das eingereichte Gebot ist eine aufgeteilte Sicherheit zu entrichten, die sich über zwei Zahlungen erstreckt. Eine Erstsicherheit wird mit Abgabe des Gebots fällig, diese beträgt mit 15 Euro pro Kilowattstunde jedoch nur die Hälfte der von anderen Ausschreibungsteilnehmern verlangten Summe. Sobald die Bundesnetzagentur einer Bürgerenergiegesellschaft einen Zuschlag für das abgegebene Gebot erteilt hat, wird eine Zweitsicherheit ebenfalls in Höhe von 15 Euro pro Kilowattstunde fällig. Für die Zweitsicherheit gilt jedoch eine gesonderte Entrichtungsfrist. Die Zweitsicherheit muss innerhalb von zwei Monaten nach Erhalt der BImSchG-Genehmigung geleistet werden.

11 *BMWi*, Fragen und Antworten zum Erneuerbare-Energien-Gesetz, 2017, S. 5.

12 *BMWi*, Fragen und Antworten zum Erneuerbare-Energien-Gesetz, 2017, S. 5.

13 DIN EN ISO IEC 17025: Allgemeine Anforderung an die Kompetenz von Prüf- und Kalibrierlaboratorien.

- Ein weiteres Privileg für Bürgerenergiegesellschaften ist die Verlängerung der Realisierungspflicht der Windenergieanlagen. Die Gesellschaftsform kann von einer um 24 Monate auf insgesamt 54 Monate verlängerten Frist zur Inbetriebnahme der Windenergieanlagen Gebrauch machen. Bürgerenergiegesellschaften haben demzufolge nach der Bekanntgabe des Zuschlags rund 4,5 Jahre Zeit, ihr Windenergieprojekt zu realisieren und die Anlagen in Betrieb zu nehmen. Bei einer Überschreitung der Frist verfällt der Gebotszuschlag und die zugesicherte Förderung des Windenergieprojektes. Das Recht der verlängerten Frist ist an Bedingungen geknüpft, Bürgerenergiegesellschaften sind verpflichtet, zwei Monate nach Erteilung der BImSchG-Genehmigung eine Zuordnung des Zuschlags für die genehmigten Windenergieanlagen bei der Bundesnetzagentur zu beantragen. Die Bürgerenergiegesellschaft erhält diese Zuteilung des Zuschlages dauerhaft, wenn sie nachweist, dass es sich von der Gebotsabgabe bis zur Antragstellung zu jedem Zeitpunkt um eine im Gesetz definierte Bürgerenergiegesellschaft handelte und keine Verträge zur Umgehung dieser Voraussetzung im Vorfeld getroffen wurden. Zudem muss garantiert sein, dass der Gemeinde, in der die Windenergieanlagen errichtet werden sollen, eine Beteiligung in Höhe von 10 Prozent angeboten wurde und die Windenergieanlagen im Register der Bundesnetzagentur registriert sind.
- §36g Abs. 5 S. 1 EEG 2017 legt fest, dass bei Bürgerenergiegesellschaften das Einheitspreisverfahren und nicht das allgemein geltende Gebotspreisverfahren angewandt wird. Das Verfahren des Einheitspreises sorgt dafür, dass Bürgerenergiegesellschaften bei einem erfolgreichen Gebot den höchsten noch bezuschlagten Gebotswert der Ausschreibungsrunde erhalten – unabhängig von ihrer eigenen Gebotshöhe. Diese finanzielle Bevorzugung soll das Risiko der partizipierenden Bürger beziehungsweise der gesamten Bürgerenergiegesellschaften reduzieren und so die Akteursvielfalt sichern.[14]

b) Einschränkungen durch § 104 Abs. 8 EEG 2017

Aufgrund der Erkenntnisse bei den drei Ausschreibungen im Jahr 2017 (hierzu sogleich unter IV.1.) wurde am 17.07.2017 mit der Einführung des achten Absatzes in § 104 EEG 2017 eine Änderung vollzogen, nach der die ersten zwei Ausschreibungsrunden für Windenergie an Land im Jahr 2018 gesonderten gesetzlichen Regelungen unterliegen.

Mit der Einführung des achten Absatzes wird die Ausgestaltung sowie die Funktionsweise des Ausschreibungsverfahrens in der ursprünglichen Konstruktion des Jahres 2017 verändert. Gemäß § 104 Abs. 8 EEG 2017 werden die besonderen Bestimmungen für Bürgerenergiegesellschaften bei den beiden ersten Ausschreibungsrunden im Jahr 2018 teilweise ausgesetzt und werden nicht vollständig berücksichtigt. Absatz 8 legt fest, dass bei den Ausschreibungsterminen am 01. Februar 2018 und 01. Mai 2018 § 36g Abs. 1, 3 und 4 keine An-

14 *BMWi*, Bürgerenergie großer Gewinner der erste Ausschreibungsrunde Wind an Land, 2017.

wendung finden. Entsprechend der neuen Bestimmungen müssen Bürgerenergiegesellschaften zur Einreichung eines zulässigen Gebotes analog zu anderen Ausschreibungsteilnehmern eine Genehmigung nach dem BImSchG vorweisen[15] und die Windenergieanlagen als genehmigt an das Register der Bundesnetzagentur gemeldet haben. Einhergehend mit dieser Voraussetzung entfallen die gesonderten Nachweispflichten, und Bürgerenergiegesellschaften können bei einem Ausschreibungstermin mehrere Gebote für verschiedene Windenergieprojekte abgeben, sofern eine Genehmigung vorliegt. Die für Bürgerenergiegesellschaften verlängerte Realisierungsfrist wird ebenfalls von der neuen Gesetzeslage beeinflusst. Analog zu anderen Ausschreibungsteilnehmern sind Bürgerenergiegesellschaften dazu verpflichtet, das geplante und bezuschlagte Windenergieprojekt innerhalb von 30 Monaten nach Bekanntgabe des Zuschlags in Betrieb zu nehmen. Sollte diese Frist nicht eingehalten werden können, erlischt der Zuschlag gemäß §35 Abs. 1 S. 1 EEG 2017. Nach § 104 Abs. 8 EEG 2017 werden jedoch nicht alle Privilegien für Bürgerenergiegesellschaften ausgesetzt. Gemäß § 104 Abs. 8 EEG 2017 werden die Absätze 2 und 5 von §36g EEG 2017 weiterhin beim Ausschreibungsverfahren angewendet, was eine fortlaufende Besserstellung der Bürgerenergiegesellschaften zur Folge hat. Das Einheitspreisverfahren kommt dementsprechend auch bei den in § 104 Abs. 8 EEG 2017 definierten Ausschreibungsrunden im Jahr 2018 für Bürgerenergiegesellschaften zum Einsatz. Bürgerenergiegesellschaften, die einen Gebotszuschlag erhalten haben, können somit weiterhin mit dem Gebotswert des höchsten noch bezuschlagten Gebots als finanzielle Förderung rechnen. Ebenfalls unberührt von der Gesetzesänderung bleiben die Zahlungskonditionen der zu entrichtenden Sicherheit. Lediglich die Frist zur Entrichtung der Zweitsicherheit wird durch § 104 Abs. 8 S. 2 EEG 2017 geändert. Sie ist zwei Monate nach Bekanntgabe des Zuschlags zu zahlen. Die fortlaufende Aufteilung der Sicherheit entlastet die beteiligten Bürger, und das Finanzierungsvolumen vor der Gebotsabgabe ist geringer.

Ob Bürgerenergiegesellschaften unter den neuen Bedingungen in einer signifikanten Größenordnung beim Ausschreibungsmodell erfolgreich bleiben, wird in den folgenden Kapiteln durch die Analyse des 3-Phasen-Modells des Ausschreibungsverfahrens ermittelt.

IV. Analyse der Ausschreibungsproblematik

1. Analyse der Ausschreibungssituation 2017

Im Jahr 2017 wurde das Ausschreibungsmodell für Windenergie an Land eingeführt, um die Kosteneffizienz der Förderung zu steigern und einen Wettbewerb unter den Akteuren herzustellen. Am 01. Mai 2017 fand die erste Ausschreibungsrunde statt, welche den Start für die erste Phase des 3-Phasen-Modells darstellte. Die Ergebnisse der ersten Ausschreibungsrunde zeigen, dass ein großer Anteil der Gebote von den erstmals im EEG 2017 definierten Bürger-

15 *BNetzA*, Ausschreibungen zur Ermittlung der finanziellen Förderung von Windenergieanlagen an Land, 2017.

energiegesellschaften eingereicht wurde. Es folgten zwei weitere Ausschreibungsrunden im Jahr 2017, die ein ähnliches Ergebnis aufwiesen.

a) Ausschreibungsergebnisse 2017

Damit die Ausführung des Ausschreibungsmodells in einem definierten Rahmen stattfinden konnte und die zukünftige finanzielle Förderung unter der staatlichen Festvergütung liegt, wurde in § 36b Abs. 1 EEG 2017 der für das Ausschreibungsverfahren der Windenergie an Land im Jahr 2017 maximale Gebotswert mit 7 ct/KWh festgelegt. Tabelle 1 gibt eine Übersicht der allgemeinen Ergebnisse der drei Ausschreibungsrunden im Jahr 2017.

	01. Mai[16]	01. Aug[17]	01. Nov[18]
Ausschreibungsmenge (MW):	800	1.000	1.000
Gebotsanzahl:	256	281	210
eingereichte Gebotsmenge (MW):	2.137	2.927	2.591
Zuschlagsanzahl:	70	67	61
Zuschlagsmenge (MW):	807	1.013	1.000
höchster Zuschlagswert (ct/kWh)	5,78	4,29	3,82
niedrigster Zuschlagswert (ct/kWh)	4,20	3,50	2,20

Tabelle 1: Ergebnisse der Ausschreibungsrunden 2017.[19]

Die Ergebnisse zeigen, dass die eingereichte Gebotsmenge die geforderte Ausschreibungsmenge bei jeder Ausschreibungsrunde um ein Vielfaches überzeichnete. Der so entstandene Überschuss führte dazu, dass nur eine geringe Anzahl der Ausschreibungsteilnehmer einen Zuschlag erhalten konnte und so der durchschnittliche Zuschlagswert den definierten Höchstwert deutlich unterschritt. Durch den entstandenen Wettbewerb sank der niedrigste Zuschlagswert im Jahr 2017 um 2 ct/kWh. Die folgende Tabelle ermöglicht eine Übersicht über das Abschneiden von Bürgerenergiegesellschaften bei den Ausschreibungsrunden im Jahr 2017.

---

16 *BNetzA*, Hintergrundpapier 01. Mai 2017, 2017, S. 3ff.

17 *BNetzA*, Hintergrundpapier 01. August 2017, 2017, S. 3ff.

18 *BNetzA*, Hintergrundpapier 01. November 2017, 2017, S. 4ff.

19 Eigene Darstellung in Anlehnung an die Darstellungen der BNetzA. Gerundete Werte.

20 *BNetzA*, Hintergrundpapier 01. Mai 2017, 2017, S. 3ff.

21 *BNetzA*, Hintergrundpapier 01. August 2017, 2017, S. 3ff.

22 *BNetzA*, Hintergrundpapier 01. November 2017, 2017, S. 4ff.

	01. Mai[20]	01. Aug[21]	01. Nov[22]
Gebotsanzahl:	169	217	171
eingereichte Gebotsmenge (MW):	1.523	2.461	2.307
Zuschlagsanzahl:	65 (70)	60 (67)	60 (61)
mit BImSchG-Genehmigung:	3	1	0
ohne BImSchG-Genehmigung:	62	59	60
Zuschlagsmenge gesamt (MW):	775	958	993
prozentuale Zuschlagsmenge (%):	96	95	99

Tabelle 2: Ergebnisse für Bürgerenergiegesellschaften 2017.[23]

Die Ergebnisse lassen erkennen, dass die Ausschreibungen im Jahr 2017 deutlich von Bürgerenergiegesellschaften dominiert wurden. Bei jeder der drei Ausschreibungen wurden über 95 Prozent der Ausschreibungsmenge im Bieterverfahren an Bürgerenergiegesellschaften vergeben. Vom Standpunkt der Bürgerenergiegesellschaften war die letzte Ausschreibungsrunde am 01. November 2017 die erfolgreichste Runde des gesamten Jahres. Hier wurden über 99 Prozent der gesamten Zuschlagsmenge an Gebote ohne BImSchG-Genehmigung vergeben, also an Gebote von Bürgerenergiegesellschaften.

b) Interpretation der Ergebnisse

Bei der ersten Ausschreibungsrunde am 01. Mai 2017 hat sich gezeigt, dass eine hohe Akteursvielfalt durch die große Teilnahme von Bürgerenergiegesellschaften erreicht wurde. Die Reaktionen auf dieses Ergebnis wurden zu Beginn positiv bewertet, doch der Trend der dominierenden Bürgerenergiegesellschaften setzte sich auch in den darauffolgenden Ausschreibungen fort. Bürgerenergiegesellschaften konnten sich im Jahr 2017 beim Ausschreibungsmodell der ersten Phase etablieren. Das jeweilige Ausschreibungsvolumen hätte alleine durch die von Bürgerenergiegesellschaften eingereichte Gebotsmenge gedeckt werden können.[24] In jeder Ausschreibungsrunde wurde über 90 Prozent der gesamten Ausschreibungsmenge an Bürgerenergiegesellschaften vergeben, die zum Gebotstermin keine Genehmigung nach dem Bundes-Immissionsschutzgesetz vorgelegt haben. Die Ausmaße dieses Ergebnisses lassen sich zum aktuellen Zeitpunkt nur schwer beurteilen, doch lässt es sich ableiten, dass lediglich 168 Megawatt der gesamten Ausschreibungsmenge des Jahres 2017 (2.813 MW) mit einer hohen Wahrscheinlichkeit umgesetzt werden. Für die verbleibenden 2.645 Megawatt bestehen mehrere Realisierungsrisiken. In diesem Kontext beinhaltet der Begriff des Realisierungsrisikos

23 Eigene Darstellung in Anlehnung an die Darstellungen der BNetzA. Gerundete Werte.

24 Vgl. Tabelle 1 und Tabelle 2. Kapitel IV.1.a).

sämtliche äußeren und inneren Einflussfaktoren, die eine erfolgreiche Umsetzung eines Windenergieprojektes gefährden. Die Faktoren sind vielfältig und können sowohl im finanziellen, planerischen oder ökologischem Kontext liegen. Für Bürgerenergiegesellschaften stellt das noch nicht abgeschlossene beziehungsweise noch nicht eingeleitete Genehmigungsverfahren nach dem BImSchG ein großes Realisierungsrisiko dar. Eine Realisierungswahrscheinlichkeit der Windenergieprojekte ohne Genehmigung lässt sich nach den heutigen Erfahrungswerten nicht mit Sicherheit vorhersehen. Für die bezuschlagten Bürgerenergiegesellschaften der Ausschreibungsrunden am 01. Mai sowie am 01. August 2017 besteht trotz noch fehlender BImSchG-Genehmigung mutmaßlich kein großes Realisierungsrisiko. Die durchschnittlichen Zuschlagswerte der ersten zwei Ausschreibungsrunden (5,71 ct/kWh und 4,28 ct/kWh) sind nicht weit von den heute erreichbaren Stromgestehungskosten entfernt, daher ist die wirtschaftliche Betriebsweise und demzufolge die Realisierung dieser Windenergieprojekte aus finanzieller Sicht nicht gefährdet. Aufgrund der zum aktuellen Zeitpunkt nicht vorhanden Genehmigung ist allerdings mit hoher Wahrscheinlichkeit damit zu rechnen, dass die bezuschlagten Windenergieprojekte erst in den Jahren 2020 oder 2021 umgesetzt werden. Die in § 36g EEG 2017 festgelegte verlängerte Realisierungsfrist wäre für die verzögerte Umsetzung der Projekte verantwortlich. Für bezuschlagte Bürgerenergiegesellschaften der Ausschreibungsrunde vom 01. November 2017 zeichnet sich jedoch ein anderes Szenario ab. Da die Gebotswerte der letzten Ausschreibungsrunde mit durchschnittlich 3,82 ct/kWh deutlich unter den realisierbaren Stromgestehungskosten[25] lagen, kann davon ausgegangen werden, dass nicht alle Windenergieprojekte der dritten Ausschreibungsrunde realisiert werden und dementsprechend 993 MW der zu installierenden Leistung entfallen könnten. Es besteht deshalb berechtigter Grund zu der Annahme, dass die energiepolitischen Ziele aus § 1 EEG 2017 nicht erreicht werden können.

Das Ausschreibungsmodell dient unter anderem dem Erreichen einer großen Akteursvielfalt, die in Anbetracht der hohen Teilnahme von Bürgerenergiegesellschaften im Jahr 2017 erreicht wurde.[26] Durch die wettbewerbliche Ermittlung der Förderhöhe entstand ein natürlicher Preisdruck, der ein Sinken des durchschnittlichen Zuschlagswertes über das Jahr betrachtet zur Folge hatte. Ein sinkender Zuschlagswert zeigt, dass die Stromgestehungskosten für Windenergieprojekte an Land gesunken sind. Die Preisentwicklung ist bei einer genaueren Betrachtung, analog zur hohen Zuschlagsquote für Bürgerenergiegesellschaften, nicht ausschließlich positiv zu bewerten. Beim Ausschreibungsmodell bieten die Teilnehmer auf den anzulegenden Wert; dieser sollte einen wirtschaftlichen Betrieb des Windenergieprojektes gewährleisten können. Um eine wirtschaftliche Betriebsweise zu erreichen, sollten die Stromgestehungskosten nicht vom Zuschlagswert unterboten werden. Im Jahr 2017 beliefen sich die durchschnittlichen Stromgestehungskosten für Windenergieanlagen an Land auf 6,7 ct/kWh.[27] Eine Analyse der Ausschreibungsrunden 2017 zeigt, dass die bezuschlagten Ge-

25 Stromgestehungskosten umfassen alle Kosten, die zur Stromerzeugung aus einer Energiequellen auftreten. Sie sind unter anderem von der jeweiligen Standortqualität abhängig.

26 557 Gebote der insgesamt 747 eingereichten Gebote entfielen auf Bürgerenergiegesellschaften.

27 *Agora Energiewende*, Future Cost of Onshore Wind, 2017, S. 13.

botswerte mit durchschnittlich 5,71 ct/kWh (05.2017), 4,28 ct/kWh (08.2017) und 3,82 ct/kWh (11.2017) zum Teil deutlich unter den Stromgestehungskosten lagen. In Zukunft ist damit zu rechnen, dass die Stromgestehungskosten für Windenergie an Land durch technologische Fortschritte weiter sinken und bis zum Jahr 2020 ein Preisniveau von 4 ct/kWh bis 8 ct/kWh je nach Standortgüte des Windenergieprojektes erreicht wird.[28] Da Bürgerenergiegesellschaften von der verlängerten Realisierungsfrist Gebrauch machen können und die Anlagen erst im Jahr 2021 in Betrieb genommen werden müssen, kann davon ausgegangen werden, dass Bürgerenergiegesellschaften mit technischen Fortschritten und demzufolge mit geringeren Stromgestehungskosten bei der Gebotsabgabe kalkuliert haben. Der durch diese Art der Gebotskalkulation entstandene Vorteil gegenüber anderen Ausschreibungsteilnehmern liegt darin, dass die Gebotswerte von Bürgerenergiegesellschaften sich an den Stromgestehungskosten der Jahre 2020 bis 2021 orientieren und so die Konkurrenz unterboten und aus dem Wettbewerb gedrängt wurde. Infolgedessen konnten Bürgerenergiegesellschaften gemäß der Funktionsweise des Ausschreibungsmodells die preisgünstigsten Gebote aufweisen, hohe Zuschlagsquoten erreichen und den Windenergiemarkt dominieren.

c) Zusammenfassung

Bürgerenergiegesellschaften konnten durch die gesetzlich zugesprochenen Privilegien andere Ausschreibungsteilnehmer aus dem Markt drängen und den Großteil des gesamten Ausschreibungsvolumens 2017 (96,91 %) für sich gewinnen. Die vereinfachten Teilnahmevoraussetzungen sowie die verlängerte Realisierungspflicht sorgten für eine enorme Attraktivitätssteigerung der Bürgerenergiegesellschaften. Der größte Wettbewerbsvorteil lag darin, dass Bürgerenergiegesellschaften keine Genehmigung nach dem BImSchG vorlegen mussten. Durch dieses Privileg ist die Finanzierungsstruktur des Windenergieprojekts verändert, und bei einer Teilnahme am Ausschreibungsverfahren besteht kein Risiko, die Investitionssumme des Genehmigungsverfahrens zu verlieren. Die hohe Zuschlagsquote spricht für die Erhaltung der Akteursvielfalt im deutschen Energiemarkt sowie für eine Kostensenkung der Energiewende. Die Interpretation eines unfairen Wettbewerbs liegt dennoch gleichermaßen nahe. Durch die hohen Zuschlagsquoten für Bürgerenergiegesellschaften ohne eine Genehmigung nach dem BImSchG besteht berechtigter Grund zu der Annahme, dass nicht die gesamte bezuschlagte Ausschreibungsmenge (2.813 MW) realisiert wird. Zum aktuellen Zeitpunkt sind lediglich 168 MW des Ausschreibungsvolumens 2017 sicher planbar, da für diese Leistungsmenge eine Genehmigung nach dem BImSchG vorliegt.

2. Analyse der Ausschreibungssituation 2018

Die Ausschreibungsrunden am 01. Februar und am 01. Mai 2018 bilden die zweite Phase vom 3-Phasen-Modell des Ausschreibungsverfahrens ab. Die zweite Phase wird im Vergleich zur

28 *Fraunhofer ISE*, Stromgestehungskosten erneuerbarer Energien, 2018. S. 24.

ersten Phase verändert durch den in § 104 Abs. 8 EEG 2017 angefügten Zusatz, dass Bürgerenergiegesellschaften für die ersten beiden Ausschreibungstermine eine teilweise Gleichstellung mit anderen Ausschreibungsteilnehmern erfahren. Da die Regelung nur für einen definierten Zeitraum von zwei Ausschreibungsrunden gilt, werden die Ergebnisse der ersten beiden Ausschreibungsrunden des Jahres 2018 näher betrachtet.

a) Ausschreibungsergebnisse 2018

Für die Ausschreibungsrunden am 01. Februar 2018 sowie am 01. Mai 2018 wurde der Höchstwert für Windenergie an Land gemäß § 36b Abs. 2 EEG 2017 neu errechnet. Um die Preisentwicklung der Windenergie an Land bei der Neuberechnung zu berücksichtigen, sind die drei höchsten Zuschlagswerte der Ausschreibungsrunden des Jahres 2017 mit in die Berechnung eingeflossen. Die Einbeziehung der Vorjahreswerte hatte zur Folge, dass der Höchstwert an die Wettbewerbssituation sowie die aktuellen Marktentwicklungen angepasst wurde und eine Preissenkung herbeigeführt werden konnte. Der errechnete Höchstwert für alle Ausschreibungsrunden im Jahr 2018 beträgt demnach 6,3 ct/kWh. Die allgemeinen Ergebnisse der ersten beiden Ausschreibungsrunden im Jahr 2018 werden in Tabelle 3 dargestellt. Die Ergebnisse dienen als Grundlage für die weitere Analyse der Ausschreibungssituation für Bürgerenergiegesellschaften im Jahr 2018.

	01. Feb[29]	01. Mai[30]
Ausschreibungsmenge (MW):	700	670
Gebotsanzahl:	132	111
eingereichte Gebotsmenge (MW):	989	604
Zuschlagsanzahl:	83	111
Zuschlagsmenge (MW):	709	604
höchster Zuschlagswert (ct/kWh)	5,28	6,28
niedrigster Zuschlagswert (ct/kWh)	3,80	4,30

Tabelle 3: Ergebnisse der Ausschreibungsrunden 2018.[31]

Bei der Ausschreibungsrunde am 01. Mai 2018 wurde die geplante Ausschreibungsmenge von 700 MW auf 670,161 MW reduziert. Im Vorjahr wurden Pilotwindenergieanlagen mit einem Leistungsumfang von 89,516 MW in Betrieb genommen, die durch diese Anlagen ins

29 *BNetzA*, Statistiken zum Ausschreibungsverfahren für Windenergieanlagen an Land, 2018.

30 *BNetzA*, Statistiken zum Ausschreibungsverfahren für Windenergieanlagen an Land, 2018.

31 Eigene Darstellung in Anlehnung an die Darstellungen der BNetzA. Gerundete Werte.

Netz eingespeiste Leistung wird auf die Ausschreibungen am 01. Mai, 01. August und 01. November im Jahr 2018 aufgeteilt und von der jeweiligen Ausschreibungsmenge abgezogen. Die Ergebnisse der zweiten Phase weisen einen deutlichen Unterschied zu den Ergebnissen der Ausschreibungsrunden des Jahres 2017 auf. Die eingereichte Gebotsmenge überzeichnete lediglich die Ausschreibungsmenge der ersten Runde am 01. Februar 2018. Die Ausschreibungsrunde am 01. Mai 2018 wurde zum ersten Mal unterzeichnet, das heißt, dass die ausgeschriebene Leistungsmenge von 670 MW nicht erreicht wurde. Die eingereichten Gebote umfassten lediglich eine Leistungsmenge von 604 MW, dementsprechend wurden alle zulässigen Gebote bezuschlagt. Die eingereichte Gebotsanzahl ist im bisherigen Ausschreibungsjahr 2018 (im Schnitt 122) im Vergleich zum Jahr 2017 (im Schnitt 249) ebenfalls gesunken.

Tabelle 4 zeigt, wie Bürgerenergiegesellschaften bei den ersten beiden Ausschreibungen abgeschnitten haben und welchen Anteil diese Gesellschaftsform in der zweiten Phase des 3-Phasen-Modells ausmacht.

	01. Feb[32]	01. Mai
Gebotsanzahl:	22	15
eingereichte Gebotsmenge (MW):	194	113
Zuschlagsanzahl:	19 (83)	15 (111)
mit BImSchG- Genehmigung:	19	15
ohne BImSchG-Genehmigung:	0	0
Zuschlagsmenge gesamt (MW):	155	113
prozentuale Zuschlagsmenge (%):	22	19

Tabelle 4: Ergebnisse für Bürgerenergiegesellschaften 2018.[33]

b) Interpretation der Ergebnisse

Die Ergebnisse zeichnen ein klares Bild – die Attraktivität der Gründung einer Bürgerenergiegesellschaft hat im Vergleich zum Ausschreibungsjahr 2017 augenscheinlich abgenommen. Ob der Attraktivitätsverlust auf die Einführung von § 104 Abs. 8 EEG 2017 zurückzuführen ist, soll durch eine Interpretation der Ergebnisse festgestellt werden.

Bürgerenergiegesellschaften konnten im bisherigen Ausschreibungsjahr 2018 lediglich rund 20 Prozent der Ausschreibungsmenge für sich entscheiden. Bei den Gebotsterminen am 01. Februar sowie am 01. Mai 2018 wurden im Vergleich zum Vorjahr deutlich weniger Gebote durch Bürgerenergiegesellschaften bei der Bundesnetzagentur eingereicht. Am 01. Mai

32 *BNetzA*, Statistiken zum Ausschreibungsverfahren für Windenergieanlagen an Land, 2018.

33 Eigene Darstellung in Anlehnung an die Darstellungen der BNetzA. Gerundete Werte.

2018 war die Anzahl so gering, dass jedes zulässige Gebot einen Zuschlag erhielt. Bürgerenergiegesellschaften nehmen keine marktdominierende Rolle mehr ein. Es liegt die Vermutung nahe, dass § 104 Abs. 8 EEG 2017 die Attraktivität der Gründung von Bürgerenergiegesellschaften maßgeblich beeinflusst hat. Die Förderhöhe soll durch ein wettbewerbliches Verfahren ermittelt werden, welches diskriminierungsfrei, transparent und fair allen Teilnehmern gegenüber ausgestaltet ist. Damit diese Eigenschaften eingehalten werden können, ist die Bevorzugung sowie eine deutliche Dominanz bestimmter Gruppen nicht zulässig und gefährdet die erfolgreiche Umsetzung des Wettbewerbs. Ein erster Blick auf die Ergebnisse des Jahres 2018 zeigt, dass keine Geschäftsform die Ausschreibungen klar dominierte und somit ein Wettbewerb entstanden ist. Die anzulegenden Werte verdeutlichen zudem, dass eine Kalkulation mit zukünftig realisierbaren Stromgestehungskosten nicht mehr möglich war und die durchschnittlichen Gebotswerte wieder gestiegen sind. Wie bereits unter IV.1.b) erläutert, kann von Stromgestehungskosten für Windenergie an Land in Höhe von 4 ct/kWh bis 8 ct/kWh für das Jahr 2021 ausgegangen werden. Bei den untersuchten Ausschreibungsrunden lagen die durchschnittlichen Zuschlagswerte bei 4,73 ct/kWh (01. Februar) sowie bei 5,73 ct/kWh (01. Mai). Die Werte haben sich offensichtlich an die heutigen, beziehungsweise die in naher Zukunft realisierbaren Stromgestehungskosten angepasst und können eine wirtschaftliche Betriebsweise der Windenergieprojekte gewährleisten. Die Anpassung der Werte ist auf § 104 Abs. 8 EEG 2017 zurückzuführen, da eine BImSchG-Genehmigung für alle Ausschreibungsteilnehmer verpflichtend ist. Um ein positives Ergebnis des Genehmigungsverfahrens zu erreichen, müssen neben den exakten Anlagenstandorten auch die Anlagentypen zur Realisierung des Projektes benannt werden. Demzufolge müssen die Betreiber, egal ob Bürgerenergiegesellschaften oder andere Teilnehmer, mit den zum Gebotszeitpunkt am Markt verfügbaren Anlagentypen ihr Projekt planen.

Auf diese Weise konnte im bisherigen Ausschreibungsjahr 2018 erreicht werden, dass sich die Gebotswerte aller Teilnehmer an die realisierbaren Stromgestehungskosten anpassten. Der zuletzt aufgetretene Trend sinkender Gebotszahlen hat sich auch bei der Ausschreibungsrunde vom 01. Mai 2018 fortgesetzt. Zurückgehende Gebotszahlen sind auf die im Jahr 2017 sinkenden Gebotswerte zurückzuführen. Es kann davon ausgegangen werden, dass dieser Trend in Zukunft rückläufig sein wird. Als direkte Folge von § 104 Abs. 8 EEG 2017 sind die Zuschlagswerte im Jahr 2018 angestiegen, da heute realisierbare Stromgestehungskosten zur Gebotsabgabe verwendet werden müssen. Mit steigenden Fördersätzen wird ein finanzieller Anreiz geboten, sich mit einem Windenergieprojekt an einer Ausschreibungsrunde zu beteiligen und ein Gebot einzureichen.

c) Zusammenfassung

Bürgerenergiegesellschaften nahmen bei den bisherigen Ausschreibungsrunden 2018 keine marktdominierende Rolle ein und die Gesellschaftsform musste Attraktivitätspunkte einbüßen. Die Gebotswerte haben sich an die heute realisierbaren Stromgestehungskosten angepasst, auf diese Weise repräsentieren die Ergebnisse die tatsächliche Kostensituation der Windenergie an Land. Die Gebotswerte zeigen, dass Windenergieanlagen bereits heute mit den Stromgestehungskosten konventioneller Energiequellen Schritt halten. § 104 Abs. 8 EEG 2017 hatte demzufolge einen entscheidenden Einfluss auf die bisherigen Ausschreibungen im Jahr 2018 und die Vorteile von Bürgerenergiegesellschaften überwiegen nicht mehr.

3. Veränderte Situation für Bürgerenergiegesellschaften

Die Interpretationen der ersten beiden Phasen des Ausschreibungsverfahrens weisen einen deutlichen Unterschied auf, aus dem sich ein rückläufiger Trend für Bürgerenergiegesellschaften ableiten lässt. Worauf diese Veränderung zurückzuführen ist, wird durch eine Interpretation der Unterschiede verdeutlicht.

Die Zuschlagsquote für Bürgerenergiegesellschaften ist innerhalb eines Jahres von über 90 auf rund 20 Prozent gesunken. Im Ausschreibungsjahr 2017 konnten Bürgerenergiegesellschaften den Markt mit günstigen Gebotswerten dominieren; um diese Werte zu erreichen, wurden zukünftige Stromgestehungskosten zur Kalkulation der anzulegenden Werte genutzt.[34] Das Ausschreibungsmodell in der Ausgestaltung der ersten Phase kann dementsprechend als gescheitert betrachtet werden. Mitverantwortlich dafür ist das Konstrukt von Bürgerenergiegesellschaften, da die Ausnahmeregelung sich im Jahr 2017 zum Standard entwickelt hat. In der ersten Phase des Ausschreibungsmodells sind 993 MW der gesamten Ausschreibungsmenge einem großen Realisierungsrisiko ausgesetzt, da hier der durchschnittlich bezuschlagte Gebotswert bei 3,82 ct/kWh lag und somit deutlich unter den realisierbaren Stromgestehungskosten. Aus diesem Grund fordert unter anderem die norddeutsche Energiebranche Sonderausschreibungen in den Jahren 2018 sowie 2019, um die möglichen Fehlmengen auszugleichen und den Ausbau der Windenergie trotz der verlängerten Realisierungspflicht in den kommenden Jahren stabil zu gestalten. Der Bundesverband Windenergie hat in einer Studie nachgewiesen, dass ausreichend Projekte vorhanden sind, um Sonderausschreibungen durchzuführen.[35] Im Zuge der Studie wurde unter anderem das Mengenpotenzial der Windenergieprojekte untersucht, die sich zum Zeitpunkt der Studie im Genehmigungsverfahren nach dem BImSchG befanden und voraussichtlich bis 2019 eine Genehmigung erhalten – das Potenzial beträgt 4.880 MW.[36]

Das Ausschreibungsjahr 2018 wird durch die Einführung von § 104 Abs. 8 EEG 2017 am 17.07.2017 maßgeblich beeinflusst.[37] Die beiden Ausschreibungsrunden am 01. Februar sowie am 01. Mai 2018 dienten hierbei als zeitlich begrenzte Testphase zur teilweisen Gleichstellung von Bürgerenergiegesellschaften mit anderen Ausschreibungsteilnehmern. Nach der Interpretation konnte das Ziel, einen fairen Wettbewerb für alle Ausschreibungsteilnehmer zu ermöglichen, erreicht werden. Bürgerenergiegesellschaften mussten zur Gebotsabgabe ebenfalls eine BImSchG-Genehmigung vorweisen, und die Windenergieanlagen müssen innerhalb

34 *neue energie*, 06/2018. Rückschlag für Markt-Schreier, S. 69f.

35 *Enervis*, EEG-Ausschreibungen für Wind an Land: Mengenanalyse für 2018 und 2019, 2017, S. 11.

36 *Enervis*, EEG-Ausschreibungen für Wind an Land: Mengenanalyse für 2018 und 2019, 2017, S. 11.

37 Siehe unter IV.2.b).

von 30 Monaten nach der Bekanntmachung des Zuschlags den Betrieb aufnehmen. Die Gebotswerte haben sich in der Testphase den tatsächlichen Stromgestehungskosten der Windenergie angenähert, was eine wirtschaftliche Betriebsweise der Windenergieprojekte wahrscheinlich macht. Im Vergleich zum Ausschreibungsjahr 2017 konnten Bürgerenergiegesellschaften in der zweiten Phase nur einen geringen Anteil der Zuschlagsmenge für sich entscheiden.[38] Hierbei ist zu berücksichtigen, dass bei den Ausschreibungen weniger Gebote von Bürgerenergiegesellschaften eingereicht wurden. Es kann davon ausgegangen werden, dass die geringe Gebotsanzahl ausschließlich auf die Einführung von § 104 Abs. 8 EEG 2017 und die damit zusammenhängenden Veränderungen zurückzuführen ist. Bürgerenergiegesellschaften verloren aufgrund der gleichen Teilnahmevoraussetzungen an Attraktivität und konnten so die hohen Gebots- und Zuschlagszahlen nicht halten. Die sinkende Attraktivität von Bürgerenergiegesellschaften in der zweiten Phase des Ausschreibungsmodells lässt sich unter anderem an der veränderten Finanzierungsstruktur festmachen. Die Finanzierungsstruktur zur Realisierung eines Windenergieprojektes mit Bürgerbeteiligung hat sich beim Übergang von der ersten in die zweite Phase verändert, da ebenfalls eine BImSchG-Genehmigung vorgelegt werden musste, um teilnehmen zu können.[39] Bereits vor einer Gebotsabgabe muss demzufolge eine große Investitionssumme finanziert werden. Die Vorlaufkosten, ein Windenergieprojekt als Bürgerenergiegesellschaft zu realisieren, sind im Vergleich zur Teilnahme im Jahr 2017 gestiegen. Bis zum Erhalt der BImSchG-Genehmigung fallen projektspezifisch durchschnittlich 70 Euro/KW an. Bei einer durchschnittlichen Anlagengröße von 3 MW beläuft sich die Gesamtsumme bis zum Erhalt der Genehmigung somit auf 210.000 Euro pro Anlage. Eine Bürgerenergiegesellschaft müsste dementsprechend bis zur Gebotsabgabe eine große Investition für eine BImSchG-Genehmigung pro Anlage tätigen, ohne im Gegenzug eine Zuschlagsgarantie zu erhalten. Bei einem üblichen Eigenkapitalanteil von 20 Prozent müssten demzufolge rund 42.000 Euro pro Anlage von den beteiligten Bürgern finanziert werden. Die Investition ist seit Beginn der zweiten Phase des Ausschreibungsverfahrens mit einem hohen Risiko behaftet, da eine Nichterteilung des Zuschlags und demzufolge ein Verlust der Investitionssumme möglich ist.[40] Bei den ersten beiden Ausschreibungsrunden im Jahr 2018 lag die Zuschlagswahrscheinlichkeit im Durchschnitt bei 80 Prozent, daraus abgeleitet besteht ein Verlustrisiko in Höhe von 20 Prozent.[41] Da für Bürgerenergiegesellschaften gesetzlich definierte Stimmrechtsverteilung festgelegt sind und kein Mitglied über 10 Prozent der Anteile besitzen darf, lässt sich die Struktur der Finanzierung nicht verändern, und die Bürger müssten das Verlustrisiko eingehen, um an den Ausschreibungen als Bürgerenergiegesellschaft teilzunehmen. Aufgrund der veränderten Finanzierungsstruktur wird es in der Zukunft deutlich schwerer, die Bürger einer Gemeinde von der Gründung einer Bürgerenergiegesell-

38 Siehe Tabelle 2 und Tabelle 4.

39 Siehe unter III.2.b).

40 Ein Verlust der Investition war auch in der ersten Phase möglich. Allerdings nur unter der Voraussetzung, dass das Projekt nicht realisiert wird. In der zweiten Phase ist das Risiko gestiegen, da vor einer möglichen Zuschlagserteilung Investitionen getätigt werden müssen.

41 Berechnet anhand der Ausschreibungsergebnisse.

schaft zu überzeugen und somit zu einer Risikoinvestition zu bewegen. Durch § 104 Abs. 8 EEG 2017 werden dementsprechend weniger Anreize geboten, ein Windenergieprojekt als Bürgerenergiegesellschaft zu realisieren.

Ein weiteres Indiz für die geringe Teilnahme von Bürgerenergiegesellschaften bei den ersten beiden Ausschreibungsrunden im Jahr 2018 liegt in dem Zeitpunkt der Einführung von § 104 Abs. 8 EEG. Der Paragraph wurde am 17.07.2017 dem EEG angefügt, demzufolge waren es sieben beziehungsweise zehn Monate bis zu den ersten beiden Gebotsterminen im Jahr 2018, bei denen eine Genehmigung nach dem BImSchG vorgelegt werden musste. Die durchschnittliche Dauer des Genehmigungsverfahrens kann mit 18 Monaten angenommen werden. Aus der Dauer geht hervor, dass ein großer Anteil der Bürgerenergiegesellschaften zu den jeweiligen Ausschreibungsterminen noch keine BImSchG-Genehmigung erhalten haben konnte und dementsprechend eine Teilnahme bei den Ausschreibungsrunden am 01. Februar und 01. Mai 2018 nicht möglich war. Die niedrigen Gebotszahlen von Bürgerenergiegesellschaften sind demzufolge auch auf die beschriebene Tatsache zurückzuführen.

V. Zukunft der Bürgerenergiegesellschaften

1. Zukunft der Ausschreibungen für Windenergie an Land

Die ersten zwei Phasen des 3-Phasen-Modells sind abgeschlossen, die Ergebnisse ausgewertet und interpretiert. Es stellt sich jetzt die Frage, welchen Anteil Bürgerenergiegesellschaften im zukünftigen Energiemarkt erreichen können. Ist ein Zuschlagsanteil von 30 % in den kommenden Ausschreibungsjahren eine realistische Zielgröße, oder werden sich klassische Gesellschaftsformen zur Beteiligung der Bürger beim Ausschreibungsverfahren für Windenergie an Land durchsetzen?

a) Ausschreibungsverfahren in der dritten Phase

Aufgrund der jüngsten Ausschreibungsergebnisse wurde am 08. Juni 2018 entschieden[42], dass der § 104 Abs. 8 EEG 2017 bis zum Jahr 2020 dauerhaft angewandt wird und demzufolge auch in der definierten dritten Phase des Ausschreibungsmodells Bestand haben wird. Bürgerenergiegesellschaften müssen zur Teilnahme am Ausschreibungsverfahren weiterhin die Anforderungen aus § 3 Nr. 15 EEG 2017 mit den dazugehörigen Verweisen erfüllen, ohne jedoch die Privilegien aus § 36g EEG 2017 im vollen Umfang nutzen zu können. Bei der Gebotsabgabe müssen Bürgerenergiegesellschaften eine Genehmigung nach dem BImSchG vorlegen und die Anlagen dementsprechend als genehmigt an das Register der Bundesnetzagentur gemeldet haben. Zusätzlich müssen die Windenergieanlagen einer Bürgerenergiegesellschaft bei

42 Verabschiedung des Gesetzes (EEG) in der vom Wirtschaftsausschuss geänderten Fassung (BT-Drs. 19/2581) durch den Bundestag. Zustimmung durch den Bundesrat (BR-Drs. 255/18).

einer erfolgreichen Teilnahme am Ausschreibungsverfahren innerhalb von 30 Monaten nach der Bekanntmachung des Zuschlags in Betrieb genommen werden. Die dritte Phase des Ausschreibungsverfahrens ist somit analog zur zweiten Phase ausgestaltet, ohne jedoch zeitlich beschränkt zu sein. Seit der Einführung des Ausschreibungsmodells sind die Ausbaumengen gemäß § 4 Nr. 1 EEG 2017 festgelegt, so auch in der dritten Phase.

b) Entwicklungsmöglichkeiten für Bürgerenergiegesellschaften

Bei den bisherigen Ausschreibungsrunden im Jahr 2018 haben nur wenige Bürgerenergiegesellschaften am Ausschreibungsverfahren teilgenommen und nur ein geringer Anteil der gesamten Zuschläge wurde an diese Gesellschaftsform erteilt. Es kann davon ausgegangen werden, dass der Anreiz, eine Bürgerenergiegesellschaft zu gründen im Laufe der dritten Phase weiter zurückgehen wird. Wie bereits erläutert, liegt die Vermutung nahe, dass die hohe Zuschlagsquote der Bürgerenergiegesellschaften im Jahr 2017 auf die Besserstellung der Gesellschaftsform zurückzuführen ist. Da die entscheidenden Vorteile einer Bürgerenergiegesellschaft in der dritten Phase nicht mehr zur gegeben sind, ist die Nutzung dieser Gesellschaftsform im Jahr 2018 kaum mehr attraktiv.

Für eine Beteiligung der Bürger sind in der dritten Phase des Ausschreibungsverfahrens andere Szenarien denkbar, die ohne die Gründung einer Bürgerenergiegesellschaft die Steigerung der Akzeptanz bewirken könnten. Wie bereits erläutert, besteht ein Unterschied zwischen Bürgerenergiegesellschaften und Bürgerwindparks im ursprünglichen Sinne. Für Phase drei kann angenommen werden, dass zur Beteiligung der Bürger auf klassische Bürgerwindparks zurückgegriffen wird. Naheliegend ist daher, dass echte Bürgerwindparks in Form einer regulären Gesellschaft gegründet werden, beispielsweise einer GmbH & Co. KG. Hierbei würde die Gesellschaft für die Projektierung, das Genehmigungsverfahren und die Gebotsabgabe verantwortlich sein. Durch die Gründung einer eigenständigen Gesellschaft, ohne den Zusatz einer definierten Bürgerenergiegesellschaft, obliegt die Art und Weise der Ausgestaltung der Gesellschaft selbst. So kann durch individuelle Gesellschaftsverträge festgelegt werden, wie viele Bürger sich in welchem Ausmaß an dem Windenergieprojekt beteiligen können. Auf diese Weise können echte Bürgerwindparks realisiert werden, ohne die Anforderungen einer gesetzlich definierten Bürgerenergiegesellschaft erfüllen zu müssen. Die Vorteile dieser Vorgehensweise im Vergleich zur Bürgerenergiegesellschaft liegen darin, dass klassische Gesellschaften keine Nachweispflichten einhalten müssen, die Verteilung der Stimmrechte frei wählbar ist und die Mitgliederzahl der Gesellschaft variieren kann. Durch die freie Wahl der Mitglieder wäre eine Mischform zur Realisierung des Projektes denkbar. Es könnten sich sowohl ortsansässige Bürger als auch regionale Investoren, wie beispielsweise Kreditinstitute, an dem Windenergieprojekt beteiligen, ohne eine Verteilung der Stimmrechte einhalten zu müssen. Durch die direkte Beteiligung von regionalen Kreditinstituten könnte auch das Verlustrisiko für die beteiligten Bürger reduziert werden, da mit Hilfe regionaler Investoren eine größere Investitionssumme zur Verfügung stehen kann.

Trotz der beschriebenen Nachteile einer definierten Bürgerenergiegesellschaft wird durch die Einführung von § 104 Abs. 8 EEG 2017 der Grundgedanke einer Bürgerenergiegesellschaft gestützt. Um die Akzeptanz der Windenergieanlagen in Deutschland weiter zu steigern, erhalten Bürger der betreffenden Regionen weiterhin die Möglichkeit, sich finanziell an einem Windenergieprojekt zu beteiligen. Ob Bürgerenergiegesellschaften überhaupt eine Zukunft haben, wird im Folgenden beantwortet.

2. Haben Bürgerenergiegesellschaften eine Zukunft?

Die Ausgangsfrage des Beitrags ist, ob trotz der am 17.07.2017 geänderten Gesetzeslage im EEG 2017 Grund zu der Annahme besteht, dass Bürgerenergiegesellschaften auch in den Jahren 2019 und 2020 in einer signifikanten Größenordnung erfolgreich am Ausschreibungsmodell teilnehmen. Die signifikante Größenordnung wurde mit einer Zuschlagsquote von 30 Prozent definiert.

Da durch den Beschluss vom 08. Juni 2018 sichergestellt ist, dass § 104 Abs. 8 EEG 2017 über den definierten Zeitraum Bestand haben wird, ist die Antwort auf die Ausgangsfrage ein deutliches Nein. Trotz der erkennbar negativen Tendenz für Bürgerenergiegesellschaften ist das Fortbestehen von § 104 Abs. 8 EEG 2017 unabdingbar. Der Paragraph sorgte im Ausschreibungsjahr 2018 dafür, dass ein fairer Wettbewerb entstand und die Kostensituation der Windenergie an Land weiterhin wettbewerbsfähig gestaltet wird. Zum aktuellen Zeitpunkt kann nicht davon ausgegangen werden, dass Bürgerenergiegesellschaften in den Jahren 2019 und 2020 eine Zuschlagsquote in Höhe von 30 Prozent erreichen. Die bisherigen Ausschreibungsrunden haben gezeigt, dass die Situation für Bürgerenergiegesellschaften sich durch die Einführung von § 104 Abs. 8 EEG 2017 innerhalb eines Jahres stark verändert hat. Im Jahr 2017 dominierte die Gesellschaftsform jede der drei Ausschreibungsrunden. Nach der Einführung von § 104 Abs. 8 EEG 2017 konnte diese Position in 2018 nicht gehalten werden. In der zweiten Phase des Ausschreibungsmodells war lediglich eine Zuschlagsquote von 20 Prozent für Bürgerenergiegesellschaften erreichbar. Dieser Rückgang lässt die Vermutung zu, dass unter den durch § 104 Abs. 8 EEG 2017 veränderten Bedingungen und den daraus resultierenden Folgen die Hoch-Zeit der definierten Bürgerenergiegesellschaften zu Ende ist. Gleichwohl besteht Grund zu der Annahme, dass Bürgerenergiegesellschaften weiterhin am Ausschreibungsverfahren teilnehmen werden. Die Anzahl wird jedoch so gering sein, dass ein Anteil von 30 Prozent nicht realisierbar ist und Bürgerenergiegesellschaften in der dritten Phase des Ausschreibungsmodells eine Ausnahme darstellen werden.

VI. Fazit

Durch die Einführung von §104 Abs. 8 EEG 2017 wurde die marktdominierende Rolle der Bürgerenergiegesellschaften beim Ausschreibungsmodell in der zweiten Phase beendet, und es stellte sich eine faire wettbewerbliche Ermittlung der Förderhöhe ein. Innerhalb eines Jahres sank die Zuschlagsquote von rund 90 Prozent auf lediglich 20 Prozent. Gesetzlich definierte Bürgerenergiegesellschaften werden wohl auch in den kommenden Jahren nicht mehr in signifikanter Größenordnung erfolgreich am Ausschreibungsmodell teilnehmen; eine Zuschlagsquote von 20 Prozent dürfte nicht mehr überstiegen werden. Die Veränderung der Teilnahmevoraussetzungen für Bürgerenergiegesellschaften beziehungsweise der Zeitpunkt der Einführung von § 104 Abs. 8 EEG 2017 lässt jedoch eine sichere Einschätzung der Ausschreibungssituation nur bis zum Jahresbeginn 2019 zu.[43] Da eine Vielzahl der im Jahr 2017 geplanten Bürgerenergiegesellschaften frühestens ab dem Ausschreibungstermin am 01. Februar 2019 eine BImSchG-Genehmigung vorlegen können, muss die gesamte Ausschreibungssituation nach diesem Termin erneut betrachtet werden, um geeignete Aussagen über die langfristige Zukunftsfähigkeit von Bürgerenergiegesellschaften treffen zu können.

43 Siehe unter V.2.

Abbildungsverzeichnis

Tabellenverzeichnis

Literaturverzeichnis

Agora Energiewende, Future Cost of Onshore Wind. Recent auction results, long term outlook and implications for upcoming German auctions, Berlin 2017

Bundesverband WindEnergie e. V., Windenergie in Bürgerhand Energie aus der Region für die Region. Berlin, abrufbar unter: https://www.wind-energie.de/fileadmin/redaktion/dokumente/publikationen-oeffentlich/themen/01-mensch-und-umwelt/01-windkraft-vor-ort/20131206_bwe_broschuere_buergerwind_final.pdf

Bundesverband WindEnergie e. V., A bis Z Fakten zur Windenergie. Berlin, abrufbar unter: https://www.wind-energie.de/fileadmin/redaktion/dokumente/publikationen-oeffentlich/themen/01-mensch-und-umwelt/01-windkraft-vor-ort/bwe_abisz_3-2015_72dpi_final.pdf

Fraunhofer-Institut für Solare Energiesystem ISE, Stromgestehungskosten erneuerbarer Energien. Freiburg, abrufbar unter: https://www.ise.fraunhofer.de/content/dam/ise/de/documents/publications/studies/DE2018_ISE_Studie_Stromgestehungskosten_Erneuerbare_Energien.pdf

Smeddinck, Ulrich, Rechtliche Methodik: Die Auslegungsregeln, Braunschweig 2013 (Rechtswissenschaftliche Arbeitspapiere der TU Braunschweig – RATUBS Nr. 4/2013)

Windcomm Schleswig-Holstein, Leitfaden Bürgerwindpark MehrWertschöpfung für die Region. Husum, abrufbar unter: https://www.windcomm.de/Downloads/Leitfaeden/Leitfaden-Buergerwindpark.pdf

Materialienverzeichnis

Bundesministerium für Wirtschaft und Energie, Überwiegender Teil der Zuschläge an Bürgerenergiegesellschaften, Berlin 2017, abrufbar unter: https://www.bmwi.de/Redaktion/DE/Downloads/I/Infografiken/erneuerbare-energien-buergerenergiegesellschaften.pdf?__blob=publicationFile&v=6 (abgerufen: 16. April 2018)

Bundesministerium für Wirtschaft und Energie, Fragen und Antworten zum Erneuerbare-Energien-Gesetz 2017, Berlin 2017, abrufbar unter: https://www.bmwi.de/Redaktion/DE/Downloads/E/eeg-2017-fragen-und-antworten.pdf?__blob=publicationFile&v=20 (abgerufen: 21.05.2018)

Bundesministerium für Wirtschaft und Energie, Staatssekretär Baake: Bürgerenergie großer Gewinner der ersten Ausschreibungsrunde Windenergie an Land, Berlin 2017, abrufbar unter: https://www.bmwi.de/Redaktion/DE/Pressemitteilungen/2017/20170519-baake-buergerenergie-grosser-gewinner-der-ersten-ausschreibungsrunde-wind-an-land.html (abgerufen: 21.05.2018)

Bundesnetzagentur, Ausschreibungen zur Ermittlung der finanziellen Förderung von Windenergieanlagen an Land, Az. 8175-02-00-17/1, Bonn 2017, abrufbar unter: https://www.bundesnetzagentur.de/SharedDocs/Downloads/DE/Sachgebiete/Energie/Unternehmen_Institutionen/Ausschreibungen/Onshore/Festlegung17_1.pdf;jsessionid=95E9C56808C7885A3296477A91AE13CD?__blob=publicationFile&v=1 (abgerufen: 15.05.2018)

Bundesnetzagentur, Hintergrundpapier Ergebnisse der Ausschreibungen für Windenergie an Land vom 01. Mai 2017, Bonn 2017, abrufbar unter: https://www.bundesnetzagentur.de/SharedDocs/Downloads/DE/Sachgebiete/Energie/Unternehmen_Institutionen/Ausschreibungen/Hintergrundpapiere/Hintergrundpapier_OnShore_01_05_2017.pdf?__blob=publicationFile&v=3 (abgerufen: 24.05.2018)

Bundesnetzagentur, Hintergrundpapier Ergebnisse der Ausschreibungen für Windenergie an Land vom 01. August 2017, Bonn 2017, abrufbar unter: https://www.bundesnetzagentur.de/SharedDocs/Downloads/DE/Sachgebiete/Energie/Unternehmen_Institutionen/Ausschreibungen/Hintergrundpapiere/Hintergrundpapier_OnShore_01_08_2017.pdf?__blob=publicationFile&v=4 (abgerufen: 24.05.2018)

Bundesnetzagentur, Hintergrundpapier Ergebnisse der Ausschreibungen für Windenergie an Land vom 01. November 2017, Bonn 2017, abrufbar unter: https://www.bundesnetzagentur.de/SharedDocs/Downloads/DE/Sachgebiete/Energie/Unternehmen_Institutionen/Ausschreibungen/Hintergrundpapiere/Hintergrundpapier_OnShore_01_11_2017.pdf?__blob=publicationFile&v=4 (abgerufen: 25.05.2018)

Bundesnetzagentur, Statistiken zum Ausschreibungsverfahren für Windenergie an Land, Bonn 2018, abrufbar unter: https://www.bundesnetzagentur.de/DE/Sachgebiete/ElektrizitaetundGas/Unternehmen_Institutionen/Ausschreibungen/Wind_Onshore/BeendeteAusschreibungen/BeendeteAusschreibungen_node.html (abgerufen: 01.06.2018) *enervis energy advisors GmbH,* EEG-Ausschreibungen für Wind an Land: Mengenanalyse für 2018 und 2019, erstellt für den Bundesverband WindEnergie e. V., 18.12.2017, abrufbar unter: https://www.wind-energie.de/fileadmin/redaktion/dokumente/pressemitteilungen/2018/20180111_bwe_potenzialstudie_wind_an_land_enervis.pdf (abgerufen: 22.04.2018)

Fischer, *Jörg-Uwe*, Finanzierung von Windparks / PPAs als Alternative zum EEG? Windenergietage, Siemens Gamesa Forum, Warnemünde, 08.11.2017, abrufbar unter: https://windenergietage.de/wp-content/uploads/sites/2/2017/11/26WT0811_F11_1450_DKB_Fischer.pdf (abgerufen: 22.04.2018)

Hecke, Gerrit, Windenergie: Vor 30 Jahren eröffnete der erste Windpark Deutschlands, shz.de 17.08.2017, abrufbar unter: https://www.shz.de/regionales/schleswig-holstein/wirtschaft/windenergie-vor-30-jahren-eroeffnete-der-erste-windpark-deutschlands-id17562196.html (abgerufen: 04.04.2018)

Weber, Tilman, Ausschreibungssystem ist gescheitert, Erneuerbare Energien, 22.11.2017, abrufbar unter: https://www.erneuerbareenergien.de/ausschreibungssystem-ist-gescheitert/150/434/105463/ (abgerufen: 17.04.2018)

Neven Josipovic

Zur Bewertung möglicher DVOR-Störungen durch Windenergieanlagen nach § 18a LuftVG

Inhaltsverzeichnis

I. Einleitung

Die luftverkehrsrechtliche Hürde stellt nach wie vor eine große Herausforderung für den Ausbau der Windenergie dar. In vielen Fällen werden keine Genehmigungen erteilt, weil nach § 18a LuftVG ein Errichtungsverbot für die geplanten Windenergieanlagen in Kraft trete. Am häufigsten sind Windenergieanlagen im Umfeld von Flugsicherungseinrichtungen der Varianten DVOR und VOR betroffen. Die Funktion dieser Funkanlagen liegt darin, einem Flugzeug eine Information über seine Position zu liefern. Abweichungen zwischen der übermittelten Positionsinformation und der tatsächlichen Bewegungsrichtung des Flugzeugs werden als Winkelfehler bezeichnet. Das Errichtungsverbot nach § 18a Abs. 1 S. 1 LuftVG tritt in Kraft, wenn geplante Windenergieanlagen den Winkelfehler zu stark erhöhen könnten.

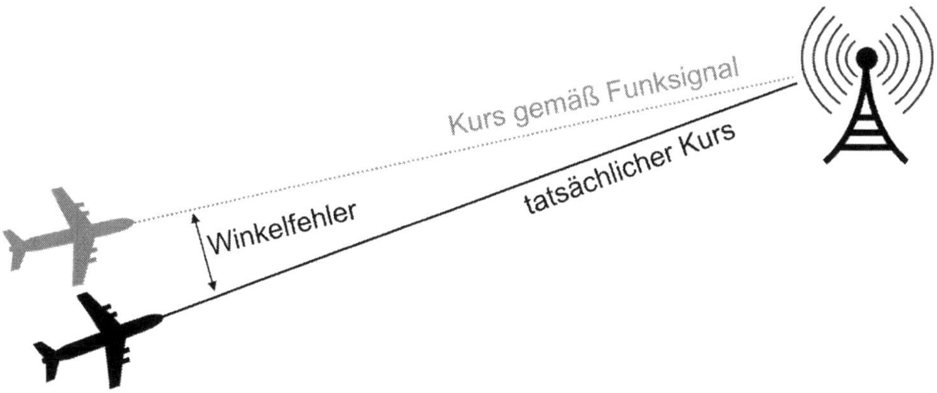

Abbildung 1: Definition eines Winkelfehlers (eigene Darstellung).

Der Winkelfehler entsteht, wenn sich das direkt von der Flugsicherungseinrichtung ausgesendete Signal mit anderen Signalanteilen überlagert. Die anderen Signalanteile können beispielsweise durch Reflexionen am Gelände oder an Bauwerken entstehen. Der Flugzeugempfänger kann nicht unterscheiden, aus welcher Richtung ein Signal eintrifft, und wertet alle eintreffenden Signalkomponenten aus.

Nach § 18a Abs. 1 S. 2 LuftVG entscheidet das Bundesaufsichtsamt für Flugsicherung (BAF) auf der Grundlage einer gutachtlichen Stellungnahme der Flugsicherungsorganisation, ob durch die Errichtung der Bauwerke Flugsicherungseinrichtungen gestört werden können. Im Regelfall prüft die Deutsche Flugsicherung GmbH (DFS), ob der Winkelfehler nach Errichtung von Windenergieanlagen zu stark ansteigen würde.

Die DFS bedient sich zur Prüfung möglicher Störungen formelmäßiger Zusammenhänge. Diese Berechnungsformeln basieren auf bestimmten Annahmen über Wirkungszusammenhänge zwischen Windenergieanlagen und Funksignalen. Nach Ansicht des *Bundesverwaltungsgerichts* ist die Möglichkeit einer Störung dargetan, wenn die Annahmen in der gutachtlichen Stellungnahme der DFS und der darauf gestützten Entscheidung des BAF wissenschaftlichen Ansprüchen genügen und durch wissenschaftliche Gegenpositionen in ihren

Grundannahmen, ihrer Methodik und ihren Schlussfolgerungen jedenfalls nicht substanziell infrage gestellt werden.[1]

Vor dem Hintergrund wird mit dem Beitrag das Ziel verfolgt, Voraussetzungen für eine wissenschaftlichen Ansprüchen genügende Bewertung des DVOR-Störungspotenzials von Windenergieanlagen nach § 18a LuftVG aufzuzeigen, um anschließend die aktuell von der DFS verwendete Vorgehensweise zur Bewertung möglicher Störungen einer Analyse zu unterziehen. Im Mittelpunkt steht die Frage, ob anhand der Formel zur Berechnung von DVOR-Fehlerbeiträgen von Windenergieanlagen eine Aussage über ihr Störungspotenzial nach § 18a LuftVG getroffen werden kann. Zugleich wird der Frage nachgegangen, welche anderen Methoden für die Störungsbewertung herangezogen werden könnten.

Das Ziel wird hauptsächlich durch eine sekundäranalytische Auswertung wissenschaftlicher Literatur erreicht. Die Erkenntnisse aus einschlägigen wissenschaftlichen Publikationen werden dazu generalisiert und auf den hier betrachteten Fall übertragen. Mit dem Beitrag wird explizit nicht das Ziel verfolgt, eigene neue Erkenntnisse zur Wechselwirkung von Funksignalen und Windenergieanlagen oder ihrer Prognose zu erarbeiten.

II. Annahmen in der DVOR-Berechnungsformel

1. Variablen (Eingangsgrößen)

Jede Berechnung realer Vorgänge basiert auf einer vereinfachten Version der Realität, die sich in mathematische Formeln übersetzen lässt. Ein „Modell" ist also nichts weiteres, als eine vereinfachte Darstellung realer Wechselwirkungen.

Da die Realität unendlich komplex ist, müssen zwangsläufig Vereinfachungen in Kauf genommen werden. Die Frage ist, welche Vereinfachungen vertretbar sind, sodass der reale Vorgang noch ausreichend genau abgebildet wird. Gleichzeitig bestehen Limitationen hinsichtlich der nutzbaren Ressourcen wie Rechenleistung von Computern.

Flugvermessungs- und Simulationsergebnisse zeigen, dass im Fall von VOR und DVOR die Position und die Flugrichtung des Flugzeugs zwei elementare Variablen zur Prognose von Winkelfehlern sind.[2] Der Winkelfehler entsteht dadurch, dass sich das Flugzeug bewegt und an jedem Raumpunkt andere Kombinationen von direkten und reflektierten Signalanteilen empfängt (Abbildung 1).

1 *BVerwG*, Urt. v. 07.04.2016 – 4 C 1.15, ZUR 2016, 541 (544).

2 *Claudepierre* u. a., in: IEEE TAES 2017, 247; *Greving/Biermann/Mundt*, Bewertung der DFS-Plausibilitätsmethode, S. 11.

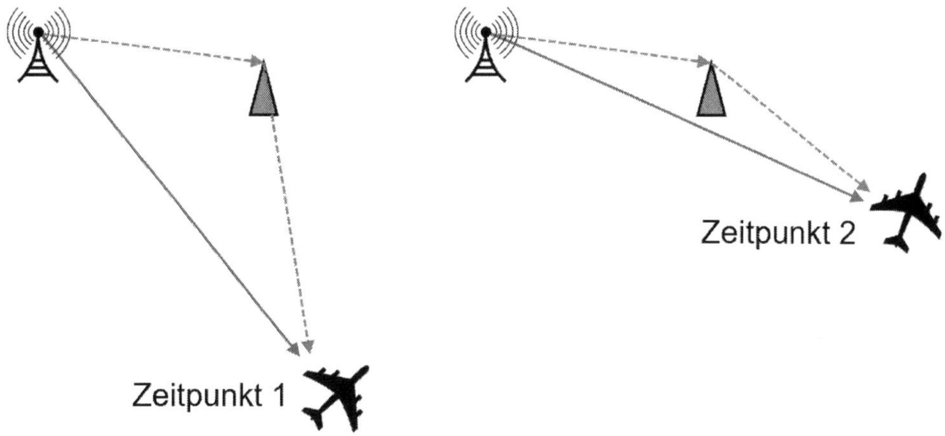

Abbildung 2: Entstehung des Winkelfehlers (eigene Darstellung).

Ausschlaggebend für den Fehler aus Sicht des Luftfahrzeugs sind die Kombinationen der jeweils eintreffenden Signalkomponenten. Für die Prognose des Winkelfehlers ist folglich das elektromagnetische Signal mit seinen physikalischen Eigenschaften (Phasendifferenz, Amplitude, Einfallsrichtung) in Abhängigkeit vom Ort des Flugzeugs zu berechnen.[3] Diese Variablen bilden dann die Eingangsgrößen, mit denen sich der Winkelfehler berechnen lässt (sog. Empfängermodell).

Das heute üblicherweise verwendete Empfängermodell für Drehfunkfeuer des Typs DVOR geht auf eine Publikation aus dem Jahr 2004 zurück (Abbildung 3).[4] Die theoretischen Grundlagen wurden aber bereits in den 50er-Jahren etabliert.[5] Das Empfängermodell wird bis heute insbesondere auch für Berechnungen des Einflusses von Windenergieanlagen auf VOR-Signale verwendet.[6]

$$\varepsilon_{DVOR} = tan^{-1}\left(\frac{\sum_{i=1}^{N} 2A_i \cos(\theta_i - \theta_0) J_1\left(2\beta_2 \mathrm{r} \sin\left(\frac{\varphi_i - \varphi_0}{2}\right)\right) \cos\left(\frac{\varphi_0 - \varphi_i}{2}\right)}{\beta_2 \mathrm{r} + \sum_{i=1}^{N} 2A_i \cos(\theta_i - \theta_0) J_1\left(2\beta_2 \mathrm{r} \sin\left(\frac{\varphi_i - \varphi_0}{2}\right)\right) \sin\left(\frac{\varphi_0 - \varphi_i}{2}\right)}\right)$$

Abbildung 3: Empfängermodell zur Berechnung von DVOR-Winkelfehlern (Quelle: DFS, Bewertungsmethodik).[7]

3 *Claudepierre* u. a., in: IEEE TAES 2017, 247; *Greving/Biermann/Mundt*, Bewertung der DFS-Plausibilitätsmethode, S. 11.

4 *Odunaiya/Quinet*, DASC 2004, 10; *Claudepierre* u. a., in: IEEE TAES 2017, 247 (250).

5 *Anderson/Flint*, in: Proceedings of the IRE 47 (5), 808 ff.

6 Explizit etwa: *Claudepierre* u. a., in: IEEE TAES 2017, 247 (250); *Claudepierre* u. a., EuCAP 2017, 2057.

7 *Odunaiya/Quinet*, DASC 2004, 10.

Bei Betrachtung der etablierten Empfängerformel wird zunächst deutlich, dass der Winkelfehler eine aus den Signal- und Empfängereigenschaften abgeleitete, mittelbar berechnete Größe ist. Es ist also physikalisch nicht möglich, den durch einzelne Objekte wie Windenergieanlagen hervorgerufenen zusätzlichen Winkelfehler direkt zu bestimmen.

Weiterhin ist ersichtlich, dass der Winkelfehler direkt von der Position des Empfängers (Luftfahrzeugs) und von den Reflexionseigenschaften der betrachteten Objekte abhängt. Der Zusammenhang erscheint in der Formel nach Abbildung 3, indem die Amplitude a_i, also die die Signalstärke, der Winkel der reflektierten Signale φ_i sowie ihre Phase θ_i berücksichtigt werden. Die Berechnungsformel der DFS bezieht die Position des Empfängers dagegen nicht mit ein (Abbildung 4). Es erscheint somit nicht plausibel, das Ergebnis der Formel als Winkelfehler, d. h. als navigatorische Missweisung, aus Sicht eines Luftfahrzeugs zu interpretieren.

$$\varepsilon_{Test} = \sum_{1}^{n_{Test}} \varepsilon_{Ref} \cdot \frac{h_{Test} - \frac{d_{Test}^2}{4100^2}}{h_{Ref}} \cdot \frac{d_{Ref}^u}{d_{Test}^u} \cdot \frac{1}{max_{Bessel}} \cdot \left| \frac{2AJ_1\left[2\beta r \, sin\left(\frac{\varphi_{Test} - \varphi}{2}\right)\right]}{\beta \cdot r} \cdot cos\left(\frac{\varphi - \varphi_{Test}}{2}\right) \cdot \cos\left(\beta(r_0 - r_1) - \delta\right) \right|$$

Abbildung 4: DFS-Formel zur Berechnung des DVOR-Winkelfehlers (Quelle: DFS, Bewertungsmethodik).

Die Formel vernachlässigt beispielsweise die sich lokal ändernde Signalstärke, indem der Wert für A konstant zu 10 % angenommen wird. Auch werden die unterschiedlichen Signalwege von reflektierten Signalen und dem direkten DVOR-Signal nicht berücksichtigt, weshalb die für Winkelinformationen charakteristische Schwankung zwischen positiven und negativen Werten nicht abgebildet wird (dazu unter II.2).[8] Die Position des Flugzeugs wird in der Formel somit nicht berücksichtigt. Eine Berechnung des Winkelfehlers ohne Berücksichtigung der Flugzeugposition ist nicht möglich.[9] Sie ist daher nicht einmal als „gute Näherung", geschweige denn als „Worst-Case-Betrachtung" anzusehen. Ebenso wenig erlaubt die Formel der DFS eine Berücksichtigung der spezifischen Material- und Abstrahleigenschaften der zu bewertenden Objekte. Dabei handelt es sich um Eigenschaften, ohne die eine valide Bewertung von elektromagnetischen Wechselwirkungen nicht möglich ist.

Selbst wenn bei der Berechnung von Störeinflüssen auf VOR-Signale noch wissenschaftliche Fragen offen sind,[10] ist die Verwendung eines Empfängermodells[11] ein etabliertes Vorgehen zur Abschätzung möglicher Störungen und steht im Gegensatz zur Formel der DFS nicht im Konflikt zu den Erkenntnissen aus unabhängigen wissenschaftlichen Publikationen. Eine Limitation des klassischen Empfängermodells liegt darin, dass es dynamische

8 Vertiefend: *Greving/Biermann/Mundt*, Bewertung der DFS-Plausibilitätsmethode, S. 11.

9 *Claudepierre* u. a., in: IEEE TAES 2017, 247; *Greving/Biermann/Mundt*, Bewertung der DFS-Plausibilitätsmethode, S. 11.

10 *Josipovic*, Bericht zum Workshop „Electromagnetic Waves and Wind Turbines 2017", abrufbar unter: http://k-wer.net/wp-content/uploads/2017/12/Tagungsbericht_EMWT-2017_kwer.pdf; *Bredemeyer*, Fortführendes Gutachten, S. 25.

11 *Claudepierre* u. a., in: IEEE TAES 2017, 247 (250); *Odunaiya/Quinet*, DASC 2004, 8.

Einflüsse im Frequenzbereich der amplitudenmodulierten Phase eines DVOR-Signals nicht berücksichtigt. Insofern besteht zwar Forschungsbedarf, gleichwohl kann mit der Einschränkung keinesfalls die Anwendung der derzeit von der DFS verwendeten Berechnungsformel vertretbar begründet werden.

Als Grundlage für eine wissenschaftlichen Ansprüchen genügende Abschätzung des Störungspotenzials von Windenergieanlagen kommt beispielsweise die Verwendung von speziellen Computerprogrammen wie CST Microwave Studio oder auch FEKO infrage. Sachverständige nutzen teilweise auch selbst entwickelte Programme oder angepasste Varianten der genannten Softwarelösungen, die beispielsweise mit der Momentenmethode, der physikalischen oder geometrischen Optik das Reflexionsverhalten eines einzelnen Windrades berechnen können.[12]

In der Schweiz und anderen Ländern wird ein Analysetool der Ohio University (Ohio University Navigation Aid Performance Prediction Model, OUNPPM) benutzt, das ebenfalls auf der Berechnung mittels physikalischer Optik basiert.[13] Mit dem OUNPPM kann über die Reflexionseigenschaften von Windenergieanlagen eine Abschätzung des von ihnen verursachten Winkelfehlers vorgenommen werden. Trotz vereinfachender Annahmen, die dem Modell zugrunde liegen,[14] berechnet es im Gegensatz zur DFS-Methodik die physikalische Wechselwirkung des Funksignals mit den Windenergieanlagen und ist somit im Grundsatz als valide anzusehen.

All diesen Ansätzen ist gemeinsam, dass zur Berechnung der „Störgröße“ Winkelfehler spezifische Reflexionseigenschaften herangezogen werden um eine höhen- und entfernungsabhängige Abschätzung von möglichen Missweisungen vorzunehmen. Eine vermeintliche direkte Berechnung des Winkelfehlers, wie von der DFS durchgeführt, ist dagegen nicht plausibel und liefert auch keine Aussage über ein Störungspotenzial nach § 18a Abs. 1 S. 1 LuftVG.

2. Überlagerung von Fehleranteilen

Es konnte gezeigt werden, dass die DVOR-Formel der DFS elementare Aspekte wie die Empfänger- bzw. Flugzeugposition nicht abbilden kann. Nachfolgend wird erläutert, welche Folgen sich daraus für die Interpretation des Berechnungsergebnisses ergeben. Insbesondere wird die häufig angeführte Behauptung geprüft, die DFS überschätze deutlich den zu erwartenden kombinierten Winkelfehler durch mehrere einzelne Windenergieanlagen.

In zwei wissenschaftlichen Publikationen wurde dargelegt, wie sich Fehlerbeiträge mehrerer Windenergieanlagen zu einem Gesamtfehler überlagern.[15] Sie zeigen, dass sich bei steigender Anzahl einzelner Störobjekte deren Fehlerbeiträge aufgrund der unter II.1 erläuterten

---

12 Beispielsweise: *Greving/Spohnheimer*, in: 19th IFIS Proceedings 2016, 102 ff.

13 *Odunaiya*, 14th IFIS Proceedings 2006, 77 ff.

14 *Odunaiya*, 14th IFIS Proceedings 2006, 77 (78).

15 *Claudepierre* u. a., EuCAP 2017, 2057 (2059); *Greving/Spohnheimer*, in: 19th IFIS Proceedings 2016, 102 (105).

Überlagerung der Einzelsignale immer weniger stark auswirken (sog. „statistischer Fehler“). Im Ergebnis wird der Einfluss zusätzlicher Windenergieanlagen – etwa in einem Windpark – mit steigender Anzahl immer geringer. Für die praktische Bewertung möglicher Störungen bedeutet das, dass mit zunehmender Vorbelastung eines Drehfunkfeuers die Wahrscheinlichkeit sinkt, dass weitere Störobjekte den Winkelfehler nachweisbar erhöhen. Die Vorbelastung meint dabei die Streuung des Winkelfehlers vor der Errichtung der geplanten Windenergieanlagen.

Die Ursache liegt darin, dass der aus der komplexen Wellenüberlagerung von reflektierten und direkten Signalanteilen resultierende Winkelfehler sowohl positive als auch negative Werte annahmen kann.[16] Eine Überlagerung in der Art, dass sich die einzelnen Signalanteile alle verstärken, wird mit ihrer zunehmender Anzahl immer weniger wahrscheinlich.[17] Genau diese Annahme liegt aber der DVOR-Berechnungsformel der DFS zugrunde. Sie berechnet den kombinierten Winkelfehler aller betrachteten Windenergieanlagen, indem ausschließlich die positiven theoretischen maximalen Winkelfehler einzelner Windenergieanlagen aufaddiert werden.[18]

Die Annahme, dass von einer positiven Addition der Winkelfehler einzelner Windenergieanlagen auszugehen ist, wurde inzwischen durch mehrere unabhängige wissenschaftliche Veröffentlichungen widerlegt.[19] Hierin liegt eine wesentliche Ursache dafür, dass die von der DFS erwarteten Winkelfehler unverhältnismäßig größer sind als die mit dem etablierten VOR-Empfängermodell berechneten und in der Praxis zu erwartenden. Vielmehr ist davon auszugehen, dass Fälle existieren, in denen die DFS ein Störungspotenzial nach § 18a LuftVG annimmt, aber keinerlei operativ relevanten Einflüsse und somit auch kein Störungspotenzial von Windenergieanlagen zu erwarten sind.

3. Anlagenschutzbereiche

Anlagenschutzbereiche sind Bereiche, in denen die Möglichkeit von Störeinflüssen vermutet wird. Sie stellen eine Worst-Case-Maßnahme in dem Sinn dar, dass mögliche Störungen außerhalb der Bereiche ausgeschlossen werden.[20] Daraus folgt nicht, dass Störungen innerhalb der Bereiche stets zu erwarten sind. Vielmehr zeigt sich anhand wissenschaftlicher Publikationen, dass das Störungspotenzial zunimmt, je näher ein Objekt am Drehfunkfeuer liegt.[21]

---

16 Grundlegend: *Odunaiya/Quinet*, DASC 2004, 7 ff.

17 *Greving/Biermann/Mundt*, Bewertung der DFS-Plausibilitätsmethode, S. 11.

18 *Greving/Biermann/Mundt*, Bewertung der DFS-Plausibilitätsmethode, S. 11.

19 *Claudepierre* u. a., EuCAP 2017, 2057 (2059); *Greving/Spohnheimer*, in: 19th IFIS Proceedings 2016, 102 (105); *Sandmann/Garbe*, tm 2017, 549 (555).

20 ICAO EUR Doc 015, 3. Aufl. 2015, S. 5.

21 Vgl. etwa: *Greving/Spohnheimer*, 19th IFIS Proceedings 2016, 102 (105); *Sandmann/Garbe*, tm 2017, 549 (553).

Der Schwerpunkt erster Konzepte für Anlagenschutzbereiche lag daher auf der unmittelbaren Umgebung bis zu 1 km Entfernung vom Drehfunkfeuer.[22] Ein wesentliches Kriterium ist in jedem Fall der Abstand eines Objekts vom Drehfunkfeuer. Für Windenergieanlagen folgt daraus: Je weiter ein Windpark vom Drehfunkfeuer entfernt geplant wird, desto mehr Windenergieanlagen können errichtet werden, ohne dass sich das Störungspotenzial erhöht. Anlagenschutzbereiche können demnach auch „dynamisch“, d. h. in Abhängigkeit von der bestehenden Bebauung definiert werden.

In der Praxis einigte man sich auf die Ausgestaltung von Anlagenschutzbereichen als zylinderförmigem Raumbereich mit dem Drehfunkfeuer im Zentrum. Wichtig ist dabei, welcher Wert für den Radius festgelegt wird. Ab einer bestimmten Entfernung einer Windenergieanlage vom Drehfunkfeuer kann ihr Beitrag zum Winkelfehler nicht mehr identifiziert werden und das Störungspotenzial ist daher ausgeschlossen. Als Richtwerte gelten 10 km für DVOR und 15 km für CVOR.[23] Die belgische Flugsicherung geht sogar noch weiter. In Belgien sind Windenergieanlagen in einer größeren Entfernung als 7 km zum DVOR hinsichtlich Belangen der Flugsicherung im Regelfall genehmigungsfähig (Abbildung 5).[24]

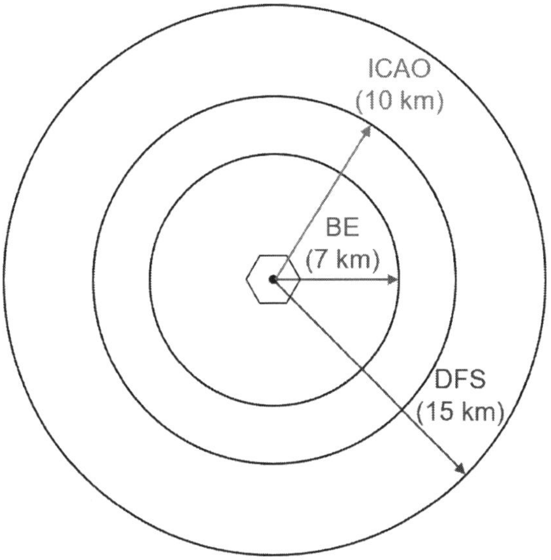

Abbildung 5: Vergleich von Anlagenschutzbereichen für DVOR nach Vorgaben der DFS, ICAO und der belgischen Flugsicherung (BE) (eigene Darstellung).

22 *EUROCAE*, ED-52, S. 48, 49; *FAA*, Order 6820.10, S. 33–35. Die Sperrzone für Bauwerke im Umfeld von DVOR in Belgien beträgt 3 km, vgl. *Skeyes*, Wind Turbine Consultation Map Legend.

23 ICAO EUR Doc 015, 3. Aufl., 2015, Anhang 1. Die belgische Flugsicherung erachtet einen Wert von 7 km für DVOR als ausreichend, vgl. *Skeyes*, Wind Turbine Consultation Map Legend.

24 *Skeyes*, Wind Turbine Consultation Map Legend.

Die Empfehlungen des europäischen Regionalbüros der International Civil Aviation Organization (ICAO) verneinen ein Störungspotenzial für Windenergieanlagen, die mehr als 10 km von einem DVOR entfernt sind.[25] Die DFS und das BAF vertreten demgegenüber die Position, dass bei CVOR und den meisten DVOR (die einzige Ausnahme ist zum Stand März 2016 das DVOR Hamburg) jeweils ein Radius von 15 km anzusetzen ist.[26]

Der Radius von 15 km – auch für DVOR – wird seitens der DFS damit begründet, dass eine Bewertung der Vorbelastung durch bestehende Windenergieanlagen und durch die Umgebung ergeben habe, dass die verfügbare Winkelfehlertoleranz erschöpft sei.[27] Die Bewertung zur Festlegung der Schutzbereiche erfolgt aber anhand der oben behandelten Berechnungsformel. Aufgrund der dargelegten Abweichungen vom Stand der Technik und den aufgezeigten wissenschaftlichen Erkenntnissen ist zu bezweifeln, dass anhand der Methodik wirklich nachgewiesen wurde, dass weiter als 10 km entfernte Windenergieanlagen zur Erhöhung des Störungspotenzials bei DVOR beitragen. Vielmehr erscheint der Ansatz aus ICAO EUR Doc 015, für DVOR einen Radius von 10 km anzusetzen, vor dem Hintergrund des aufgezeigten Stands der Wissenschaft und im Vergleich zur Praxis der belgischen Flugsicherung plausibel.

III. Bewertungsmaßstab und Toleranzwerte

Nach der Berechnung des empfängerabhängigen Winkelfehlers im Raum gilt es die Frage zu beantworten, ob die Ergebnisse sich noch im zulässigen Bereich bewegen oder ob im Einzelfall von einem Störungspotenzial nach § 18a Abs. 1 S. 1 LuftVG auszugehen ist. Dabei gilt, dass nicht jede Abweichung vom Zielkurs (d. h. „Winkelfehler“) auch ein Störungspotenzial bedingt.

Grundlegend ist festzuhalten, dass Drehfunkfeuer (VOR und DVOR) *Radialmessgeräte* sind. Als „Radiale“ werden Flugbewegungen entlang eines konstanten Winkels (z. B. 90°) auf das VOR zu oder davon weg bezeichnet. VOR liefern somit eine Information über den Standwinkel des Luftfahrzeugs relativ zum magnetischen Nordpol. Vieles spricht dafür, zur Bewertung möglicher Störungen nach § 18a Abs. 1 S. 1 LuftVG dieselben Vorgaben heranzuziehen, die auch für die Bewertung von realen Messflügen verwendet werden. Dabei werden die Spezifika von aufgezeichneten Winkelfehlern, der sogenannten Winkelfehlerkurve, berücksichtigt. Der Winkelfehler setzt sich aus einem schnell schwankenden (Scalloping) und einem mittleren langsam schwankenden Anteil (Bends) zusammen. Das Flugzeug reagiert üblicherweise nur auf Bends (vgl. Abbildung 6).

25 ICAO EUR Doc 015, 3. Aufl., 2015, Anhang 1; *Greving/Spohnheimer*, 19th IFIS Proceedings 2016, 102 (104).

26 *DFS*, Auswirkung von geänderten Empfehlungen für DVOR Navigationsanlagen nach ICAO EUR Doc 015.

27 *DFS*, Auswirkung von geänderten Empfehlungen für DVOR Navigationsanlagen nach ICAO EUR Doc 015.

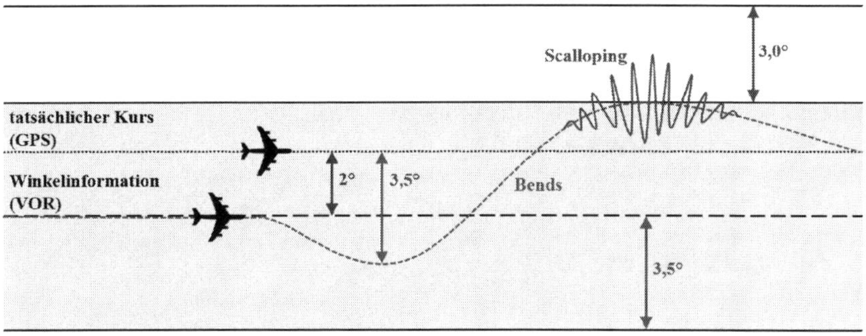

Abbildung 6: VOR-Winkeltoleranzen nach ICAO Doc 8071, Vol. I.

Das Anleitungsmaterial in ICAO Doc 8071, Vol. I zur Bewertung der VOR- und DVOR-Signalgüte berücksichtigt diese Wirkung von Winkelfehlern auf die Flugzeugbewegung, weshalb es streng genommen den genauesten Maßstab zur Abschätzung möglicher Störungen nach § 18a LuftVG enthält. Gleichwohl bestehen in der Wissenschaft noch offene Fragen, etwa zur Art und Weise, wie sich die Überlagerung von Fehlerbeiträgen von Windenergieanlagen mit bestehenden Umgebungseinflüssen abschätzen lässt.

Als in der Fachwelt etablierter Ansatz wird in Anlehnung an das Anleitungsmaterial in ICAO Annex 10 die mittlere Streuung (Standardabweichung) der Winkelfehler für die Bewertung herangezogen.[28] Das bedeutet nichts anderes, als kurzzeitige Überschreitungen bestimmter Grenzwerte für zulässig zu erklären, solange sie nicht zu häufig auftreten. Nach herrschender Meinung werden Überschreitungen eines Werts von 3° bis 3,5° Winkelfehler auf insgesamt 5 % des jeweils betrachteten Raumbereichs – beispielsweise eines Radials – für zulässig erachtet („95 %-Regel“).[29]

Der Maßstab der DFS weicht in mehreren Punkten, von denen nachfolgend zwei exemplarisch dargelegt werden, von der beschriebenen Vorgehensweise ab. Zunächst findet im Rahmen der DFS-Methodik keine Abschätzung von möglichen Winkelfehlern auf Radialen statt. Stattdessen wird der Bewertung eine angenommene Fehlerverteilung auf einem Kreis bzw. Orbit um das Drehfunkfeuer zugrunde gelegt. Eine Anwendung der auf Radiale bezogenen internationalen ICAO-Toleranzwerte ist daher nicht plausibel. Weiterhin liefere die Methodik in bestimmten Raumabschnitten zu erwartende maximale Winkelfehler. Die 95 %-Regel erlaubt dagegen explizit lokale Überschreitungen, solange die mittlere Schwankung des Winkelfehlers nicht zu hoch ist. Die Interpretation der internationalen Vorgaben als Limit für

28 *Geise*, Abschlussbericht zum Projekt „min-VOR-win“, S. 15; *Claudepierre* u. a., EuCAP 2017, 2057; *Greving/Biermann/Mundt*, Bewertung der DFS-Plausibilitätsmethode, S. 5, 9.

29 *Geise*, Abschlussbericht zum Projekt „min-VOR-win“, S. 15; *Claudepierre* u. a., EuCAP 2017, 2057; *Greving/Biermann/Mundt*, Bewertung der DFS-Plausibilitätsmethode, S. 5, 9.

maximale Winkelfehler entspricht nicht dem Prinzip der stochastischen Bewertung und ist daher nicht plausibel. Der von der DFS angesetzte Maßstab zur Bewertung ihrer berechneten Winkelfehler entspricht, unabhängig von den Annahmen der Berechnungsmethode selbst, nicht den internationalen Vorgaben und der herrschenden Meinung zu ihrer Anwendung.[30]

IV. Zusammenfassung

- Der Winkelfehler ist eine aus den Signal- und Empfängereigenschaften abgeleitete mittelbar berechnete Größe. Es ist nicht möglich, den durch einzelne Objekte wie Windenergieanlagen hervorgerufenen zusätzlichen Winkelfehler direkt zu bestimmen. Die Aussagekraft von Ergebnissen der DVOR-Berechnungsformel der DFS, insbesondere im Hinblick auf erwartete mögliche Störungen, ist daher bereits dieser Grundannahme nach zweifelhaft.
- Die DVOR-Berechnungsformel berücksichtigt nicht die Position des Empfängers (d. h. des Luftfahrzeugs). Es ist daher wissenschaftlich nicht plausibel, das Ergebnis der Formel überhaupt als „Winkelfehler“, d. h. als navigatorische Missweisung aus Sicht eines Luftfahrzeugs, zu interpretieren.
- Die Annahme, dass von einer positiven Addition der Winkelfehler einzelner Windenergieanlagen auszugehen ist, wurde inzwischen durch unabhängige wissenschaftliche Veröffentlichungen widerlegt. Hierin liegt eine wesentliche Ursache dafür, dass die von der DFS erwarteten Winkelfehler unverhältnismäßig größer sind, als die mit einem etablierten VOR-Empfängermodell ermittelten und in der Praxis zu erwartenden.
- Der derzeit von der DFS angesetzte Maßstab bzw. Toleranzwert zur Bewertung der Zulässigkeit berechneter Winkelfehler entspricht, unabhängig von den Annahmen der Berechnungsmethode selbst, nicht den internationalen Vorgaben und der herrschenden Meinung zu ihrer Anwendung.
- Der Ansatz aus ICAO EUR Doc 015, für den Anlagenschutzbereich für DVOR einen Radius von 10 km anzusetzen, erscheint vor dem Hintergrund des Stands der Wissenschaft und im Vergleich zur Praxis der belgischen Flugsicherung (Radius von 7 km) plausibel. Weiter entfernte Windenergieanlagen wären somit grundsätzlich ohne Notwendigkeit zur Überprüfung des Störungspotenzials genehmigungsfähig.
- Selbst wenn bei der Berechnung von Störeinflüssen auf VOR-Signale noch wissenschaftliche Fragen offen sind, stellt die Verwendung eines VOR-Empfängermodells ein etabliertes Vorgehen zur Abschätzung möglicher Störungen dar und steht im

30 *Geise*, Abschlussbericht zum Projekt „min-VOR-win“, S. 15; *Claudepierre* u. a., EuCAP 2017, 2057; *Greving/Biermann/Mundt*, Bewertung der DFS-Plausibilitätsmethode, S. 5, 9.

Gegensatz zur Formel der DFS nicht im Konflikt zu den Erkenntnissen aus mehreren unabhängigen wissenschaftlichen Publikationen.

- Eine Limitation des klassischen Empfängermodells liegt darin, dass es dynamische Einflüsse im Frequenzbereich der amplitudenmodulierten Phase eines DVOR-Signals nicht berücksichtigt. Insofern besteht zwar Forschungsbedarf, gleichwohl kann mit der Einschränkung keinesfalls die Anwendung der derzeit von der DFS verwendeten Berechnungsformel vertretbar begründet werden.

V. Fazit

Die Methodik, mit der die Deutsche Flugsicherung GmbH (DFS) das DVOR-Störungspotenzial von Windenergieanlagen nach § 18a LuftVG bewertet, genügt nicht grundlegenden wissenschaftlichen Anforderungen, die sich sekundäranalytisch aus unabhängigen Publikationen ableiten lassen. Unter anderem berücksichtigt die DFS bei ihrer Einschätzung nicht die Flugzeugposition, vernachlässigt die spezifischen elektromagnetischen Reflexionseigenschaften der Windenergieanlagen und des lokalen Geländes und geht von unplausiblen Annahmen für die Berechnung der resultierenden Navigationsfehler aus. In der Folge ist zweifelhaft, ob anhand der Bewertungsmethodik überhaupt eine Aussage über mögliche von Windenergieanlagen verursachte Störungen nach § 18a LuftVG getroffen werden kann. Es wird empfohlen, für die Bewertung des Störungspotenzials auf international etablierte Ansätze zurückzugreifen. Danach könnte unter anderem für den DVOR-Anlagenschutzbereich ein Radius von 10 km angesetzt werden.

Literaturverzeichnis

Anderson, S. R./R. B. Flint, The CAA Doppler Omnirange, in: Proceedings of the IRE 47 (5), 1959, S. 808–821

Bredemeyer, Jochen, Fortführendes Gutachten zur Interaktion zwischen Windenergieanlagen und dem DVOR MIC unter besonderer Betrachtung der Störwirkung auf den Empfänger. Abschlussbericht, erstellt für das Landesamt für Landwirtschaft, Umwelt und ländliche Räume des Landes Schleswig-Holstein (LLUR), Braunschweig, 17.04.2015, abrufbar unter: https://www.schleswig-holstein.de/DE/Fachinhalte/W/windenergie/Downloads/fortfuehrendesGutachtenWindenergie.pdf?__blob=publicationFile&v=1 (abgerufen: 01.03.2019)

Claudepierre, Ludovic/Rémi Douvenot/Alexandre Chabory/Christophe Morlaas-Courties, A Deterministic VOR Error Modeling Method – Application to Wind Turbines, in: IEEE Transactions on Aerospace and Electronic Systems, Vol. 53, Issue 1, 2017, S. 247–257

Claudepierre, Ludovic/Rémi Douvenot/Alexandre Chabory/Christophe Morlaas-Courties, Probabilistic VOR error due to several scatterers – Application to wind farms, in: 11th European Conference on Antennas and Propagation (EuCAP) 2017, S. 2057–2060

Deutsche Flugsicherung GmbH (DFS), Bewertungsmethodik der DFS zur VOR-Beeinflussung durch Windenergieanlagen, Stand: 04.03.2016, unveröffentlicht

Geise, Robert, Elektromagnetische Verträglichkeitsanalyse von Windenergieanlagen und Navigationssystemen der Luftfahrt – Entwicklung von Verfahrensweisen mit skalierten Messungen und Hypothesentests mit 1:1 Validierungsflügen, Projektbroschüre, abrufbar unter: https://www.tu-braunschweig.de/Medien-DB/emv/minvorwin-infomappe.pdf (abgerufen: 01.03.2019)

Geise, Robert/Neven Josipovic, Windenergie & DVOR/VOR – Bewertung des aktuellen Prüfungsverfahrens, Präsentationsunterlagen vom 14.05.2018, abrufbar unter: http://k-wer.net/wp-content/uploads/2018/05/Windenergie_und_VOR_Josipovic_Geise_14052018.pdf (abgerufen: 01.03.2019)

Greving, Gerhard/Wolf-Dieter Biermann/Rolf Mundt, Beschreibung, Technische Analyse und Bewertung der DFS-Plausibilitätsmethode („Prognoseberechnung“) für CVOR/DVOR (Drehfunkfeuer), Status V5, NAVCOM Consult, Marbach, 19.02.2016, abrufbar unter: http://www.navcom.de/DFS_Plausi_st4_V5.pdf (abgerufen: 01.03.2019)

Greving, Gerhard/Nelson Spohnheimer, ATC-Systems and Wind-Turbines: Status of Numerical Simulations and Flight Measurements – Evaluation and Systematic Results of Examples, in: Proceedings of the 19th International Flight Inspection Symposium, Belgrade, Serbia 2016, S. 102–108

Odunaiya, Simbo/David Quinet, Calculations and analysis of signal processing by various navigation receivers architectures, Digital Avionics Systems Conference (DASC) 2004

Odunaiya, Simbo A., Wind Farms and their Effect on Radio Navigation Aids, in: Proceedings of the 14th International Flight Inspection Symposium, Toulouse, France 2006, S. 77–80

Sandmann, Sergei/Heyno Garbe, Überlagerung der Störeinflüsse mehrerer Streuobjekte auf die Zielgröße eines Doppler-Drehfunkfeuers (DVOR), Technisches Messen (tm) 2017, 84(9), S. 549–556

Skeyes, Wind Turbine Consultation Map Legend, abrufbar unter: www.skeyes.be/media/1202/legend-windturbines-en.pdf (abgerufen: 01.03.2019)

Thomas Gawron

Windenergie vor Gericht – rechtssoziologisch betrachtet

Inhaltsverzeichnis

I. Einleitung

Die Koordinierungsstelle Windenergierecht besteht seit 2012.[1] Mit Herausgabe des zweimonatlich erscheinenden Newsletters WER-aktuell und der alljährlichen Dokumentation Windenergierecht[2] steht seit nunmehr sieben Jahren eine umfassende Datenbank von Entscheidungen der Gerichte in Verfahren, die Belange der Windenergie betreffen, zur Verfügung. Die in den Jahrbüchern Windenergierecht dokumentierten Judikate vornehmlich der Verwaltungsgerichte, aber auch anderer Gerichte, beginnend mit dem *Europäischen Gerichtshof* (*EuGH*) und endend mit dem *Bundespatentgericht*, umfassen inzwischen über 1.000 Entscheidungen.

Die Sammlung ist damit nicht nur zu einem Nachschlagewerk einschlägiger Rechtsprechung für den juristischen Gebrauch geworden, sondern bietet sich auch für „fachfremde" Untersuchungen interdisziplinärer Orientierung an. Rechtssoziologie und Rechtstatsachenforschung als „Grenzgebiete des Rechts" stellen seit gut 100 Jahren[3] einen Wissensfundus an Theorie und Methoden zur Verfügung, die es ermöglichen, einen anderen Blick auf die in der Datenbank gesammelten Informationen zu werfen.

Seit Mitte der 1960er-Jahre hat die für ein Vierteljahrhundert wiederbelebte deutschsprachige Rechtssoziologie wichtige Erkenntnisse zur Soziologie gerichtlicher Verfahren[4] und zur Verrechtlichung sozialer, politischer und ökonomischer Prozesse geliefert.[5] Auf Ergebnisse dieser rund 25-jährigen Forschungstradition[6] greift das hier nur im Design vorgestellte (kleine) Projekt zurück, wenn es einen Jahrgang der in der Dokumentation veröffentlichten Gerichtsentscheidungen in Sachen Windenergierecht, den Jahres 2017, in rechtssoziologischer Perspektive reanalysieren will. Entlang der Parameter (a) Mobilisierungsakteure (Klageführende), (b) Klagegegner, (c) Entscheidungen des Gerichts und (d) Implementationsakteure sollen die Judize nach Häufigkeiten, Schwerpunkten und regionaler Herkunft untersucht werden. Ein abschließender Aspekt soll der Frage nach der Selektivität der analysierten Gerichtsverfahren gewidmet werden.[7]

1 Das Projekt K-WER – Koordinationsstelle Windenergierecht, o. J.; *Brandt,* Die Koordinationsstelle Windenergierecht, 2013, S. 9-18.

2 *Günter,* Dokumentation Windenergierecht, in: Brandt (Hrsg.), Jahrbücher Windenergierecht, 2013 ff.

3 Beginnend mit *Ehrlich,* Grundlegung der Soziologie des Rechts, 1913 und *Nußbaum,* Rechtstatsachenforschung, 1914.

4 *Eckhoff,* Die Rolle des Vermittelnden, des Richtenden und des Anordnenden, in: Hirsch/Rehbinder (Hrsg.), Studien und Materialien zur Rechtssoziologie, 1967, S. 243 ff.

5 *Voigt* (Hrsg.), Verrechtlichung, 1980.

6 Zu nennen sind an dieser Stelle vor allem die Jahrbücher für Rechtssoziologie und Rechtstheorie seit 1970, die Veröffentlichungen des Bundesministeriums der Justiz zur Rechtstatsachforschung und die Zeitschrift für Rechtssoziologie, letztgenannte seit Beginn der 1980er-Jahre.

7 Übersicht 3 veranschaulicht die beabsichtigte Dokumentation.

II. Rechtssoziologische Grundannahmen

Der Gang zu Gericht ist steinig und häufig langwierig. Ihm gehen fast immer soziale Konflikte voraus, die auch in Richtung Politisierung drängen können. Erst nach dieser Phase erfolgt eine Verrechtlichung, genauer eine Vergerichtlichung des Prozesses, der fast immer den Weg durch verschiedene gerichtliche Instanzen finden muss, bevor er – allerdings sehr selten – in Karlsruhe beim *Bundesverfassungsgericht* entscheidungsreif wird.[8] Die hier untersuchte Konfliktmaterie Windenergie findet in der Regel bereits in Leipzig beim *Bundesverwaltungsgericht* ihr höchstrichterliches Ende. In einer frühen Publikation von *Blankenburg/ Gawron/Rogowski/Voigt* wurde bereits die Tauglichkeit der *policy*-Analyse und des Implementationsansatzes für die Analyse vorgerichtlicher, gerichtlicher und nachgerichtlicher Prozess nachgewiesen.[9] Die Autoren hatten dabei einen zum damaligen Zeitpunkt bereits vorliegenden Ansatz von *Renate Mayntz*[10] aufgegriffen und für die rechts-soziologische Analyse von Justizialisierungsprozessen fruchtbar gemacht. Zur (besseren) Verständlichkeit der nachfolgenden Ausführungen wird hier noch einmal die Darstellung von *Rogowski* und *Gawron* zitiert.

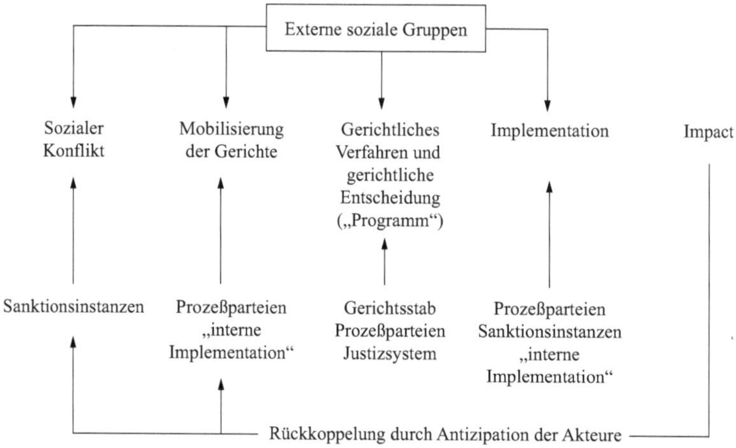

Abbildung: Phasen und Akteure im gerichtlichen Mobilisierungsprozess (Quelle: *Gawron/Rogowski*, Die Wirkung des Bundesverfassungsgerichts, 2007, S. 33 (Wiederabdruck)).

Das Strukturmodell des Gerichtsverfahrens – Selektivität des Zugangs, Parteienprinzip (Identität der Akteure während des Verfahrensganges) und Bindungswirkung der gerichtlichen

8 *Voigt* (Hrsg.), Verrechtlichung, 1980; siehe weiterhin *Röhl,* Rechtssoziologie, 1983, Kapitel 47; *Raiser,* Das lebende Recht, 3. Aufl. 1999, Kapitel 16 und *Rottleuthner,* Einführung in die Rechtssoziologie, 1987, Kapitel IV.3.

9 *Blankenburg/Gawron/Rogowski/Voigt,* DÖV 1986, S. 274 ff.

10 *Mayntz,* Implementation politischer Programme, 1980, S. 238.

Entscheidung – führt dazu, dass Prozessparteien zunächst immer Mobilisierungsakteure und Implementationsakteure zugleich sind. Der Gerichtsprozess dient als Verbindungsscharnier zwischen den Akteuren, die den Prozess angestrebt haben, (Mobilisierungsakteure) und denjenigen, die das Gerichtsurteil „anzuwenden", zu „vollziehen", „durchzuführen" haben (Implementationsakteure). Die gerichtliche Entscheidung verändert jedoch die Positionen der Prozessparteien. Häufig führt der Prozessausgang zu einer neuen Rollenverteilung zwischen den Parteien. Aus dem nachbarklagenden Grundstückseigner wird ein Berechtigter, der von der Baubehörde nun die Versagung der Baugenehmigung gegenüber seinem Nachbarn verlangen kann (und umgekehrt wird die beklagte Baubehörde verpflichtet, die Rechtsansicht des Gerichts beim Genehmigungsverfahren zu beachten). Durch den Gerichtsprozess werden die Macht- und Einflusspositionen der Prozessparteien neu gewichtet und – in diesem Sinne – als Programm festgelegt. Da beide Prozessparteien mit dem richterlichen Entscheidungsspruch leben müssen, sind auch beide am Implementationsprozess beteiligt.

Die Prozessparteien können nach ihren Ressourcen und nach dem Grad ihrer Organisationsgebundenheit unterschieden werden. Steigt der Grad verfügbarer Ressourcen und Organisationsgebundenheit, so erhöht sich die Kontextorientierung der Implementationsakteure und ihre Wechselbeziehung mit der Implementationsumwelt. Als Beispiel sei die Mobilisierungsfähigkeit einer im Verwaltungsprozess nicht oder nicht hinreichend berücksichtigten Bürgerinitiative, die öffentlich Aufmerksamkeit für ihr Anliegen zu erwecken weiß, genannt. Auch die Begleitung der Rechtsprechung durch juristische Kommentare und rechtswissenschaftliche Literatur[11] oder das öffentliche Echo in der Medienlandschaft stellen Implementationsumwelten dar, die über die Justizarena hinaus auf andere Arenen verweisen.

1. Mobilisierung

In den veröffentlichten Entscheidungen der Verwaltungsgerichte wird die Vorgeschichte nur unvollständig erkennbar. Die Angaben der Gerichte beziehen sich stets auf die letzte Stufe des Mobilisierungsprozesses, nämlich der Vergerichtlichung bzw. der Legalisierung. Eine vollständige Phasen(re)konstruktion der Mobilisierung des Rechts[12] lässt sich aus den von den Gerichten publizierten Daten häufig nicht entnehmen.

Die Mobilisierung eines Gerichts steht in der Regel am Ende eines langen Rechtsstreits. In fast allen Fällen durchläuft der Verrechtlichungsprozess verschiedene Verwaltungsinstanzen, um erst danach vor den Gerichten zu landen, die ebenfalls mehrere Instanzen kennen. Über diese Vorgeschichte(n) wird man in den veröffentlichten Entscheidungen der Gerichte eher kursorisch informiert. Allerdings wird eine eindeutige Zuordnung der Mobilisierungsakteure und des im Ursprungsverfahren angegriffenen Rechtsaktes erkennbar.

Vorgeschichten der behördlichen Mobilisierungsphase bleiben häufig im Dunkeln. Nur in seltenen Fällen gewähren (nicht rechtswissenschaftlich orientierte) Veröffentlichungen Ein-

---

11 Siehe *Häberle,* Recht aus Rezensionen, 1980 und *Gottwald,* Antizipation von Gerichtsentscheidungen, 2001.

12 *Blankenburg,* Mobilisierung des Rechts, 1995.

blicke. Eine rechtssoziologisch orientierte Mobilisierungsforschung findet wenige Anknüpfungspunkte. Die nachträgliche Rekonstruktion der vorgerichtlichen Vergerichtlichungs-Stationen erfordert nicht nur einen hohen Ermittlungs- und Beschaffungsaufwand, sondern ist auch nicht sonderlich gut geeignet, durch Aktenanalyse Aufschluss über die (strategischen) Prozessführungs-Absichten der Mobilisierungsakteure zu erhalten. Eine mit hohem Aufwand betriebene Rekonstruktion eignet sich allerdings für eine inhaltsanalytische Herangehensweise.[13] Diese ist jedoch in diesem Forschungsvorhaben nicht vorgesehen.

Blankenburg hat drei Phasen der Rechtsmobilisierung unterschieden:

1. Thematisierung eines sozialen Konfliktes und dessen Transformation in einen rechtlichen Konflikt,
2. Mobilisierung von Recht i. S. des Zugangs zu rechtlichen Instanzen und
3. Rechtsstreit, der zu einem Ergebnis der rechtsförmigen Auseinandersetzung führt.[14]

Rogowski hat die vorstehend zweite Phase weiter differenziert und in ihr zusätzlich Zugangs- und Erfolgsbarrieren unterschieden. Erste können in finanziellen Belastungen oder unzureichendem Wissen der Beschwerdeführer, mangelnder Fähigkeit bei der Kontaktaufnahme zum Gericht oder in lediglich diffuser Interessenwahrnehmung bestehen. Zweite finden sich in der Selektivität rechtlicher Normierung, in Verfahrenshemmnissen oder in organisationsinternen Routine bei der Fallselektion.[15]

Thematisierung von Recht wird maßgeblich durch die Tatsache bestimmt, ob zwischen den Kontrahenten eine fortlaufende oder eine gelegentliche/anonyme Sozialbeziehung besteht, die möglicherweise sogar erst aufgrund eines – meist – einmaligen Ereignisses in eine Konfliktbeziehung transformiert wird.[16] Als dritte Variante sind diejenigen Fallkonstellationen anzusehen, in denen man durch einen vollzogenen Schritt zur Mobilisierung im Recht durch den Anderen konfrontiert wird. Ist dies einmal geschehen und kann der Andere nicht zur Zurücknahme bewegt werden, „muss die Gegenwehr (zumindest auch) mit rechtlichen Mitteln erfolgen. Bei Verwaltungsgerichten ist immer, bei Sozialgerichten fast immer derjenige Kläger, der von einer Verwaltungsentscheidung oder -unterlassung oder deren Folgen betroffen ist.“[17]

Zur Beschreibung der fortlaufenden Bearbeitung verrechtlichter, erst in der Schlussphase auch vergerichtlichter Konflikte sind in der Rechts- und Justizsoziologie Trichter-Modelle populär geworden. Ihnen ist gemeinsam, dass sie von vielstufigen Abfilterungen einer ursprünglich angenommenen Gesamtheit „rechtlich relevanter Konflikte“ bis hin zum gerichtlichen Verfahren bzw. einer endgültigen Gerichtsentscheidung ausgehen.

---

13 Siehe zur Inhaltsanalyse *Ritsert,* Inhaltsanalyse und Ideologiekritik, 1972; *Früh,* Inhaltsanalyse, 9. Aufl., 2011; *Kuckartz* Qualitative Inhaltsanalyse, 2016.

14 *Blankenburg,* Mobilisierung des Rechts, S. 41 f.

15 *Rogowski,* Zugangs- und Erfolgsbarrieren, 1996; siehe weiterhin *Baer,* Rechtssoziologie, 2017, Kapitel 7, Teile A und B I – BIII.

16 *Blankenburg,* Mobilisierung des Rechts, 1995, S. 43.

17 *Blankenburg*, Mobilisierung des Rechts, 1995, S. 49.

Genannt werden sollen an dieser Stelle nur die Untersuchungen zum *Bundesverfassungsgericht*[18], zum Strafrecht[19], zum Sozialrecht (Sozialhilfe)[20], und zum Baurecht[21], für das Steuerrecht[22], für das Arbeitsrecht[23], für das Zivilrecht[24] sowie – beschränkt auf die justizinterne Abfilterung von Rechtsstreiten – die vor den Gerichten des öffentlichen Rechts[25].

2. Entscheidung

Wie in der Einleitung bereits festgestellt, beträgt die dokumentierte Zahl der Windenergierecht betreffenden Entscheidungen von Gerichten seit 2012 über 1.000. Im Verlauf der Jahre stieg die Zahl der Notierungen deutlich an. Betrugen die notierten Gerichtsentscheidungen für das Jahr 2012 erst 82, stieg ihre Zahl im letzten (mir vor Drucklegung zur Verfügung stehenden) Jahr 2017 auf über 200. Eine Sortierung nach Gerichten ergibt für das Jahr 2017 folgendes Bild:

Verwaltungsgerichte	187
Zivilgerichte	10
Weitere Gerichte des öffentlichen Rechts (außer Verfassungsgerichten)	8
Andere Gerichte	5
Gesamt	210

Übersicht 1: Dokumentierte Entscheidungen von Gerichten im Berichtszeitraum 2017 (Quelle: *Günter*, Dokumentation Windenergierecht 2017, in: Brandt (Hrsg.), Jahrbuch Windenergierecht 2017, S. 201 ff.).

Erkennbar dominieren die Windenergie-Entscheidungen der Verwaltungsgerichte mit fast 90 Prozent am Gesamt. Davon treffen das *Bundesverwaltungsgericht* sieben, die Oberverwaltungsgerichte 96 und die Verwaltungsgerichte 84 Entscheidungen. Eine regionale Aufschlüsselung nach Bundesländern zeigt, dass die knappe Hälfte der Verfahren in drei Bundesländern,

18 *Gawron/Rogowski,* Die Wirkung des Bundesverfassungsgerichts, 2007, Kapitel 5, Normenkontrolle und Gesetzgebungsauftrag.

19 *Kaiser,* Kriminologie, 10. Aufl., 1997, S. 352.

20 *Leibfried,* KJ 1976 sowie *Höland/Welti,* Widerspruchsausschüsse, 2017.

21 *Wollmann/Aargast/Scharmer,* Rechtstatsachenuntersuchung zur Baugenehmigungspraxis, 1985; *Schäfer/Schmidt-Eichstaedt/Hoffmann/Schindler,* Politische Erfahrungen mit dem Bundesbaugesetz, 1984, sowie *Voge,* Bebauungspläne vor Gericht, 1993.

22 *Weingarten,* Finanzverwaltung und Gesetzesvollzug, 1993.

23 *Rottleuthner,* Beobachtung von Arbeitsgerichtsverfahren, 1978, S. 129 (Berliner Trichter).

24 *Harris* u. a., Compensation and Support for Illness and Injury, 1983 (Oxford-Trichter), zitiert bei *Blankenburg*, Mobilisierung des Rechts, S. 56 – 58.

25 *Gawron,* Das ferne Gericht, 2013, S. 225 f.

nämlich Bayern, Niedersachsen und Nordrhein-Westfalen entschieden wurden (insgesamt 101 Entscheidungen). Auf den ersten Blick überrascht die geringe Zahl von Entscheidungen in den windreichen norddeutschen Bundesländern Schleswig-Holstein, Mecklenburg-Vorpommern, Brandenburg und Sachsen-Anhalt sowie in den drei Stadtstaaten Berlin, Bremen und Hamburg (insgesamt 23 Entscheidungen). Bei den drei Letztgenannten ist allerdings zu berücksichtigen, dass auf deren flächenmäßig begrenzten Landesgebieten ein Windenergie-Bau und -Ausbau nur sehr beschränkt möglich ist; für Berlin ist anzumerken, dass auch das Land Brandenburg miterfasst ist.

Die nachfolgende Übersicht vermittelt ein genaues Bild.

BVerwG	7			
		Oberverwaltungsgerichte / Verwaltungs-Gerichtshöfe	Verwaltungsgerichte	
			Anzahl/Land	Judize
Baden-Württemberg		3	4	12
Bayern		24	6	15
Berlin-Brandenburg		3	3	6
Bremen		1	1	--
Hamburg		1	1	1
Hessen		4	4	11
Mecklenburg-Vorpommern		1	1	--
Niedersachsen		17	3	5
Nordrhein-Westfalen		20	6	20
Rheinland-Pfalz		7	3	10
Saarland		7	1	1
Sachsen-Anhalt		1	1	2
Schleswig-Holstein		6	1	1
Thüringen		1	1	--
Gesamt	7	96		84

Übersicht 2: Windenergie vor Verwaltungsgerichten (2017)
(Quelle: Eigene Auszählung nach Angaben von *Günter*, Dokumentation Windenergierecht, in: Brandt (Hrsg.), Jahrbuch Windenergierecht 2017, S. 201 ff.).

3. Implementation

Gerichtliche ebenso wie gesetzgeberische Programme liegen oft zu Beginn des Implementationsprozesses nicht vollständig vor oder verändern sich mit Zeitablauf. Die Struktur des Implementationsfeldes wird durch das Programm nur im ersten Zugriff festgelegt. Da unter Programm hier nicht nur die auf unmittelbare Folgen (intendierte Wirkungen) zielenden Programmelemente, sondern auch diejenigen verstanden werden, die im Implementationsprozess hinzugelangen, muss der Untersuchungsblick auf die Eigenheiten der unterschiedlichen Implementationsfelder gerichtet werden.

Dass die Konstitution des Handlungssystems durch das gerichtliche Programm und den gerichtlichen Entscheidungsinhalt[26] fragmentarisch bleibt, hängt mit den Transformationsleistungen[27] der Prozessparteien zusammen, die sie erbringen, wenn sie in „ihre Welt" zurückkehren. Diese ist oft durch geringere Rechtsförmlichkeit gekennzeichnet. In anderen Fällen spielt sich nach der Gerichtsentscheidung eine weitere Verrechtlichung ab (z. B. Verwaltungsvollzug durch Behörden). In jedem Fall handelt es sich bei diesen Vorgängen um einen Arenenwechsel heraus aus der Justizarena in eine andere Arena.

In der Implementationsforschung ist es üblich, Implementationsprozesse mit der Metapher des Implementationsspiels zu charakterisieren. Danach beginnen Prozessparteien und durch das gerichtliche Programm (Entscheidung und dazugehörige Implementationsstruktur) mobilisierte weitere Akteure im Implementationsprozess neue Spiele; und bei Bedarf betreten auch zusätzliche Akteure die Spielplätze: Bauämter benachbarter Gemeinden, die sich nach Einzelheiten rechtlicher Begründung einer Verwaltungsgerichts-Entscheidung erkundigen, die auch ihre (zukünftigen) Planungsbelange oder gegenwärtige Genehmigungspraxis betreffen. In die *policy*-Arena oder auch nur in den Sozialkonflikt dringen Akteure ein, die nicht am Prozess-Spiel beteiligt waren, den Implementationsverlauf aber beeinflussen, weil sie von anderen Politikbereichen, anderen Arenen, durch andere als gerichtliche Programme und schließlich durch andere Konfliktparteien zum Handeln aufgefordert sind. Wieder andere Akteure oder Akteursgruppen machen sich nur von Fall zu Fall eine gerichtliche Entscheidung zu Eigen, weil sie, wie im Beispiel die Bauämter, negative Folgen für ihre eigenen Planungsvorhaben befürchten. Beachten sie die gerichtliche Entscheidung nicht, könnte dies zu einer Klage von Bauwilligen in ihrer Gemeinde führen, die unter Hinweis auf das eben ergangene Gerichtsurteil eine Änderung der Planung verlangen.[28]

Blankenburg/Gawron/Rogowski/Voigt[29] unterscheiden Mobilisierungsakteure, Prozessparteien und Implementationsakteure danach, ob

- diese drei Akteursgruppen identisch sind,

26 *Mayntz,* Paradigma der Implementationsforschung, 1980, S. 17.

27 Siehe zum Beispiel die Transformationsprozesse in der verbandlichen Rechtsberatung, *Gawron/ Rogowski,* Transformation in der verbandlichen Rechtsberatung, 1981.

28 *Blankenburg/Gawron/Rogowski/Voigt*, DÖV 1986, S. 281.

29 Jahrbuch für Rechtssoziologie und Rechtstheorie Band 11, 1987.

- zu den Prozessparteien als Implementationsakteuren weitere Instanzen hinzutreten, die den Vollzug steuern (z. B. Gerichtsvollzieher und Justizvollzugsinstanzen) oder ob
- Spieler die Implementationsarena betreten, die im Ausgangsverfahren nicht beteiligt waren.[30]

Besonderes Interesse verdient das dritte Modell, in dem weitere Spieler die Implementationsarena betreten, die im Ausgangsverfahren nicht beteiligt waren. Die Judikate der Verwaltungsgerichte betreffen häufig derartige Konstellationen. Hier gestaltet sich der Implementationsprozess besonders unübersichtlich, wenn das richterliche Programm über den unmittelbaren Adressatenbezug weitere Adressaten mobilisiert. So befinden sich obere und oberste Gerichte in einem ständigen Kommunikationsprozess mit ihren Untergerichten,[31] der anwaltlichen und behördlichen Prozessführer und einer juristischen Fachöffentlichkeit. Die sogenannten Leitentscheidungen der Revisionsgerichte zielen auf einen generalisierbaren Implementationsprozess, der seine Wirkungen über den entschiedenen Einzelfall gerade auf die Vielzahl unbekannter, nicht entschiedener, aber ebenso zu entscheidender Fälle beabsichtigt. Insbesondere die Programmarbeit der obersten Gerichte für die Materien des öffentlichen Rechts (*Bundesfinanzhof, Bundessozialgericht* und *Bundesverwaltungsgericht*) sind auf eine „Koordination der öffentlichen Verwaltung“[32] hin orientiert. Das in der Verwaltungsforschung bekannte Verhalten unterer Instanzen, Entscheidungen durch höhere Hierarchieinstanzen abzusichern[33], lässt sich im Verhältnis von (entscheidender) Verwaltungsbehörde und (kontrollierender) Verwaltungsgerichtsbarkeit als Verschiebung rechtlicher Risiken seitens der Behörden auf die Verwaltungsgerichte finden.[34] Soweit oberste Gerichte tatsächlich diese Aufgabe übernehmen und „Rechtsgehorsam“ in den Verwaltungen finden, können sie zu einer Vereinheitlichung des Vollzugs von Rechtsnormen beitragen.[35]

---

30 Wiederabdruck in *Gawron/Rogowski,* Die Wirkung des Bundesverfassungsgerichts, 2007, Kapitel 1, Implementation und Wirkung von Gerichtsentscheidungen, S. 33.

31 Siehe für die Arbeitsgerichtsbarkeit *Moritz,* Implementation regulativer Normen, 1987 und *Rottleuthner,* Implementation arbeitsgerichtlicher Entscheidungen, 1987; siehe für die Zivilgerichtsbarkeit *Gottwald,* Antizipation der Folgen von Gerichtsentscheidungen, 2001; siehe für die Verfassungsgerichtsbarkeit *Gawron/Rogowski,* Die Wirkung des Bundesverfassungsgerichts, 2007, Kapitel 4.

32 Siehe *Meyer-Hentschel,* Bundesverwaltungsgericht als Koordinator, 1978; *Pitschas,* Leistungsgrenzen gerichtlicher Entscheidungen, 2001, spricht von einer „Steuerungspartnerschaft von Verwaltungsrechtsprechung“ (S. 139).

33 *Mayntz,* Implementation von regulativer Politik, 1983, S. 62.

34 Siehe *Schäfer/Schmidt-Eichstaedt* u. a., Praktische Erfahrungen mit dem Bundesbaugesetz, 1984; *Gawron,* Implementation verwaltungsgerichtlicher Entscheidungen, 1987.

35 *Landfried,* Bundesverfassungsgericht und Gesetzgeber, 1984, spricht von „Vorwirkungen“; skeptisch *Gottwald,* Zivilrechtspraxis – Findelkind der Implementationsforschung, 1990.

4. Rechtssoziologische Verfahrenstheorie

Nur eine Minderheit aller Gerichtsverfahren entspricht dem Modell des Nullsummenkonflikts, bei dem die eine Partei nur erhalten kann, was der anderen genommen wird. Bei einem Teil von Verfahren besteht Zielübereinstimmung zwischen den Parteien; in anderen Verfahren geht es einer der Parteien um etwas anderes als den rechtlichen Gegenstand der Klage (etwa kann Zeitgewinn bei der Entscheidung den Aufwand eines aussichtslosen Prozesses wert sein). Das Ziel einer Partei im Gerichtsprozess ist nicht immer, später einen Titel tatsächlich in Anspruch zu nehmen, vielmehr kann sie Prozess und Rechtstitel lediglich als Drohmittel in einem außergerichtlichen Aushandlungsprozess[36] benutzen; sie kann den Prozess auch führen, weil sie für zukünftige Konfliktkonstellationen vorsorgen möchte, ohne im aktuellen Fall auf der Durchsetzung des Rechtstitels zu bestehen. Die rechtssoziologische Diskussion um den „Gebrauch von Recht" wird in dieser Perspektive auf den Aspekt des „Gebrauchs von Gerichten" zugespitzt. Das Interesse am Gericht kann dabei von sehr privaten Bedürfnissen bestimmt sein, aber auch durch kollektive Interessenwahrnehmung geprägt sein.[37]

Betrachtet man die von den Stationen Mobilisierung, Gerichtsverfahren, Entscheidung des Gerichts und Ausführung durch „Vollzugsinstanzen" gebildeten Ausschnitte als Teile eines fortlaufenden Konfliktlösungsprozesses, dann wird deutlich, dass gesellschaftliche Akteure stets aufs Neue Einfluss nehmen können. Es spricht vieles dafür, dass bei Streitigkeiten mit „Parteien-hinter-den-Parteien"[38] die strategischen Interessen der Beteiligten, häufig Verbände, Parteien, Umweltschutz-Vereinigungen, große gesellschaftliche Organisationen wie Gewerkschaften oder Arbeitgeber die Wahl der Arenen, die Wahl der Austragungsorte ihrer (politischen) Konflikte vorrangig bestimmen. Mobilisierung der Gerichte erfolgt hier nicht, weil Sozialbeziehungen zerrüttet oder abgebrochen sind, sondern weil die Beziehungen zum Konfliktgegner mit Hilfe eines Gerichtsentscheides neu geordnet und gestaltet werden sollen. Mit dem Grad verfügbarer Ressourcen und dem Maß steigenden gesellschaftlichen Einflusses/politischer Macht wächst die Bereitschaft, Gerichte für die eigenen Zwecke und Ziele zu instrumentalisieren.[39]

Diese unterschiedlichen Ziele und Strategien von Parteien im Prozess und die mögliche Antizipation späteren Durchsetzungsverzichts und Gebrauchs von erstrittenen Entscheidungen machen die Theorie der Implementation von Entscheidungen zum notwendigen Bestandteil der Theorie der Entscheidungsfindung. Forschungen zur Mobilisierung von Gerichten, solche zum Ablauf von Gerichtsprozessen und solche zur Implementation von richterlichen Entscheidungen sind als zusammengehörige Teile einer soziologischen Theorie des Gerichtsverfahrens anzusehen.

36 So am Beispiel der Strafjustiz *Schumann,* Handel mit Gerechtigkeit, 1977.

37 *Gawron/Rogowski,* Die Wirkung des Bundesverfassungsgerichts, 2007, S. 30 f.

38 Siehe *Raiser,* Das lebende Recht, 3. Aufl., 1999, S. 406.

39 *Rottleuthner,* Einführung in die Rechtssoziologie, 1987, Kapitel IV.

5. Zusammenfassung

Eine rechtssoziologisch orientierte Verfahrenstheorie, die – ebenso wie die politikwissenschaftliche Frage des Implementationsansatzes – als ein in Phasen ablaufender Prozess konzipiert wird, stellt an den Beginn der Analyse den vorhandenen sozialen (oder auch politischen) Konflikt, der in einen rechtlichen Konflikt überführt wird. Die Mobilisierung der Gerichtsarena folgt dabei einer doppelten Logik: Zum einen führt nicht jeder vorhandene soziale Konflikt zum Anrufen der Gerichte (Selektivität); zum anderen erfordert die Verrechtlichung des Konfliktthemas eine juristische Selektionsleistung und Zuschneidung des Falles auf das rechtlich Verhandelbare (Transformation).[40] Die Eigenheit des Implementationsvorganges als eines teilweise unabhängig von den gerichtlichen Vorgaben sich gestaltenden Prozesses, der neben den Mobilisierungsakteuren weitere Spieler kennt, kann zu einem Ergebnis (*impact*) führen, das den ursprünglich sozialen Konflikt löst oder unberührt lässt oder sogar verschärft.[41]

III. Forschungsdesign

Die Entscheidungen können nicht nur nach Bundesländern sortiert werden, sondern auch in den Dimensionen Klageführende (Mobilisierungsakteure), Klagegegner, Klagebegehren, Entscheidung des Gerichts und Implementationsprozess (Implementationsakteure) sortiert werden. Die Auszählung lässt Ergebnisse über regionale Schwerpunkte und Häufigkeiten in bestimmten Gerichtsbezirken, über die Aufschlüsselung nach Klageparteien, den Typen von verschiedenen Klagebegehren sowie der Gerichtsentscheidungen erwarten. Schließlich lässt die Konstruktion des Trichters Erkenntnisse darüber zu, ob und wie die ermittelten Daten der gerichtlichen Verfahren mit der Dichte der im Betrieb oder zur Genehmigung anstehenden Windenergieanlagen korrelieren oder nicht. Im Einzelnen ist die Erhebung folgender Daten vorgesehen:

Prozessführende: Aus den Entscheidungen geht regelmäßig hervor, wer die Klage angestrengt hat, ob es sich um ein Eingangsverfahren, eine Berufung oder Revision handelt. Als Mobilisierungsakteure dürfen in aller Regel Privatrechts-Subjekte in Betracht kommen, seien es Einzelpersonen oder Personengemeinschaften, die sich Vereinen, Personengesellschaften des bürgerlichen Rechts (BGB und HGB) und Kapitalgesellschaften zuordnen lassen. Als Sonderfall sind Naturschutz- und Umweltvereinigungen (§ 3 UmweltRG) zu betrachten, die sowohl als Landbesitzer wie als zu einer Umweltklage Berechtigte auftreten können.

Klagegegner: Neben der Konstellation, dass Privatperson gegen Privatperson klagt, wird eine häufig zu beobachtende Situation darin bestehen, dass ein Nachbar gegen eine zu seinen Ungunsten oder auch nur zu seinem Missfallen getroffene Entscheidung einer Genehmigungs-

40 *Blankenburg,* Mobilisierung von Recht, 1980; *Blankenburg/Rogowski*, Theorie von Gerichtsverfahren, 1983.

41 *Gawron/Rogowski*, Die Wirkung des Bundesverfassungsgerichts, 2007, S. 32.

behörde klagt. Auch hier sind Sonderfälle zu notieren: Der Klagegegner ist eine staatliche Instanz, die über Normsetzungs-Kompetenz verfügt. Bebauungs- und Flächennutzungspläne einer Kommune oder regionalplanerische Festlegungen können im Wege der satzungsrechtlichen oder raumordnerischen, i. d. R. Normenkontrollverfahren (§ 47 VwGO), direkt angegriffen werden. Ähnliches gilt für Planfeststellungsverfahren (§ 50 VwGO).

Klagebegehren: Die Klagen können sich gegen erteilte, verweigerte oder vermeintlich den Nachbarschutz verletzende Genehmigungen seitens der Behörde richten. In Fällen der (seltenen) zivilrechtlichen Klagen handelt es sich meist um Streitigkeiten nach dem EEG (z. B. Zuweisung von Anschlusskapazität[42]), für die eine zivilgerichtliche Zuständigkeit vorgesehen ist. Normenkontrollklagen und Klagen gegen Planfeststellungsbeschlüsse sind bereits oben angesprochen. Erfasst werden muss schließlich, ob das Klagebegehren in der Eingangs- (§§ 80 f. VwGO), Berufungs- (§§ 124 f., VwGO) oder Revisionsinstanz (§§ 132, 137 VwGO) vorgetragen wird; in Fällen der Berufung und Revision müssen auch die Vorinstanzen registriert werden.

Entscheidung: Neben der räumlich-geographischen Verteilung bzw. Lokalisierung ist bei der Registrierung der gerichtlichen Entscheidung zunächst – wie bereits ausgeführt – zu vermerken, ob es sich um die Eingangs-, Berufungs- oder Revisionsinstanz handelt. Als Regelfall der verwaltungsgerichtlichen Entscheidung ist das Urteil (§ 107 VwGO) anzusehen; es kann als Vollurteil (§ 110 VwGO) oder als Zwischenurteil (§ 109 VwGO) ergehen. Auch die besonderen Konstellationen einer Einstweiligen Anordnung (§ 123 VwGO), einer Beschwerde (§§ 133, 147, 150, 152 VGO), einer Anhörungsrüge (§ 152a VwGO) und einer Rücknahme (§§ 92, 126, 140 VwGO) sind zu notieren. Sehr selten wird eine Abgabe (§ 83 VwGO i. V. m. §§ 17-17b GVG) zu verzeichnen sein. Als Besonderheit ist darauf hinzuweisen, dass bei Klagen gegen Satzungen und Rechtsvorschriften der Länder als Eingangsinstanz das Oberverwaltungsgericht fungiert (§ 47 Abs. 1 VwGO) und bei Klagen gegen Planfeststellungen das *Bundesverwaltungsgericht* (§ 50 Abs. 1 Nr. 6 VwGO).

Implementation: Am schwierigsten sind die Implementationsprozesse zu erheben. Zwar lassen Tenorierung und Entscheidungsbegründungen Aussagen von „Siegern" und „Besiegten" zu; Gerichtsakten geben aber keine Auskunft darüber, was sich nach der ergangenen Entscheidung bei den in den Prozess verwickelten Parteien abspielt. Hier herrschen echter Aufklärungsbedarf und große Erkundungsnotwendigkeit. *Treiber* hat vor geraumer Zeit demonstriert, was Fallstudienarbeit hier zu leisten vermag.[43] Allerdings kann diese Arbeit in dem projek-

42 Siehe als Beispiel *OLG Düsseldorf*, Beschlüsse v. 01.09.2016, in: *Günter*, Dokumentation Windenergierecht 2017, S. 228 f.

43 *Treiber*, Was leistet der Implementationsansatz bei der Analyse des Vollzuges verwaltungsgerichtlicher Entscheidungen, 1987, S. 322 ff.; siehe weiterhin eigene Überlegungen in *Gawron*, Das ferne Gericht, 2013, S. 217 ff.

tierten (kleinen) Forschungsvorhaben nicht geleistet werden, da es nicht möglich ist, im besagten einjährigen Zeitraum 200 detaillierte Fallstudien durchzuführen.

Trichter: Abschließend soll auf einen Aspekt eingegangen werden, der für jede rechtssoziologisch inspirierte Arbeit ein „Muss“ darstellt: Wie relevant ist der Ausschnitt erfasster judizieller Konflikte im gesamten Feld der Windenergieanlagen? Oben ist auf das Trichter-Modell hingewiesen worden. Es ist an dieser Stelle zu exemplifizieren. Grundannahme bildet die Erkenntnis, dass die Justizkonflikte am Ende einer gesellschaftlichen/politischen Konfliktlinie stehen und nur für einen Teil der Konflikte Lösungen parat halten. Es wird also notwendig, eine Verhältniszahl zwischen rechtsförmig ausgetragenen Konflikten und der Gesamtzahl konfliktfähiger, aber nicht rechtsförmig ausgetragenen Konfliktkonstellationen zu (re)konstruieren. Als Grundgesamtheit der zweitgenannten Gruppe bieten sich zwei Parameter an, die zuverlässig ermittelt werden können: (1) Die Anzahl aller errichteten und in Betrieb genommenen Windenergieanlagen in einem Jahr; Daten können anhand des Anlagen-Registers gemäß §§ 6 Abs. 4 und 93 EEG i.V. § 111 f. EnWG abgerufen werden. (2) Zusätzliche Daten stehen gemäß §§ 20 Abse. 1 bis 3 und 73 UVPG zur Verfügung. Die so ermittelte Zahl von Anlagen kann zur Zahl beklagter Anlagen ins Verhältnis gesetzt werden.

IV. Untersuchungsmatrix

Die vorangegangenen Ausführungen haben verdeutlicht, welche Parameter bei einer rechtssoziologischen Analyse von Gerichtsverfahren in Sachen Windenergie berücksichtigt werden müssen. Während Vorinstanzen, Mobilisierungsakteure (Kläger), Klagegegenstand, Klagegegner, Verfahrensergebnis und Sekundäradressaten für jede untersuchte Gerichtsentscheidung ermittelt werden kann, ist der Trichter nur anhand einer globalen Gegenüberstellung der Zahl in den judiziellen Verfahren beklagter Windenergieanlagen mit der Gesamtzahl der im gleichen Zeitraum neu installierten Anlagen möglich. Diese Gegenüberstellung kann erst nach Abschluss der im Vorangegangenen skizzierten Auswertung aller untersuchten Verfahren erfolgen.

Eine abschließende Übersicht soll das geplante Vorgehen am Beispiel von fünf im *Jahrbuch Windenergierecht 2017* dokumentierten Entscheidungen des *Bundesverwaltungsgerichts* demonstrieren.

BVerwG	Vorinstanzen	Mobilakteure (Kläger)	Klage-Gegenstand	Ergebnis	Prozess-Gegner	Sekundär-Adressat
22.09.2016	*VG Trier* *OVG Koblenz*	DVD	Funktionsfähigkeit Radaranlage In Nähe WEA	Revision zurückgewiesen	Genehmigungsbehörde	WEA-Betreiber (3 WEA)
20.11.2016	[Planfeststell.]	Bund und WEA-Betreiber (4 WEA)	Elbquerung	Klage zurückgewiesen	Planfeststellende Behörde Niedersachsen	------
15.12.2016	[Planfeststell.]	2 Gemeinden Rheinland-Pfalz	Errichtung Hochspannungsleitung	Klage abgewiesen	Struktur- und Genehmbehörde Rheinland-Pfalz	------
14.03.2017	*OVG Lüneburg*	Privater Betreiber (4 WEA)	Wirksamkeit B-Plan	Vorlage-Beschluss *EuGH*	Kommune	*EuGH*
02.11.2017	*VG Ansbach* *VGH München*	Standort-Gemeinde	Einholung eines Sachverständigen-Gutachtens	Zurückweisung Nichtzulassungsbeschwerde	Landratsamt	WEA-Betreiber (4 WEA)

Übersicht 3: Untersuchungsmatrix für Gerichtsentscheidungen in Sachen Windenergie am Beispiel des Bundesverwaltungsgerichts 2016/2017
(Quelle: Günter, Dokumentation Windenergierecht 2017, in: Brandt (Hrsg.), Jahrbuch Windenergierecht 2017, 2018, S. 201ff.).

Literaturverzeichnis

Baer, Susanne, Rechtssoziologie. Eine Einführung in die interdisziplinäre Rechtsforschung, 3. Auflage, Baden-Baden 2017

Bardach, Eugene, The Implementation Game: What Happens After a Bill Becomes a Law, Cambridge/London 1977

Blankenburg, Erhard, Mobilisierung von Recht. Über die Wahrscheinlichkeit des Ganges zu Gericht, über Erfolgsaussichten der Kläger und die daraus ableitbaren Funktionen der Justiz, Zeitschrift für Rechtssoziologie (Vol. 1) 1980, S. 33–64

Blankenburg, Erhard, Mobilisierung des Rechts. Eine Einführung in die Rechtssoziologie, Berlin/Heidelberg 1995

Blankenburg, Erhard/Thomas Gawron/Ralf Rogowski/Rüdiger Voigt, Zur Analyse und Theorie der Implementation von Gerichtsentscheidungen, Die Öffentliche Verwaltung (DÖV) 1986, S. 274–285

Blankenburg, Erhard/Ralf Rogowski, Zur Theorie von Gerichtsverfahren, Zeitschrift für Rechtssoziologie (Vol. 4) 1983, S. 133–144

Blankenburg, Erhard/Rüdiger Voigt/Thomas Gawron/Ralf Rogowski (Hrsg.), Implementation von Gerichtsentscheidungen, Opladen 1987 (Jahrbuch für Rechtssoziologie und Rechtstheorie, Bd. 11)

Brandt, Edmund, Die Koordinierungsstelle Windenergierecht, in: ders. (Hrsg.), Jahrbuch Windenergierecht 2012, Braunschweig 2013, S. 9–18

Eckhoff, Torsten, Die Rolle des Vermittelnden, des Richtenden und des Anordnenden bei der Lösung von Konflikten, in: Ernst E. Hirsch/ Manfred Rehbinder (Hrsg.), Studien und Materialien zur Rechtssoziologie, Köln/Opladen 1967 (Sonderheft 11 der Kölner Zeitschrift für Soziologie und Sozialpsychologie), S. 243–270

Ehrlich, Eugen, Grundlegung der Soziologie des Rechts, Leipzig 1913, 4. Auflage, München 1989 (Schriftenreihe zur Rechtssoziologie und Rechtstatsachenforschung, Bd. 69)

Früh, Werner, Inhaltsanalyse. Theorie und Praxis, 9. Auflage, Konstanz 2011

Gawron, Thomas, Das ferne Gericht – Wirkungsanalysen zum Verhältnis zwischen Bundesverfassungsgericht und Verwaltungsbehörden, in: Michael Wrase/Christian Boulanger (Hrsg.), Die Politik des Verfassungsrechts. Interdisziplinäre und vergleichende Perspektiven auf die Rolle und Funktion von Verfassungsgerichten, Baden-Baden 2013 (Recht und Gesellschaft – Law and Society, Bd. 6), S. 216–240

Gawron, Thomas, Implementation verwaltungsgerichtlicher Entscheidungen, in: Erhard Blankenburg/Rüdiger Voigt/Thomas Gawron/Ralf Rogowski (Hrsg.), Implementation von Gerichtsentscheidungen, Opladen 1987 (Jahrbuch für Rechtssoziologie und Rechtstheorie, Bd. 11), S. 264–280

Gawron, Thomas/ Ralf Rogowski, Transformation in der verbandlichen Rechtsberatung, Recht und Politik (RuP) 1981, S. 192–197

Gawron, Thomas/Ralf Rogowski, Die Wirkung des Bundesverfassungsgerichtes. Rechts-soziologische Analysen, Baden-Baden 2007 (Schriften der Vereinigung für Rechtssoziologie, Bd. 29)

Gawron, Thomas/Ralf Rogowski, Die Wirkung des Bundesverfassungsgerichts, in: Robert Christian van Ooyen/Martin H. W. Möllers (Hrsg.), Handbuch Bundesverfassungs-gericht im politischen System, 2. Auflage, Wiesbaden 2015, S. 153–168

Gottwald, Walther, Die Zivilrechts(alltags)praxis – Ein Findelkind der Implementations-forschung?, in: Thomas Raiser/Rüdiger Voigt (Hrsg.), Durchsetzung und Wirkung von Rechtsentscheidungen, Baden-Baden 1990, S. 65–85

Gottwald, Walther, Antizipation der Folgen von Gerichtsentscheidungen: Strategischer Gebrauch der Gerichte, in: Hagen Hof/Martin Schulte (Hrsg.), Wirkungsforschung zum Recht III – Folgen von Gerichtsentscheidungen, Baden-Baden 2001, S. 195–200

Günter, Bernd, Dokumentation Windenergierecht 2017, in: Edmund Brandt (Hrsg.), Jahrbuch Windenergierecht 2017, Berlin 2018 (k:wer-Schriften), S. 153–390

Häberle, Peter, Recht aus Rezensionen, in: ders., Verfassungsgerichtsbarkeit zwischen Politik und Rechtswissenschaft, Königstein/Taunus 1980, S. 1–53

Höland, Armin/Felix Welti, Recht und Praxis der Widerspruchsausschüsse in der Sozialversicherung. Bestandsaufnahme und Wirkungsanalyse. Ergebnisbericht des Forschungsvorhabens, gefördert von der Hans-Böckler-Stiftung, Halle 2017

Harris, Donald u. a., Compensation and Support for Illness and Injury, Oxford 1984

Kaiser, Günther, Kriminologie, 10. Auflage, Heidelberg usw., 1997

Kuckartz, Udo, Qualitative Inhaltsanalyse, 3. Auflage, Weinheim 2016

Landfried, Christine, Bundesverfassungsgericht und Gesetzgeber. Wirkungen der Verfassungsrechtsprechung auf parlamentarische Willensbildung und soziale Realität, Baden-Baden 1984

Leibfried, Stephan, Armutspotential und Sozialhilfe in der Bundesrepublik – Zum Prozess des Filterns von Ansprüchen auf Sozialhilfe, Kritische Justiz (KJ) 1976, S. 377–393

Mayntz, Renate (Hrsg.) Implementation politischer Programme. Empirische Forschungs-berichte, Königstein/Taunus 1980

Mayntz, Renate, Die Entwicklung des analytischen Paradigmas der Implementationsforschung, in: dies. (Hrsg.), Implementation politischer Programme. Empirische Forschungsberichte, Königstein/Taunus 1980, S. 1–17

Mayntz, Renate, Die Implementation politischer Programme: Theoretische Überlegungen zu einem neuen Forschungsgebiet, in: dies. (Hrsg.), Implementation politischer Programme, Königstein/Taunus 1980, S. 236–249

Mayntz, Renate, Implementation von regulativer Politik, in: dies. (Hrsg.), Implementation politischer Programme II. Ansätze zur Theoriebildung, Opladen 1983, S. 50–74

Meyer-Hentschel, Gottfried, Das Bundesverwaltungsgericht als Koordinator der öffentlichen Verwaltung, Die Öffentliche Verwaltung (DÖV) 1978, S. 596–601

Moritz, Klaus, Implementation regulativer Normen durch die Arbeitsgerichtsbarkeit, in: Erhard Blankenburg/Rüdiger Voigt/Thomas Gawron/Ralf Rogowski (Hrsg.), Implementation von Gerichtsentscheidungen, Opladen 1987 (Jahrbuch für Rechtssoziologie und Rechtstheorie, Bd. 11), S. 170–183

Nussbaum, Arthur, Die Rechtstatsachenforschung. Ihre Bedeutung für Wissenschaft und Unterricht, Tübingen 1914 (Recht und Staat in Geschichte und Gegenwart, Bd. 6)

Pitschas, Rainer, Leistungsgrenzen gerichtlicher Entscheidungen – am Beispiel der Verwaltungsgerichtsbarkeit, in: Hagen Hof/Martin Schulte (Hrsg.), Wirkungs-forschung zum Recht III – Folgen von Gerichtsentscheidungen, Baden-Baden 2001, S. 129–165

Raiser, Thomas Das lebende Recht. Rechtssoziologie in Deutschland, Frankfurt/Main 1987, 3. Auflage, Baden-Baden 1999

Röhl, Klaus, Rechtssoziologie, Köln usw. 1987

Rogowski, Ralf, Zugangs- und Erfolgsbarrieren, Lexikon des Rechts, Gruppe 3: Rechts-soziologie, Eintrag 320, 2. Auflage, Neuwied 1996

Rottleuthner, Hubert, Probleme der Beobachtung von Arbeitsgerichtsverfahren, in: Walter Hoffmann-Riem/Hubert Rottleuthner/Fritz Schütze/Andreas Zielke, Interaktion vor Gericht, Baden-Baden 1978 (Schriften der Vereinigung für Rechtssoziologie, Bd. 2), S. 109–131

Rottleuthner, Hubert, Einführung in die Rechtssoziologie, Darmstadt 1987

Rottleuthner, Hubert, Zur Implementation arbeitsgerichtlicher Entscheidungen, in: Erhard Blankenburg/Rüdiger Voigt/Thomas Gawron/Ralf Rogowski (Hrsg.), Implementation von Gerichtsentscheidungen, Opladen 1987 (Jahrbuch für Rechtssoziologie und Rechtstheorie, Bd. 11), S. 184–196

Schäfer, Rudolf/Gerd Schmidt-Eichstaedt u. a., Praktische Erfahrungen mit dem Bundesbaugesetz. Forschungsbericht, Melle 1984

Schumann, Karl F., Der Handel mit Gerechtigkeit. Funktionsprobleme der Strafjustiz und ihre Lösungen – am Beispiel des amerikanischen plea bargaining, Frankfurt/Main 1977

Treiber, Hubert, Was leistet der Implementationsansatz bei der Analyse des Vollzuges verwaltungsrechtlicher Entscheidungen?, in: Erhard Blankenburg/Rüdiger Voigt/ Thomas Gawron/Ralf Rogowski (Hrsg.), Implementation von Gerichtsentscheidungen, Opladen 1987 (Jahrbuch für Rechtssoziologie und Rechtstheorie, Bd. 11), S. 322–342

Voge, Andreas, Bebauungspläne vor Gericht. Normenkontrollverfahren in Nordrhein-Westfalen, Dortmund 1993 (Schrift Nr. 80 des Instituts für Landes- und Stadtentwicklungsforschung des Landes Nordrhein-Westfalen)

Voigt, Rüdiger (Hrsg.), Verrechtlichung. Analysen zu Funktion und Wirkung von Parlamentarisierung, Bürokratisierung und Justizialisierung sozialer, politischer und ökonomischer Prozesse, Königstein 1980

Weingarten, Joe, Finanzverwaltung und Gesetzesvollzug, Opladen 1993 (Studien zur Sozialwissenschaft Bd. 127)

Wollmann, Hellmut/Eckart Scharmer/Michael Aargast u. a., Rechtstatsachenuntersuchung zur Baugenehmigungspraxis, Bonn 1985

Bernd Günter

Dokumentation Windenergierecht 2018

Inhaltsverzeichnis

Einleitung

Eine wesentliche Leistung der Koordinierungsstelle Windenergierecht (k:wer) ist die laufende Dokumentation aktueller (rechts-)politischer Entwicklungen, Gerichtsentscheidungen und Literatur aus dem Bereich des Windenergierechts. Zu diesem Zweck gibt die k:wer seit Anfang 2012 den elektronischen Newsletter WER-aktuell heraus.

Der Newsletter erscheint jeweils zur Monatsmitte Februar, April, Juni, August, Oktober und Dezember und kann kostenfrei abonniert werden über www.k-wer.net oder per E-Mail an wer-aktuell@k-wer.net.

Im Folgenden werden die Inhalte der sechs Ausgaben des siebten Jahrgangs (2018) gebündelt präsentiert. Die Meldungen unter Ziff. I., III. und V. sind innerhalb der jeweiligen Kategorien nach Möglichkeit chronologisch gelistet. Um das Auffinden von Gerichtsentscheidungen zu erleichtern, sind unter Ziffer II. die Gerichte jeweils alphabetisch nach Ort und die jeweiligen Entscheidungen dann chronologisch gelistet. Bei den Publikationen unter Ziffer IV. und V.4. ist – ebenfalls im Sinne von Nutzerfreundlichkeit – bei Büchern jeweils auch der Verlag genannt und bei Aufsätzen auch der Titel der Zeitschrift in Langform. Auf die Wiedergabe der im Newsletter WER-aktuell jeweils auch enthaltenen Hinweise auf Veranstaltungen zum Thema Windenergierecht wird hier verzichtet.

I. Informationen zu (rechts-)politischen Entwicklungen – EU – Bund – Länder

1. EU

EU-Energieminister stellen Weichen auf europäische Energiewende
„Die 28 EU-Energieminister haben gestern [18.12.2017] beim Energieministerrat in Brüssel das Legislativpaket ‚Saubere Energie für alle Europäer‘ beschlossen, darunter zwei Strommarkt-Dossiers, die Governance-Verordnung und die Novelle der Erneuerbare-Energien-Richtlinie. […]“
BMWi, Pressemitteilung v. 19.12.2017
Download:
http://www.bmwi.de/Redaktion/DE/Pressemitteilungen/2017/20171219-baake-zu-den-ergebnissen-des-energierats-in-bruessel.html

EU-Kommission genehmigt vollständige EEG-Entlastung von Bestandsanlagen bei der Eigenversorgung
„Die Europäische Kommission hat heute [19.12.2017] die vollständige Befreiung von der EEG-Umlage für Bestandsanlagen bei der Eigenversorgung beihilferechtlich genehmigt. […] So fallen nach einer Modernisierung bei Bestandsanlagen nur 20 Prozent der EEG-Umlage an,

bei einer Umstellung von Kohle auf klimafreundlichere Energieträger bleibt es sogar bei der vollständigen Befreiung von der EEG-Umlage. Daneben genehmigte die Kommission auch die Entlastung für Neuanlagen, die Strom aus Erneuerbaren Energien erzeugen. [...] Auch die Regelung zur Rechtsnachfolge bei Bestandsanlagen, die Bestandsschutzregelung für Scheibenpachtmodelle und den Bestandsschutz für Anfahrts- und Stillstandsstrom in Kraftwerken wurden genehmigt. [...]"
BMWi, Pressemitteilung v. 19.12.2017
Download:
http://www.bmwi.de/Redaktion/DE/Pressemitteilungen/2017/20171219-eu-kommission-genehmigt-vollstaendige-eeg-entlastung-von-bestandsanlagen-bei-eigenversorgung.html

Verbindliche Ziele für mehr saubere und erneuerbare Energie
„Die EU soll zum Vorreiter der Energiewende werden. Zu diesem Zweck hat sich der Ausschuss für Industrie, Forschung und Energie (ITRE-Ausschuss) im Europäischen Parlament Ende November 2017 auf ehrgeizige, verbindliche Ziele geeinigt, die eine sauberere Umwelt schaffen sollen – und niedrigere Stromrechnungen für EU-Bürgerinnen und -Bürger.
Nach den Plänen des Ausschusses soll der Energieverbrauch in der EU bis zum Jahr 2030 um 40 % reduziert werden. Damit setzen die Parlamentarierinnen und Parlamentarier in ihrer Resolution zur Energieeffizienz ambitioniertere Ziele als die Kommission, die eine Reduktion um 30 % vorgeschlagen hatte. Um dieses EU-weite Ziel zu erreichen, wird jeder Mitgliedstaat entsprechende nationale Ziele festlegen. Die Steigerung der Effizienz soll dabei auf der gesamten Energiekette stattfinden, von der Erzeugung über die Fortleitung und den Vertrieb, bis hin zum Endverbrauch.
Außerdem soll bis 2030 auch mindestens 35 % der Energie aus erneuerbaren Quellen stammen. [...]"
EP News, Januar 2018
Download:
http://www.europarl.europa.eu/germany/resource/static/newsletter/Newsletter_2018_01/index.html#top2

Ermäßigung der Offshore-Netzumlage für stromintensive Unternehmen und Bahnunternehmen in Deutschland genehmigt
„Die Europäische Kommission hat festgestellt, dass die Pläne Deutschlands, stromintensiven Unternehmen und Bahnunternehmen Ermäßigungen von einer Offshore-Netzumlage zu gewähren, mit den EU-Beihilfevorschriften im Einklang stehen. Die Maßnahme trägt zur Wettbewerbsfähigkeit dieser Unternehmen bei, ohne den Wettbewerb im Binnenmarkt übermäßig zu verfälschen. [...]"
Europäische Kommission, Pressemitteilung IP/18/2621 v. 27.03.2018
Download:
http://europa.eu/rapid/press-release_IP-18-2621_de.htm

Staatliche Beihilfen: Deutschland muss illegale Beihilfen von den großen Stromverbrauchern zurückfordern, die in den Jahren 2012–2013 von Netzentgelten befreit wurden

„Die Europäische Kommission ist zu dem Schluss gelangt, dass die Befreiung von Netzentgelten, die in Deutschland bestimmten großen Stromverbrauchern in den Jahren 2012 und 2013 gewährt worden war, gegen die EU-Beihilferegeln verstieß. Es gab keine Gründe dafür, diese Verbraucher von der Zahlung der Netzentgelte zu befreien. Deutschland muss die illegalen Beihilfen zurückfordern. […]"

Europäische Kommission, Pressemitteilung IP/18/3966 v. 28.05.2018

Download:

http://europa.eu/rapid/press-release_IP-18-3966_de.htm

Rat, Parlament und Kommission einig: verbindliches Ziel von 32 Prozent für erneuerbare Energien bis 2030

„Heute [14.06.2018] wurde zwischen den Verhandlungsführern der Kommission, des Europäischen Parlaments und des Rates eine ehrgeizige politische Einigung über die verstärkte Nutzung erneuerbarer Energien in Europa erzielt. Der neue Rechtsrahmen sieht unter anderem für die EU für 2030 ein verbindliches Ziel von 32 Prozent für erneuerbare Energien mit einer Revisionsklausel nach oben bis 2023 vor. […]"

Europäische Kommission, Pressemitteilung v. 14.06.2018

Download:

https://ec.europa.eu/germany/news/energien20180614_de

Bundesnetzagentur ist nicht unabhängig genug: Kommission verklagt Deutschland

„Die Kommission hat beim Gerichtshof der EU Klage gegen Deutschland erhoben, um sicherzustellen, dass die Stromrichtlinie und die Gasrichtlinie ordnungsgemäß umgesetzt werden und die Bundesnetzagentur unabhängig agieren kann. […]. Deutschland hat nicht dafür gesorgt, dass die Vorschriften zu den Befugnissen und zur Unabhängigkeit der nationalen Regulierungsbehörde (Bundesnetzagentur) in vollem Umfang eingehalten werden. Insbesondere kann die Regulierungsbehörde nicht völlig unabhängig die Tarife und andere Vertragsbedingungen für den Netzzugang und Ausgleichsleistungen festlegen, da viele Elemente für die Festlegung dieser Tarife und Vertragsbedingungen in weiten Teilen in detaillierten Vorschriften der Bundesregierung geregelt sind. […]"

Europäische Kommission, Pressemitteilung v. 19.07.2018

Download:

https://ec.europa.eu/germany/news/20180719-bundesnetzagentur-nicht-unabhaengig-kommission-verklagt-deutschland_de

Vorschläge für „Saubere Energie für alle Europäer" vom Parlament angenommen
„Das Europäische Parlament hat heute [13.11.2018] neue Vorschriften über erneuerbare Energie, Energieeffizienz und die Steuerung der Energieunion verabschiedet. Dies ist ein wichtiger Schritt für die Umstellung auf saubere Energie. Ziel ist es, bis 2030 mindestens 32 Prozent des Bedarfs durch erneuerbare Energie zu erzeugen und die Energieeffizienz um 32,5 Prozent zu steigern. So können die die Verpflichtungen aus dem Pariser Klimaschutzübereinkommen erfüllt werden. Mit dem Beschluss sind vier von acht Legislativvorschlägen angenommen. […]"
Europäische Kommission, Pressemitteilung v. 13.11.2018
Download:
https://ec.europa.eu/germany/news/20181113-vorschlaege-saubere-energie-fuer-alle-europaeer-parlament-angenommen_de

Neue EU-Energie-Regeln bringen Fortschritte für den Klimaschutz und mehr Nachhaltigkeit
„Heute [23.12.2018] haben die EU-Mitgliedstaaten im Rat der Europäischen Union ihre Zustimmung zu neuen Regeln für erneuerbare Energien und Energieeffizienz und zur Fortschrittskontrolle erteilt. Das Europäische Parlament hatte dem Regelungspaket schon vor einigen Wochen zugestimmt, seinem Inkrafttreten steht nun nichts mehr im Wege. Es umfasst Änderungen der Energieeffizienz- und der Erneuerbare-Energien-Richtlinie und eine neue Verordnung zur Fortschrittskontrolle in der Klima- und Energiepolitik. […]"
BMU, Pressemitteilung Nr. 243/18 v. 03.12.2018
Download:
https://www.bmu.de/pressemitteilung/neue-eu-energie-regeln-bringen-fortschritte-fuer-den-klimaschutz-und-mehr-nachhaltigkeit/

2. Bund

Verordnung zur Änderung der Stromnetzzugangsverordnung
Vom 19. Dezember 2017
BGBl. I S. 3988
Aus dem Inhalt:
„[…] Die Regelung soll sicherstellen, dass die Bewertung der Einheitlichkeit der Stromgebotszonen in Europa und auch in Deutschland im Rahmen der dafür vorgesehenen europäischen Prozesse erfolgt und nicht einseitig durch einen oder mehrere Betreiber von Übertragungsnetzen in Frage gestellt werden kann.
Die Betreiber von Übertragungsnetzen werden rechtlich verpflichtet, Handelstransaktionen innerhalb des Gebiets der Bundesrepublik Deutschland ohne Kapazitätsvergabe so zu ermöglichen, dass das Gebiet der Bundesrepublik Deutschland eine einheitliche Stromgebotszone bildet. […]"
Download:
www.bmwi.de/Redaktion/DE/Downloads/V/verordnung-zur-aenderung-der-stromnetzzugangsverordnung.pdf?__blob=publicationFile&v=4

Ergebnisse der Sondierungsgespräche von CDU, CSU und SPD
Finale Fassung
12.01.2018

Aus dem Inhalt:

„[…] Eine Voraussetzung für eine erfolgreiche Klimaschutzpolitik ist ein weiterer zielstrebiger, effizienter, netzsynchroner und zunehmend marktorientierter Ausbau der Erneuerbaren Energien. Unter diesen Voraussetzungen streben wir einen Anteil von etwa 65 % Erneuerbarer Energien bis 2030 an. […]

Vorgesehen ist eine Sonderausschreibung, mit der acht bis zehn Mio. t CO2 zum Klimaschutzziel 2020 beitragen sollen. Hier sollen je vier Gigawatt Onshore-Windenergie und Photovoltaik sowie ein Offshore-Windenergiebeitrag zugebaut werden, je zur Hälfte wirksam in 2019 und 2020. Voraussetzung ist die Aufnahmefähigkeit der entsprechenden Netze.

Wir wollen

- weitere Anstrengungen zum Ausbau und zur Modernisierung der Energienetze (Netzausbaubeschleunigungsgesetz).
- die Sektorenkoppelung in Verbindung mit Speichertechnologien voranbringen.
- die Kraft-Wärme-Kopplung weiterentwickeln und umfassend modernisieren."

Download:
https://www.cdu.de/system/tdf/media/dokumente/ergebnis_sondierung_cdu_csu_spd_120118_2.pdf?file=1&type=field_collection_item&id=12434

Antrag der Fraktion BÜNDNIS 90/DIE GRÜNEN
Ausbau der Windenergie sichern, Klimaschutz voranbringen und Standort für Zukunftstechnologien erhalten

BT-Drs. 19/450 v. 17.01.2018

Aus dem Inhalt:

„Der Bundestag wolle beschließen:

II. Der Deutsche Bundestag fordert die Bundesregierung auf, zeitnah einen Gesetzentwurf vorzulegen, der folgende Punkte beinhaltet:

- die Ausweitung der Aussetzung der Befreiung zur Vorlage einer BImschG-Genehmigung nach § 36g EEG 2017 auf die dritte und vierte Ausschreibungsrunde in 2018;
- drei Sonderausschreibungen für Windkraft an Land in Höhe von jeweils 1.500 MW für die Jahre 2018, 2019 und 2020 mit der Maßgabe, dass bezuschlagte Anlagen innerhalb von maximal 18 Monaten in Betrieb genommen werden;
- bezuschlagte, aber nicht realisierte Ausbaumengen werden nach Ablauf der Umsetzungsfrist wieder in die Ausschreibungen zurückgeführt;
- eine praxistaugliche Regelung zur Sicherung der Akteursvielfalt unter Nutzung der De-minimis-Regelung entsprechend den Umwelt- und Energiebeihilfeleitlinien der EU Kommission.[…]"

Download:
http://dipbt.bundestag.de/dip21/btd/19/004/1900450.pdf

Der Antrag wurde entsprechend der Beschlussempfehlung des Ausschusses für Wirtschaft und Energie abgelehnt.
BT-PlPr 19/14 v. 22.02.2018
Download:
http://dipbt.bundestag.de/dip21/btp/19/19014.pdf#P.1131

Ein neuer Aufbruch für Europa
Eine neue Dynamik für Deutschland
Ein neuer Zusammenhalt für unser Land
Koalitionsvertrag zwischen CDU, CSU und SPD
19. Legislaturperiode
Berlin, 7. Februar 2018
Aus dem Inhalt (S. 71 ff.):
„Eine Voraussetzung für eine erfolgreiche Energiewende und Klimaschutzpolitik ist ein weiterer zielstrebiger, effizienter, netzsynchroner und zunehmend marktorientierter Ausbau der Erneuerbaren Energien. Unter diesen Voraussetzungen streben wir einen Anteil von etwa 65 Prozent Erneuerbarer Energien bis 2030 an und werden entsprechende Anpassungen vornehmen. […]
Vorgesehen sind Sonderausschreibungen, mit denen acht bis zehn Millionen Tonnen CO2 zum Klimaschutzziel 2020 beitragen sollen. Hier sollen je vier Gigawatt Onshore-Windenergie und Photovoltaik sowie ein Offshore-Windenergiebeitrag zugebaut werden, je zur Hälfte wirksam in 2019 und 2020. Voraussetzung ist die Aufnahmefähigkeit der entsprechenden Netze. […]
Die Herausforderung besteht in einer besseren Synchronisierung von Erneuerbaren Energien und Netzkapazitäten. Wir halten an dem Ziel der einheitlichen Stromgebotszone in Deutschland fest. Wir werden eine bessere regionale Steuerung des Ausbaus der Erneuerbaren Energien einführen und für die Ausschreibungen südlich des Netzengpasses einen Mindestanteil über alle Erzeugungsarten festlegen. Wir werden die Akteursvielfalt auch künftig sicherstellen, aber ausschließlich bundesimmissionsschutzrechtlich genehmigte Projekte an Ausschreibungen teilnehmen lassen. […]
Offshore-Wind-Energie hat eine industriepolitische Bedeutung für Deutschland und kann auch zur Kostensenkung beitragen. Wir setzen uns deshalb für ein nationales Offshore-Testfeld ein, mit dem wir die Offshore-Potenziale in der Energiewende erforschen werden. […]
Wir werden:
Anstrengungen zum Ausbau und zur Modernisierung der Energienetze unternehmen. Zu diesem Zweck werden wir einen ambitionierten Maßnahmenplan zur Optimierung der Bestandsnetze und zum schnelleren Ausbau der Stromnetze erarbeiten. […]

- beim weiteren Ausbau der Windenergie an Land einen besseren Interessenausgleich zwischen Erneuerbaren-Branche einerseits und Naturschutz- und Anwohneranliegen andererseits gewährleisten; […]
- durch eine bundeseinheitliche Regelung beim weiteren Ausbau der Erneuerbaren Energien (EE) die Standortgemeinden stärker an der Wertschöpfung von EE-Anlagen beteiligen und die Möglichkeiten einer Projektbeteiligung von Bürgerinnen

und Bürgern verbessern, ohne dass dies insgesamt zu Kostensteigerungen beim EE-Ausbau führt. […]"

Download:
https://www.cdu.de/system/tdf/media/dokumente/koalitionsvertrag_2018.pdf?file=1
oder:
http://www.csu.de/common/csu/content/csu/hauptnavigation/dokumente/2018/Koalitionsvertrag_2018.pdf
oder:
https://www.spd.de/fileadmin/Dokumente/Koalitionsvertrag/Koalitionsvertrag_2018-2021_Bund_final.pdf

Koalitionsvertrag im Bundestag unterzeichnet

„Die Große Koalition bereitet den Weg für die Einsetzung der neuen Bundesregierung. Die **Parteivorsitzenden von CDU, SPD und CSU, Bundeskanzlerin Dr. Angela Merkel, Hamburgs Erster Bürgermeister Olaf Scholz** und **Ministerpräsident Horst Seehofer haben am Montag, 12. März 2018,** im Paul-Löbe-Haus des Deutschen Bundestages den Koalitionsvertrag für die 19. Wahlperiode unterzeichnet. Der Vertrag mit dem Titel „Ein neuer Aufbruch für Europa – Eine neue Dynamik für Deutschland – Ein neuer Zusammenhalt für unser Land" ist die Grundlage der Regierungsarbeit der nächsten dreieinhalb Jahre. […]"

Deutscher Bundestag, Meldung v. 12.03.2018
Download:
https://www.bundestag.de/dokumente/textarchiv/2018/kw11-koalitionsvertrag/546976
Download des Koalitionsvertrags:
https://www.bundestag.de/blob/543200/9f9f21a92a618c77aa330f00ed21e308/kw49_koalition_koalitionsvertrag-data.pdf

Antrag des Abg. Lorenz Gösta Beutin u. w. Abg. und der Fraktion DIE LINKE. Bürgerenergie retten

BT-Drs. 19/1006 v. 28.02.2018
Aus dem Inhalt:
„Der Bundestag wolle beschließen: […]
II. Der Deutsche Bundestag fordert die Bundesregierung auf,
1. einen Gesetzentwurf vorzulegen, der
Bürgerenergie neu und missbrauchsfest definiert,
Bürgerenergieprojekte bis zu einer Größe von 18 MW von Ausschreibungen ausnimmt,
Bürgerenergieprojekte stattdessen mit einer staatlich festgelegten Einspeise-prämie vergütet,
eine dauerhaft lokale Verankerung von Bürgerenergieprojekten gewährleistet;
2. ein Konzept zu erarbeiten, um kommunale und private gemeinwohlorientierte Teilhabe an Projekten der erneuerbaren Energien bundesweit in relevanter Höhe zu ermöglichen.[…]"
Download:
http://dipbt.bundestag.de/dip21/btd/19/010/1901006.pdf

Der Bundestag hat den Antrag entsprechend der Beschlussempfehlung Drs. 19/6155 [s. unten] abgelehnt.
BT-PlPr 19/69 v. 30.11.2018
Download:
http://dipbt.bundestag.de/dip21/btp/19/19069.pdf#P.8037

Bundeskabinett beschließt Verordnung zur schrittweisen Einführung bundeseinheitlicher Übertragungsnetzentgelte
„Das Bundeskabinett hat heute [25.04.2018] den […] Entwurf zur schrittweisen Einführung bundeseinheitlicher Übertragungsnetzentgelte im Bundeskabinett beschlossen. Mit der Verordnung wird eine Verordnungsermächtigung umgesetzt, die im Juli 2017 durch das Netzentgeltmodernisierungsgesetz geschaffen wurde. Die […] Verordnung sieht vor, dass die Netzentgelte für die Nutzung der Übertragungsnetze schrittweise bundesweit vereinheitlicht werden. Der Umsetzungsprozess beginnt, wie im Gesetz vorgesehen, ab dem 1. Januar 2019 und wird zum 1. Januar 2023 abgeschlossen sein. Die Angleichung erfolgt in fünf gleich großen Schritten. […] Mit der Verordnung schafft die Bundesregierung die Voraussetzungen, dass die Übertragungsnetzbetreiber im Oktober 2018 ihre Netzentgelte erstmalig für das Jahr 2019 auf Basis der neuen Regelungen veröffentlichen können. In einem ersten Schritt für das Jahr 2019 wird für 20 Prozent der Kosten der Übertragungsnetzbetreiber ein einheitliches Entgelt ermittelt. Die Verordnung wird jetzt dem Bundesrat zur Zustimmung übermittelt."
BMWi, Pressemitteilung v. 25.04.2018
Download:
https://www.bmwi.de/Redaktion/DE/Pressemitteilungen/2018/20180425-verordnung-zur-schrittweisen-einfuehrung-bundeseinheitlicher-uebertragungsnetzentgelte-im-bundeskabinett-beschlossen.html

Verordnung der Bundesregierung
Verordnung zur schrittweisen Einführung bundeseinheitlicher Übertragungsnetzentgelte
BR-Drs. 145/18 v. 25.04.18
Download:
https://www.bmwi.de/Redaktion/DE/Downloads/V/verordnung-nemog.pdf?__blob=publicationFile&v=4
Siehe auch unter I.3. > Bundesrat

Gesetzentwurf des Bundesrates
Entwurf eines ... Gesetzes zur Änderung des Erneuerbare-Energien-Gesetzes
BT-Drs. 19/1320 v. 21.03.2018
Aus dem Inhalt:
„[…] Die Aussetzung der Sonderregelung für Bürgerenergie für die ersten beiden Ausschreibungsrunden im Jahr 2018 für Windenergieanlagen an Land wird auf alle Ausschreibungen

des Jahres 2018 und im ersten Halbjahr des Jahres 2019 verlängert. Dies bedeutet, dass in diesen Ausschreibungsrunden Gebote von allen Bietern, auch Bürgerenergiegesellschaften, nur dann zur Teilnahme an der Ausschreibung zugelassen werden, wenn das Gebot für ein Projekt abgegeben wird, für das bereits eine immissionsschutzrechtliche Genehmigung vorliegt. Andere Gebote werden zu diesen Ausschreibungsrunden nicht zugelassen. Durch eine Reduzierung der Realisierungsfrist auf 21 Monate für den Gebotstermin 1. August 2018 wird eine tatsächliche Umsetzung der in diesem Termin bezuschlagten Projekte spätestens Anfang 2020 abgesichert.
Durch ein Vorziehen von Ausschreibungsmengen und eine anschließende Verrechnung soll verhindert werden, dass die an Bürgerenergiegesellschaften zugeteilten Mengen entgegen der gesetzgeberischen Intention der Mengensteuerung zu spät oder gar nicht realisiert werden. Zugleich wird der gesetzliche Ausbaupfad nach § 4 EEG eingehalten.
Die Sonderregelungen ermöglichen eine Lösung für die Jahre 2018 und 2019. Damit aber ab dem Gebotstermin am 1. Februar 2020 nicht erneut eine Verdrängung der nicht privilegierten Bieter und in der Folge eine Zubaulücke entstehen, wird es mittelfristig weiterer Änderungen des EEG bedürfen. [...]"

Anlage 2:
Stellungnahme der Bundesregierung
„Die Bundesregierung nimmt zum Gesetzentwurf des Bundesrates wie folgt Stellung:
Die Bundesregierung begrüßt die im Bundesrat vorgeschlagene Anpassung der Sonderregelungen für Bürgerenergiegesellschaften. Nach Auffassung der Bundesregierung sollten in Übereinstimmung mit dem Koalitionsvertrag künftig an allen Ausschreibungen für Windenergieanlagen an Land ausschließlich bundesimmissionsschutzrechtlich genehmigte Projekte teilnehmen dürfen.
Die Bundesregierung prüft derzeit, wie das Anliegen des Bundesrates, die Ausschreibungsmengen im Jahr 2018 zu erhöhen, unter Berücksichtigung der Vorgaben des Koalitionsvertrages umgesetzt werden kann."
Download:
http://dip21.bundestag.de/dip21/btd/19/013/1901320.pdf
Siehe auch:
https://www.bundestag.de/hib#url=L3ByZXNzZS9oaWIvLS81NDg1NTg=&mod=mod454590

Beschlussempfehlung und Bericht
des Ausschusses für Wirtschaft und Energie (9. Ausschuss)
zu dem Gesetzentwurf des Bundesrates
– Drucksache 19/1320 –
Entwurf eines ... Gesetzes zur Änderung des Erneuerbare-Energien-Gesetzes
BT-Drs. 19/2581 v. 06.06.2018
Download:
http://dip21.bundestag.de/dip21/btd/19/025/1902581.pdf

Der Bundestag hat am 08.06.2018 den Gesetzentwurf in der Ausschussfassung angenommen.
BT-PlPr 19/37, 37. Sitzung v. 08.06.2018
Download:
http://dipbt.bundestag.de/dip21/btp/19/19037.pdf#P.3571
Aus dem Inhalt:
„Die Regeln für Bürgerenergiegesellschaften bei Windenergie-Ausschreibungen wurden geändert, um eine drohende Ausbaulücke zu vermeiden. Zudem geht es darum, einen Missbrauch dieser besonderen Gesellschaftsform zu unterbinden, wie es im Gesetzentwurf heißt. Künftig gilt auch für Bürgerenergiegesellschaften: Sie können sich nur an Ausschreibungen für ein Projekt beteiligen, für das eine immissionsschutzrechtliche Genehmigung vorliegt. Diese Regelung sollte laut Bundesrat zunächst bis 1. Mai 2019 gelten. Der Bundestag verlängerte diesen Zeitraum nun um ein Jahr bis 1. Juni 2020. […]"
Download:
https://www.bundestag.de/dokumente/textarchiv/2018/kw23-de-erneuerbare-energien-bundesrat/558266

Drittes Gesetz zur Änderung des Erneuerbare-Energien-Gesetzes
Vom 21. Juni 2018
BGBl. I 2018 S. 862

Gesetzentwurf der Abg. Dr. Julia Verlinden u. w. Abg. und der Fraktion BÜNDNIS 90/ DIE GRÜNEN
Entwurf eines Gesetzes zur Änderung des Erneuerbare-Energien-Gesetzes – Erhöhung der Ausbaumengen für Windenergie an Land und Solarenergie
BT-Drs. 19/2108 v. 15.05.2018
Aus dem Inhalt:
„Um die dramatischen Auswirkungen der letzten großen EEG-Novelle in diesem Punkt [Umstellung auf Ausschreibungen, Anm. d. Red.] zu mindern, sind Sonderausschreibungen erforderlich. Dazu soll noch für 2018 eine Sonderausschreibung für 1.500 Megawatt Windenergieleistung an Land und 800 Megawatt Solarstromleistung durchgeführt werden. Ab dem Jahr 2019 sollen die jährlichen Ausschreibungsmengen – auch über 2020 hinaus – auf 5.000 Megawatt Windenergieleistung an Land und 3.000 Megawatt Solarstromleistung angehoben werden. Zudem wird für alle Anlagen die vor dem 1. Januar 2017 eine Genehmigung nach Bundesimmissionsschutzgesetz erhalten haben und vor dem 1. Februar 2017 an das Register gemeldet wurden, die Frist zur Inbetriebnahme aufgehoben. Mit dieser Maßnahme soll eine drohende Ausbaulücke im Jahr 2019 verhindert werden Denn nur wenn die erneuerbaren Energien kontinuierlich auf hohem Niveau ausgebaut werden, ist die Einhaltung der Klima- und Energieziele 2030 realistisch."
Download:
http://dip21.bundestag.de/dip21/btd/19/021/1902108.pdf

Der Gesetzentwurf wird in zweiter Beratung abgelehnt.
BT-PlPr 19/42 v. 28.06.2018
Download:
http://dip21.bundestag.de/dip21/btp/19/19042.pdf

Bundeskabinett beschließt dritten Klimaschutzbericht
„Das Bundeskabinett hat am 13. Juni den Klimaschutzbericht 2017 beschlossen. Demnach steuert Deutschland beim Klimaschutz bis 2020 auf eine CO2-Minderung von etwa 32 Prozent gegenüber 1990 zu, so die Schätzung der Bundesregierung. [...]Der Bericht listet die zirka 110 Maßnahmen auf und stellt detailliert dar, welche CO_2-Einsparung diese Maßnahmen im Jahr 2020 voraussichtlich haben werden. Diese Quantifizierung wird durch ein wissenschaftliches Konsortium durchgeführt.“
BMU, Pressemitteilung Nr. 119/18 v. 13.06.2018
Download:
https://www.bmu.de/pressemitteilung/kabinett-beschliesst-dritten-klimaschutzbericht/

Bundeskabinett beschließt sechsten Monitoring-Bericht zur Energiewende
„Das Bundeskabinett hat heute [27.06.2018] den von Bundeswirtschaftsminister Altmaier vorgelegten sechsten Monitoring-Bericht zur Energiewende beschlossen. [...]
Kernergebnisse des Berichts sind:

- Mit einem Anteil von 31,6 Prozent stammte fast jede dritte Kilowattstunde aus erneuerbaren Energien. Im Jahr 2017 ist ein weiterer Aufwärtstrend zu verzeichnen.
- Deutschlands Stromversorgung ist sicher und weist eine Versorgungsqualität auf, die international zur Spitzengruppe zählt. Dazu trägt auch der europäische Strommarkt bei. Damit das Generationenprojekt Energiewende gelingen kann, setzt sich die Bundesregierung in besonderem Maße für einen zügigen Ausbau der Stromnetze, für eine Optimierung der bestehenden Netze und für eine bessere Synchronisierung von erneuerbaren Energien und Netzkapazitäten ein.
- Der Energieverbrauch ist im Jahr 2016 auch wegen der guten Wirtschaftsentwicklung und des relativ kühlen Wetters um 1,4 Prozent gestiegen, was sehr hohen Handlungsbedarf bedeutet, um das Einsparziel für das Jahr 2020 zu erreichen.
- Auch die Treibhausgasemissionen sind leicht gestiegen. Die Bundesregierung prüft, welche Maßnahmen ergänzend zum Aktionsprogramm Klimaschutz 2020 vorzunehmen sind, um das Klimaschutzziel für 2020 zu erreichen. [...]“

BMWi, Pressemitteilung v. 27.06.2018
Download:
https://www.bmwi.de/Redaktion/DE/Pressemitteilungen/2018/20180627-bundeskabinett-beschliesst-sechsten-monitoring-bericht-zur-energiewende.html
Siehe auch unter V.2. > BMWi

Unterrichtung durch die Bundesregierung
Erfahrungsbericht zum Erneuerbare-Energien-Gesetz
(EEG-Erfahrungsbericht)
BT-Drs. 19/3030 v. 29.06.2018
Download:
http://dip21.bundestag.de/dip21/btd/19/030/1903030.pdf
Siehe auch unter V.2. > BMWi

Bundesregierung beschließt 7. Energieforschungsprogramm
„Das Bundeskabinett hat heute das 7. Energieforschungsprogramm der Bundesregierung „Innovationen für die Energiewende" beschlossen. […] Als strategisches Element der Energiepolitik ist das neue Programm an der Energiewende ausgerichtet und adressiert mit einem ganzheitlichen Ansatz zur Förderpolitik aus einem Guss aktuelle und sich abzeichnende Herausforderungen. Das Programm ist Ergebnis eines umfangreichen Konsultationsprozesses mit Wirtschaft, Forschung und Wissenschaft sowie den Ländern. […]
Die aktuelle Finanzplanung sieht vor, die Energieforschung im Rahmen des 7. Energieforschungsprogramms im Zeitraum 2018 bis 2022 mit rund 6,4 Milliarden Euro zu fördern. Das entspricht einer Steigerung von rund 45 Prozent gegenüber dem Vorläuferprogramm im Vergleichszeitraum 2013 bis 2017. […]"
BReg/BMWi, Gemeinsame Presseerklärung v. 19.09.2018
Download:
https://www.bmwi.de/Redaktion/DE/Pressemitteilungen/2018/20180919-bundesregierung-beschliesst-7-energieforschungsprogramm.html
Siehe auch V.2. > BMWi

Antrag der Abg. Lisa Badum u. w. Abg. und der Fraktion BÜNDNIS 90/DIE GRÜNEN
Deutschlandweiten Ausbau der Windkraft sichern – Regionalquote im EEG verankern
BT-Drs. 19/3142 v. 03.07.2018
Aus dem Inhalt:
Der Bundestag wolle beschließen:
[…]
„II. Der Deutsche Bundestag fordert die Bundesregierung auf,
1. die Sonderausschreibungen für die Jahre 2019 und 2020 unverzüglich durchzuführen und das Ausbauvolumen der Windenergie an Land insgesamt auf mindestens 5000 Megawatt pro Jahr anzuheben;
2. im Rahmen dieser Anhebung eine Regelung für eine regionale Steuerung des Ausbaus der Windenergie im Süden Deutschlands einzuführen, wobei der regionale Ausbau an den historischen Daten vor der EEG-Novelle 2016 orientiert festzuschreiben ist;
3. Ausbaumengen, die einen Zuschlag erhalten haben, aber nicht im vorgesehenen Zeitrahmen umgesetzt werden, wieder in die Ausschreibungen zurückzuführen."

Download:
http://dipbt.bundestag.de/doc/btd/19/031/1903142.pdf

Ergebnisse des Netzgipfels am 20.09.2018 von Bundesminister Altmaier mit den Länderminister/innen

„Ein leistungsfähiges Stromnetz ist das Rückgrat der Energiewende und macht einen zügigen Ausbau der erneuerbaren Energien erst möglich. Die bisherigen Verzögerungen im Netzausbau verursachen hohe Kosten für das Engpassmanagement. Vor diesem Hintergrund haben Bund und Länder eine gemeinsame Verantwortung, den Netzausbau zügig voranzubringen. Bund und Länder verständigen sich auf folgendes Maßnahmenpaket:
1) Novelle des Netzausbaubeschleunigungsgesetzes (NABEG 2.0) […]
2) Ziele für Abschluss von Genehmigungsverfahren […]
3) Vorausschauendes Controlling […]“
BMWi, Pressemitteilung v. 20.09.2018
Download:
https://www.bmwi.de/Redaktion/DE/Downloads/E/ergebnisse-des-netzgipfels-20-09-2018.pdf?__blob=publicationFile&v=3

Unterrichtung durch die Bundesregierung
Bericht nach § 3 des Energieleitungsausbaugesetzes

BT-Drs. 19/4675 v. 27.09.2018
Download:
http://dip21.bundestag.de/dip21/btd/19/046/1904675.pdf

Antrag des Abg. Karlheinz Busen u. w. Abg. und der Fraktion der FDP
Wälder schützen – Rodungen für die Windkraft stoppen

BT-Drs. 19/2802 v. 18.06.2018
Aus dem Inhalt:
„Der Bundestag wolle beschließen:
[…]
II. Der Deutsche Bundestag fordert die Bundesregierung auf, einen Gesetzentwurf vorzulegen, der
1. Waldflächen, Nationalparke, Naturschutzgebiete und Biosphärenreservate als Standort von Windenergieanlagen dauerhaft und für künftige Vorhaben ausnahmslos ausschließt und
2. Abstandsgrenzen zu Brutstätten und Nahrungshabitaten gefährdeter Vogelarten verbindlich nach den Empfehlungen der Länderarbeitsgemeinschaft der Vogelschutzarten (Helgoländer Papier) regelt.
Download:
http://dip21.bundestag.de/dip21/btd/19/028/1902802.pdf

Ausschussüberweisung des Antrags, Ausschuss für Umwelt, Naturschutz und nukleare Sicherheit (Federführung)
BT-PlPr 19/53 v. 28.09.2018
Download:
http://dipbt.bundestag.de/dip21/btp/19/19053.pdf#P.5762

Gesetz zur Beschleunigung des Energieleitungsausbaus
„Die ambitionierten Ziele des Koalitionsvertrages zum Ausbau erneuerbarer Energien, der optimale wirtschaftliche Einsatz konventioneller Kraftwerke und der verstärkte grenzüberschreitende Stromhandel machen Optimierung und Ausbau des Stromnetzes in Deutschland dringend erforderlich. Hierzu hat Bundesminister Altmaier im Rahmen seiner Netzausbaureise den Aktionsplan Stromnetz" vorgestellt.
Wichtiger Teil des Aktionsplans ist die Novelle des „Netzausbaubeschleunigungsgesetzes Übertragungsnetz" (NABEG). Das Bundesministerium für Wirtschaft und Energie hat hierzu einem Referentenentwurf vorgelegt. Wesentlicher Inhalt der vorgeschlagenen gesetzlichen Änderungen ist die Vereinfachung und Beschleunigung von Genehmigungsverfahren für Neubau, Verstärkung und Optimierung von Stromleitungen.
Hinweis: Bei dem Entwurf handelt es sich um einen Entwurf des Bundesministeriums für Wirtschaft und Energie, der noch nicht innerhalb der Bundesregierung abgestimmt ist. […]"
BMWi, Pressemitteilung v. 24.10.2018
Download:
https://www.bmwi.de/Redaktion/DE/Artikel/Service/Gesetzesvorhaben/gesetz-zur-beschleunigung-des-energieleitungsausbaus.html

Koalitionsausschuss – Sonderausschreibungen Wind und Photovoltaik
„Die Koalitionspartner CDU, CSU und SPD haben heute folgende Beschlüsse gefasst:
[…] Wir werden die im Koalitionsvertrag vorgesehenen Sonderausschreibungen für Wind an Land und Photovoltaik rasch realisieren, um einen Beitrag zur Schließung der 2020 Klimalücke zu erzielen (Kabinettbefassung vor Ende Oktober). Vorgesehen sind Sonderausschreibungen, mit denen acht bis zehn Millionen Tonnen CO2 zum Klimaschutzziel 2020 beitragen sollen. Hier sollen je vier Gigawatt Onshore-Windenergie und Photovoltaik sowie ein Offshore-Windenergiebeitrag zugebaut werden, je zur Hälfte wirksam in 2019 und 2020. Wir werden das 65 % Ausbauziel für erneuerbare Energien in 2030 realisieren. Dafür werden wir das gesetzliche Ausbauziel auf 65 % in 2030 erhöhen und die technologiespezifischen Ausbaupfade anpassen. Dabei achten wir auf eine bessere Netzsynchronisation. Wir werden die Akzeptanz von Windkraftanlagen an Land steigern." […]
Christlich Demokratische Union Deutschlands, Pressemitteilung 021/18 v. 02.10.2018
Download:
https://www.cdu.de/artikel/koalitionsausschuss-1-oktober-2018

Referentenentwurf des Bundesministeriums für Wirtschaft und Energie
Entwurf eines Gesetzes zur Beschleunigung des Energieleitungsausbaus
Bearbeitungsstand: 30.10.2018
Aus dem Inhalt:
„Als Teil eines ambitionierten Aktionsplans zur Optimierung der Bestandsnetze und zum schnelleren Ausbau der Stromnetze novelliert dieses Gesetz das „Netzausbaubeschleunigungsgesetz Übertragungsnetz“ (NABEG) und nimmt flankierende Änderungen in weiteren Gesetzen, insbesondere dem Energiewirtschaftsgesetz (EnWG), vor. Hierdurch wird der Änderungsbedarf umgesetzt, der in einem breit angelegten und transparenten Dialogprozess gemeinsam mit Ländern, Netzbetreibern und anderen Stakeholdern identifiziert worden ist. Die wesentlichen Inhalte dieses Gesetzes sind auch Gegenstand des „Netzgipfels“ zwischen Bund und Ländern am 20. September 2018 gewesen.
Wesentlicher Inhalt der Änderungen ist die Vereinfachung und Beschleunigung von Genehmigungsverfahren für Neubau, Verstärkung und Optimierung von Stromleitungen. Wichtigster Ansatzpunkt des Gesetzes ist dabei die bessere Verzahnung verschiedener Planungsschritte. Der Netzausbau erfolgt in mehreren Schritten von der Bedarfsermittlung zu Planfeststellung und Bau. Da jeder dieser Schritte beträchtliche Zeit und Ressourcen in Anspruch nimmt, ist es unerlässlich, einerseits soweit möglich eine zeitliche Überlappung der Verfahrensschritte zu ermöglichen und andererseits Konstellationen zu identifizieren, in denen typischerweise auf bestimmte Verfahrensschritte verzichtet werden kann oder Verfahren vereinfacht durchgeführt werden können. Dies wird durch dieses Gesetz erreicht
Download:
https://www.bmwi.de/Redaktion/DE/Downloads/P-R/referentenentwurf-nabeg.pdf?__blob=publicationFile&v=4
„Hinweis: Bei dem Entwurf handelt es sich um einen Entwurf des Bundesministeriums für Wirtschaft und Energie, der noch nicht innerhalb der Bundesregierung abgestimmt ist. [...]“
BMWi, Pressemitteilung v. 24.10.2018 (siehe oben)
Download:
https://www.bmwi.de/Redaktion/DE/Artikel/Service/Gesetzesvorhaben/gesetz-zur-beschleunigung-des-energieleitungsausbaus.html

Koalition: Akzeptanzfragen bei der Windkraft an Land jetzt angehen
Die Koalitionsfraktionen haben sich auf ein Gesamtpaket zu den im Koalitionsvertrag vereinbarten Sonderausschreibungen für Windenergie an Land und Fotovoltaik geeinigt. Dazu erklären die stellvertretenden Vorsitzenden der CDU/CSU-Bundestagsfraktion, Carsten Linnemann und Georg Nüßlein:
„Wir haben ein gutes Gesamtpaket geschnürt. Die Sonderausschreibungen für Wind an Land und PV kommen in den Jahren 2019-2021. Gleichzeitig haben wir technologieübergreifende Innovationsausschreibungen vereinbart, um neue Förderbedingungen auszuprobieren, die zu mehr Netz- und Systemdienlichkeit und mehr Wettbewerb bei den erneuerbaren Energien führen sollen. Was sich in den Innovationsausschreibungen bewährt, wollen wir auf die allgemeinen Ausschreibungen übertragen.

Entscheidend ist für uns zudem, dass wir wieder zu mehr Akzeptanz bei der Windkraft an Land kommen. Deshalb werden wir zum einen ab 2020 für eine bedarfsgerechte Nachtbeleuchtung bei Windkraftanlagen sorgen. Zum anderen werden wir in einer Arbeitsgruppe unter Beteiligung der Bundesländer über Mindestabstände, Höhenbegrenzungen, monetäre Beteiligung von Kommunen und Veränderung von Planungsverfahren sprechen. Auf dieser Grundlage entscheiden wir im Herbst 2019 im Paket über konkrete Akzeptanzmaßnahmen und über Förderbedingungen sowie die weiteren Ausbaupfade bis 2030, um das im Koalitionsvertrag angestrebte Erneuerbaren-Ziel von 65 Prozent zu erreichen.
Mit dem Gesetzgebungsvorhaben wird auch der Kompromiss der Bundesregierung mit der EU-Kommission zur Förderung von KWK-Anlagen umgesetzt. Damit wird Planungssicherheit sowohl für die Anlagenbetreiber als auch für die Anlagenhersteller geschaffen."
CDU/CSU-Fraktion im Deutschen Bundestag, Pressemitteilung v. 31.10.2018
Download:
https://www.cducsu.de/presse/pressemitteilungen/akzeptanzfragen-bei-der-windkraft-land-jetzt-angehen

Gesetzentwurf der Fraktionen der CDU/CSU und SPD
Entwurf eines Gesetzes zur Änderung des Erneuerbare-Energien-Gesetzes, des Kraft-Wärme-Kopplungsgesetzes, des Energiewirtschaftsgesetzes und weiterer energierechtlicher Vorschriften
BT-Drs. 19/5523 v. 06.11.2018
Aus dem Inhalt:
„Im EEG 2017 werden die Sonderausschreibungen durchgeführt. Insgesamt sollen bis 2021 je 4 Gigawatt Solaranlagen und Windenergieanlagen an Land zusätzlich ausgeschrieben werden. Um den Wettbewerb zu erhöhen, sollen die Ausschreibungsmengen von 1 Gigawatt in 2019 über 1,4 Gigawatt in 2020 auf 1,6 Gigawatt in 2021 anwachsen. […]
Ebenfalls im EEG 2017 wird die Verordnungsermächtigung für Innovationsausschreibungen angepasst. Die Verordnung erlässt das Bundesministerium für Wirtschaft und Energie mit Zustimmung des Bundestages. Im Rahmen der Innovationsausschreibungen sollen nunmehr im Jahr 2019 250 Megawatt, im Jahr 2020 400 Megawatt und im Jahr 2021 500 Megawatt ausgeschrieben werden. Die Mengen werden von den regulären Ausschreibungsmengen für Windenergieanlagen an Land und Solaranlagen abgezogen und dienen als Testfeld für mehr Wettbewerb und mehr Netz- und Systemdienlichkeit. […]
Im WindSeeG und im SeeAnlG wird ein konsistenter Rahmen für Energiegewinnungskonzepte auf See geschaffen, die nicht an das Netz angeschlossen werden. Diese Entwicklung wird planungsrechtlich so gesteuert, dass sie im Einklang mit den Zielen für an das Netz angeschlossene Windenergie auf See steht."
Download:
http://dip21.bundestag.de/dip21/btd/19/055/1905523.pdf

Gesetzentwurf der Bundesregierung
Entwurf eines Gesetzes zur Änderung des Erneuerbare-Energien-Gesetzes, des Kraft-Wärme-Kopplungsgesetzes, des Energiewirtschaftsgesetzes und weiterer energierechtlicher Vorschriften
BT-Drs. 19/6008 v. 26.11.2018
Download:
http://dip21.bundestag.de/dip21/btd/19/060/1906008.pdf
Der Gesetzentwurf ist gleichlautend mit dem von den Koalitionsfraktionen CDU/CSU und SPD eingebrachten Entwurf Drs. 19/5523 (s. oben)

Beschlussempfehlung und Bericht des Ausschusses für Wirtschaft und Energie (9. Ausschuss)
a) zu dem Gesetzentwurf der Fraktionen der CDU/CSU und SPD
– Drucksache 19/5523–
Entwurf eines Gesetzes zur Änderung des Erneuerbare-Energien-Gesetzes, des Kraft-Wärme-Kopplungsgesetzes, des Energiewirtschaftsgesetzes und weiterer energierechtlicher Vorschriften
b) zu dem Antrag der Abgeordneten Lorenz Gösta Beutin, Ralph Lenkert, Hubertus Zdebel, weiterer Abgeordneter und der Fraktion DIE LINKE.
– Drucksache 19/1006 –
Bürgerenergie retten
BT-Drs. 19/6155 v. 28.11.2018
Aus dem Inhalt:
„Annahme des Gesetzentwurfs auf Drucksache 19/5523 in geänderter Fassung […]
Ablehnung des Antrags auf Drucksache 19/1006. […]
[…] streben die Fraktionen der CDU/CSU und SPD einen Anteil von etwa 65 Prozent Erneuerbarer Energien am Stromverbrauch bis 2030 an und werden entsprechende Anpassungen vornehmen. […]
Die Fraktionen der CDU/CSU und SPD werden bis zum 31. März 2019 Maßnahmen zur Steigerung der Akzeptanz bei der Windkraft an Land beraten, wie z. B. für Länder verbindliche oder optionale Abstandsregelungen und Höhenbegrenzungen, monetäre Beteiligungen, Stärkung der Entscheidungsbefugnisse von Städten und Kommunen und Veränderung von Planungsverfahren. Auf Basis dieser Ergebnisse […]
entscheidet die Koalition bis Herbst 2019 über konkrete Akzeptanzmaßnahmen und über Förderbedingungen sowie die weiteren Ausbaupfade bis 2030, um das im Koalitionsvertrag angestrebte Ziel von 65 % zu erreichen. In diesem Rahmen wird auch der Vorschlag geprüft, bei Wind an Land in den Ausschreibungen einen Süd-Bonus von 0,3 Cent/kWh zu vergeben.
Die Fraktionen der CDU/CSU und SPD werden das Bundesamt für Seeschifffahrt und Hydrographie (BSH) bitten, für die weiteren Planungen von Offshore-Windparks Szenarien im Bereich 15 bis 20 Gigawatt zu erstellen und zeitnah vorzulegen. […]
Durch die Einführung einer Pflicht zur bedarfsgesteuerten Nachtkennzeichnung in § 9 Absatz 8 EEG 2017 soll das nächtliche Dauerblinken von Windenergieanlagen beendet werden. […]“

Download:
http://dipbt.bundestag.de/dip21/btd/19/061/1906155.pdf

Unterrichtung durch die Bundesregierung
Entwurf eines Gesetzes zur Änderung des Erneuerbare-Energien-Gesetzes, des Kraft-Wärme-Kopplungsgesetzes, des Energiewirtschaftsgesetzes und weiterer energierechtlicher Vorschriften
– Drucksache 19/6008–
Gegenäußerung der Bundesregierung
BT-Drs. 19/6089 (zu Drs. 19/6008) v. 28.11.2018
Download:
http://dip21.bundestag.de/dip21/btd/19/060/1906089.pdf

Der Bundestag hat am 30.11.2018 entsprechend der Beschlussempfehlung Drs. 19/6155 [s. oben] den Gesetzentwurf auf Drucksache 19/5523 [Energiesammelgesetz] [s. oben] angenommen und den Antrag auf Drs. 19/1006 [s. oben] abgelehnt.
BT-PlPr 19/69 v. 30.11.2018
Download:
http://dipbt.bundestag.de/dip21/btp/19/19069.pdf#P.8037

Siehe hierzu auch:

Anreize für mehr Wettbewerb bei Wind- und Solaranlagen gesetzt
Deutscher Bundestag, Textarchiv, 30.11.2018
https://www.bundestag.de/dokumente/textarchiv/2018/kw48-de-erneuerbare-energien/580116

Siehe hierzu auch:

Mehr Akzeptanz für Windkraftanlagen
Koalition schafft Planungssicherheit für hocheffiziente Kraft-Wärme-Kopplungsanlagen
CDU/CSU-Fraktion im Deutschen Bundestag, Pressemitteilung v. 30.11.2018
Download:
https://www.cducsu.de/presse/pressemitteilungen/mehr-akzeptanz-fuer-windkraftanlagen

Gesetzentwurf der Bundesregierung
Entwurf eines Gesetzes zur Beschleunigung des Energieleitungsausbaus
Stand: 11.12.2018

Download:
https://www.bmwi.de/Redaktion/DE/Downloads/Gesetz/gesetz-zur-beschleunigung-des-energieleitungsausbaus.pdf?__blob=publicationFile&v=2

3. Länder

Bundesrat

Beschluss des Bundesrates
Verordnung zur Änderung der Stromnetzzugangsverordnung
„Der Bundesrat hat in seiner 963. Sitzung am 15. Dezember 2017 beschlossen, der Verordnung gemäß Artikel 80 Absatz 2 des Grundgesetzes zuzustimmen."
BR-Drs. 719/17 (Beschluss) v. 15.12.2017
Download:
https://www.bundesrat.de/SharedDocs/drucksachen/2017/0701-0800/719-17(B).pdf?__blob=publicationFile&v=1

Antrag des Landes Nordrhein-Westfalen
Entwurf eines Gesetzes zur Änderung des Erneuerbare-Energien-Gesetzes (EEG)
BR-Drs. 3/18 v. 09.01.2018
Aus dem Inhalt:
„A. Problem
[…] In den drei Ausschreibungsrunden für Windenergie an Land des Jahres 2017 gingen nahezu alle Zuschläge an Bürgerenergieanlagen (2.700 MW von 2.800 MW). Den bietenden Bürgerenergiegesellschaften werden durch das EEG mehrere Privilegien eingeräumt, unter anderem besteht für sie die Möglichkeit zu einer Gebotsabgabe ohne vorliegende bundesimmissionsschutzrechtliche Genehmigung und es wird ihnen eine um zwei Jahre verlängerte Realisierungszeit eingeräumt. In den bisherigen Ausschreibungsrunden sind die Defizite der entsprechenden Regelungen im EEG offensichtlich geworden, da sie nicht verhindern konnten, dass einige wenige große Projektierer als Dienstleister neu gegründeter Gesellschaften, welche die formellen Kriterien von Bürgerenergiegesellschaften erfüllen, die Mehrzahl der zugeteilten Bürgerenergieprojekte auf sich vereinten. Damit wurde die als Ausnahmeregelung vorgesehene Regelung in der Praxis zur Regel.
Durch die im Jahr 2017 bereits abgeschlossenen Ausschreibungen mit einem sehr hohen Anteil an erfolgreichen Bürgerenergieprojekten besteht zudem die Gefahr einer Ausbaulücke im Jahr 2019. […] Zusätzlich besteht die Gefahr der vollständigen Verdrängung der nicht privilegierten Bieter mit entsprechenden wirtschaftlichen Verwerfungen bei Windenergieanlagenherstellern und der Zulieferindustrie, wenn die ab dem Jahr 2019 realistisch zu erwartende Ausbaulücke eintritt. […]
B. Lösung
Die Aussetzung der Sonderregelung für Bürgerenergie für die ersten beiden Ausschreibungsrunden im Jahr 2018 für Windenergieanlagen an Land wird auf alle Ausschreibungen des Jah-

res 2018 und 2019 verlängert. Dies bedeutet, dass in diesen Ausschreibungsrunden Gebote von allen Bietern, auch Bürgerenergiegesellschaften, nur dann zur Teilnahme an der Ausschreibung zugelassen werden, wenn das Gebot für ein Projekt abgegeben wird, für das bereits eine immissionsschutzrechtliche Genehmigung vorliegt. Andere Gebote werden zu diesen Ausschreibungsrunden nicht zugelassen.
Durch ein Vorziehen von Ausschreibungsmengen und eine anschließende Verrechnung soll verhindert werden, dass die an Bürgerenergiegesellschaften zugeteilten Mengen entgegen der gesetzgeberischen Intention der Mengensteuerung zu spät oder gar nicht realisiert werden. Zugleich wird der gesetzliche Ausbaupfad nach § 4 EEG eingehalten."
Download:
https://www.bundesrat.de/drs.html?id=3-18

Gesetzentwurf des Bundesrates
Entwurf eines Gesetzes zur Änderung des Erneuerbare-Energien-Gesetzes
„Der Bundesrat hat in seiner 964. Sitzung am 2. Februar 2018 beschlossen, den beigefügten Gesetzentwurf gemäß Artikel 76 Absatz 1 des Grundgesetzes beim Deutschen Bundestag einzubringen."
BR-Drs. 3/18 (Beschluss) v. 02.02.2018
Aus dem Inhalt:
„B. Lösung:
Die Aussetzung der Sonderregelung für Bürgerenergie für die ersten beiden Ausschreibungsrunden im Jahr 2018 für Windenergieanlagen an Land wird auf alle Ausschreibungen des Jahres 2018 und im ersten Halbjahr des Jahres 2019 verlängert. Dies bedeutet, dass in diesen Ausschreibungsrunden Gebote von allen Bietern, auch Bürgerenergiegesellschaften, nur dann zur Teilnahme an der Ausschreibung zugelassen werden, wenn das Gebot für ein Projekt abgegeben wird, für das bereits eine immissionsschutzrechtliche Genehmigung vorliegt. Andere Gebote werden zu diesen Ausschreibungsrunden nicht zugelassen. Durch eine Reduzierung der Realisierungsfrist auf 21 Monate für den Gebotstermin 1. August 2018 wird eine tatsächliche Umsetzung der in diesem Termin bezuschlagten Projekte spätestens Anfang 2020 abgesichert. Durch ein Vorziehen von Ausschreibungsmengen und eine anschließende Verrechnung soll verhindert werden, dass die an Bürgerenergiegesellschaften zugeteilten Mengen entgegen der gesetzgeberischen Intention der Mengensteuerung zu spät oder gar nicht realisiert werden. Zugleich wird der gesetzliche Ausbaupfad nach § 4 EEG eingehalten. Die Sonderregelungen ermöglichen eine Lösung für die Jahre 2018 und 2019. Damit aber ab dem Gebotstermin am 1. Februar 2020 nicht erneut eine Verdrängung der nicht privilegierten Bieter und in der Folge eine Zubaulücke entstehen, wird es mittelfristig weiterer Änderungen des EEG bedürfen."
Download:
https://www.bundesrat.de/SharedDocs/drucksachen/2018/0001-0100/3-18(B).pdf?__blob=publicationFile&v=1

Gesetzesantrag des Landes Niedersachsen
Entwurf eines Gesetzes zur Änderung des Erneuerbare-Energien-Gesetzes
BR-Drs. 9/18 v. 17.01.2018
Aus dem Inhalt:
„[...] Um eine energiepolitisch erwünschte hohe Realisierungsquote beim Ausbau von Windenergie an Land zu erreichen, sollten die Sonderregelungen mindestens für die Jahre 2018 und 2019 ausgesetzt werden. Im Ergebnis sollten für diese Jahre insgesamt nur Bieter in den Ausschreibungsrunden zugelassen werden, die über eine immissionsschutzrechtliche Genehmigung verfügen. Demgegenüber bleiben die Sonderregelungen, wonach für Bürgerenergiegesellschaften weiterhin das Einheitspreisverfahren gilt, hiervon unberührt.
Als weitere gesetzgeberische Sofortmaßnahme sollte zudem das Ausschreibungsvolumen in 2018 um 2 000 Megawatt erhöht werden. Damit könnte die in den Jahren 2019 und 2020 zu erwartende Zubaulücke zumindest teilweise kompensiert werden und gleichwohl ein hinreichendes Wettbewerbsniveau in den Ausschreibungen 2018 erreicht werden. [...]"
Download:
https://www.bundesrat.de/SharedDocs/drucksachen/2018/0001-0100/9-18.pdf?__blob=publicationFile&v=1

Antrag der Länder Schleswig-Holstein, Bremen, Mecklenburg-Vorpommern
Entschließung des Bundesrates zur Anhebung des Ausbauziels Windenergie auf See
BR-Drs. 27/18 v. 26.01.18
Aus dem Inhalt:
„[...]
1. Der Bundesrat betrachtet die Windenergie auf See als eine der Schlüsseltechnologien zur Erreichung der klimapolitischen Ziele in Deutschland. Windenergie auf See zeichnet sich durch hohe Volllaststunden aus und wird im Energiesystem der Zukunft ein Grundpfeiler der Versorgungssicherheit sein. [...]
2. Der Bundesrat fordert die Bundesregierung daher auf, den im Jahr 2014 eingeführte Deckel von 15 Gigawatt Offshore-Windenergieleistung bis 2030 vor dem Hintergrund der jüngsten Ausschreibungsergebnisse anzuheben. [...] Der Bundesrat fordert stattdessen bis 2030 eine signifikante Erhöhung des Ausbauziels auf mindestens 20 Gigawatt in Nord- und Ostsee und mindestens 30 Gigawatt bis 2035. Die Netzentwicklungsplanung und die Netzanschlusskapazitäten bzw. der entsprechende Szenariorahmen sind auch mit Blick auf die weitere energiewendebedingte Veränderungen im Kraftwerkspark entsprechend anzupassen.
3. Der Bundesrat spricht sich dafür aus, dass ergänzend die landseitigen Stromnetze weiter modernisiert und ausgebaut werden. Grundvoraussetzung für eine erfolgreiche Energiewende ist der zügige Netzausbau. Der Bundesrat unterstützt daher alle Anstrengungen, Akzeptanz und Transparenz des Netzausbaus zu verbessern und den europäischen Netzausbau voranzubringen."
Download:
https://www.bundesrat.de/drs.html?id=27-18

Entschließung des Bundesrates zur Anhebung des Ausbauziels Windenergie auf See
– Antrag der Länder Schleswig-Holstein, Bremen, Mecklenburg-Vorpommern und Hamburg, Niedersachsen – Drucksache: 27/18
BR, Erläuterung, 965. BR, 02.03.2018, TOP 9
Aus dem Inhalt:
„Die Länder Bremen, Hamburg, Mecklenburg-Vorpommern, Niedersachsen und Schleswig-Holstein möchten die Bundesregierung auffordern, das Ausbauziel für die Offshore-Windenergie bis 2030 auf mindestens 20 Gigawatt in Nord- und Ostsee und mindestens 30 Gigawatt bis 2035 zu erhöhen und die Netzentwicklungsplanung und die Netzanschlusskapazitäten anzupassen. Zudem seien auch die landseitigen Stromnetze weiter zu modernisieren und auszubauen. Aus Sicht der antragstellenden Länder ist dies erforderlich, um die gesteckten Klima- und Erneuerbaren-Energie-Ziele erreichen zu können. [...]
Der federführende Wirtschaftsausschuss und der Ausschuss für Umwelt, Naturschutz und Reaktorsicherheit empfehlen dem Bundesrat, die Entschließung zu fassen.
Der Umweltausschuss hält es allerdings für erforderlich, den Entschließungstext inhaltlich zu ergänzen. Um die Energiewende deutschlandweit voranzutreiben und den dafür erforderlichen flächendeckenden Windkraftausbau sicherzustellen, sei es notwendig, neben dem Zubau der Windenergie auf See auch den Zubau von Windenergieanlagen an Land zu befördern. Die anzustrebende Anhebung des Ausbauziels müsse also sowohl für Windenergie auf See als auch für Windenergie an Land erfolgen.
Nähere Einzelheiten sind aus BR-Drucksache 27/1/18 zu entnehmen.
Download:
https://www.bundesrat.de/SharedDocs/TO/965/erl/9.pdf?__blob=publicationFile&v=1

Siehe hierzu auch:

Empfehlungen der Ausschüsse
zu Punkt ... der 965. Sitzung des Bundesrates am 2. März 2018
Entschließung des Bundesrates zur Anhebung des Ausbauziels Windenergie auf See
– Antrag der Länder Schleswig-Holstein, Bremen, Mecklenburg-Vorpommern und Hamburg, Niedersachsen –
BR-Drs. 27/1/18 v. 16.02.18
Download:
https://www.bundesrat.de/SharedDocs/drucksachen/2018/0001-0100/27-1-18.pdf?__blob=publicationFile&v=1

Antrag des Landes Hessen
Entschließung des Bundesrates zu Maßnahmen zur optimalen Auslastung bestehender Stromnetze
BR-Drs. 77/18 v. 12.03.2018
Aus dem Inhalt:

„[…] Der Bundesrat fordert die Bundesregierung daher auf, unverzüglich gemeinsam mit den Übertragungsnetzbetreibern und aufbauend auf deren bisherigen Planungen weitere geeignete Trassen für den Einsatz von Freileitungsmonitoring und Hochtemperaturleiterseilen zu identifizieren und dafür Sorge zu tragen, dass die für einen umfassenden Einsatz dieser Technologien erforderlichen Informations- und Kommunikationstechnologien schnellstmöglich installiert werden. Um einen zeitnahen Einsatz dieser Technologien zu ermöglichen, sollten die erforderlichen Planungs- und Genehmigungsprozesse entsprechend gestrafft beziehungsweise vereinfacht werden. Insbesondere sollte die Möglichkeit des Verzichts auf ein Bundesfachplanungsverfahren bei diesen Vorhaben, die weitestgehend durch Zu- oder Umbeseilung realisiert werden können, geprüft werden. […]"
Download:
https://www.bundesrat.de/drs.html?id=77-18

Siehe auch:

Erläuterung, 966. BR, 23.03.2018, TOP 8:
Entschließung des Bundesrates zu Maßnahmen zur optimalen Auslastung bestehender Stromnetze
– Antrag des Landes Hessen –
Drucksache: 77/18
Download:
https://www.bundesrat.de/SharedDocs/TO/966/erl/8.pdf?__blob=publicationFile&v=1

Beschluss des Bundesrates
Entschließung des Bundesrates zu Maßnahmen zur optimalen Auslastung bestehender Stromnetze
BR-Drs. 77/18 (Beschluss) v. 27.04.2018
Download:
https://www.bundesrat.de/SharedDocs/drucksachen/2018/0001-0100/77-18(B).pdf?__blob=publicationFile&v=1

Beschluss des Bundesrates
… Gesetz zur Änderung des Erneuerbare-Energien-Gesetzes
BR-Drs. 255/18 (Beschluss) v. 08.06.2018
Inhalt:
„Der Bundesrat hat in seiner 968. Sitzung am 8. Juni 2018 beschlossen, zu dem vom Deutschen Bundestag am 8. Juni 2018 verabschiedeten Gesetz einen Antrag gemäß Artikel 77 Absatz 2 des Grundgesetzes nicht zu stellen."
Download:
https://www.bundesrat.de/SharedDocs/drucksachen/2018/0201-0300/255-18(B).pdf?__blob=publicationFile&v=1

Weiteres unter:
https://www.bundesrat.de/DE/plenum/bundesrat-kompakt/18/968/053.html?nn=10908324#top-53

Beschluss des Bundesrates
Verordnung zur schrittweisen Einführung bundeseinheitlicher Übertragungsnetzentgelte
„Der Bundesrat hat in seiner 968. Sitzung am 8. Juni 2018 beschlossen, der Verordnung gemäß Artikel 80 Absatz 2 des Grundgesetzes zuzustimmen."
BR-Drs. 145/18 (Beschluss) v. 08.06.2018
Download:
https://www.bundesrat.de/SharedDocs/drucksachen/2018/0101-0200/145-18(B).pdf?__blob=publicationFile&v=1

Siehe auch unter I.2. Bund

Gesetzesantrag des Landes Nordrhein-Westfalen
Entwurf eines Gesetzes zur Stärkung der planerischen Steuerung der Windenergienutzung und zur Wiederbelegung der Länderöffnungsklausel zur Vorgabe von Mindestabständen zwischen Windenergieanlagen und zulässigen Nutzungen
BR-Drs. 484/18 v. 02.10.2018
Aus dem Inhalt:
„B. Lösung
Durch Verlängerung der Zurückstellungsmöglichkeit von Genehmigungsanträgen bei besonderen Umständen von einem Jahr auf zwei Jahre soll den Kommunen die Möglichkeit eingeräumt werden, ihre Planungen unter geringerem Zeitdruck und mit größerer Sorgfalt durchzuführen. Dadurch soll die Steuerungsfähigkeit der Planungsträger gestärkt, eine höhere Absicherung der Planungen erzielt und insgesamt mehr Akzeptanz geschaffen werden.
Den Ländern soll zudem erneut die Befugnis eingeräumt werden, den Privilegierungstatbestand für Windenergieanlagen von der Einhaltung höhenbezogener Abstandsregelungen abhängig zu machen, wie dies bereits durch bis zum 31. Dezember 2015 zu verkündende Landesgesetze der Fall war. Die Einzelheiten, insbesondere zur Abstandsfestlegung und zu den Auswirkungen auf Ausweisungen in geltenden Flächennutzungsplänen und Raumordnungsplänen, sind in den Landesgesetzen zu regeln."
Download:
https://www.bundesrat.de/SharedDocs/drucksachen/2018/0401-0500/484-18.pdf?__blob=publicationFile&v=1

Antrag des Landes Brandenburg
Entschließung des Bundesrates zur Entprivilegierung der Windenergienutzung
BT-Drs. 509/18 v. 11.10.2018

Aus dem Inhalt:
„II. Der Bundesrat fordert die Bundesregierung auf,
den § 35 Absatz 1 Nr. 5 BauGB wie folgt zu ändern:
„der Erforschung oder Entwicklung der Windenergie oder der Erforschung, Entwicklung oder Nutzung der Wasserenergie dient,“
Begründung:
Nach § 35 Absatz 1 Nummer 5 Baugesetzbuch sind Anlagen, die der Nutzung der Windenergie dienen, im Außenbereich zulässig, wenn öffentliche Belange nicht entgegenstehen. Aus Rechtsgründen haben die Belange einer von Windkraftplanungen betroffenen Kommune selten eine Chance, sich durchzusetzen. Um die Stärkung der Kommunen im Zusammenhang mit der Planung von Windkraftanlagen zu erreichen, soll die Nutzung der Windenergie aus der Privilegierungsregelung der Nummer 5 gestrichen werden. Die Erforschung und Entwicklung der Windenergie soll weiterhin privilegiert zulässig sein.“
Download:
https://www.bundesrat.de/SharedDocs/drucksachen/2018/0501-0600/509-18.pdf?__blob=publicationFile&v=1

Entwurf eines Gesetzes zur Änderung des Erneuerbare-Energien-Gesetzes, des Kraft-Wärme-Kopplungsgesetzes, des Energiewirtschaftsgesetzes und weiterer energierechtlicher Vorschriften
Erläuterung zur Tagesordnung, 972. BR, 23.11.18, TOP 34
Download:
https://www.bundesrat.de/SharedDocs/TO/972/download/972-erlaeuterungen.pdf?__blob=publicationFile&v=3

Stellungnahme des Bundesrates
Entwurf eines Gesetzes zur Änderung des Erneuerbare-Energien-Gesetzes, des Kraft-Wärme-Kopplungsgesetzes, des Energiewirtschaftsgesetzes und weiterer energierechtlicher Vorschriften
BR-Drs. 563/18 (Beschluss) v. 23.11.2018
Download:
https://www.bundesrat.de/SharedDocs/drucksachen/2018/0501-0600/563-18(B).pdf?__blob=publicationFile&v=1

Siehe hierzu auch:

BundesratKOMPAKT, 972. Sitzung v. 23.11.2018, TOP 34
Download:
https://www.bundesrat.de/DE/plenum/bundesrat-kompakt/18/972/972-pk.html#top-34

Gesetzesbeschluss des Deutschen Bundestages
Gesetz zur Änderung des Erneuerbare-Energien-Gesetzes, des Kraft-Wärme-Kopplungsgesetzes, des Energiewirtschafts-gesetzes und weiterer energierechtlicher Vorschriften
„Der Deutsche Bundestag hat in seiner 69. Sitzung am 30. November 2018 aufgrund der Beschlussempfehlung und des Berichts des Ausschusses für Wirtschaft und Energie
– Drucksache 19/6155 –
den von den Fraktionen der CDU/CSU und SPD eingebrachten Entwurf eines Gesetzes zur Änderung des Erneuerbare-Energien-Gesetzes, des Kraft-Wärme-Kopplungsgesetzes, des Energiewirtschaftsgesetzes und weiterer energierechtlicher Vorschriften
– Drucksache 19/5523 –
in beigefügter Fassung angenommen."
BR-Drs. 613/18 v. 30.11.2018
Download:
https://www.bundesrat.de/SharedDocs/drucksachen/2018/0601-0700/614-18.pdf?__blob=publicationFile&v=1

Beschluss des Bundesrates
Gesetz zur Änderung des Erneuerbare-Energien-Gesetzes, des Kraft-Wärme-Kopplungsgesetzes, des Energiewirtschaftsgesetzes und weiterer energierechtlicher Vorschriften
BR-Drs. 614/18 (Beschluss) v. 14.12.2018
„Der Bundesrat hat in seiner 973. Sitzung am 14. Dezember 2018 beschlossen, zu dem vom Deutschen Bundestag am 30. November 2018 verabschiedeten Gesetz einen Antrag gemäß Artikel 77 Absatz 2 des Grundgesetzes nicht zu stellen."
Aus der begleitenden Entschließung:
„4. Der Bundesrat begrüßt das Bestreben der Bundesregierung, die bedarfsgesteuerte Nachtkennzeichnung technologieoffen zu gestalten und dabei die hohen Standards für die Sicherheit des Luftverkehrs im Verfahren zur Änderung der Allgemeinen Verwaltungsvorschrift zur Kennzeichnung von Luftfahrthindernissen (AVV) zu bewahren.
5. Der Bundesrat bittet die Bundesregierung, die Länder frühzeitig in die Klärung der offenen technischen Fragen einzubeziehen und fordert dazu die Bundesregierung auf zu prüfen, inwieweit die Aktivierung der bedarfsgesteuerten Nachtkennzeichnung von Windenergieanlagen durch den Transponder des Luftfahrzeugs allen betroffenen Luftraumnutzern möglich ist. [...]"
Download:
https://www.bundesrat.de/SharedDocs/drucksachen/2018/0601-0700/614-18(B).pdf?__blob=publicationFile&v=1

Siehe hierzu auch:

Erläuterung zur Tagesordnung, 973. BR, 14.12.18, TOP 21
Download:
https://www.bundesrat.de/SharedDocs/TO/973/erl/21.pdf?__blob=publicationFile&v=2

Siehe hierzu auch:

BundesratKOMPAKT, 973. Sitzung am 14.12.2018, TOP 21
Download:
https://www.bundesrat.de/DE/plenum/bundesrat-kompakt/18/973/973-pk.html#top-21

Wirtschaftsministerkonferenz (WMK)

Beschluss der Wirtschaftsministerkonferenz am 27./28. Juni 2018 am Bostalsee
„[…]
Punkt 6.1 der Tagesordnung:
Weitere Ausgestaltung der Energiewende, einschl. Netze, Versorgungssicherheit und Kraftwerke; insbesondere Bericht der Bundesregierung
1. Die Wirtschaftsministerkonferenz nimmt den Bericht des Bundesministeriums für Wirtschaft und Energie zur Kenntnis.
2. Die Wirtschaftsministerkonferenz bittet die Bundesregierung zu prüfen, ob zur zügigen Umsetzung des im Koalitionsvertrag vorgesehenen Zusatzbeitrages der Offshore-Windenergie eine zusätzliche Ausschreibungsrunde Offshore-Windenergie spätestens im Jahre 2019 gestartet werden kann, um die noch freien Anschlusskapazitäten in der Größenordnung von bis zu 1.500 Megawatt (MW) in der Nordsee für den Anschluss weiterer, bereits genehmigter Offshore-Windparkprojekte zu nutzen.
[…]
Punkt 6.3 der Tagesordnung:
Bundeseinheitliche Regelung zur finanziellen Beteiligung von Kommunen an Windenergieanlagen
Die Wirtschaftsministerkonferenz nimmt den Bericht des Bundesministeriums für Wirtschaft und Energie zur Kenntnis und bittet um erneute Berichterstattung zur Frühjahrssitzung 2019.
[…]
Punkt 6.5 der Tagesordnung:
Sonderausschreibungen und regionale Steuerung des Erneuerbare-Energien-Ausbaus
1. Die Wirtschaftsministerkonferenz nimmt den Bericht des Bundesministeriums für Wirtschaft und Energie zur Kenntnis.
2. Die Wirtschaftsministerkonferenz ist der Ansicht, dass die Sonderausschreibungen so gestaltet werden sollten, dass in den kommenden Jahren ein kontinuierlicher Anstieg der gesamten Ausschreibungsmenge für Wind an Land erfolgt, so dass einerseits verlässliche Rahmenbedingungen für die Marktakteure geschaffen werden und andererseits das Ziel von 65 Prozent Erneuerbarer Energien am Stromverbrauch im Jahr 2030 erreicht werden kann.
3. Die Wirtschaftsministerkonferenz ist der Ansicht, dass für die Sonderausschreibungen ein Ausschreibungsdesign gewählt werden muss, welches einen hinreichenden Wettbewerb gewährleistet und andererseits die Aufnahmefähigkeit der Netze sowie eine bessere Synchronisierung des Ausbaus der erneuerbaren Energien mit dem Netzausbau gewährleistet.

4. Die Wirtschaftsministerkonferenz bittet die Bundesregierung daher, die im Koalitionsvertrag vorgesehenen Sonderausschreibungen grundsätzlich nur gemeinsam mit den in Ziffer 3 erwähnten Maßnahmen und der im Koalitionsvertrag ebenfalls vorgesehenen regionalen Steuerung des Ausbaus der erneuerbaren Energien umzusetzen.
5. Um einen Fadenriss beim Ausbau der Windkraft an Land zu vermeiden, erachtet die Wirtschaftsministerkonferenz es jedoch für notwendig, so schnell wie möglich einen Teil der vorgesehenen Sonderausschreibungsmenge auszuschreiben, selbst wenn bis dahin noch keine Regelungen zur regionalen Steuerung und zur besseren Netzsynchronisierung in Kraft sein sollten. Die Wirtschaftsministerkonferenz bittet die Bundesregierung, über den Umfang der jeweils ausgeschriebenen Menge zu steuern, dass ein hinreichender Wettbewerb gewährleistet ist und die Aufnahmefähigkeit der Netze nicht überfordert wird."
Beschluss-Sammlung der Wirtschaftsministerkonferenz am 27./28. Juni 2018 am Bostalsee
Berlin, 5. Juli 2018
Download:
https://www.wirtschaftsministerkonferenz.de/WMK/DE/termine/Sitzungen/18-06-27-28-WMK/18-06-27-28-beschluesse.pdf?__blob=publicationFile&v=2

Netzgipfel bei Bundeswirtschaftsminister Altmaier
Neun Länder – Zehn Forderungen
„Der Ausbau der Stromnetze ist für den Erfolg der Energiewende ein entscheidender Faktor. Für Donnerstag (20. September 2018) hat Bundeswirtschaftsminister Altmaier nun die zuständigen Energieministerinnen und -minister zu einem sogenannten „Netzgipfel" nach Berlin geladen. Anlässlich dieses Treffens haben die Energieministerinnen und -minister von neun Bundesländern in einem gemeinsamen Brief an Altmaier zehn Punkte zur Beschleunigung des Netzausbaus formuliert. Der Brief wurde von den Energieministerinnen und -ministern der Länder Baden-Württemberg, Berlin, Bremen, Hamburg, Hessen, Rheinland-Pfalz, Sachsen-Anhalt, Schleswig-Holstein und Thüringen unterzeichnet."
MULE ST, Pressemitteilung v. 18.09.2018
Download:
https://mule.sachsen-anhalt.de/ministerium/offene-briefe-der-ministerin/september-2018-netzgipfel-zehn-forderungen/
Dort auch Download des 10-Punkte-Briefes.

91. Umweltministerkonferenz am 09. November 2018 in Bremen
TOP 13: Netzausbau für Energiewende und Klimaschutz zügig voranbringen
„Beschluss:
1. Die Umweltministerkonferenz stellt fest, dass Ausbau und Ertüchtigung der Übertragungsnetze in Deutschland und Europa elementare Voraussetzungen für das Gelingen der Energiewende, den Erhalt der Versorgungssicherheit und das Erreichen der Klimaschutzziele sind. Auch das Ziel der Bundesregierung, bis zum Jahr 2030 einen Anteil von 65 % erneuerbare

Energien im Stromsektor zu erreichen, ist ohne den Ausbau der Netze nicht kosteneffiziert erreichbar.
2. In den vergangenen Jahren ist der Netzausbau nicht ausreichend rasch vorangeschritten. Die Umweltministerkonferenz begrüßt daher, dass es auf dem sogenannten ‚Netzgipfel' [...] vom 20.09.2018 bereits ein intensiver Austausch mit ersten zielführenden Ergebnissen stattgefunden hat und nimmt zur Kenntnis, dass dieser Prozess fortgesetzt wird.
[...]
3.c) Eine Einschränkung der Länderrechte zum Sicherstellen einer wirksamen Umsetzung der vom Bundesgesetzgeber beschlossenen Netzausbauvorhaben wird abgelehnt. Vielmehr zeigen die Erfahrungen, dass Länderengagement in den einzelnen Projekten zur Beschleunigung der Verfahren beiträgt. Ökonomische Anreize für einen schnelleren Netzausbau sowie für eine Optimierung des Stromnetzes sind zu prüfen. [...]
3.e) Die Pilotprojekte für Teilerdverkabelungen im Drehstrombereich sollten baldmöglichst ausgewertet und auf dieser Grundlage eine an klaren Kriterien orientierte Regelung gefunden werden. Dies könnte massives Beschleunigungspotential haben. [...]
3.i) Die Bundesregierung wird aufgefordert, eine zeitnahe Entscheidung über die Einführung wiederkehrender Zahlungen für Grundstückseigentümer herbeizuführen, um weiteren Attentismus zu vermeiden. [...]
Protokollerklärung der Länder Baden-Württemberg, Hessen, Hamburg, Rheinland-Pfalz, Sachsen-Anhalt, Schleswig-Holstein, BMU, Thüringen, Saarland, Bremen:
Der Windenergieausbau südlich des Netzengpasses muss durch eine geeignete Regionalisierung sowie eine Erhöhung des Ausschreibungsvolumens auf eine solide Basis gestellt werden. Um die Ausbauziele nicht zu gefährden, muss mit Schaffung eines derartigen Instrumentes zur regionalen Steuerung zwangsläufig das Netzausbaugebiet entfallen. Nicht bezuschlagte Mengen müssen in den nächsten Ausschreibungsrunden hinzukommen und dürfen nicht wegfallen.
Protokollerklärung der Länder Baden-Württemberg, Hessen, Berlin, Nieder-sachsen, Hamburg, Rheinland-Pfalz, Sachsen-Anhalt, Schleswig-Holstein, Thüringen, Bremen und Saarland:
Für die Zeit bis zur Fertigstellung der Netzausbauvorhaben muss im Sinne der Akzeptanz das Prinzip ‚Nutzen vor Abschalten' gelten. [...]
Protokollerklärung der Länder Baden-Württemberg, Hessen, Hamburg, Niedersachsen, Rheinland-Pfalz, Sachsen-Anhalt, Schleswig-Holstein, Thüringen und Bremen:
Die Umweltministerin, -minister, -senatorin und -senatoren der o. a. Länder lehnen die Einführung wiederkehrender Zahlungen für Flächeneigentümer ab.
UMK, Ergebnisprotokoll, TOP 13, 27.11.2018,
Download:
https://www.umweltministerkonferenz.de/documents/endgueltiges-protokoll-der-91-umk_1543332155.pdf

Baden-Württemberg

Bundesratsinitiative: Ausschreibungsbedingungen im EEG ändern
„Mit einer Bundesratsinitiative möchte Baden-Württemberg die Ausschreibungsmodalitäten für Windenergieanlagen an Land im Erneuerbaren-Energien-Gesetz (EEG) ändern. Dies hat der Ministerrat in seiner Sitzung am 16. Januar beschlossen.
Ziel der Initiative ist es, im ersten Halbjahr 2018 bereits ausgesetzte Privilegien für Bürgerenergiegesellschaften auch darüber hinaus, bis Ende 2019, auszusetzen. […]"
UM BW, Pressemitteilung v. 17.01.2018
Download:
https://www.baden-wuerttemberg.de/de/service/presse/pressemitteilung/pid/laender-fordern-aenderung-des-erneuerbaren-energien-gesetzes/

Bayern

Dringlichkeitsantrag der Abg. Katharina Schulze u.w.Abg. und Fraktion (BÜNDNIS 90/DIE GRÜNEN)
Made in Bavaria: Sauberer Strom aus Windenergie
„Der Landtag wolle beschließen:
Die Staatsregierung wird aufgefordert, einen Gesetzentwurf zur Änderung der Bayerischen Bauordnung (BayBO) vorzulegen, der Art. 82 BayBO und damit die 10H-Regelung ersatzlos streichen soll, und sich auf allen Ebenen für einen deutlich stärkeren Ausbau der Windenergie in Bayern einzusetzen."
LT-Drs. 17/23235 v. 10.07.2018
Download:
http://www1.bayern.landtag.de/www/ElanTextAblage_WP17/Drucksachen/Basisdrucksachen/0000015000/0000015408.pdf

Beschluss des Bayerischen Landtags: Ablehnung des Dringlichkeitsantrags
LT-Drs. 17/24137 v. 27.09.2018
Download:
https://www.bayern.landtag.de/www/ElanTextAblage_WP17/Drucksachen/Folgedrucksachen/0000018000/0000018426.pdf

Für ein bürgernahes Bayern – menschlich nachhaltig modern
KOALITIONSVERTRAG für die Legislaturperiode 2018–2023
CSU/FREIE WÄHLER
Aus dem Inhalt:
„[…] Wir werden den weiteren Ausbau der Windkraft im Einvernehmen mit Bürgerinnen und Bürgern und Kommunen voranbringen. Dabei halten wir an der geltenden bayerischen Rechtslage fest. Derzeit scheitert der Ausbau in erster Linie an den Ausschreibungen. Daher

werden wir uns für eine Ausweitung des „Süd-Kontingents“ bei Wind- und Photovoltaik-Ausschreibungen einsetzen. […]“
o. O. (München), o. D. (05.11.2018)
Download:
https://www.csu.de/common/csu/content/csu/hauptnavigation/dokumente/2018/Koalitionsvertrag__Gesamtfassung_final_2018-11-02.pdf
und
https://www.freie-waehler-bayern.de/fileadmin/user_upload/Dokumente/Koalitionsvertrag__Gesamtfassung_2018-11-04_final_ohne_Arbeitsweise.pdf

Brandenburg

Landtag

Antrag der SPD-Fraktion, der Fraktion DIE LINKE und der Fraktion BÜNDNIS 90/DIE GRÜNEN
Akzeptanz der Windenergie stärken
LT-Drs. 6/8998 (Neudruck) v. 19.06.2018
Aus dem Inhalt:
„[…] Der Landtag möge beschließen:
Der Landtag fordert die Landesregierung auf:
1. zur Erhöhung der Akzeptanz bei den Bürgerinnen und Bürgern verbesserte Beratungsangebote für den Ausbau der Erneuerbaren Energien bis Ende 2018 auf den Weg zu bringen. Dabei sollen die Erfahrungen im Land Thüringen mit der „Servicestelle Wind“ berücksichtigt werden. Verbesserte Beratungsangebote mit Fachpersonal sollen aktiv, neutral und auch vor Ort insbesondere
a) Kommunen und Bürgern während des Planungsprozesses von Windenergieanlagen unterstützen;
b) Kommunen bei der eigenverantwortlichen Errichtung oder der Beteiligung von Erneuerbare Energien-Anlagen, insbesondere bei Windenergieanlagenprojekten unterstützen;
c) Bürgerinnen und Bürger bei der Beteiligung an regionalen Windenergieprojekten beraten;
d) auf einen verbindlichen Dialog über Maßnahmen zur Akzeptanzverbesserung zwischen Investoren bzw. Projektentwicklern mit den Kommunen sowie den Bürgerinnen und Bürgern hinwirken;
e) Informationen im Zusammenhang mit dem Ausbau Erneuerbarer Energien auf einem Landesportal (etwa zu rechtlichen Rahmenbedingungen, Repowering von Windenergieanlagen) bereitstellen;
2. verstärkt auf Veranstaltungen über die Notwendigkeit der Energiewende sowie zum Ausbau der Erneuerbaren Energien und damit im Zusammenhang stehenden Fragestellungen zu informieren;
3. sich gegenüber der Bundesregierung dafür einzusetzen, dass schnellstmöglich eine bundeseinheitliche Regelung zur besseren Beteiligung der Standortkommunen an der Wertschöpfung von Anlagen der Erneuerbaren Energien geschaffen wird. Dazu gehört insbeson-

dere die Schaffung rechtlicher Grundlagen für eine Abgabe auf die Stromeinspeisung oder die Windnutzung;
4. bis Ende September 2018 zu prüfen, welche rechtlichen Möglichkeiten bestehen, eine Abgabe auf die Nutzung der Windenergie auch landesrechtlich zu regeln. Hierüber ist dem Ausschuss für Wirtschaft und Energie zu berichten;
5. die Förderung der Ausstattung von bereits bestehenden Windenergieanlagen mit bedarfsgerechter Nachtkennzeichnung im Rahmen bestehender Richtlinien zu prüfen.
Der Landtag beabsichtigt, landesrechtliche Regelungen zu schaffen, durch die zukünftig eine bedarfsgerechte Nachtkennzeichnung von neu zu errichtenden Windenergieanlagen vorgegeben werden kann. […]“
Download:
https://www.parlamentsdokumentation.brandenburg.de/parladoku/w6/drs/ab_8900/8998.pdf

Entschließungsantrag der CDU-Fraktion
zu: Antrag der SPD-Fraktion, der Fraktion DIE LINKE und der Fraktion BÜNDNIS 90/ DIE GRÜNEN – Akzeptanz der Windenergie stärken – Drucksache 6/8998 (Neudruck) vom 19.06.2018
Politik mit Sachverstand: Klare Regeln für Windkraft in Brandenburg
LT-Drs. 6/9055 v. 26.06.2018
Download:
https://www.parlamentsdokumentation.brandenburg.de/parladoku/w6/drs/ab_9000/9055.pdf

Der Landtag nimmt den Antrag Drs. 6/8998 Neudruck an.

Der Landtag lehnt den Entschließungsantrag Drs. 6/9055 ab.

LT-BePrNr. 63 v. 27.06.2018
Download:
https://www.landtag.brandenburg.de/de/meldungender_63._sitzung_des_landtages_brandenburg_am_mittwoch_dem_27._juni_2018/869825?_referer=666382

Antrag der CDU-Fraktion
Kein Weiter so! Echtes Windkraft-Moratorium für Brandenburg
LT-Drs. 6/9526 v. 10.09.2018
Aus dem Inhalt:
„Der Landtag möge beschließen:
Die Landesregierung wird aufgefordert,

1. durch entsprechende Festlegungen im Landesentwicklungsplan für die Hauptstadtregion Berlin-Brandenburg (LEP HR)
a) die Errichtung von Windenergieanlagen im Wald zu untersagen;
b) bei Neuanlagen in der Nähe von reinen Wohngebieten einen Mindestabstand von 1.500 m sowie
c) bei Neuanlagen in der Nähe von sozialtherapeutischen Einrichtungen einen Mindestabstand von 2.500 m vorzusehen;
2. nach § 12 ROG (i.V.m. § 14 LPlV) raumbedeutsame Maßnahmen zur Windenergienutzung sowie die Entscheidung über deren Zulässigkeit im gesamten Land Brandenburg mit sofortiger Wirkung zu untersagen, bis der LEP HR beschlossen ist."
Download:
https://www.parlamentsdokumentation.brandenburg.de/parladoku/w6/drs/ab_9500/9526.pdf

Änderungsantrag der AfD-Fraktion zu:
Antrag der CDU-Fraktion
– Kein Weiter so! Echtes Windkraft-Moratorium für Brandenburg –
Drucksache 6/9526 vom 10.09.2018
LT-Drs. 6/9598 v. 18.09.2018
Aus dem Inhalt:
„Der Antrag wird wie folgt abgeändert:
Der Punkt 1 b) wird gefasst wie folgt:
1.b) bei Neuanlagen in der Nähe von Wohngebieten einen Abstand des 10-fachen der Nabenhöhe, zuzüglich des Rotorradius, einer Windenergieanlage („10-H-Regelung"). Mindestens jedoch 2.000 m Abstand, unabhängig von der Höhe der Anlage sowie
Der Punkt 2.) wird gefasst wie folgt:
2.) ein Moratorium für den Neubau von Windenergieanlagen zu verfügen, bis deren ökonomische, soziale und ökologische Sinnhaftigkeit nachgewiesen wurde. Hierzu gehört vordergründig die ausreichende Verfügbarkeit von wirtschaftlich sowie umweltverträglich betreibbarer Speichertechnologie.
Es wird ein Punkt 3.) angefügt wie folgt:
3.) sich in den entsprechenden politischen Ebenen für eine gesetzlich geregelte Überwachungspflicht für jede Windenergieanlage nach der Betriebssicherheitsverordnung einzusetzen (sogen. TÜV-Prüfung) [...]"
Download:
https://www.parlamentsdokumentation.brandenburg.de/parladoku/w6/drs/ab_9500/9585.pdf

„Der Landtag lehnte den Änderungsantrag ab.
Der Landtag lehnte den Antrag ab.“
LT-BePr 6/66 v. 21.09.2018
Download:
https://www.landtag.brandenburg.de/de/meldungender_66._sitzung_des_landtages_brandenburg_am_donnerstag_dem_20._september_2018_und_am_freitag_dem_21._september_2018/881800?_referer=666382

MINISTERIUM FÜR LÄNDLICHE ENTWICKLUNG, UMWELT UND LANDWIRTSCHAFT DES LANDES BRANDENBURG
Anforderungen an die Geräuschimmissionsprognose und die Nachweismessung von Windkraftanlagen (WKA)
– (WKA-Geräuschimmissionserlass) – vom 14. Dezember 2017
Aus dem Inhalt:
„[…] Für die Ausbreitungsrechnung der Geräusche von Windkraftanlagen wird mit Beschluss der 134. Sitzung der Bund-/Länderarbeitsgemeinschaft für Immissionsschutz vom 05./06.09.2017 stattdessen die Anwendung der durch den Normenausschuss Akustik, Lärmminderung und Schwingungstechnik (NALS) im DIN erarbeiteten „Dokumentation zur Schallausbreitung – Interimsverfahren zur Prognose der Geräuschimmissionen von Windkraftanlagen (Fassung 2015-05.1)“ empfohlen.
Die durch das Interimsverfahren eingeführten Modifikationen zur DIN ISO 9613-2 für hoch liegende Quellen sind gemäß dem Anhang zu diesem Erlass bei der Geräuschimmissionsprognose von Windkraftanlagen ab sofort anzuwenden:

- bei neuen Genehmigungsverfahren
- bei noch nicht abgeschlossenen Genehmigungsverfahren
- bei der Ermittlung der Vorbelastungen durch Bestandsanlagen in neuen oder

noch nicht abgeschlossenen Genehmigungsverfahren. […]“
Download:
http://www.mlul.brandenburg.de/media_fast/4055/WKA-Geraeuschimmissionserlass.pdf

Erlass des Ministeriums für Ländliche Entwicklung, Umwelt und Landwirtschaft zur Kompensation von Beeinträchtigungen von Natur und Landschaft durch Windenergieanlagen (Kompensationserlass Windenergie) vom 31.1.2018
Download:
http://www.mlul.brandenburg.de/cms/media.php/lbm1.a.3310.de/Kompensationserlass-Windenergie.pdf

Siehe hierzu auch:

Mehr Klarheit und Regionalbezug bei Ausgleichs- und Ersatzmaßnahmen
„Das Brandenburger Umweltministerium hat in einem „Erlass zur Kompensation von Beeinträchtigungen von Natur und Landschaft durch Windenergieanlagen“ (Windkrafterlass) bisher in unterschiedlichen Rechtsvorschriften enthaltene Regelungen zusammengefasst und aktualisiert. Der Erlass wird bei immissionsschutzrechtlichen Genehmigungsverfahren für Windkraftanlagen angewendet. Durch die Errichtung von Windkraftanlagen verursachte Beeinträchtigungen des Naturhaushalts und des Landschaftsbilds sind durch Ausgleichs- und Ersatzmaßnahmen zu kompensieren. Erst wenn dies nicht möglich ist, ist eine Ersatzzahlung zu entrichten.
So erfolgt im Erlass bei Beeinträchtigungen des Naturhaushalts durch Windkraftanlagen die Klarstellung, dass eine Kompensation auf der Grundlage der „Hinweise zum Vollzug der Eingriffsregelung – HVE“ des Umweltministeriums zu erfolgen hat. Ferner wurden Regelungen zur Anerkennung des Rückbaus von Altwindkraftanlagen sowie mastartigen Bauwerken im Rahmen der Kompensation beziehungsweise Berechnung der Ersatzzahlung aufgenommen. […]
Das Umweltministerium wird zu den Neuregelungen des Erlasses mit den Regionalen Planungsgemeinschaften, dem Städte- und Gemeindebund und dem NaturSchutzFonds Brandenburg Informationsveranstaltungen anbieten, zunächst am 14. März in Fürstenwalde und am 16. April in Eberwalde. […]“
MLUL BB, Pressemitteilung v. 21.02.2018
Download:
http://www.mlul.brandenburg.de/cms/detail.php/bb1.c.329515.de

Kabinett beschließt Maßnahmenpaket zur Förderung der Akzeptanz für Windkraft
„[…] Wesentlicher Punkt des Maßnahmenpakets ist eine **Bundesratsinitiative**, mit der das **Windkraftprivileg** im Bundesbaugesetzbuch (§ 35, 5) gestrichen werden soll.
[…] will die Landesregierung noch in diesem Jahr per Gesetzesinitiative eine **Sonderabgabe zu Gunsten der Kommunen** auf den Weg bringen. Windenergieanlagenbetreiber sollen eine regelmäßige und ertragsabhängige Zahlung an die entsprechenden Standortkommunen entrichten. […]
Die Landesregierung will auch dafür sorgen, dass künftig **Ersatzzahlungen für die Beeinträchtigung des Landschaftsbildes verstärkt für Projekte in den Gemeinden** eingesetzt werden, in deren Gebiet Windenergieanlagen errichtet und betrieben werden. […]
Die Landesregierung will noch in diesem Jahr die so genannte **Bedarfsgerechte Nachtkennzeichnung** in der Landesbauordnung festschreiben. […]
Die Landesregierung wird den ungesteuerten Bau von Windkraftanlagen **außerhalb von Eignungsgebieten** verhindern, sofern der Regionalplan einer Region angegriffen und unwirksam wird. Sie wird noch im laufenden Jahr eine gesetzliche Regelung auf den Weg bringen, die in diesem Fall die Genehmigung von Windkraftanlagen in einer Region untersagt.
Zudem sind **Beratungsangebote** für Kommunen und Bürger bei der Planung von Projekten der Erneuerbaren Energien geplant, u. a. zur Klärung finanzieller Bürger- und Gemeindebe-

teiligungsmöglichkeiten, zur Moderation von Klärungsgesprächen zwischen Investoren und betroffenen Kommunen/Bürgern, zu Infomaterialien und Workshops/Veranstaltungen.
Zur Stärkung der Mitwirkungsrechte kleinerer Gemeinden an **Entscheidungen der Regionalen Planungsgemeinschaften** hat das Kabinett heute […] auch eine Änderung des Gesetzes zur Regionalplanung verabschiedet. Künftig sollen alle amtsfreien Gemeinden und Gemeindeverbände (Ämter und Verbandsgemeinden) mit **mindestens 5.000 Einwohnern** und Einwohnerinnen in der Regionalversammlung mit Stimmrecht vertreten sein. […]"
STK BB, Pressemitteilung v. 04.09.2018
Download:
https://www.brandenburg.de/media_fast/1167/kab.%20windkraft_NEU.pdf

Siehe hierzu auch unter I.3. > Bundesrat

Gesetzentwurf der Landesregierung
Erstes Gesetz zur Änderung des Gesetzes zur Regionalplanung und zur Braunkohlen- und Sanierungsplanung
LT-Drs. 6/9504 (ausgegeben: 06.09.2018)
Aus dem Inhalt:
„[…] Zur Sicherung erforderlich werdender Neuaufstellungen unwirksam gewordener Regionalpläne mit Festlegungen für die Windenergienutzung sollen Rechtsgrundlagen im Gesetz zur Regionalplanung und zur Braunkohlen- und Sanierungsplanung geschaffen werden. Landesplanerische Untersagungen sollen nicht nur im Einzelfall, sondern für raumbedeutsame Planungen und Maßnahmen ihrer Art nach generell für bestimmte Planungsräume ausgesprochen werden können.
Die Genehmigung raumbedeutsamer Windenergieanlagen soll in den betroffenen Regionen für einen befristeten Zeitraum von zwei Jahren raumordnerisch unzulässig sein. […]"
Download:
https://www.parlamentsdokumentation.brandenburg.de/starweb/LBB/ELVIS/parladoku/w6/drs/ab_9500/9504.pdf#search=%22%22

MINISTERIUM FÜR LÄNDLICHE ENTWICKLUNG,UMWELT UND LANDWIRTSCHAFT DES LANDES BRANDENBURG
Tierökologische Abstandskriterien für die Errichtung von Windenergieanlagen in Brandenburg (TAK)
Stand: 15.09.2018
Download:
https://mlul.brandenburg.de/cms/media.php/lbm1.a.3310.de/Windkrafterlass_Anlage1.pdf
= Anlage 1 zum Windkrafterlass des MUGV vom 01.01.2011

Siehe hierzu auch:
https://mlul.brandenburg.de/cms/detail.php/bb1.c.310544.de

Gesetzentwurf der Landesregierung
Zweites Gesetz zur Änderung des Waldgesetzes des Landes Brandenburg
LT-Drs. 6/10009 (ausgegeben: 27.11.2018)
Aus dem Inhalt:
„A. Problem
a) Das bestehende System aus einem flächendeckenden Netz an Waldbrandüberwachungskameras (automatisiertes Waldbrandfrüherkennungssystem-AWFS) wird durch den Bau von Windenergieanlagen regelmäßig derart beeinträchtigt, dass die neu errichteten Windenergieanlagen die Sicht der Überwachungskameras auf den zu überwachenden Wald versperren. In diesen Fällen müssen zusätzliche Überwachungskameras installiert oder bestehende umgesetzt werden. In beiden Fällen führt dies zu Kosten, die bisher aufgrund einer fehlenden Rechtsgrundlage nicht dem Verursacher auferlegt werden können und in der Regel vom Land getragen wurden. […]
B. Lösung
a) Die Einführung einer Kostentragungsregelung für den Fall, dass neu errichtete Windenergieanlagen den Betrieb des bestehenden Waldbrandüberwachungssystems beeinträchtigen und es demzufolge einer Anpassung des Systems bedarf. […]"
Download:
https://www.parlamentsdokumentation.brandenburg.de/parladoku/w6/drs/ab_10000/10009.pdf

Bremen

Bundesratsinitiative: Anhebung des Ausbauziels für Offshore-Windenergie
„[…] Bremen fordert die Bundesregierung in der gemeinsamen Entschließung mit den Ländern Schleswig-Holstein und Mecklenburg-Vorpommern auf, die Ausbauziele für die Offshore-Windenergie deutlich zu erhöhen, auf mindestens 20 Gigawatt Leistung in Nord- und Ostsee bis zum Jahr 2030 sowie mindestens 30 Gigawatt bis 2035. Damit soll die Rolle der Wind-energie auf See als Schlüsseltechnologie zur Erreichung der klimapolitischen Ziele sowie als wichtige Wachstumsbranche in Deutschland gestärkt werden."
SK HB, Pressemitteilung v. 01.02.2018
Download:
https://www.senatspressestelle.bremen.de/detail.php?gsid=bremen146.c.294465.de&asl=bremen02.c.732.de

Hessen

Antrag der Landesregierung
betreffend Dritte Verordnung zur Änderung der Verordnung über den Landesentwicklungsplan Hessen 2000
hier: Zustimmung durch den Hessischen Landtag
LT-Drs. 19/6158 neu v. 13.03.2018

Download:
http://starweb.hessen.de/cache/DRS/19/8/06158.pdf

Siehe hierzu auch:

Beschluss:
WVA 19/55 – 18.012018
„Der Ausschuss für Wirtschaft, Energie, Verkehr und Landesentwicklung beabsichtigt, am 7. Juni 2018, ab 14 Uhr eine öffentliche mündliche Anhörung durchzuführen.
Vor dem Plenum am 19. Juni 2018 soll im Rahmen einer Sondersitzung die Vorbereitung der zweiten Lesung erfolgen."
LT HE, Ausschuss für Wirtschaft, Energie, Verkehr und Landesentwicklung, BePr v. 21.03.2018
Download:
https://hessischer-landtag.de/sites/default/files/scald/files/WVA-BP-60_21.03.2018_0.pdf

KOALITIONSVERTRAG ZWISCHEN CDU HESSEN UND BÜNDNIS90/ DIE GRÜNEN HESSEN FÜR DIE 20. LEGISLATURPERIODE.
Aufbruch im Wandel durch Haltung, Orientierung und Zusammenarbeit
Wiesbaden, 23.12.2018
Aus dem Inhalt:
„[…] Wir werden, wie im Energiegipfel vereinbart, zwei Prozent der Landesfläche als Windvorranggebiete ausweisen. Dies dient der Steuerung und vermeidet den Wildwuchs, weil so 98 Prozent der Flächen verlässlich freigehalten werden. Wir erwarten, dass die Regionalversammlungen ihrer Verantwortung nachkommen und einen gerechten Ausgleich der Interessen herbeiführen.
Wir stehen zu den Ergebnissen des bundesweit einmaligen Hessischen Energiegipfels aus dem Jahr 2011. Im Rahmen des jährlichen Energiemonitorings werden wir weiterhin aktuelle Entwicklungen, den technischen Fortschritt und neue wissenschaftliche Erkenntnisse aufnehmen und prüfen.
Wir werden weiterhin Windkraft im Wald ermöglichen und hierzu auch Flächen im Eigentum des Landes bereitstellen. An den hieraus resultierenden Pachteinnahmen wollen wir die Kommunen angemessen beteiligen. Die bisherige Regelung werden wir überarbeiten.
Wir begrüßen, dass genossenschaftliche Ansätze und Vorhaben mit enger Beteiligung der Bürgerinnen und Bürger vor Ort beim Ausbau der erneuerbaren Energien besonders berücksichtigt werden. Wir wollen solche Zusammenschlüsse unterstützen. […]"
Download:
https://www.hessen.de/sites/default/files/media/staatskanzlei/koalitionsvertrag_20._wahlperiode.pdf

Mecklenburg-Vorpommern

Landtag

Antrag der Fraktion der AfD
Bundesratsinitiative zur Wiedereinführung der Länderöffnungsklausel in § 249 Absatz 3 Satz 1 Baugesetzbuch (BauGB)
LT-Drs. 7/1578 v. 10.01.2018
Download:
https://www.landtag-mv.de/fileadmin/media/Dokumente/Parlamentsdokumente/Drucksachen/7_Wahlperiode/D07-1000/Drs07-1578.pdf

Beschluss: Ablehnung des Antrages
LT-BePr v. 25.01.2018
Download:
https://www.landtag-mv.de/fileadmin/media/Dokumente/Parlamentsdokumente/Beschlussprotokolle/29_sitz_07.pdf

Beratung des Antrages der Fraktion der AfD
Bundesratsinitiative zur Abschaffung der Privilegierung für Windenergie
– Drucksache 7/2745 –
in Verbindung mit:
Beratung des Antrages der Fraktion der BMV
Privilegierung von Windkraftanlagen abschaffen
– Drucksache 7/2819 –

Beschluss:
Ablehnung der Ziffern 1 bis 4 des Antrages auf Drucksache 7/2745
Ablehnung des Antrages auf Drucksache 7/2819
LT-BePr, 49. Landtagssitzung v. 21.11.2018, TOP 8
Download:
https://www.landtag-mv.de/fileadmin/media/Dokumente/Parlamentsdokumente/Beschlussprotokolle/49_sitz_07.pdf

Niedersachsen

Landtag

Antrag Fraktion der AfD
Vollständiger Rückbau und Entsorgung von Windenergieanlagen
LT-Drs. 18/1083 v. 12.06.2018

Download:
http://www.landtag-niedersachsen.de/Drucksachen/Drucksachen%5F18%5F02500/01001-01500/18-01083.pdf

Beschluss: Ablehnung des Antrags
LT-PlPr 18/30 v. 13.11.2018
Download:
https://www.landtag-niedersachsen.de/parlamentsdokumente/steno/18_wp/endber030.pdf?page=91

Bundesratsinitiative: Änderung des Erneuerbare-Energien-Gesetzes
„Die niedersächsische Landesregierung hat in ihrer Sitzung am (heutigen) Dienstag eine Bundesratsinitiative zur Änderung des Erneuerbare-Energien-Gesetzes (EEG) beschlossen. Die Initiative sieht vor, das Ausschreibungsvolumen für Windanlagen an Land in 2018 einmalig um 2.000 Megawatt (MW) zu erhöhen. Zudem sollen Sonderregelungen für Bürgergesellschaften auch für die Jahre 2018 und 2019 ausgesetzt werden. Damit soll die zu erwartende Ausbaulücke bei der Realisierung von Windenergieprojekten in 2019 und 2020 geschlossen und der Verlust von Arbeitsplätzen verhindert werden. […]"
STK NI, Pressemitteilung v. 16.01.2018
Download:
https://www.stk.niedersachsen.de/aktuelles/presseinformationen/bundesratsinitiative-zum-erneuerbare-energien-gesetz-ausschreibungsvolumen-fuer-windanlagen-an-land-erhoehen-ausbauluecke-schlieen--161043.html

Nordrhein-Westfalen

MINISTERIUM FÜR UMWELT, LANDWIRTSCHAFT, NATUR- UND VERBRAUCHERSCHUTZ DES LANDES NORDRHEIN-WESTFALEN
Immissionsschutz; Einführung der neuen LAI-Hinweise zum Schallimmissionsschutz bei Windkraftanlagen
Erlass v. 29.11.2017, Az. 8851.1.6.4
Aus dem Inhalt:
„Die Bund/Länderarbeitsgemeinschaft für Immissionsschutz (LAI) hat mit ihrem Beschluss vom 5./6.9.2017 die überarbeiteten LAI-Hinweise zum Schallimmissionsschutz bei Windkraftanlagen (s. Anlage) den Ländern zur Anwendung im Vollzug empfohlen. Diese Hinweise beinhalten eine Anpassung des bislang üblichen Prognosemodells an die Besonderheiten hoher Windenergieanlagen. Ich bitte, diese Hinweise zukünftig bei der Genehmigung und Überwachung von Windenergieanlagen (WEA) als Erkenntnisquelle anzuwenden. […]"

Download:
https://www.umwelt.nrw.de/fileadmin/redaktion/PDFs/umwelt/Laerm/wka_einfuerungserlass_lai_hinweise.pdf

MINISTERIUM FÜR WIRTSCHAFT, INNOVATION, DIGITALISIERUNG UND ENERGIE DES LANDES NORDRHEIN-WESTFALEN
Maßnahmen der Landesregierung zur Belebung der Wirtschaft – Entfesselungspaket II
1. Entwurf eines Gesetzes zur Änderung des E-Government-Gesetzes Nordrhein-Westfalen
2. Vorbereitung der Änderung des Landesentwicklungsplans für Nordrhein-Westfalen (LEP NRW)
MWIDE, 20. Dezember 2017, Az. I A 3 (Landtag NRW, Vorlage 17/415)
Download:
https://www.landtag.nrw.de/Dokumentenservice/portal/WWW/dokumentenarchiv/Dokument/MMV17-415.pdf

Kabinett beschließt Entfesselungspaket II
„[…] Mit dem Kabinettbeschluss von heute [19.12.2017] hat die Landesregierung das Verfahren zur Änderung des LEP vom Februar 2017 eingeleitet. Die Maßnahmen im Einzelnen: […]
Änderung der Festlegungen zur Windkraftnutzung:
Es ist vorgesehen, die Möglichkeit der Errichtung von Windenergieanlagen im Wald und die Verpflichtung zur Festlegung von Vorranggebieten für die Windenergie in Regionalplänen aufzuheben. Außerdem soll der Grundsatz, mit dem der Umfang der Flächenfestlegungen für Windenergie in den Regionalplänen geregelt wird, ganz entfallen. […]
Bundesratsinitiative zu Ausschreibungen für den Windenergieausbau:
Die Landesregierung wird sich über eine Bundesratsinitiative zur Anpassung des Erneuerbare-Energien-Gesetzes dafür einsetzen, dass bei künftigen Ausschreibungen für Windenergieanlagen an Land Planungssicherheit für Investoren und Anlagenbauer erreicht wird. Das betrifft insbesondere das Jahr 2018, in das für ab 2021 eingeplante Mittel vorverlegt werden sollen. Ziel ist es, Strukturbrüche für die Branche zu vermeiden.[…]“
MWIDE NRW, Pressemitteilung v. 19.12.2017
Download:
https://www.wirtschaft.nrw/Daten_Fakten_Entfesselungspaketzwei

Siehe hierzu auch:

MINISTERIUM FÜR WIRTSCHAFT, INNOVATION, DIGITALISIERUNG UND ENERGIE DES LANDES NORDRHEIN-WESTFALEN
Daten und Fakten zum Entfesselungspaket II
Download:
https://www.wirtschaft.nrw/sites/default/files/asset/document/19-12-2017_entfesselung_ii_factsheet.pdf

Kabinett billigt Änderungen am Landesentwicklungsplan
„Die Landesregierung gibt den Kommunen mehr Spielraum, damit sie leichter Flächen für Firmenansiedlungen und -erweiterungen sowie für den Wohnungsbau ausweisen können. Dazu hat das Kabinett [am 17.04.2018] Änderungen des Landesentwicklungsplans (LEP) beschlossen [...] Die Änderung des LEP ist wesentlicher Bestandteil des Entfesselungspakets II. [...]
- **Windkraft:** Um die Akzeptanz für die Erneuerbaren zu erhalten, wird ein planerischer Vorsorgeabstand zu Wohngebieten eingeführt. Soweit im Einklang mit Bundesrecht möglich, sollen Anlagen künftig nur im Abstand von 1500 m zu Wohngebieten geplant werden können. [...]
Von 7. Mai bis 15. Juli 2018 können alle Bürgerinnen und Bürger, öffentliche Stellen und Institutionen ihre Stellungnahmen und Anregungen abgeben. Nach Auswertung und Beratung im Kabinett wird der geänderte LEP dem Landtag mit der Bitte um Zustimmung zugeleitet. Je nach Dauer der Beratungen und des Beteiligungsverfahrens dürfte der geänderte Plan im ersten Halbjahr 2019 in Kraft treten.
Um den Kommunen schon jetzt Handlungsmöglichkeiten zu eröffnen, hat das Wirtschaftsministerium einen Erlass veröffentlicht, der die Spielräume des derzeit geltenden Rechts mit Blick auf die Neufassung des LEP erläutert und konkretisiert. [...]“
MWIDE, Pressemitteilung v. 19.04.2018
Download:
https://www.land.nrw/de/pressemitteilung/minister-pinkwart-wir-schaffen-mehr-freiraeume-fuer-investitionen-nordrhein

Siehe hierzu auch:

Geplante Änderungen des LEP NRW (Entwurf – Stand: 17. April 2018)
Aus dem Inhalt:
[...] Der Ausbau der Windenergie stößt in weiten Teilen des Landes auf Vorbehalte in der Bevölkerung. Mit den Änderungen zur Standortfestlegungen für die Nutzung erneuerbarer Energien soll die Akzeptanz für die Nutzung der Windenergieanlagen erhalten und die kommunale Entscheidungskompetenz gestärkt werden. [...]
„[...] Die Errichtung von Windenergieanlagen [im Wald] ist möglich, sofern wesentliche Funktionen des Waldes nicht erheblich beeinträchtigt werden. [wird gestrichen]
[...]

In den Planungsregionen können Gebiete **für die Nutzung der Windenergie als Vorranggebiete in den Regionalplänen** *festgelegt werden.* […]
Bei der planerischen Steuerung von Windenergieanlagen in Regionalplänen und in kommunalen Flächennutzungsplänen soll zu Allgemeinen Siedlungsbereichen und zu Wohnbauflächen den örtlichen Verhältnissen angemessen ein planerischer Vorsorgeabstand eingehalten werden. Hierbei ist ein Abstand von 1500 Metern zu allgemeinen und reinen Wohngebieten vorzusehen. Dies gilt nicht für den Ersatz von Altanlagen (Repowering). […]"
Download:
https://www.wirtschaft.nrw/sites/default/files/asset/document/synopse_lep_stand_2018-04-17.pdf

Kabinett verabschiedet Novelle des Windenergie-Erlasses
„Die Landesregierung hat die Novelle des Windenergie-Erlasses beschlossen. […] Ziel der Novelle ist die Neuausrichtung des Ausbaus der Windenergie. […] Die Landesregierung will mit dem Erlass die Kommunen in ihrer Planungshoheit unterstützen: Er zeigt auf, wie sie der Umzingelung von Siedlungen vorbeugen können. Die Novelle stärkt auch den Landschaftsschutz und belässt den unteren Naturschutzbehörden der Landkreise mehr Spielraum als bisher. Im Hinblick auf einen Abstand von 1.500 Meter zu reinen Wohngebieten wurde ein Fallbeispiel aufgenommen, das zeigt, welche Lärmschutzanforderungen an einen Windpark durchschnittlicher Größe zu stellen sind. Zudem erfolgt der Hinweis auf die geplante Änderung des LEP mit einem Grundsatz für einen planerischen Mindestabstand zu reinen Wohngebieten von 1.500 Meter. […]"
MWIDE NRW, Pressemitteilung v. 08.05.2018
Download:
https://www.land.nrw/de/pressemitteilung/kabinett-verabschiedet-novelle-des-windenergie-erlasses

Erlass für die Planung und Genehmigung von Windenergieanlagen und Hinweise für die Zielsetzung und Anwendung (Windenergie-Erlass)
Gemeinsamer Runderlass des Ministeriums für Wirtschaft, Innovation, Digitalisierung und Energie (Az. VI.A-3 – 77-30 Windenergieerlass), des Ministeriums für Umwelt, Landwirtschaft, Natur- und Verbraucherschutz (Az. VII.2-2 – 2017/01 – Windenergieerlass) und des Ministeriums für Heimat, Kommunales, Bau und Gleichstellung des Landes Nordrhein-Westfalen (Az. 611 – 901.3/202) vom 8. Mai 2018
MBl. NRW. 2018 S. 258
Download:
https://recht.nrw.de/lmi/owa/br_vbl_detail_text?anw_nr=7&vd_id=16977&ver=8&val=16977&sg=&menu=1&vd_back=N

Bundesratsinitiative für mehr Akzeptanz von Windenergieanlagen
„Das nordrhein-westfälische Landeskabinett hat eine Bundesratsinitiative beschlossen, um die Akzeptanz in der Bevölkerung für die Nutzung von Windenergieanlagen zu erhalten. […] Gegenstand der […] Initiative ist zum einen die sogenannte „Länderöffnungsklausel", die es bis zum 31. Dezember 2015 gab, wieder aufleben zu lassen und zum zweiten eine Stärkung der planerischen Steuerung zu erreichen. […]
Die Landesregierung bekommt durch die vorgeschlagene Änderung die Möglichkeit, die vorrangige baurechtliche Behandlung von Windenergieanlagen im Baugesetzbuch durch eine rechtssichere Abstandsregelung zu Wohnbebauung einschränken zu können. Dann könnte der weitere Ausbau in geordnete Bahnen gelenkt und der Fokus auf das Repowering bestehender Anlagen (dann mit mehr Leistung) gerichtet werden. […]
Außerdem soll durch Neufassung des § 15 Absatz 3 BauGB die planerische Steuerung der Kommunen gestärkt werden, indem Kommunen die Möglichkeit erhalten, Genehmigungsanträge von einem auf zwei Jahre zurückzustellen. Dies erhöht die Rechtssicherheit, da die nötigen Abwägungsentscheidungen unter geringerem Zeitdruck und mit größerer Sorgfalt getroffen werden können."
MHKBG NRW, Pressemitteilung v. 28.09.2018
Download:
https://www.land.nrw/de/pressemitteilung/ministerin-scharrenbach-bundesratsinitiative-fuer-mehr-akzeptanz-von

Siehe auch unter I.3. > Bundesrat

Rheinland-Pfalz

SGD Nord stimmt Zielabweichung für die Flächennutzungsplanung Windenergie der Verbandsgemeinde Ruwer weitestgehend zu
„Aktuell hat die Struktur- und Genehmigungsdirektion (SGD) Nord als obere Landesplanungsbehörde dem Zielabweichungsantrag der Verbandsgemeinde Ruwer für die Teilfortschreibung Windenergie ihres Flächennutzungsplans weitestgehend zugestimmt.
Gegenstand dieser Planungen ist die vorgesehene Ausweisung von drei Sonderbauflächen für Windkraftanlagen im Flächennutzungsplan. […] Die drei geplanten Sonderbauflächen für die Windkraft liegen in der Ausschlusskulisse des regionalen Raumordnungsplans. […]"
SGD Nord, Pressemitteilung v. 22.12.2017
Download:
https://sgdnord.rlp.de/de/service/pressemitteilungen/detail/news/detail/News/sgd-nord-stimmt-zielabweichung-fuer-die-flaechennutzungsplanung-windenergie-der-verbandsgemeinde-ruwer/

SGD Nord lässt Zielabweichung für die Flächennutzungsplanung Windenergie der Verbandsgemeinde Saarburg teilweise zu

„Aktuell hat die Struktur- und Genehmigungsdirektion (SGD) Nord als obere Landesplanungsbehörde dem Zielabweichungsantrag der Verbandsgemeinde Saarburg für die Teilfortschreibung Windenergie ihres Flächennutzungsplans teilweise stattgegeben. Gegenstand dieser Planungen ist die vorgesehene Ausweisung von fünf zusätzlichen Sonderbauflächen für Windkraftanlagen im Flächennutzungsplan. Gegenstand dieser Planungen ist die vorgesehene Ausweisung von fünf zusätzlichen Sonderbauflächen für Windkraftanlagen im Flächennutzungsplan. [...]"

SGD Nord, Pressemitteilung v. 23.02.2018

Download:

https://sgdnord.rlp.de/de/service/pressemitteilungen/detail/news/detail/News/sgd-nord-laesst-zielabweichung-fuer-die-flaechennutzungsplanung-windenergie-der-verbandsgemeinde-saarbu/

Landesverordnung über die Kompensation von Eingriffen in Natur und Landschaft (Landeskompensationsverordnung – LKompVO -)

Vom 12. Juni 2018

GVBl. 2018, 160

Download:

https://mueef.rlp.de/fileadmin/mulewf/Themen/Naturschutz/Eingriff_und_Kompensation/Landeskomensationsverordnung.pdf

Landeskompensationsverzeichnisverordnung (LKompVzVO)

Vom 12. Juni 2018

GVBl. 2018, 158

Download:

https://mueef.rlp.de/fileadmin/mulewf/Themen/Naturschutz/Eingriff_und_Kompensation/Landeskompensationsverzeichnisverordnung.pdf

Siehe hierzu auch:

Ministerium für Umwelt, Energie, Ernährung und Forsten des Landes Rheinland-Pfalz Eingriffsregelung

Download:

https://mueef.rlp.de/de/themen/naturschutz/eingriff-und-kompensation/

LEITFADEN ZUR VISUELLEN ROTMILAN-RAUMNUTZUNGSANALYSE
Untersuchungs- und Bewertungsrahmen zur Behandlung von Rotmilanen (Milvus milvus) bei der Genehmigung für Windenergieanlagen,
Beauftragt durch das Ministerium für Umwelt, Energie, Ernährung und Forsten Rheinland-Pfalz,
Bearbeitung: Landesamt für Umwelt Rheinland-Pfalz, Thomas Isselbächer
Mainz, 23.07.2018
Aus dem Inhalt:
„[…] Der vorliegende Leitfaden und die darin beschriebene Methode dient als maßgebliche Ergänzung zum „Naturschutzfachlichen Rahmen zum Ausbau der Windenergie in Rheinland-Pfalz (VSW & LUWG 2012)". Die Methode verfolgt einen brutpaar- und einzelfallbezogenen Ansatz und das Ziel, das betriebsbedingte Mortalitätsrisiko (Kollisionswahrscheinlichkeit) durch die quantitative Bestimmung der den Gefahrenbereich der geplanten WEA-Standorte frequentierenden Rotmilane in Relation zu Aufenthalten im übrigen Aktionsraum und unter Berücksichtigung qualitativer Habitatmerkmale (Habitatpotenzial) und -funktionen abzuschätzen und dieses artenschutzrechtlich zu bewerten."
Download:
https://lfu.rlp.de/fileadmin/lfu/Naturschutz/Dokumente/Erneuerbare_Energien/Leitfaden_Rotmilan_RNA_2018_07_23_LfU_final_MUEEF.pdf

Sachsen

Antrag der Fraktion BÜNDNIS 90/DIE GRÜNEN
Thema: Windenergie: Konflikte lösen, Bürger und Kommunen beteiligen, Ausbau voranbringen
LT-Drs. 6/12470 v. 13.02.2018
Aus dem Inhalt:
„Der Landtag möge beschließen:
Die Staatsregierung wird aufgefordert,
1. in der Sächsischen Energieagentur (SAENA) eine „Servicestelle Windenergie" zu etablieren, welche
a) kostenfrei und unabhängig zwischen allen Beteiligten bei Neubau und Repowering von Windenergieanlagen vermittelt und berät,
b) eine frühzeitige wirtschaftliche sowie planerische Beteiligung lokaler Akteure an geplanten Vorhaben befördert sowie
c) mit ausreichend Personalstellen auszustatten ist.
2. bis zum 30. Juni 2018 Leitlinien für ein Siegel „Faire Windenergie Sachsen" zu erarbeiten und umzusetzen, welches Projektierungs- und Planungsunternehmen auf ein Jahr befristet erhalten können, die sich zur Einhaltung folgender Leitlinien verpflichten:
a) Beteiligungsmöglichkeiten aller Interessengruppen im Umfeld während der gesamten Projektierungsphase,
b) eine Teilhabemöglichkeit aller Betroffenen (und nicht nur der Flächeneigentümer),

c) die Einbeziehung der regionalen Energieversorger und Kreditinstitute sowie d) die Entwicklung direkter Beteiligungsmöglichkeiten für lokale Unternehmen, Kommunen, Bürgerinnen und Bürger.
3. das Energie- und Klimaprogramm Sachsen 2012, wie im Koalitionsvertrag vereinbart zu überarbeiten und dabei die Zielvorgabe für den Windenenergieausbau auf zwei Prozent der Landesfläche anzuheben. […]"
Download:
http://edas.landtag.sachsen.de/viewer.aspx?dok_nr=12470&dok_art=Drs&leg_per=6

Der Antrag wird abgelehnt.
LT-PlPr 6/81 v. 07.11.2018
Download:
https://www.landtag.sachsen.de/de/aktuelles/sitzungskalender/protokoll/1158

Sachsen-Anhalt

MINISTERIUM FÜR UMWELT, LANDWIRTSCHAFT UND ENERGIE DES LANDES SACHSEN-ANHALT (Hrsg.)
Leitfaden Artenschutz an Windenergieanlagen in Sachsen-Anhalt,
Magdeburg o. D. (26.11.2018)
Download:
https://mule.sachsen-anhalt.de/fileadmin/Bibliothek/Politik_und_Verwaltung/MLU/MLU/04_Energie/Erneuerbare_Energien/Windenergie/181126_Leitlinie_Artenschutz_Windenergieanlagen_barrierefrei.pdf

Siehe hierzu auch:

Artenschutz und Windenergie – das geht zusammen
„[…] Ziel des Leitfadens ist es, Verluste von Tierarten an Windenergieanlagen zu verringern und die Rechtssicherheit für die Windenergiebetreiber und den Artenschutz zu verbessern. Es wurde der Rahmen für Untersuchungen im Vorfeld der Genehmigungserteilung von Windenergieanlagen für Sachsen-Anhalt einheitlich nach den neuesten wissenschaftlichen Erkenntnissen festgelegt. […]
Der Leitfaden regelt für die Genehmigungsbehörden ein einheitliches Vorgehen mit dem Ziel, Konflikte aufzulösen. […] In diesem Sinne erfüllt der Leitfaden wichtige Forderungen des ganz aktuellen Beschlusses des Bundesverfassungsgerichtes vom 23. Oktober 2018 dahingehend, dass konkrete fachliche Maßgaben getroffen werden müssen, um die Tötung von Tieren an Windenergieanlagen verhindern. […]
Das Umweltministerium hat die Inhalte des Leitfadens unter Beteiligung der Windkraftbranche (Verbände und Betreiber) und der Naturschutzverbände erstellt und mit ihnen erörtert und

mit dem für die Raumordnung und Regionalplanung zuständigen Ministerium für Landesentwicklung und Verkehr abgestimmt. […]
Der Leitfaden enthält für ausgewählte Arten Empfehlungen zum Umgang mit deren Habitatansprüchen, zu Prüfradien um Brut- und Ruhestätten und zu methodischen Vorgaben, die in den Genehmigungsverfahren in Sachsen-Anhalt angewendet werden sollen. […]"
MULE ST, Pressemitteilung Nr. 223/2018 v. 27.11.2018
Download:
http://www.presse.sachsen-anhalt.de/index.php?cmd=get&id=898961&identifier=732e826205802f9d488a5495788a0333

Schleswig-Holstein

Landtag

Gesetzentwurf der Abgeordneten des SSW
Entwurf eines Gesetzes zur Änderung des Waldgesetzes für Schleswig-Holstein (Landeswaldgesetz – LWaldG)
LT-Drs. 19/287 v. 20.10.2017
Aus dem Inhalt:
„Die zuständige Naturschutzbehörde wird zu Anträgen auf Kahlschlag gehört und ihre Stellungnahme ist in der jeweiligen Entscheidung der Forstbehörde einzubeziehen. […]
Die Umwandlung von Wald zur Errichtung von Windenergieanlagen mit einer Höhe von mehr als 10 Metern sowie deren Errichtung innerhalb von 10 Jahren nach der Umwandlung ist unzulässig."
Download:
http://www.landtag.ltsh.de/infothek/wahl19/drucks/00200/drucksache-19-00287.pdf

Der Gesetzentwurf wurde vom Landtag abgelehnt.
LT-PlPr 19/34 v. 04.07.2018 S 2451-2458
Download
http://www.landtag.ltsh.de/export/sites/ltsh/infothek/wahl19/plenum/plenprot/2018/19-034%5F07-18.pdf#page=64

Gesetzentwurf der Volksinitiative „Für größere Abstände zwischen Windkraftanlagen und Wohnbebauung"
Vertrauenspersonen: Dr. Susanne Kirchhof u. w.
Entwurf eines Gesetzes zur Berücksichtigung größerer Abstände zwischen Windkraftanlagen und Wohnhäusern
LT-Dr. 19/663 v. 04.12.2017

Aus dem Inhalt:
„[…] grundsätzlich ein Abstand zwischen Windenergieanlagen und Wohnbebauung vom 10fachen der Anlagenhöhe (10H), mindestens aber 1000 m eingehalten werden kann; hierdurch soll die Vorsorge für die Gesundheit der Anwohner sichergestellt und die Akzeptanz dieser infolge der erstrebten Energiewende erforderlichen Raumnutzung verbessert werden. […]
Bei Gebietsausweisungen im Sinne von § 8 Abs. 7 ROG für Windenergieanlagen, soll ein Abstand der Anlagen vom 10 fachen ihrer Höhe (10H) zur Wohnbebauung, mindestens aber 1000 m erwogen werden."
Download:
http://www.landtag.ltsh.de/infothek/wahl19/drucks/00600/drucksache-19-00663.pdf

Der Gesetzentwurf wurde vom Landtag abgelehnt.
LT-PlPr 19/35 v. 05.07.2018 S 2563
Download:
http://www.landtag.ltsh.de/export/sites/ltsh/infothek/wahl19/plenum/plenprot/2018/19-035%5F07-18.pdf#page=85

Bundesratsinitiative: Zusätzlicher Offshore-Ausbau
„Die Landesregierung Schleswig-Holstein fordert einen zusätzlichen Ausbau der Windenergie auf See. Dazu will sie Anfang Februar eine Initiative in den Bundesrat einbringen. Demnach soll der bundesweite Deckel für Offshore-Energie in Nord- und Ostsee auf mindestens 20 Gigawatt bis 2030 und 30 Gigawatt bis 2035 angehoben werden. Bislang liegt er bei 15 Gigawatt bis 2030. […]"
MELUND SH, Pressemitteilung v. 23.01.2018
Download:
http://www.schleswig-holstein.de/DE/Landesregierung/V/Presse/PI/2018/0118/180123_Offshore.html

Neuer Entwurf für Regionalplan Windkraft liegt im Sommer vor
„Die Landesregierung hat ihren im Herbst vergangenen Jahres vorgestellten Zeitplan zur Windenergie-Regionalplanung bekräftigt. Bis Mitte dieses Jahres soll ein neuer Entwurf vorliegen, bis Ende 2018 werde es wieder eine Anhörung geben, berichtete Innenminister Hans-Joachim Grote (CDU) auf Antrag der SPD. Man werde dann sehen, ob vielleicht ein dritter Entwurf nötig ist, so der Minister. Die Landesregierung setze auf „Rechtssicherheit und Akzeptanz" in der Bevölkerung. […]"
(LT SH, Sitzung 25.01.2018, Top 32 – Regionalplanung Windkraft)
LT SH, plenum-online 25.01.2018
Download:
http://www.landtag.ltsh.de/plenumonline/archiv/wp19/08/debatten/32.html

Lärmschutz bei Windkraftanlagen wird verbessert

„Lärmprognosen zum Schutz vor Lärm von Windkraftanlagen werden künftig besser. Das Umwelt- und Energiewendeministerium Schleswig-Holstein hat dazu ab sofort die überarbeiteten Hinweise zum Schallimmissionsschutz der Bund/Länder-Arbeitsgemeinschaft für Immissionsschutz (LAI-Hinweise) eingeführt. [...] Der Unterschied zwischen dem alten und dem neuen Beurteilungsverfahren besteht insbesondere darin, dass die Bodendämpfung jetzt nicht mehr einberechnet und das Berechnungsverfahren auf eine frequenzabhängige Berechnung umgestellt wird. Die Regelungen werden sich in einigen Fällen auf den Nachtbetrieb von Anlagen auswirken. Der Tagbetrieb bleibt davon unberührt, da dort wie bei anderen Lärmverursachern auch deutlich höhere Immissionsrichtwerte gelten. Die Immissionswerte für Schall, die sich aus der TA Lärm ergeben, gelten unverändert fort. [...]"
MELUND SH, Pressemitteilung v. 01.02.2018
Download:
http://www.schleswig-holstein.de/DE/Landesregierung/V/Presse/PI/2018/0218/180201_Schallprognose.html

Landesregierung legt aktuellen Zeitplan zur Windplanung fest

„Die Landesregierung hat in ihrer heutigen (20. März 2018) Kabinettssitzung die Zeitplanung in Sachen Windplanung konkretisiert. Dies teilte der Minister für Inneres, ländliche Räume und Integration, Hans-Joachim Grote, im Anschluss an die Beschlussfassung im Kabinett mit. [...] Um neue Flächen zu generieren, die für eine Erhöhung der Abstände zu Siedlungsflächen genutzt werden können, wurde auch der Kriterienkatalog der weichen Tabus und Abwägungskriterien noch einmal in Abstimmung mit den verantwortlichen Ressorts überarbeitet. Die Ressorts befinden sich hierzu in konstruktiven Gesprächen, die fast abgeschlossen sind. Für den weiteren Prozess bittet die Landesregierung den Landtag darum, das Moratorium im Rahmen des derzeit laufenden Gesetzgebungsverfahrens zur Änderung des Landesplanungsgesetzes noch einmal zu verlängern.
Bereits Ende Mai sollen die Entwürfe für die vorläufigen Potenzialflächen und Vorranggebiete an die Ressorts versandt werden. Das Kabinett wird im Juli die überarbeiteten Planentwürfe verabschieden. Auf Basis dieses Rahmens können dann Ausnahmegenehmigungen erteilt werden. Damit werden die Auswirkungen der notwendigen Moratoriumsverlängerung abgefedert."
IM SH, Pressemitteilung v. 20.03.2018
Download:
http://www.schleswig-holstein.de/DE/Landesregierung/IV/Presse/PI/2018/180320_PI_Wind.html

Gesetzentwurf der Fraktionen von CDU, Bündnis 90/ Die Grünen und FDP
Entwurf eines Gesetzes zur Änderung des Landesplanungsgesetzes

LT-Drs. 19/581 (neu) v. 21.03.2018
Download:
http://www.landtag.ltsh.de/infothek/wahl19/drucks/00500/drucksache-19-00581.pdf

Siehe hierzu auch:

„In den neuen Regionalplänen für den Ausbau der Windkraft wollen CDU, Grüne und FDP höhere Mindestabstände von Windrädern zu Siedlungen vorschreiben. Weil es bis dahin aber noch dauert, brachte Jamaika mit einem Entwurf für eine Änderung des Landesplanungsgesetzes eine Verlängerung des Moratoriums für neue Anlagen zwischen Nord- und Ostsee bis Sommer 2019 auf den Weg. Außerdem will die Koalition bei den Planungsunterlagen von Papier auf digital umsteigen.
Es zeichnet sich ab, dass neue Windräder künftig mindestens 1000 Meter von Siedlungen entfernt aufgestellt werden müssen. Dieses Ziel hat sich die Jamaika-Koalition gesetzt. Bei Einzelhäusern wird es aber wohl bei 400 Metern Abstand bleiben. [...]"
LT SH, plenum-online, 23.03.2018
Download:
http://www.landtag.ltsh.de/plenumonline/archiv/wp19/10/debatten/12.html

Siehe hierzu auch:

Jamaika-Koalition: Eckpunkte der zukünftigen Windenergieplanung
„Größere Abstände und ein neuer Kriterienkatalog – die Regierungskoalition hat sich auf ein gemeinsames Vorgehen bei der Flächenplanung für Windkraftanlagen geeinigt. Es sei gelungen, politische Vorgaben des Koalitionsvertrags zusammenzuführen, sagte Ministerpräsident Daniel Günther. Zugleich sei eine rechtssichere Planung erarbeitet worden – das Konzept von Vorranggebieten mit Ausschlusswirkung habe man beibehalten.
Bis 2025 würden in Schleswig-Holstein zehn Gigawatt Strom aus Onshore-Windenergie produziert, sagte Günther. Gleichzeitig werden die Abstände zu Siedlungen vergrößert: Neue und bislang unbebaute Vorranggebiete sollen mindestens 1.000 Meter Regelabstand zu Ortslagen haben.
Bei Gebieten mit Alt-Anlagenbestand soll der bisherige Abstand von 800 Metern beibehalten werden. Eine neue Regelung solle die Unterschiede zwischen 800 und 1.000 Metern abmildern. Es gelte die Regel: Je höher die Anlage, desto weiter weg vom Menschen.
Die Koalition habe sich ebenfalls darauf verständigt, den Kriterienkatalog zu überarbeiten. Dadurch könnten Flächenverluste ausgeglichen werden, betonte Günther.
Die Landesplanungsbehörde wird nun auf der Grundlage der Einigung eine konkrete Gebietskulisse erstellen. Diese wird Mitte bis Ende Mai 2018 in die Anhörung mit den verschiedenen Ressorts gehen. Im Juli soll dann die Öffentlichkeitsbeteiligung beginnen."
SK SH, Pressemitteilung v. 27.03.2018
Download:
https://www.schleswig-holstein.de/DE/Landesregierung/I/_startseite/Artikel2018/I/180327_windenergie.html

Gesetzentwurf der Fraktionen von CDU, Bündnis 90/ Die Grünen und FDP
Entwurf eines Gesetzes zur Änderung des Landesplanungsgesetzes
LT-Drs. 19/581 (neu) v. 21.03.2018
Download:
http://www.landtag.ltsh.de/infothek/wahl19/drucks/00500/drucksache-19-00581.pdf

Bericht und Beschlussempfehlung des Innen- und Rechtsausschusses
Entwurf eines Gesetzes zur Änderung des Landesplanungsgesetzes
Gesetzentwurf der Fraktionen von CDU, BÜNDNIS 90/DIE GRÜNEN und FDP
Drucksache 19/581 (neu)
LT-Drs. 19/754 v. 13.06.2018
Download:
http://www.landtag.ltsh.de/infothek/wahl19/drucks/00700/drucksache-19-00754.pdf

Der Landtag verabschiedet den Gesetzentwurf am 13.06.2018
in der Fassung der Drucksache 19/754.
LT-BePr v. 22.06.2018
Download:
http://www.landtag.ltsh.de/export/sites/ltsh/infothek/wahl19/plenum/beschlusspro/2018/bp_19-012_06-18.pdf

Gesetz zur Änderung des Landesplanungsgesetzes
Vom 15. Juni 2018
GVOBl. Schl-H. S. 292

Erfolg für Schleswig-Holstein: Bundesrat möchte Übertragung von zusätzlichem Atomstrom in Netzausbaugebiete verhindern
„[…] Die Länderkammer hat einem Antrag des Landes zum Atomgesetz (ATG) der Bundesregierung zugestimmt. Ziel des Antrags ist es, die Übertragung von zusätzlichem Atomstrom in Netzausbaugebiete zu verhindern. […] Der Bundesrat fordert die Bundesregierung nun auf, die Übertragung von zusätzlichem Atomstrom in Netzausbaugebiete zu verhindern. Dazu zählen Schleswig-Holstein und weite Teile Norddeutschlands, in denen der Strom aus erneuerbaren Energien derzeit aufgrund von Netzengpässen nicht vollständig abtransportiert werden kann. […]“
MELUND SH, Pressemitteilung v. 08.06.2018
Download:
http://www.schleswig-holstein.de/DE/Landesregierung/V/Presse/PI/2018/0618/180608_ATG_Novelle.html

Bericht der Landesregierung
Energiewende und Klimaschutz in Schleswig-Holstein –
Ziele, Maßnahmen und Monitoring 2018
LT-Drs. 19/818 v. 21.06.2018
Aus dem Inhalt (S. 45 ff.):

- Positionen zur Reform des EEG
- Bundesratsinitiative zur Anhebung der Ausbauziele für Windenergie auf See
- Planungserlass zur Neuausrichtung des weiteren Ausbaus der Windenergie an Land
- Flugsicherung und Genehmigung von Windenergieanlagen
- Interimsverfahren
- Daten zur Nutzung von Windenergie Onshore

Download:
http://www.landtag.ltsh.de/infothek/wahl19/drucks/00800/drucksache-19-00818.pdf

Windkraftausbau in Schleswig-Holstein geht voran
„Der neue Entwurf der Windenergie-Regionalplanung ist auf der Zielgeraden. Innenminister Hans-Joachim Grote stellte der Öffentlichkeit heute (03. Juli) den Arbeitsstand der künftigen Pläne für Vorranggebiete vor. Die Pläne sollen als Grundlage für die Wiederaufnahme der Ausnahmeprüfungen für Windkraftanlagen dienen. Ausnahmezulassungen können dadurch deutlich ausgeweitet werden. [...] Zum weiteren Vorgehen bei der Windenergie-Planung kündigte Innenstaatssekretärin Kristina Herbst an, dass der zweite Entwurf der Windenergie-Regionalpläne nach der Sommerpause Ende August dem Kabinett vorgelegt werden soll. Heute [03.07.2018] habe das Kabinett einen überarbeiteten Kriterienkatalog zur Ermittlung von Windenergie-Vorranggebieten beschlossen, erklärte Herbst. [...]. ‚Eine Reihe von Tabu- und Abwägungskriterien im Bereich Infrastruktur, Denkmal-, Natur- und Gewässerschutz wurden dahingehend geändert, dass Bereiche für die Windenergienutzung geöffnet wurden. Die daraus resultierenden Flächengewinne haben wir genutzt, um höhere Siedlungsabstände von 1.000 Metern in den Fällen möglich zu machen, in denen es keine Vorbelastung durch Windkraftanlagen gibt.‘ Aus den überarbeiteten Kriterien hat die Landesplanungsbehörde eine Kulisse von Vorranggebieten abgeleitet, die rund zwei Prozent des Landes beinhaltet. [...]“
MILRI SH, Pressemitteilung v. 03.07.2018
Download:
https://www.schleswig-holstein.de/DE/Landesregierung/IV/Presse/PI/PDF/2018/180703_WindAusnahmeverfahren.pdf?__blob=publicationFile&v=2

Lärmschutz bei Windkraftanlagen – MELUND bringt Konzept zur Überwachung von Bestandsanlagen auf den Weg
„Auch bestehende Windkraftanlagen in Schleswig-Holstein werden darauf überprüft, ob sie unter Anwendung der neuen Hinweise zum Schallimmissionsschutz der Bund/Länder-Ar-

beitsgemeinschaft für Immissionsschutz (LAI-Hinweise) die zulässigen Lärmimmissionen einhalten. Ein entsprechendes Überwachungskonzept für Bestandsanlagen, das vom Landesamt für Landwirtschaft, Umwelt und ländliche Räume (LLUR) umgesetzt wird, hat das Kieler Umwelt- und Energiewendeministerium (MELUND) heute (3. Juli 2018) per Erlass auf den Weg gebracht. […]
MELUND SH, Pressemitteilung v. 03.07.2018
Download:
https://www.schleswig-holstein.de/DE/Landesregierung/V/Presse/PI/PDF/2018/180703_PI_LAI-Hinweise.pdf?__blob=publicationFile&v=3

Land richtet Bürgerenergiefonds ein
„Das Land will die Bürgerenergie stärker fördern: Staatssekretär Tobias Goldschmidt hat heute (6. Juli) […] den vom Energiewendeministerium ins Leben gerufenen Bürgerenergiefonds vorgestellt. […] Über den Bürgerenergiefonds werden Projekte in der Startphase unterstützt, hierfür müssen sich mindestens sieben natürliche Personen zusammenschließen. Gefördert werden Projektideen aus den Bereichen erneuerbare Wärme, erneuerbarer Strom, neue Mobilität und Energieeffizienz sowie der Digitalisierung der Energiewende. Je Projekt können bis zu 200.000 Euro zur Verfügung gestellt werden. Die Beteiligung von Kommunen oder kommunalen Körperschaften sowie von juristischen Personen des Privatrechts am Zusammenschluss ist möglich, solange die Stimmenmehrheit bei den beteiligten natürlichen Personen verbleibt beziehungsweise diese ein Vetorecht haben. […]“
MELUND SH, Pressemitteilung v. 06.07.2018
Download:
https://www.schleswig-holstein.de/DE/Landesregierung/V/Presse/PI/2018/0718/180706_Buergerenergiefonds.html

Richtlinie für die Vergabe von Zuwendungen aus dem Sondervermögen Bürgerenergie.SH
Bekanntmachung des Ministeriums für Energiewende, Landwirtschaft, Umwelt, Natur und Digitalisierung vom 13. Juli 2018 – V 605 – 635108/2018 –
Amtsbl. Schl.-H. 2018 Nr. 31, S. 656

Energiewende-Projekte können ab sofort gefördert werden
„Freie Fahrt für die Förderung von Energiewendeprojekten in Schleswig-Holstein. Ab heute (31. Juli) können diese Projekte mit Mitteln aus dem Bürgerenergiefonds des Landes gefördert werden. Die entsprechende Richtlinie für die Vergabe von Zuwendungen aus dem Sondervermögen Bürgerenergie.SH wurde gestern im Amtsblatt für Schleswig-Holstein veröffentlicht. […]“
MELUND SH, Pressemitteilung v. 31.07.2018

Download:
https://www.schleswig-holstein.de/DE/Landesregierung/V/Presse/PI/2018/0718/180731_Buergerenergiefonds.html

Neue Windenergie-Pläne beschlossen

„In Kiel hat das Kabinett den zweiten Entwurf der Windenergie-Regionalpläne beschlossen. Anfang September startet die Anhörung. [...] Das von den Koalitionspartnern bestätigte Flächenziel für die Nutzung der Windenergie von etwa zwei Prozent werde mit 1,95 Prozent erreicht. [...] Der zweite Entwurf der Windenergie-Regionalpläne werde etwa ein Fünftel neue Vorranggebietsflächen enthalten. Andererseits werde etwa ein Fünftel der Kulisse des ersten Entwurfes vom Dezember 2016 wegfallen. [...] Mit den geplanten 361 Vorranggebieten könne das Land sein energiepolitisches Ziel verwirklichen. [...] Der gewachsene Anlagenbestand werde im Plankonzept berücksichtigt. Im zweiten Planentwurf befinden sich von den rund 3.100 Bestandsanlagen 2.088 innerhalb der Kulisse der zukünftigen Vorranggebiete. In den Vorranggebieten ist nicht nur ein Zubau möglich, sondern auch ein langfristiges Repowering. [...] Außerhalb der zukünftigen Vorranggebiete liegen rund 1.000 Bestandsanlagen, die auf den technischen Bestandsschutz beschränkt sind. Das heißt, mittelfristig müssen diese Altanlagen abgebaut werden. [...] Eine Reihe von Tabu- und Abwägungskriterien im Bereich Infrastruktur, Denkmal-, Natur- und Gewässerschutz wurden dahingehend geändert, dass Bereiche für die Windenergienutzung geöffnet wurden. Die daraus resultierenden Flächengewinne hat die Landesregierung genutzt, um höhere Siedlungsabstände von 1.000 Metern in den Fällen möglich zu machen, in denen es keine Vorbelastung durch Windkraftanlagen gibt. Größere Anlagen müssen zukünftig größeren Abstand halten. Im LEP wird eine sogenannte 5-H-Regelung aufgenommen. Demnach müssen Windkraftanlagen mindestens das fünffache der Gesamthöhe (5 H) als Abstand zu Häusern in Siedlungsbereichen einhalten. Im deutlich dünner besiedelten Außenbereich soll ein Abstand vom dreifachen der Gesamthöhe gewährleisten, dass ein Ausbau von Windkraftanlagen weiter möglich ist. [...]
Sämtliche Unterlagen können ab sofort im Online-Beteiligungstool BOB-SH eingesehen werden. Eine Stellungnahme ist möglich, sobald die Öffentlichkeitsbeteiligung nach Bekanntmachung im Amtsblatt startet, ab 04. September 2018. Die Frist zur Stellungnahme endet am 3. Januar 2019."
MILRI SH, Pressemitteilung v. 21.08.2018
Download:
https://www.schleswig-holstein.de/DE/Landesregierung/IV/_startseite/Artikel2018/III/180821_windkarten.html

Weiteres unter:
https://www.schleswig-holstein.de/DE/Schwerpunkte/Windenergieflaechen/windenergieflaechen_node.html
und
https://www.schleswig-holstein.de/DE/Schwerpunkte/Windenergieflaechen/_documents/zweiterPlanentwurf.html

Thüringen

Landtag

Antrag der Fraktionen DIE LINKE, der SPD und BÜNDNIS 90/DIE GRÜNEN
Befeuerung von Windkraftanlagen bedarfsgerecht steuern!
LT-Drs. 6/5578 v. 18.04.2018
Aus dem Inhalt:
„Die Landesregierung wird gebeten,
1. über die bisherige Entwicklung der Errichtung von Windenergieanlagen in Thüringen sowie über gegebenenfalls damit in Zusammenhang stehende Probleme, Widerstände beziehungsweise Hemmnisse zu berichten,
2. sich im Bundesrat für die Einführung einer bedarfsgerechten Befeuerung einzusetzen und diese in Thüringen zu unterstützen. […]"
Download:
http://www.parldok.thueringen.de/ParlDok/dokument/66656/befeuerung-von-windkraftanlagen-bedarfsgerecht-steuern-.pdf

Antrag (Alternativantrag) der Fraktion der CDU
zu dem Antrag der Fraktionen DIE LINKE, der SPD und BÜNDNIS 90/DIE GRÜNEN
– Drucksache 6/5578 –
Befeuerung von Windkraftanlagen bedarfsgerecht steuern!
Bedarfsgerechte Befeuerung von Windkraftanlagen in Thüringen ermöglichen
LT-Drs. 6/5614 v.24.04.2018 zu Drs. 6/5578
Aus dem Inhalt:
„Der Landtag fordert die Landesregierung auf,
1. sich der Forderung der 87. Umweltministerkonferenz am 2. Dezember 2016 anzuschließen, die Bedarfsgerechte Nachtkennzeichnung (BNK) von Windkraftanlagen bundesweit zum Standard zu erklären und gemäß dem Bundesratsbeschluss in Bundesratsdrucksache 241/15 über die „Allgemeine Verwaltungsvorschrift zur Änderung der Allgemeinen Verwaltungsvorschrift zur Kennzeichnung von Luftfahrthindernissen" vom 10. Juli 2015 das Ergebnis der Prüfung der Bundesregierung zur verpflichtenden Einführung der BNK in Deutschland einzufordern;
2. aufgrund des hohen Bedarfs in Thüringen und zur Steigerung der Akzeptanz von Windkraftanlagen hierbei voranzugehen und bereits jetzt gesetzliche Regelungen zu schaffen, welche die Installation von BNK bei neuen Anlagen ab 2019 verbindlich machen sollen; […]"
Download:
http://www.parldok.thueringen.de/ParlDok/dokument/66735/befeuerung-von-windkraftanlagen-bedarfsgerecht-steuern-bedarfsgerechte-befeuerung-von-windkraftanlagen-in-th%c3%bcringen-erm%c3%b6glichen.pdf

Die Nummer II des Antrags wird angenommen. Eine Abstimmung über den Alternativantrag unterbleibt.

„Beschluss
Befeuerung von Windkraftanlagen bedarfsgerecht steuern!
Die Landesregierung wird gebeten, sich im Bundesrat für die Einführung einer bedarfsgerechten Befeuerung einzusetzen und diese in Thüringen zu unterstützen."
LT-Drs. 6/5643 v. 26.04.2018
Download:
http://www.parldok.thueringen.de/ParlDok/dokument/66898/befeuerung_von_windkraftanlagen_bedarfsgerecht_steuern.pdf

Antrag der Fraktion der CDU
Unterstützung der Bundesratsinitiativen von Nordrhein-Westfalen und Brandenburg zur Verbesserung der Mitsprache der Bürger und Kommunen beim Windenergieausbau
LT-Drs. 6/6353 v. 30.10.2018
Aus dem Inhalt:
„Die Landesregierung wird aufgefordert,
1. den Antrag des Landes Nordrhein-Westfalen im Bundesrat zu unterstützen; der Antrag des Landes Nordrhein-Westfalen befasst sich mit einem Gesetzentwurf zur Stärkung der planerischen Steuerung der Windenergienutzung und zur Wiederbelebung der Länderöffnungsklausel, um eine Vorgabe von Mindestabständen zwischen Windenergieanlagen und zulässigen Nutzungen zu erlassen;
2. sich der Entschließung des Landes Brandenburg im Bundesrat anzuschließen. Der Entschließungsantrag des Landes Brandenburg befasst sich mit der Aufhebung der Privilegierung von Windkraft im Baugesetzbuch (BauGB), um das Mitspracherecht der Bürger gegen Wildwuchs von Windkraftanlagen zu stärken und damit die Bürger und Kommunen in die Planungsprozesse aktiver einzubinden und um die Akzeptanz für die Energiewende insgesamt zu fördern. […]"
Download:
http://www.parldok.thueringen.de/ParlDok/dokument/68895/unterstuetzung_der_bundesratsinitiativen_von_nordrhein_westfalen_und_brandenburg_zur_verbesserung_der_mitsprache_der_buerger_und_kommunen_beim_windene.pdf

Der Antrag wird abgelehnt.
LT-PlPr, 132. Plenarsitzung, 09.11.2018, TOP 20 a
Download:
http://www.parldok.thueringen.de/ParlDok/dokument/69034/132_plenarsitzung_arbeitsfassung.pdf

Gesetzentwurf der Fraktionen DIE LINKE, der SPD und Bündnis 90/DIE GRÜNEN Gesetz über die Regulierungskammer des Freistaats Thüringen
LT-Drs. 6/4816 v. 05.12.2017
Aus dem Inhalt:
„Artikel 35 der Richtlinie 2009/72/EG des Europäischen Parlaments und des Rates vom 13. Juli 2009 über gemeinsame Vorschriften für den Elektrizitätsbinnenmarkt und zur Aufhebung der Richtlinie 2003/54/EG (ABl. L 211 vom 14.8.2009, S. 55) sowie Artikel 39 der Richtlinie 2009/73/EG des Europäischen Parlaments und des Rates vom 13. Juli 2009 über gemeinsame Vorschriften für den Erdgasbinnenmarkt und zur Aufhebung der Richtlinie 2003/55/EG (ABl. L 211 vom 14.8.2009, S. 94), die Teil des sogenannten Dritten EU-Energiebinnenmarktpaketes sind, enthalten Anforderungen an die Unabhängigkeit nationaler Regulierungsbehörden. Danach müssen die Mitgliedstaaten insbesondere gewährleisten, dass die Regulierungsbehörden bei der Wahrnehmung ihrer Aufgaben rechtlich getrennt und funktional unabhängig von anderen öffentlichen und privaten Einrichtungen sind, unabhängig von Marktinteressen handeln und keinen direkten Weisungen von Regierungsstellen oder anderen öffentlichen oder privaten Einrichtungen unterliegen. Das bedeutet, dass die Regulierungsbehörden unabhängig von allen politischen Stellen selbständige Entscheidungen treffen können.
Diese Vorgaben richten sich sowohl an den Bund als auch an die Länder
Die genannten Anforderungen an die Unabhängigkeit einer Regulierungsbehörde werden sichergestellt, in dem die nach dem Energiewirtschaftsgesetz der Landesregulierungsbehörde übertragenen Aufgaben in einem gerichtsähnlichen Verfahren durch eine Regulierungskammer getroffen werden, die bei dem für Energie zuständigen Ministerium angesiedelt ist. Durch die Übertragung der regulierungsrechtlichen Vorschriften auf eine Regulierungskammer, die eine Entscheidung als Kollegialorgan in einem justizähnlichen Verfahren trifft, soll der demokratischen Legitimation des hoheitlichen Handelns der Staatsverwaltung Rechnung getragen werden als Kompensation des Ausschlusses des ministeriellen Weisungsrechts. Die Regelung orientiert sich an den Vorschriften über die Vergabekammern nach § 155 ff. des Gesetzes gegen Wettbewerbsbeschränkungen (GWB).“
Download:
http://www.parldok.thueringen.de/ParlDok/dokument/64971/gesetz-%c3%bcber-die-regulierungskammer-des-freistaats-th%c3%bcringen.pdf

Siehe hierzu auch:

Beschlussempfehlung des Ausschusses für Umwelt, Energie und Naturschutz
zu dem Gesetzentwurf der Fraktionen DIE LINKE, der SPD und BÜNDNIS 90/DIE GRÜNEN – Drucksache 6/4816 –
Gesetz über die Regulierungskammer des Freistaats Thüringen
LT-Drs. 6/5440 v. 16.03.2018 zu Drs. 6/4816
Download:
http://www.parldok.thueringen.de/ParlDok/dokument/66264/gesetz-%c3%bcber-die-regulierungskammer-des-freistaats-th%c3%bcringen.pdf

Der Landtag hat den Gesetzentwurf angenommen.
LT-PlPr v. 21.03.2018
Download:
http://www.thueringer-landtag.de/mam/landtag/arbeitsfassung113.pdf

Gesetzentwurf der Landesregierung
Thüringer Gesetz zum Klimaschutz und zur Anpassung an die Folgen des Klimawandels (Thüringer Klimagesetz – ThürKlimaG -)
LT-Drs. 6/4919 v.12.01.2018
Aus dem Inhalt:
„§ 4 (2) Die Landesregierung unterstützt die Erschließung und Nutzung der Potenziale der erneuerbaren Energien, [...]. Für die Nutzung der Windenergie wird dazu ein Prozent der gesamten Landesfläche bereitgestellt."
Download:
http://www.parldok.thueringen.de/ParlDok/dokument/65279/thueringer_gesetz_zum_klimaschutz_und_zur_anpassung_an_die_folgen_des_klimawandels_thueringer_klimagesetz_thuerklimag.pdf

Der Gesetzentwurf wurde vom Landtag am 14.12.2018 angenommen.
LT-PlPr v. 14.12.2018
Download:
http://www.parldok.thueringen.de/ParlDok/dokument/69432/135_plenarsitzung_arbeitsfassung.pdf

Siehe hierzu auch:

Thüringen verabschiedet erstes Klimagesetz in den neuen Ländern
„Mit Beschluss des Landtags hat Thüringen seit heute [14.12.2018] – als erstes der neuen Bundesländer – ein Klimagesetz. Es vereint Klimaschutz und Klimaanpassung. Es legt das Ziel fest, den Ausstoß von Treibhausgasen bis 2050 schrittweise um bis zu 95 Prozent zu senken. [...]"
TMUEN, Pressemitteilung v. 14.12.2918
Download:
https://www.thueringen.de/th8/tmuen/aktuell/presse/108256/index.aspx

Thüringer Gesetz zum Klimaschutz und zur Anpassung an die Folgen des Klimawandels (Thüringer Klimagesetz – ThürKlimaG –)
Vom 18. Dezember 2018
GVBl. S. 816

Gesetzentwurf der Landesregierung
Drittes Gesetz zur Änderung des Thüringer UVP-Gesetzes
LT-Drs. 6/4920 v. 12.01.2018
Aus dem Inhalt:
„[…] Der Gesetzentwurf enthält neben den für die Etablierung eines zentralen Internetportals des Landes erforderlichen Ergänzungen die zum großen Teil nur redaktionellen Anpassungen der Bestimmungen des Thüringer UVP-Gesetzes an das geänderte Bundesrecht. […]"
Download:
http://www.parldok.thueringen.de/ParlDok/dokument/65280/drittes-gesetz-zur-%c3%a4nderung-des-th%c3%bcringer-uvp-gesetzes.pdf

Der Gesetzentwurf wurde vom Landtag mehrheitlich angenommen.
LT-PlPr 6/118 v. 23.05.2018
Download:
http://www.parldok.thueringen.de/ParlDok/dokument/67105/118-plenarsitzung-arbeitsfassung-.pdf

Regionalplan Nordthüringen
„Gemäß Thüringer Oberverwaltungsgericht, Urteile vom 13.12.2017 – 1 N 624/13 und 1 N 672/13 wurde die Festlegung der Vorranggebiete Freiraumsicherung FS-56 – Hunnengrube / Katzenschwanz / Sattelköpfe und FS-70 – Rüdigsdorfer Schweiz / Harzfelder Holz / Steinberg / Eichenberg im Regionalplan Nordthüringen, Abschnitt 4.1.1, Ziel Z 4-1 für unwirksam erklärt. Der Regionalplan Nordthüringen im Übrigen ist selbstverständlich weiterhin wirksam!"
RPG Nordthüringen, Meldung o. D.
Download:
http://www.regionalplanung.thueringen.de/rpg/nord/regionalplan/rrop/

Bekanntmachungen zu den Urteilen des Thüringer Oberverwaltungsgerichts
ThürStAnz Nr. 25/2018, S. 736
Download:
http://www.regionalplanung.thueringen.de/imperia/md/content/rpg/nord/n-pdf-bekm-unwirksvrfreir.pdf

Änderung des Regionalplans Ostthüringen
„[…] die Planungsversammlung der Regionalen Planungsgemeinschaft Ostthüringen [hat] am 30.11.2018 die Freigabe des Entwurfes des Regionalplanes Ostthüringen mit integriertem 2. Entwurf des Abschnittes 3.2.2 Vorranggebiete Windenergie zur Anhörung / öffentlichen Auslegung (Beteiligung) […] beschlossen. Gleichzeitig legte sie fest, dass der Entwurf für den Zeitraum vom 04.03.2019 bis einschließlich 10.05.2019 öffentlich ausgelegt wird. […]"

Regionale Planungsgemeinschaft Ostthüringen, Meldung v. 30.11.2018
Download:
http://www.regionalplanung.thueringen.de/rpg/ost/regionalplan/fortschr/entwurf/
Download des Beschlusses:
http://www.regionalplanung.thueringen.de/imperia/md/content/rpg/ost/rpo-aend14plus/rp__nd14_ost-03_beschluss1ao.pdf

II. Dokumentation von Gerichtsentscheidungen – EU – Bund – Länder

1. Europäischer Gerichtshof

EUGH, Urt. v. 25.07.2018 – C-164/17
Behandelte Themen:
Vorabentscheidung zur Prüfung der Verträglichkeit eines Plans oder Projekts mit einem geschützten Gebiet, Windparkprojekt, Vogelschutzrichtlinie, Richtlinie 2009/147/EG, Erhaltung der natürlichen Lebensräume sowie der wildlebenden Tiere und Pflanzen, Art. 6 Abs. 3 u. 4 Habitatrichtlinie, Erhaltung wildlebender Vogelarten, Art. 4, besonderes Schutzgebiet (BSG), Kornweihe, Schutz, Bewirtschaftung und Regulierung der Arten, dauerhafter und direkter Flächenverlust.

EUGH, Urt. v. 18.10.2018 – C-669/16
Behandelte Themen:
Vertragsverletzung der Mitgliedstaaten Großbritannien und Nordirland, Verstoß Habitatrichtlinie, keine ausgewiesenen Schutzgebiete für gewöhnlichen Schweinswal, Natura 2000 Netzerrichtung, Art. 3 Abs. 2 und Art. 4 Abs. 1 Richtlinie 92/43/EWG, Stellungnahme gem. Art. 258 Abs. 1 AEUV, Schutzzweck der Richtlinie gem. Art. 6, Gefahr der Bearbeitung von Offshore-Windparks ohne Berücksichtigung ihrer Auswirkungen auf die Population des Schweinswals.

2. Bundesverfassungsgericht

BVERFG, Beschl. v. 23.10.2018 – 1 BvR 2523/13 u. 1 BvR 5 95/14
Behandelte Themen:
Unzulässige Verfassungsbeschwerden, Erteilung der Genehmigung einer WEA, Unvereinbarkeit mit § 44 Abs. 1 Nr. 1 BNatSchG, Tötungsverbot wild lebender Tiere, naturschutzfachliche Einschätzungsprärogative, Reichweite des Anspruchs auf effektiven Rechtsschutz, Art. 19 Abs. 4 S. 1 GG, Grenzen gerichtlicher Kontrolle beim Erkenntnisstand naturschutzrechtlicher Wissenschaft und Praxis, keine weiteren Ermittlungen, plausible Behördeneinschätzung ausreichend, gesetzliche Maßstabsbildung nötig.

3. Verfassungsgerichte der Länder

BAYVERFGH, Entsch. v. 21.02.2018 – Vf. 54-VI-16
Behandelte Themen:
Erfolglose Verfassungsbeschwerde gegen die Erteilung einer immissionsschutzrechtlichen Genehmigung für die Errichtung und den Betrieb von vier WEA, Abweichung von Abstandsflächenvorschriften, nachbarschützende Vorschriften, § 5 Abs. 1 Nr. 1 BImSchG, Eigentumsgrundrecht, Gebot der Rücksichtnahme, bayerischer Windkrafterlass, TA Lärm, Immissionsrichtwerte, kein Verstoß gegen das Willkürverbot gem. Art. 118 Abs. 1 BV.

4. Bundesverwaltungsgericht

BVERWG, Beschl. v. 21.12.2017 – 4 BN 3/17
Behandelte Themen:
Erfolglose Beschwerde gegen die Festsetzung von Flächen außerhalb eines festgelegten Vorrang- und Eignungsgebiets zur Windenergienutzung mit der Ausschlusswirkung des § 35 Abs. 3 Satz 3 Bau-GB, angenommener Verstoß gegen § 1 Abs. 4 BauGB, auf der Ebene der Bauleitplanung erfolgende Festsetzung der Nutzungsart gemäß § 1 Abs. 2 und 3, § 11 Abs. 2 BauNVO, Übereinstimmung mit Zielen der Raumordnung erforderlich.

BVERWG, Urt. v. 21.12.2017 – 4 C 7/16
Behandelte Themen:
Erfolglose Revision gegen unrichtige Anwendung der §§ 16 u. 18 Abs. 3 BImSchG, §18 BImSchG allein maßgeblich für Erlöschen einer als immissionsschutzrechtlichen Genehmigung fortgeltenden urspr. Baugenehmigung für die Errichtung u. den Betrieb einer WEA, Gefährdung Standsicherheit benachbarter Anlagen, konkurrierende Interessenten, Prioritätsgrundsatz, Genehmigungslage, Übergangsvorschrift, keine bauordnungsrechtlich geregelte zeitliche Beschränkung der Geltungsdauer von Baugenehmigungen.

5. Oberverwaltungsgerichte

OVG BAUTZEN, Beschl. v. 14.12.2017 – 4 B 13/17
Behandelte Themen:
Erfolgloser Antrag auf Wiederherstellung der aufschiebenden Wirkung einer Klage gegen einzelne Nebenbestimmungen eines Antrags auf Ersetzung einer WEA, Anordnung des Sofortvollzugs, Nebenbestimmungen bei summarischer Prüfung rechtmäßig, mittleres bis hohes Konfliktpotenzial in Bezug auf Fledermäuse, Festsetzung von Abschaltzeiten, keine aufschiebende Wirkung nach 80 Abs. 2 Satz 1 Nr. 4 VwGO, Gondelmonitoring zur Dokumentation von Verbotsverstößen, artenschutzrechtliche Prüfung, Schlagopfersuche.

OVG BERLIN-BRANDENBURG, Beschl. v. 05.01.2018 – OVG 11 N 27.15
Behandelte Themen:
Erfolglose Beschwerde zur Zulassung der Berufung gegen abgelehnten Antrag auf Genehmigung der Errichtung und des Betriebs von zwei WEA, keine ernstlichen Zweifel, (keine) Unterscheidung in nachvollziehbarer Weise zwischen harten und weichen Tabuzonen, beachtliche Fehler im Abwägungsvorgang nicht nachvollziehbar dargelegt, anwendbare Planerhaltungsgrundsätze nicht in entscheidungserheblicher Weise außer Acht gelassen, keine grundsätzliche Bedeutung der Rechtssache.

OVG BERLIN-BRANDENBURG, Beschl. v. 19.04.2018 – OVG 11 L 9.18
Behandelte Themen:
Erfolgreiche Streitwertbeschwerde im Rahmen einer immissionsschutzrechtlichen Genehmigung zur Errichtung und zum Betrieb von drei WEA, keine sachliche Rechtfertigung ersichtlich, Verpflichtungsklagen auf Erteilung einer immissionsschutzrechtlichen Genehmigung für WEA im Rahmen der Streitwertbemessung anders zu behandeln als Verpflichtungsklagen auf Erteilung einer immissionsschutzrechtlichen Genehmigung für sonstige Anlagen.

OVG BERLIN-BRANDENBURG, Beschl. v. 25.07.2018 – OVG 11 S 4.18
Behandelte Themen:
Erfolgreiche Beschwerde zur Wiederherstellung der aufschiebenden Wirkung des Widerspruchs gegen die Genehmigung für die Errichtung und den Betrieb einer WEA, Notwendigkeit der Sicherung einer Löschwasserversorgung für WEA, mögliche Rotorbrände, Übergreifen auf umgebende Waldflächen, naturschutzrechtliche Belange gem. § 35 Abs. 3 S. 1 Nr. 5 BauGB, geschützte Arten, Schreiadler, Tierökologische Abstandskriterien (TAK) des Landes Brandenburg.

OVG BERLIN-BRANDENBURG, Beschl. v. 22.08.2018 – 11 S 10.18
Behandelte Themen:
Erfolglose Beschwerde zur Wiederherstellung der aufschiebenden Wirkung des Widerspruchs gegen die Genehmigung für die Errichtung und den Betrieb von zwei WEA, Anwendungsbereich des § 1 Abs. 1 S. 1 Nr. 5 UmwRG, immissionsschutzrechtliche Genehmigungen gem. § 19 Abs. 1 BImSchG, Helgoländer Papier, Tierökologische Abstandskriterien (TAK), Einzelfallschutz des Schwarzstorches, Kranichs oder Rotmilans, Bindungswirkung von Planungsleitsätzen für bestehende Ziele der Raumordnung, § 1 Abs. 4 BauGB, § 4 Abs. 1 S. 1 ROG.

OVG GREIFSWALD, Beschl. v. 27.06.2018 – 3 M 286/15
Behandelte Themen:
Erfolglose Beschwerde zur Wiederherstellung der aufschiebenden Wirkung des Widerspruchs gegen die Genehmigung für die Errichtung und den Betrieb von elf WEA, Bauherrenwech-

sel bei immissionsschutzrechtlichen Verfahren, Übertragung der Rechtsstellung als Genehmigungsinhaber, kein Einfluss der Genehmigungsübertragung auf Nachbarprozess, Windfarm, WEA außerhalb einer Konzentrationszone, Abstandsbemessung Rotordurchmesser gem. §§ 3 u. 5 UVPG, Nachholung einer UVP-Vorprüfung nach Ergehen der Genehmigungsentscheidung grundsätzlich möglich

OVG HAMBURG, Beschl. v. 07.06.2018 – 1 Bs 248/17
Behandelte Themen:
Erfolglose Beschwerde zur Wiederherstellung der aufschiebenden Wirkung des Widerspruchs gegen die Genehmigung für die Errichtung und den Betrieb von fünf WEA, (mehrfache) Nachbesserung einer UVP-Vorprüfung verstößt nicht gegen unionsrechtliche Vorgaben, Wasserschutzgebietsverordnung, wasserrechtlicher Besorgnisgrundsatz, Beeinträchtigung der Umgebung von Denkmälern gem. § 8 (Hmb)DSchG wenn eine denkmalschutzrechtliche Genehmigungspflicht besteht, § 4 DSchG, Schutzwürdigkeit eines Denkmals, Einzelfallentscheidung.

OVG HAMBURG, Beschl. v. 30.10.2018 – 1 Bs 163/18
Behandelte Themen:
Erfolglose Beschwerde gegen eine Genehmigung und zwei Änderungsgenehmigungen zur Errichtung und zum Betrieb von zwei WEA sowie deren Nachtbetrieb, vorläufiger Rechtsschutz, Lärmimmission, Irrelevanzklausel der Nr. 3.2.1. Abs. 2 TA Lärm, Überschreitung des geltenden Immissionsrichtwertes, Änderung Geräuschcharakter nicht signifikant, kein Ausnahmefall.

VGH KASSEL, Beschl. v. 12.12.2017 – 9 E 2052/17
Behandelte Themen:
Erfolglose Beschwerde zur Beiladung einer anerkannten Umwelt- und Naturschutzvereinigung, Verpflichtungsklage zur Erteilung einer immissionsschutzrechtlichen Genehmigung für die Errichtung und den Betrieb von zehn WEA, keine unmittelbare und zwangsläufige Rechtsbetroffenheit, Wahrung der Natur- und Umweltschutzbelange, Zweit- oder Mehrfachklageverbot des § 1 Abs. 1 Satz 4 UmwRG zur Verhinderung einer Doppelbefassung.

VGH KASSEL, Beschl. v. 25.01.2018 – 4 B 1535/17.N
Behandelte Themen:
Erfolgloser Antrag auf Außervollzugsetzung eines Plansatzes in der Region Nordhessen für Windenergienutzung, Teilregionalplan Energie Nordhessen, einstweilige Anordnung, § 47 Abs. 6 VwGO, Anwendungsvorrang von Zielfestlegung im Verhältnis zu Darstellungen des Flächennutzungsplans nötig, § 35 Abs. 3 S. 3 BauGB, Ausschlusswirkung raumbedeutsamer Windkraftanlagen, kein Vorliegen öffentlicher Belange.

VGH KASSEL, Beschl. v. 26.02.2018 – 9 B 2012/17
Behandelte Themen:
Erfolglose Beschwerde zur Wiederherstellung der aufschiebenden Wirkung der Klage gegen eine für sofort vollziehbar erklärte immissionsschutzrechtliche Genehmigung von fünf WEA, Ermessensentscheidung Vollzugsinteresse vs. Aufschubinteresse, Rechtmäßigkeit einer Nebenbestimmung, Bestimmtheitserfordernis § 37 Abs. 1 HVwVfG, Auslegung Ersatzwasserversorgung, vertretbare Handlung gem. § 74 Abs. 1 HVwVG, Wasserschutzgebietsverordnung.

VGH KASSEL, Beschl. v. 18.07.2018 – 4 B 1273/18
Behandelte Themen:
Erfolgloser Beschwerde auf Abänderung der Entscheidung über die zeitweise (Sonnenaufgang bis Sonnenuntergang) Abschaltung von 3 WEA wegen der erfolgreich verlaufenden Brut des Schwarzstorches, § 3 Abs. 2 BNatSchG, § 2 Abs. 1 S. 1 HAGBNatSchG, Zuständigkeitsproblematik, obere Naturschutzbehörde.

VGH KASSEL, Urt. v. 11.10.2018 – 9 A 867/15
Behandelte Themen:
Erfolglose Berufung gegen Ablehnungsbescheid über Genehmigung zur Errichtung und zum Betrieb von vier WEA, Störung ziviler Flugsicherungseinrichtung, Funkfeuer, Flughafen Frankfurt, erhebliche Vorbelastung mit Störungen durch bereits vorhandene WEA, zulässiges Störpotential überschritten, keine groben oder offen erkennbaren Mängel, keine unlösbaren Widersprüche, keine unzutreffenden sachlichen Voraussetzungen im Gutachten.

VGH KASSEL, Beschl. v. 06.11.2018 – 9 B 765/18
Behandelte Themen:
Erfolglose Beschwerde über die Genehmigung zur Errichtung und zum Betrieb von sechs WEA, Vorranggebiet Windenergienutzung, Beitrag von WEA zur Triebhausreduktion, globale Dekarbonisierung, Überwiegen des öffentlichen Vollzugsinteresses, Sicherheit und Wirtschaftlichkeit der Energieversorgung, Förderung der Stromerzeugung durch erneuerbare Energien, § 1 Abs. 2 EEG, Problematik älterer DIN zur Messung tieffrequenter Geräuschimmissionen, Stand der Wissenschaft und Technik Infraschall.

OVG KOBLENZ, Beschl. v. 27.02.2018 – 8 B 11970/17
Behandelte Themen:
Erfolgloser Antrag auf die Anordnung der sofortigen Vollziehung der immissionsschutzrechtlichen Genehmigung von drei WEA, Störung der Funktionsfähigkeit einer militärischen Radaranlage i. S. v. § 35 Abs. 3 Satz 1 Nr. 8 BauGB, Beeinträchtigung der Aufgabenerfüllung, Beschränkung Zielverfolgungsradar, Interessenabwägung § 80 a Abs. 3 VwGO

OVG KOBLENZ, Beschl. v. 02.03.2018 – 1 B 11809/17
Behandelte Themen:
Erfolgloser Antrag auf Wiederherstellung der aufschiebenden Wirkung des Widerspruchs gegen die für sofort vollziehbar erklärte immissionsschutzrechtliche Genehmigung von drei WEA, tatsächliche UVP überwiegt Rechtmäßigkeit einer Vorprüfung, § 4 Abs. 1 Satz 1 Nr. 1b, Satz 2 UmwRG, Öffentlichkeitsbeteiligung gem. §m 10 BImSchG, relativer Verfahrensfehler i. S. d. § 4 Abs. 1a UmwRG, potenzielle Kumulationswirkungen, FFH-Verträglichkeitsprüfung, UVP Untersuchungsraum, ausgewählte Indikationsgruppen, Darstellungsgebot § 11 UVPG.

OVG KOBLENZ, Urt. v. 15.05.2018 – 1 A 11903/17
Behandelte Themen:
Erfolglose Beschwerde gegen die immissionsschutzrechtliche Genehmigung für die Errichtung und den Betrieb einer WEA, § 9 BImSchG, kein Einvernehmen i. S. v. § 36 BauGB, Einvernehmensfiktion, § 10 Abs. 1 Satz 3 BImSchG, „ordnungsgemäßes Ersuchen".

OVG KOBLENZ, Beschl. v. 18.06.2018 – 8 B 10260/18
Behandelte Themen:
Erfolglose Beschwerde zur Wiederherstellung der aufschiebenden Wirkung des Widerspruchs gegen die Genehmigung für die Errichtung und den Betrieb von einer WEA, Anforderungen an eine UVP-Vorprüfung, § 4 Abs. 1 S. 1 Nr. 1b, S. 2; Abs. 3 S. 1 Nr. 1 UmwRG, umweltbezogene Nebenbestimmungen, mögliche Umweltauswirkungen durch Kabeltrasse, echtes Konkurrenzverhältnis zwischen einem Vollgenehmigungs- u. einem Vorbescheidsantrag für die Errichtung benachbarter WEA, Ermessensentscheidung, zeitnahe Realisierungswahrscheinlichkeit, reine Interessenabwägung im Eilrechtsschutz bei konkurrierenden WEA.

OVG KOBLENZ, Urt. v. 26.06.2018 – 8 A 11691/17
Behandelte Themen:
Erfolglose Beschwerde gegen die Genehmigung über die Errichtung u. den Betrieb von einer WEA, Schutz eines WEA-Betreibers vor Turbulenzwirkungen (Erschütterungen) heranrückender WEA's, Stand- und Betriebssicherheit der eigenen Anlage, § 5 Abs. 1 Nr. 1 BImSchG, DIBt-Richtlinie, Schutzwürdigkeit der Nutzungsdauer, Anspruch auf Freistellung von Windschattungseffekten.

OVG KOBLENZ, Beschl. v. 04.07.2018 – 8 E 10238/18
Behandelte Themen:
Erfolglose Beschwerde eines Umweltverbands zur Beiladung im Verfahren auf Verpflichtung zur Genehmigung des Flächennutzungsplans der Verbandsgemeinde „Sachlicher Teilflächennutzungsplan Windkraft", Beteiligungsrechte im Verwaltungsverfahren, Zuerkennung von Wahrnehmungszuständigkeiten, keine Anwendung von § 1 Abs. 1 S. 1 Nr. 4 UmwRG.

OVG KOBLENZ, Urt. v. 11.10.2018 – 1 A 10581/16

Behandelte Themen:

Erfolglose Berufung gegen die immissionsschutzrechtliche Genehmigung von sieben WEA, keine Verfahrensfehler gem. § 4 Abs. 1 S. 1 Nr. 3, Abs. 1 a UmwRG, keine Bedeutung der Regelungen zur Prüfung der Klagebefugnis, § 4 UmwRG umfasst keine Willens- und Entscheidungsbildungsmängel, kein subjektiv-öffentliches Recht Einzelner auf Auswirkung von WEA auf Vögel aus §§ 11, 12 UVPG, keine drittschützende Wirkung von § 44 Abs. 1 Nr. 1 BNatSchG zugunsten Einzelner.

OVG LÜNEBURG, Beschl. v. 04.12.2017 – 4 LA 335/16

Behandelte Themen:

Erfolglose Berufung, naturschutzrechtliche Anordnung zur Beseitigung der Entwässerung einer Biotopfläche, ernstliche Zweifel und besondere tatsächliche oder rechtliche Schwierigkeiten liegen nicht vor bzw. wurden nicht entsprechend den Vorgaben des § 124 a Abs. 4 Satz 4 VwGO dargelegt, Berufung auf Indizwirkung durch Naturschutzbehörde grundsätzlich zulässig.

OVG LÜNEBURG, Beschl. v. 07.12.2017 – 12 ME 163/17

Behandelte Themen:

Erfolglose Beschwerde gegen die sofortige Vollziehung einer immissionsschutzrechtlichen Genehmigung für die Errichtung von acht WEA, abgelehnter vorläufiger Rechtsschutz, Erlass eines immissionsrechtlichen Vorbescheids und eines Genehmigungsbescheids, echte Antragskonkurrenz liegt nicht vor, kein Vorliegen einer bestimmten schriftlichen Angabe im Sinne des § 23 Abs. 1 der 9. BImSchV, Ausführungen zur Bindungswirkung eines Vorbescheids nicht überzeugend.

OVG LÜNEBURG, Beschl. v. 26.01.2018 – 12 ME 242/17

Behandelte Themen:

Erfolglose Beschwerde zur Wiederherstellung der aufschiebenden Wirkung eines Drittwiderspruchs gegen die Ursprungsfassung einer sofort vollziehbaren immissionsschutzrechtlichen Genehmigung von vier WEA, materielle Beschwer und Rechtsschutzbedürfnis liegt vor.

OVG LÜNEBURG, Beschl. v. 08.02.2018 – 12 ME 7/18

Behandelte Themen:

Erfolglose Beschwerde gegen die immissionsschutzrechtliche Genehmigung von 14 WEA, kein mit § 5 Abs. 1 Satz 1 BImSchG unvereinbarer Schall, Berechnungsverfahren Lärmimmissionen durch WEA, Berücksichtigung Bodendämpfungswert, Lärmvorbelastung nach TA Lärm Nr. 2.4 S 1, kein Verstoß gegen Gebot der Rücksichtnahme gem. §35 Abs. 3 Satz 1 BauGB, keine optisch bedrängte Wirkung, keine Beweiserhebung gem. § 80 Abs. 5 VwGO notwendig.

OVG LÜNEBURG, Urt. v. 05.03.2018 – 12 KN 41/17
Behandelte Themen:
Erfolgloser Normenkontrollantrag gegen einen Bebauungsplan über die Errichtung von sechs WEA sowie dem Abbau von 13 Altanlagen, Bestimmtheit eines Bebauungsplans, Zweckbestimmung, Sondergebiet gem. § 11 Abs. 2 BauNVO, ergänzendes Vefahren i. S. v. § 214 Abs. 4 BauGB, Abwägungsrelevanz § 1 Abs. 7 BauGB.

OVG LÜNEBURG, Urt. v. 05.03.2018 – 12 KN 144/17
Behandelte Themen:
Erfolgreicher Normenkontrollantrag gegen die Änderung eines Flächennutzungsplans, Konzentrationszone Windenergie, Antragsbefugnis gem. § 47 Abs. 2 Satz 1 VwGO, räumlicher Geltungsbereich, § 6 Abs. 5 Satz 1 BauGB, Bekanntmachungsgebot bei Änderungen eines Flächennutzungsplans, Rechtswidrigkeit einer Konzentrationsflächenplanung, Tabuzonen.

OVG LÜNEBURG, Beschl. v. 11.05.2018 – 12 MN 40/18
Behandelte Themen:
Erfolgloser Normenkontrollantrag gegen Ausschlusswirkung in Flächennutzungsplan gem. § 35 Abs. 3 Satz 3 BauGB, gemeindliche Konzentrationsplanung gem. § 35 Abs. 3 Satz 3 BauGB, „weiße Flächen“ als Sondergebiete für Windenergienutzung, Tabuzonen, kein Antrag auf einstweilige Anordnung nach § 47 Abs. 6 VwGO, Rechtsschutzbedürfnis lediglich für Normenkontrollantrag bzgl. der aktuellen Fassung eines Flächennutzungsplans möglich.

OVG LÜNEBURG, Beschl. v. 15.06.2018 – 12 ME 85/18
Behandelte Themen:
Erfolglose Beschwerde gegen die Wiederherstellung der aufschiebenden Wirkung eines Drittwiderspruchs gegen eine verfahrensfehlerhafte Genehmigung für die Errichtung und den Betrieb von neun WEA, § 4 Abs. 1 S. 1 Nr. 1, S. 2 UmwRG, Erlass stellt grundsätzlich keinen veränderten Umstand i. S. d. § 80 Abs. 7 S. 2 VwGO dar, Vorprüfung des Einzelfalls nicht nachvollziehbar i. S. v. § 3a S. 4 UVPG.

OVG LÜNEBURG, Urt. v. 27.09.2018 – 12 KN 191/17
Behandelte Themen:
Erfolgreicher Normenkontrollantrag gegen einen vorhabenbezogenen Bebauungsplan über die Errichtung von drei WEA, Rechtsschutzbedürfnis einer Umweltvereinigung, Zulässigkeit eines Windparks bei Unwirksamkeit des Bebauungsplans gem. § 35 BauGB, Prüfungsmaßstab, mangelnder Satzungsbeschluss, sachgerechte Abwägung, bestehende Kompensationsflächen.

OVG LÜNEBURG, Beschl. v. 12.12.2018 – 4 LA 389/17
Behandelte Themen:
Erfolgloser Antrag auf Berufung gegen die Anordnung von Abschaltzeiten von 7 WEA, Rechtmäßigkeit der Abschaltung während Grünlandmahd und Ernte, Mastfußumkreis, Einhaltung des artenschutzrechtlichen Tötungsverbots, § 44 Abs. 1 Nr. 1 BNatSchG, Mäusebussard, signifikante Erhöhung des Tötungsrisikos durch landwirtschaftliche Aktivitäten, Berechnung von Ersatzzahlungen, § 6 Abs. 1 S. 1 NAGBNatSchG, keine Kostenbereinigung für nicht landschaftsbildrelevante Vorhaben, Niedersächsischer Windenergieerlass.

VGH MANNHEIM, Beschl. v. 25.01.2018 – 10 S 1681/17
Behandelte Themen:
Erfolglose Beschwerde zur Wiederherstellung der aufschiebenden Wirkung des Widerspruchs gegen die sofortige Vollziehung einer immissionsschutzrechtlichen Genehmigung für die Errichtung und den Betrieb von drei WEA, standortbezogene Vorprüfung gemäß § 3c Satz 2 UVPG ausreichend, voraussichtlich keine unzumutbaren Geräuschimmissionen.

VGH MANNHEIM, Beschl. v. 19.06.2018 – 10 S 186/18
Behandelte Themen:
Erfolglose Beschwerde gegen immissionsschutzrechtliche Genehmigung für die Errichtung und den Betrieb von zwei WEA, vorläufiger Nachbarrechtsschutz, Zurückbleiben der anlagebezogenen Zusatzbelastung, maßgeblicher Immissionsrichtwert, Berücksichtigung von tieffrequentem Schall oder Infraschall durch WEA, Wahrnehmungsschwelle menschliches Gehör, Tourismus als nachbarschützende Rechtsposition für Vermieter von Ferienhäusern nicht annehmbar, Art. 14 Abs. 1 GG.

VGH MANNHEIM, Beschl. v. 20.07.2018 – 10 S 2378/18
Behandelte Themen:
Erfolglose Beschwerde gegen die Wiederherstellung der aufschiebenden Wirkung des Widerspruchs gegen die Genehmigung für die Errichtung und den Betrieb von drei WEA, Relevanz artenschutzrechtlicher Belange im Rahmen standortbezogener Vorprüfung gem. § 3c S. 2 UVPG a. F., Gleichstellung eines Dichtezentrums des Rotmilan mit einem Gebiet i. S. d. UVPG Anlage 2 Nr. 2.3, artenschutzrechtliche Verbotstatbestände gem. §§ 44 ff. BNatSchG.

VGH MANNHEIM, Beschl. v. 11.10.2018 – 5 S 1398/18
Behandelte Themen:
Erfolglose Beschwerde gegen die Zurückstellung eines Antrags auf Erteilung einer immissionsschutzrechtlichen Genehmigung zur Errichtung und zum Betrieb einer WEA, rechtliche Begutachtung der Zurückstellung eines Vorhabens, § 15 Abs. 3 S. 4 BauGB, allgemeiner Rahmen städtebaulicher Planungen als Vergleichsmaßstab, Zielsetzungen § 35 Abs. 3 S. 3 BauGB,

gilt für alle genannten Vorhaben gem. § 35 Abs. 1 Nr. 2–6, nicht nur Windenergieanlagen, kein fehlendes Sicherungsbedürfnis, keine Beeinträchtigung durch Konzentrationsflächenplanung.

VGH MÜNCHEN, Urt. v. 27.10.2017 – 14 N 16.768
Behandelte Themen:
Erfolgloser Normenkontrollantrag zur Erklärung der Unwirksamkeit der 10. Verordnung zur Änderung der Verordnung über das Landschaftsschutzgebiet Oberer Bayerischer Wald, beantragte immissionsschutzrechtliche Genehmigung zur Errichtung und zum Betrieb von zwei WEA, Zonierung eines Landschaftsschutzgebiets für Zwecke der Windkraftnutzung, Ausweisung von Tabu- und Ausnahmezonen.

VGH MÜNCHEN, Beschl. v. 27.11.2017 – 22 CS 17.1574
Behandelte Themen:
Erfolglose Beschwerde zur immissionsschutzrechtlichen Genehmigung für die Errichtung und den Betrieb einer WEA, sofortige Vollziehung, Klagebefugnis ergibt sich nicht aus § 2 Abs. 1 Satz 1 Nr. 1 und 2 i. V. m. § 1 Abs. 1 Satz 1 Nr. 1 UmwRG n.F., mögliche Pflicht zur Durchführung einer Umweltverträglichkeitsprüfung nach § 1 Abs. 1 Satz 1 Nr. 1 UmwRG ausreichend, Tötungsverbot aus § 44 Abs. 1 Nr. 1 BNatSchG in Bezug auf Rotmilan und Schwarzstorch, zu geringe Beobachtungszeiten, keine gesonderte Horstsuche bei den kollisionsgefährdeten Arten Fischadler und Schwarzstorch, mögliche Beeinträchtigung von Belangen der Landschaftspflege bzw. der natürlichen Eigenart der Landschaft.

VGH MÜNCHEN, Beschl. v. 07.05.2018 – 22 ZB 17.2032 u. a.
Behandelte Themen:
Erfolglose Beschwerde gegen die immissionsschutzrechtliche Genehmigung für die Errichtung und den Betrieb von drei WEA, Zeitpunkt der Beurteilung der Rechtmäßigkeit einer immissionsschutzrechtlichen Genehmigung, Geltendmachung von Fehlern einer standortbezogenen UVP, § 4 Abs. 1 u. 1a UmwRG, artenschutzrechtliche Verbotstatbestände, Verfahren Schallausbreitungsberechnung.

VGH MÜNCHEN, Beschl. v. 07.05.2018 – 22 ZB 17.2088 u. a.
Behandelte Themen:
Erfolglose Beschwerde gegen die immissionsschutzrechtliche Genehmigung für die Errichtung und den Betrieb von zehn WEA, Zeitpunkt der Beurteilung der Rechtmäßigkeit einer immissionsschutzrechtlichen Genehmigung, Verbotstatbestand § 44 Abs. 1 Nr. 1 BNatSchG, Bindungswirkung normkonkretisierender Verwaltungsvorschriften, Stand der Wissenschaft und Technik bei der Prognose von Schallimmissionen, „Alternatives Verfahren", „Interimsverfahren", kein Drittschutz durch „10 H-Regelung".

VGH MÜNCHEN, Beschl. v. 07.05.2018 – 22 ZB 17.2160 u. a.
Behandelte Themen:
Erfolglose Beschwerde gegen die immissionsschutzrechtliche Genehmigung für die Errichtung und den Betrieb von drei WEA, maßgeblicher Zeitpunkt der Beurteilung der Rechtmäßigkeit der immissionsschutzrechtlichen Genehmigung, nachträgliche Änderungen, Vorprüfung UVP, kein Verstoß gegen artenschutzrechtliche Verbotstatbestände gem. § 44 Abs. 1 BNatSchG, optische Trennwirkung Windparks/Windfarm, Schallausbreitungsberechnung, „optische Bedrängung" durch WEA.

VGH MÜNCHEN, Beschl. v. 07.05.2018 – 22 ZB 17.2171 u. a.
Behandelte Themen:
Erfolglose Beschwerde gegen die immissionsschutzrechtliche Genehmigung für die Errichtung und den Betrieb von drei WEA, Zeitpunkt der Beurteilung der Rechtmäßigkeit einer immissionsschutzrechtlichen Genehmigung, Verfahrensfehler i. S. v. § 4 Abs. 1 u. 1a UmwRG, naturschutzrechtliche Belange in Bezug auf die Gefährdung von geschützten Vogelarten, keine Windfarm i. S. d. UVPG, Dokumentation „Interimsverfahren".

VGH MÜNCHEN, Beschl. v. 24.07.2018 – 22 BV 17.2176
Behandelte Themen:
Erfolglose Beschwerde gegen die immissionsschutzrechtliche Genehmigung für die Errichtung und den Betrieb von drei WEA, 10-H-Regelung des Art. 82 Abs. 1 BayBO, § 35 Abs. 2 BauGB, Entgegenstehen öffentlicher Belange, keine Anwendung der Übergangsregelung gem. Art. 83 Abs. 1 BayBO, Erforderlichkeit einer Änderungsgenehmigung nach §16 BImSchG wegen beabsichtigter Typänderung einer bereits genehmigten WEA.

VGH MÜNCHEN, Beschl. v. 01.08.2018 – 22 BV 17.1059
Behandelte Themen:
Erfolgreiche Anfechtungsklage gegen die immissionsschutzrechtliche Genehmigung für die Errichtung und den Betrieb einer WEA, § 35 Abs. 3 S. 1 Nr. 5 BauGB i.V.m. § 44 Abs. 1 BNatSchG, fehlerhafte Erhebungsmethodik der artenschutzrechtlichen Prüfung, Tötungsrisiko Wespenbussard, Rot- u. Schwarzmilan, Problem der Klagebefugnis, Bestandskraft eines Verwaltungsakts, Bejahung der im Zeitpunkt der Klageerhebung nicht gegebenen Klagebefugnis durch eine die Klagebefugnis erweiternde Rechtsänderung während des Berufungsverfahrens.

VGH MÜNCHEN, Beschl. v. 08.10.2018 – 1 N 15.1910
Behandelte Themen:
Erfolgloser Normenkontrollantrag einer Nachbargemeinde gegen einen Teilflächennutzungsplan zur Steuerung der Windkraft auf ihrem Gebiet, Darstellung von Konzentrationsflächen kein Gegenstand für eine mögliche Normenkontrolle gemäß § 47 Abs. 1 Nr. 1 VwGO, keine

planwidrige Regelungslücke, keine Verletzung aus Art. 82 Abs. 4 Nr. 3 BayBO, gebietsbezogene Planungshoheit, Wirkungen des § 35 Abs. 3 Satz 3 BauGB.

VGH MÜNCHEN, Beschl. v. 15.10.2018 – 22 CE 18.2092
Behandelte Themen:
Erfolglose Beschwerde gegen die immissionsschutzrechtliche Genehmigung einer bereits gebauten aber stillgelegten WEA, Rechtsschutz gegen befürchteten Verwaltungsakt, Unzulässigkeit eines Antrags auf eine einstweilige Anordnung durch die der Behörde Genehmigungserteilung versagt wird, keine unzumutbaren irreparablen Rechtsverletzungen, generelle Genehmigungsfähigkeit der WEA kann für die Beurteilung dahinstehen.

OVG MÜNSTER, Beschl. v. 05.12.2017 – 7 A 506/17
Behandelte Themen:
Erfolgloser Antrag auf Zulassung zur Berufung, keine ernstlichen Zweifel, Antrag auf Erlass unbeschränkten planungsrechtlichen Vorbescheides zur Errichtung einer WEA ohne Lärmschutzgutachten nicht abschließend entscheidbar, Einwirkung von Schallimmissionen auf Wohnbebauung nicht ausgeschlossen.

OVG MÜNSTER, Beschl. v. 30.01.2018 – 8 B 1060/17
Behandelte Themen:
Erfolglose Beschwerde zur Wiederherstellung der aufschiebenden Wirkung der Klage gegen die immissionsschutzrechtliche Genehmigung zur Errichtung und zum Betrieb von sieben WEA, Antrag auf Gewährung einstweiligen Rechtsschutzes unzulässig, durchgeführte Umweltverträglichkeitsprüfung gemäß § 4 Abs. 1, Abs. 1a UmwRG fehlerhaft, keine Beeinträchtigung individualschützender Nachbarbelange im Sinne von § 5 Abs. 1 Nr. 1 BImSchG, Möglichkeit der unzumutbaren Beeinträchtigungen durch Lärmimmissionen nicht aufgezeigt, keine optisch bedrängende Wirkung, kein über das Gebot der Rücksichtnahme hinausgehender Drittschutz.

OVG MÜNSTER, Beschl. v. 08.02.218 – 8 B 1620/17
Behandelte Themen:
Erfolglose Beschwerde zur Wiederherstellung der aufschiebenden Wirkung des Widerspruchs gegen erteilte immissionsschutzrechtliche Genehmigung zur Errichtung und zum Betrieb einer WEA, Voraussetzungen von § 4 Abs. 1b Satz 1 UmwRG im Eilverfahren nicht zu prüfen, Nachholung fehlender UVP-Vorprüfung bis Abschluss des Hauptverfahrens möglich, § 4 Abs. 1 Satz1 Nr. 1b, Abs. 1b Satz 2 UmwRG i.V.m. § 45 Abs. 2 VwVfG NRW, Vereinbarkeit Unionsrecht, keine flächendeckende Kartierung von Nahrungshabitaten für die Feststellung kumulierender Wirkungen notwendig.

OVG MÜNSTER, Beschl. v. 08.02.218 – 8 B 1630/17

Behandelte Themen:

Erfolglose Beschwerde zur Wiederherstellung der aufschiebenden Wirkung gegen eine erteilte immissionsschutzrechtliche Genehmigung zur Errichtung und zum Betrieb von vier WEA, keine Prüfung von § 4 Abs. 1 Satz 1 UmwRG im Eilverfahren nötig, Wiederherstellung der aufschiebenden Wirkung unabhängig von Verfahrensfehler gem. § 4 Abs. 1 UmwRG im Hauptverfahren, Nachbesserung UVP, Vereinbarkeit Unionsrecht, keine flächendeckende Kartierung von Nahrungshabitaten für die Feststellung kumulierender Wirkungen notwendig.

OVG MÜNSTER, Beschl. v. 20.02.2018 – 8 B 838/17

Behandelte Themen:

Erfolglose Eilbeschwerde zur Wiederherstellung der aufschiebenden Wirkung der Klage gegen erteilte immissionsschutzrechtliche Genehmigung zur Errichtung und zum Betrieb von zwei WEA, Durchführung und Nachvollziehbarkeit einer UVP, kein Verfahrensfehler gem. § 4 Abs. 1 Satz 1 Nr. 3 UmwRG, Altrip-Entscheidung EUGH, Leitfaden Habitatschutz, Helgoländer Papier, artenschutzrechtliche Prüfung, keine Verletzung artenschutzrechtlicher Verbotstatbestände gem. § 44 BNatSchG, Lärmimmissionen.

OVG MÜNSTER, Beschl. v. 20.02.2018 – 8 B 840/17

Behandelte Themen:

Erfolglose Eilbeschwerde zur Wiederherstellung der aufschiebenden Wirkung der Klage gegen erteilte immissionsschutzrechtliche Genehmigung zur Errichtung und zum Betrieb von zwei WEA, Verfahrensfehler einer UVP gem. § 4 Abs. 1 Satz 1 Nr. 3 UmwRG, EuGH konforme Auslegung, Richtlinie 2011/92/EU, Mindestanforderungen, hinreichende Tiefe, Öffentlichkeitsbeteiligung, kein relativer Verfahrensfehler gem. § 4 Abs. 1a UmwRG, keine subjektive Rechtsverletzung, Landschaftsschutzgebiet, subjektiver Abwehranspruch gegen Lärmimmissionen, Vorrang öffentliches Interesse i. S. v. § 26 BNatSchG, tieffrequente Schallbeeinträchtigung.

OVG MÜNSTER, Beschl. v. 26.02.2018 – 8 B 1348/17

Behandelte Themen:

Erfolgreiche Beschwerde zur Wiederherstellung der aufschiebenden Wirkung der Klage gegen eine erteilte immissionsschutzrechtliche Genehmigung zur Errichtung und zum Betrieb von drei WEA, keine Heilung der Mängel der Vorprüfung, UVP-Pflichtigkeit nach Maßstab des § 3a Satz 4 UVPG, Vorgaben gem. § 3c UVPG, unzureichende Aufklärung der Auswirkungen der WEA auf Rotmilan und Schwarzstorch, Erfüllung der Dokumentationspflicht gem. § 3a Satz 6 UVPG.

OVG MÜNSTER, Urt. v. 01.03.2018 – 8 A 2478/15
Behandelte Themen:
Erfolgreiche Berufung auf Aufhebung eines Ablehnungsbescheids und Erteilung eines immissionsschutzrechtlichen Vorbescheids zur Feststellung der Genehmigungsfähigkeit der Errichtung und des Betriebs einer WEA gem. § 9 Abs. 1 u. 3. i.V.m. § 6 Abs. 1 BImSchG, keine rechtserhebliche Störung der Funktionsfähigkeit einer Wetteranlage gem. § 35 Abs. 3 Satz 1 Nr. 8 BauGB, kein gerichtlich nur eingeschränkt überprüfbarer Beurteilungsspielraum für Deutschen Wetterdienst, Radarstandorte, Störechos, Einzelfallentscheidungen.

OVG MÜNSTER, Beschl. v. 07.04.2018 – 8 A 47/17
Behandelte Themen:
Erfolglose Beschwerde über die Aufhebung des Widerspruchsbescheids einer immissionsschutzrechtlichen Genehmigung über die Errichtung u. den Betrieb von zwei WEA, nachträglicher Wegfall der Pflicht zur UVP-Vorprüfung, keine originären Klagerechte von Privatpersonen in Bezug auf den Arten- und Habitatschutz, Art. 6 Abs. 3 FFH Richtlinie, Umwelt-Rechtsbehelfsgesetz, Art. 9 Aarhus-Konvention vermittelt kein weitergehendes Klagerecht des einzelnen Bürgers.

OVG MÜNSTER, Urt. v. 18.09.2018 – 8 A 1884/16 u. 8A 1886/16
Behandelte Themen:
Erfolgreicher Antrag auf Vorbescheid über das zeitweise Abschalten einer WEA aufgrund bestimmter Windrichtungen, Konkurrenzsituation zweier Betreiber, sich beeinträchtigende WEA, es gilt das Prioritätsprinzip, Zeitpunkt der Einreichung eines prüffähigen Antrages entscheidend, gilt auch für Konkurrenzverhältnis zwischen einem immissionsschutzrechtlichen Vorbescheids- zu einem Genehmigungsantrag, Rangsicherung.

OVG MÜNSTER, Urt. v. 06.03.2018 – 2 D 95/15.NE
Behandelte Themen:
Erfolgreicher Normenkontrollantrag gegen die Änderung eines Flächennutzungsplans, Ausweisung Konzentrationszonen für Windenergienutzung, harte Tabuzonen, Waldflächen nicht mehr generell ungeeignet für Nutzung von Windenergie, kein genereller Ausschluss durch Landes- oder Regionalplanung, hinreichende Dokumentation weicher u. harter Tabukriterien, Abwägungsmängel, Abwägungsgebot gem. § 1 Abs. 7 BauGB.

OVG MÜNSTER, Beschl. v. 26.04.2018 – 8 B 362/18
Behandelte Themen:
Erfolglose Beschwerde zur Wiederherstellung der aufschiebenden Wirkung der Klage gegen Errichtung und Betrieb einer WEA, Voraussetzungen für die Zurückstellung eines Antrags auf Erteilung einer immissionsschutzrechtlichen Genehmigung für die Errichtung u. den Betrieb

von WEA gem. § 15 Abs. 3 Satz 1 BauGB, Prüfung Sicherheitserfordernisse, Berücksichtigung der Besonderheiten von Windenergiekonzentrationsflächen gegenüber Bebauungsflächen, kein Sicherheitsbedürfnis gem. § 15 Abs. 3 Satz 1 BauGB, wenn reine Verhinderungsplanung.

OVG SAARLOUIS, Beschl. v. 28.02.2018 – 2 B 811/17
Behandelte Themen:
Erfolglose Beschwerde gegen zurückgewiesenen Antrag auf Wiederherstellung der aufschiebenden Wirkung der Klage gegen immissionsschutzrechtliche Genehmigung von fünf WEA, Umweltvereinigung, Zulässigkeit Rechtsbehelf gem. § 2 Abs. 1 UmwRG, fehlende Widerspruchsbefugnis gem. § 42 Abs. 2 VwGO, fehlende Anerkennung als Umweltvereinigung gem. § 3 UmwRG im Zeitpunkt der Einlegung, Ausnahmeregelung des § 2 Abs. 2 UmwRG nicht gegeben.

6. Verwaltungsgerichte

VG AACHEN, Beschl. v. 13.07.2018 – 6 L 85 7/18
Behandelte Themen:
Erfolgloser Antrag auf Wiederherstellung der aufschiebenden Wirkung gegen die immissionsschutzrechtliche Genehmigung zur Errichtung und zum Betrieb von fünf WEA, Nachbarschaftsschutz, § 5 Abs. 1 S. 1 Nr. 1 BImschG, Interessenabwägung, Zulassungsentscheidung gem. § 2 Abs. 6 Nr. 1 UVPG, keine Verfahrensfehler bei durchgeführter UVP mit Öffentlichkeitsbeteiligung i. S. v. § 18 UVPG oder § 10 BImSchG, keine unvertretbare Einschätzung der artenschutzrechtlichen Situation im Umfeld der streitbefangenen WEA, negatives Schallgutachten, kein periodischer Schattenwurf durch WEA, kein Verstoß gegen Gebot der Rücksichtnahme.

VG AACHEN, Urt. v. 28.09.2018 – 6 K 612/17
Behandelte Themen:
Erfolgreicher Antrag auf Aufhebung des Genehmigungsbescheides zur Errichtung und zum Betrieb von fünf WEA, Vorliegen eines beachtlichen Verfahrensfehlers, UVP, erhebliche nachteilige Umweltauswirkungen für den Schwarzstorch, Untersuchungen nicht ausreichend, Raumnutzungsanalyse, signifikant erhöhtes Kollisionsrisiko, keine Heilung des Verfahrensfehlers möglich.

VG ARNSBERG, Urt. v. 27.11.2017 – 8 K 265/17
Behandelte Themen:
Erfolglose Anfechtungsklage zur Aufhebung einer immissionsschutzrechtlichen Genehmigung für die Errichtung und den Betrieb von vier WEA, Funktionsfähigkeit von Radaranlagen öffentlicher Belang nach § 35 Abs. 3 Nr. 8 BauGB, kein Rückgriff auf das Gebot der Rücksichtnahme, Ausweitung des Schutzbereichs, keine rechtserhebliche Störung.

VG ARNSBERG, Urt. v. 27.11.2017 – 8 K 2087/17
Behandelte Themen:
Erfolglose Verpflichtungsklage zur Erteilung einer immissionsschutzrechtlichen Genehmigung für die Errichtung und den Betrieb von vier WEA, Einvernehmen rechtsfehlerfrei versagt, entgegenstehende öffentliche Belange, keine Verletzung des Abwägungsgebots nach § 1 Abs. 7 BauGB, keine Unwirksamkeit der noch geltenden Flächennutzungsplanung.

VG ARNSBERG, Urt. v. 05.12.2017 – 4 K 4523/16
Behandelte Themen:
Erfolglose Verpflichtungsklage zur Erteilung eines Vorbescheids über die bauplanungsrechtliche Zulässigkeit der Errichtung und des Betriebs einer WEA, keine beachtlichen und zur Unwirksamkeit führenden Mängel bei der Darstellung der Konzentrationszone.

VG ARNSBERG, Urt. v. 05.12.2017 – 4 K 4632/16
Behandelte Themen:
Erfolgreiche Anfechtungsklage, Erteilung eines immissionsschutzrechtlichen Vorbescheides für die Errichtung und den Betrieb einer WEA, verweigertes Einvernehmen unrechtmäßig ersetzt, gemeindliche Ausweisung von Konzentrationszonen in einem Flächennutzungsplan, keine beachtlichen Fehler der gegenwärtigen Flächennutzungsplanung, Unbeachtlichwerden von Mängeln der Abwägung im Sinne des § 215 Abs. 1 Nr. 2 BauGB.

VG ARNSBERG, Urt. v. 20.02.2018 – 4 K 459/16
Behandelte Themen:
Erfolgreicher Antrag auf Aufhebung eines immissionsschutzrechtlichen Genehmigungsbescheids zur Errichtung und zum Betrieb von elf WEA, Verstoß gegen das artenschutzrechtliche Tötungs- und Verletzungsverbot gem. § 44 Abs. 1 Nr. 1 BNatSchG, signifikantes Risiko, Rotmilan und Wiesenweihe, Störungsverbot gem. § 44 Abs. 1 Nr. 2 BNatSchG, besonders geschützte Arten, „Mornellregenpfeifer", keine Entscheidungsergänzung.

VG ARNSBERG, Urt. v. 20.02.2018 – 4 K 1411/16
Behandelte Themen:
Erfolgreicher Antrag auf Aufhebung eines immissionsschutzrechtlichen Genehmigungsbescheids zur Errichtung und zum Betrieb einer WEA, Zugriffsverbot gem. § 44 Abs. 1 BNatSchG, Rotmilan, Tötungs- und Verletzungsverbot gem. § 44 Abs. 1 Nr. 1 BNatSchG, öffentlicher Belang Vogelschutz gem. §35 Abs. 3 Satz 1 Nr. 5 BauGB i. V .m. § 6 Abs. 1 Nr. 2 BImSchG, UVP, keine naturschutzfachliche Einschätzungsprärogative, fehlerhafte Bestandsermittlung, ungeeignete Nebenbestimmungen.

VG ARNSBERG, Beschl. v. 06.03.2018 – 8 L 417/18
Behandelte Themen:
Erfolgloser Antrag auf Aussetzung der wiederhergestellten aufschiebenden Wirkung des Widerspruchs gegen immissionsschutzrechtliche Genehmigung über die vollständige Errichtung von drei WEA, keine rechtmäßigen Abänderungsgründe, ausstehende Ergänzung einer allgemeinen Vorprüfung über die UVP-Pflichtigkeit gem. §§ 3a Satz 4, 3 c UVPG, irreversible Schäden an WEA, keine gefährdete Standsicherheit von Anlagen durch mögliche finanzielle Nachteile.

VG ARNSBERG, Beschl. v. 19.07.2018 – 4 L 1089/18
Behandelte Themen:
Erfolgreicher Antrag, sechs immissionsschutzrechtlich genehmigte WEA von sofort an bis zum 31. Juli 2018 von Sonnenaufgang bis Sonnenuntergang abzuschalten, § 2 Abs. 1 UmwRG, Einlegen von Rechtsbehelfen gegen eine Entscheidung ohne Verletzung eigener Rechte möglich, Entscheidungen gem. § 1 Abs. 1 S. 1 Nr. 6 auch Verwaltungsakte über Überwachungs- oder Aufsichtsmaßnahmen, Verfügung der Abschaltung einer Anlage bei fehlender Umsetzung artenschutzrechtlicher Nebenbestimmungen, Stilllegungsverfügung gem. § 20 Abs. 1 S. 2 BImschG, Missachtung von Bewirtschaftungsvorgaben, signifikant erhöhtes Tötungsrisiko für Rotmilan.

VG ARNSBERG, Urt. v. 18.12.2018 – 4 K 8500/17
Behandelte Themen:
Erfolgreiche Klage auf Erteilung eines immissionsschutzrechtlichen Vorbescheids für die Errichtung von fünf WEA, § 9 Abs. 1 BImSchG, Konzentrationszonenplanung, § 35 Abs. 3 S. 3 BauGB, Befreiung vom landschaftsschutzrechtlichen Bauverbot, § 67 Abs. 1 Nr. 2 BNatSchG, Abwägungsgebot des § 1 Abs. 7 BauGB, Vorliegen eines Abwägungsmangels, § 214 Abs. 1 S. 1 Nr. 1 BauGB, Notwendigkeit eines schlüssigen Gesamtkonzepts für Außenbereich des Gemeindegebiets.

VG DARMSTADT, Beschl. v. 19.09.2017 – 6 L 1031/17.DA
Behandelte Themen:
Erfolgloser Antrag auf Wiederherstellung der aufschiebenden Wirkung einer Klage zur Aufhebung einer immissionsschutzrechtlichen Genehmigung für die Errichtung und den Betrieb einer WEA, keine Gewährung vorläufigen Rechtsschutzes, Betroffenheit des kommunalen Selbstverwaltungsrechts, mögliche Gefährdung der Trinkwasserversorgung, Schutz der Selbstverwaltungsgarantie des Art. 28 Abs. 2 S. 1 GG, Teilbarkeit des Genehmigungsbescheids, nachsorgende Maßnahmen des Filtereinbaus und der Ersatzwasserversorgung, Wasserschutzgebietsverordnungen gemäß § 51 Abs. 1 WHG allein zum Wohl der Allgemeinheit festsetzbar, vorsorgliche Bereitstellung einer Ersatzwasserversorgung.

VG DARMSTADT, Beschl. v. 29.03.2018 – 6 L 3548/17.DA
Behandelte Themen:
Erfolgloser Antrag zur Wiederherstellung der aufschiebenden Wirkung der Klage gegen die Errichtung und den Betrieb einer WEA mit fünf Windkraftanlagen, § 2 Abs. 2 Satz 1 Nr. 3 UmwRG aufgrund Verstoßes gegen das Unionsrecht nicht anwendbar, wenn eine Vereinigung erst im Laufe des Verfahrens als Umweltvereinigung i. S. d. UmwRG anerkannt wird, Grundsatz der Äquivalenz, Art. 9 Abs. 3 Aarhus Konvention, §1 Abs. 1 Satz 1 Nr. 5 UmwRG, UVP, signifikantes Tötungsrisiko Rotmilan, Interimsverfahren zur Berechnung der Schallausbreitung bei WEA nicht rückwirkend auf bereits zuvor erteilte Genehmigungen anwendbar.

VG DÜSSELDORF, Beschl. v. 20.12.2017 – 28 L 3169/17
Behandelte Themen:
Erfolgreicher Antrag auf Wiederherstellung der aufschiebenden Wirkung einer Klage gegen die erteilte Genehmigung zur Errichtung und zum Betrieb von vier WEA, allgemeine Vorprüfung zur Feststellung der UVP-Pflicht unterliegt durchgreifenden rechtlichen Bedenken, Überschneidung mit dem UVP-Schutzgut Tiere, Artenschutzprüfung, Zuordnung von Anlagen zu einer Windfarm, erhebliche nachteilige Umweltauswirkungen.

VG DÜSSELDORF, Urt. v. 01.03.2018 – 28 K 5087/17
Behandelte Themen:
Erfolgloser Antrag gegen immissionsschutzrechtliche Genehmigung für die Errichtung und den Betrieb einer WEA, Nachbarschaftsrechtsschutz, Definition schädlicher Umwelteinwirkungen,§ 3 Abs. 1 BImSchG, keine Bindungswirkung der TA Lärm bzgl. der Berechnung der Schallimmissionsprognose, Anwendung des Interimsverfahrens anstelle des Alternativverfahrens, keine Sonderfallprüfung wegen Unterschiedlichkeit der Geräuschcharakteristika bei ausreichender Entfernung von nennenswertem Verkehrslärm.

VG DÜSSELDORF, Urt. v. 07.06.2018 – 28 K 867/17
Behandelte Themen:
Erfolgloser Antrag gegen immissionsschutzrechtliche Genehmigung für die Errichtung und den Betrieb von zwei WEA, Nachbarrechtsschutz, kein Verstoß gegen § 5 Abs. 1 Nr. 1 BImSchG, keine optisch bedrängende Wirkung durch WEA, Sicherstellung der Grundpflichten gem. § 5 BImSchG, keine Überschreitung der Immissionsrichtwerte der TA Lärm, Sonderfallprüfung hier nicht geboten.

VG DÜSSELDORF, Urt. v. 07.06.2018 – 28 K 3438/17
Behandelte Themen:
Erfolgloser Antrag gegen immissionsschutzrechtliche Genehmigung für die Errichtung und den Betrieb von zwei WEA, kein Aufhebungsanspruch gem. § 4 Abs. 3 i. V. m. Abs. 1 Um-

wRG, kein Verfahrensfehler, Bestimmung Schwellenwert zur Durchführung einer UVP-Vorprüfung, kein Vorliegen einer Windfarm im rechtlichen Sinne, artenschutzrechtliche Zugriffsverbote gem. § 44 BNatSchG vermitteln kein subjektives Recht.

VG GIEßEN, Urt. v. 13.06.2018 – 1 K 311/17 Gl.
Behandelte Themen:
Erfolgloser Antrag auf immissionsschutzrechtliche Genehmigung zur Errichtung von fünf WEA, Tötungsrisiko für Schwarzstörche durch Windpark gem. § 44 Abs. 1 Nr. 1 BNatSchG, kollisionsbedingte Einzelverluste, Einschätzungsprärogative der Naturschutzbehörde, Einzelfallentscheidung, EU-Leitfaden zur Entwicklung der Windenergie gemäß den Naturvorschriften der EU.

VG HANNOVER, Beschl. v. 27.06.2018 – 12 B 10379/17
Behandelte Themen:
Erfolgreicher Antrag auf Wiederherstellung der aufschiebenden Wirkung gegen die immissionsschutzrechtliche Genehmigung zur Errichtung und zum Betrieb von vier WEA, Einzelfall einer fehlerhaften UVP-Vorprüfung mit nicht nachvollziehbarem Ergebnis, Verkennung der verfahrenslenkenden Funktion der UVP-Vorprüfung, § 80 Abs. 5 VwGO, anerkannte Vereinigung gem. § 3 UmwRG.

VG HANNOVER, Urt. v. 06.12.2018 – 12 A 828/17
Behandelte Themen:
Erfolgreiche Klage gegen die Genehmigung zur Errichtung und zum Betrieb von drei WEA, Verletzung subjektiver Rechte eines Dritten, § 113 Abs. 1 S. 1 VwGO, fehlende Zustimmung der Luftverkehrsbehörde gem. § 14 Abs. 1 LuftVG, bauplanungsrechtliche Zulässigkeit gem. § 35 Abs. 1 Nr. 5 BauGB, privilegiertes Vorhaben im Außenbereich, Gegenstehen öffentlicher Belange, Belange der Verteidigung i. S. v. § 1 Abs. 6 Nr. 10 BauGB, Tiefflugübungsstrecken als schutzwürdiger Belang, § 30 Abs. 1 S. 1 LuftVG, Verfassungsauftrag zur militärischen Landesverteidigung gem. Art. 87 a Abs. 1 Satz 1 GG, verteidigungspolitischer Beurteilungsspielraum der Bundeswehr.

VG KASSEL, Beschl. v. 26.06.2018 – 7 K 331/15.KS
Behandelte Themen:
Erfolgloser Antrag auf immissionsschutzrechtliche Genehmigung zur Errichtung von fünf WEA, Drittanfechtung, Schallimmissionsberechnung nach aktuellen Stand der Wissenschaft u. Technik hat nach dem Interimsverfahren zu erfolgen, maßgeblicher Zeitpunkt der Genehmigungsentscheidung in Fällen der Anfechtung, eine Leitfaden-entsprechende UVP-Vorprüfung grundsätzlich ausreichend, nachträgliche Änderung der Berechnung der Schallimmissionsprognose.

VG KASSEL, Beschl. v. 26.06.2018 – 2 L 1466/18.KS
Behandelte Themen:
Erfolgreicher Antrag auf Wiederherstellung der aufschiebenden Wirkung gegen die immissionsschutzrechtliche Genehmigung zur Errichtung und zum Betrieb von sieben WEA, instanzielle Zuständigkeit der unteren Naturschutzbehörde bei Anordnungen zur Vermeidung des Eintretens des artenschutzrechtlichen Verbotstatbestandes gem. § 44 Abs. 1 BNatSchG, § 3 Abs. 2 BNatSchG.

VG KASSEL, Beschl. v. 14.12.2018 – 7 L 768/18.KS
Behandelte Themen:
Erfolgreicher Antrag auf Wiederherstellung der aufschiebenden Wirkung gegen die Genehmigung zur Errichtung und zum Betrieb von drei WEA, naturschutzfachliche Einschätzungsprärogative, Mindestabstand zwischen Windenergieanlagenstandort und Rotmilanhorst, artenschutzrechtliches Tötungsverbot gem. § 44 Abs. 1 Nr. 1 BNatSchG, Leitfaden Windenergie 2012, Stand der Wissenschaft, notwendige Regelmäßigkeit von Raumnutzungsanalysen bei Unterschreitung des Mindestabstandes, Ablenkmaßnahmen, Mahdkonzept.

VG KOBLENZ, Beschl. v. 24.08.2018 – 4 L 543/18.KO
Behandelte Themen:
Erfolgloser Antrag auf Abänderung der im Eilverfahren getroffenen Entscheidung über immissionsschutzrechtliche Genehmigung zur Errichtung und zum Betrieb von vier WEA, Eilrechtsschutzbegehren BUND, Interessenabwägung zu Lasten des zukünftigen Betreibers, Störungstatbestand gem. §44 Abs. 1 Nr. 2 BNatG in Bezug auf Schwarzstorch gegeben, Funktionsraumanalyse notwendig, keine Verschiebung auf die Zeit nach dem Bau der WEA, Landesentwicklungsprogramm IV in Gestalt der 4. Teilfortbeschreibung steht Bau zusätzlich entgegen, Mindestabstand zu Wohngebieten nicht ausreichend, Nachbarschaftsschutz.

VG LÜNEBURG, Beschl. v. 19.02.2018 – 2 B 153/17
Behandelte Themen:
Erfolgloser Antrag auf Wiederherstellung der aufschiebenden Wirkung einer Klage gegen die sofortige Vollziehung einer immissionsschutzrechtlichen Genehmigung für die Errichtung von acht WEA, keine schädlichen Geräuschimmissionen gem. § 5 Abs. 1 Nr. 1 BImSchG, Berechnungsverfahren nach DIN ISO 9613-2 ist zeitgemäß, Interimsverfahren nicht notwendig, keine Unterbewertung der Schallimmissionsprognose im tieffrequenten Bereich.

VG MAINZ, Beschl. v. 23.03.2018 – 3 L 1470/17.MZ
Behandelte Themen:
Erfolgloser Antrag auf Wiederherstellung der aufschiebenden Wirkung des Widerspruchs gegen immissionsschutzrechtliche Genehmigung zur Errichtung und zum Betrieb einer WEA,

Verfahrensbehandlung paralleler Genehmigungsanträge ermöglicht parallel durchgeführte UVP oder Vorprüfung, § 4 Abs. 3 Satz 1 i. V. m. Abs. 1 Satz 1 UmwRG, keine Ermessensfehler, keine echte Konkurrenzsituation, wesentliche Nebenbestimmungen.

VG MINDEN, Urt. v. 06.12.2017 – 11 K 6906/17
Behandelte Themen:
Zurückgenommene Klage, Verpflichtung zur erneuten Entscheidung über die Erteilung eines immissionsschutzrechtlichen Vorbescheides zur Errichtung und zum Betrieb einer WEA, weitere anhängige Klage zulässig und begründet, Ausarbeitung eines Plankonzepts für die Darstellung von Konzentrationszonen i. S. d. § 35 Abs. 3 Satz 3 BauGB, Fehlen eindeutiger Qualifikation von Schutzabständen zu Wohnbebauungen als harte oder weiche Tabuzonen, Darstellung von Vorrangflächen für WEA im Flächennutzungsplan, Fehlen schlüssigen gesamträumlichen Planungskonzepts.

VG MINDEN, Urt. v. 07.12.2017 – 9 K 170/15
Behandelte Themen:
Unbegründete Anfechtungsklage zur Aufhebung eines Planfeststellungsbeschlusses, keine beachtlichen Zweifel, keine Abwägungsfehler, Unerheblichkeit der (nicht) vollständigen Offenlegung von Planunterlagen im Zuge der Deckblattverfahren, Landesstraßenbedarfsplan, Trassenwahlentscheidung nicht zu beanstanden, Abwägungsgebot des § 38 Abs. 2 StrWG NRW a. F., keine gravierenden Unterschiede zwischen den Neubauvarianten, Entlastungswirkung einer neuen Straße, schalltechnische Untersuchung und Luftschadstoffgutachten, Verbotstatbestände der §§ 44 ff. BNatSchG a. F. beachtlich, planungsrelevante Arten, keine relevanten Störungen der Avifauna.

VG MINDEN, Urt. v. 12.12.2018 – 11 K 927/17
Behandelte Themen:
Erfolglose Klage gegen die immissionsschutzrechtliche Genehmigung zur Errichtung und zum Betrieb einer WEA, keine Klagebefugnis gem. § 42 Abs. 2, 1. Var. VwGO, keine Verletzung subjektiver Rechte, möglicher Drittschutz durch öffentlich-rechtliche Normen, kein schutzbedürftiger Raum gem. TA Lärm, keine generelle Impuls- oder Tonhaltigkeit des betreffenden Anlagetyps, keine Gesundheitsgefahr durch von WEA verursachtem Infraschallanteil, keine Klagebefugnis aufgrund geltend gemachter Fehler der durchgeführten UVP nach § 4 Abs. 1 o. 1a UmwRG, § 4 Abs. 1 i.V.m. Abs. 3 UmwRG.

VG MINDEN, Urt. v. 12.12.2018 – 11 K 928/17
Behandelte Themen:
Erfolglose Klage gegen die immissionsschutzrechtliche Genehmigung zur Errichtung und zum Betrieb von sieben WEA, keine begründende Klagebefugnis durch tieffrequenten Schall oder

eine optisch bedrängende Wirkung der Anlagen, Grundstück im erweiterten Einwirkungsbereich der Anlagen, Betrachtung der Gesamtbelastung ohne Berücksichtigung einer Bodendämpfung, keine subjektive Rechtsverletzung gem. § 113 Abs. 1 Satz 1 VwGO, keine wissenschaftlich gesicherten Hinweise über eine mögliche Gesundheitsgefährdung durch von WEA verursachtem Infraschallanteil.

VG MÜNSTER, Urt. v. 12.04.2018 – 10 K 403/17
Behandelte Themen:
Erfolgloser Antrag gegen immissionsschutzrechtliche Genehmigung zur Errichtung von drei WEA, Lärmbelästigung Landschaftsschutzgebiet, Abwehrrecht gegen immissionsschutzrechtliche Genehmigung bedarf einer schutzwürdigen Rechtsposition, ehemals erteilte Genehmigung entfällt bei Schaffung einer anderen Anlage als der genehmigten durch massive Veränderungen, § 43 Abs. 2 VwVfG.

VG MÜNSTER, Urt. v. 12.07.2018 – 10 K 4940/16
Behandelte Themen:
Erfolgloser Antrag gegen immissionsschutzrechtliche Genehmigung zur Errichtung und zum Betrieb von zwei WEA, öffentliches Genehmigungsverfahren gem. § 10 BImSchG, kein erforderliches Widerspruchsverfahren, Ausnahmeregelung gem. § 68 Abs. 1 S. 2 VwGO i. V. m. § 110 Abs. 1 S. 1 JustG NRW, „nicht beteiligte Dritte", Bewohner des Außenbereichs, Lärm-Richtwerte nach der TA Lärm, Schutzmaßstab gleicht dem anderer gemischt nutzbarer Bereiche, kein erhöhter Schutzanspruch durch Verwirklichung der WEA in einem Landschaftsschutzgebiet.

VG MÜNSTER, Urt. v. 23.08.2018 – 10 K 660/17
Behandelte Themen:
Erfolglose Klage gegen Erteilung der Genehmigung zur Errichtung und zum Betrieb von neun WEA, öffentliches Genehmigungsverfahren gem. § 10 BImSchG, Verletzung des Gebotes der Rücksichtnahme, Nachbarschutz, keine unzumutbare Beeinträchtigung durch Infraschall, keine unzumutbare optisch bedrängende Wirkung, keine Verletzung von Vorschriften zur UVP, keine schädlichen Umwelteinwirkungen, § 3 Abs. 1 BImSchG, Voraussetzungen schädlicher Geräuschimmissionen i. S. v. § 5 Abs. 1 Nr. 1 BImSchG, Wohnhaus im Außenbereich, Schutzmaßstäbe gemischt nutzbarer Bereiche, tieffrequente Schallimmissionen.

VG OLDENBURG, Urt. v. 06.12.2017 – 5 A 2869/17
Behandelte Themen:
Erfolgloser Antrag zur Aufhebung eines Widerspruchsbescheides und hilfsweise für den Fall der Klageabweisung Beweiserhebung durch Gutachten zu den möglichen Auswirkungen einer WEA auf Fledermäuse, Rechtmäßigkeit einer die Betriebszeiten einer WEA nachträglich

einschränkenden Anordnung, nachträgliche Abschaltverfügung kein Teilwiderruf immissionsschutzrechtlicher Genehmigung, Verstoß gegen das artenschutzrechtliche Verbot des § 44 Abs. 1 Nr. 1 BNatSchG, Befugnis zur Abwehr von Zuwiderhandlungen gegen naturschutzrechtliche Vorschriften, kollisionsbedingte Einzelverluste, Bestandsschutz beachtet, signifikant erhöhtes Schlagrisiko, Anordnung eines Gondelmonitorings zur Überprüfung der Wirksamkeit des Abschaltalgorithmus.

VG OLDENBURG, Urt. v. 04.05.2018 – 12 A 39/18
Behandelte Themen:
Erfolgloser Antrag gegen immissionsschutzrechtliche Genehmigung zur Errichtung und zum Betrieb von 15 WEA, keine Verpflichtung zur UVP, unter Beachtung der im Bebauungsplan vorgesehenen Vermeidungs-, Verminderungs-, und Ausgleichsmaßnahmen keine erheblichen nachteiligen Umweltauswirkungen zu befürchten.

VG REGENSBURG, Urt. v. 08.03.2018 – RO 7 K 17.1208
Behandelte Themen:
Erfolgloser Antrag auf Neubescheidung für immissionsschutzrechtliche Genehmigung zur Errichtung und zum Betrieb von zwei WEA, Entprivilegierung von Windkraftanlagen, Abstandsmessung nach „10 H-Regelung", Art. 82 Abs. 1 u. 2 BayBO, überbaubare Grundstücksflächen als Bezugspunkt für Abstandsmessung, Beeinträchtigung öffentlicher Belange gem. § 35 Abs. 3 BauGB.

VG TRIER, Urt. v. 04.08.2017 – 6 K 8468/16.TR
Behandelte Themen:
Erfolglose Klage zur Feststellung des Nichterlöschens einer immissionsschutzrechtlichen Genehmigung zur Errichtung und zum Betrieb von drei WEA, Verlängerungsantrag, Aufklärungs- und Beratungsfehler, Reparatur- und Wartungsarbeiten sowie geringfügige Stromerzeugung zum Eigenbetrieb und unerlaubte Fortführung nicht als Betrieb anzusehen, Präzisierung des Forschung- und Entwicklungsbedarfs.

VG TRIER, Beschl. v. 14.03.2018 – 9 K 10507/17.TR
Behandelte Themen:
Erfolgloser Antrag gegen immissionsschutzrechtliche Genehmigung für die Errichtung und den Betrieb von fünf WEA, ordnungsgemäße UVP, ausreichende Öffentlichkeitsbeteiligung, kein signifikant erhöhtes Verletzungs- oder Tötungsrisiko i. S. v. § 44 Abs. 1 Nr. 1 BNatSchG, ausreichender Schallschutz.

VG TRIER, Urt. v. 06.06.2018 – 9 K 13585/17.TR
Behandelte Themen:
Erfolgloser Antrag auf immissionsschutzrechtliche Genehmigung zur Errichtung und zum Betrieb von zwei WEA, Kernzone Naturpark Saar-Hunsrück, § 35 Abs. 3 S. 2 HS 1 BauGB, Ziele der Raumordnung, § 7 Abs. 2 S. 1 ROG, Landesentwicklungsprogramm Rheinland-Pfalz.

7. Bundesgerichtshof

BGH, Urt. v. 14.09.2018 – V ZR 12/17
Behandelte Themen:
Kein Zahlungsanspruch oder Rückkaufsrecht der BVVG bei Überlassung von nach dem Ausgleichsgesetz verbilligt verkauften landwirtschaftlichen Flächen zum Aufstellen von Windkrafträdern an einen Windenergiebetreiber, § 3 AusglLeistG, kein Wiederkaufsrecht § 12 Abs. 4 FlErwV, Flächennutzbarkeitsänderung, keine Veränderung der planungsrechtlichen Qualität der landwirtschaftlichen Flächen, § 35 Abs. 1 Nr. 5 BauGB, kein Rücktrittsrecht, Stand- und Abstandsflächen zum Zwecke der Windenergieerzeugung bilden keinen wesentlichen Teil der verkauften Flächen.

BGH, Beschl. v. 09.10.2018 – EnVR 20/17
Behandelte Themen:
Erfolglose Rechtsbeschwerde zur Genehmigung einer Investitionsmaßnahme für eine Netzverbindung zwischen zwei Windparks und einem neuen Windpark, Offshore-Anbindungen, Deutschland – Dänemark, § 23 Abs. 1 ARegV, Übertragungsnetze, öffentlich-rechtlicher Vertrag, Behandlung ähnlicher Genehmigungsanträge nach einheitlichen Kriterien, Back-to-Back-Konverter, freie Auslegung allgemeiner Geschäftsbedingungen von vertraglichen Vereinbarungen, § 545 ZPO.

III. Weitere Meldungen aus den Gerichten

BVERWG: Beschwerde gegen Nichtzulassung der Revision zurückgewiesen
(Beschl. v. 02.11.2017 – 4 B 62.17)
Download der Entscheidung:
http://bverwg.de/de/021117B4B62.17.0

OVG MÜNSTER: Die 29. Änderung des Flächennutzungsplanes der Stadt M. – „Windenergie-L. Konzentrationszonen für Windenergieanlagen“ ist unwirksam
(Urt. v. 06.12.2017 – 7 D 100/15.NE
Download der Entscheidung:
http://www.justiz.nrw.de/nrwe/ovgs/ovg_nrw/j2017/7_D_100_15_NE_Urteil_20171206.html

VG NEUSTADT AN DER WEINSTRAßE: Anordnung des Sofortvollzugs für den Bau von drei Windrädern auf dem Bendelberg
„Das Verwaltungsgericht Neustadt hat mit Beschluss vom 1. Dezember 2017 die sofortige Vollziehung der der Pfalzwerke AG durch die Kreisverwaltung Südwestpfalz erteilten immissionsschutzrechtlichen Genehmigung zur Errichtung und zum Betrieb von drei Windenergieanlagen angeordnet. [...] Das Verwaltungsgericht hat [...] zur Begründung ausgeführt, das von der Pfalzwerke AG geltend gemachte wirtschaftliche Interesse an der Errichtung der drei Windenergieanlagen auf dem Bendelberg sei höher zu werten als das Aufschubinteresse der Bundeswehr. So habe die Bundeswehr eine Störung der Radaranlage der „Polygone“-Einrichtung gerade durch die drei geplanten Windenergieanlagen auf dem Bendelberg nicht belegt. [...]“
(Beschl. v. 01.12.2017 – 3 L 1180/17.NW)
VG NEUSTADT AN DER WEINSTRAßE, Pressemitteilung v. 14.12.2017
Download:
https://vgnw.justiz.rlp.de/de/startseite/detail/news/detail/News/pressemitteilung-nr-3817/

OVG SCHLESWIG: Sicherstellung geplanter Landschaftsschutzgebiete ist unwirksam
„Das Schleswig-Holsteinische Oberverwaltungsgericht hat die Verordnungen des Kreises Dithmarschen über die einstweilige Sicherstellung der geplanten Landschaftsschutzgebiete „Hohe Geest“ und „Rüsdorfer Moor“ für endgültig unwirksam erklärt. [...]“
(Urt. v. 21.12.2017 – 1 KN 8/17).
OVG SCHLESWIG, Pressemitteilung v. 21.12.2017
Download:
http://www.schleswig-holstein.de/DE/Justiz/OVG/Presse/PI_OVG/21122017_WindkraftSicherstellung.html

VG KOBLENZ: Rotmilan verhindert Windenergieanlage

„Die Klägerin, ein Unternehmen der Windenergiebranche, beantragte beim Landkreis Birkenfeld die Genehmigung für eine Windenergieanlage mit einer Nabenhöhe von 138,4 m, einem Rotordurchmesser von 92 m und einer Gesamthöhe von 184,4 m in der Gemarkung Ellenberg. Der Landkreis lehnte den Antrag ab, da aufgrund der Beobachtungen des eingeschalteten Sachverständigen davon auszugehen sei, dass in der Nähe des Standortes der geplanten Anlage ein Brutplatz des Rotmilans sein müsse. Nach erfolglosem Widerspruchsverfahren erhob das Unternehmen Klage.

Die Klage blieb ohne Erfolg. Der Zulassung des Windrades, so die Koblenzer Richter, stünden Belange des Umweltschutzes entgegen. Es sei verboten, besonders geschützte Tierarten, zu denen auch der Rotmilan zähle, zu beeinträchtigen. Für diese Vogelart bestehe ein signifikant erhöhtes Tötungsrisiko durch den Betrieb von Windenergieanlagen grundsätzlich dann, wenn der fachlich empfohlene Mindestabstand von 1.000 m zwischen Brutstätte und Anlagenstandort unterschritten werde. […]"

(Urt. v. 7.12.2017 – 4 K 455/17.KO)

VG KOBLENZ, Pressemitteilung v. 22.12.2017

Download:

https://vgko.justiz.rlp.de/de/startseite/detail/news/detail/News/vg-koblenz-rotmilan-verhindert-windenergieanlage/

Download der Entscheidung:

https://vgko.justiz.rlp.de/fileadmin/justiz/Gerichte/Fachgerichte/Verwaltungsgerichte/Koblenz/Dokumente/Entscheidungen/Nr_48-2017_VOE_4_K_0455-17_KO_Urteil_vom_23-11-2017_7563.pdf

VG FREIBURG: Kein Baustopp für den Windpark Nillkopf im Kinzigtal

„Das Verwaltungsgericht hat drei Eilanträge von Anwohnern gegen die Genehmigung eines Windenergieparks auf dem Nillkopf im Kinzigtal abgelehnt […] Das Landratsamt Ortenaukreis hatte der Bürgerwindrad Nillkopf GmbH im Dezember 2016 die immissionsschutzrechtliche Genehmigung für den Bau und Betrieb von zwei Windkraftanlagen mit jeweils 3000 kW Leistung, 149 m Nabenhöhe und 115,7 m Rotordurchmesser erteilt und die Gemehmigung sodann für sofort vollziehbar erklärt. Die Antragsteller, deren Wohnhäuser, Beherbergungsbetriebe und Geflügellandwirtschaft sich ca. 900 m, 1.000 m und 1.900 m entfernt von der nächstgelegenen geplanten Windkraftanlage befinden, beriefen sich dagegen unter anderem auf von den Anlagen ausgehende unzumutbare Schall- und Lichtimmissionen und eine optisch bedrängende Wirkung für ihre Anwesen. Der Bau und Betrieb des Windparks gefährde die Trinkwasserversorgung sowie die Hühnerhaltung und schade der Attraktivität der Wanderwege in der Region sowie dem Tourismus. Die Anlagen seien ohnehin unwirtschaftlich.

Das Gericht führte zur Begründung seiner Beschlüsse im Wesentlichen aus, es sei aller Voraussicht nach nicht davon auszugehen, dass die Geräusch-, Blinklicht- und Schattenwurfimmissionen der Windkraftanlagen zu unzumutbaren Beeinträchtigungen auf den mindestens 900 m entfernt gelegenen Anwesen der Antragsteller führen würden. […]"

(Beschl. v. 03.01.2018 – 2 K 5602/17, 2 K 5638/17, 2 K 5855/17)

VG FREIBURG, Pressemitteilung v. 17.01.2018
Download:
http://www.vgfreiburg.de/pb/,Lde/Startseite/Presse/Kein+Baustopp+fuer+den+Windpark+Nillkopf+im+Kinzigtal/?LISTPAGE=1215608

VG DARMSTADT: Eilantrag der Systelios-Klinik gegen Windpark „Stillfüssel" (Gemarkung Wald-Michelbach) abgelehnt

„Die u. a. für Immissionsschutzrecht zuständige 6. Kammer des Verwaltungsgerichts Darmstadt hat mit Beschluss vom 02.02.2018 einen Antrag der Systelios-Klinik auf vorläufigen Rechtsschutz abgelehnt, der mit dem Ziel gestellt worden war, den Bau und Betrieb einer geplanten Windenergieanlage mit fünf Windkraftanlagen (Windräder) zu stoppen, bis über ihre Klage gegen die hierfür erteilte Genehmigung entschieden worden ist. [...]"
(Beschl. v. 02.02.2018 – 6 L 205/17.DA)
VG DARMSTADT, Pressemitteilung v. 15.02.2018
Download:
https://verwaltungsgerichtsbarkeit.hessen.de/pressemitteilungen/eilantrag-der-systelios-klinik-gegen-windpark-%E2%80%9Estillf%C3%BCssel%E2%80%9C-abgelehnt

VG ARNSBERG: Genehmigung für den Windpark Himmelreich in Marsberg aufgehoben

„Nach Durchführung der mündlichen Verhandlung hat die 4. Kammer des Verwaltungsgerichts Arnsberg heute [20.02.2018] eine vom Landrat des Hochsauerlandkreises erteilte Genehmigung zur Errichtung und zum Betrieb von elf Windenergieanlagen in Marsberg südwestlich des Ortsteils Meerhof aufgehoben.[...]"
(Urt. v. 20.02.2018 – 4 K 459/16)
VG ARNSBERG, Pressemitteilung v. 20.02.2018
Download:
http://www.vg-arnsberg.nrw.de/behoerde/presse/pressemitteilungen/03_180220/index.php

OVG MÜNSTER: Verfahrensboom bei Windkraftverfahren

„[...] 2017 haben die Streitigkeiten um Windenergieanlagen beim Oberverwaltungsgericht einen neuen Rekordstand erreicht. Die Eingänge von Rechtsmittelverfahren, die immissionsschutzrechtliche Genehmigungen von Windrädern betreffen, haben um nochmals 60 bis 70 % gegenüber den bereits hohen Werten der beiden vorangegangenen Jahre (2015: 46 Verfahren; 2016: 43 Verfahren) auf 73 Verfahren zugenommen. Die gestiegenen Zahlen sind insbesondere Ausdruck der vielfach heftigen Auseinandersetzungen vor Ort bei der Planung und dem Bau von Windenergieanlagen. ‚Der Streit um die Windkraft ist ein typisches Beispiel dafür, wie sich gesellschaftliche Probleme in verwaltungsgerichtlichen Verfahren spiegeln', erklärte Präsidentin Dr. Brandts. Bei der Windkraft ergäben sich konkurrierende Interessen und Zielkonflikte (Ausbau erneuerbarer Energien – ungestörtes Wohnumfeld – Schutz von Natur und Landschaft), die die Verwaltungsgerichte zum Ausgleich bringen müssten. Daran zeige sich

beispielhaft die wichtige Befriedungsfunktion, die den Verwaltungsgerichten im Verhältnis des Bürgers zum Staat und der Bürger untereinander zukomme. […]“
OVG MÜNSTER, Jahrespressegespräch 2018, Pressemitteilung v. 22.02.2018
Download:
http://www.ovg.nrw.de/behoerde/presse/pressemitteilungen/04_180222/index.php

OVG MÜNSTER: Kommunale Planungen zur Windenergienutzung
„Beim 2. Senat sind mehrere Normenkontrollverfahren anhängig, die kommunale Planungen zur Windenergienutzung betreffen. Am 6. März 2018 wird in einem Verfahren mit mehreren Antragstellern über die 61. Änderung des Flächennutzungsplanes der Stadt Bad Wünnenberg mündlich verhandelt, mit der die Kommune Konzentrationszonen für die Windenergienutzung dargestellt und zugleich die Errichtung von Windenergieanlagen im übrigen Gemeindegebiet ausgeschlossen hat. Die frühere Konzentrationszonenplanung war im Rahmen eines immissionsschutzrechtlichen Klageverfahrens vom Gericht für unwirksam erachtet worden. (Az. 2 D 95/15.NE) […]
Im Laufe des Jahres wird der Senat voraussichtlich auch über die ebenfalls die Windenergienutzung regelnden Flächennutzungspläne der Stadt Paderborn (2 D 63/17.NE), der Gemeinde Stemwede (2 D 71/17.NE) und der Stadt Brilon (2 D 100/17.NE) entscheiden. […]“
OVG MÜNSTER, Jahrespressegespräch 2018, Pressemitteilung v.22.02.2018
Download:
http://www.ovg.nrw.de/behoerde/presse/jahrespressegespraeche/WichtigeVerfahren.pdf

EUGH: Deutsche Beihilfen für erneuerbare Energien – Schlussanträge des Generalanwalts Manuel Campos Sánchez-Bordona
„[…] V. Ergebnis
148. Aufgrund der vorstehenden Erwägungen schlage ich daher dem Gerichtshof vor,
1. die vom Verwaltungsgericht Frankfurt am Main (Deutschland) zur Vorabentscheidung vorgelegte Frage für unzulässig zu erklären;
2. hilfsweise, festzustellen, dass in diesem Vorabentscheidungsverfahren keine Anhaltspunkte dafür erkennbar sind, dass der Beschluss (EU) 2015/1585 der Kommission vom 25. November 2014 über die Beihilferegelung SA.33995 (2013/C) (ex 2013/NN) [Deutschlands zur Förderung erneuerbaren Stroms und stromintensiver Unternehmen] ungültig ist, soweit er die Verringerung der im deutschen Recht vorgesehenen allgemeinen Umlage zugunsten bestimmter stromintensiver Unternehmen betrifft.“
EUGH, 27.02.2018 (Rechtssache C-135/16)
Download:
http://curia.europa.eu/juris/document/document.jsf;jsessionid=9ea7d2dc30dd23f1e01a8a2540678cd1830653536c75.e34KaxiLc3qMb40Rch0SaxyNbxn0?text=&docid=199690&pageIndex=0&doclang=de&mode=req&dir=&occ=first&part=1&cid=695197

OVG MÜNSTER: Keine Störung des Wetterradars Essen durch Windenergieanlage
„Das Oberverwaltungsgericht hat mit heute [02.03.2018] verkündetem Urteil den Kreis Mettmann verpflichtet, der Klägerin, einem Windenergieunternehmen, einen immissionsschutzrechtlichen Vorbescheid zur Feststellung der Genehmigungsfähigkeit einer Windenergieanlage mit einer Gesamthöhe von 99,7 m in Wülfrath-Flandersbach im Hinblick auf die Funktionsfähigkeit von Radaranlagen zu erteilen. [...]"
(Urt. v. 02.03.2018 – 8 A 2478/15)
OVG MÜNSTER, Pressemitteilung v. 02.03.2018
Download:
http://www.ovg.nrw.de/behoerde/presse/pressemitteilungen/09_180302/index.php

OVG KOBLENZ: Baustopp für Windenergieanlagen auf dem Bendelberg – Störung einer militärischen Radaranlage muss im Hauptsacheverfahren geklärt werden
„Drei Windenergieanlagen auf dem Bendelberg im Landkreis Südwestpfalz dürfen vorläufig nicht gebaut werden. Es bedarf weiterer Aufklärung im Hauptsacheverfahren, ob durch das „Hängenbleiben" von Radarstrahlen an den Rotorblättern eine erhebliche Störung der Funktionsfähigkeit der trinationalen Luftkampfübungsanlage „Polygone" bewirkt wird. Dies hat das Oberverwaltungsgericht Rheinland-Pfalz in Koblenz in einem Eilverfahren entschieden. [...]"
(Beschl. v. 27.02.2018 – B 11970/17.OVG)
OVG KOBLENZ, Pressemitteilung v. 06.03.2018
Download:
https://ovg.justiz.rlp.de/de/startseite/detail/news/detail/News/baustopp-fuer-windenergieanlagen-auf-dem-bendelberg-stoerung-einer-militaerischen-radaranlage-muss-im/

OVG KOBLENZ: Windenergieanlagen in Hahn am See und Elbingen dürfen gebaut werden
„Drei geplante Windenergieanlagen im Gebiet der Ortsgemeinden Hahn am See und Elbingen (Verbandsgemeinde Wallmerod im Westerwaldkreis) dürfen errichtet werden. Dies entschied das Oberverwaltungsgericht Rheinland-Pfalz in Koblenz. [...]"
(Beschl. v. 02.03.2018 – 1 B 11809/17.OVG)
OVG KOBLENZ, Pressemitteilung v. 19.03.2018
Download:
https://ovg.justiz.rlp.de/de/startseite/detail/news/detail/News/windenergieanlagen-in-hahn-am-see-und-elbingen-duerfen-gebaut-werden/

VG TRIER: Klagen gegen Windräder auf der Gemarkung Stadtkyll/Schönfeld erfolglos
„Die Klagen des Landesjagdverbandes Rheinland-Pfalz e. V. sowie eines Einwohners der Gemeinde Stadtkyll gegen die Genehmigung von fünf Windrädern auf der Gemarkung Stadtkyll/Schönfeld durch den Landkreis Vulkaneifel werden abgewiesen. Dies hat die 9. Kammer des

Verwaltungsgerichts Trier mit Urteilen vom 14. März 2018 entschieden. Die schriftliche Urteilsbegründung folgt in den nächsten Wochen."
(Beschl. v. 14.03.2018 – 9 K 10507/17.TR)
VG TRIER, Pressemitteilung Nr. 8/2018 v. 19.03.2018
Download:
https://vgtr.justiz.rlp.de/de/startseite/detail/news/detail/News/pressemitteilung-nr-82018/

OLG DÜSSELDORF: Erfolg für Gas- und Stromnetzbetreiber: Renditenfestsetzung der Bundesnetzagentur zu niedrig
„In dem Verfahren um die von der Bundesnetzagentur festgelegten Eigenkapitalzinssätze für Strom- und Gasnetzbetreiber haben die Beschwerden zahlreicher Energieunternehmen Erfolg. Der 3. Kartellsenat des Oberlandesgerichts Düsseldorf ist der Auffassung, die jüngste Festlegung der Eigenkapitalzinssätze berücksichtige die Marktrisiken nicht hinreichend und sei deshalb rechtsfehlerhaft zu niedrig bemessen. Die Bundesnetzagentur wurde verpflichtet, die Eigenkapitalzinssätze für die dritte Regulierungsperiode unter Beachtung der Rechtsauffassung des Gerichts neu festzulegen. […]"
OLG DÜSSELDORF, Pressemitteilung Nr. 08/2018 v. 22.03.2018
Download:
http://www.olg-duesseldorf.nrw.de/behoerde/presse/Presse_aktuell/20180322_PM_Bundesnetzagentur/index.php

VG GÖTTINGEN: Windenergieanlagen bei Jühnde dürfen zunächst nicht gebaut werden
„Das VG Göttingen hat entschieden, dass dem Widerspruch eines Umweltverbandes gegen eine vom LK Göttingen erteilte Baugenehmigung zur Errichtung von 4 Windkraftanlagen in der Nähe von Jühnde aufschiebende Wirkung zukommt. Die Anlagen dürfen deshalb derzeit nicht gebaut werden. […]"
(Beschl. v. 23.03.2018 – 2 B 671/17)
VG GÖTTINGEN, Pressemitteilung v. 09.04.2018
Download:
https://www.verwaltungsgericht-goettingen.niedersachsen.de/aktuelles/presseinformationen/windenergieanlagen-bei-juehnde-duerfen-zunaechst-nicht-gebaut-werden-163254.html

VG OLDENBURG: Klage von Anwohnern gegen Windenergieanlagen in Bösel („Windpark Kündelmoor") erfolglos
„Mit Urteil vom 4. Mai 2018 hat das Verwaltungsgericht Oldenburg eine Klage von Anwohnern gegen die Errichtung und den Betrieb von 15 Windenergieanlagen im Windpark Kündelmoor in der Gemeinde Bösel (Landkreis Cloppenburg) abgewiesen. […]"
(Urt. v. 04.05.2018 – 12 A 39/18)
VG OLDENBURG, Pressemitteilung v. 04.05.2018

Download:
http://www.verwaltungsgericht-oldenburg.niedersachsen.de/aktuelles/klage-von-anwohnern-gegen-windenergieanlagen-in-boesel-windpark-kuendelmoor-erfolglos-164177.html

VG NEUSTADT A. D. WEINSTRASSE: Rechtsstreit um Windenergieanlagen in Neustadt-Mußbach – Rechtsstreit vorerst ausgesetzt

„Der Verwaltungsrechtsstreit zwischen der Firma juwi Energieprojekte GmbH und der Stadt Neustadt/Wstr. um die Errichtung von zwei Windenergieanlagen in der Gemarkung Neustadt-Mußbach ist gestern [16.05.2018] von der 5. Kammer des Gerichts ausgesetzt worden. [...]“
(Beschl. v. 16.05.2018 – 5 K 395/17.NW)
VG NEUSTADT A. D. WEINSTRASSE, Pressemitteilung Nr. 8/18 v. 17.05.2018
Download:
https://vgnw.justiz.rlp.de/de/startseite/detail/news/detail/News/pressemitteilung-nr-818/

VG DÜSSELDORF: Windkraftanlagen in der Boisheimer Nette (Viersen) dürfen gebaut werden

„Nachdem der Bau von vier Windkraftanlagen in der Boisheimer Nette (Viersen) im Dezember 2017 zunächst durch die 28. Kammer des Verwaltungsgerichts Düsseldorf gestoppt worden war (Pressemitteilung vom 21. Dezember 2017) hat die Kammer durch Beschlüsse vom 16. und 17. Mai 2018 nunmehr entschieden, dass die Windkraftanlagen gebaut werden dürfen. [...]“
(Beschl. v. 16. und 17.05.2018 – 28 L 793/18 u. a.)
VG DÜSSELDORF, Pressemitteilung v. 22.05.2018
Download:
http://www.vg-duesseldorf.nrw.de/behoerde/presse/pressemitteilungen/1813/index.php

VG GIEßEN: Geplanter Windpark gefährdet Schwarzstörche

„Die 1. Kammer des Verwaltungsgerichts Gießen hat gestern [13.06.2018] die Klage eines Unternehmens abgewiesen, das in Büdingen/Kefenrod einen Windpark mit 5 Windkraftanlagen („Windpark Büdingen-Christinenhof“) betreiben möchte. [...] Die Kammer hat die vom Regierungspräsidium angenommene erhöhte Tötungsgefahr für die Schwarzstörche als naturschutzrechtlich vertretbar und damit nicht zu beanstanden bewertet. [...]“
(Urt. v. 13.06.2018 – 1 K 311/17.GI)
VG GIEßEN, Pressemitteilung v. 14.06.2018
Download:
https://verwaltungsgerichtsbarkeit.hessen.de/pressemitteilungen/geplanter-windpark-gef%C3%A4hrdet-schwarzst%C3%B6rche

VGH MANNHEIM: Kein Baustopp für den Windpark Nillkopf im Kinzigtal
„Der Verwaltungsgerichtshof Baden-Württemberg (VGH) hat mit Beschlüssen vom 19. Juni 2018 drei Beschwerden gegen Beschlüsse des Verwaltungsgerichts Freiburg zurückgewiesen, mit denen dieses Anträge auf Eilrechtsschutz gegen die Genehmigung eines Windenergieparks auf dem Nillkopf im Kinzigtal am 17. Januar 2018 abgelehnt hatte. […]“
(Beschl. v. 19.06.2018 – 10 S 184/18, 185/18 und 186/18)
VGH MANNHEIM, Pressemitteilung v. 20.06.2018
Download:
http://vghmannheim.de/pb/,Lde/Startseite/Medien/Kein+Baustopp+fuer+den+Windpark+Nillkopf+im+Kinzigtal+-+Beschwerden+gegen+Eilbeschluesse+des+Verwaltungsgerichts+Freiburg+zurueckgewiesen/?LISTPAGE=1213200

VG TRIER: Keine Windenergieanlagen in der Kernzone des Naturparks Saar-Hunsrück
„Die 9. Kammer des Verwaltungsgerichts Trier hat die Klage eines Windenergieanlagenbetreibers auf Erteilung eines immissionsschutzrechtlichen Vorbescheids zur Errichtung zweier Windenergieanlagen in der Gemarkung Waldweiler abgelehnt. […]“
(Urt. v. 06.06.2018 – 9 K 13585/17.TR)
VG TRIER, Pressemitteilung Nr. 19/2018 v. 20.06.2018
Download:
https://vgtr.justiz.rlp.de/de/startseite/detail/news/detail/News/pressemitteilung-nr-192018/
Download der Entscheidung:
https://vgtr.justiz.rlp.de/fileadmin/justiz/Gerichte/Fachgerichte/Verwaltungsgerichte/Trier/Dokumente/Entscheidungen/9_K_13585-17_TR_Urteil_vom_06-06-2018.pdf

VG HANNOVER: 12. Ka. ordnet aufschiebende Wirkung der Klage gegen Genehmigung von Windkraftanlagen in Beckedorf und Bad Nenndorf an
„Der Landkreis Schaumburg hat es im Genehmigungsverfahren zu Unrecht unterlassen, eine Umweltverträglichkeitsprüfung durchzuführen. […]“
(Beschl. v. 29.06.2018 – 12 A 10379/17)
VG HANNOVER, Pressemitteilung v. 29.06.2018
Download:
https://www.verwaltungsgericht-hannover.niedersachsen.de/aktuelles/pressemitteilungen/12-ka-ordnet-aufschiebende-wirkung-der-klage-gegen-genehmigung-von-windkraftanlagen-in-beckedorf-und-bad-nenndorf-an-166194.html

OVG BERLIN-BRANDENBURG: Regionalplan „Havelland-Fläming 2020“ ist unwirksam – 22/18
„Das Oberverwaltungsgericht Berlin-Brandenburg hat mit acht Urteilen vom heutigen Tage [05.07.2018] den Regionalplan „Havelland-Fläming 2020“ für unwirksam erklärt. […]“

(Urteile v. 05.07. 2018 – OVG 2 A 2.16 u. a.)
OVG BERLIN-BRANDENBURG, Pressemitteilung v. 05.07.2018
Download:
https://www.berlin.de/gerichte/oberverwaltungsgericht/presse/pressemitteilungen/2018/pressemitteilung.719009.php

EuG: Das Gericht der Europäischen Union bestätigt den Beschluss, mit dem die Kommission die Beihilfen des Vereinigten Königreichs zugunsten des Kernkraftwerks Hinkley Point C genehmigt hat. Die von Luxemburg unterstützte Klage Österreichs wird abgewiesen.

„[...] Zur Verhältnismäßigkeit der Beihilfen stellt das Gericht u. a. fest, dass es Österreich nicht gelungen sei, die Feststellung der Kommission zu entkräften, dass die Annahme, vergleichbare Kapazitäten der Erzeugung von Windenergie könnten in derselben Zeit geschaffen werden wie der, die für den Bau des Kernkraftwerks Hinkley Point C vorgesehen sei, wegen des intermittierenden Charakters dieser erneuerbaren Energiequelle unrealistisch sei. [...]" (Urteil in der Rechtssache T-356/15 Österreich/Kommission)
EuG, Pressemitteilung Nr. 104/18 v. 12.07.2018
Download:
https://curia.europa.eu/jcms/upload/docs/application/pdf/2018-07/cp180104de.pdf

VGH MANNHEIM: Kein Baustopp für den Windpark Bad Saulgau-Steinbronnen – Beschwerde gegen Eilbeschluss des Verwaltungsgerichts Sigmaringen erfolgreich

„Der Verwaltungsgerichtshof Baden-Württemberg (VGH) hat mit Beschluss vom 20. Juli 2018 auf die Beschwerde der Bauherrin den Beschluss des Verwaltungsgerichts Sigmaringen geändert und den Eilantrag eines Bürgers (Antragsteller) gegen die für den Windpark erteilte immissionsschutzrechtliche Genehmigung zurückgewiesen. Damit steht einer Errichtung und einem Betrieb der drei Windräder vorläufig nichts mehr im Weg. [...]"
(Beschl. v. 20.07.2018 – 10 S 2378/17)
VGH MANNHEIM, Pressemitteilung v. 24.07.2018
Download:
http://vghmannheim.de/pb/,Lde/Startseite/Medien/Kein+Baustopp+fuer+den+Windpark+Bad+Saulgau+-+Steinbronnen+-+Beschwerde+gegen+Eilbeschluss+des+Verwaltungsgerichts+Sigmaringen+erfolgreich/?LISTPAGE=1213200

VG KOBLENZ: Windenergieanlagen nahe dem UNESCO-Welterbe „Oberes Mittelrheintal" dürfen nicht gebaut werden

„[...] Den Anlagen stehe eine Beeinträchtigung öffentlicher Belange entgegen, welche hier in der Form der drohenden Verunstaltung des Landschaftsbildes zu besorgen sei. Die Anlagen lägen im Bereich der Landschaftsschutzverordnung Mittelrheintal und könnten sich auf das Rheintal und seine Seitentäler „mit den das Landschaftsbild prägenden, noch weitgehend

naturnahen Hängen und Höhenzügen" auswirken. In der Sichtachsenstudie sei die erhebliche Beeinträchtigung des Landschaftsbildes durch eine technische Überprägung und die visuelle Dominanz der Anlagen beschrieben. […]"
(Urt. v. 24.07.2018, 4 K 748/17.KO)
VG KOBLENZ, Pressemitteilung Nr. 22/2018 v. 15.08.2018
Download:
https://vgko.justiz.rlp.de/de/startseite/detail/news/detail/News/windenergieanlagen-nahe-dem-unesco-welterbe-oberes-mittelrheintal-duerfen-nicht-gebaut-werden/
Download der Entscheidung
https://vgko.justiz.rlp.de/fileadmin/justiz/Gerichte/Fachgerichte/Verwaltungsgerichte/Koblenz/Dokumente/Entscheidungen/Nr_22-2018_VOE_4_K_0748-17_KO_Urteil_vom_24-07-2018_9735.pdf

VG OLDENBURG: Genehmigungen für Windenergieanlagen im Windpark „Sannauer Helmer" in Ganderkesee-Lemwerder aufgehoben

„Das VG Oldenburg hat durch Urteile vom 23. 08. 2018 (Az. 12 A 30/18 u. a.) 2 Klagen des Bundesaufsichtsamtes für Flugsicherung und der 2 Klagen der Dt. Flugsicherung GmbH gegen Genehmigungen für Windkraftanlagen in Ganderkesee-Lemwerder stattgegeben. […]"
(Urteile v.23.08.2018 – 12 A 30/18, 12 A 37/18 u. 12 A 40/18)
VG OLDENBURG, Pressemitteilung v. 23.08.2018
Download:
https://www.verwaltungsgericht-oldenburg.niedersachsen.de/aktuelles/verwaltungsgericht-oldenburg-hebt-genehmigungen-fuer-windenergieanlagen-im-windpark-sannauer-helmer-in-ganderkesee-lemwerder-auf-168101.html

VG KOBLENZ: Windenergieanlagen im Bereich Kuhheck dürfen vorerst nicht gebaut werden

„[…] Der Abänderungsantrag hatte keinen Erfolg. Die im vorläufigen Rechtsschutzverfahren zu treffende Interessenabwägung, so das Koblenzer Gericht, falle zu Lasten des zukünftigen Betreibers aus, da die der Projektentwicklungsgesellschaft erteilte Genehmigung sich im derzeitigen Stand des Verfahrens als rechtswidrig erweise. Im maßgeblichen Zeitpunkt der Widerspruchsentscheidung habe die Genehmigung in Bezug auf den Schwarzstorch nicht erteilt werden bzw. bestehen bleiben dürfen, da insoweit jedenfalls ohne vorherige Raumnutzungsanalyse der Störungstatbestand des § 44 Abs. 1 Nr. 2 des Bundesnaturschutzgesetzes gegeben sei. […]"
(Beschl. v. 24.08.2018 – 4 L 543/18.KO)
VG KOBLENZ, Pressemitteilung v. 31.08.2018
Download:
https://vgko.justiz.rlp.de/de/startseite/detail/news/detail/News/windenergieanlagen-im-bereich-kuhheck-duerfen-vorerst-nicht-gebaut-werden/

Download der Entscheidung:
https://vgko.justiz.rlp.de/fileadmin/justiz/Gerichte/Fachgerichte/Verwaltungsgerichte/Koblenz/Dokumente/Entscheidungen/Nr_25-2018_VOE_4_L_0543-18_KO_Beschluss_vom_24-08-2018_6186.pdf

BUNDESGERICHTSHOF: Kein Zahlungsanspruch bzw. Rückkaufsrecht der BVVG bei Überlassung von nach dem Ausgleichsleistungsgesetz verbilligt verkauften landwirtschaftlichen Flächen zum Aufstellen von Windkrafträdern an einen Windenergiebetreiber

„Der V. Zivilsenat des Bundesgerichtshofs hat entschieden, dass bei einem verbilligten Verkauf von landwirtschaftlichen Flächen nach dem Ausgleichsleistungsgesetz durch die BVVG eine Regelung in dem Kaufvertrag unwirksam ist, wonach die BVVG von dem Erwerber solche Zahlungen abschöpfen kann, die er von dem Betreiber von Windkraftanlagen für die Gestattung von Windkrafträdern auf den landwirtschaftlichen Flächen erhält. [...]"
(Urt. v. 14.09.2018 – V ZR 12/17)
BGH, Pressemitteilung Nr. 152/18 v. 14.09.2018
Download:
http://juris.bundesgerichtshof.de/cgi-bin/rechtsprechung/document.py?Gericht=bgh&Art=pm&Datum=2018&Sort=3&nr=87472&pos=0&anz=152

OVG MÜNSTER: Konkurrenz sich beeinträchtigender Windenergieanlagen: Die spätere muss auf die frühere Rücksicht nehmen

„Das Oberverwaltungsgericht hat mit zwei Urteilen vom heutigen Tag [18.09.2018] über eine Konkurrenzsituation zwischen Betreibern von zwei Windenergieanlagen in Bad Wünnenberg entschieden und demjenigen Betreiber Recht gegeben, der zuerst seine Unterlagen in einem prüfungsfähigen Zustand vorgelegt hatte. [...]"
(Urt. v. 18.09.2018 – 8 A 1884/16 u. 8 A 1886/16)
OVG MÜNSTER, Pressemitteilung v. 18.09.2018
Download:
http://www.ovg.nrw.de/behoerde/presse/pressemitteilungen/42_180918/index.php

VG AACHEN: Euskirchen-Dahlem: Schwarzstorch legt Windenergieanlage (endgültig) lahm

„Mit soeben verkündetem Urteil hat die 6. Kammer einer Klage des Naturschutzbundes Deutschland (NABU) gegen die Genehmigung des Kreises Euskirchen zur Errichtung und zum Betrieb von 5 Windenergieanlagen (Dahlem IV) stattgegeben und den Genehmigungsbescheid aufgehoben. [...]"
(Urt. v. 28.09.2018 – 6 K 612/17)
VG AACHEN, Pressemitteilung v. 28.09.2018
Download:
http://www.vg-aachen.nrw.de/behoerde/presse/pressemitteilungen/28_180928/index.php

VGH KASSEL: Keine Windkraftanlagen im Einwirkungsbereich des Funkfeuers der Deutschen Flugsicherung für den Flughafen Frankfurt

„Der Hessische Verwaltungsgerichtshof hat mit Urteil vom gestrigen Tage [11.10.2018] die Berufung einer Betreiberin von Windenergieanlagen […] gegen ein Urteil des Verwaltungsgerichts Frankfurt am Main zurückgewiesen. Die Klägerin begehrte mit ihrer Klage und auch mit der Berufung, ihr eine Genehmigung zur Errichtung und zum Betrieb von vier Windenergieanlagen auf dem Gebiet der Stadt Frankfurt am Main zu erteilen. Das Regierungspräsidium Darmstadt hatte die von der Klägerin beantragte Genehmigung mit der Begründung versagt, dass die Anlagen das ca. 11 km entfernte Funkfeuer ‚Metro' und damit eine zivile Flugsicherungseinrichtung stören könnten. […]"
(Urt. v. 11.10.2018 – 9 A 867/15)
VGH KASSEL, Pressemitteilung Nr. 20/2018 v. 12.10.2018
Download:
https://verwaltungsgerichtsbarkeit.hessen.de/pressemitteilungen/keine-windkraftanlagen-im-einwirkungsbereich-des-funkfeuers-der-deutschen

BUNDESVERFASSUNGSGERICHT: Zur Begrenzung gerichtlicher Kontrolle durch den Erkenntnisstand der Fachwissenschaft

„Stößt die gerichtliche Kontrolle nach weitestmöglicher Aufklärung an die Grenze des Erkenntnisstandes naturschutzfachlicher Wissenschaft und Praxis, zwingt Art. 19 Abs. 4 Satz 1 GG das Gericht nicht zu weiteren Ermittlungen, sondern erlaubt ihm, seiner Entscheidung insoweit die plausible Einschätzung der Behörde zu der fachlichen Frage zugrunde zu legen. Diese Einschränkung der Kontrolle folgt hier – anders als bei der Konkretisierung unbestimmter Rechtsbegriffe – nicht aus einer der Verwaltung eingeräumten Einschätzungsprärogative und bedarf nicht eigens gesetzlicher Ermächtigung. Auf dieser Grundlage hat der Erste Senat mit heute veröffentlichtem Beschluss zwei Verfassungsbeschwerden von Windkraftunternehmen als unzulässig verworfen. Dabei hat er aber auch klargestellt, dass der Gesetzgeber in grundrechtsrelevanten Bereichen Verwaltung und Gerichten nicht ohne weitere Maßgaben auf Dauer Entscheidungen in einem fachwissenschaftlichen „Erkenntnisvakuum" übertragen darf. Vielmehr muss er jedenfalls auf längere Sicht für eine zumindest untergesetzliche Maßstabsbildung sorgen. […]"
(Beschl. v. 23.10.2018 – 1 BvR 595/14)
BVERFG, Pressemitteilung Nr. 81/2018 v. 23.10.2018
Download:
https://www.bundesverfassungsgericht.de/SharedDocs/Pressemitteilungen/DE/2018/bvg18-081.html;jsessionid=6CCCAE9174AC987B886ECF9340767278.1_cid392
Download der Entscheidung:
https://www.bundesverfassungsgericht.de/SharedDocs/Entscheidungen/DE/2018/10/rs20181023_1bvr252313.html

SCHLESWIG-HOLSTEINISCHES LANDESVERFASSUNGSGERICHT: Verfahren über die Zulässigkeit der Volksinitiative „Für die Durchsetzung des Bürgerwillens bei der Regionalplanung Wind“ ausgesetzt

„Mit Beschluss vom 29. Oktober 2018 (Az. LVerfG 1/18) hat das Schleswig-Holsteinische Landesverfassungsgericht das Verfahren bis zur rechtskräftigen Entscheidung im Verfahren vor dem Schleswig-Holsteinischen Verwaltungsgericht zum Aktenzeichen 6 A 174/18 ausgesetzt. Dem liegt folgender Sachverhalt zugrunde: Den Antrag auf Behandlung der Volksinitiative „Für die Durchsetzung des Bürgerwillens bei der Regionalplanung Wind“ hatte der Schleswig-Holsteinische Landtag im April 2018 abgelehnt. Dagegen hat die Volksinitiative, vertreten durch ihre Vertrauenspersonen, zum einen das Landesverfassungsgericht angerufen, soweit die Ablehnung damit begründet wurde, dass inhaltliche verfassungsrechtliche Anforderungen nicht erfüllt seien. Zum anderen hat die Volksinitiative das Schleswig-Holsteinische Verwaltungsgericht angerufen, soweit die Ablehnung auf die Nichterreichung der notwendigen 20.000 Unterschriften gestützt wurde.

Das Landesverfassungsgericht hat von der ihm durch Gesetz eingeräumten Möglichkeit Gebrauch gemacht, das Verfahren bis zur Erledigung der beim Verwaltungsgericht anhängigen Klage auszusetzen, weil die Entscheidung über die Klage für die Entscheidung des Landesverfassungsgerichts – etwa für das Rechtschutzbedürfnis der Antragstellerin – von Bedeutung sein kann.“

LVerfG SH, Pressemitteilung v. 02.11.2018

Download:

https://www.schleswig-holstein.de/DE/Justiz/LVG/Kontakt/kontakt_node.html

OVG LÜNEBURG: Verordnung über das Landschaftsschutzgebiet „Sollingvorland-Wesertal“ im Landkreis Holzminden ist unwirksam

„Der 4. Senat des Niedersächsischen Oberverwaltungsgerichts hat durch Urteil vom 4. Dezember 2018 (Az. 4 KN 77/16) die Verordnung über das Landschaftsschutzgebiet ‚Sollingvorland-Wesertal‘ im Landkreis Holzminden für unwirksam erklärt. [...] Die Revision gegen sein Urteil zum Bundesverwaltungsgericht hat der 4. Senat nicht zugelassen.“

(Urt. v. 04.12.2018 – 4 KN 77/16)

OVG LÜNEBURG, Pressemitteilung v. 05.12.2018

Download:

https://www.oberverwaltungsgericht.niedersachsen.de/aktuelles/presseinformationen/verordnung-ueber-das-landschaftsschutzgebiet-sollingvorland-wesertal-im-landkreis-holzminden-ist-unwirksam-171952.html

VG HANNOVER: 12. Kammer gibt Klage der Bundeswehr gegen Windkraftanlagen im Gemeindegebiet der Stadt Hameln statt

„Die Tiefflugstrecke des Internationalen Hubschrauberausbildungszentrum der Bundeswehr ist nach Überzeugung der Kammer zur Erfüllung des Verteidigungsauftrags zwingend notwendig und steht den geplanten Windenergieanlagen daher entgegen [...].“

(Urt. v. 06.12.2018 – 12 A 828/17)
VG HANNOVER, Pressemitteilung v. 06.12.2018
Download:
https://www.verwaltungsgericht-hannover.niedersachsen.de/aktuelles/pressemitteilungen/12-kammer-gibt-klage-der-bundeswehr-gegen-windkraftanlagen-im-gemeindegebiet-der-stadt-hameln-statt-172016.html

OVG KOBLENZ: Nach wie vor kein Windpark in Marienhausen
„Der in Marienhausen geplante Windpark darf derzeit nach wie vor nicht errichtet werden. Dies entschied das Oberverwaltungsgericht Rheinland-Pfalz in Koblenz.
Im Jahr 2013 hatte die Kreisverwaltung Neuwied die Errichtung eines Windparks mit vier Windenergieanlagen genehmigt. Die Anlagen sollten im Gemeindegebiet der Ortsgemeinde Marienhausen (Verbandsgemeinde Dierdorf) aufgestellt werden.
Ein gegen diese Genehmigung angestrengtes Eilverfahren des BUND, Landesverband Rheinland-Pfalz, hatte Erfolg. Das Oberverwaltungsgericht Rheinland-Pfalz bestätigte einen Eilbeschluss des Verwaltungsgerichts Koblenz, wonach die Anlage wegen möglicher artenschutzrechtlicher Verstöße vorerst nicht errichtet werden dürfe. Die zu einer möglichen Beeinträchtigung der in dem Gebiet vorkommenden Schwarzstörche eingeholten Gutachten widersprächen sich in wesentlichen Punkten. […]“
(Beschl. v. 05.12.2018 – 1 B 11204/18.OVG)
OVG KOBLENZ, Pressemitteilung Nr. 32/2018 v. 12.12.2018
Download:
https://www.rlp.de/index.php?id=345&tx_news_pi1[news]=76893&tx_news_pi1[controller]=News&tx_news_pi1[action]=detail&cHash=81f9aed372635b790f3a6eb952682d91

VG TRIER: Keine Genehmigung des Teil-Flächennutzungsplans Windkraft der Verbandsgemeinde Schweich
„Die 5. Kammer des Verwaltungsgerichts Trier hat die Klage der Verbandsgemeinde Schweich gegen den Landkreis Trier-Saarburg auf Genehmigung der Änderung ihres Flächennutzungsplans „Sachlicher Teilflächennutzungsplan Windkraft“ abgewiesen.
Zur Begründung ihres Urteils führten die Richter aus, die Änderung des Flächennutzungsplans leide bereits an einem verfahrensrechtlichen Mangel. […] Gegen die Entscheidung können die Beteiligten innerhalb eines Monats die Zulassung der Berufung bei dem Oberverwaltungsgericht Rheinland-Pfalz beantragen.“
(Urt. v. 04.12.2018 – 5 K 10542/17. TR)
VG TRIER, Pressemitteilung 34/2018 v. 19.12.2018
Download:
https://vgtr.justiz.rlp.de/de/startseite/detail/news/detail/News/pressemitteilung-342018/

Download der Entscheidung:
https://vgtr.justiz.rlp.de/fileadmin/justiz/Gerichte/Fachgerichte/Verwaltungsgerichte/Trier/Dokumente/Entscheidungen/5_K_10542-17_TR_Urteil_vom_04-12-2018_4886.pdf

VG ARNSBERG: Teilflächennutzungsplan „Windenergie" der Stadt Sundern ist unwirksam

„Die 4. Kammer des Verwaltungsgerichts Arnsberg hat nach Durchführung einer mündlichen Verhandlung am 18. Dezember 2018 den Hochsauerlandkreis dazu verpflichtet, einer Windpark-Investorin einen positiven immissionsschutzrechtlichen Vorbescheid für die Errichtung und den Betrieb von fünf Windenergieanlagen in Sundern-Allendorf zu erteilen, weil der der Antragsablehnung zu Grunde liegende Teilflächennutzungsplan „Windenergie" der Stadt Sundern unwirksam ist. [...] Die Kammer hat die Berufung gegen das Urteil zugelassen, über welche das Oberverwaltungsgericht für das Land Nordrhein-Westfalen entscheiden würde."
(Urt. v. 18.12.2018 – 4 K 8500/17)
VG ARNSBERG, Pressemitteilung v. 20.12.2018
Download:
http://www.vg-arnsberg.nrw.de/behoerde/presse/pressemitteilungen/13_181220/index.php

OVG MÜNSTER: Nachbarklage gegen Windenergieanlagen in Werl-Westhilbeck erfolglos

„Mit Urteil vom heutigen Tag [20.12.2018] hat das Oberverwaltungsgericht die Berufung einer Hauseigentümerin zurückgewiesen, die gegen die immissionsschutzrechtlichen Genehmigungen von drei Windenergieanlagen in Werl-Westhilbeck geklagt hatte. Es hat damit das erstinstanzliche Urteil des Verwaltungsgerichts Arnsberg bestätigt. [...] Das Oberverwaltungsgericht hat die Revision nicht zugelassen. Dagegen kann Nichtzulassungsbeschwerde erhoben werden, über die das Bundesverwaltungsgericht entscheidet."
(Urt. v. 20.12.2018 – 8 A 2971/17)
OVG MÜNSTER, Pressemitteilung v. 20.12.2018
Download:
http://www.ovg.nrw.de/behoerde/presse/pressemitteilungen/01_archiv/2018/55_181220/index.php

IV. Literatur

1. Aufsätze

AGATZ, MONIKA
Die Einführung der neuen LAI-Hinweise zum Schallimmissionsschutz bei Windkraftanlagen aus Sicht einer Unteren Immissionsschutzbehörde,
Zeitschrift für neues Energierecht (ZNER) 2017, Heft 6, S. 469 – 475.
Inhalt:
„Die Diskussion der Modellierung der Schallausbreitung von Windenergieanlagen ist so alt wie der Ausbau der Windenergie selbst. Sie findet auf wissenschaftlicher und gesellschaftlicher Ebene statt. Infolgedessen mussten sich auch die Immissionsschutzbehörden und die Gerichte wiederholt damit auseinandersetzen, welche Bedeutung diese Diskussionen für die Verwaltungspraxis der Genehmigung von Windenergieanlagen haben. Hierbei spielt die Bindungswirkung von TA Lärm als normkonkretisierende Verwaltungsvorschrift eine zentrale Rolle. So kam die Rechtsprechung bisher bei der Auseinandersetzung mit dem Schallausbreitungsmodel stets zu dem Schluss, dass die wissenschaftliche Diskussionen noch nicht zu einem gefestigten, fortgeschrittenen wissenschaftlichen Erkenntnisstand geführt haben, der es rechtfertigen würde, von der Bindungswirkung der TA Lärm abzuweichen. Die zunehmend an Genehmigungsbehörden und Gerichte adressierte Erwartung, dass diese Aspekte aus der wissenschaftlichen und gesellschaftlichen Diskussion über die Schallimmissionen von Windenergieanlagen in die Umsetzung des Immissionsschutzrechtes implementieren sollen, hat die Rechtsprechung dazu veranlasst, die Kompetenzverteilung zwischen Legislative einerseits und Exekutive und Judikative andererseits abzugrenzen und klarzustellen, dass derartige Anpassungen primär Aufgabe des Gesetzgebers sind und das es nicht Aufgabe von Genehmigungsbehörden und Gerichten ist, den wissenschaftlichen Erkenntnisstand voranzutreiben. Der DIN/VDI-Normausschluss Akustik, Lärmminderung und Schwindungstechnik (NALS) erhielt bereits im Jahr 2006 den Auftrag, ein spezielles Ausbreitungsmodell für Windenergieanlagen zu entwickeln. Die Tatsache, dass der NALS bis heute kein solches Modell vorgelegt hat und auch nicht kurzfristig in Aussicht stellt, mag die Komplexität der Materie verdeutlichen.“

ALBER, TIRZA/MAXIMILIAN EHEBAUER
Wetterradar, Flugsicherung und geologische Forschungsinstitute in der Windenergieplanung und -genehmigung,
Verwaltungsrundschau (VR) 2018, Heft 7, S. 236–241.
Inhalt:
„Diese Arbeit untersucht den Konflikt, der durch den Ausbau der erneuerbaren Energien, zwischen den Windenergieanlagenbetreibern und den Interessen der Träger öffentlicher Belange, entsteht. Zu den Trägern öffentlicher Belange zählen insbesondere der Deutsche Wetterdienst (DWD), die Deutsche Flugsicherung GmbH (DFS) und die Bundesanstalt für Geowissenschaften und Rohstoffe (BGR). Dabei stellt sie zunächst dar, warum beide Nutzungen in Flächenkonkurrenz stehen und warum Windenergieanlagen die Funk- und Messanlagen der Trä-

ger öffentlicher Belange negativ beeinflussen können. Sie untersucht, ob und ggf. wie dieser Konflikt technisch und rechtlich auf Flächennutzungsplanebene und im Rahmen des Genehmigungsverfahrens der Windenergieanlagen vermindert werden kann."

BAAS, JOCHEN
Die finanzielle Bürgerbeteiligung an Windenergieanlagen:
Eine Untersuchung der verschiedenen Modelle, ihrer Vor- und Nachteile,
Verwaltungsrundschau (VR) 2018, Heft 5, S. 164–168.
Inhalt:
„Der Ausbau der erneuerbaren Energien in Baden-Württemberg ist ein hochaktuelles Thema. Um den erwartungsgemäßen Ausbau zu realisieren, ist vor allem die Akzeptanz der Bürger für diese Projekte zu schaffen. Der Grad der Akzeptanz für Windenergieanlagen (WEA) kann durch Möglichkeiten der finanziellen Beteiligung erhöht werden. Mit den möglichen finanziellen Beteiligungsformen an sogenannten Bürgerwindenergieanlagen befasst sich dieser Artikel."

BAYER, VERENA
Projektierer- und Gutachterhaftung bei fehlerhaften Windgutachten gegenüber Anlegern,
Verwaltungsrundschau (VR) 2018, Heft 10, S. 337–343.
Inhalt:
„Als Folge des enormen Windenergieausbaus in den letzten Jahren in Deutschland dürften sich auch die Fälle häufen, in denen Windenergieanlangen nicht die erwarteten Renditen erbringen. In diesen Fällen könnte dann die Frage nach möglichen Schadensersatzansprüchen für die entgangenen Gewinne zwischen den Beteiligten aufkommen. Diese Ansprüche sollen in dieser Ausarbeitung aufgezeigt und mögliche Wege zur Rückabwicklung der Verträge erläutert werden."

BECHT, JASMIN/ PATRICIA LUKAS
Rückbauverpflichtung von Windenergieanlagen: Grenzen der Verhältnismäßigkeit,
Verwaltungsrundschau (VR) 2018, Heft 1, S. 11–17.
Inhalt:
„Aus Immissionsschutz- und Baurecht ergibt sich, dass Windkraftanlagen nach ihrer Stilllegung wieder zurückzubauen sind. Immissionsschutzrechtliche Genehmigungsentscheidungen enthalten deshalb in der Regel eine Verpflichtung zum Rückbau der Anlage nach dem Ende der Betriebsphase. In diesem Beitrag wird untersucht, in welchen Fällen und bis zu welchem Umfang der durch Gesetz und durch Genehmigung festgeschriebene Rückbau von Windkraftanlagen noch als verhältnismäßig erachtet werden kann und welche Folgen für die Genehmigung einer Windkraftanlage daraus resultieren."

BECKERS, THORSTEN/RALF OTT/ALBERT HOFFRICHTER
Die staatliche Entscheidung für den Ausbau von Windenergie an Land und Optionen ihrer Umsetzung – Eine Analyse auf Basis institutionenökonomischer Erkenntnisse
Zeitschrift für Umweltrecht (ZUR) 2017, Heft 12, S. 643–658.
Inhalt:
„In Deutschland gibt es eine politische Entscheidung hinsichtlich des Ausbaus der Onshore-Windenergie. Es stellt sich die Frage, wie der institutionelle Rahmen zur Umsetzung dieser Entscheidung ausgestaltet sein sollte. In diesem Kontext geht es vor allem darum, welchen Akteuren bzw. Akteursgruppen, die an der Umsetzung von Windenergievorhaben beteiligt sind, welche Aufgaben und Rechte zugeordnet werden sollten und wie die Koordination zwischen diesen Akteuren erfolgen sollte. Diese Fragen werden auf Basis institutionenökonomischer Erkenntnisse in diesem Beitrag untersucht. Dabei werden unter anderem Kompensationsmaßnahmen für vom Ausbau betroffene Bürger und Kommunen sowie Regelungen zur Begrenzung von Pachthöhen geprüft. Weiterhin wird die Verteilung von Planungs- und Projektentwicklungsaufgaben zwischen der öffentlichen Hand und privaten Akteuren thematisiert, wobei mitunter auch radikale Reformoptionen betrachtet werden. In diesem Zusammenhang wird ebenfalls auf das Zusammenspiel verschiedener Entscheidungsebenen im föderalen System eingegangen."

BERKEMANN, JÖRG
Umgebungslärm-Richtlinie und Lärmaktionsplan – Stand der Rechtsentwicklung,
Zeitschrift für Immissionsschutzrecht und Emissionshandel (I+E) 2018, Heft 3, S. 130–144.
Inhalt:
„Die Umgebungslärmrichtlinie 2002/49/EG datiert vom 25.6.2002. Sie trat am 18.7.2002 in Kraft. Binnen zweier Jahre war die Richtlinie in nationales Recht umzusetzen. Die Frist konnte nicht eingehalten werden. Die Umsetzung durch §§ 47a ff. BImSchG (BGBl I 2005, 1794) trat nach einem zweifachen Vermittlungsverfahren erst am 30.6.2005 in Kraft. Im Zentrum sowohl der Richtlinie als auch des deutschen Gesetzesrechts steht der Lärmaktionsplan (§47d BImSchG). Dessen genaue Funktion und dessen Rechtscharakter sind stark umstritten. Der Beitrag untersucht vielfältige Auslegungsfragen auf der Grundlage der entstandenen deutschen Rechtsprechung und des durchaus vielfältigen Schrifttums. Eine einschlägige Judikatur des EuGH gibt es bislang nicht."

BRÜCKNER, GÖTZ
Netzausbau und Naturschutz – Zielkonflikte und offene Fragen – Tagungsbericht: Leipziger Gespräche zum Umwelt- und Planungsrecht vom 16.01.2018,
Deutsches Verwaltungsblatt (DVBl) 2018, Heft 11, S. 700–701.
Inhalt:
„Die Leipziger Gespräche zum Umwelt- und Planungsrecht haben sich in den letzten Jahren zu einer festen Größe wissenschaftlicher Veranstaltungen entwickelt. Die Veranstaltung am 16.01.2018 widmete sich unter dem Titel „Netzausbau und Naturschutz – Zielkonflikte und

offene Fragen“ einem Dauerbrenner in der juristischen Diskussion. Die Referenten beleuchteten die gegenwärtigen Fragen aus praktischer Sicht und widmeten sich insbesondere den mitunter erheblichen Diskrepanzen zwischen dem juristischen Verständnis und der fachlichen Sicht bestimmter Problempunkte des Naturschutzrechts. Im Zentrum standen hierbei Fragen im Zusammenhang mit dem Netz Natura 2000.“

BRUNS, ELKE/EVA SCHUSTER
Technische Ansätze zur bedarfsgerechten Betriebsregulierung – eine Chance für den naturverträglichen Ausbau der Windenergie?,
Naturschutz und Landschaftsplanung (NuL) 2018, Heft 7, S. 226–233.
Inhalt:
„Technische Systeme zur automatisierten Vogelerkennung und bedarfsgerechten Betriebsregulierung von Windenergieanlagen (WEA) könnten zukünftig – zumindest in ausgewählten Fällen – zur Vermeidung eines signifikant erhöhten Tötungsrisikos beitragen. Zum einen könnten durch sie Abschaltungen zur Verminderung von Vogelkollisionen effizienter und wirkungsvoller werden. Zum anderen könnten sie einen Ansatz bieten, mit den Prognoseunsicherheiten, die bei der Beurteilung von Tötungsrisiken im Rahmen der Genehmigung von WEA stehen, umzugehen. Gegenwärtig werden technische Systeme zur automatisierten Vogelerkennung vorwiegend für das Monitoring der Flugaktivität eingesetzt (Bsp.: Zugvogelerfassung). Gekoppelt mit automatisierten Abschaltungen für Einzelvögel finden sie bisher in der deutschen Genehmigungspraxis für Onshore-WEA jedoch keine Anwendung. Bevor die zum Teil noch in der Entwicklung befindlichen Systeme zur Vogelerkennung und Betriebsregulierung in eine breitere Anwendung kommen können, müssen die Systeme ihre Zuverlässigkeit z. B. im Rahmen betriebsbegleitender Studien noch unter Beweis stellen. Die Erprobung der technischen Systeme in Pilotvorhaben sollte nach einheitlichen Standards erfolgen und wissenschaftlich begleitet werden. Der Artikel gibt einen kurzen Überblick über bisher an gewendete Verminderungs- und Vermeidungsmaßnahmen mit dem Fokus auf Abschaltungen, fasst den aktuellen Wissensstand über die technischen Systeme und bestehende Anwendungshürden zusammen und ordnet deren Einsatzmöglichkeiten ein.“

CANZLER, WEERT
Die infrastrukturelle Umsetzung der Energiewende,
der moderne staat (dms) 2018, Heft 2, S. 461–478.
Inhalt:
„Die Energiewende umfasst neben dem Ausstieg aus der Kernkraft eine weitgehende Dekarbonisierung aller Energiesektoren, einen Anteil von Erneuerbaren Energien (EE) von mindestens 60 Prozent am Gesamtenergieverbrauch sowie eine dramatische Steigerung der Energieeffizienz bis zur Mitte des 21. Jahrhunderts. Sie bedeutet einen Paradigmenwechsel von einem anbieterzentrierten fossilen Energiesystem mit wenigen Großkraftwerken hin zu einem verteilten und nur bedingt steuerbaren Energiesystem auf der Grundlage fluktuierend einspeisender Photovoltaik- und Windenergieanlagen. Die infrastrukturelle Umsetzung der Energie-

wende folgt diesem neuen Paradigma. Eine entscheidende Herausforderung besteht darin, die dauerhafte und breite gesellschaftliche Akzeptanz der Energiewende sicherzustellen. Denn die künftige Energieversorgung wird ‚sichtbarer', der benötigte Flächenbedarf für EE-Anlagen wird steigen. Die infrastrukturelle Umsetzung der Energiewende ist vor diesem Hintergrund keine exklusive Aufgabe von Netzexperten und Energietechnikern, sondern sie bedarf einer Berücksichtigung der Interessen und des Engagements möglichst vieler Bürgerinnen und Bürger. Hierfür bietet ein dezentrales Infrastrukturmodell wie der ‚zellulare Ansatz' eine viel versprechende Perspektive. Allerdings sind die Voraussetzungen für eine breite materielle Partizipation und eine flexible Governance erst noch zu schaffen."

CHOU, HSIN-I
Ausbau der Offshore-Windparks durch den Flächenentwicklungsplan,
Zeitschrift für Europäisches Umwelt- und Planungsrecht (EurUP) 2018, Heft 3, S. 296–305.
Inhalt:
„A great part of electric power generations from renewable energy is contributed by offshore wind energy. The site development plan, which is specified in the German Offshore Wind Energy Act, will be the essential guideline for the construction of offshore wind turbines and offshore connection lines in the future. Furthermore, the two current plans will be replaced by the site development plan. Besides construction, the plan also contains the economic contents of bidding. As the foundation for all planning steps, which are necessary for a new installation of offshore wind park, this plan connects all the planning processes entirely. Therefore, it has more advantages than the other two plans to achieve the goal of extended construction for offshore wind turbines. This article describes the detail of the site development plan, including its objects and formulation. Its significance for the subsequent planning steps is also investigated."

DIETRICH, LARS/ CHRISTIANE RÖVEKAMP
Ausbau der Windenergie bleibt konfliktträchtig – Überblick und Ausblick unter Berücksichtigung der jüngeren Rechtsprechung des Niedersächsischen OVG,
Niedersächsische Verwaltungsblätter (NdsVBl.) 2017, Heft 12, S. 353–358.
Inhalt:
„Die Abhandlung „Ausbau der Windenergie bleibt konfliktträchtig – Überblick und Ausblick unter Berücksichtigung der jüngeren Rechtsprechung des Niedersächsischen OVG" gibt einen präzisen und aktuellen Überblick zur Rechtsprechung und Rechtsentwicklung in einem Bereich, für den auch nach den letzten Novellen des UVPG und des Umwelt-Rechtsbehelfsgesetzes bei weitem noch nicht alle (Rechts-) Fragen abschließend geklärt sind.
In der Abhandlung wird insbesondere auf der Grundlage von vier Beschlüssen des NdsOVG aus dem Herbst und Winter 2016 nachgezeichnet, wie sich die obergerichtliche Rechtsprechung mit den teilweise europarechtlich indizierten neuen Rechtsfragen betreffend der Reichweite des Gerichtszugangs, des anzuwendenden Prüfungsmaßstabs im Eilverfahren, der Reichweite der Rügebefugnis insbesondere von Privaten und Umweltverbänden sowie der Prüfungstiefe

und des anzusetzenden entscheidungserheblichen Zeitpunktes zur Überprüfung von Verwaltungsentscheidungen im Bereich der Genehmigungsverfahren für Windenergieanlagen darstellt. Dabei weisen die Verfasser darauf hin, dass oftmals davon ausgegangen wurde, dass die großen Kämpfe betreffend die Rechtmäßigkeit von Zulassungsentscheidungen für Windenergieanlagen bereits ausgefochten sind. Dass dies allerdings nicht der Fall ist, zeigen Anzahl und Tiefgang der Entscheidungen des NdsOVG in vorläufigen Rechtsschutzverfahren."

DINGEMANN, KATHRIN
EEG-Mathematik: 5 > 6,3? – Zur Festlegung des Höchstwertes für Ausschreibungen für Windenergie an Land durch die BNetzA vom 29.11.2017,
Zeitschrift für das gesamte Recht der Energiewirtschaft (EnWZ) 2018, Heft 3, S. 67–72.
Inhalt:
„Abweichend von § 36b II EEG 2017, nach dessen Vorgaben der Höchstwert für die Ausschreibung für Windenergie an Land im Februar 2018 bei 5 ct/kWh gelegen hätte, hat die BNetzA den Wert durch Festlegung vom 29.11.2017 auf 6,3 ct/kWh bestimmt. Die hierfür erstmals genutzte Rechtsgrundlage des § 85a EEG 2017 wirft eine Reihe erheblicher Auslegungsprobleme auf. Eine gesetzgeberische Klarstellung erscheint insbesondere – aber nicht nur – zur Frage des Referenzwertes für die Neufestlegung geboten: Wortlaut und Telos der Norm legen nahe, den angepassten Wert nicht mit dem zum Zeitpunkt der Festlegung geltenden Höchstwert zu vergleichen, sondern am Wert zu messen, der sich 2018 nach dem EEG ohne behördliche Intervention ergeben hätte. Entgegen der Auffassung der BNetzA stellt die Festlegung vor diesem Hintergrund keine „Absenkung", sondern eine (rechtswidrige) Anhebung des Wertes dar."

ERBGUTH, WILFRIED
Bedarfsgerechte Nachtkennzeichnung von Windenergieanlagen: zur Regelungskompetenz des Landes Mecklenburg-Vorpommern,
Zeitschrift für öffentliches Recht in Norddeutschland (NordÖR) 2018, Heft 3, S. 102–103.
Inhalt:
„Nach dem (inzwischen verabschiedeten) Entwurf eines zweiten Gesetzes zur Änderung der Landesbauordnung Mecklenburg-Vorpommern (LT-Drucks. 7/788 v. 27.6.2017) soll u. a. § 46 Abs. 2 LBauO M-V in seinem ersten Satz wie folgt geändert werden (LT-Drucks., a.a.O., S. 3): ‚Windenergieanlagen, die nach dem [einsetzen: Datum des Inkrafttretens nach Art. 2 dieses Gesetzes] genehmigt werden und aufgrund luftfahrtrechtlicher Bestimmungen einer Nachtkennzeichnung bedürfen, sind mit einer bedarfsgesteuerten, dem Stand der Technik entsprechenden Nachteinschaltvorrichtung zu versehen, die nur bei der Annäherung eines Luftfahrzeugs aktiviert wird (bedarfsgesteuerte Nachtkennzeichnung), soweit dies nicht luftfahrtrechtliche Bestimmungen oder luftfahrtbehördliche Anordnungen im Einzelfall ausschließen.' Der Klärung bedarf, ob dem Land für diese Regelung die Gesetzgebungskompetenz zusteht."

ERBGUTH, WILFRIED
Rechtsschutz gegen Raumordnungspläne – unter besonderer Berücksichtigung des § 48 UVPG,
Deutsches Verwaltungsblatt (DVBl) 2018, Heft14, S. 897–906.
Inhalt:
„Der Rechtsschutz gegen Pläne der Raumordnung unterfällt der jüngsten Novelle des Umwelt-Rechtsbehelfsgesetzes dessen Geltungsbereich, allerdings nur dem Grund nach. Überdies werden Raumordnungspläne mit Ausweisungen zu Windenergie und zum Rohstoffabbau von vorneherein jenem Gesetz entzogen. All das wirft erhebliche völker- und unionsrechtliche Bedenken auf, und zwar mit Blick auf den Individual- wie den Verbandsrechtsschutz."

FEDERWISCH, CHRISTOF/MANFRED VEENKER
Ermittlung von Mindestabständen zwischen Windenergieanlagen und Schutzobjekten. Der probabilistische Ansatz im immissionsschutzrechtlichen Genehmigungsverfahren,
Zeitschrift für neues Energierecht (ZNER) 2018, Heft 1, S. 31–35.
Inhalt:
„Bei Errichtung und Betrieb von Windenergieanlagen müssen vielfältige öffentlich-rechtliche Anforderungen geprüft und eingehalten werden. Hierzu zählen etwa Anforderungen des Bauplanungsrechts, des Natur- und Artenschutzrechts sowie des Immissionsschutzrechtes. Auch dürfen durch Windenergieanlagen keine sog. sonstigen Gefahren für die Allgemeinheit und die Nachbarschaft hervorgerufen werden.
Wie bei jeder technischen Anlage können Gefährdungen aber nicht vollständig ausgeschlossen werden. Werden gegenüber Schutzobjekten keine ausreichenden Mindestabstände eingehalten, können bestimmte Versagensszenarien zu nicht hinnehmbaren Gefährdungen führen. Solche Versagensszenarien können etwa der Abwurf eines Rotorblattes oder von Teilen davon, der Abwurf bzw. das Abfallen von Eisfragmenten. Der Abwurf des gesamten Maschinenhauses oder gar das Umkippen des Turmes darstellen. Diesen gefahren kann unter anderem durch die Einhaltung von Mindestabständen begegnet werden. Indes stellt die Rechtsordnung nur in begrenztem Maße konkrete Mindestabstände zwischen Windenergieanlagen und Schutzobjekten zur Verfügung. So enthalten die sog. Windenergieerlasse der Bundesländer zwar verschiedenste Abstandsvorgaben für Windenergieanlagen. Diese verfolgen jedoch nur in den seltensten Fällen Gefahrenabwehrzwecke und spielen daher im vorliegenden Zusammenhang bislang eine nur untergeordnete Rolle. Dabei steht mit dem probabilistischen Ansatz ein geeignetes Verfahren zur Ermittlung von Mindestabständen im Bereich der Gefahrenabwehr zur Verfügung."

FRANZIUS, CLAUDIO
Planungsrecht und Regulierungsrecht – Bedeutung dieser Interdependenz für eine geänderte Vorteilszuordnung bei der Windernte,
Zeitschrift für Umweltrecht (ZUR) 2018, Heft 1, S. 12–18.
Inhalt:
„Nicht immer ist das verfassungsrechtlich Mögliche auch politisch durchsetzbar. Zwar wäre ein Konzessionsmodell für eine veränderte Vorteilszuordnung bei der Windernte möglich und umweltpolitisch sinnvoll. Das Argument, dass es auch anders gehen könnte, dürfte jedoch eher für die Einführung einer bedarfsorientierten Erzeugungsplanung fruchtbar gemacht werden können, worauf die regulierungsrechtliche EEG-Förderung abzustimmen wäre."

FRENZ, WALTER
Die Übertragung des BbergG auf die Windkraftnutzung
Zeitschrift für Umweltrecht (ZUR) 2017, Heft 12, S. 690–698.
Inhalt:
„Neuer Wein in alten Schläuchen: So könnte man die Übertragung des Bergrechts auf die Windkraftnutzung bezeichnen. Trotz der langen Tradition des Bundesberggesetzes passt es erstaunlich gut und sichert dabei die Belange der Energiewende hinreichend auch gegen Beeinträchtigungen durch Anlagengegner wie Sonderinteressen der Grundeigentümer ab."

FRENZ, WALTER
Gebremste Bürgerenergiegesellschaften,
EnergieRecht – Zeitschrift für die gesamte Energierechtspraxis (ER) 2017, Heft 5, S. 200–203.
Inhalt:
„Die letzten Ausschreibungen brachten Bürgerenergiegesellschaften einen durchschlagenden Erfolg. Sie erhielten 90 % der vergebenen Zuschläge. Damit stellt sich die Frage einer Begrenzung der Privilegien, wie sie aktuell im Mieterstromgesetz, aber auch schon vorher erfolgte."

FRENZ, WALTER
Umweltschutz durch Sicherheitsleistungen – Ausreichende Sicherheitsleistungen für Umweltverpflichtungen bei stillgelegten Anlagen,
Natur und Recht (NuR) 2018, Heft 8, S. 526–531.
Inhalt:
„Sicherheitsleistungen müssen die spätere Erfüllung insbesondere umweltrechtlicher Anforderungen durch die Unternehmen sicherstellen. Das gilt auch im Fall von Betriebsübergängen wie für die Braunkohleaktivitäten der Vattenfall in der Lausitz. Wesentliche Vorgaben resultieren aus dem EU-Beihilfenverbot. Daher können die für das Bergrecht herausgearbeiteten Überlegungen auf andere Bereiche übertragen werden – so auf Windenergieanlagen, für welche das Thema wegen der Stilllegung der ersten Anlagen erhebliche Bedeutung erlangt."

FRONDEL, MANUEL
Die Verteilung der Kosten des Ausbaus der Erneuerbaren. Eine qualitative Bewertung der meistdiskutierten Vorschläge,
Zeitschrift für Energiewirtschaft (ZfE) 2018, Heft 2, S. 103–116.
Inhalt:
„Die von privaten und industriellen Verbrauchern in Deutschland zu entrichtenden Strompreise gehören mit zu den höchsten in Europa. Ein wesentlicher Grund dafür ist die Förderung der Erzeugung grünen Stroms via Einspeisevergütungen. Um die Stromkosten-Belastung der Verbraucher nicht weiter zu erhöhen, wurde in jüngster Zeit eine Vielzahl an Vorschlägen unterbreitet, die im Hinblick auf deren Verteilungswirkungen, Umsetzungskosten und politische Realisierbarkeit sowie in Bezug auf die Kostenbelastung für die Industrie und die Auswirkungen auf die Kosteneffizienz, die mit dem künftigen Ausbau der Erneuerbaren verbunden ist, sehr unterschiedlich zu bewerten sind. Die in diesem Beitrag vorgenommene qualitative Bewertung der meistdiskutierten Vorschläge ergibt, dass alle mehr oder weniger große Mängel bezüglich der hier angelegten Kriterien aufweisen. Vor diesem Hintergrund ist die Politik gefordert, ihre Klimaschutzziele und vor allem die Erneuerbaren-Ziele grundsätzlich zu überdenken. In jedem Fall sollte die Kosteneffizienz des weiteren Ausbaus der erneuerbaren Energien erhöht werden, um so künftige Strompreisanstiege zu dämpfen."

FÜLBIER, VIKTORIA
Der Beurteilungsspielraum in § 18a LuftVG im Lichte des Windenergieausbaus – Voraussetzungen und Reichweite,
Neue Zeitschrift für Verwaltungsrecht (NVwZ), 2018, Heft 7, S. 453–457.
Inhalt:
„Behördliche Beurteilungsspielräume kommen im Grundsatz nur ausnahmsweise in Betracht. Gleichwohl sind sie im Hinblick auf das Genehmigungsverfahren von Windenergieanlagen nicht mehr wegzudenken. Der vorliegende Beitrag wirft einen kritischen Blick auf den zuletzt durch das BVerwG eingeräumten luftverkehrsrechtlichen Beurteilungsspielraum des Bundesaufsichtsamts für Flugsicherung gem. § 18 a I LuftVG."

GALLAND, BENJAMIN
Nachträgliche Anordnungen nach § 17 BImSchG bei Windenergieanlagen,
Verwaltungsrundschau (VR) 2018, Heft 11, S. 374–378.
Inhalt:
„Der Beitrag befasst sich mit der Frage, unter welchen Voraussetzungen der Betreiber einer bestehenden und genehmigten Anlage nachträgliche Anordnungen gegen sich gelten lassen muss. Hierzu werden die möglichen Beeinträchtigungen, die Windenergieanlagen innewohnen können, auf die Möglichkeit ihrer Beseitigung untersucht. Vornehmlich bezieht sich die Ausarbeitung hierbei auf § 17 BImSchG."

GAßMANN, CHRISTIAN
Vertragliche Anforderungen an die Verpachtung privater Grundstücke zur Windenergienutzung,
Zeitschrift für das gesamte Recht der Energiewirtschaft (EnWZ) 2018, Heft 4, S. 106–109.
Inhalt:
„Die Errichtung und der Betrieb sowie der Erwerb von Windparkanlagen zur Nutzung von Windenergie gewinnen in der täglichen anwaltlichen Beratungspraxis auch weiterhin an Bedeutung. Die Bundesregierung hat das ehrgeizige Ziel aufgestellt, bis zum Jahr 2050 nur noch die Hälfte des Primärenergieverbrauchs zu benötigen. Bis zu diesem Zeitpunkt sollen die erneuerbaren Energien somit 80 % des Strombedarfs bzw. 60 % des Endenergieverbrauchs abdecken. Entscheidendes Kriterium, um die geplante Energiewende erreichen zu können, ist neben den verschiedenen planungs- und genehmigungsrechtlichen Fragestellungen, insbesondere die privatrechtliche Sicherung der benötigten Grundstücke durch den jeweiligen Realisierungspartner. Der nachfolgende Beitrag befasst sich mit den vertraglichen Anforderungen an entsprechende Nutzungs-/Gestattungsverträge um möglichst allen Vertragsparteien gerecht zu werden.“

GRASHOF, KATHERINA
Are auctions likely to deter community wind projects? And would this be problematic?,
Energy Policy, Vol. 125, February 2019, pp. 20–32.
Inhalt:
“The use of auctions for determining the level of renewable energy remuneration is increasing. A cause for concern is the resulting potential to exclude smaller investors from the market, in particular community energy projects. However, empirical evidence and examination of resulting consequences have been insufficient so far. This article analyses the effects a shift from guaranteed remuneration to auctions might have on incentives to start new community wind projects, analysing the case of Germany. It thus contributes to research on investor-specific impacts of renewable energy policy instruments. An explanatory sequential mixed-method design was applied, combining surveys and interviews for the collection of expert assessments. The developed typology allows the assessment of the respective potential of different wind project types for procedural and distributive justice, which are understood to support local acceptance. Wind projects developed by the local community were found to be most beneficial for local acceptance, but appear to face the highest challenges in auctions. A crowding out of these projects would be particularly unfortunate with regard to the need to expand wind energy capacities much more. It is recommended that policy makers ensure a level playing field, also within the context of auctions, for wind projects developed by the local community.”

HAHN, MICHAEL
Neue Wege für alte Anlagen,
neue energie – zeitschrift für klimaschutz und erneuerbare energien (ne), 2018, Heft 5, S. 46–50.
Inhalt:
„Der Weiterbetrieb von Windrädern nach 20 Jahren lohnt sich momentan kaum. Eine im letzten Jahr gegründete Stromhandelsplattform soll Betreibern jetzt eine wirtschaftliche Perspektive bieten. Ein anderes Angebot kommt von einer Stadtwerke-Tochter: Sie will Anlagen aufkaufen."

HANSCHEL, DIRK
Wem gehört der Wind? Europarechtliche Aspekte einer veränderten Zuordnung von Ernte- und Kompensationsrechten bei der Onshore-Windenergie,
Zeitschrift für Umweltrecht (ZUR) 2018, Heft 1, S. 3–11.
Inhalt:
„Dieser Beitrag behandelt die Frage, wie eine (veränderte) Zuordnung von Ernte- und Kompensationsrechten bei der Nutzung von Windenergie unionsrechtlich zu bewerten ist. Er kommt zu dem Ergebnis, dass eine Ausgestaltung möglich sein dürfte, die mit den europäischen Grundfreiheiten, Grundrechten und Wettbewerbsregeln vereinbar ist. Insgesamt bietet das Unionsrecht hier einen hinreichend elastischen Rahmen für die nationale Rechtsetzung, wohingegen nur begrenzt Raum für eine eigene rechtsetzende Tätigkeit der Union erkennbar wird."

HENKE, ANDREAS
Vorprüfung und Feststellung der UVP-Pflicht nach dem UVPG 2017,
Zeitschrift für Immissionsschutzrecht und Emissionshandel (I+E) 2018, Heft 3, S. 154–171.
Inhalt:
„Durch Art. 1 des ‚Gesetzes zur Modernisierung des Rechts der Umweltverträglichkeitsprüfung' wurde das bis dahin geltende ‚Gesetz über die Umweltverträglichkeitsprüfung' inhaltlich an europäische Vorgaben angepasst. Gleichzeitig wurde die Struktur des Gesetzes grundlegend überarbeitet. Einen Schwerpunkt bildeten dabei Vorschriften in Teil 2 Abschnitt 1 über die ‚Voraussetzungen für eine Umweltverträglichkeitsprüfung'. Die vormals in den §§ 3–3f und 4 UVPG enthaltenden Regelungen finden sich nunmehr in den §§ 4–14 UVPG. Wurde die gesetzgeberische Zielrichtung auch im Wesentlichen beibehalten, so spiegelt sich die Weiterentwicklung des Regelungssystems schon in der gestiegenen Anzahl der Vorschriften und vor allem in deren deutlich gestiegenem Umfang wider. Der nachfolgende Beitrag untersucht, unter welchen Voraussetzungen nach der neuen Rechtslage eine Rechtspflicht zur Durchführung einer Umweltverträglichkeitsprüfung (UVP) besteht, und befasst sich dabei insbesondere mit der UVP-Vorprüfung."

HERMES, MARKUS
Der Wind, seine Nutzung und das Eigentum – Anmerkungen insbesondere zum Beitrag „Wem gehört der Wind?“ von J. Bäumler,
Zeitschrift für Umweltrecht (ZUR) 2017, Heft 12, S. 677–684.
Inhalt:
„Der Wind kennt keine Grenzen, lässt sich nicht einfangen und kann als ein Gut der Allgemeinheit verstanden werden. Parallelen zur rechtlichen Ordnung insbesondere der Grundwassernutzung oder der Gewinnung bergfreier Bodenschätze scheinen den Königsweg zur Lösung der aktuellen Hindernisse und Akzeptanzprobleme bei der Realisierung der Energiewende vor Ort zu weisen. Der Gesetzgeber könnte im Wege einer Neubestimmung von Inhalt und Schranken des Grundstückseigentums auch das Recht zur Windnutzung der privatnützigen Befugnis der Grundstückseigentümer entziehen und einem Bewirtschaftungsregime im öffentlichen Interesse unterstellen. In dem auf diese Weise erweiterten Handlungsrahmen könnte dann die Windenergienutzung leichter gesteuert, der als ungerecht empfundene Vorteil der Anlagenbetreiber finanziell abgeschöpft und die Windenergienutzung insgesamt leichter an öffentlichen Interessen ausgerichtet werden. Der folgende Diskussionsbeitrag formuliert Zweifel an der verfassungsrechtlichen Gangbarkeit dieses Weges, weil es sich beim Wind nicht um ein knappes Gut handelt und die zu lösenden Konflikte nicht das „Medium“ betreffen, sondern raum- und grundstücksbezogen sind. Für die diskutierten Reformoptionen dürften aber andere verfassungsrechtliche Wege offenstehen.“

HIEN, ECKART
Quo Vadis Umweltrechtsschutz?,
Deutsches Verwaltungsblatt (DVBl) 2018, Heft 16, S. 1029–1034.
Inhalt:
„Die Aarhus-Konvention und das europäische Umweltrecht haben zu einer Ausweitung der Klagerechte insbesondere der betroffenen Öffentlichkeit und der Verbände geführt. Zugleich scheitern die tradierten deutschen Präklusionsregelungen nach der Rechtsprechung des EuGH am Anwendungsvorrang des Unionsrechts. Wenn wir völkerrechtlich und europarechtlich gehalten sind, den Klageweg über subjektive Rechtsbetroffenheit hinaus auch für Verbands- oder Interessenklagen zu öffnen, dann müssen wir uns auch dem europäischen Standard hinsichtlich der Kontrolldichte anpassen. Es empfiehlt sicher daher, die Darlegungslast der Kläger zu erhöhen, entsprechend § 43 des damaligen UGB-Entwurfs die gerichtliche Kontrolle auf eine Nachvollziehbarkeitsprüfung zu beschränken, bei behebbaren Mängeln nicht die Vollziehbarkeit des Planfeststellungsbeschlusses auszusetzen, sondern lediglich die Inbetriebnahme der Verkehrsanlage an eine erfolgreiche Planreparatur zu knüpfen.“

HINSCH, ANDREAS
Raumplanung im Bestand – Repowering von Windenergieanlagen,
Zeitschrift für öffentliches Recht in Norddeutschland (NordÖR), Heft 3, S. 89–96.
Inhalt:
„Der Beitrag beschäftigt sich mit der raumordnerischen Absicherung des Repowerings. Dabei geht es um die Beibehaltung von Flächen, die sich nicht mehr in das Planungskonzept einpassen. Eine solche Möglichkeit bietet die zusätzliche Festlegung von Vorbehaltsflächen für die Windenergienutzung, neben der Festlegung von Vorrang- und Eignungsgebieten. Der Beitrag stellt dar, dass eine solche Festlegung rechtlich möglich ist und ein zweckmäßiges planerisches Mittel darstellt, insbesondere um die Interessen der Grundstückseigentümer in der Planung zu berücksichtigen. Gleichzeitig werden andere spezifische raumordnerische Festlegungen, insbesondere die von Repoweringgebieten, kritisch betrachtet. Der Beitrag ist eine Hilfestellung für entsprechende Planungsträger, wie sie das Repoweringproblem und die Erfassung und die Berücksichtigung des Anlagenbestandes sachgerecht lösen können."

JOSIPOVIC, NEVEN
Windenergie und Flugsicherung – der Anlagenschutzbereich als (unnötige) Genehmigungshürde?
Zeitschrift für neues Energierecht (ZNER) 2017, Heft 6, S. 482–485.
Inhalt:
„Die Diskussion um die Zulässigkeit von Windenergieanlagen im Umfeld von Drehfunkfeuern dreht sich bisher überwiegend um die Auslegung und Anwendung der Vorgaben der internationalen Zivilluftfahrtorganisation (ICAO) und geeignete Prognosemethoden für die Abschätzung möglicher Einflüsse auf das Funksignal. Keine ausreichende Berücksichtigung fand jedoch der Zusammenhang zwischen dem Tatbestandsmerkmal der möglichen Störung von Flugsicherungseinrichtungen nach § 18a Abs. 1 S. 1 LuftVG und den in Abs.1a S.1 genannten Bereichen um diese, ‚in diesen Störungen durch Bauwerke zu erwarten sind'. Für den Ausdruck in Abs. 1a wird in der Praxis der Begriff ‚Anlagenschutzbereich' verwendet. Er repräsentiert ein rundes dreidimensionales Gebiet mit der Funkanlage im Zentrum. Der Begriff ist insoweit von elementarer Bedeutung in der Frage, ob Windenergieanlagen genehmigungsfähig sind oder nicht, als die Prüfung möglicher Störungen nur stattfindet, wenn die geplanten Bauwerke innerhalb des Anlagenschutzbereiches liegen. Vergleicht man den Ausdruck des Abs. 1a S. 1 mit dem Anlagenschutzbereich vor dem Hintergrund des Störungsverbots des Abs. 1 stellen sich im Kern zwei Fragen die in der vorliegenden Arbeit beantwortet werden:

- Wie ist der Ausdruck „Bereiche um diese, in denen Störungen durch Bauwerke zu erwarten sind" des § 18a Abs.1a S. 1 LuftVG zu interpretieren?
- Welcher Zusammengang besteht zwischen § 18a Abs. 1a S. 1 LuftVG und dem Störungsverbot des § 18a Abs. 1 S. 1 LuftVG?

In Literatur und Rechtsprechung wird die Auffassung vertreten, dass die Merkmale des Anlagenschutzbereichs dem ICAO-Dokument EUR Doc 015 zu entnehmen sind. Insofern stellen sich zwei weitere Fragen:

- Wie ist die Interpretation des Ausdrucks durch den Begriff des Anlagenschutzbereichs unter Heranziehung des ICAO EUR Doc 015 zu bewerten?
- Gibt es andere besser geeignete Hilfsgrößen zur Bestimmung der Bereiche?“

KAHL, WOLFGANG/TORBEN ELLERBROK
Vertrauensschutz im Genehmigungsrecht durch Stichtagsregelungen – Eine Untersuchung aus Anlass aktueller Gesetzesänderungen im Recht der Windenergieanlagen,
Zeitschrift für Europäisches Umwelt- und Planungsrecht (EurUP) 2018, Heft 1, S. 12–24.
Inhalt:
„For over two decades, German policy makers have been driving a nationwide energy transition policy. Yet even as the country sees a massive surge in the use of renewables, particularly wind power, critics of these selfsame efforts have also grown more vocal, even among policy makers. Whether to protect the German countryside and its wildlife or to garner support amongst the public, new trends to ban the construction of wind energy plants in specific areas have emerged. Naturally, these types of legal and regulatory changes can undermine investors‘ confidence in the law. This paper deals with key date regulations and their constitutional requirements as a mechanism to not only protect the legitimate expectations of investors, but also to ensure the effective implementation of new regulations.“

KERKMANN, JOCHEN/JESSICA SCHRÖTER
Die typenoffene Genehmigung von Windenergieanlagen,
Zeitschrift für Neues Energierecht (ZNER) 2018, Heft 2, S. 118–124.
Inhalt:
„In der Praxis stellt sich für die Betreiber von Windenergieanlagen vermehrt die Herausforderung, dass Genehmigungsverfahren von der Einreichung des immissionsschutzrechtlichen Genehmigungsantrags bis zur formalen Bescheidung des Antrags durch die zuständige Behörde nach den Vorgaben des BImSchG eine mittlere Dauer von etwa 17 Monaten in Anspruch nehmen. Berücksichtigt man die Vorprüfungs- und die Planungsphase im Vorfeld der Genehmigung und die Realisierungsphase im Nachgang ist ein Zeitfenster von 7 Jahren schnell erreicht. Dabei sind sich häufig anschließende gerichtliche Rechtsschutzverfahren noch nicht berücksichtigt. Die Beantragung einer typenoffenen Genehmigung hat für den Antragsteller den Vorteil, sich angesichts dieser Dauer zu dessen Beginn des Genehmigungsverfahrens nicht abschließend auf eine konkrete Anlage festlegen zu müssen Ziel dieses Beitrags ist es, die Möglichkeit der Erteilung einer typenoffenen immissionsschutzrechtlichen Genehmigung – oder hierzu in Betracht kommende vergleichbare Alternativen – rechtlicher näher zu untersuchen.“

KÖCK, WOLFGANG
Zur Parallelität von Wassernutzungsrechten und Windnutzungsrechten,
Zeitschrift für Umweltrecht (ZUR) 2017, Heft 12, S. 684–690.
Inhalt:
„Seit mehr als 20 Jahren wird in den meisten Bundesländern ein sog. Wasserentnahmeentgelt („Wasserpfennig“) erhoben. Das BVerfG hat sie als finanzverfassungsrechtlich zulässige Vorteilsabschöpfungsabgabe eingeordnet, die dazu dient, den Sondervorteil abzuschöpfen, der sich aus der staatlichen Erlaubnis ergibt, das Wasser über den Gemeingebrauch hinaus nutzen zu dürfen. Gegenwärtig wird in der Wissenschaft über die Erhebung von Windnutzungsentgelten nachgedacht. Der folgende Beitrag beleuchtet zunächst die politischen Motive, die das Nachdenken über ein Windnutzungsentgelt befördert haben (Teil A.), zeichnet die rechtlichen Rahmenbedingungen für die Erhebung von Wasserentnahmeentgelten nach (Teil B.) und fragt danach, ob die Gründe, die ein Wasserentnahmeentgelt verfassungsrechtlich legitimieren, auch auf Windnutzungsrechte übertragbar sind (Teil C.).“

KÖCK, WOLFGANG/JANA BOVET
Die Anwendung des Artenschutzrechts bei der Zulassung von Erneuerbare-Energien-Projekten – am Beispiel der landseitigen Windenergie,
Zeitschrift für Umweltrecht (ZUR) 2018, Heft 11, S. 579–586.
Inhalt:
„Die landseitige Windenergie ist und bleibt aller Voraussicht nach das Rückgrat der deutschen Energiewende im Strombereich. Geeignete Räume für die Windnutzung werden in Anbetracht der Anforderungen, die an den Wohnumfeldschutz und den Natur- und Artenschutz gerichtet werden, zunehmend knapp. Bislang spielen die europarechtlichen Ausnahmemöglichkeiten beim Natur- und Artenschutz für die Genehmigung von Windenergieprojekten keine Rolle. Dies wird sich künftig aber voraussichtlich ändern. Artenschutzprogramme und Kompensationskonzepte werden an Bedeutung gewinnen, um die Ziele der Energiewende erreichen zu können.“

KORTE, KLAAS/ERIK GAWEL
Räumliche Koordination im liberalisierten Strommarkt: angemessene Anreize für die Einspeisung,
Wirtschaftsdienst, 2018, Heft 1, S. 60–67.
Inhalt:
„Der Umbau der Stromversorgung in Deutschland im Rahmen der Energiewende erfordert einen Ausbau der Stromnetzinfrastruktur. Obwohl die Einspeiseseite zunehmend Treiber dieses Ausbaubedarfs ist, erhält sie kaum Anreize, die Auswirkungen ihrer Standortwahl auf das Stromnetz bei ihren Investitionsentscheidungen zu berücksichtigen. Daher stellt sich die Frage, welches Instrumentarium geeignet ist, um angemessene, netzbezogene Allokationssignale für Stromeinspeiser zu generieren und gleichzeitig den Zielen der Energiepolitik – insbesondere auch dem Ziel einer Stromversorgung auf Basis erneuerbarer Energien – gerecht zu werden.“

KRÖNKE, CHRISTOPH
Ungleiche Vergütungsregeln im Netzstabilisierungsregime des EnWG,
Zeitschrift für das gesamte Recht der Energiewirtschaft (EnWZ) 2018, Heft 3, S. 59–67.
Inhalt:
„Der EnWG-Gesetzgeber hat den Übertragungsnetzbetreibern (ÜNB) innerhalb kurzer Zeit ein mittlerweile sehr ausdifferenziertes Instrumentarium zur Netzstabilisierung zur Verfügung gestellt, damit sie den Herausforderungen der Energiewende und des Netzausbaus begegnen können. Die Regelungen über die Vergütung für private Anlagenbetreiber, die zum Zwecke der Netzstabilisierung in Dienst genommen werden können, sind allerdings sehr unterschiedlich ausgestaltet worden. Diese Ungleichheiten begegnen ernsten verfassungsrechtlichen Bedenken.“

KÜMPER, BOAS
Divergierende Konzentrationsflächen im Regionalplan und im Flächennutzungsplan,
Zeitschrift für deutsches und internationales Bau- und Vergaberecht (ZfBR) 2018, Heft 7, S. 646–653.
Inhalt:
„Die Zulassung privilegierter Außenbereichsvorhaben i.S.d. § 35 Abs. 1 Nr. 2 bis 6 BauGB ist durch § 35 Abs. 3 S. 3 BauGB einem Planvorbehalt unterstellt worden. Nach dieser Vorschrift stehen öffentliche Belange einem derartigen Vorhaben in der Regel auch dann entgegen, soweit hierfür durch Darstellungen im Flächennutzungsplan oder als Ziele der Raumordnung eine Ausweisung an anderer Stelle erfolgt ist. Damit wird den Trägern der Raumordnungsplanung, namentlich der Regionalplanung, und der kommunalen Flächennutzungsplanung die Möglichkeit eröffnet, die Vorhaben i.S.d. § 35 Abs. 1 Nr. 2 bis 6 BauGB, die ansonsten aufgrund ihrer Privilegierung im gesamten Planungsraum vielfach zugelassen werden müssten, räumlich zu konzentrieren. Durch die positive Bestimmung von Vorhabenstandorten wird das Plangebiet im Übrigen von entsprechenden Vorhaben – jedenfalls im Regelfall – freigehalten. Man spricht deshalb von sog. Konzentrationszonen bzw. -flächen. Hauptanwendungsfeld sind die planerische Steuerung der Windenergienutzung sowie der Gewinnung oberflächennaher Bodenschätze (Sand, Kies, Kalkstein etc.). § 35 Abs. 3 Satz 3 BauGB knüpft die dort geregelte Ausschlusswirkung sowohl an raumordnerische (regionalplanerische) als auch an flächennutzungsplanerische Konzentrationsflächenausweisungen, so dass dieses Instrument grundsätzlich auf beiden Planungsebenen zum Einsatz kommen kann. In der Tat werden in der Praxis vielfach auf der Ebene sowohl der Regionalplanung als auch der Flächennutzungsplanung Festlegungen getroffen, denen die Rechtswirkungen des § 35 Abs. 3 Satz 3 BauGB zukommen sollen. Hieraus resultiert jedoch die Folgefrage, welches Planwerk maßgeblich sein soll, wenn Regionalplan und Flächennutzungsplan für dieselbe Fläche unterschiedliche Festlegungen enthalten. Diese Frage stellt sich insbesondere, wenn nach der Darstellung einer Konzentrationszone im Flächennutzungsplan eine hiervon abweichende Ausweisung im Regionalplan erfolgt und eine Anpassung des Flächennutzungsplans an diese Zielfestlegung (§ 1 Abs. 4 BauGB) noch nicht stattgefunden hat. Obwohl diese Situation in der jüngeren Vergangenheit infolge des weiteren Ausbaus der Windenergiegewinnung und den hiermit verbunde-

nen Planänderungen auf regionaler Ebene häufiger bestanden haben dürfte, ist das Problem nur selten erörtert worden und kann noch nicht als gelöst angesehen werden. Einschlägige Rechtsprechung liegt kaum vor. Deshalb verdient der hier zu besprechende Beschluss des HessVGH vom 25.01.2018 besondere Aufmerksamkeit, mit dem das Gericht der regionalplanerischen Zielfestlegung einen Anwendungsvorrang vor der vorangegangenen Darstellung des Flächennutzungsplans zuerkannt hat."

KÜMPER, BOAS
Querschnittsprobleme des Umwelt- und Planungsrechts: Rechtsschutz u. Umweltprüfungen – Bericht über das 23. Umweltrechtliche Symposium des Instituts für Umwelt- und Planungsrecht an der Universität Leipzig und des Helmholtz-Zentrums für Umweltforschung in Leipzig am 22. und 23.03.2018,
Deutsches Verwaltungsblatt (DVBl) 2018, Heft 16, S. 1055–1057.
Inhalt:
„Die Themenkreise „Rechtsschutz" und „Umweltprüfungen" durchziehen nicht nur das gesamte Umwelt- und Planungsrecht und werfen damit übergreifende Strukturfragen auf, sondern sind zudem inhaltlich unmittelbar miteinander verknüpft. So zielen namentlich zentrale Vorschriften des Umweltrechtsbehelfsgesetz (UmwRG) auf eine prozessuale Flankierung der Umweltverträglichkeitsprüfung (UVP). Die erneute Novellierung des UmwRG sowie die Neufassung des Gesetzes über die Umweltverträglichkeitsprüfung (UVPG) im Jahre 2017 nahm daher das 23. Leipziger Umweltrechtliche Symposium zum Anlass, sowohl aktuelle Fragestellungen als auch Dauerthemen und Entwicklungslinien des Umweltrechtsschutzes sowie der Umweltprüfungen zu erörtern."

KÜMPER, BOAS
Raumordnung und Bauleitplanung – Regelungsbefugnisse der Raumordnung und Bindungswirkungen raumordnerischer Festlegungen für die Bauleitplanung,
Zeitschrift für deutsches und internationales Bau- und Vergaberecht (ZfBR) 2018, Heft 2, S. 119–127.
Inhalt:
„Das Verhältnis von Raumordnung und Bauleitplanung stellt seit Jahrzehnten ein Dauerthema in der verwaltungsgerichtlichen Judikatur sowie im rechtswissenschaftlichen Schrifttum dar und ist besonders spannungsreich, seitdem die Raumordnungsplanung in den 1960er Jahren an Regelungsintensität und Steuerungsanspruch zunahm. Im Schrifttum wird seit längerem ein kontinuierliches Schrumpfen kommunaler Planungsspielräume infolge detaillierter raumordnerischer Vorgaben beobachtet und nicht selten kritisiert. Andererseits ist zu bedenken, dass die räumlichen Auswirkungen vieler Vorhaben – etwa der (Wind-)Energiegewinnung, der Massentierhaltung oder des Einzelhandels – in den letzten Jahrzehnten signifikant angewachsen sind und ein Bedürfnis für die überörtliche raumordnerische Koordinierung begründen können. Nach dem sog. Baurechtsgutachten, welches das Bundesverfassungsgericht am 16. 6. 1954 zur Klärung der Gesetzgebungskompetenzen auf dem Gebiet des Baurechts erstattete, sind

Raumordnung und Bauleitplanung deutlich voneinander abgegrenzt: Die städtebauliche Planung ordnete das Gericht dem Kompetenztitel „Bodenrecht“ (Art. 74 Abs. 1 Nr. 18 GG) zu, die gesetzlichen Bestimmungen über die Bauleitplanung haben also „Grund und Boden unmittelbar zum Gegenstand rechtlicher Ordnung“ und regeln „die rechtlichen Beziehungen des Menschen zum Grund und Boden“. Die Raumordnung charakterisierte das Baurechtsgutachten als überörtliche Planung, die von der örtlichen Bauleitplanung zu unterscheiden sei. Trotz dieser grundsätzlichen Trennung von Raumordnung und Bauleitplanung weisen beide Planungsebenen jedoch vielfältige Berührungspunkte auf; insbesondere erscheint eine Einbindung der städtebaulichen Planung in den überörtlichen Zusammenhang notwendig. Dementsprechend enthielten bereits die Aufbaugesetze der Länder Vorschriften über das Verhältnis von überörtlicher und örtlicher Planung und wurde in das 1960 erlassene Bundesbaugesetz mit § 1 Abs. 3 BBauG die Pflicht zur Anpassung der Bauleitpläne an die Ziele der Raumordnung aufgenommen, welche sich heute in § 1 Abs. 4 BauGB findet.
Obwohl Rechtsprechung und Literatur sich in den vergangenen Jahrzehnten intensiv mit dem Zusammenwirken von Raumordnung und Bauleitplanung befasst haben, sind insofern zahlreiche Rechtsfragen noch nicht abschließend geklärt. Dies hat seine Ursache nicht zuletzt darin, dass sich sowohl der Steuerungsansatz der Raumordnung als auch die einschlägigen Rechtsgrundlagen teilweise verändert haben: Neben der klassischen ‚Planung der Planung‘ betreibt die Raumordnung vermehrt auch eine auf bestimmte Vorhaben bezogene (‚projektorientierte‘) Planung, bspw. durch Ausweisung von Standorten für Kraftwerke, Windkraftanlagen etc. Dem korrespondieren gesetzliche Vorschriften, die raumordnerischen Festlegungen unmittelbare Rechtswirkungen für die Vorhabenzulassung verleihen, namentlich in § 35 Abs. 3 Satz 2 und 3 BauGB. Die Rechtsfragen des Zusammenwirkens von Raumordnung und Bauleitplanung lassen sich zwei Ordnungsansätzen zuordnen: Erstens geht es um die Regelungsbefugnisse der Raumordnung im Verhältnis zur Bauleitplanung, also um die Frage, welche Festlegungen die Raumordnungsplanung überhaupt treffen darf (II.). hiervon zu unterscheiden sind zweitens die Bindungswirkungen raumordnerischer Festlegungen für die Bauleitplanung, also die Frage, zu welchem Verhalten diese die Gemeinden verpflichten (III.).“

LAU, MARCUS
Einwandern besonders geschützter Arten in den Gefahrenbereich genehmigter Vorhaben – gemeinsame Fragen,
Natur und Recht (NuR) 2018, Heft 9, S. 587–594.
Inhalt:
„Im dritten und letzten Beitrag zum Einfluss des besonderen Artenschutzrechts auf genehmigte Vorhaben werden einige Einzelfragen erörtert, die sich teilweise zwar auch bei der Abarbeitung der Zugriffsverbote des §44 Abs. 1 BNatSchG im Genehmigungs- bzw. Planfeststellungsverfahren stellen, bei erst nach Vorhabenzulassung entstandenen artenschutzrechtlichen Konflikten jedoch von besonderer Bedeutung sind.“

LAU, MARCUS
Einwandern besonders geschützter Arten in den Gefahrenbereich von Vorhaben nach Bau und Inbetriebnahme,
Natur und Recht (NuR) 2018, Heft 10, S. 653–658.
Inhalt:
„Im zweiten Beitrag zum besonderen Artenschutzrecht bei genehmigten Vorhaben erfolgt eine rechtliche Bewertung der Situation, dass besonders geschützte Arten in den Gefahrenbereich genehmigter Anlagen einwandern, nachdem diese bereits in Betrieb genommen wurden bzw. mit deren Bau begonnen wurde. Außerdem wird der Frage nachgegangen, ob für andere Vorhabentypen das Gleiche gilt wie für die zunächst exemplarisch betrachteten Windenergieanlagen."

LAU, MARCUS
Einwandern besonders geschützter Arten in den Gefahrenbereich von Vorhaben nach Genehmigungserteilung,
Natur und Recht (NuR) 2018, Heft 12, S. 840–845.
Inhalt:
„Die Abarbeitung des besonderen Artenschutzrechts in Zulassungsverfahren wirft zwar nach wie vor Fragen auf, ist aber im Wesentlichen rechtlich geklärt. Noch nicht ausreichend erörtert erscheint dagegen der Einfluss des besonderen Artenschutzrechts auf den Fortbestand schon genehmigter Vorhaben, wenn in deren Gefahrenbereich nachträglich diese Arten einwandern. In der Praxis stellte sich diese Frage bislang vor allem in Bezug auf Windenergieanlagen und beschäftigte hier auch schon mehrfach die Gerichte. Es handelt sich aber um eine grundlegende Problematik, der hier wie schon in zwei erschienen Beiträgen (NuR 2018, 587 und 653) näher nachgegangen wird. Im vorliegenden Beitrag geht es um eine grundlegende Einordnung der Fallkonstellation, dass besonders geschützte Arten nach Genehmigungserteilung, aber vor Baubeginn einwandern. Im zweiten Beitrag (Oktober-Heft, 653) wurde auf die Situation bei Einwandern nach Inbetriebnahme bzw. nach Baubeginn eingegangen und im dritten Beitrag (September-Heft, 587) eine Reihe spezieller Fragen behandelt, die sich in diesem Zusammenhang fallkonstellationsübergreifend stellen."

LEROUX, CATHERINE/CHRISTIAN FALKE
Der Entschädigungsanspruch nach § 19 Abs. 1 LuftVG,
EnergieRecht (ER) 2018, Heft 6, S. 236–241.
Inhalt:
„Ein Windenergievorhaben kann nach § 18a Luftverkehrsgesetz (LuftVG) unzulässig sein, wenn Flugsicherungseinrichtungen gestört werden können. Diese Vorschrift hat in der Vergangenheit zu einer massiven Blockade von Windenergievorhaben seitens des Bundesaufsichtsamtes für Flugsicherung und der Deutschen Flugsicherung GmbH insbesondere in der Umgebung von sog. Drehfunkfeuern (VOR/DVOR) geführt. Der Gesetzgeber schuf für solche Fälle in § 19 Abs. 1 LuftVG einen Entschädigungsanspruch, der jedoch in der Praxis zahlreiche rechtliche Fragestellungen aufgeworfen hat, die bislang kaum eine Klärung in Rechtsprechung und Literatur gefunden haben."

LICHT, CHRISTOPH/WOJCIECH LISIEWICZ
Einfluss des § 53c EEG auf die EEG-Förderung – Unter welchen Voraussetzungen findet eine Anrechnung der Stromsteuerbefreiung auf die EEG-Förderung i. S. d. § 53c EEG statt und ist diese Regelung rückwirkend anzuwenden?
Zeitschrift für das gesamte Recht der Energiewirtschaft (EnWZ) 2018, Heft 4, S. 109–117.
Inhalt:
„Mit dem im Jahr 2016 beschlossenen und zum 1.1.2017 in Kraft getretenen Erneuerbare-Energien-Gesetz 2017 (nachstehend EEG) hat der Gesetzgeber zum wiederholten Mal das Fördersystem des EEG geändert. Auch der Umfang des EEG-Förderanspruchs ist erneut überarbeitet bzw. beschränkt worden. Zu den neuen Regelungen gehört – neben einigen grundlegenden Änderungen, wie die Einführung des Quotensystems mit grundsätzlicher Ausschreibungspflicht für Wind-, Solar- und Biomasseanlagen – auch § 53c EEG. Die Vorschrift sieht vor, dass bei Inanspruchnahme der Stromsteuerbefreiung i. S. d. § 9 I Nr. 1 und 3 StromStG die EEG-Förderung gem. § 19 I EEG um den Betrag der Stromsteuerbefreiung reduziert wird. Vereinfacht ausgedrückt erfolgt eine Anrechnung der Stromsteuerbefreiung auf die EEG-Vergütung. Dabei hat der Gesetzgeber in § 104 Absatz V EEG eine Rückwirkung des § 53c EEG zum 1.1.2016 angeordnet. Das hat zur Folge, dass eine Anrechnung der Stromsteuerbefreiung auf die EEG-Förderung auch rückwirkend auf Sachverhalte aus dem Jahr 2016 erfolgen musste.
Der § 53c EEG stellt den Anlagenbetreiber unter anderem vor die Frage, in welcher Höhe bei Inanspruchnahme der Stromsteuerbefreiung noch ein Anspruch auf die EEG-Förderung besteht. Ferner stellt sich die Frage, ob die Rückwirkung des § 104 V EEG zur eventuellen Rückzahlungspflicht im Hinblick auf die im Jahr 2016 ausgezahlte EEG-Förderung führt. Dieser Artikel stellt – nach Konfrontation mit dem Problem in der Arbeitspraxis eines Netzbetreibers – einen Versuch der Autoren dar, die genannten Fragen zu beantworten.“

LIEBER, TOBIAS
Die Umweltverträglichkeitsprüfung (nach dem neuen UVPG) im Planfeststellungsverfahren,
Umwelt und Planungsrecht (UPR) 2018, Sonderheft 20. Speyerer Planungsrechtstage 2018, S. 441–445.
Inhalt:
„Durch den Einfluss des Gemeinschaftsrechts, vor allem durch die Fehlerfolgenregelung in § 4 Abs. 1 UmwRG, hat die Umweltverträglichkeitsprüfung (UVP) im Planfeststellungsverfahren eine erhebliche Bedeutung gewonnen. Da die meisten planfeststellungsbedürftigen Vorhaben zumindest potenziell UVP-pflichtig sind, wird das fachplanungsrechtliche Verfahrensrecht nach §§ 72 ff. VwVfG durch die spezifischen Anforderungen des UVPG überlagert. Teilweise ergibt sich auch erst aus der Prüfung der UVP-Pflicht, ob ein Planfeststellungsverfahren überhaupt erforderlich ist oder ob anstelle des Planfeststellungs- ein Plangenehmigungsverfahren durchgeführt werden kann (§ 74 Abs. 6 Satz 1 Nr. 3 VwVfG). Trotz dieser erheblichen Überschneidungen hat der Gesetzgeber darauf verzichtet, die verfahrensrechtlichen Bestimmungen nach §§ 72 ff. VwVfG an das Recht der UVP anzugleichen. In der Konsequenz ergibt sich deshalb häufig ein kompliziertes und nicht immer widerspruchsfreies Geflecht verschiedener Vorschriften.“

LIEBLANG, LEON ARVID
Ein Jahr danach: Erste empirische Ergebnisse der Ausschreibungen für Windenergie an Land gemäß EEG 2017,
Zeitschrift für Energiewirtschaft (ZfE) 2018, Heft 4, S. 315–328.
Inhalt:
„Zum 1. Januar 2017 trat die sechste Novelle des Erneuerbare-Energien-Gesetzes (EEG) in Kraft. Insbesondere für die Windenergie an Land waren mit dem Gesetz weitreichende Änderungen verbunden. Basierend auf dem Wunsch nach mehr Marktintegration und -kompatibilität sowie einer erhöhten Kosteneffizienz wurde die Einführung von marktbasierten Ausschreibungen beschlossen. Inzwischen sind die ersten drei Ausschreibungsrunden abgeschlossen. Der Beitrag evaluiert die Ergebnisse und analysiert, inwieweit die Leitgedanken des Gesetzes erfüllt wurden. Dabei werden mehrere positive Entwicklungen herausgearbeitet: Neben dem erwarteten forcierten Wettbewerb deuten vor allem die Gebots- und Zuschlagswerte auf massive Kostensenkungspotenziale hin. Andere Entwicklungstendenzen sind kritisch zu betrachten: Die Privilegierung der Bürgerenergiegesellschaften, ursprünglich zur simulierten Angleichung der Bieterchancen normiert, konterkariert die Kostensenkungspotenziale in erheblichem Maße. Die Analyse verdeutlicht, dass eine massive Überprivilegierung der Bürgerenergiegesellschaften vorliegt, die Wettbewerbsverzerrungen und die Gefährdung des kontinuierlichen Ausbaus zur Folge hat. Zugleich führt das Ausschreibungssystem in seiner derzeitigen Form zu erheblichen regionalen Disparitäten, die insbesondere die südlichen Bundesländer betreffen. Der Beitrag schließt mit 10 Thesen und Politikempfehlungen."

LINDEMANN, COSIMA/ANDREAS KIEFER/VOLKER RUNKEL/ANDREAS LUKAS/MICHAEL VEITH
Abschaltalgorithmen für Fledermäuse an Windenergieanlagen,
Natur und Landschaftsplanung (NuL) 2018, Heft 11, S. 418–425.
Inhalt:
„Sogenannte ‚fledermausfreundliche Abschaltalgorithmen' sind inzwischen die häufigste Minimierungsmaßnahme, um in Deutschland betriebsbedingte Fledermaus-Tötungen an Windenergieanlagen (WEA) zu reduzieren. Während die minimierende Wirkung als solche nicht in Frage zu stellen ist, fehlt bislang jedoch eine fachliche Diskussion über die Einschränkungen der Methode und daraus folgend, ob deren aktuelle Umsetzung den Anforderungen des Artenschutzrechts überhaupt genügt. Tatsächlich zeigt sich, dass technische Einschränkungen der Fledermauserfassung mittels Detektoren die aktuelle Vorgehensweise bei der Ermittlung von standortspezifischen Abschaltungen fraglich erscheinen lassen. Auch bleiben kumulative Effekte gänzlich unberücksichtigt. Die Europarechtskonformität absoluter Schwellenwerte toter Fledermäuse pro Windpark und Jahr muss in Frage gestellt werden. Auch ist die bisherige Praxis der Schwellenwertfestlegung akzeptierter toter Federmäuse pro WEA und Jahr, selbst wenn juristisch über eine Ausnahmeregelung nach § 45 Abs. 7 BNatSchG ein Populationsbezug gerechtfertigt sein könnte, populationsbiologisch nicht begründbar und birgt somit große Risiken für den Artenschutz."

MÜHLEMEIER, SUSAN
Grosse Stadtwerke – theoretische und empirische Exploration eines besonderen Akteurs in der Energiewende Deutschlands und der Schweiz,
Zeitschrift für Energiewirtschaft (ZfE), First Online: 22 August 2018, S. 1–20.
Inhalt:
„Grosse Stadtwerke sind in Deutschland und der Schweiz fester Bestandteil der Akteurslandschaft des Energiesektors. Durch die föderal-subsidiäre Organisation der Energiesektoren dieser beiden Länder kommen ihnen systemrelevante Aufgaben wie das Management von Verteilnetzen oder die Sicherstellung der Daseinsvorsorge für ‚ihre Stadt' zu. Im öffentlichen und wissenschaftlichen Diskurs zur Rolle verschiedener Akteursgruppen im Kontext der Energiewende wird ihnen jedoch bisher wenig Beachtung geschenkt. Ziel dieses Beitrages ist es daher die Spezifika des Akteurstypos ‚grosse Stadtwerke' theoriegeleitet herauszuarbeiten und die aktuelle Situation der Stadtwerke – ihre Herausforderungen und strategischen Antworten – auf Basis empirischer Evidenz aus Deutschland und der Schweiz darzustellen. Methodisch basiert dieser Beitrag auf einer explorativ-qualitativen Studie, die Ergebnisse aus Literaturanalyse, Dokumentenanalyse, 38 Experteninterviews aus beiden Ländern (2017) und zwei in der Schweiz durchgeführten Expertenworkshops (2018) zusammenführt. Die Studie zeigt, dass die Spezifika grosser Stadtwerke auf Basis der Public Corporate Governance Literatur und Arbeiten zu Network Industries erklärt werden können. Daraus können auch ihre besonderen Herausforderungen, wie z. B. das Spannungsfeld zwischen öffentlichem Interesse und Marktfähigkeit, das multidimensionale Verhältnis zwischen Eigentümer und Unternehmen oder die Eigengesetzlichkeit von Netzwerkindustrien abgeleitet werden. Im Rahmen dieser Studie zeigt sich, dass die Rolle der grossen Stadtwerke für die Energiewende weder als ‚Innovator', noch als ‚Hinderer' bezeichnen lässt, sondern vielmehr als ‚intelligent follower' und ‚Ingenieur der Energiewende'."

OPERHALSKY, BENEDIKT/THORBEN FECHLER
Fernstraßenrecht bei Planung und Genehmigung von Windenergieanlagen,
Baurecht – Zeitschrift für das gesamte öffentliche und private Baurecht (BauR) 2018, Heft 5, S. 758–765.
Inhalt:
„Der fortschreitendende Ausbau der Windenergie führt zu vermehrten Konflikten mit anderweitigen öffentlichen Belangen. Hierzu zählen auch Vorgaben des Landes- und Bundesstraßenrechts, die im Rahmen des Planungs- und Genehmigungsverfahrens von Windenergieanlagen geprüft werden. Das jeweilige Straßenrecht normiert Anbauverbots- und Anbaubeschränkungszonen für Hochbauten im Nahbereich zu bestimmten Straßenkategorien. Die Anwendung der entsprechenden bundesrechtlichen Vorschrift des § 9 II und III FStrG wird in der Verwaltungspraxis durch die zuständigen obersten Landesstraßenbaubehörden im Rahmen der Bundesauftragsverwaltung wenig stringent gehandhabt. Eine einheitliche und rechtssichere Anwendung ist umso mehr vor dem Hintergrund der geplanten Kompetenzverlagerung von den Landesstraßenbehörden an ein Fernstraßen-Bundesamt erforderlich."

PAPKE, ANNA
Die Regelungen zur Förderung der Akzeptanz von Windkraft in Dänemark,
EnergieRecht – Zeitschrift für die gesamte Energierechtspraxis (ER) 2018, Heft 2, S. 64–68.
Inhalt:
„Die Errichtung von Windenergieanlagen stößt häufig auf Widerstand bei Anwohnern in der näheren Umgebung. Dies gilt auch für Deutschlands nördlichen Nachbarn Dänemark, wo ein weitaus höherer Anteil des Stroms mittels Windkraft erzeugt wird. Der dänische Gesetzgeber hat deshalb im dänischen Erneuerbare-Energien-Gesetz vier Instrumente eingeführt, die speziell die Akzeptanz von Windkraft steigern sollen. Sie sollen die negativen Folgen von planungsrechtlich zulässigen Windkraftvorhaben auf finanzieller Ebene durch Miteigentümerschaft oder Kompensationszahlungen ausgleichen. Im Folgenden werden diese Regelungen im Einzelnen vorgestellt und ein Blick auf ihre praktische Umsetzung geworfen."

PETERSEN, LARS/IVO WALTHER
Automatisierte Flächenerkennung für das Repowering von Windenergieanlagen,
Flächenmanagement und Bodenordnung (fub) 2018, Heft 5, S. 224–228.
Inhalt:
„Ab 2020 wird eine jährlich wachsende Anzahl an Windenergieanlagen (WEA) laufzeitbedingt für das Repowering in Frage kommen. Drei Szenarien und mehrere Varianten zeigen verschiedene Ausbaupfade in Sachsen-Anhalt, um dessen energie- und klimapolitischen Ziele zu erfüllen. Dazu sollte die Methodik zur Flächenabschichtung der Vorrang- und Eignungsgebiete (VR / EG) Windenergienutzung für das Repowering automatisiert werden, um freie Flächen landesweit und mit zusätzlicher Auswertung auf Kreisebene zu ermitteln und so die zukünftige Flächenauslastung der VR / EG Windenergienutzung unter Berücksichtigung des Repowering von WEA durch Muster-WEA sichtbar zu machen. Die Ergebnisse sind für drei Szenarien, Anlagenrepowering nach 15, 20, 25 Jahren Laufzeit, berechnet worden. Dazu wurde ein Tool mit grafischer Nutzeroberfläche programmiert, das auf Shape-Basis VR / EG, WEA und der DVG Landkreise und Kreisfreie Städte über eine Algorithmus automatisiert und skalierbar freie Flächen und die Anzahl möglicher WEA für das Land Sachsen-Anhalt ermittelt und in Shape- und Textdateien bereitstellt."

POCHHAMMER, JANINA/ ANDRÉ GUSKOW
„Design Lifetime" – Haftung auch für die tatsächliche Lebensdauer? Offshore Wind: Vertragsgestaltung im deutschen Recht vor dem Hintergrund der Entscheidung des UK Supreme Court zur Haftung einer Fundamentlieferantin vom 3.8.2017 ([2017] UKSC 59),
Zeitschrift für das gesamte Recht der Energiewirtschaft (EnWZ) 2017, Heft 12, S. 441–446.
Inhalt:
„Lieferverträge für Komponenten von Offshore-Windparks wie Fundamente, Türme und Turbinen enthalten regelmäßig Bestimmungen dazu, dass die Komponenten eine bestimmte konstruktive Lebensdauer, die sogenannte ‚Design Lifetime', aufweisen sollen. Für Aufsehen hat in diesem Zusammenhang kürzlich ein Urteil des Supreme Court of the United Kingdom gesorgt, nach dem eine Lieferantin von Fundamenten die Kosten für Nachbesserungsmaßnah-

men in Höhe von mehr als 26 Mio. EUR zu tragen hat, obwohl diese bei der Konstruktion konkret vereinbarte technische Standards der Klassifikationsgesellschaft eingehalten hat. Der folgende Beitrag setzt sich mit den Grundlagen dieses Urteils auseinander und befasst sich damit, ob ein vergleichbares Urteil auch nach deutschem Recht möglich wäre. Abschließend zeigt der Beitrag hierauf aufbauend einige besonders praxisrelevante Themen auf, die bei der Gestaltung von Lieferverträgen rund um eine ‚Design Lifetime' nach deutschem Recht beachtet werden sollten."

RAHE, JULIAN
EEG 2017: aktuelle Fragen und Entwicklungen.
Bericht über das EEG 2017-Kolloquium in Aachen am 22.1.2018,
Natur und Recht (NuR) 2018, Heft 5, S. 318–321.
Inhalt:
„Das EEG 2017 bringt vielfältige Neuerungen mit sich und wird von verschiedenen rechtlichen Entwicklungen in der EU und den Ländern sowie tatsächlichen Fragestellungen wie Rohstoffknappheit für Windenergieanlagen begleitet. Daher fand am 22.01.2018 im Ford Saal der RWTH-Aachen ein EEG – Kolloquium statt. Bei diesem sollte es unter anderem um Neues zu Windenergie- und Biomassenanlagen, Geothermie und Grubengas gehen. Dieser Bericht stellt eine Zusammenfassung der interessantesten Veranstaltungspunkte des Kolloquiums dar."

RASCHKE, MARCEL
Aktuelle Fragen der Rechtsprechung zur Konzentrationszonenplanung nach § 35 Abs.3 S. 3 BauGB,
Zeitschrift für Neues Energierecht (ZNER) 2018, Heft 3, S. 218–224.
Inhalt:
„Der Beitrag nimmt verschiedene aktuelle gerichtliche Entscheidungen zur Konzentrationszonenplanung in den Blick. Das OVG Münster hat sich damit beschäftigt, welche Anforderungen an sog. salvatorische Klauseln im Rahmen von Flächennutzungsplan gelten sollen. Diese salvatorischen Klauseln gelten als Möglichkeit, die schwierige, aber nach der Rechtsprechung erforderliche Abgrenzung zwischen sog. harten und weichen Tabuzonen hilfsweise vorzunehmen, wenn die Einordnung durch den Plangeber im Einzelfall schwierig erscheint. Der Beitrag bewertet die strengen Anforderungen des OVG Münster an solche Klauseln kritisch. Ferner betrachtet der Beitrag weitere Entscheidungen zur Bekanntmachung der Genehmigung von Flächennutzungsplänen. Hier wirft der Beitrag die Frage auf, ob nicht auch ältere Pläne, die den Anforderungen der Bekanntmachung nicht genügen, noch im Wege des Normenkontrollverfahrens angreifbar sind. Ferner wird die unterschiedliche Tenorierung durch die Gerichte in den Blick genommen. Bzgl. der Reichweite der Feststellung der Unwirksamkeit hat das Bundesverwaltungsgericht (nach dem Redaktionsschluss für den Betrag) mit Beschluss vom 11.06.2018 (BVerwG 4 BN 38.17) eine Revision zugelassen, um zu betrachten, in welchem Umfang die Unwirksamkeit eines Flächennutzungsplans festzustellen ist, wenn sich ein Normenkontrollantrag gegen eine Konzentrationsflächenplanung mit der Ausschlusswirkung des § 35 Abs. 3 Satz 3 BauGB richtet."

RODI, MICHAEL
Das Recht der Windkraftnutzung zu Lande unter Reformdruck – Zwingen Planungs- und Akzeptanzdefizite zu einer Neujustierung der Rechte von Staat, Kommunen, Anlagenbetreibern, Landeigentümern und betroffenen Bürgern?
Zeitschrift für Umweltrecht (ZUR) 2017, Heft 12, S. 658–667.
Inhalt:
„Die Zweifel mehren sich, ob der Staat die von ihm so ehrgeizig gesteckten Ziele im Zubau erneuerbarer Energien erreichen kann. In Bezug auf die Windenergie zu Lande scheint die Akzeptanz der Bürger vor Ort zu schwinden, organisierter Widerstand nimmt zu. In der Folge nutzen einzelne Bundesländer und Kommunen ihre planerischen und regulativen Spielräume zunehmend restriktiv. Im folgenden Beitrag werden (instrumentelle) Wege erörtert, die aus diesem Dilemma führen könnten. Dabei wird nicht nur das Rechtsregime der Planung von Windkraftanlagen grundsätzlich in Frage gestellt. Darüber hinaus werden auch die Rechtspositionen von Anlagenbetreibern, Landeigentümern und Betroffenen auf den Prüfstand gestellt und neue Konzepte erörtert (Beteiligungs-, Konzessions- sowie Steuer- und Abgabenmodelle).“

RUẞ, SYLVIA
Artenschutzrechtliche Monitoring-Auflagen bei der Genehmigung von Windenergieanlagen – Teil II: Monitoring als Bestandteil eines Risikomanagements,
Zeitschrift für Umweltrecht (ZUR) 2018, Heft 1, S. 18–23.
Inhalt:
„Das Konzept des Risikomanagements stellt insbesondere seit dem Urteil des BVerwG zur ‚Westumfahrung‘ Halle ein beliebtes Instrument dar, trotz bestehender Prognoseunsicherheiten ein Vorhaben genehmigen zu können. Es findet sich vermehrt auch in Genehmigungsverfahren für Windenergieanlagen. Das Monitoring bildet hierbei einen wesentlichen Bestandteil dieses Konzepts. Im zweiten Teil der Betrachtung sollen die rechtlichen Anforderungen an den Einsatz eines Monitorings als Bestandteil eines artenschutzrechtlichen Risikomanagements erörtert und die sich hieraus ergebenen Einsatzoptionen dargestellt werden.“

SALOMON, MARKUS/JOCHEN SCHUHMACHER
Natura 2000-Gebiete in der deutschen AWZ – Wann wird aus Schutzgebieten Schutz?
Zeitschrift für Umweltrecht (ZUR) 2018, Heft 2, S. 84–93.
Inhalt:
„Die Meere sind zunehmenden Belastungen durch menschliche Aktivitäten ausgesetzt. Um seine Verpflichtungen aus der FFH-Richtlinie zu erfüllen, hat Deutschland in seiner Ausschließlichen Wirtschaftszone (AWZ) in Nord- und Ostsee Meeresschutzgebiete zum Schutz und zur Erhaltung mariner Arten und Lebensräume ausgewiesen.
Der folgende Beitrag betrachtet aus rechtlicher und naturwissenschaftlicher Perspektive die bekanntgemachten Schutzgebietsverordnungen und prüft, inwieweit diese den Meeresnaturschutzbelangen ausreichend Rechnung tragen.“

SCHEIDLER, ALFRED
Bedeutung der bayerischen 10-H-Regelung bei der Ausweisung von Konzentrationszonen für die Windenergienutzung,
Natur und Recht (NuR) 2018, Heft 6, S. 361–364.
Inhalt:
„Der Planungsvorbehalt in §35 Abs. 3 Satz 3 BauGB ermöglicht es den Gemeinden, eine planerische Steuerung von Windkraftanlagen vorzunehmen, indem im Flächennutzungsplan (harte bzw. weiche) Tabuzonen festgelegt werden, innerhalb derer Windkraftanlagen ausgeschlossen werden. Entsprechendes gilt für die Ebene der Regionalplanung. Zur Bedeutung der Tabuzonen und der Notwendigkeit, bei der Planaufstellung zwischen harten und weichen Tabuzonen zu unterscheiden, haben sich das BVerwG und die Oberverwaltungsgerichte immer wieder geäußert. In der Rechtsprechung noch ungeklärt ist hingegen die Frage, wie sich in Bayern die seit 21.11.2014 geltende ‚10-H-Regelung' (Art. 82 BayBO) auf die planerische Steuerung von Windkraftanlagen auswirkt."

SCHMIDT, MAXIMILIAN
Windenergie vs. Segelflugplatz: Maßgebliche Abstände? – Anmerkung zum Urteil des VG Trier vom 11.04.2017 (1 K 4887/16.TR),
Zeitschrift für neues Energierecht (ZNER) 2017, Heft 6, S. 515–517.
Inhalt:
„Dem VG Trier lag eine Anfechtungsklage einer Gemeinde gegen die Änderungsgenehmigung (Erweiterung) eines Segelflugplatzes vor. Die Klägerin hatte für ein in der Umgebung des Flugplatzes gelegenes Gebiet die Aufstellung eines Bebauungsplanes (Sondergebiet Wind) beschlossen. Im Rahmen der Genehmigungsentscheidung waren die planerischen Interessen der Gemeinde von der Genehmigungsbehörde aber u. a. deswegen nicht berücksichtigt worden, weil das Sondergebiet ohnehin aufgrund Unterschreitung der zur Sicherheit des Flugverkehrs einzuhaltenden Abstände zum Scheitern verurteilt gewesen sei. Hierbei stützte sich die Behörde auf ein Gutachten der FH Aachen, das aufgrund der Bewertung von Windenergieanlagen als dynamische Hindernisse und der im Nachlauf an die Rotorblätter entstehenden Turbulenzen (Wirbelschleppen) pauschale Mindestabstände von Windenergieanlagen zu Flugbetriebsräumen fordert, die die derzeit gültigen Vorgaben deutlich überschreiten. Das VG sah hierin jedoch einen Abwägungsausfall, da das herangezogene Gutachten ausweislich einer Stellungnahme des Deutschen Zentrums für Luft- und Raumfahrt (DLR) fachlich zweifelhaft sei und bereits deshalb die insoweit erfolgte Unterlassung der Abwägung nicht rechtfertigen könne."

SCHMIDT, MAXIMILIAN/FRANK SAILER
Schallberechnung bei Windenergieanlagen – die Anwendung der neuen LAI-Hinweise in den Bundesländern und in der Rechtsprechung,
Zeitschrift für Neues Energierecht (ZNER) 2018, Heft 2, S. 124–130.
Inhalt:
„Die Schallausbreitungsberechnung bei Windenergieanlagen bereitet aktuell sowohl Behörden als auch Vorhabenträgern mitunter Kopfzerbrechen. Hintergrund sind die LAI-Hinweise, die ein geändertes Berechnungsverfahren einführen (sog. Interimsverfahren), das bei den Beteiligten für große Rechtsunsicherheit sorgt. Das Interimsverfahren soll Mängel des bisherigen Verfahrens nach der TA Lärm in Verbindung mit der DIN ISO 9613-2 (sog. Alternatives Verfahren) beheben. Letzteres ist auf bodennähere Schallquellen ausgerichtet und würde die Schallausbreitung bei Windenergieanlagen daher nicht zutreffend wiedergeben, etwa durch eine Überschätzung der bodendämpfenden Wirkung. Die sich nun aufdrängende Frage ist, welches der beiden Verfahren zur Anwendung zu kommen hat. Nach einem die Grundlagen erläuternden Teil sollen zunächst bisherige Maßnahmen der Bundesländer zur Einführung der LAI-Hinweise aufgezeigt werden. Anschließend sollen relevante gerichtliche Entscheidungen dargestellt werden, in die mittlerweile auch die Maßnahmen der Bundesländer Eingang gefunden haben. Abschließend sollen die rechtlichen Voraussetzungen an die Durchbrechung der Bindungswirkung TA Lärm erläutert werden.“

SCHMIDT-EICHSTAEDT, GERD
Wem gehört der Wind? – oder: Der Wind als Bodenschatz,
Landes- und Kommunalverwaltung (LKV) 2018, Heft 1, S. 1–10.
Inhalt:
„Der Autor geht von folgender Hypothese aus: *Was für bergfreie Bodenschätze einschließlich der Erdwärme in der Tiefe recht ist (nämlich die Zahlung einer Förderabgabe), das sollte auch für die Windenergie in Höhen ab 100 m aufwärts billig sein.* Daraus entwickelt der Autor einen Gesetzgebungsvorschlag. Das Gesetz soll folgenden Kern-Inhalt haben:
(1) Die Nutzung der Windenergie durch eine Windenergieanlage, deren Höhe 100,0 m überschreitet, bedarf der Konzessionierung durch die Gemeinde, in deren Gemarkung das Grundstück liegt, auf dem die Anlage errichtet werden soll.
(2) Die Höhe der jährlichen Konzessionsgebühr richtet sich nach einer Gebührenordnung, die von der Gemeinde als Satzung zu beschließen ist. Die Höhe der Gebühr pro Anlage und Jahr darf 10 % der Einnahmen, die aus der Vergütung für die Einspeisung des mittels der Windenergieanlage erzeugten Stroms im Jahr erzielt werden, nicht überschreiten.
(3) Gemeinden können im Flächennutzungsplan eine zusammenhängende Fläche ausdrücklich als Windpark abgrenzen, für den jeweils nur eine einheitliche Konzession vergeben wird.
(4) Die Gemeinde muss die Konzession für den Windpark an den Bewerber erteilen, der den Zuschlag nach dem Erneuerbare-Energien-Gesetz (EEG) für den Windpark bekommen hat. Die Erhebung der Konzessionsgebühr bedarf der Harmonisierung mit den Ausschreibungsbedingungen nach dem EEG. Der Autor zeigt, dass dies möglich ist.“

SCHRÖTER, JESSICA
Die Bedeutung der neuen LAI-Hinweise zum Schallimmissionsschutz bei Windkraftanlagen,
Zeitschrift für Immissionsschutzrecht und Emissionshandel (I+E). 2018, Heft 1, S. 2–10.
Inhalt:
„Der nachfolgende Beitrag beleuchtet die Auswirkungen des nunmehr den Bundesländern von der LAI empfohlenen sogenannten Interimsverfahrens im Hinblick auf die Auswirkungen auf laufende immissionsschutzrechtliche Genehmigungs- und Rechtsschutzverfahren von Windenergieanlagen. In diesem Zusammenhang werden die Unterschiede zum bisherigen Prognosemodell für die Berechnung von Schallimmissionen dargestellt und bewertet. Zudem wird die bislang hierzu ergangene Rechtsprechung kritisch analysiert. Insbesondere ist der Frage näher nachzugehen, ob derzeit eine Pflicht zur Anwendung des Interimsverfahrens besteht und ob diese auch für solche Genehmigungsverfahren (nachträglich) angenommen werden kann, die bereits abgeschlossen, aber wegen eines von einem Dritten eingelegten Rechtsbehelfs noch nicht bestandskräftig sind.“

SEIBERT, MAX-JÜRGEN
Die Fehlerbehebung durch ergänzendes Verfahren nach dem UmwRG – Neue prozessuale Instrumente zur Genehmigungserhaltung,
Neue Zeitschrift für Verwaltungsrecht (NVwZ), 2018, Heft 3, S. 97–105.
Inhalt:
„Die am 2.6.2017 in Kraft getretene Novelle des Umwelt-Rechtsbehelfsgesetzes hat insbesondere für immissionsschutzrechtliche Genehmigungen, Baugenehmigungen sowie wasserrechtliche Erlaubnisse und Bewilligungen eine neue Heilungsmöglichkeit bei Drittanfechtungsklagen eingeführt. Abweichend von § 113 I 1 VwGO sehen §§ 4 Ib 1 und 7 V 1 UmwRG vor, dass eine Verletzung von Verfahrensvorschriften oder materiellen Rechtsvorschriften nur dann zur Aufhebung der vorgenannten Entscheidungen im gerichtlichen Verfahren führt, wenn sie nicht durch Entscheidungsergänzung oder ein ergänzendes Verfahren behoben werden kann. Vorbild für dieses Instrument ist die planfeststellungsrechtliche Vorschrift des § 75 I a 2 VwVfG, die die Rechtsprechung des BVerwG kodifiziert hat. Die Vorstellung des Gesetzgebers, man könne ‚ohne Abstriche‘ (BT-Drs. 18/9526, 44) an die Erfahrungen im Planfeststellungsrecht anknüpfen, ist allerdings verfehlt. Im Hinblick auf den unterschiedlichen Kontext insbesondere bei gebundenen Genehmigungen stellen sich eine Reihe von zu klärenden Fragen. Die folgenden Ausführungen werden sich der Übersichtlichkeit wegen auf den absehbaren Hauptanwendungsbereich, die immissionsschutzrechtlichen Genehmigungen, konzentrieren, gelten aber in gleicher Weise etwa auch für Baugenehmigungen.“

STÄSCHE, UTA
Entwicklungen des Klimaschutzrechts und der Klimaschutzpolitik 2016/17 – Bund, Bundesländer und Kommunen (Teil 2),
Zeitschrift für das gesamte Recht der Energiewirtschaft (EnWZ) 2017, Heft 12, S. 446–480.
Inhalt:
„Einen Schwerpunkt der deutschen Klimaschutzpolitik 2016/17 bilden weiterhin die Umsetzung des Aktionsprogramms Klimaschutz 2020 und der nationale Klimaschutzplan 2050; über letzteren wird v. a. mit Blick auf den deutschen Kohleausstieg kontrovers diskutiert. Klimaschutz vor Ort fördert die Bundesregierung nach wie vor im Rahmen der Nationalen Klimaschutzinitiative. Auf Ebene der Bundesländer setzt sich der Trend der gesetzlichen Absicherung von Landesklimaschutzzielen fort. Eine grundlegende Rolle im Klimaschutz nehmen wie bislang die Kommunen ein.“

STÄSCHE, UTA
Landesklimaschutzgesetze in Deutschland: Erfahrungen und Entwicklungsperspektiven unter Berücksichtigung der aktuellen bundespolitischen Lage,
Zeitschrift für Umweltrecht (ZUR) 2018, Heft 3, S. 131–143.
Inhalt:
„Bei den Anstrengungen zur Senkung der Treibhausgasemissionen (THG-Emissionen) in Deutschland nehmen die derzeit sechs Landesklimaschutze in Deutschland eine wichtige Rolle ein. Sie enthalten quantitative THG-Minderungsziele, Umsetzungsinstrumente sowie Monitoring- und Evaluierungsmechanismen. Die Prognose für die Erreichung der jeweiligen 2020-Klimaschutzziele ist erwartungsgemäß unterschiedlich. Bei den legislativen Fortschreibungen sollten die Länder die positiven Erfahrungen aus anderen Ländern einfließen lassen. Der Trend der gesetzlichen Absicherung von Landesklimaschutzzielen hält 2018 weiter an. Der folgende Beitrag widmet sich den Erfahrungen mit den sechs Landesklimaschutzgesetzen in Deutschland. Nachdem zunächst die Klimaschutzziele auf internationaler und europäischer Ebene sowie des Bundes skizziert werden (A.), folgt für die Landesklimaschutzgesetze eine Darstellung ihrer wesentlichen Inhalte, die Zielerreichungsprognose für die jeweiligen 2020-Klimaschutzziele und Perspektiven (B.). Im Anschluss wird vor dem Hintergrund der Sondierungsgespräche zur Bildung einer neuen großen Koalition die verfassungsrechtliche Zulässigkeit eines Bundesklimaschutzgesetzes auf Bundesebene betrachtet (C.).“

THOLE, CHRISTOPH
Die vorsätzliche Herbeiführung der verzögerten Netzanbindung von Offshore-Windenergieanlagen,
Zeitschrift für das gesamte Recht der Energiewirtschaft (EnWZ) 2018, Heft 1–2, S. 12–19.
Inhalt:
„Hat ein Übertragungsnetzbetreiber (ÜNB) die Verzögerung oder Störung der Netzanbindung von Offshore-Windenergieanlagen vorsätzlich verursacht, trifft ihn die volle Haftung nach § 17e EnWG ohne die Möglichkeit des Belastungsausgleichs. Die materiellen und prozessu-

alen Anforderungen an den Vorsatz und seine Darlegung sind bisher wenig untersucht, obwohl die Frage von erheblicher wirtschaftlicher Bedeutung sein kann. Der Beitrag geht den maßgeblichen Aspekten nach."

UIBELEISEN, MAXIMILIAN/SIMON GRONEBERG
Der wirtschaftliche Betrieb von Erneuerbare-Energien-Anlagen außerhalb des EEG-Förderrahmens,
Recht der Energiewirtschaft (RdE) 2018, Heft 3, S. 114–123.
Inhalt:
„Mit dem EEG 2017 hat der Gesetzgeber bereits letztes Jahr zum 1.1.2017 einen weiteren Schritt zur Marktintegration der Erneuerbaren Energien vollzogen und verpflichtende, mengengesteuerte Ausschreibungen zur Ermittlung der Förderhöhe für Windenergieanlagen an Land und auf See sowie Solar- und Biomasseanlagen eingeführt. Für Windenergieanlagen auf See wurden mit dem WindSeeG zudem spezielle Regelungen ua zur Ausschreibung des Einspeisetarifs sowie zur zentralen Planung und Voruntersuchung künftiger Projektflächen und zur Netzanbindung geschaffen. Seit diesen Novellierungen sind die Betreiber von Erneuerbare-Energien-Anlagen (im Folgenden: ‚EE-Anlagen') zur Teilnahme an den energieträgerspezifischen Ausschreibungsrunden verpflichtet, um einen Anspruch auf Zahlung der Marktprämie und somit eine Förderung nach dem EEG 2017 zu erhalten. Im EEG 2014 war der anzulegende Wert hingegen noch gesetzlich bestimmt und weitgehend an die zuvor geltenden Fördertarife für die Einspeisevergütung angelehnt."

VOLLPRECHT, JENS
Erhöhung der Akzeptanz von Windenergieanlagen: Übertragung von Regelungsansätzen aus dem Jagd- und Fischereirecht,
Zeitschrift für Umweltrecht (ZUR) 2017, Heft 12, S. 698–704.
Inhalt:
„Ein wesentliches Hemmnis für die Erhöhung des Anteils der erneuerbaren Energien wird voraussichtlich die Akzeptanz der Bürger „vor Ort" sein: Auch wenn die Umsetzung eines Projekts möglicherweise rechtlich nicht verhindert werden kann, führt doch der mit der Auseinandersetzung einhergehende Zeitverlust zu erheblichen wirtschaftlichen Einbußen, die das Projekt letztlich daran scheitern lassen können. Eine Möglichkeit, die Akzeptanz zu erhöhen, besteht in der Partizipation der Bevölkerung an dem jeweiligen Projekt. Die Regelungsansätze, die dem Jagd- und Fischereirecht zugrunde liegen, enthalten interessante Anknüpfungspunkte, die mit Blick auf eine Akzeptanzförderung für erneuerbare Energien fruchtbar gemacht werden können."

WEGNER, NILS
Von Windfarmen, dem Umfang standortbezogener UVP-Vorprüfungen und Schallimmissionsprognosen nach dem sog. Interimsverfahren. Entscheidungsanmerkung zu VGH Mannheim, Beschluss vom 25.1.2018 – 10 S 1681/17,
Natur und Recht (NuR) 2018, Heft 6, S. 388–394.
Inhalt:
„Der vorliegende Beschluss des VGH Mannheim betrifft gleich drei aktuelle Problemkreise der Zulassung von Windenergieanlagen: Er wirft ein Schlaglicht auf die Bedeutung der neu in das Umweltverträglichkeitsprüfungsgesetz (UVPG) aufgenommenen Definition von Windparks, ohne aber den großen Unbekannten, den ‚funktionalen Zusammenhang', aufzuklären. Hinsichtlich des erforderlichen Umfangs der UVP-Vorprüfung positioniert sich der VGH auch für die Zukunft nur vorsichtig und eher restriktiv. Entschlossener erklärt er dagegen das sog. Interimsverfahren für Immissionsprognosen von Windenergieanlagen für anwendbar – im konkreten Fall jedoch ohne Auswirkungen."

WINKLER DANIELA/MARC ZECCOLA
Ausschreibungen für Erneuerbare Energien nach EEG 2017.
Wettbewerb – Effizienz – Akzeptanz,
Zeitschrift für Europäisches Umwelt- und Planungsrecht (EurUP) 2018, Heft 3, S. 306–313.
Inhalt:
„Deutschland läuft Gefahr, die für 2030 gesetzten Klimaziele zu verfehlen. Nicht zuletzt der Übergang zu den erneuerbaren Energien im Rahmen der Energiewende stellt eine der wesentlichen Herausforderungen für Politik und Recht dar. Zu deren Umsetzung fördert der Gesetzgeber den Sektor der erneuerbaren Energien durch finanzielle Unterstützung der Energieproduzenten. Die Einzelheiten werden durch das Erneuerbare-Energien-Gesetz (EEG) 2017 geregelt. Aus politischen und rechtlichen Gründen erfolgt die Förderung durch öffentliche Ausschreibungen. Das Ausschreibungsverfahren verfolgt eine Vielzahl von Zwecken und Zielen: Kosteneffizienz, Steuerbarkeit des Ausbaus, soziale Akzeptanz der Energiewende und die Diversität der Energieproduzenten. Der Beitrag soll aufzeigen, wie das EEG diese Ziele der Energiewende umsetzen soll und nimmt dabei auch ungelöste Herausforderungen in den Blick."

WOLF, FABIANA
Die Umsetzung der UVP-Richtlinie 2014 in der Verordnung über das immissionsschutzrechtliche Genehmigungsverfahren,
Zeitschrift für Umweltrecht (ZUR) 2018, Heft 9, S. 457–464.
Inhalt:
„Die Novelle der 9. BImSchV vom 8.12.2017 hat die Umweltverträglichkeitsprüfung in immissionsschutzrechtlichen Verfahren an die im Jahr 2014 durch die Richtlinie 2014/52/EU geänderte UVP-Richtlinie 2011/92/EU angepasst. Dabei blieben die Grundstrukturen der Umweltverträglichkeitsprüfung unangetastet, aber es wurden zahlreiche Ergänzungen und Klarstellungen etwa zur Öffentlichkeitsbeteiligung und zu den vom Vorhabenträger vorzulegenden Unterlagen vorgenommen. Der vorliegende Beitrag stellt die wesentlichen Änderungen der 9. BImSchV vor."

WOLL, GEBHARD/SASCHA RUSER
Die Stromableitung bei Windenergieanlagen und die Windsteckdose,
Verwaltungsrundschau (VR) 2018, Heft 2, S. 55–61.
Inhalt:
„Eine sichere und nachhaltige Energieversorgung stellt für Europa eine der größten Zukunftsaufgaben dar. Politik, Wirtschaft und auch die Gesellschaft müssen hierbei gemeinsam die Weichen für eine umweltschonende Zukunft stellen. Die Jahre der fossilen Brennstoffe neigen sich dem Ende zu und aus diesem Grund ist es zu begrüßen, dass der Marktanteil der Erneuerbaren Energien zunehmend steigt, um eine ausreichende Stromversorgung in der Zukunft zu gewährleisten. Besonders die Energiegewinnung aus Windenergieanlagen nimmt hierbei eine bedeutsame Rolle ein. Dieser Beitrag erläutert die rechtliche Relevanz der Stromableitung bei Windenergieanlagen (WEA) und betrachtet die hier in Frage kommenden Anspruchsgrundlagen zur Benutzung der für die Kabelverlegung relevanten Flächen. Ohne einen Stromanschluss an das Verbundnetz ist jeder noch so gute Standort wertlos. Schließlich wird die Windsteckdose als mögliche rentablere Alternative zur konventionellen Stromeinspeisung beleuchtet, mit Blick auf den Flächenverbrauch, das Landschaftsbild und den Naturschutz.“

WUST, BERND
Ausgewählte Fragen zum bayerischen Windenergieerlass vom 1. September 2016,
Bayerische Verwaltungsblätter (BayVBl.) 2017, Heft 24, S. 833–839.
Inhalt:
„Am 1. September 2016 ist der neue bayerische Windenergieerlass in Kraft getreten. Der Windenergieerlass soll einen einheitlichen und effizienten Vollzug der maßgeblichen Vorschriften bei der Planung und Genehmigung von Windenergieanlagen sicherstellen. Der Beitrag erläutert kurz die rechtliche Bedeutung des Erlasses und gibt einen groben Überblick über seine Inhalte. Sodann greift der Beitrag ausgewählte Themenfelder des Erlasses heraus: Zum einen den Umgang mit seismologischen Stationen im Genehmigungsverfahren. Zum anderen zwei Bereiche, die in der Genehmigungspraxis derzeit das größte Konfliktpotential bergen und auch in einer Wechselwirkung zueinander stehen: Die ‚Entprivilegierung‘ von Windenergieanlagen durch die so genannte 10-H-Regelung und der Natur- und Artenschutz.“

ZIMMERMANN, JÖRG-RAINER
Gefangen im Netz,
neue energie (ne), 2018, Heft 5, S. 22–29.
Inhalt:
„Seit Jahren kommt in Deutschland der Stromnetzausbau nicht voran – das Leitungssystem ist zum Nadelöhr für die Energiewende geworden. Nun will die Bundesregierung den Zubau von Windkraft- und Solaranlagen mit dem Netzausbau ‚synchronisieren‘ – und gleichzeitig für mehr Tempo bei den Stromtrassen sorgen. Ob das gelingt?“

2. Bücher

BÖTTCHER, JÖRG (Hrsg.)
Rechtliche Rahmenbedingungen von EE-Projekten. Band 2,
Berliner Wissenschafts-Verlag, Berlin 2017
(k:wer-Schriften)
Inhalt:
„Dieser Sammelband befasst sich mit den rechtlichen Rahmenbedingungen, die bei der Realisierung von EE-Projekten zu beachten sind. Folgende Fragen werden behandelt:
-Wie entwickeln sich die verschiedenen Fördermechanismen?
-Was sind die Erwartungen der Banken an eine Projektfinanzierung im Bereich der Erneuerbaren Energien?
-Welche länderspezifischen Besonderheiten bestehen und was sind die Konsequenzen für die Projektrealisierung und Projektdurchführung?
Im ersten Teil werden länderübergreifende Fragestellungen thematisiert, im zweiten Teil werden die rechtlichen Rahmenbedingungen in ausgewählten Ländern vorgestellt, u. a. Finnland, Dänemark, Tschechien und der Schweiz."

BRANDT, EDMUND (Hrsg.)
Jahrbuch Windenergierecht 2017,
Berliner Wissenschafts-Verlag, Berlin 2018
(k:wer-Schriften)
Inhalt:
Mit dem jeweils zum Jahresbeginn vorgelegten Jahrbuch wird das Ziel verfolgt:

- zu aktuellen Fragen des Windenergierechts Stellung zu nehmen,
- Beiträge zur Konturierung des Rechtsgebiets zu leisten,
- die im Newsletter WER-aktuell dokumentierten Informationen gebündelt zu präsentieren.

Der Band enthält die folgenden Beiträge:

- *Birgit Ortlieb,* Rechtsnachfolge bei Eigenversorgung – § 61f EEG 2017 – die Fiktion einer „zusätzlichen" Personenidentität
- *Nicole Pippke,* Mieterstrom – neue Förderung für dezentrale Versorgungsmodelle
- *Lara Schmidt,* Die Novelle des § 44 Abs. 5 BNatSchG – zum Verlauf des Gesetzgebungsverfahrens
- *Andreas Frye/Neven Josipovic/Thomas Feuerle,* Flugvermessungsstudie zum Einfluss von Windenergieanlagen auf Drehfunkfeuer – neue Erkenntnisse für die Störungsbewertung nach § 18a LuftVG?
- *Ruthard Hirschner,* Beteiligung der Zivilgesellschaft am Ausbau der Windenergie
- *Bernd Günter,* Dokumentation Windenergierecht 2017

BUUS, MARCEL
Bedarfsplanung durch Gesetz.
Unter besonderer Berücksichtigung der Netzbedarfsplanung nach dem EnWG,
Nomos, Baden-Baden 2018
(Schriften zum Öffentlichen Wirtschaftsrecht, Bd. 10)
Inhalt:
„Gegenstand der Untersuchung ist die gesetzliche Bedarfsplanung im Bereich des Verkehrswege- und Stromtrassenbaus. Der Autor entfaltet die Bindungen des Gesetzgebers bei der Planung und analysiert die Rechtswirkungen, die von der legislativen Bedarfsfestlegung auf allen Ebenen der gestuften Vorhabenplanung ausgehen. Entwickelt werden zudem zentrale Bausteine eines Planungsverfassungsrechts: Der Bedarfsgesetzgeber muss aufgrund materieller verfassungsrechtlicher Vorgaben eine methodisch anspruchsvolle Sachverhaltsermittlung und Planung leisten, die ihn als verfassungsgerichtlich überprüfbare Obliegenheit trifft. Ein Fokus der Untersuchung liegt auf der Einschaltung der Übertragungsnetzbetreiber in den Gesetzgebungsprozess der Bundesbedarfsplanung der Energienetze. Der Autor kommt zum Ergebnis, dass die Bundesregierung von den Übertragungsnetzbetreibern bei der Erarbeitung der Gesetzesvorlage in verfassungswidriger Weise präjudiziert wird."

DE WITT, SIEGFRIED/PETER DURINKE/HARRIET KAUSE
Höchstspannungsleitungen. Planung, Genehmigung und Enteignung,
2., völlig neu bearbeitete Auflage, Erich Schmidt Verlag, Berlin 2019
(Berliner Schriften zum Energierecht /BSER, Bd. 2)
Inhalt:
„Welche neuen Fragen sich durch die Energiewende für die Planungspraxis ergeben, stellen Siegfried de Witt, Peter Durinke und Harriet Kause dar. Systematisch erörtern sie das Planungsrecht für Höchstspannungsgleichstromleitungen. Ganz aktuell mit dem Blick auf die Erdverkabelung, weil sie jetzt als Regelbauweise vorgesehen ist. Auch die jüngsten Entscheidungen des BVerwG werden einbezogen. Für die Praxis bislang noch ungelöste Problemkonstellationen finden ebenfalls Beachtung.
Das Werk

- bietet einen guten Überblick über das Planungsverfahren der Übertragungsnetze,
- führt in die bundesweite Bedarfsplanung ein,
- stellt die Anforderungen an die Planfeststellung von Höchstspannungsleitungen nach dem Energiewirtschaftsgesetz (EnWG) und dem Energieleitungsausbaugesetz (EnLAG) dar.

Die neuen Berliner Schriften zum Energierecht bieten professionellen Rechtsanwendern ein konzentriertes Wissensforum für jeweils ausgewählte Schwerpunkte des Energiewirtschafts- und Energieumweltrechts. Die Reihe setzt dabei auch auf aktuelle Impulse aus der renommierten Zeitschrift ER EnergieRecht. Sie bietet viel neuen Raum, um aktuelle Themen und Entwicklungen weiter aufzugreifen und praxisnah zu vertiefen."

ELSPAS, MAXIMILIAN EMANUEL/NILS GRAßMANN/WINFRIED RASBACH (Hrsg.)
EnWG. Energiewirtschaftsgesetz. Kommentar,
Erich Schmidt Verlag, Berlin 2018
(Berliner Kommentare)
Inhalt:
„Das Energiewirtschaftsgesetz (EnWG) hat sich innerhalb von nur zwei Jahrzehnten von einem ursprünglich sehr überschaubaren und daher wenig kommentierungsbedürftigen Ordnungsrahmen hin zum Grundpfeiler einer der komplexesten und dynamischsten Rechtsmaterien fortentwickelt.
Der völlig neue Berliner Kommentar EnWG bietet eine übersichtliche und praxisorientierte Gesamtkommentierung der Regelungen des Energiewirtschaftsrechts. Die Darstellung beschränkt sich nicht auf eine Einzelkommentierung aller EnWG-Vorschriften, sondern wird erweitert um Überblickskommentierungen der wesentlichen auf Basis des EnWG erlassenen Rechtsverordnungen. Insbesondere hierdurch hebt sich das Werk von der bislang vorhandenen Kommentarliteratur zum EnWG ab.
Der Kommentar ist

- übersichtlich
- praxisorientiert. Im Fokus:
  Regulierungspraxis der Aufsichtsbehörde (BNetzA)
  Entscheidungspraxis der Gerichte
  unternehmerische und anwaltliche Perspektive
- höchst aktuell. Zum Beispiel mit:
  NetzentgeltmodernisierungsG
  MieterstromG
- von großem Nutzen
  Auslegungshinweise
  Gestaltungshinweise
  praktische Lösungsvorschläge

Für zukünftige Änderungen erhalten Erwerber des Kommentars einen passwortgeschützten Zugang zu einer laufend aktualisierten Online-Datenbank mit wichtigen energierechtlichen Vorschriften der EU, des Bundes und der Länder. Zu Vergleichszwecken bleiben auch frühere Versionen recherchierbar und können mit aktuellen Vorschriften verglichen werden."

FLASKÜHLER, CHRISTINA AGNETHA
Föderale Klimaschutzgesetzgebung in Deutschland im Lichte des wohlgeordneten Rechts,
Nomos Verlag, Baden-Baden 2018 (zugl. Diss., Europa-Univ. Viadrina, Frankfurt /Oder 2017)
(Forum Umwelt-, Agrar- und Klimaschutzrecht, Bd. 14)
Inhalt:
„Der Klimawandel hat auch in Deutschland Aktivismus hervorgerufen. Einzelne Bundesländer haben eigene Klimaschutzgesetze mit eigenen Klimaschutzzielen verabschiedet. Doch

welchen Beitrag können diese Landesklimaschutzgesetze im föderalen Mehrebenensystem in Deutschland leisten? Wie sind sie ausgestaltet? Welche Handlungsräume bestehen? Und was können sie nicht leisten?
In der vorliegenden Arbeit werden die Landesklimaschutzgesetze von Nordrhein-Westfalen, Baden-Württemberg und Rheinland-Pfalz umfassend dargestellt, miteinander verglichen sowie mit Blick auf ein wohlgeordnetes Recht bewertet. Die Untersuchung umfasst auch Ansätze der übrigen Bundesländer, der Bundesebene sowie ausgesuchter europäischer Länder mit eigenen Klimaschutzgesetzen. Unter besonderer Berücksichtigung des in Deutschland herrschenden Föderalismus und des Leitbildes des wohlgeordneten Rechts werden so die Vor- und Nachteile bestimmt sowie Ideen für die Fortentwicklung der Landesklimaschutzgesetze erarbeitet."

FRENZ, WALTER/HANS-JÜRGEN MÜGGENBORG/TILMAN COSACK/FELIX EKARDT (Hrsg.)
EEG. Erneuerbare-Energien-Gesetz. Kommentar,
5., völlig neu bearbeitete und erweiterte Auflage, Erich Schmidt Verlag, Berlin 2018
(Berliner Kommentare)
Inhalt:
„Mit der neuerlichen Novelle des EEG ist das Recht der erneuerbaren Energien nicht übersichtlicher geworden. Der zunehmenden Komplexität nimmt sich das erfahrene Autorenteam mit dieser Neuauflage des renommierten Kommentars anschaulich und lösungsorientiert an. Die grundlegenden Umwälzungen durch das EEG 2017, wie insbesondere der Systemwechsel von festen Vergütungen zu Ausschreibungen für Solar-, Wind- und Biomassenanlagen, werden ebenso kenntnisreich dargestellt wie die jüngsten Änderungen des Gesetzes. Das sogenannte Mieterstromgesetz vom Juli 2017 wurde umfassend berücksichtigt.
Neben den ausführlichen Erläuterungen für die Praxis gibt auch die Neuauflage eine fundierte und aktuelle Einführung in die europa- und kartellrechtlichen Aspekte des Rechts der erneuerbaren Energien."

GARD, ANDRE
Die frühe Öffentlichkeitsbeteiligung.
Die Regelung zur frühen Öffentlichkeitsbeteiligung nach § 25 Abs. 3 VwVfG,
Nomos-Verlag, Baden-Baden 2018
(Studien zum öffentlichen Recht, Bd. 22)
Inhalt:
„Nach der Zunahme bürgerlichen Protests bei der Durchführung von Großvorhaben, schuf der Gesetzgeber mit der frühen Öffentlichkeitsbeteiligung, § 25 Abs. 3 VwVfG, ein neues Instrument zur bürgerlichen Partizipation. Das durch viele unbestimmte Rechtsbegriffe geprägte Regelungskonzept warf in der Fachwelt Fragen auf, welche in diesem Werk eingehend diskutiert und geklärt werden. Insbesondere der rechtsanwendenden Behörde sowie Vorhabenträger beratende Rechtsanwälte erhalten eine Hilfestellung zu der Anwendung der Norm, den sich aus ihr ergebenden Rechtsfolgen, den Folgen von behördlichen Anwendungsfeh-

lern sowie in welchen Fällen die Rechtsfolge des § 25 Abs. 3 VwVfG entfällt. Vor dem Hintergrund der vom Gesetzgeber gewählten Rechtsfolge wird vertieft untersucht, ob die Normierung einer Pflicht gegenüber dem Vorhabenträger, eine frühe Öffentlichkeitsbeteiligung durchzuführen, verfassungsrechtlich zulässig wäre und wie eine solche Regelung ausgestaltet werden könnte."

GRZESZICK, BERND
Rückwirkung und Vertrauensschutz im Recht der Energiewende. Zu den verfassungsrechtlichen Grenzen von Gesetzesänderungen im Rahmen der Energiewende am Beispiel der § 17e Abs. 2 und 5 EnWG,
Mohr Siebeck Verlag, Tübingen 2018
(Energierecht – Beiträge zum deutschen, europäischen und internationalen Energierecht, Bd. 21)
Inhalt:
„Die Energiewende stellt den Schutz der Beständigkeit des gesetzten Rechts auf die Probe. Änderungen des geltenden Rechts brechen sich an den verfassungsrechtlichen Grenzen für Rückwirkungen von Gesetzesänderungen. Dies betrifft auch die Änderung der gesetzlichen Haftung des Übertragungsnetzbetreibers gegenüber dem Betreiber einer Offshore-Windkraftanlage für Nachteile in Folge von Verzögerungen beim Netzanschluss des Windparks. Mit einer Reform Ende 2012 wurde genau diese Haftung des Übertragungsnetzbetreibers gegenüber dem Betreiber einer Offshore-Windkraftanlage neu geregelt. Dabei ist fraglich, ob in Konstellationen, in denen die Errichtung einer Offshore-Anlage noch unter dem alten Recht begonnen und vorangetrieben worden war, die Haftung des Übertragungsnetzbetreibers für Vermögensschäden wegen Verzögerungen bei der Netzanbindung weiterhin nach dem alten Recht zu bestimmen ist. Wesentlicher Aspekt ist dabei die Frage, inwieweit das Verfassungsrecht einer Änderung des Haftungsrechts entgegensteht."

HANSMANN, KLAUS
Bundes-Immissionsschutzgesetz.
Textsammlung mit Einführung und Erläuterungen,
Nomos-Verlag, Baden-Baden 2018
Inhalt:
„Die 36. Auflage der Textsammlung enthält neben einer ausführlichen Einführung alle einschlägigen Vorschriften zum Bundesimmissionsschutzrecht mit Erläuterungen. Abgedruckt sind das BImSchG und die Bundes-Immissionsschutzverordnungen, die EMAS-Privilegierungs-Verordnung, die KWK-Kosten-Nutzen-Vergleich-Verordnung, die TA Luft und TA Lärm, das Gesetz über die Umweltverträglichkeitsprüfung, das Umweltschadensgesetz, das Treibhausgas-Emissionshandelsgesetz, die Zuteilungsverordnung 2020, die Emissionshandels-Versteigerungsverordnung 2012, die Emissionshandelsverordnung 2020, das Gesetz zum Schutz gegen Fluglärm, die Flugplatz-Schallschutzmaßnahmenverordnung sowie die Fluglärm-Außenwohnbereichsentschädigungs-Verordnung.

Neben zahlreichen Änderungen u. a. des Bundes-Immissionsschutzgesetzes, des Umweltverträglichkeitsprüfungsgesetzes oder des Treibhausgas-Emissionshandelsgesetzes berücksichtigt die Neuauflage auch die neue 37. sowie die neue 42. BImSchV.
Satznummern und ein Stichwortverzeichnis erleichtern das Auffinden der gesuchten Norm."

HEBELER, TIMO/EKKEHARD HOFMANN/ALEXANDER PROELß/PETER REIFF
Die Zukunft der Energiewende.
32. Trierer Kolloquium zum Umwelt- und Technikrecht vom 28. bis 29. September 2017,
Erich Schmidt Verlag, Berlin 2018
(Umwelt- und Technikrecht, Bd. 135)
Inhalt:
„Energiewende: Analysen, Perspektiven
Die gegenwärtigen Schwierigkeiten und Fortschritte der Energiewende standen im Fokus des 32. Trierer Kolloquiums zum Umwelt- und Technikrecht. Alle Vorträge sind in diesem Band zusammengestellt.

- Die aktuellen Herausforderungen an die Klimaschutzpolitik, Franzjosef Schafhausen, Berlin
- Der Klimaschutzplan 2050 in rechtlicher Perspektive. Nur symbolische Politik oder wirksame Erfüllung rechtlicher Verpflichtungen?, Prof. Dr. Ekkehard Hofmann, Trier
- Rechtliche Grundlagen eines Kohleausstiegs in Deutschland, Dr. Cornelia Ziehm, Berlin
- Energiewende – Kohle zwischen Recht und Politik, Dr. Wolf Friedrich Spieth, Niclas Hellermann, Berlin
- Ökonomische Instrumente im Verkehrsrecht: Von der Pkw-Maut bis zur Mineralölsteuer, Dr. Christian Kahle, Hamburg
- Umweltpolitik aus Sicht des Deutschen Städtetages – am Beispiel des Verkehrs, Axel Welge, Köln
- Die Planung der Offshore-Windenergie nach dem Erneuerbare-Energien-Gesetz und dem Windenergie-auf-See-Gesetz, Dr. Nico Nolte, Hamburg
- Ausschreibungsverfahren im Windenergie-aus-See-Gesetz – Die Ausschreibungen im Übergangsmodell, Felix Fischer, Hamburg"

HOLSTENKAMP, LARS/JÖRG RADTKE (Hrsg.)
Handbuch Energiewende und Partizipation,
Springer VS Verlag, Wiesbaden 2018
Inhalt:
„Die Energiewende und die Beteiligung von BürgerInnen und Interessengruppen in Deutschland sowie weltweit im Transformationsprozess: Zwei große gesellschaftliche Paradigmen zu Beginn des 21. Jahrhunderts werden in diesem Handbuch in den Blick genommen. Staat, Unternehmen, Vereine, Verbände aber auch nicht-organisierte einzelne BürgerInnen treiben

die Energiewende voran, gehen dabei wechselseitige Beziehungen ein und beteiligen sich an der gesamtgesellschaftlichen (Energie)Transformation. Die AutorInnen thematisieren Forschungsansätze aus unterschiedlichen disziplinären Perspektiven. Dabei untersuchen sie u. a. das Phänomen monetärer Beteiligung (Bürgerenergie). Es zeigt sich, dass technische Neuerungen Hand in Hand gehen mit sozialen, wirtschaftlichen und politischen Innovationen. Hierbei werden diverse Effekte und Problemlösungsverständnisse erzeugt, die auf die Gesellschaft zurückwirken, während umgekehrt Meta-Trends wie Digitalisierung und Klimawandel in die Gestaltung der Energiewende integriert werden.“

HUGE, ANTONIA
Die Öffentlichkeitsbeteiligung in Planungs- und Genehmigungsverfahren dezentraler Energieanlagen,
kassel university press, Kassel 2018 (zugl. Diss., Univ. Kassel, 2018)
(Interdisciplinary Research on Climate Change Mitigation and Adaption, Bd. 13)
Inhalt:
„Dezentrale Energieanlagen, insbesondere Biogas- und Windenergieanlagen, bilden einen wichtigen Baustein bei der Transformation der Energiesysteme von konventionellen Energieträgern hin zu einer Energieversorgung aus erneuerbaren Energien. Vor der Errichtung von Biogas- und Windenergieanlagen sind rechtliche Planungs- und Genehmigungsverfahren durchzuführen. Auch wenn der Großteil der deutschen Bevölkerung der Energiewende positiv gegen über steht, werden die rechtlichen Planungs- und Genehmigungsverfahren von Biogas- und Windenergieanlagen häufig von Widerständen und Protesten seitens der Öffentlichkeit begleitet. Durch Anpassung und Fortentwicklung des Rechtsrahmens können Voraussetzungen für eine konstruktive Konfliktaustragung erzeugt und die Entstehung von Akzeptanz in den rechtlichen Planungs- und Genehmigungsverfahren dezentraler Energieanlagen gestärkt werden.“

JOSIPOVIC, NEVEN LONGIN
Bewertung der möglichen Störung von Drehfunkfeuern durch Windenergieanlagen nach § 18a Abs. 1 S. 1 LuftVG unter besonderer Berücksichtigung des Ansatzes der Deutschen Flugsicherung GmbH,
Berliner Wissenschafts-Verlag, Berlin 2018 (zugl. Diss., TU Braunschweig, 2018)
(k:wer-Schriften)
Inhalt:
„Eine Vielzahl an Windenergieprojekten wird aufgrund befürchteter Beeinträchtigungen von Funknavigationsanlagen der Typen VOR und DVOR nicht genehmigt. Die luftverkehrsrechtliche Hürde verschärft den bestehenden Handlungs- und Investitionsdruck in der Windenergiebranche. Es besteht die Notwendigkeit, die offenen Fragen im Spannungsfeld zwischen Flugsicherung und Windenergie zu klären. Der zentrale rechtliche Anknüpfungspunkt ist § 18a Abs. 1 S. 1 LuftVG, der primär dem Schutz von Flugsicherungseinrichtungen vor möglichen schädlichen Beeinflussungen (‚Störungen‘) dient. Die Norm enthält ein Tatbestandsmerkmal, bei dessen Vorliegen die Errichtung eines Bauwerks verboten ist. Über die Voraussetzungen für das

Vorliegen des Tatbestandsmerkmals bestehen verschiedene Ansichten. Mit der Arbeit wird daher die Frage beantwortet, wann das in § 18a Abs. 1 S. 1 LuftVG aufgeführte Tatbestandsmerkmal, … wenn dadurch Flugsicherungseinrichtungen gestört werden können' als Voraussetzung für das Errichtungsverbot für Windenergieanlagen im Umfeld von Drehfunkfeuern erfüllt ist."

JOSIPOVIC, NEVEN
Windenergie und Drehfunkfeuer – Stand der Wissenschaft und Perspektiven,
Berliner Wissenschafts-Verlag, Berlin 2018
(k:wer-Texte)
Inhalt:
„Die Anforderung des § 18a Abs. 1 S. 1 LuftVG stellt eine der größten Hürden für den Ausbau der Windenergie an Land dar. Die Norm untersagt die Errichtung von Bauwerken, wenn dadurch Flugsicherungseinrichtungen gestört werden können. Am häufigsten sind Windenergieanlagen im Umfeld sogenannter Drehfunkfeuer betroffen. Seit Jahren wird in Wissenschaft und Praxis darüber diskutiert, wie die Norm zu interpretieren ist und wie sich mögliche Störungen prognostizieren und bewerten lassen. Teilweise wird die Meinung vertreten, die Wissenschaft sei sich in vielen Punkten nicht einig und die Bewertungsmethodik der Deutschen Flugsicherung GmbH (DFS) sei vertretbar. Das Bundesverwaltungsgericht hat die Methodik der DFS unter der Bedingung bestätigt, dass die ihr zugrunde liegenden Annahmen durch wissenschaftliche Gegenpositionen nicht substanziell in Frage gestellt werden. In der Arbeit wird geklärt, in welchen Punkten sich ein wissenschaftlicher Konsens erkennen lässt und ob die Argumentation der DFS vor dem Hintergrund noch vertretbar ist."

KINDLER, LARS
Zur Steuerungskraft der Raumordnungsplanung.
Am Beispiel akzeptanzrelevanter Konflikte der Windenergieplanung,
Nomos Verlag, Baden-Baden 2018 (zugl. Diss., Univ. Leipzig, 2018)
(Leipziger Schriften zum Umwelt- und Planungsrecht, Bd. 34)
Inhalt:
„Der thematische Zugriff, Festlegungsinhalte und -intensitäten der Raumordnungsplanung haben sich in den letzten Jahren spürbar ausgeweitet. Die Raumordnungsplanung kann mittlerweile unmittelbar auf die Bebaubarkeit eines Grundstückes einwirken und über die Un-/Zulässigkeit eines raumbedeutsamen Außenbereichsvorhabens bestimmen. Das führt nicht zur Abgrenzungsfragen innerhalb der Gesamtplanung, sondern rückt auch das Eigentumsgrundrecht und dessen verfassungsrechtliche Anforderung in den Mittelpunkt der Betrachtung. Notwendig werden hinreichende Planungsermächtigungen.
Die Windenergienutzung und ihre Akzeptanzkonflikte sind Motoren der Intensivierung des raumordnerischen Steuerungszugriffs. Dabei ist Akzeptanz ein schillernder Begriff, der bislang nicht rechtswissenschaftlich eingeordnet ist. Am Beispiel akzeptanzrelevanter Konflikte werden das Modell raumordnerischer Standortplanung und (verfassungsrechtlichen) Grenzen bei darüberhinausgehenden Festlegungen gezeigt."

KLASEN, KARLA
Alternative Streitbeilegung beim Bau von Offshore-Windparks.
Dispute Boards, Schiedsgutachten, Mediation,
Nomos-Verlag, Baden-Baden 2018
(Veröffentlichungen zum deutschen und europäischen Energierecht, Bd. 192)
Inhalt:
„Offshore-Windparkprojekte sind in besonderem Maße konfliktanfällig. Um Konflikte bereits projektbegleitend beizulegen, werden meistens Dispute Boards vereinbart. Während Dispute Boards international erfolgreich eingesetzt werden, laufen die Dispute-Board-Verfahren bei deutschen Offshore-Windparks häufig nicht reibungslos. So existiert eine projektbegleitende Streitbeilegung oft nicht, weil die Ernennung des Dispute Boards zu spät erfolgt und zu lange dauert. Zudem schrecken die Parteien vor der Einleitung eines Dispute-Board-Verfahrens zurück, weil sie den Projektfrieden nicht durch eine Verfahrenseinleitung gefährden wollen und die Verfahren für die projektbegleitende Durchführung zu arbeitsintensiv sind. In der Folge können Dispute Boards nicht verhindern, dass Claims gesammelt werden. Die Verfasserin untersucht die Ursachen für diese Phänomene und entwickelt Handlungsempfehlungen, welche auf andere Branchen übertragbar sind."

KRAMER, HUBERTUS
Bürgerwindparks,
Nomos-Verlag, Baden-Baden 2018
(Schriften zum Umweltenergierecht, Bd. 27)
Inhalt:
„In Deutschland stößt der Ausbau der Windenergie mit dem zunehmenden Heranrücken an Wohnbebauungen immer häufiger auf Widerstand bei der lokalen Bevölkerung. Die Stärkung von Bürgerwindparks gegenüber dem alleinigen Betrieb durch große Energiekonzerne bildet die Chance wieder mehr Akzeptanz für die Windenergie zu schaffen. Das Werk widmet sich in diesem Zusammenhang einer Reihe von Fragestellungen, die verschiedene Rechtsgebiete berühren. Angesichts nur noch begrenzt zur Verfügung stehender Windenergieflächen wird untersucht, ob und mit welchen Mitteln, beispielsweise des Raumordnungs- und Bauplanungsrechts sowie vertraglicher Instrumente, Flächen speziell für Bürgerwindparks gesichert werden können.
Daneben erfährt der Leser in welchem Rahmen die Regelungen des Kommunalwirtschaftsrechts Gemeinden eine Beteiligung an Bürgerwindparks erlauben. Schließlich werden verschiedenste Gesellschaftsformen daraufhin analysiert, ob sie sich als Organisationsform eines Bürgerwindparks eignen."

KÜHLING, JÜRGEN/WINFRIED RASBACH/CLAUDIA BUSCH
Energierecht,
4., überarbeitete und erweiterte Auflage, Nomos-Verlag, Baden-Baden 2018
Inhalt:
„Das Energierecht ist zu einer komplexen und vielschichtigen Materie geworden, mit der sich nicht nur Juristen, sondern auch immer mehr Unternehmer beschäftigen müssen. Insbesondere für all jene, die sich erstmals entweder im Studium, in der Fortbildung oder in der Praxis mit dem Energierecht zu befassen haben, bietet der Band einen facettenreichen Überblick über das Rechtsgebiet. Der Band stellt die Rechtslage kompakt und eng an der Gesetzessystematik orientiert vor."

LEROUX, CATHÈRINE
Die Abwägungsabschichtungsklausel bei der Realisierung von Windenergieanlagen. Eine rechtliche Betrachtung des § 35 Abs. 3 S. 2 Halbs. 2 BauGB unter Berücksichtigung spezifischer Probleme rechtsmissbräuchlichen Verhaltens,
Verlag für alternatives Energierecht, Leipzig 2018 (zugl. Diss., Technische Universität Chemnitz, 2017)
Inhalt:
„Gegenstand der Arbeit ist die Regelung des § 35 Abs. 3 S. 2 Halbsatz 2 BauGB, die eine Abschichtung der raumordnerischen Abwägung im Rahmen von Zielfestlegungen auf die Ebene der Vorhabenzulassung nach § 35 BauGB vorsieht. Den Schwerpunkt bildete dabei die Frage, ob und inwiefern die Reichweite dieser gesetzlich vorgesehenen Abschichtungswirkung beschränkt ist und welche Auswirkungen dies für die Genehmigungspraxis von Windenergievorhaben hat. Ebenfalls wurde die Möglichkeit rechtsmissbräuchlichen Verhaltens im Zusammenhang mit der Regelung des § 35 Abs. 3 S. 2 Halbsatz 2 BauGB untersucht."

LÜDEKE, JENS
Strategien für eine umweltverträgliche Entwicklung der Offshore Windenergie,
epubli, Berlin 2018 (zugl. Diss., TU Berlin, 2017)
Inhalt:
„Ziel der Dissertation [...] ist es, den Weg Deutschlands zum umweltverträglichen Ausbau der Offshore-Windenergie kritisch zu begleiten und den Stand des Wissens bezüglich der ökologischen Auswirkungen aufzuzeigen. Dabei sollen Reformvorschläge erarbeitet und die internationale Entwicklung der Forschungen mit einbezogen werden.
Methodisch wird neben einer Literaturrecherche und Begleitung der laufenden Forschung und des Monitorings auf eine Fallstudienanalyse bereits genehmigter Offshore-Windparks, einen internationalen Vergleich sowie Experteninterviews zurückgegriffen.
Die Dissertation ist kumulativ mit insgesamt sechs Veröffentlichungen erstellt worden. Diese behandeln die Umweltprüfung bei der offshore Entwicklung (1), einen internationalen Vergleich von Schallschutzmaßnahmen bei der offshore Rammung (2), die Umweltprüfung der offshore Netzanbindung (3), Möglichkeiten für marine Kompensationsmaßnahmen (4), den Stand

des Wissens zu den ökologischen Wirkungen der Offshore-Windenergie (5) sowie Reformvorschläge für eine verbesserte Umweltprüfung, Vermeidungs- und Kompensationsmaßnahmen (6). Wesentliches Ergebnis der Dissertation sind Vorschläge für eine umweltverträgliche Entwicklung der Offshore-Windenergie. Dafür sind u. a. konsistente und internationale Standards für Umweltverträglichkeitsprüfungen notwendig. Es wird empfohlen, sich auf die entscheidungsrelevanten negativen Auswirkungen (etwa v.a. auf den Lebensraumverlust für Vogelarten oder die Rammschallwirkungen für Schweinswale) zu konzentrieren. Weitere Empfehlungen beziehen sich auf Änderungen bei der Raumordnung in der AWZ und technische Schutzmaßnahmen gegen den Unterwasserschall.
Nicht zuletzt wird die Entwicklung und Anwendung von marinen Kompensationsmaßnahmen nahegelegt."

LUDWIGS, MARKUS (Hrsg.)
Klimaschutz, Versorgungssicherheit und Wirtschaftlichkeit in der Energiewende,
Duncker & Humblot Verlag, Berlin 2018
(Schriften zum Deutschen und Europäischen Infrastrukturrecht, Bd. 8)
Inhalt:
„Klimaschutz, Versorgungssicherheit und Wirtschaftlichkeit bilden Grundpfeiler der nationalen und europäischen Energiepolitik. Ungeachtet einer signifikanten Ziel- und Maßnahmenverflechtung entstehen dabei auch Spannungsfelder, deren Auflösung zu den zentralen Herausforderungen der politischen Akteure zählt. Den jüngsten Entwicklungsschritt bilden auf nationaler Ebene neben dem Erneuerbare-Energien-Gesetz 2017 das Strommarktgesetz und das Kraft-Wärme-Kopplungsgesetz 2017. Auf europäischer Ebene hat die EU-Kommission Ende November 2016 ihre Vorschläge für ein neues Gesetzespaket zur Energieunion im Strommarkt vorgelegt.
Den aktuellen Rechtsfragen und Folgeproblemen rund um die bestehenden Zielkonflikte gehen die Beiträge des vorliegenden Sammelbandes nach. Er dokumentiert eine von Prof. Dr. Markus Ludwigs organisierte Tagung, die am 31. März 2017 im Rahmen eines von der Fritz Thyssen Stiftung geförderten Drittmittelprojekts (»Das Recht der Energiewende«) an der Universität Würzburg stattfand."

MASLATON, MARTIN (Hrsg.)
Windenergieanlagen. Ein Rechtshandbuch,
2. Auflage, Verlag C.H.Beck, München 2018
Inhalt:
„Das erfolgreiche Handbuch beantwortet alle Rechtsfragen rund um Errichtung, Planung und Betrieb von Windenergieanlagen. Behandelt sind: Bau-, Immissions-, und Naturschutzrecht, Verwaltungsverfahren, Umweltverträglichkeitsprüfung, Grundstückssicherung, Wartung und Versicherung, Förderung nach EEG, Kleinwindanlagen, Steuerrecht.
Mit Stand März 2017 bietet die 2. Auflage zahlreiche aktuelle Schwerpunkte:

- eingearbeitet ist das zum 01.01.2017 in Kraft getretene EEG 2017; ein neuer Abschnitt behandelt dabei das Ausschreibungsverfahren für Windenergieanlagen an Land
- das Kapitel »Luftverkehrsrecht im Genehmigungsverfahren« wurde komplett überarbeitet, wesentlich erweitert und um das Thema »Polygone der Bundeswehr und Wirbelschleppen« ergänzt
- die Ausführungen zum Wetterradar sind wesentlich vertieft
- bei den privatrechtlichen Grundlagen sind das neue Bauvertragsrecht und die Neuregelungen zur Insolvenzanfechtung berücksichtigt

Zudem bietet das Werk jetzt ein eigenes Kapitel zu Windenergieprojekten aus Sicht einer Bank."

PAUTSCH, ARNE
Windenergieplanung als Herausforderung an das Recht.
Raumordnung – Gemeindliche Planungshoheit – Bürgerbeteiligung,
Kommunal- und Schul-Verlag, Wiesbaden 2018
(Besonderes Verwaltungsrecht, Bd.4)
Inhalt:
„Die Steuerung von Windkraftanlagen durch Raumordnungs- und Bauleitplanung offenbart einen Grundkonflikt zwischen Planungs- und Partizipationsrecht. Das rechtsstaatliche Abwägungsgebot und das Bedürfnis der Gemeinden und ihrer Bürger nach unmittelbarer Mitbestimmung bei der Ausweisung von Standorten für die Windenergienutzung stehen einander gegenüber.
In Schleswig-Holstein hatte das OVG Schleswig im Jahre 2015 eine partizipative Praxis der Landesplanungsbehörde bei der Teilfortschreibung des Regionalplans 2012 zur Ausweisung von Eignungsgebieten für die Windenergienutzung für unwirksam erklärt. Zwei Gesetzentwürfe aus der zurückliegenden Legislaturperiode des Schleswig-Holsteinischen Landtags zeigen in Reaktion auf die Entscheidung mögliche Ansätze auf, wie eine Berücksichtigung des Gemeinde- bzw. Bürgerwillens möglicherweise in das Landesplanungsrecht integriert werden kann. Der Autor ist im Zusammenhang mit den Gesetzesentwürfen als Rechtsgutachter tätig gewesen. Mit dem vorliegenden Band werden die wesentlichen Aspekte nochmals zusammenfassend erörtert."

RICHTER, KERSTIN
Wettbewerbsrechtliche Probleme kooperativer Energiebeschaffung.
Unter besonderer Berücksichtigung von kleinen und mittleren Unternehmen,
Nomos-Verlag, Baden-Baden 2018
(Hannoversches Forum der Rechtswissenschaften, Bd. 43)
Inhalt:
„Mit der Liberalisierung des Energiesektors hat die kooperative Strombeschaffung Bedeutung erlangt. Hohen Energiekosten und Wettbewerbsnachteilen gegenüber großen Globalplayern soll durch die Bündelung der Nachfrage entgegengewirkt werden. Dies birgt mannigfaltige rechtliche Risiken. In der Arbeit findet erstmals eine eingehende rechtliche Analyse der neuen kooperativen Einkaufsformen statt. Nach der Definition der Begrifflichkeiten werden anhand

von zwei beispielhaft skizzierten und typisierten Beschaffungsformen die horizontalen, vertikalen und Bündelaspekte auf ihre wettbewerbsrechtliche Zulässigkeit untersucht. Bei der Marktkontextanalyse werden auch zukünftige Marktformen im Ökostromsektor angesprochen. Regulatorische Aspekte und Aspekte der Digitalisierung und Plattformbildung werden ebenfalls behandelt und auf ihre Übertragbarkeit überprüft. Abschließend sind für die als rechtlich bedenklich eingestuften Abreden praktisch nutzbare konkrete Lösungsansätze erarbeitet worden."

RIEDLE, JULIA
Überwachung der Offshore-Haftungsregelungen.
Untersuchung zur Überwachung der Haftungs- und Kostenverteilungsregelungen für die Netzanbindung von Windenergieanlagen auf See,
Nomos-Verlag, Baden-Baden 2018
(Forum Energierecht, Bd. 22)
Inhalt:
„‚Überwachung der Offshore-Haftungsregelungen' untersucht den Entschädigungsmechanismus, der bei Verzögerung, Störung oder Wartung der Netzanbindung von Offshore-Windparks greift, und seine Überwachung.
Die Offshore-Haftungsregelungen sichern Offshore-Windparkbetreiber gegen Investitionsrisiken ab und begrenzen die Haftungsrisiken der Übertragungsnetzbetreiber, die zu Errichtung und Betrieb der Anbindungsleitungen verpflichtet sind. Die Entschädigungszahlungen finanzieren die Letztverbraucher über eine Offshore-Haftungsumlage. Die privatrechtliche Förderregelung wird von den Begünstigten selbst durchgeführt und ist deshalb anfällig für Interessenkonflikte. Mit Hilfe einer Prinzipal-Agent-Betrachtung prüft die Arbeit, ob die Regelungen ausreichend überwacht werden, um den Schutz der Letztverbraucher vor überhöhten Umlagenzahlungen zu gewährleisten. Auf dieser Grundlage erarbeitet sie Verbesserungsmöglichkeiten für die künftige Gestaltung von Umlagemechanismen."

SÄCKER, FRANZ JÜRGEN (Hrsg.)
Berliner Kommentar zum Energierecht, Bd. 6, EEG – Erneuerbare-Energien-Gesetz 2017 mit EEG-Rechtsverordnungen und WindSeeG – Windenergie-auf-See-Gesetz,
4., neu bearbeitete und wesentlich erweiterte Auflage, Deutscher Fachverlag, Fachmedien Recht und Wirtschaft, Frankfurt a. M. 2018
Inhalt:
„Band 6 des Berliner Kommentars bietet eine umfassende Erläuterung des Rechts der erneuerbaren Energien, wie es im Erneuerbare-Energien-Gesetz 2017 (EEG 2017) und dem Windenergie-auf-See-Gesetz (WindSeeG) geregelt ist. Der Berliner Kommentar bearbeitet das EEG einschließlich der Änderungen durch den Gesetzgeber im Dezember 2016 sowie der Ergänzungen durch das Mieterstromgesetz. Schwerpunkt der Neubearbeitung sind die Ausschreibungsverfahren zur Bestimmung der Förderhöhe und die bessere Abstimmung des Ausbaus der EEG-Anlagen mit dem Netzausbau. Besondere Beachtung wurde den gesetzlichen Änderungen der Eigenversorgung gewidmet.

Die Förderung der Offshore-Windenergie ist in ein eigenes Gesetz ausgelagert worden. Der Kommentar trägt den aus der neuen Mengensteuerung entstehenden Rechtsproblemen mit einer umfassenden Kommentierung des WindSeeG Rechnung."

SCHIFFER, HANS-WILHELM
Energiemarkt Deutschland: Daten und Fakten zu konventionellen und erneuerbaren Energien,
Springer Vieweg Verlag, Wiesbaden 2018
Inhalt:
„Energiewirtschaftliche Entscheidungen und technische Weichenstellungen erfordern eine fundierte Datenbasis. Die wichtigsten Zahlen und Fakten zu deutschen und europäischen Energiemärkten (Mineralöl, Braunkohle, Steinkohle, Erdgas und Elektrizität), zu den Eigentumsverhältnissen von über 100 Energieunternehmen und Nachfrage- sowie Angebotsstrukturen sind in diesem Buch vermittelt. Es bietet sich als Nachschlagewerk und Einführung in die vielfältige Thematik an. Über 100 Tabellen und mehr als 200 Diagramme erleichtern den Zugang zu den umfangreichen Daten. Ein Glossar hilft dabei, Klarheit in die unterschiedlichen Begrifflichkeiten zu bekommen. Berater, Entscheider und an Kennzahlen interessierte Leser finden in diesem Buch umfangreiches Material für die eigene fachliche Fragestellung. Der Autor ist Executive Chair of the World Energy Resources Programme des World Energy Council, London. Er war viele Jahre in zwei Bundesministerien sowie in leitender Funktion bei einem großen Energieunternehmen tätig und ist Lehrbeauftragter in verschiedenen Masterstudiengängen an der RWTH Aachen."

SCHWINTOWSKI, HANS-PETER/FRANK SCHOLZ/ANDREAS SCHULER (Hrsg.)
Handbuch Energiehandel,
4., völlig neu bearbeitete Auflage, Erich Schmidt Verlag, Berlin 2018
Inhalt:
„Das Werk beleuchtet den Energiehandel sowohl aus juristischer als auch aus empirisch-ökonomischer Perspektive. Im Zentrum der Darstellung stehen die Geschäftsfelder des Energiehandels, die die Praxis bestimmen: der OTC-Handel und der Handel an der Börse. Daneben wird das Risikomanagementsystem für den Energiehandel präzise entwickelt. Aufsichtsrechtliche Bezüge zum Energiehandel werden innerhalb der Spezialkapitel hergestellt.
Die 4. Auflage greift die neuesten Entwicklungen im Bereich des nationalen und supranationalen Energiehandels auf, u. a.:

- Weiterentwicklung der Netting-Konzepte seit der Änderung von § 104 InsO,
- Aktualisierung der Erläuterungen zu den Standard-Handelsverträgen (EFET),
- Risikomanagement im Energiehandel,
- Energiehandel an der EEX,
- Anpassung der MaRisk."

SINCAR, SABAN
Förderung der Erneuerbaren Energien im deutschen und türkischen Rechtssystem. Eine rechtsvergleichende Analyse mit Schwerpunkt auf der Förderung von Windenergie an Land,
Peter Lang, Berlin usw. 2018
(Europäische Hochschulschriften Recht, Bd. 6049)
Inhalt:
„Der Autor beleuchtet erstmals in Deutschland die Ausgestaltung des gesetzlichen Fördersystems für Erneuerbare Energien im deutsch-türkischen Vergleich und greift damit ein hoch aktuelles Thema auf. Der Übergang von der Förderung der Erneuerbaren Energien in den wettbewerblichen Energiemarkt bildet den Kern des Inhalts. Mit besonderem Blick auf die Windenergieanlagen an Land widmet sich der Autor den grundsätzlichen energiewirtschaftsrechtlichen Herausforderungen. Neben dem Förderungswunsch behandelt er die großen energierechtlichen Herausforderungen, wie die Unregelmäßigkeit der Einspeisung, die Netzverträglichkeit sowie die daraus resultierenden Verteilungskonflikte. Nach einer kritischen Vergleichsanalyse zum deutsch-türkischen Energierecht sowie zu ökonomischen, ökologischen und sozialen Themenbereichen stellt der Autor wichtige Handlungsaufträge an den Gesetzgeber auf."

SPIETH, WOLF DIETRICH/ SEBASTIAN LUTZ-BACHMANN (Hrsg.)
Offshore-Windenergierecht. WindSeeG – EEG – EnWG. Handkommentar,
Nomos-Verlag, Baden-Baden 2018
Inhalt:
„Das neue Windenergie-auf-See-Gesetz (WindSeeG) ist zum 1.1.2017 mit der Novelle des EEG in Kraft getreten. Es regelt die spezifischen Anforderungen für die geplanten Ausschreibungen für die Offshore-Windenergie und führt auf gesetzlicher Ebene erstmals alle die Offshore-Windenergie betreffenden Vorschriften zusammen. Das WindSeeG stellt die gesamte Offshore-Branche vor große Herausforderungen: Die Einführung von Ausschreibungen stellt ein neues regulatorisches Instrument dar, zu dem bislang nur wenig Erfahrungen vorliegen; ein Novum sind die flächenbezogenen Ausschreibungen, die auch die Netzanbindung umfassen. Der Handkommentar erläutert komplett die neuen Regelungen des WindSeeG und die für alle Ausschreibungen geltenden Vorschriften des EEG und EnWG. Damit bietet der Kommentar eine kompakte und praxisnahe Gesamtdarstellung aller gesetzlichen Regelungen für Offshore-Windenergieanlagen und -parks. Zugeschnitten auf die Bedürfnisse der Energierechtsbranche geht der Kommentar Punkt für Punkt auf die Regelungszusammenhänge und Details ein:

- Flächenbezogene Ausschreibungen der Bundesnetzagentur
- Anforderungen an Gebote, Zuschlagverfahren
- Ausschreibungen für bestehende Projekte
- Flächenplanung und Raumordnung, Voruntersuchung
- Anlagengenehmigung und Betriebsvorschriften
- EEG-Förderung"

THOMANN, HERMANN SAMUEL
Konzentrationsflächen für Windenergieanlagen in Flächennutzungsplänen,
Lexxion Verlag, Berlin 2018
(Beiträge zum Raumplanungsrecht, Bd. 256)
Inhalt:
„Dem Ausbau der Windenergie kommt für die Wende hin zu einer überwiegend auf erneuerbaren Energieträgern basierenden Energieversorgung eine entscheidende Bedeutung zu. Die Windenergie an Land ist – stärker als andere erneuerbare Energieträger – auf in der Fläche verteilte Anlagen angewiesen. Die Standortplanung gestaltet sich mit zunehmender Anlagendichte aufgrund zahlreicher Nutzungskonflikte schwierig. Die vorliegende Untersuchung setzt sich mit den sog. Konzentrationsflächen für Windenergieanlagen in Flächennutzungsplänen gem. § 35 Abs. 3 S. 3 BauGB auseinander und gibt einen umfassenden Überblick über die mit diesem städtebaulichen Planungsinstrument verbundenen Rechtsfragen innerhalb der gestuften Raumplanung. Hierzu wird zunächst die Steuerungswirkung der Konzentrationsflächenplanung auf die Vorhabenzulassung untersucht, um sodann die materiellen Anforderungen an die Konzentrationsflächenplanung und die Sicherung und Folgen der Konzentrationsflächenplanung in den Blick zu nehmen."

UMWELTBUNDESAMT (Hrsg.)
Evaluierung des gestuften Planungs- und Genehmigungsverfahrens Stromnetzausbau im Hinblick auf seine Wirksamkeit für den Umweltschutz – juristisch, planerisch, technisch. Abschlussbericht,
Autoren: Uwe Hitschfeld, Christoph Eichenseer (Hitschfeld Büro für strategische Beratung GmbH); Stefan Göge, Bernd Holznagel, Melanie Kaufmann (Höch und Partner Rechtsanwälte mbB); Rainer Hammer (Sweco GmbH), im Auftrag des Umweltbundesamtes,
Dessau-Roßlau, Dezember 2018
(TEXTE 103/2018)
Inhalt:
„Die Energiewende und der damit verbundene Zubau erneuerbarer Energien in Deutschland machen den zeitnahen Ausbau der Übertragungsnetze erforderlich, um die aus erneuerbaren Energiequellen erzeugten Strommengen in sämtliche Regionen des Landes transportieren zu können. Als Mittel der Beschleunigung des Netzausbaus hat der Gesetzgeber im Jahr 2011 das ‚Energiewirtschaftsgesetz (EnWG)' an diese Aufgabe angepasst und das ‚Netzausbaubeschleunigungsgesetz Übertragungsnetz (NABEG)' verabschiedet. Über den eigentlichen Beschleunigungseffekt hinaus soll das Gesetz dazu beitragen, den Netzausbau möglichst rechtssicher und effizient, aber auch transparent und umweltfreundlich zu gestalten. Dadurch wird ein Spannungsverhältnis zwischen diesen einzelnen Zielsetzungen erzeugt, das in einen bestmöglichen Ausgleich zu bringen ist. Vor allem sollen die Beschleunigung und die Transparenz des Netzausbaus nicht dazu führen, dass Umweltbelange zu Gunsten der anderen Ziele vernachlässigt werden.
Gegenstand der Evaluierung war es, das Spannungsverhältnis zwischen beschleunigenden Verfahrenselementen der Planungs- und Genehmigungsverfahren und dem Umweltschutz zu

untersuchen. Es sollten rechtliche und tatsächliche Faktoren identifiziert werden, die den Verlauf der Netzausbauvorhaben positiv, negativ oder gar nicht beeinflussen. Im Rahmen dieser Evaluierung sollen zudem Erkenntnisse gewonnen werden, inwieweit der derzeit gültige Ordnungsrahmen fortentwickelt werden könnte."
Download:
https://www.umweltbundesamt.de/sites/default/files/medien/1410/publikationen/2018-12-07_texte_103-2018_evaluierung-netzausbau.pdf

UMWELTBUNDESAMT (Hrsg.)
Internationale Trends der UVP- und SUP-Forschung und –Praxis. Abschlussbericht,
Durchführung der Studie: Technische Universität Berlin, Fachgebiet Umweltprüfung und Umweltplanung,
Autoren: Anke Rehhausen, Markus Günther, Lisa Odparlik, Gesa Geißler, Johann Köppel, Marianne Hachtmann, Kimberley R. Wood, Denise Schniete, Lena Schuster, Marie Grimm, im Auftrag des Umweltbundesamtes,
Dessau-Roßlau, Oktober 2018
(TEXTE 82/2018)
Inhalt:
„Die Studie ‚Internationale Trends der UVP- und SUP-Forschung und –Praxis' fasst den aktuellen Stand der vor allem in englischsprachigen Fachzeitschriften laufenden Fachdiskussionen im Themenfeld Umweltprüfungen zusammen und zeigt darüber hinaus ausländische Beispiele guter fachlicher Praxis bei Umweltverträglichkeitsprüfungen und Strategischen Umweltprüfungen auf. Die Studie dient dem Wissenstransfer und benennt Forschungs- und Implementierungsbedarfe für Deutschland."
Download:
https://www.umweltbundesamt.de/sites/default/files/medien/1410/publikationen/2018-10-18_texte_82-2018_internationale-trends-umweltpruefungen.pdf

WETZER, ANTONIA
Die Netzanbindung von Windenergieanlagen auf See nach §§ 17 a ff. EnWG. Mit der Netzanbindung verbundene Pflichten der Übertragungsnetzbetreiber, Grenzen der Pflicht zur Leitungserrichtung und Rechtsfolgen einer Pflichtverletzung,
Nomos-Verlag, Baden-Baden 2018
(Veröffentlichungen zum deutschen und europäischen Energierecht, Bd. 182)
Inhalt:
„Die Netzanbindung von Windanlagen auf See an das Stromnetz an Land stellt aus rechtlicher Sicht eine der zentralen Problemfelder der Offshore-Windenergie dar. Vor dem Hintergrund der technischen und ökonomischen Herausforderungen bei dem Ausbau der Windenergie auf See sollen die novellierten §§ 17 a ff. EnWG die Interessen der Beteiligten in einen angemessenen Ausgleich bringen. Der Schwerpunkt des Werkes liegt darauf, den genauen Pflichtenkatalog der Übertragungsnetzbetreiber gegenüber den Betreibern der Windanlagen auf See

herauszuarbeiten und im Anschluss die Grenzen der Pflicht zur Leitungserrichtung und die Rechtsfolgen bei einer Pflichtverletzung aufzuzeigen. Der Darstellung des Entschädigungsanspruchs der Windparkbetreiber in § 17 e Abs. 2 EnWG kommt hierbei besondere Bedeutung. Die Verfasserin treibt die Diskussion in Rechtsprechung und Literatur zu dem hochaktuellen Thema durch eine Vielzahl an Denkanstößen und weiterführende wissenschaftliche Argumentation voran."

ZACHOW, MARK G.
Windenergieplanungssicherstellungsgesetz.
Eine Untersuchung der Verfassungsmäßigkeit der §§ 18 Abs. 2 und 18 a LaplaG unter besonderer Berücksichtigung der raumordnungsrechtlichen Regelungskompetenz der Länder,
Lorenz-von-Stein-Institut für Verwaltungswissenschaften an der Universität Kiel, Kiel 2018 (zugl. Diss. Christian-Albrechts-Universität zu Kiel, 2018)
(Lorenz-von-Stein-Institut für Verwaltungswissenschaften, Arbeitspapier Nr. 108)
Inhalt:
„Die Nutzung der Windenergie hat infolge der Einleitung der Energiewende durch das dreizehnte Gesetz zur Änderung des Atomgesetzes vom 31. Juli 2011 stark an Bedeutung gewonnen. Der weitere Ausbau der Windenergienutzung in Schleswig-Holstein sieht sich jedoch zunehmendem Widerstand ausgesetzt, da die Akzeptanz der Errichtung von Windkraftanlagen, aufgrund von – vermeintlich – drohenden Gesundheitsschäden, der Belastung der lokalen Umwelt und den Auswirkungen auf das Landschaftsbild, rückläufig ist. Ein Symptom dieses diametralen Verhältnisses zwischen dem Bedarf nach regenerativer Energie auf der einen und der Belastung der Bevölkerung durch die Energiegewinnung auf der anderen Seite, ist das Windenergieplanungssicherstellungsgesetz, dessen Verfassungsmäßigkeit im Rahmen dieser Dissertation überprüft wurde."

ZIRWICK, ALEXANDER
Der Begriff des raumbedeutsamen Vorhabens im Raumordnungs- und Bauplanungsrecht unter besonderer Berücksichtigung der Steuerung der Windenergie und des Einzelhandels,
epub Universität Greifswald, Greifswald 2018 (Diss. Ernst-Moritz-Arndt-Universität Greifswald, 2018)
Inhalt:
„Die Arbeit setzt sich mit dem Begriff des raumbedeutsamen Vorhabens im Sinne des § 3 Abs. 1 Nr. 6 Raumordnungsgesetz (ROG) auseinander und versucht, diesen Begriff zu konkretisieren. Der Autor kommt zu dem Ergebnis, dass die Legaldefinition in § 3 Abs. 1 Nr. 6 ROG kaum zur Konkretisierung beiträgt und der Subsumtion nicht unmittelbar zugänglich ist. Er spricht sich aus diesem Grund dafür aus, dass eine Konkretisierung dieses Begriffs durch die Bildung von vorhabenbezogenen Fallgruppen zu erfolgen hat.

Sodann werden auf Basis der Methode des typisierenden Fallvergleichs Fallgruppen für die Vorhabentypen „Windenergieanlagen“, „Einzelhandelsbetriebe“ und „Abgrabungen“ erarbeitet. Hierzu wurde die einschlägige Rechtsprechung zu dieser Thematik ausgewertet. Die Fallgruppenbildung trägt dazu bei, den Begriff der Raumbedeutsamkeit zu konkretisieren und die Handhabung dieses wertungsoffenen Begriffs in der Praxis zu erleichtern.
Darüber hinaus diskutiert der Autor unter verschiedenen Gesichtspunkten den in Teilen der Literatur vertretenen Ansatz, unter bestimmten Bedingungen den Trägern der Raumplanung zuzugestehen, die Raumbedeutsamkeit eines Vorhabentypus (z. B. Windenergieanlagen) abstrakt-tatbestandlich in Form eines Ziels der Raumordnung festzusetzen. Diesem Ansatz schließt er sich im Ergebnis an.“

3. Graue Literatur

AGATZ, MONIKA
Windenergie-Handbuch,
14. Ausgabe, Gelsenkirchen, Dezember 2017
Inhalt:
„Das Jahr 2017 brachte zahlreiche Novellen und neue Entwicklungen, die in ein umfangreiches Überarbeitungspaket im Handbuch eingeflossen sind:

- UVP: UVPG-Novelle und aktueller Stand der Rechtsprechung
- UmwRG: UmwRG-Novelle und aktueller Stand der Rechtsprechung sowie Heilungsmöglichkeiten
- Interimsverfahren: Darstellung des neuen Modells, Unterschiede zwischen dem alten und neuen Modell, Umsetzung des Modells in der Verwaltungspraxis, komplette Überarbeitung des Themas Windfarmabgrenzung und Irrelevanzprüfung, Textbausteine für Genehmigungen, Überwachung von nach altem und nach neuem Modell genehmigten WEA, neue Merkblätter, neue Checkliste Schallgutachten
- neuer Leitfaden Artenschutz NRW
- neues Kapitel zu Beschleunigung und Flexibilisierung bzw. Genehmigung neuester Anlagentypen

Daneben sind wie immer zahlreiche kleine Anpassungen und Aktualisierungen eingearbeitet.“
Download:
http://windenergie-handbuch.de/wp-content/uploads/2018/02/Windenergie-Handbuch-2017.pdf

BRANDHUBER, BIRGIT
Zum Umgang mit der Offshore-Windenergienutzung in der Ausschließlichen Wirtschaftszone (AWZ) an ausgewählten europäischen Beispielen – Ein Beitrag zur Raumordnung auf dem Meer,
Univ. Augsburg, Fakultät für Angewandte Informatik, Diss. 2017
Aus dem Inhalt:
„Ziel der vorliegenden Arbeit ist es, herauszufinden, wie die EU-Mitgliedstaaten damit umgehen, dass der Ausbau der Offshore-Windenergienutzung die Nutzungskonflikte in der AWZ verschärft. Welchen Weg schlagen sie ein, um eine nachhaltige Entwicklung ihrer Meeresgebiete zu gewährleisten?
Exemplarisch wurden die EU-Mitgliedstaaten Deutschland, Belgien, Dänemark und Frankreich für die Untersuchung herangezogen.
In den Grundlagen der Arbeit wird zunächst auf die besondere Bedeutung der Offshore-Windenergienutzung in der AWZ in Europa eingegangen. Anschließend werden die Nutzungskonflikte in der AWZ erläutert, die als auslösende Situation für eine raumordnerische Steuerung gelten. Besonderes Augenmerk liegt dabei auf der Offshore-Windenergienutzung in der AWZ. Der Hauptteil widmet sich dem Umgang mit der Offshore-Windenergienutzung in der AWZ in Deutschland, Belgien, Dänemark und Frankreich. Dabei werden unter anderem politische und energiewirtschaftliche Grundlagen, formelle Rahmenbedingungen sowie deren materielle Ausgestaltung betrachtet und bewertet.
Es folgen die Untersuchung und Bewertung des Umgangs mit der Offshore-Windenergienutzung in der AWZ auf europäischer Ebene.
Die vorliegende Arbeit soll einen Beitrag zur europäischen Raumordnung auf dem Meer leisten.“

CLEARINGSTELLE EEG-KWKG
Votum 2018/26 – Verspätete Registrierung der BImSchG-Genehmigung gem. § 22 Abs. 2 Satz 2 Nr. 2 Buchstabe b) EEG 2017
„In dem Votumsverfahren hatte die Clearingstelle zu klären, ob für die von der Anspruchstellerin betriebenen Windkraftanlagen („Übergangsanlagen“) ein Anspruch nach §§ 19 Abs. 1, 22 Abs. 2 Satz 2 Nr. 2 EEG 2017 auf finanzielle Förderung ohne Teilnahme an einer Ausschreibung besteht, obwohl die Registrierung der BImSchG-Genehmigungen der Windenergieanlagen im Anlagenregister/Markstammdatenregister verspätet vorgenommen wurde (hier verneint). Die unten zum Herunterladen bereitgestellte Version des Votums wurde anonymisiert und verfremdet, um den Schutz der Betriebs- und Geschäftsgeheimnisse beider Parteien zu gewährleisten. Eingeleitet am 12.07.2018 – Beschlossen am 13.07.2018“
Download:
https://www.clearingstelle-eeg-kwkg.de/votv/2018/26
Download des Votums:
https://www.clearingstelle-eeg-kwkg.de/files/Votum_2018_26.pdf

DEUTSCHE WINDGUARD/ZENTRUM FÜR SONNENENERGIE- UND WASSERSTOFF-FORSCHUNG BADEN-WÜRTTEMBERG (ZSW)
Vorbereitung und Begleitung bei der Erstellung eines Erfahrungsberichts gemäß § 97 Erneuerbare-Energien-Gesetz.
Teilvorhaben II e): Wind an Land. Zwischenbericht,
erstellt im Auftrag des Bundesministeriums für Wirtschaft und Energie,
Varel/Stuttgart, März 2018
Aus dem Inhalt:
„[…] Im vorliegenden ersten Zwischenbericht werden die bisher erzielten Ergebnisse der Evaluierung der Entwicklung der Windenergie an Land in den letzten Jahren unter den Regelungen des EEG dargestellt. Die bisher erzielten Zwischenergebnisse werden stetig weiterentwickelt und ausgeweitet. Im Bericht werden der Stand der Marktentwicklung in Deutschland (Kapitel 3) und die Steuerungs- bzw. Anreizmöglichkeiten inner- und außerhalb des EEG (Kapitel 4) betrachtet. Die ökonomischen Aspekte (Kapitel 5) umfassen neben der Kostensituation der Windenergie an Land (Kapitel 5.1) und der Ermittlung der Stromgestehungskosten (Kapitel 5.2) erste Analysen zur Wirtschaftlichkeit des ungeförderten Anlagenbetriebs (Kapitel 5.4) und den Vermarktungsmöglichkeiten (Kapitel 5.5). Weiterhin werden die Ergebnisse der ersten Ausschreibungsrunde dargestellt (Kapitel 5.6) und die wirtschaftliche mit der technischen Lebensfähigkeit der Projekte in Zusammenhang gebracht (Kapitel 5.7). Weiterhin erfolgt eine Gegenüberstellung der Erlöse und Kosten für Strom aus Windenergie (Kapitel 0). Zusätzlich werden die im EEG begründeten Hemmnisse für den Windenergieausbau vorgestellt (Kapitel 6.1). Hemmnisse, die nicht im EEG begründet sind, werden ebenfalls thematisiert (Kapitel 6.2). Die Ergebnisse werden im weiteren Verlauf des Vorhabens ausgebaut und vertieft, eine weitere Aktualisierung des Berichts ist vorgesehen. […]“
Download unter:
https://www.windguard.de/veroeffentlichungen.html

ENERGIEAGENTUR.NRW
Artenschutz bei der Windenergieplanung: Das gilt es zu beachten,
Autorin: Verena Busse
EnergieDialog.NRW, 21.08.2018
Inhalt:
„Soll eine Windenergieanlage oder ein Windpark errichtet werden, haben viele Bürgerinnen und Bürger Bedenken, dass Vögel und Fledermäuse an den Anlagen zu Tode kommen. Wie werden diese Artenschutzbelange jedoch im Vorhinein beachtet, welche Gutachten müssen erstellt werden, auf welchen Grundlagen basiert das Artenschutzrecht und wie wird die Tötung von Tieren vermieden? Diesen Fragen widmet sich der folgende Fachbeitrag.“
Download:
http://www.energiedialog.nrw.de/artenschutz-bei-der-windenergieplanung-das-gilt-es-zu-beachten/#more-10054

ENERGIEAGENTUR.NRW
Das Fundament von Windenergieanlagen: Was passiert beim Rückbau?
Autorin: Kira Andre
EnergieDialog.NRW, 26.03.2018
Inhalt:
„Schätzungen zufolge werden in Nordrhein-Westfalen in den Jahren 2020 bis 2025 mehr als 1900 Windenergieanlagen aus der Vergütung nach dem Erneuerbaren-Energien-Gesetz (EEG) fallen. Ein Großteil von ihnen wird mit dem Ende der Vergütung komplett zurückgebaut werden, da der Weiterbetrieb für viele alte Anlagen unrentabel ist und auch im Falle eines Repowerings die alten Anlagen zuerst abgerissen werden müssen. Doch was passiert mit den Fundamenten, wenn die Anlagen stillgelegt werden? […]
Dieser Fachbeitrag beleuchtet deswegen die Schwierigkeiten, die mit dem Rückbau der Fundamente einhergehen und wie der Rückbau von den nordrhein-westfälischen Genehmigungsbehörden geregelt wird. […]“
Download:
https://www.winddialog.nrw.de/node/744

ENERGIEAGENTUR.NRW
Erlass des nordrhein-westfälischen Umweltministeriums:
Interimsverfahren zur Schallprognose von Windenergieanlagen bestätigt,
Autorin: Kira Andre
EnergieDialog.NRW, 21.02.2018
Inhalt:
„Für die Errichtung von genehmigungspflichtigen Windenergieanlagen ist sicherzustellen, dass ihre Schallimmissionen mit den gesetzlich festgelegten Richtwerten der Technischen Anleitung zum Schutz gegen Lärm (TA Lärm) vereinbar sind. Um diesen Nachweis zu erbringen, muss der Antragsteller eine Immissionsprognose von einem Schallgutachter anfertigen lassen. Seit längerer Zeit steht das bisher in den Prognosen verwendete Verfahren in der Kritik. Mit einem Erlass sorgt das Ministerium für Umwelt, Landwirtschaft, Natur- und Verbraucherschutz des Landes Nordrhein-Westfalen (MULNV) nun für eine verpflichtende Anpassung des Prognosemodells. Im Folgenden werden die Diskussion um die beiden Prognoseverfahren und ihre wichtigsten Unterschiede in der Berechnung beschrieben. Daran schließt ein Exkurs zur Physik der Schallimmissionsprognose an.“
Download:
http://www.energiedialog.nrw.de/erlass-des-nordrhein-westfaelischen-umweltministeriums-interimsverfahren-zur-schallprognose-von-windenergieanlagen-bestaetigt/#more-8478

ENERGIEAGENTUR.NRW
Neuer Vorschlag zur kommunalen Teilhabe an der Windenergie,
Autorin: Kira Crome
EnergieDialog.NRW, 15.08.2018
Inhalt:
„Wie können Kommunen von der Windenergienutzung profitieren? Die Stiftung Umweltenergierecht gibt einen Überblick über die verschiedenen Möglichkeiten eines bundesweit einheitlichen Instruments und liefert mit ihrem Vorschlag einer Abgabe für die Flächeninanspruchnahme einen neuen Beitrag zur aktuellen Diskussion. Sie soll rechtssicher umzusetzen sein."
Download:
http://www.energiedialog.nrw.de/neuer-vorschlag-zur-kommunalen-teilhabe-an-der-windenergie/#more-10030

ENERGIEAGENTUR.NRW
Was sind „Gemeinsame Ausschreibungen für Windenergie- und Solaranlagen"?
Autorin: Pia Dağaşan
EnergieDialog.NRW, 07.08.2018
Inhalt:
„Zum ersten Mal führte die Bundesnetzagentur eine gemeinsame Ausschreibung für Windenergieanlagen an Land und Solaranlagen durch. Die wichtigsten Regelungen dazu sind in einer Verordnung geregelt, die bereits im August 2017 in Kraft getreten ist. Dieser Fachbeitrag gibt einen Überblick über die besonderen Regelungen der technologieübergreifenden Ausschreibungen."
Download:
http://www.energiedialog.nrw.de/was-sind-gemeinsame-ausschreibungen-fuer-windenergie-und-solaranlagen/#more-9814

ENERGIEAGENTUR.NRW
Windenergie in NRW: Artenschutzleitfaden aktualisiert,
Autorin: Kira Crome,
(EnergieDialog.NRW, 22.01.2018)
Inhalt:
„Wie der Arten- und Habitatschutz bei der Planung und Genehmigung von Windenergieanlagen zu berücksichtigen ist, zeigt der Leitfaden zum Arten- und Habitatschutz des Landesamtes für Natur-, Umwelt und Verbraucherschutz auf. Die Orientierungshilfe ist nach einer Evaluierung überarbeitet und an neue wissenschaftliche Erkenntnisse angepasst worden. […]"
Download:
http://www.energiedialog.nrw.de/windenergie-in-nrw-artenschutzleitfaden-aktualisiert/#more-8290

ENERGIEAGENTUR.NRW (Hrsg.)
Windenergie-Erlass 2018: Die wichtigsten Änderungen,
Autorin: Pia Dağaşan
(EnergieDialog.NRW, 28.05.2018)
Aus dem Inhalt:
„Kurz nach der Landtagswahl im letzten Jahr verkündete die neue Landesregierung, dass sie den Windenergie-Erlass überarbeiten möchte. Damit sollte ein Ziel aus dem Koalitionsvertrag zwischen FDP und CDU umgesetzt werden. Schon im September 2017 wurde der erste Entwurf vorgelegt. Nach Durchführung der Verbändeanhörung hat nun das Landeskabinett den Windenergie-Erlass beschlossen und im Gesetzes- und Verordnungsblatt veröffentlicht. Nachfolgend ein Überblick über die wichtigsten Änderungen.[…]"
Download:
http://www.energiedialog.nrw.de/windenergie-erlass-2018-die-wichtigsten-aenderungen/

FACHAGENTUR WINDENERGIE AN LAND e.V. (Hrsg.)
Ausschreibungen für Windenergieanlagen an Land. Wissenswertes für Genehmigungsbehörden. Hintergrundpapier,
Autoren: Marike Endell/Jürgen Quentin
Berlin, April 2018
Inhalt:
„[…] mit der am 1. Januar 2017 in Kraft getretenen Novellierung des Erneuerbare-Energien-Gesetzes (EEG 2017) ist der bislang gewährte Anspruch auf staatlich festgelegte Fördersätze abgeschafft worden. Stattdessen wird der Zahlungsanspruch auf die Marktprämie in wettbewerblichen Ausschreibungen ermittelt. Der in Erneuerbare-Energien-Anlagen erzeugte Strom wird grundsätzlich nur noch dann gefördert, wenn die Betreiber dieser Anlagen erfolgreich an einer Ausschreibung teilgenommen haben. […] Die Fachagentur Windenergie an Land möchte mit diesem Hintergrundpapier speziell Genehmigungsbehörden einen Einblick in das Ausschreibungsregime ermöglichen. Die Publikation soll dazu beitragen, das Verständnis der Behörden für das Ausschreibungsverfahren zu stärken und die Bedeutung ihrer Arbeit im Rahmen dieses Systems verdeutlichen. Bei Fragestellungen soll das vorliegende Papier außerdem als verständliches Nachschlagewerk dienen. […]"
Download:
https://www.fachagentur-windenergie.de/fileadmin/files/Veroeffentlichungen/FA_Wind_Wissenswertes_fuer_Behoerden_Ausschreibungen_WindanLand_04-2018.pdf

FACHAGENTUR WINDENERGIE AN LAND e. V. (Hrsg.)
Beteiligung der Gemeinde an einer Bürgerenergiegesellschaft mit Zuschlag für Windenergieanlagen im Rahmen der Ausschreibung. Hintergrundpapier,
Autoren: Marike Endell/Marc Elxnat/René Groß/Jürgen Quentin/Jürgen Weigt
Berlin, Juli 2018
Aus dem Inhalt:
„[…] Das Hintergrundpapier erläutert zum einen die gesetzlichen Beteiligungsvorgaben und benennt den möglichen Adressatenkreis für die Beteiligung und die dabei zu beachtenden kommunalrechtlichen Vorgaben. Zum anderen bietet es einen Überblick über gängige Rechtsformen von Windpark-Gesellschaften und zeigt auf, welche davon in den ersten fünf Ausschreibungsrunden von Bürgerenergiegesellschaften gewählt wurden. Im Anhang der Broschüre werden zudem alle bislang von der Beteiligungsoption tangierten Kommunen sowie die Zahl der dort bislang bezuschlagten Windräder aufgelistet. […]"
Download:
https://www.fachagentur-windenergie.de/fileadmin/files/Veroeffentlichungen/FA_Wind_Gemeindebeteiligung_BEG-Zuschlaege_07-2018.pdf

FACHAGENTUR WINDENERGIE AN LAND e. V. (Hrsg.)
EEG 2017: Ausschreibungsbedingte Neuerungen für Windenergieanlagen an Land. Hintergrundpapier,
Autoren: Marike Endell/Jürgen Quentin
3. Auflage, Berlin 2018 (Stand: 28.06.2018)
Aus dem Inhalt:
„[…] eineinhalb Jahre nach der Einführung des Ausschreibungssystems zur Ermittlung der Vergütungshöhe für Windenergieanlagen an Land und der auf den bisherigen Erfahrungen folgenden Gesetzesänderungen, bringt die Fachagentur Windenergie an Land nunmehr die 3. Auflage des Hintergrundpapiers zu ausschreibungsrelevanten Neuerungen für Windenergieanlagen an Land heraus.
Die aktualisierte Auflage berücksichtigt praxisnahe Rechtsentwicklungen bis Juni 2018, darunter auch das Änderungsgesetz, mit dem das Genehmigungserfordernis für Gebote von Bürgerenergiegesellschaften bis Mitte 2020 ausgedehnt wurde. […]"
Download:
https://www.fachagentur-windenergie.de/fileadmin/files/Veroeffentlichungen/FA_Wind_EEG-2017_Ausschreibungen_3Aufl_06-2018.pdf

FACHAGENTUR WINDENERGIE AN LAND e.V. (Hrsg.)
Entwicklung der Windenergie im Wald. Ausbau, planerische Vorgaben und Empfehlungen für Windenergiestandorte auf Waldflächen in den Bundesländern. Analyse,
Autoren: Jürgen Quentin/Franziska Tucci
3. Auflage, Berlin 2018 (Stand: Juni 2018)
Inhalt:
„Die Analyse der Fachagentur Windenergie an Land (FA Wind) gibt einen Überblick über die Entwicklung und den aktuellen Ausbaustand der Windenergie auf Waldflächen in den einzelnen Bundesländern in Deutschland. Ergänzend werden politische Ziele und Vorgaben der jeweiligen Landesraumordnung sowie Empfehlungen der Bundesländer für Planungen an Waldstandorten aufgeführt. Vorgaben der Länder, in denen die Windenergienutzung auf Waldflächen derzeit nicht zulässig ist, werden ebenfalls kurz dargestellt.
Nach Erhebungen der FA Wind waren Ende 2017 in Deutschland rund 1.850 Windenergieanlagen mit einer Gesamtleistung von fast fünf Gigawatt auf Waldflächen in Betrieb. Über 80 Prozent dies er Anlagen wurden in diesem Jahrzehnt errichtet, wobei die Verteilung des Anlagenbestands auf die einzelnen Regionen sehr unterschiedlich ausfällt. Während im Norden Deutschlands Waldstandorte für die Windenergienutzung überwiegend durch die Landesraumordnung ausgeschlossen sind, liegt im Süden und Westen die Zahl der Windturbinen in einzelnen Bundesländern teilweise im dreistelligen Bereich. In Ostdeutschland ist die Windenergie im Wald vor allem Brandenburg und in geringem Umfang in Sachsen vertreten. 2017 gingen zudem in Thüringen erste Windräder auf Waldflächen in Betrieb.“
Download:
https://www.fachagentur-windenergie.de/fileadmin/files/Windenergie_im_Wald/FA-Wind_Analyse_Wind_im_Wald_3Auflage_2018.pdf

FACHAGENTUR WINDENERGIE AN LAND e.V. (Hrsg.)
Klagemöglichkeiten nach dem Umwelt-Rechtsbehelfsgesetz (UmwRG) 2017.
Überblick für die Praxis. Hintergrundpapier,
Autor: Dirk Teßmer (Rechtsanwälte Philipp-Gerlach Teßmer)
Berlin, Dezember 2017
Aus dem Inhalt:
„[...] Das UmwRG hat seit seiner Verabschiedung im Jahre 2006 mehrere große Novellierungen erfahren – zuletzt im Sommer 2017. Mit dieser Novellierung wurden europa- und völkerrechtliche Vorgaben umgesetzt und dabei der Anwendungsbereich wesentlich erweitert. Im Zuge dessen wurde die sogenannte materielle Präklusion abgeschafft und stattdessen eine Missbrauchsklausel eingeführt.
Die Regelungsmaterie zeichnet sich durch eine große Komplexität auf. Im Gesetz finden sich zahlreiche Verweise. Dieses Papier soll die Klagemöglichkeiten, welche das UmwRG regelt, darstellen und dabei die Neuerungen der Novelle 2017 hervorheben. Es soll damit einen Beitrag zum Verständnis der Materie leisten und sowohl Behördenvertretern als auch sonstigen Interessierten einen Einblick in die Systematik des UmwRG vermitteln. Im Hinblick auf die neu eingeführte Missbrauchsregelung des § 5 UmwRG wird eine erste Einschätzung gelie-

fert, welche Fälle hier umfasst sein könnten. Wie diese Vorschrift in der Praxis zur Anwendung kommt, bleibt freilich abzuwarten."
Download:
https://www.fachagentur-windenergie.de/fileadmin/files/Veroeffentlichungen/FA_Wind_Hintergrundpapier_UmwRG_Klagemoeglichkeiten_12-2017.pdf

FACHAGENTUR WINDENERGIE AN LAND (Hrsg.)
Rechtliche Bewertung der Höhenbegrenzung von Windenergieanlagen vor dem Hintergrund der Ausschreibung. Hintergrundpapier,
Autor: Klaus Joachim Grigoleit
Berlin, Mai 2018
Aus dem Inhalt:
„[...] Mit dem vorliegenden Hintergrundpapier möchte die Fachagentur Windenergie an Land eine Unterstützung zur Klärung der Frage leisten, inwieweit Höhenbegrenzungen unter Berücksichtigung des neuen Referenzertragsmodells, der Anlagenverfügbarkeit am Markt und des Ausschreibungsdesigns zu einer unzulässigen Verhinderungsplanung führen können. Das Papier soll insbesondere Planungsträgern eine erste Orientierung bei der Frage, in welchem Rahmen solche Begrenzungen noch zulässig sind, geben."
Download:
https://www.fachagentur-windenergie.de/fileadmin/files/Veroeffentlichungen/FA_Wind_Hintergrundpapier_Hohenbegrenzung_05-2018.pdf

FACHAGENTUR WINDENERGIE AN LAND e.V. (Hrsg.)
Rundbrief Windenergie und Recht 1/2018,
Berlin, März 2018
Inhalt:
Entscheidungsverzeichnis
OVG Münster, Beschluss vom 20. Juli 2017 – 8 B 396/17
VG Düsseldorf, Beschluss vom 25. September 2017 – 28 L 3809/17
VG Arnsberg, Urteil vom 17. Oktober 2017 – 4 K 2130/16
OVG Koblenz, Beschluss vom 17. Oktober 2017 – 8 B 11345/17
OVG Saarlouis, Beschluss vom 3. November 2017 – 2 B 573/17
OVG Lüneburg, Beschluss vom 4. September 2017 – 12 LA 39/17
OVG Lüneburg, Urteil vom 26. Oktober 2017 – 12 KN 119/16
OVG Münster, Beschluss vom 8. November 2017 – 8 A 2454/14
Download:
https://www.fachagentur-windenergie.de/fileadmin/files/Rechtsprechung/Rundbrief/FA_Wind_Rundbrief_Windenergie_und_Recht_1.2018.pdf

FACHAGENTUR WINDENERGIE AN LAND e. V. (Hrsg.)
Rundbrief Windenergie und Recht 2/2018,
Berlin, Juni 2018
Inhalt:
Entscheidungsverzeichnis
OVG Münster, Urteil vom 06.12.2017 – 7 D 100/15.NE
OVG Münster, Urteil vom 06.03.2018 – 2 D 95/15.NE
OVG Lüneburg, Urteil vom 05.03.2018 – 12 KN 144/17
VGH Kassel, Urteil vom 25.01.2018 – 4 B 1535/17.N
VG Oldenburg, Urteil vom 06.12.2017 – 5 A 2869/17
VG Arnsberg, Urteil vom 20.02.2018 – 4 K 1411/16
VG Mainz, Beschluss vom 23.02.2018 – 3 L 1470/17.MZ
OVG Saarlouis, Beschluss vom 28.02.2018 – 2 B 811/17
VGH Kassel, Beschluss vom 26.02.2018 – 9 B 2012/17
Download:
https://www.fachagentur-windenergie.de/aktuell/detail/rundbrief-windenergie-und-recht-2.html

FACHAGENTUR WINDENERGIE AN LAND e. V. (Hrsg.)
Rundbrief Windenergie und Recht 3/2018,
Berlin, November 2018
Inhalt:
Entscheidungsverzeichnis
BVerwG, Beschluss vom 08.03.2018 – 9 B 25.17
OVG Koblenz, Urteil vom 26.06.2018 – 8 A 11691/17.OVG
OVG Münster, Beschluss vom 08.02.2018 – 8 B 1632/1
VGH München, Beschluss vom 24.07.2018 – 22 BV 17.2176
OVG Münster, Urteile vom 18.09.2018 – 8 A 1884/16 – 8 A 1886/16
OVG Lüneburg , Beschluss vom 31.05.2018 – 12 ME 64/18
Download:
https://www.fachagentur-windenergie.de/fileadmin/files/Rechtsprechung/Rundbrief/FA_Wind_Rundbrief_Windenergie_und_Recht_3.2018.pdf

FACHAGENTUR WINDENERGIE AN LAND e. V. (Hrsg.)
Überblick Windenergie an Land. Ausbauentwicklung – Ausschreibungsergebnisse – Genehmigungssituation. Kurzanalyse,
Autor: Jürgen Quentin,
Berlin, November 2018
Inhalt:
„Die Fachagentur Windenergie an Land hat in dem kompakten „Überblick Windenergie an Land“ wesentliche Fakten zur aktuellen Entwicklung des Ausbaus und der Genehmigungs-

lage sowie zu den Ergebnisse aus zwei Jahren Ausschreibungssystem zur Ermittlung der Vergütungshöhe für Windenergieanlagen an Land zusammengestellt."
Download:
https://www.fachagentur-windenergie.de/fileadmin/files/Veroeffentlichungen/Faktenpapiere/FA_Wind_Ueberblick_Ausbau_Ausschreibungen_Genehmigungen_WindanLand_11-2018.pdf

FACHAGENTUR WINDENERGIE AN LAND e. V.
Übersicht: Empfehlungen/Hinweise der Länder zum Umgang mit artenschutzrechtlichen Aspekten bei der Windenergieplanung
Stand: April 2018
Download:
https://www.fachagentur-windenergie.de/fileadmin/files/Naturschutz/FA_Wind_UEbersicht_Umgang_mit_Artenschutz_Bundeslaender.pdf

FACHAGENTUR WINDENERGIE AN LAND e. V.
UVP und UVP-Vorprüfung. Die Umweltverträglichkeitsprüfung im Genehmigungsverfahren für Windenergieanlagen an Land. Kurzinformationen,
Autorin: Jenny Kirschey
Berlin, Mai 2018
Aus dem Inhalt:
„[…] Durch das Gesetz zur Modernisierung der Umweltverträglichkeitsprüfung vom 20. Juli 2017 wurde das UVPG umfassend novelliert. Die Novelle diente insbesondere der Umsetzung der europäischen Richtlinie 2014/52/EU (UVP-Änderungsrichtlinie), welche detaillierte Anforderungen an das Prüfprogramm sowie die Dokumentation und Veröffentlichung der Ergebnisse vorsieht. Ferner wurde höchstrichterliche Rechtsprechung der vergangenen Jahre – insbesondere zur Kumulation von Vorhaben – in den Gesetzestext aufgenommen. Mit der Novelle wurde das Gesetz vollständig neu nummeriert.
Neben dem UVPG sind für UVP-pflichtige Windenergievorhaben auch die Vorschriften der Neunten Verordnung zur Durchführung des Bundes-Immissionsschutzgesetzes (9. BIm-SchV) von Bedeutung, welche im Dezember 2017 ebenfalls angepasst wurde.
Das vorliegende Papier soll einen Überblick über die geltenden Vorschriften zur Umweltverträglichkeitsprüfung bei der Genehmigung von Windenergieanlagen (WEA) geben. Die aktuellen Neuerungen werden besonders hervorgehoben."
Download:
https://www.fachagentur-windenergie.de/fileadmin/files/Veroeffentlichungen/FA_Wind_Kurzinformationen_UVP_05-2018.pdf

FACHAGENTUR WINDENERGIE AN LAND e. V. (Hrsg.)
5. Ausschreibung für Windenergieanlagen an Land (Mai 2018). Analyse,
Berlin, Juli 2018 (aktualisiert: 20.07.2018)
Autor: Jürgen Quentin/Noelle Cremer
Aus dem Inhalt:
„In der fünften Ausschreibungsrunde für Windenergieanlagen an Land zeigte sich erstmals eine Unterdeckung, denn die eingereichte Gebotsmenge blieb unterhalb des ausgeschriebenen Volumens. Durchgesetzt haben sich in der Runde, in der erneut nur Gebote für genehmigte Anlagen zugelassen waren, insbesondere Anlagenstandorte in Nordrhein-Westfalen, Brandenburg und Sachsen-Anhalt. Die Hälfte der bezuschlagten Anlagen und Leistung stammt aus diesen drei Ländern. Die Zuschlagsobergrenze im Netzausbaugebiet wurde – wie schon in den drei Runden davor – wiederum nicht ausgeschöpft, weshalb dort kein eigener Einheitspreis für Bürgerenergiegesellschaften zum Tragen kommt. […]
Die kumulierte Betrachtung der Ergebnisse aller bisherigen Ausschreibungen zeigt weiterhin eine starke Zuschlagskonzentration im Norden Deutschlands. Nördlich der Mainlinie sind 91 Prozent der bislang bezuschlagten Windenergieanlagen geplant, südlich davon lediglich neun Prozent. Von 1.131 Anlagen, die bislang bezuschlagt wurden, besitzen 40 Prozent eine immissionsschutzrechtliche Genehmigung und damit Baureife."
Download:
https://www.fachagentur-windenergie.de/fileadmin/files/Veroeffentlichungen/FA_Wind_Analyse_5_Ausschreibung_Wind_an_Land.pdf

FACHAGENTUR WINDENERGIE AN LAND e. V. (Hrsg.)
6. Ausschreibung für Windenergieanlagen an Land (August 2018). Analyse,
Berlin, September 2018
Autor: Jürgen Quentin unter Mitarbeit von Noelle Cremer (Karten)
Inhalt:
„In der sechsten Ausschreibungsrunde für Windenergieanlagen an Land konnte, nach Ausschluss der fehlerbehafteten Gebote, erneut das ausgeschriebene Gebotsvolumens nicht komplett vergeben werden. Durchgesetzt haben sich in dieser Runde vor allem Anlagenstandorte in Brandenburg, Nordrhein-Westfalen und Schleswig-Holstein. Die Hälfte der bezuschlagten Anlagen und Leistung ist in diesen drei Ländern geplant (bzw. schon realisiert). Die Zuschlagsobergrenze im Netzausbaugebiet wurde – wie in den vier Runden davor – wiederum nicht ausgeschöpft, weshalb dort kein eigener Einheitspreis für Bürgerenergiegesellschaften zum Tragen kommt. Vier der 86 Zuschläge bzw. sechs Prozent der bezuschlagten Leistung ging an Bürgerenergiegesellschaften. […]
Die kumulierte Betrachtung der Ergebnisse aller bisherigen Ausschreibungen zeigt weiterhin eine starke Zuschlagskonzentration im Norden Deutschlands. Nördlich der Mainlinie sind 90 Prozent der bislang bezuschlagten Windenergieanlagen geplant […]"
Download:
https://www.fachagentur-windenergie.de/fileadmin/files/Veroeffentlichungen/FA_Wind_Analyse_6_Ausschreibung_Wind_an_Land.pdf

FACHAGENTUR WINDENERGIE AN LAND e.V. (Hrsg.)
7. Ausschreibung für Windenergieanlagen an Land (Oktober 2018). Analyse,
Autor: Jürgen Quentin unter Mitarbeit von Noelle Cremer (Karten),
Berlin, November 2018
Aus dem Inhalt:
„Die siebte Ausschreibung für Windenergieanlagen an Land war die bislang am stärksten unterzeichnete: Nach Ausschluss der fehlerbehafteten Gebote konnte lediglich 54 Prozent des ausgeschriebenen Gebotsvolumens vergeben werden. Überdurchschnittlich erfolgreich waren in dieser Runde insbesondere Anlagenstandorte in Bayern und Brandenburg: 37 Prozent der bezuschlagten Anlagenleistung ist in diesen beiden Ländern geplant. Die Zuschlagsobergrenze im Netzausbaugebiet wurde – wie auch in den fünf Runden davor – erneut nicht ausgeschöpft. Neun der 57 Zuschläge bzw. 16 Prozent der bezuschlagten Anlagen stammen von Bürgerenergiegesellschaften, darunter sieben Anlagen innerhalb des Netzausbaugebiets. Der mittlere Gebotswert lag auf demselben Niveau der vorangegangenen Ausschreibungsrunden. Der durchschnittliche Zuschlagswert stieg um ein Zehntelcent gegenüber der Auktion im August und lag mit 6,26 ct/kWh nur knapp unterhalb der Gebotswerte Obergrenze von 6,3 ct/kWh. Bürgerenergiegesellschaften erhalten für ihre Zuschläge den Wert von 6,3 ct/kWh. […] Die kumulierte Betrachtung der Ergebnisse aus zwei Jahren Ausschreibungen zeigt nach wie vor eine starke Zuschlagskonzentration im Norden Deutschlands. Nördlich der Mainlinie sind 89 Prozent der bislang bezuschlagten Windenergieanlagen geplant, südlich davon lediglich elf Prozent. […]“
Download:
https://www.fachagentur-windenergie.de/fileadmin/files/Veroeffentlichungen/FA_Wind_Analyse_7_Ausschreibung_Wind_an_Land.pdf

FACHAGENTUR WINDENERGIE AN LAND e.V. (Hrsg.)
20 Jahre Erfahrungen mit der privilegierten Zulässigkeit von Windenergieanlagen im Außenbereich. Hintergrundpapier,
Autor: Wilhelm Söfker
Berlin, Februar 2018
Inhalt:
„[…] Die von der Rechtsprechung an die Steuerung der Windenergieanlagen im Außenbereich gestellten Anforderungen sind hoch. Insbesondere seit einem Urteil des Bundesverwaltungsgerichts (BVerwG) von Ende 2012, das eine strenge Trennung von rechtlich und tatsächlich nicht in Betracht kommenden Standorten im gesamten Außenbereich („harten Tabuzonen“) von anderen verlangt, ist die erforderliche rechtssichere Handhabung fraglich geworden. All dies gibt Veranlassung zu einem Blick auf die Rechtslage, wie sie sich heute unter Berücksichtigung von Gesetzgebung, Rechtsprechung und Praxis darstellt. Dazu sollen im Folgenden dargelegt und behandelt werden

- die Gesetzgebung seit 1996 (siehe dazu Kap. 2),
- die Reichweite der Privilegierung von Windenergieanlagen im Außenbereich nach § 35 Abs. 1 Nr. 5 BauGB (siehe dazu Kap. 3),

- die Grundsätze der Bauleitplanung und die Möglichkeiten der Bauleitplanung zur planerischen Steuerung der Standorte der Windenergieanlagen im Außenbereich nach § 35 Abs. 3 Satz 3 BauGB (siehe dazu Kap. 4 und 5),
- die Beschränkung der privilegierten Zulässigkeit von Windenergieanlagen im Außenbereich

durch Landesgesetz nach § 249 Abs. 3 BauGB (siehe dazu Kap. 6) und

- die Möglichkeiten der Bauleitplanung zur planungsrechtlichen Absicherung der Windenergieanlagen durch Bebauungspläne (siehe dazu Kap. 7)."

Download:
https://www.fachagentur-windenergie.de/fileadmin/files/Veroeffentlichungen/FA_Wind_Hintergrundpapier_Privilegierung_von_WEA_im_Aussenbereich_02-2018.pdf

FELL, HANS-JOSEF
Politische Rahmenbedingungen zur Erreichung von 100 % Erneuerbaren Energien. Policy Brief,
Energy Watch Group, Berlin, März 2018
Aus dem Inhalt:
„Eine globale Energiewende hin zu 100 % Erneuerbaren Energien ist nicht länger eine Frage der technischen Möglichkeiten oder der wirtschaftlichen Rentabilität, sondern nur des politischen Willens, wie eine neue Studie der Energy Watch Group (EWG) und der Lappeenranta University of Technology (LUT) nachdrücklich bewiesen hat.
Die Studie ‚Global Energy System based on 100 % Renewable Energy – Power Sector' zeigt, dass eine globale Wende hin zu 100 % Erneuerbarem Strom machbar ist, zu jeder Stunde über ein ganzes Jahr und zudem kostengünstiger als das bestehende System, welches zum Großteil auf fossilen Brennstoffen und Kernkraftenergie basiert. [...]"
Download:
http://energywatchgroup.org/wp-content/uploads/2018/08/DE_Politik-Empfehlungen.pdf

FETTKE, ULRIKE
Etablierte und Außenseiter in der Kommunalpolitik?
Eine Fallstudie zu Windkraft in einer baden-württembergischen Kleinstadt,
Universität Stuttgart, Stuttgart 2018
Stuttgarter Beiträge zur Organisations- und Innovationssoziologie (SOI)
Discussion Paper 2018-03 (Juni 2018)
Inhalt:
„Das vorliegende Paper rekonstruiert und analysiert – aufbauend auf zwei Fallstudien in kleineren Kommunen – den Prozess der Entstehung der kommunalpolitischen Diskussion um Windkraft in einer größeren baden-württembergischen Kommune. In den beiden kleineren Kommunen konnten die kommunalen Entscheidungen zu erneuerbaren Energieprojekten als Resultat einer Alt- und Neubürgerfiguration verstanden werden. Im vorliegenden Fall zeigt

sich, dass sich zwei Windkraftinteressenten als Konkurrenten wahrnehmen, sich weder Windkraftbefürworter noch -gegner übergreifend organisieren und die kommunalen Entscheidungen Windenergieanlagen planungsrechtlich in einem Gebiet ermöglichen, das letztlich nur noch von einem Interessenten beplant wird. Die Untersuchung der die Diskussion konstituierenden Akteurkonstellation anhand von Erkenntnissen der Community Studies verweist auf lokale Konfliktlinien, die nicht entlang des soziologischen Gruppenalters verlaufen. Die anschließende Diskursanalyse offenbart Gruppendynamiken, die das Ergebnis einer Verschränkung von Konfliktlinien zwischen interdependenten lokalen Gruppierungen sind und auf die Legitimation der kommunalen Entscheidungen wirken.
Im vorliegenden Text werden Ergebnisse aus dem BMBF-Projekt ENavi publiziert."

GERICHTLICHE AUSEINANDERSETZUNGEN IM KONFLIKTFELD NATURSCHUTZ UND ENERGIEWENDE.
Eine akteursbezogene Analyse im Hinblick auf eine zukünftige Verminderung und Vermeidung gerichtlicher Konfliktlösungen,
Gutachten im Auftrag des Kompetenzzentrums Naturschutz und Energiewende (KNE), vorgelegt im Oktober 2017 von Professorin Dr. Anja Hentschel (Darmstadt)
Aus dem Inhalt:
„[…] Aufgabe des wissenschaftlichen Gutachtens ist es, gerichtliche Auseinandersetzungen im Konfliktfeld Naturschutz und Energiewende zu untersuchen. Dabei soll ein akteursbezogener Blick eingenommen und eine Analyse im Hinblick auf eine zukünftige Verminderung oder Vermeidung gerichtlicher Konfliktlösungen vorgenommen werden […]"
Download:
https://www.naturschutz-energiewende.de/wp-content/uploads/2018/01/Gerichtliche_Auseinandersetzungen_Konfliktfeld_Naturschutz_Energiewende_2017_KNE.pdf

HILPERT, JOHANNES
Rechtliche Bewertung von Power Purchase Agreements (PPAs) mit erneuerbaren Energien,
Stiftung Umweltenergierecht, Würzburg 2018
(Würzburger Studien zum Umweltenergierecht, Nr. 12, Dezember 2018)
Inhalt:
„Wer die Entwicklung der Energiewirtschaft über eine gewisse Zeit hinweg beobachtet, der wird in regelmäßigen Abständen mit neuen Trends konfrontiert, die scheinbar aus dem Nichts auftauchen und dann über Wochen, Monate oder gar Jahre die Diskussionen beherrschen. Jüngstes Beispiel dieses Phänomens ist – neben dem Themenkomplex „Blockchain" – der Abschluss sog. Power Purchase Agreements (PPAs). Zwar handelt es sich dabei keineswegs um etwas originär Neues, in der deutschen EE-Branche bestand jedoch bislang nur wenig Anlass, sich mit PPAs näher zu befassen. Das ändert sich gerade: Horcht man in die Energiebranche hinein, so wird schnell klar, dass sich viele Akteure derzeit, mal mehr, mal weniger konkret, hiermit auseinandersetzen. Zuletzt machten im September 2018 innerhalb nur weniger Tage

gleich zwei Pressemeldungen zu erfolgten PPA-Abschlüssen die Runde, einmal durch den Direktvermarkter Statkraft und einmal durch den Versorger Greenpeace Energy. Dieses Papier soll sich den Fragestellungen rund um das Thema PPA aus rechtlicher Sicht nähern und erste juristische Einschätzungen darlegen."
Download:
https://stiftung-umweltenergierecht.de/wp-content/uploads/2018/12/Stiftung_Umweltenergierecht_WueStudien_12_PPAs.pdf

HOFFMANN, ILKA/NILS WEGNER
Mechanismen finanzieller Teilhabe am Ausbau der Windenergie,
Stiftung Umweltenergierecht, Würzburg 2018
(Würzburger Studien zum Umweltenergierecht, Nr. 7, März 2018)
Inhalt:
„[...] Die vorliegende Darstellung hat zum Ziel, einen repräsentativen, wenn auch keinesfalls vollständigen Überblick zu geben über

- Ansätze der indirekten Bürgerbeteiligung durch höhere Einnahmen für Standortgemeinden von Windenergieanlagen
- Initiativen von Akteuren der Windenergiebranche, kommunalen Trägern oder bürgerschaftlichen Gruppierungen sowie
- die von einzelnen Bundesländern initiierten Modelle.

Die Darstellung der verschiedenen Mechanismen orientiert sich dabei an konkreten Vorschlägen und Beispielen, die jedoch lediglich stellvertretend für zahlreiche vorhandene Varianten desselben Partizipationsmodells stehen. Auf die Darstellung der einzelnen Modelle und ihrer wesentlichen Bestandteile (B.) folgt eine vergleichende Betrachtung unter den von der Sozialforschung als wesentlich für die Akzeptanzförderung bzw. -hemmung herausgearbeiteten Faktoren (C.). Die Darstellung endet mit einem die Ergebnisse einordnenden Fazit (D.)."
Download:
http://stiftung-umweltenergierecht.de/wp-content/uploads/2018/03/Stiftung_Umweltenergierecht_WueStudien_07_Mechanismen_finanzieller_Teilhabe.pdf

JOSIPOVIC, NEVEN/ROBERT GEISE
Windenergie & DVOR/VOR. Bewertung des aktuellen Prüfungsverfahrens,
TU Braunschweig, Institut für Rechtswissenschaften/Institut für Elektromagnetische Verträglichkeit, 14.05.2018
Download unter: www.k-wer.net > Aktuelles

KAHL, HARTMUT/NILS WEGNER
Kommunale Teilhabe an der lokalen Wertschöpfung der Windenergie: Das Instrument einer Außenbereichsabgabe. (Noch) ein Vorschlag aus der Rechtswissenschaft,
Stiftung Umweltenergierecht, Würzburg 2018
(Würzburger Studien zum Umweltenergierecht, Nr. 9, Juni 2018)
Aus dem Inhalt:
„[…] Die Diskussion zur lokalen Teilhabe an der Wertschöpfung der Windenergie hat […] zuletzt stark an Dynamik gewonnen. Während die Debatte anfangs sehr abstrakt um die Frage „Wem gehört der Wind?“ oszillierte, gibt es mittlerweile eine ganze Reihe von (konkreten) Vorschlägen für Instrumente, die es sich näher anzuschauen lohnt. Dieses Papier stellt diese Instrumente vor, ordnet sie mit Blick auf ihre rechtliche Umsetzbarkeit ein und stellt im Anschluss einen eigenen Vorschlag samt seiner rechtlichen Einordnung zur Diskussion.
Bei aller – auch durch den Koalitionsvertrag befeuerten – Fokussierung der Debatte auf kommunale Einnahmen aus der Windenergie bleibt jedoch Folgendes festzuhalten: Eine stärkere materielle Teilhabe der Standortkommunen an der Windenergie ist per se kein „silver bullet“ für mehr Akzeptanz. Andere Elemente wie Transparenz- und Dialogbereitschaft der Projektierer, Informationsveranstaltungen oder eine frühzeitige Einbindung in Planungs- und Genehmigungsprozesse bleiben essentiell, wie auch die aus der Branche heraus entwickelten Formate weiter ihre Berechtigung haben können und hilfreich bleiben. […]“
Download:
http://stiftung-umweltenergierecht.de/wp-content/uploads/2018/06/Stiftung_Umweltenergierecht_WueStudien_09_Au%C3%9Fenbereichsabgabe.pdf

KOMPETENZZENTRUM NATURSCHUTZ UND ENERGIEWENDE KNE (Hrsg.)
Jahrbuch für naturverträgliche Energiewende, 2018.
K 18 – Konflikte in der Energiewende,
Berlin 2018
Aus dem Inhalt:
„[…] Mit ‚K 18‘ setzen wir ein spezielles Format um, mit dem wir zur Versachlichung von Debatten, aber auch zum Diskurs über neue Herausforderungen beitragen wollen. Zentraler Gegenstand der ersten Ausgabe des KNE-Jahrbuchs sind „Konflikte in der Energiewende“. Dabei geht es sowohl um Konflikte mit dem Arten- und Landschaftsschutz, als auch um die Interessen der Bürgerinnen und Bürger in Planungs- und Genehmigungsverfahren.
In unserem Jahrbuch finden Sie Debattenbeiträge, Berichte über die praktische Arbeit des KNE und informative Ausführungen zur internationalen Energiewende. Zum Schluss gibt es einen Ausblick in die technologische Zukunft der Energiewende, denn das KNE möchte Fragen des Naturschutzes auch projektiv bearbeiten. […]“
Download:
https://www.naturschutz-energiewende.de/wp-content/uploads/K-18-Konflikte-in-der-Energiewende_webversion.pdf

KOORDINIERUNGSSTELLE WINDENERGIERECHT (k:wer)
Gutachtliche Stellungnahme in einem verwaltungsgerichtlichen Verfahren zur luftverkehrsrechtlichen Zulässigkeit von Windenergieanlagen im Umfeld eines VOR,
Autor: Neven Josipovic
Braunschweig, 26.01.2018
Download unter: www.k-wer.net > Aktuelles

KOORDINIERUNGSSTELLE WINDENERGIERECHT (k:wer)
Zusammenfassende Darstellung der DVOR-Anlagenschutzbereiche der belgischen Flugsicherung (Belgocontrol) für Windenergieanlagen. Stellungnahme,
Autor: Neven Josipovic
Braunschweig, 29.05.2018
Download unter: www.k-wer.net > Aktuelles

KOORDINIERUNGSSTELLE WINDENERGIERECHT (k:wer)
Interpretation der Ergebnisse des Gutachtens der Airbus Defence and Space GmbH und des Instituts für Flugführung der TU Braunschweig zur Grundsatzuntersuchung von Störeinflüssen auf DVOR- und VOR-Navigationsanlagen inkl. Flugvermessung vom 22.02.2017. Stellungnahme,
Autor: Neven Josipovic
Braunschweig, 30.05.2018
Download unter: www.k-wer.net > Aktuelles

MÜLLER, THORSTEN
Dynamische Ausschreibungsmengen für Windenergie an Land. Diskussionspapier,
Stiftung Umweltenergierecht, Würzburg 2018
(Würzburger Berichte zum Umweltenergierecht, Nr. 31 v. 01.03.2018)
Aus dem Inhalt:
„[…] Ein häufig geäußertes Argument gegen eine deutliche Erhöhung der Ausschreibungsmengen für Windenergie an Land resultiert aus der Sorge um die Wettbewerbsintensität des Ausschreibungsverfahrens und damit um dessen Funktionsfähigkeit. Für die Teilnahme ist das Vorliegen einer Genehmigung nach dem Bundes-Immissionsschutzgesetzes (BImSchG) Voraussetzung, § 36 Abs. 1 Nr. 1 EEG 2017. Nur wenn die Leistung der Anlagen, für die rechtzeitig drei Wochen vor dem Ausschreibungstermin eine Genehmigung vorliegt, die bis dahin zusätzlich auch dem Register gemeldet worden ist, größer ist als die Ausschreibungsmenge, besteht das Risiko für die Bieter, keinen Zuschlag zu erhalten. Allein vor dem Hintergrund einer solchen Wahrscheinlichkeit verhalten sie sich bei der Gebotsabgabe wettbewerblich. Läge das mögliche Angebot genehmigter Projekte unterhalb der Ausschreibungsmenge, wäre es wirtschaftlich rational, Gebote zum maximal zulässigen höchsten Gebotswert des jeweiligen Ausschreibungstermins nach § 36b i. V. m. § 85a EEG 2017 abzugeben. Vor diesem

Hintergrund könnte eine zu starke Anhebung der Ausschreibungsmengen die für funktionierende Ausschreibungen notwendige Knappheit gefährden. […]
Diese Problematik könnte vermieden werden, wenn auf eine gesetzlich festgelegte, in einem konkreten Wert in Megawatt installierter Leistung definierte Ausschreibungsmenge verzichtet würde. An die Stelle der derzeit im EEG 2017 normierten jährlichen Ausschreibungsmengen könnte stattdessen eine Ausbaumenge treten, die nach einer gesetzlich festgelegten Formel in Abhängigkeit der tatsächlichen Gebotsmenge dynamisch bestimmt würde. Damit könnte im Ergebnis eine Synchronisierung der Genehmigungssituation und der Zuschlagsmenge bei gleichzeitiger Gewährleistung einer Wettbewerbsintensität ermöglicht werden. […]“
Download:
http://stiftung-umweltenergierecht.de/wp-content/uploads/2018/02/Stiftung_Umweltenergierecht_WueBerichte_31_Dynamische_Ausbaumenge.pdf

MÜLLER, THORSTEN/NILS WEGNER/FRANK SAILER
Rechtliche Stellungnahme zur Anhörung des Ausschusses für Wirtschaft, Energie und Landesplanung des Landtags Nordrhein-Westfalen am 13. Dezember 2017 zum Antrag der Fraktion der CDU und der Fraktion der FDP „Windenergieausbau in Nordrhein-Westfalen wieder in geordnete Bahnen lenken – Akzeptanz für die Windenergie sichern“ (Drucksache 17/526 vom 05.09.2017),
Stiftung Umweltenergierecht, Würzburg, 11.12.2017
Aus dem Inhalt:
„[…] Die neue Koalition aus CDU und FDP sieht gerade aufgrund des jüngsten Zubaus an Windenergieanlagen erhebliche Akzeptanzprobleme in der Bevölkerung. Bereits in ihrem Koalitionsvertrag haben die Regierungsparteien deshalb zahlreiche Maßnahmen angekündigt und nun in einem Antrag vom 05.09.2017 im Landtag konkretisiert, mit denen das Ziel verfolgt werden solle, die Akzeptanz für den weiteren Ausbau sicherzustellen und den Ausbau unter Berücksichtigung von Rechtssicherheit und Vertrauensschutz für alle Beteiligte „wieder in geordnete Bahnen zu lenken“. Zu den im vorgenannten Antrag genannten Maßnahmen soll aus rechtswissenschaftlicher Sicht im Folgenden Stellung genommen werden. […]“
Download:
http://stiftung-umweltenergierecht.de/wp-content/uploads/2017/12/stiftung_umweltenergierecht_stellungnahme_2017_12_13_landtag_nrw_mueller.pdf

MÜSGENS, FELIX/IEGOR RIEPIN
Is Offshore Already Competitive? Analyzing German Offshore Wind Auctions,
Chair of Energy Economics, Brandenburg University of Technology Cottbus-Senftenberg, Cottbus, Germany, 2018, preprint version
Abstract:
“Two German offshore wind auctions in 2017 and 2018 saw more than 50 % of winning capacity with ‘zero bids’. The nature of these surprisingly low bids is, however, not yet clear. In our paper, we discuss four hypotheses for possible causes for the auction results:

(i) the bids are expected to be profitable due to market development and technological progress, (ii) bids can be perceived as 'options to build' that can be realized if projects are profitable, (iii) bids are adjusted to secure grid access, and (iv) other long term reasons not primarily driven by the profitability of the winning bids.
Our results suggest that there is evidence for all hypotheses to influence the decision making of auction bidders. In fact, we suggest to see the four hypothesis as cumulative value components, which reveal the true value of winning the auction at 'zero cost' in aggregate."
Download:
https://www-docs.b-tu.de/fg-energiewirtschaft/public/Veroeffentlichungen/Preprint_AuD_FMIR.pdf

NOERR LLP
Leitfaden für Mindestabstände von Windenergieanlagen zu Schutzobjekten
„Noerr hat im Auftrag des Landesverbandes Erneuerbare Energien NRW einen Anwendungsleitfaden zur probabilistischen Ermittlung von Mindestabständen zwischen Windenergieanlagen und Schutzobjekten (z. B. Biogasanlagen) erstellt. Der juristische Anwendungsleitfaden fußt in technischer Hinsicht auf einem von der Dr. Ing. Veenker Ingenieurgesellschaft mbH erarbeiteten Generalgutachten und soll maßgeblich zur Rechtssicherheit und Beschleunigung von Genehmigungsverfahren beitragen. […]"
NOERR LLP, Pressemitteilung v. 21.12.2017
Download:
https://www.noerr.com/de/newsroom/News/leitfaden-mindestabst%c3%a4nde-f%c3%bcr-windenergieanlagen-und-schutzobjekte.aspx
Dort können auch der juristische Leitfaden und das Generalgutachten angefordert werden.

reuschlaw Legal Consultants
Memorandum. Verband der TÜV e.V.
Windenergieanlagen – Verantwortung zwischen behördlicher Genehmigung und Betreiberhaftung,
Berlin/Saarbrücken, 23.07.2018
Download unter:
https://www.vdtuev.de/dok_view?oid=722829

SCHMIDT, MAXIMILIAN/FRANK SAILER
Die Anwendung der neuen LAI-Hinweise in der Rechtsprechung und in den Bundesländern. Hintergrundpapier,
Stiftung Umweltenergierecht, Würzburg 2018
(Würzburger Berichte zum Umweltenergierecht, Nr. 33 v. 20.03.2018)
Aus dem Inhalt:

„Die Schallausbreitungsberechnung bei Windenergieanlangen bereitet aktuell sowohl Behörden als auch Vorhabenträgern mitunter Kopfzerbrechen. Hintergrund sind die LAI-Hinweise zur Einführung eines geänderten Berechnungsverfahrens (sog. Interimsverfahren), das bei den Beteiligten für große Rechtsunsicherheit sorgt. Das Interimsverfahren soll Mängel des bisherigen Verfahrens nach der TA Lärm in Verbindung mit der DIN ISO 9613-2 (sog. alternatives Verfahren) beheben. [...]
Als normkonkretisierende Verwaltungsvorschrift sind Behörden und Gerichte an die Vorgaben der TA Lärm und damit das bisherige Verfahren gebunden. Für eine Durchbrechung dieser Bindungswirkung gelten hohe Anforderungen. Es bedarf eines gesicherten neuen Erkenntnisstandes, der den auf dem bisherigen Wissensstand beruhenden Vorgaben die Wertungsgrundlage entzieht. Die überwiegende aktuelle Rechtsprechung hält diese Voraussetzungen für (noch) nicht gegeben und hält folglich an den Vorgaben der TA Lärm fest. [...]
Die meisten Bundesländer haben für ihre Behörden mittlerweile Vorgaben zur Berücksichtigung des Interimsverfahrens gemacht, auch nachdem der LAI-Beschluss vom September 2017 in der Umweltministerkonferenz vom November 2017 zur Kenntnis genommen wurde. Dabei gehen einige Bundesländer vom Vorliegen neuer gesicherter Erkenntnisse aus, andere stellen auf den schon immer bestehenden begrenzten Anwendungsbereich der DIN ISO 9613-2 ab. [...]
Nach dem [...] einführenden Teil (B.) soll zunächst dargestellt werden, wie die Gerichte die Problematik beurteilen (C.). Anschließend werden bisherige Maßnahmen der Bundesländer zur Einführung der LAI-Hinweise aufgeführt (D.). Abschließend sollen einige rechtliche Aspekte näher beleuchtet und weitere Problembereiche aufgezeigt werden (E.).“
Download:
http://stiftung-umweltenergierecht.de/wp-content/uploads/2018/03/Stiftung_Umweltenergierecht_WueBerichte_33_LAI-Hinweise.pdf

SPRÖTGE, MARTIN/ELKE SELLMANN/MARC REICHENBACH
Windkraft Vögel Artenschutz. Ein Beitrag zu den rechtlichen und fachlichen Anforderungen in der Genehmigungspraxis,
Books on Demand (bod), Norderstedt 2018
Inhalt:
„Der Ausbau der Windenergie an Land schreitet voran. Die dafür eingesetzte Technik wird effizienter und die Anlagen werden von politischer Seite mit jahrzehntelanger Perspektive gefördert. Dies hat zur Folge, dass auch Standorte erschlossen werden, die bislang aus Artenschutzgründen freigehalten wurden. Für die Genehmigungsfähigkeit rückt dabei immer stärker die Frage in den Vordergrund, ob von den Vorhaben kollisionsgefährdete Arten betroffen sind. Es werden hier die artenschutzrechtlichen Grundlagen ausführlich dargestellt, bevor einschlägige Rechtsbegriffe veranschaulicht und für die Genehmigungspraxis handhabbar gemacht werden durch eine Kombination der einschlägigen Abstandsempfehlungen mit einer Bewertung von Flugaktivitätsdaten. Dazu werden aus juristischer, umweltplanerischer und ökologischer Sicht konkrete Vorschläge zur Verbesserung und Vereinheitlichung der artenschutzrechtlichen Bewältigung des Tötungsverbotes bei der Genehmigung von Windenergieanlagen formuliert, die – bei ihrer Bewährung – im Zuge der künftigen Leitfäden in den Bundesländern genutzt werden können.“

UMWELTBUNDESAMT (Hrsg.)
Internationale Trends der UVP- und SUP-Forschung und –Praxis. Abschlussbericht,
Durchführung der Studie: Technische Universität Berlin, Fachgebiet Umweltprüfung und Umweltplanung,
Autoren: Anke Rehhausen, Markus Günther, Lisa Odparlik, Gesa Geißler, Johann Köppel, Marianne Hachtmann, Kimberley R. Wood, Denise Schniete, Lena Schuster, Marie Grimm, UBA, Dessau-Roßlau, Oktober 2018
(TEXTE 82/2018)
Inhalt:
„Die Studie ‚Internationale Trends der UVP- und SUP-Forschung und -Praxis' fasst den aktuellen Stand der vor allem in englischsprachigen Fachzeitschriften laufenden Fachdiskussionen im Themenfeld Umweltprüfungen zusammen und zeigt darüber hinaus ausländische Beispiele guter fachlicher Praxis bei Umweltverträglichkeitsprüfungen und Strategischen Umweltprüfungen auf. Die Studie dient dem Wissenstransfer und benennt Forschungs- und Implementierungsbedarfe für Deutschland."
Download:
https://www.umweltbundesamt.de/sites/default/files/medien/1410/publikationen/2018-10-18_texte_82-2018_internationale-trends-umweltpruefungen.pdf

WEGNER, NILS
Fehlerquellen von Windkonzentrationszonenplanungen – ein Update. Hintergrundpapier,
Stiftung Umweltenergierecht, Würzburg 2018
(Würzburger Berichte zum Umweltenergierecht, Nr. 37, 14.12.2018)
Aus dem Inhalt:
„Windkonzentrationszonenplanungen sind das zentrale raumplanerische Instrument zur räumlichen Steuerung von Windenergienutzungen. Viel stärker als andere Raumplanungen stehen sie im Fokus der Öffentlichkeit und auch zahlreicher Kläger. Auch seit Ende 2015 wurden zahlreiche solcher Planungen auf Flächennutzungs- und Regionalplanungsebene beklagt und schließlich gerichtlich aufgehoben. Für die Zukunft konnten in den Verfahren aber zahlreiche bislang uneinheitlich beantwortete Fragen geklärt werden.
Die vorliegende Fehleranalyse soll dabei helfen, die Diskussion um die Fortentwicklung der Konzentrationszonenplanung zu versachlichen und ihr als Grundlage dienen. Mittels der Auswertung der Rechtsprechung können die rechtlich letztlich maßgeblichen Fehler der Planungen herausgearbeitet werden. Ein Rückschluss auf die Fehlerursachen ist demgegenüber nur begrenzt möglich. [...]
Die Analyse lässt nicht den Rückschluss zu, dass Konzentrationszonenplanungen wegen der an sie gestellten hohen Anforderungen nicht rechtssicher möglich sind. Auch dort, wo weiterhin Unklarheiten über einzelne Anforderungen in der Rechtsprechung bestehen, gibt es Wege hiermit rechtssicher umzugehen. Gleichwohl bedarf es weiterer Anstrengungen, um die Rolle von Konzentrationszonenplanungen als Gegengewicht zur Außenbereichsprivilegierung von Windenergienutzungen zu stärken."

Download:
https://stiftung-umweltenergierecht.de/wp-content/uploads/2018/12/Stiftung_Umweltenergierecht_WueBerichte_37_Fehlerquellen_Update_2018-12-12.pdf

WEGNER, NILS
Verfassungsrechtliche Fragen ordnungsrechtlicher Teilhabemodelle am Beispiel des Bürger- und Gemeindenbeteiligungsgesetzes Mecklenburg-Vorpommern,
Stiftung Umweltenergierecht, Würzburg 2018
(Würzburger Studien zum Umweltenergierecht, Nr. 8, März 2018)
Aus dem Inhalt:
„Während die Energiewende als solche und auch der Ausbau der Windenergie in Deutschland allgemein weiterhin hohe Zustimmungswerte in der Bevölkerung haben, stoßen konkrete Windenergievorhaben vor Ort zunehmend auf Widerstand. Um dem zu begegnen, hat der Gesetzgeber in Mecklenburg-Vorpommern mit dem Gesetz über die Beteiligung von Bürgerinnen und Bürgern sowie Gemeinden an Windparks in Mecklenburg-Vorpommern (BüGemBeteilG) ein innovatives, aber auch mit Grundrechtseingriffen verbundenes gesetzliches Instrument geschaffen. Der Gesetzgeber in Mecklenburg-Vorpommern hat damit rechtliches Neuland betreten. Die Verfassungsmäßigkeit des BüGemBeteilG, insbesondere die Gesetzgebungskompetenz des Landes, steht derzeit vor dem Landesverfassungsgericht in Greifswald und auch dem Bundesverfassungsgericht auf dem Prüfstand. […]
Nicht zuletzt vor dem Hintergrund dieser einzelnen Initiativen in den Ländern stellt sich rechtspolitisch die Frage, ob auch aufgrund der Umstellung des EEG-Fördersystems auf Ausschreibungsverfahren eine bundeseinheitliche ‚Akzeptanz'-Regelung für Windenergievorhaben zur Vermeidung von Wettbewerbsverzerrungen angezeigt wäre. Das hier im Fokus stehende BüGemBeteilG könnte sich insoweit als
Steinbruch im besten Sinne oder insgesamt als Vorbild für eine künftige bundesrechtliche Regelung oder – bei Annahme jedenfalls einer inzwischen geschaffenen Regelungskompetenz der Länder auf Grundlage von § 36g Abs. 7 EEG – auch andere Landesgesetzgeber erweisen. Dem steht jedoch wiederum die Notwendigkeit entgegen, landesspezifische Unterschiede hinreichend abzubilden, um zielgenaue Lösungen für Akzeptanzprobleme zu erreichen.
Der vorliegende Beitrag will Leitlinien für mögliche künftige gesetzgeberische Aktivitäten von Bund und Ländern aufzeigen: Hierfür sind die rechtlichen Wesensmerkmale von Instrumenten der finanziellen Teilhabe näher zu betrachten (B.), bevor die durch gesetzlich angeordnete Teilhabemöglichkeiten aufgeworfenen verfassungsrechtlichen Fragestellungen geklärt werden können (C.). Der Beitrag schließt mit einem Fazit (D.) und einer Zusammenfassung der Ergebnisse (E.)."
Download:
http://stiftung-umweltenergierecht.de/wp-content/uploads/2018/03/Stiftung_Umweltenergierecht_WueStudien_08_B%C3%BCGemBeteilG.pdf

WEGNER, NILS/FRANK SAILER
Übergreifende Entwicklungslinien und aktuelle Herausforderungen im Recht der Windenergie. Der Windenergieausbau zwischen Planung, Genehmigung und Förderung,
Stiftung Umweltenergierecht, Würzburg 2018
(Würzburger Studien zum Umweltenergierecht Nr. 10, September 2018)
Aus dem Inhalt:
„[…] Ziel der vorliegenden Studie ist es […], rechtsbereichsübergreifende Entwicklungslinien im Recht der Windenergie bei den zentralen Themen Akzeptanz und Bürgerbeteiligung einerseits (B.) und der räumlichen Steuerung des Windenergieausbaus andererseits (C.) darzustellen und die immer stärkere Verknüpfung und Wechselwirkungen zwischen dem Planungs- und Genehmigungsrecht sowie dem Förderrecht und dem Recht der erneuerbaren Energien aufzuzeigen (D.). Die Besonderheiten des föderalen Systems halten zusätzliche Herausforderungen bereit, die kurz anzusprechen sind (E.), bevor ein Ausblick auf künftige Herausforderungen und dadurch entstehenden Forschungsbedarf gewagt wird (F.).“
Download:
http://stiftung-umweltenergierecht.de/wp-content/uploads/2018/10/Stiftung_Umweltenergierecht_WueStudien_10_Entwicklungslinien_Windenergierecht.pdf

WULFERT, KATRIN/HEIKO KÖSTERMEYER/MARCUS LAU
Arten und Gebietsschutz auf vorgelagerten Planungsebenen,
Bundesamt für Naturschutz, Bonn 2018
(BfN-Skripten 507)
Inhalt:
„Wie die europarechtlichen Vorgaben des Gebiets- und Artenschutzes auf den vorgelagerten Planungsebenen angemessen erfüllt werden können, ist Thema einer aktuell in der Reihe BfN-Skripten (Nr. 507) erschienenen Publikation, die Ergebnisse des gleichnamigen Forschungsprojektes zusammenfasst.
Das Vorhaben liefert eine differenzierte Betrachtung der unterschiedlichen Planungskategorien und ihre Bindungswirkungen (Eignungs-, Vorrang-, Vorbehaltsgebiete, Bindungswirkung der Bundesfachplanung nach § 15 NABEG). Es wurde geprüft, welche Datengrundlagen auf der vorgelagerten Planungseben heranzuziehen sind, und in welchem Umfang und mit welchen Methoden Erhebungen vor Ort erforderlich sind. Außerdem wurde untersucht, welche Aspekte des Prüfprogramms auf welcher Planungs- und Zulassungsebene zu betrachten bzw. abzuschichten sind, und wie die Anforderungen an die Ausnahmeprüfung bereits auf der vorgelagerten Ebene erfüllt werden können.“
Download:
https://www.bfn.de/fileadmin/BfN/service/Dokumente/skripten/Skript507.pdf

V. Verschiedenes

1. Europa

EUROPÄISCHE KOMMISSION
Länderbericht Deutschland 2018 mit eingehender Überprüfung der Vermeidung und Korrektur makroökonomischer Ungleichgewichte,
Brüssel, 07.03.2018 – SWD(2018) 204 final
Aus dem Inhalt:
„Die Anpassung der Stromnetze an die Stromerzeugung aus erneuerbaren Energiequellen in Deutschland kommt zwar voran, allerdings langsam, und erhebliche Investitionen in die Übertragungs- und Verteilernetze stehen noch aus. [...]
Das Fehlen von bzw. der Mangel an inländischen Nord-Süd-Verbindungsleitungen schränkt den Stromhandel mit den Nachbarländern ein, da für den grenzübergreifenden Handel relevante Engpässe im Inland tendenziell an die Grenzen verlagert werden. [...]
Die Endkundenstrompreise in Deutschland gehören trotz wettbewerbsorientierter Großhandelsmärkte und rückläufiger Großhandelspreise nach wie vor zu den höchsten in der EU. [...]
Deutschland wird seine indikativen nationalen Energieeffizienzziele bis 2020 voraussichtlich nicht erreichen. [...]
Deutschland scheint auf einem gutem Wege, sein Ziel für den Anteil der aus erneuerbaren Quellen gewonnenen Energie im Rahmen der Strategie Europa 2020 zu erreichen. [...]
Deutschland wird sein auf nationaler Ebene für 2020 gesetztes Emissionsreduktionsziel voraussichtlich um 4 Prozentpunkte verfehlen. [...]"
Download:
https://ec.europa.eu/info/sites/info/files/2018-european-semester-country-report-germany-de.pdf

Nachhaltiges Finanzwesen: Aktionsplan der Kommission für eine umweltfreundlichere und sauberere Wirtschaft
„Die Europäische Kommission stellt heute [08.03.2018] ihre Strategie für ein Finanzsystem vor, das die EU-Agenda für den Klimaschutz und eine nachhaltige Entwicklung unterstützt. [...] Damit die EU ihre in Paris vereinbarten Klimaziele, wie etwa die 40 %ige Senkung der Treibhausgasemissionen bis 2030, auch erreicht, werden etwa 180 Mrd. EUR zusätzlicher Investitionen benötigt. Daher legt die Kommission heute einen Fahrplan vor, der sich auf die Empfehlungen der hochrangigen Sachverständigengruppe für ein nachhaltiges Finanzwesen stützt und mit dem die Rolle des Finanzsektors bei der Verwirklichung einer gut funktionierenden Wirtschaft, in der aber auch umwelt- und sozialpolitische Ziele umgesetzt werden, gestärkt werden soll. [...]"
Europäische Kommission, Pressemitteilung v. 08.03.2018
Download:
http://europa.eu/rapid/press-release_IP-18-1404_de.htm

Siehe hierzu auch:

EUROPEAN COMMISSION
Financing Sustainable Growth. European Commission Action Plan,
Download:
https://ec.europa.eu/info/sites/info/files/180308-action-plan-sustainable-growth-factsheet_en.pdf

2. Bund

Bundestag

Antwort der Bundesregierung
auf die **Kleine Anfrage** des Abg. Lorenz Gösta Beutin u. w. Abg. und der Fraktion DIE LINKE.
– Drucksache 19/382 –
Mögliche Gefährdung der Energiewende in Bürgerhand durch Ausschreibungsregeln für erneuerbare Energien
BT-Drs. 19/541 v. 26.01.2018
Download:
http://dipbt.bundestag.de/dip21/btd/19/005/1900541.pdf

Antwort der Bundesregierung
auf die **Kleine Anfrage** des Abg. Oliver Krischer u. w. Abg. und der Fraktion BÜNDNIS 90/DIE GRÜNEN
– Drucksache 19/1464 –
Optimierungsmöglichkeiten im Erneuerbare-Energien-Gesetz (EEG)
BT-Drs. 19/1682 v. 16.04.2018
Download:
http://dip21.bundestag.de/dip21/btd/19/016/1901682.pdf

Antwort der Bundesregierung
auf die **Kleine Anfrage** des Abg. Karlheinz Busen u. w. Abg. und der Fraktion der FDP
– Drucksache 19/2616 –
Abstandsflächen für Windenergieanlagen
BT-Drs. 19/3053 v. 28.06.2018
Download:
http://dip21.bundestag.de/dip21/btd/19/030/1903053.pdf

Antwort der Bundesregierung
auf die **Kleine Anfrage** der Abg. Sandra Weeser u. w. Abg. und der Fraktion der FDP
– Drucksache 19/3307 –
Netzengpässe und Netzausbau
BT-Drs. 19/3580 v. 24.07.2018
Download:
http://dipbt.bundestag.de/dip21/btd/19/035/1903580.pdf

Antwort der Bundesregierung
auf die **Kleine Anfrage** des Abg. Dr. Martin Neumann u. w. Abg. und der Fraktion der FDP
– Drucksache 19/2727 –
Koordinierung der Energiepolitiken von Bund und Ländern
BT-Drs. 19/3421 v. 31.07.2018
Download:
http://dip21.bundestag.de/dip21/btd/19/034/1903421.pdf

Antwort der Bundesregierung
auf die **Schriftliche Frage** des Abg. Jürgen Trittin
„Welche Maßnahmen plant die Bundesregierung, um dem drohenden Arbeitsplatzabbau im Bereich der Windenergie wie beim Hersteller Enercon […] entgegenzuwirken, und wann sollen die im Koalitionsvertrag zwischen CDU, CSU und SPD angekündigten Sonderausschreibungen […] auf den Weg gebracht werden?“
BMWi, Schreiben Staatssekretär Dr. Ulrich Nußbaum v. 10.08.2018
Download:
https://www.bmwi.de/Redaktion/DE/Parlamentarische-Anfragen/2018/08-23.pdf?__blob=publicationFile&v=2

Antwort der Bundesregierung
auf die **Kleine Anfrage** des Abg. Oliver Luksic u. w. Abg. und der Fraktion der FDP
– Drucksache 19/3619 –
Kontrolle und Entsorgung von Windkrafträdern
Drs. 19/3835 v. 15.08.2018
Download:
http://dip21.bundestag.de/dip21/btd/19/038/1903835.pdf

Antwort der Bundesregierung
auf die **Kleine Anfrage** des Abg. Dr. Rainer Kraft u. w. Abg. und der Fraktion der AfD
– Drucksache 19/3850 –
Ökologische Langzeitfolgen unrentabler Windkraftanlagen nach Entfall der EEG-Umlage
BT-Drs. 19/4196 v. 10.09.2018
Download:
http://dip21.bundestag.de/dip21/btd/19/041/1904196.pdf

Antwort der Bundesregierung
auf die **Kleine Anfrage** der Abg. Dr. Julia Verlinden u. w. Abg. und der Fraktion BÜNDNIS 90/DIE GRÜNEN
– Drucksache 19/4013 –
Bedrohte Arbeitsplätze in der deutschen Windindustrie
BT-Drs. 19/4383 v. 18.09.2018
Download:
http://dipbt.bundestag.de/dip21/btd/19/043/1904383.pdf

Antwort der Bundesregierung
auf die **Kleine Anfrage** d. Abg. Dr. Julia Verlinden u. w. Abg. und der Fraktion BÜNDNIS 90/DIE GRÜNEN
– Drucksache 19/5749 –
Effekte der Besonderen Ausgleichsregelung und des Eigenverbrauchs auf die EEG-Umlage
BT-Drs. 19/6099 v. 28.11.2018
Download:
http://dipbt.bundestag.de/dip21/btd/19/060/1906099.pdf

Antwort der Bundesregierung
auf die **Kleine Anfrage** d. Abg. Oliver Luksic u. w. Abg. und der Fraktion der FDP
– Drucksache 19/5376 –
Abstandsregelung von Windkraftanlagen in der Nähe von Flugplätzen
BT-Drs. 19/5783 v. 14.11.2018
Download:
http://dipbt.bundestag.de/dip21/btd/19/057/1905783.pdf

Antwort der Bundesregierung
auf die **Kleine Anfrage** d. Abg. Sandra Weeser u. w. Abg. und der Fraktion der FDP – Drucksache 19/5557 –
Koordination der Energiewende
BT-Drs. 19/6024 v. 27.11.2018
Download:
http://dip21.bundestag.de/dip21/btd/19/060/1906024.pdf

Antwort der Bundesregierung
auf die **Kleine Anfrage** der Abg. Sandra Weeser u. w. Abg. und der Fraktion der FDP – Drucksache 19/5558 –
Controlling der Energiewende
BT-Drs. 19/6241 v. 03.12.2018
Download:
http://dip21.bundestag.de/dip21/btd/19/062/1906241.pdf

Antwort der Bundesregierung
auf die **Kleine Anfrage** der Abg. Ingrid Nestle u. w. Abg. und der Fraktion BÜNDNIS 90/DIE GRÜNEN
– Drucksache 19/6199 –
Aufnahme der bedarfsgerechten Nachtkennzeichnung von Windkraftanlagen in das Energiesammelgesetz
BT-Drs. 19/6714 v. 21.12.2018
Download:
http://dip21.bundestag.de/dip21/btd/19/067/1906714.pdf

Potenziale und Grenzen der Windenergie ausgelotet
„Den einen sind sie Grundbaustein und Garant für eine erfolgreiche Energiewende, den anderen Sinnbild für den Verlust von Lebensqualität: Windräder polarisieren. Insofern spiegelte eine Anhörung im von Klaus Ernst (Die Linke) geleiteten Wirtschaftsausschuss, die auf einem Gesetzentwurf der Fraktion Bündnis 90/Die Grünen zur Erhöhung der Ausbaumengen für Windenergie an Land und Solarenergie (19/2108) fußte, die öffentliche, fachliche und politische Stimmungslage gleichermaßen wider. Gleich neun geladene Sachverständige von der Bürgerinitiative bis zum Wasserkraftexperten standen den Abgeordneten am Montag, 25. Juni 2018, Rede und Antwort. […]“
Deutscher Bundestag, Textarchiv, 25.06.2018
Download:
https://www.bundestag.de/dokumente/textarchiv/2018/kw26-pa-wirtschaft-windenergie/560264

Bundesministerium für Wirtschaft und Energie (BMWi)

Sechster Monitoring-Bericht „Energie der Zukunft“
„Der Monitoring-Prozess „Energie der Zukunft“ überprüft, inwieweit die gesteckten Ziele der Energiewende mit Blick auf eine sichere, wirtschaftliche und umweltverträgliche Energieversorgung erreicht und entsprechende Maßnahmen umgesetzt werden. Der Monitoring-Prozess liefert die Grundlage, um bei Bedarf nachsteuern zu können.
Der sechste Monitoring-Bericht dokumentiert den Stand der Energiewende für das Jahr 2016 und bewertet den Fortschritt bei der Erreichung der Ziele. Als Kernstück des Monitoring-Prozesses liefert der jährliche Monitoring-Bericht neue Fakten zur Energiewende. Dazu analysiert der Bericht unter anderem den Fortschritt beim Ausbau der erneuerbaren Energien, die Entwicklung von Energieverbrauch und Energieeffizienz sowie die energiepolitischen Ziele im Gebäudesektor. Darüber hinaus widmet sich der Bericht den Rahmenbedingungen der Energiewende insbesondere im Hinblick auf das energiepolitische Zieldreieck aus Versorgungssicherheit, Bezahlbarkeit und Umweltverträglichkeit. Am Ende des Berichts beschreibt eine tabellarische Übersicht den Umsetzungsstand der entsprechenden Maßnahmen. Indem der Monitoring-Prozess die Transparenz steigert, trägt er zur Akzeptanz der Energiewende bei.“
BMWi, Pressemitteilung v. 27.06.2018
Download:
https://www.bmwi.de/Redaktion/DE/Publikationen/Energie/sechster-monitoring-bericht-zur-energiewende.html

BUNDESMINISTERIUM FÜR WIRTSCHAFT UND ENERGIE (Hrsg.)
Sechster Monitoring-Bericht zur Energiewende. Die Energie der Zukunft. Berichtsjahr 2016,
Berlin 2018 (Stand: Juni 2018)
Download des Monitoring-Berichts:
https://www.bmwi.de/Redaktion/DE/Publikationen/Energie/sechster-monitoring-bericht-zur-energiewende.pdf?__blob=publicationFile&v=20
Download der Kurzfassung des Monitoring-Berichts:
https://www.bmwi.de/Redaktion/DE/Publikationen/Energie/sechster-monitoring-bericht-zur-energiewende-kurzfassung.html

Siehe hierzu auch:

EXPERTENKOMMISSION ZUM MONITORING-PROZESS „ENERGIE DER ZUKUNFT“
Stellungnahme zum sechsten Monitor-Bericht der Bundesregierung für das Berichtsjahr 2016,
Expertenkommission: Andreas Löschel/Georg Erdmann/Frithjof Staiß/Hans-Joachim Ziesing, Berlin/Münster/Stuttgart, Juni 2018

Download:
https://www.bmwi.de/Redaktion/DE/Downloads/S-T/stellungnahme-der-expertenkommission-zum-sechsten-monitoring-bericht.pdf?__blob=publicationFile&v=8

EXPERTENKOMMISSION ZUM MONITORING-PROZESS „ENERGIE DER ZUKUNFT"
Stellungnahme zum sechsten Monitor-Bericht der Bundesregierung für das Berichtsjahr 2016. Zusammenfassung,
Expertenkommission: Andreas Löschel/Georg Erdmann/Frithjof Staiß/Hans-Joachim Ziesing, Berlin/Münster/Stuttgart, Juni 2018
Download:
https://www.bmwi.de/Redaktion/DE/Downloads/S-T/stellungnahme-der-expertenkommission-zum-sechsten-monitoring-bericht-zusammenfassung.pdf?__blob=publicationFile&v=6

BUNDESMINISTERIUM FÜR WIRTSCHAFT UND ENERGIE (Hrsg.)
Bundesbericht Energieforschung 2018. Forschungsförderung für die Energiewende,
Berlin, Stand: Juni 2018
Aus dem Inhalt:
„Der Bundesbericht Energieforschung 2018 gibt einen Überblick über die Förderung der Energieforschung durch die Bundesregierung und schreibt die Zahlen zur Energieforschung der Länder, sowie des EU-Forschungsrahmenprogramms fort. Er stellt in Texten und Grafiken die Fortschritte und aktuellen Entwicklungen im Rahmen des 6. Energieforschungsprogramms dar und wirft einen Blick auf thematisch verwandte Aktivitäten der Bundesregierung. […]"
BMWi, Pressemitteilung v. 11.07.2018
Download:
https://www.bmwi.de/Redaktion/DE/Publikationen/Energie/bundesbericht-energieforschung-2018.html
Download des Bundesberichts:
https://www.bmwi.de/Redaktion/DE/Publikationen/Energie/bundesbericht-energieforschung-2018.pdf?__blob=publicationFile&v=12

BUNDESMINISTERIUM FÜR WIRTSCHAFT UND ENERGIE (Hrsg.)
Erfahrungsbericht nach § 97 EEG (EEG-Erfahrungsbericht)
Berlin, Stand: 27.08.2018
Aus dem Inhalt:
„Die Reformen in den vergangenen Jahren im Erneuerbare-Energien-Gesetz (EEG 2017), im Kraft-Wärme-Kopplungsgesetz (KWKG) und im Energiewirtschaftsgesetz (EnWG) haben wesentlich dazu beigetragen, dass die Energiewende für alle Beteiligten planbarer und kosteneffizierter geworden ist.

Die Einführung von Ausschreibungen im EEG zur Bestimmung der Förderhöhe für große Solaranlagen (> 750 Kilowatt), Windenergie an Land, Windenergie auf See und Biomasse markiert den wohl umfassendsten und grundsätzlichsten Systemwechsel innerhalb der Fördersystematik des EEG. [...]
Die bisherigen Erfahrungen mit Ausschreibungen sind positiv zu beurteilen. Einen Sonderfall bildet hier die Bürgerenergieregelung. Die als Ausnahme gedachten Ausschreibungsbedingungen für Bürgerenergiegesellschaften entwickelten sich zum Regelfall mit möglicherweise negativen Auswirkungen auf die Realisierungswahrscheinlichkeit und den Zubau von Windenergieanlagen an Land in den Jahren 2019 und 2020 sowie insbesondere die Erreichung des nationalen Klimaschutzziels für 2020.
Die Realisierungsraten der Projekte aus den ersten vier Ausschreibungen der Pilotphase der Freiflächen-Ausschreibungsverordnung (FFAV) für PV-Freiflächenanlagen sind positiv zu bewerten. [...] Auch die Marktintegration insbesondere über das Instrument der gleitenden Marktprämie konnte in den letzten Jahren gestärkt werden. Der Kostenanstieg bei der EEG-Umlage wurde begrenzt, ebenso wie die Kosten für die Privilegien für Letztverbraucher im Rahmen der Besonderen Ausgleichsregelung. [...]"
Download:
https://www.erneuerbare-energien.de/EE/Redaktion/DE/Downloads/bmwi_de/eeg-erfahrungsbericht.pdf;jsessionid=A6B4EACEAB5395458EB91B63E5629625?__blob=publicationFile&v=4

„Aktionsplan Stromnetz" vorgestellt

„Im Rahmen seiner Netzausbaureise, hat der Bundesminister für Wirtschaft und Energie, Peter Altmaier, heute [14.08.2018] bei der Bundesnetzagentur in Bonn seinen „Aktionsplan Stromnetz" vorgestellt. [...] Der „Aktionsplan Stromnetz" verfolgt eine Doppelstrategie: Der Netzausbau wird durch besseres Controlling und die Vereinfachung von Planungsverfahren beschleunigt. Gleichzeitig werden mit neuen Technologien und Betriebskonzepten die Bestandsnetze optimiert. [...]
Mit der Novelle des Netzausbaubeschleunigungsgesetzes werden die Planungsverfahren vereinfacht und die Verfahren beschleunigt, zum Beispiel über Anzeigeverfahren für kleine Netzverstärkungsmaßnahmen oder ein Verzicht auf die Bundesfachplanung dort, wo eine vorhandene Trasse genutzt wird. Die Novelle des Netzausbaubeschleunigungsgesetzes wird im Herbst 2018 vorgelegt."
BMWi, Pressemitteilung v. 14.08.2018
Download:
https://www.bmwi.de/Redaktion/DE/Pressemitteilungen/2018/20180814-altmaier-mit-dem-aktionsplan-stromnetz-fuer-eine-sichere-und-bezahlbare-energiewende.html
Download des Aktionsplans Stromnetz:
https://www.bmwi.de/Redaktion/DE/Downloads/A/aktionsplan-stromnetz.pdf?__blob=publicationFile&v=6

BUNDESMINISTERIUM FÜR WIRTSCHAFT UND ENERGIE (Hrsg.)
Innovationen für die Energiewende.
7. Energieforschungsprogramm der Bundesregierung,
Berlin, Stand: September 2018
Aus dem Inhalt zum Thema Windenergie:
„[…] Um das energiepolitische Dreieck einer zuverlässigen, bezahlbaren und umweltschonenden Energieversorgung auch in Zukunft bestmöglich zu erfüllen, ist ein umweltschonender, von der breiten Mehrheit der Bevölkerung getragener, kosteneffizienter Ausbau der Windenergie erforderlich. Deshalb sollen auch in Zukunft Beiträge zur Kostensenkung und zur Erhöhung der Zuverlässigkeit der Windenergie im Fokus der Forschungsförderung stehen. […] Die Akzeptanz des Zubaus soll auch durch geeignete Partizipationsprozesse und innovative technische Lösungen unterstützt werden. […] Die im Konsultationsprozess zum 7. Energieforschungsprogramm geäußerten Erwartungen verschiedenster Akteure aus dem Bereich Windenergie werden sich nur dann erfüllen lassen, wenn eine auf hohem Niveau befindliche und zugleich breit aufgestellte Forschung fortgeführt wird. Sie kann beispielsweise auch im Rahmen eines Offshore-Testfelds erfolgen.
In Zukunft werden ganzheitliche Betrachtungen eine noch größere Rolle bei der Windenergieforschung spielen, vor allem um Konflikte zwischen unterschiedlichen Interessen zu vermeiden, so z. B. die Gewährleistung der Verkehrssicherheit bei der Luft- und Seeschifffahrt. In Deutschland stehen für einen weiteren Ausbau der Windenergie grundsätzlich noch ausreichend nutzbare Flächen on- und offshore zur Verfügung. Einfach erschließbare, windhöffige Standorte an Land werden jedoch seltener, sodass der Ausbau vermehrt im komplexen Gelände erfolgen muss. Es ist daher essenziell, mit geeigneten Verfahren potenziell gute Standorte auszuwählen und dann mit möglichst preiswerten Methoden den Standort über einen längeren Zeitraum zu erkunden. […] Nicht nur für künftige Repowering-Vorhaben ist bei voraussichtlich sinkenden Margen ein sorgfältiges Parklayout vonnöten, das sich z. B. auf die in der Vergangenheit gewonnenen Standortdaten stützen kann. Beim Layout sollte berücksichtigt werden, inwieweit der Park systemdienliches Verhalten zeigen kann. Der bisher im Fokus stehende Energieertrag wird damit um weitere Aspekte ergänzt. Hierfür können Testfelder on- und offshore wichtige Beiträge liefern.
Da zukünftig immer mehr Windenergieanlagen vor dem Rückbau stehen und die Materialvolumina, die in die Windenergie fließen, kontinuierlich hoch sind, müssen auch Fragen des Rückbaus und der Wiederverwendbarkeit geklärt werden. […]“ (S. 41 ff.)
Download:
https://www.bmwi.de/Redaktion/DE/Publikationen/Energie/7-energieforschungsprogramm-der-bundesregierung.pdf?__blob=publicationFile&v=7

Investitionen in Erneuerbare 2017 deutschlandweit gestiegen
„In Deutschland sind die Investitionen in neue Erneuerbare-Energie-Anlagen zum zweiten Mal in Folge gestiegen: von zuletzt 15,4 auf 15,7 Milliarden Euro im vergangenen Jahr. Damit stemmt sich Deutschland weiter erfolgreich gegen die rückläufige Entwicklung, die weltweit zu beobachten ist. […]

Besonders stark sind 2017 die Investitionen im Bereich Windenergie ausgefallen: Mit 10,7 Milliarden Euro machen sie einen Anteil an den Gesamtinvestitionen von knapp 68 Prozent aus. Damit liegt ihr Anteil noch einmal minimal höher als im Jahr zuvor (knapp 67 %). [...]"
BMWi, Energiewende direkt, 09/2018, 16.10.2018
Download:
https://www.bmwi-energiewende.de/EWD/Redaktion/Newsletter/2018/09/Meldung/direkt-erfasst_infografik.html

Bund-Länder-Initiative Windenergie (BLWE)

Protokoll der 27. Sitzung der Bund-Länder-Initiative Windenergie (BLWE) 5. und 6. September 2017,
Aus den Themen:
Aktuelles vom Bund und von den Ländern
Auswertung der Ausschreibungsergebnisse der zweiten Runde
Studie naturverträgliche Energiewende
Diskussion zu zentralen Themenbereichen der 19. Legislaturperiode
Repowering und Weiterbetrieb von Altanlagen
Kompetenzzentrum Naturschutz und Energiewende: Aktueller Stand Fachdialoge
Download:
http://www.erneuerbare-energien.de/EE/Redaktion/DE/Downloads/Protokolle/blwe_protokoll_27.pdf?__blob=publicationFile&v=3

Protokoll der 28. Sitzung der Bund-Länder-Initiative Windenergie (BLWE) am 27. Februar 2018,
Aus den Themen:
Ergebnisse 1. UAG-Sitzung zu Repowering
Aktuelles aus Bund und Ländern
4. Ausschreibungsrunde BNetzA
Hinweise zum Schallimmissionsschutz bei WKA der LAI
Erfahrungen mit WEA im Außenbereich
Ergebnisse UBA-Vorhaben „Flächenanalyse Windenergie an Land"
Regionale Teilhabe
Finanzielle Beteiligung von Kommunen
Download:
https://www.erneuerbare-energien.de/EE/Redaktion/DE/Downloads/Protokolle/blwe_protokoll_28.pdf?__blob=publicationFile&v=2

Protokoll der 29. Sitzung der Bund-Länder-Initiative Windenergie (BLWE) am 11. Juni 2018,
Aus den Themen:
Aktuelles aus Bund und Ländern
4. u. 5. Ausschreibungsrunde
Genehmigungssituation aus Sicht der Länder
Aktuelle Vorhaben des BfN
Hintergrundpapier UBA: Technische Standards und Auflagen zur Minderung akzeptanzhemmender Faktoren der Windenergienutzung an Land
Fachdialoge „Energiewende in der Nähe von UNESCO Welterbe" und "Qualitätssicherung von Fledermausgutachten"
Stärkung der Kommunalen Wertschöpfung
Forschungstestfeld des ZSW
Technische Vergrämungs- und Abschaltsysteme
Technische Systeme/Situation in den Ländern
Flugverhalten windenergiesensibler Vogelarten
Mortalitäts-Gefährdungs-Index in der Windenergieplanung
Download:
https://www.erneuerbare-energien.de/EE/Redaktion/DE/Downloads/Protokolle/blwe_protokoll_29.pdf?__blob=publicationFile&v=2

Bundesamt für Naturschutz (BfN)

Forschungsergebnisse zu Landschaftsbild und Energiewende publiziert
„Der Ausbau der erneuerbaren Energien verändert rasch und zunehmend unsere Landschaften. Aspekte der Landschaftsästhetik finden jedoch in den einschlägigen Planungs- und Zulassungsverfahren kaum Beachtung. Dabei ist deren Berücksichtigung nach Auffassung eines Großteils der Bevölkerung sehr wichtig. Das Landschaftsbild sollte deshalb bei der Planung und Zulassung von Windenergie-, Photovoltaik- und Biomasseanlagen sowie von Pumpspeicherkraftwerken künftig eine größere Rolle spielen. Zugleich sollten die Bürgerinnen und Bürger stärker in Planungs- und Entscheidungsprozesse eingebunden werden. Zu diesem Ergebnis kommt das vom Bundesamt für Naturschutz (BfN) mit Mitteln des Bundesumweltministeriums geförderte Forschungsvorhaben „Landschaftsbild und Energiewende". Die Ergebnisse sowie darauf basierende praxisorientierte Handlungsempfehlungen sind jetzt in zwei Bänden erschienen. [...]"
BfN, Pressemitteilung v. 06.08.2018
Download:
https://www.bfn.de/presse/pressemitteilung.html?no_cache=1&tx_ttnews%5Btt_news%5D=6420&cHash=c7b5b192488c572016f2e5f6d1e5f3d9
Siehe auch unter V.5. > BfN

Bundesamt für Seeschifffahrt und Hydrographie (BSH)

Stromnetzplanung in Nord- und Ostsee: BSH veröffentlicht aktualisierte Bundesfachpläne Offshore

„Als Grundlage für die räumliche Planung der Netzanbindungssysteme hat das BSH in den Bundesfachplänen Offshore (BFO) die technischen und planerischen Vorgaben und Grundsätze für den Bereich der deutschen ausschließlichen Wirtschaftszone der Nord- und Ostsee 2016/2017 aktualisiert. Ab 2018 werden die BFO nicht mehr fortgeschrieben. Stattdessen übernimmt das Bundesamt für Schifffahrt und Hydrographie Aufgaben zur Erstellung des sogenannten Flächenentwicklungsplans. [...] In den BFO werden die Nutzungen für die Energiegewinnung durch Windenergieanlagen betrachtet und geplant. Neben den Windenergieanlagen benötigen Konverter- und Umspannplattformen Platz. Stromkabel müssen die gewonnene Energie an Land transportieren, wozu Trassen ausgewiesen werden. In den BFO sind Flächen für Offshore-Windparks zu Clustern zusammengefasst, um die erforderliche Netzanbindung effizient planen zu können.

Die regelmäßige Anpassung und Aktualisierung der BFO ist eine Forderung des Energiewirtschaftsgesetzes mit dem Ziel einer vorausschauenden und abgestimmten Gesamtplanung für Cluster für Offshore-Windenergie, Stromtrassen und Standorten von Anlagen für Netzanbindungen. Die Fortschreibung berücksichtigt die Vorgaben der maritimen Raumordnung. Die Bundesfachpläne sind mit der Bundesnetzagentur abgestimmt. Die Umweltberichte wurden im Rahmen der begleitend durchgeführten strategischen Umweltprüfung aktualisiert. [...]“

BSH, Pressemitteilung v. 22.12.2017

Download:

http://www.bsh.de/de/Das_BSH/Presse/Pressearchiv/Pressemitteilungen2017/Pressemitteilung21-2017.jsp

BUNDESAMT FÜR SEESCHIFFFAHRT UND HYDROGRAPHIE

Bundesfachplan Offshore für die deutsche ausschließliche Wirtschaftszone der Nordsee 2016/2017 und Umweltbericht

Hamburg, 22. Dezember 2017

(BSH Nr. 7606)

Download:

http://www.bsh.de/de/Meeresnutzung/BFO/Dokumente/BFO_Nordsee_2016_2017.pdf

http://www.bsh.de/de/Meeresnutzung/BFO/Dokumente/Umweltbericht_Nordsee_2016_2017.pdf

BUNDESAMT FÜR SEESCHIFFFAHRT UND HYDROGRAPHIE

Bundesfachplan Offshore für die deutsche ausschließliche Wirtschaftszone der Ostsee 2016 /2017 und Umweltbericht,

Hamburg, 22. Dezember 2017

(BSH Nr. 7607)

Download:
http://www.bsh.de/de/Meeresnutzung/BFO/Dokumente/BFO_Ostsee_2016_2017.pdf
http://www.bsh.de/de/Meeresnutzung/BFO/Dokumente/Umweltbericht_Ostsee_2016_2017.pdf

Offshore-Windenergie: Neue Aufgaben des BSH – Flächenentwicklungsplan und Voruntersuchungen
„[…] Das Windenergie-auf-See-Gesetz (WindSeeG), das am 1. Januar 2017 in Kraft trat, hat dem BSH zwei neue, große Aufgaben zugeschrieben. Die Erstellung des Flächenentwicklungsplans und die Voruntersuchungen kommen zu den bisher bestehenden Aufgaben des BSH – der maritimen Raumordnung sowie der Zulassung und Überwachung von Offshore-Windparks – hinzu. Auf die Zunahme und die stetig wachsende Bedeutung der Aufgaben hat das BSH mit der Einrichtung einer neuen Abteilung „Ordnung des Meeres“ reagiert. […] Wichtige Informationen zur Meeresumwelt, zum Baugrund, zu den Wind- und ozeanographischen Verhältnissen, die die Bieter für die Abgabe von Geboten bei den Ausschreibungsverfahren der BNetzA benötigen, stellt zukünftig der Staat zur Verfügung. Die Untersuchungen selbst werden überwiegend ausgeschrieben. Bei der Auswertung der erhobenen Daten und Informationen arbeitet das BSH mit anderen Behörden wie zum Beispiel dem Bundesamt für Naturschutz, dem Deutschen Wetterdienst und der Bundesanstalt für Wasserbau zusammen. Wie immer werden auch weitere Behörden sowie Öffentlichkeit, Umweltverbände und andere Interessengruppen beteiligt. Die BNetzA veröffentlicht die Auswertungen im Vorfeld der Ausschreibung. […]“
BSH, Pressemitteilung v. 11.01.2018
Download:
http://www.bsh.de/de/Das_BSH/Presse/Pressearchiv/Pressemitteilungen2018/Pressemitteilung02-2018.pdf
Download der Bilanz-Pressekonferenz 2017 am 11.01.2018:
http://www.bsh.de/de/Das_BSH/Presse/Pressearchiv/Pressemitteilungen2018/Pressemitteilung02a-2018.pdf

BUNDESAMT FÜR SEESCHIFFFAHRT UND HYDROGRAPHIE
Vorentwurf Flächenentwicklungsplan 2019 für die deutsche ausschließliche Wirtschaftszone der Nord- und Ostsee
Hamburg, 25. Mai 2018
Aus dem Inhalt:
„[…] Dem BSH liegen Hinweise auf Nutzungskonflikte vor, die eine Festlegung von Cluster 5 (vgl. BFO-N 16/17) als Gebiet N-5 grundsätzlich in Frage stellen. Insbesondere Erwägungen des Vogelschutzes könnten als öffentlicher Belang gegen eine Festlegung sprechen. Auf Kapitel 7 wird verwiesen. […]“
Download:
http://www.bsh.de/de/Das_BSH/Bekanntmachungen/FEP/FEP_Vorentwurf_2019.pdf

BUNDESAMT FÜR SEESCHIFFFAHRT UND HYDROGRAPHIE
Entwurf Untersuchungsrahmen zum Vorentwurf Flächenentwicklungsplan 2019 für die deutsche ausschließliche Wirtschaftszone der Nordsee
Download:
http://www.bsh.de/de/Das_BSH/Bekanntmachungen/FEP/FEP_Entwurf_U-Rahmen_Nordsee_2019.pdf

BUNDESAMT FÜR SEESCHIFFFAHRT UND HYDROGRAPHIE
Entwurf Untersuchungsrahmen zum Vorentwurf Flächenentwicklungsplan 2019 für die deutsche ausschließliche Wirtschaftszone der Ostsee
Download:
http://www.bsh.de/de/Das_BSH/Bekanntmachungen/FEP/FEP_Entwurf_U-Rahmen_Ostsee_2019.pdf

Planung der Windenergie auf See und der Stromnetze in Nord- und Ostsee: BSH startet Öffentlichkeitsbeteiligung zum Entwurf des Flächenentwicklungsplans
„Das BSH hat den Entwurf des Flächenentwicklungsplans 2019 und die Entwürfe der Umweltberichte im Rahmen der Strategischen Umweltprüfung veröffentlicht. Er dient als Grundlage für den zukünftigen Ausbau der Windenergie auf See sowie der zugehörigen Netzanbindungen. Die Flächenentwicklungsplanung bildet die Grundlage für die Voruntersuchung und Ausschreibung der Flächen in einem wettbewerblichen Verfahren. […]“
BSH, Pressemitteilung v. 26.10.2018
Download:
https://www.bsh.de/SharedDocs/Pressemitteilungen/DE/Text_html/html_2018/Pressemitteilung-2018-10-26.html

Bundesnetzagentur (BNetzA)

BUNDESNETZAGENTUR
Hintergrundpapier – Ergebnisse der Ausschreibung für Windenergieanlagen an Land vom 1. November 2017,
Bonn 2017 (veröff. 19.12.2017)
Aus dem Inhalt:
„[…] Besonderheiten des Ausschreibungsverfahrens für Windenergieanlagen an Land sind die unterschiedliche Ermittlung der Höhe der Zahlungen (Gebotspreis- und Einheitspreisverfahren in einer Ausschreibung), die abweichenden finanziellen und materiellen Präqualifikationen (mit / ohne BImSchG-Genehmigung) und die unterschiedlichen Realisierungsfristen zwischen Bürgerenergiegesellschaften (BEG) und den übrigen Bietern sowie eine Begrenzung der Zuschlagsmenge im Netzausbaugebiet.

Das vorliegende Hintergrundpapier stellt die wesentlichen Ergebnisse der dritten Ausschreibungsrunde vom 1. November 2017 dar. […]"
Download:
https://www.bundesnetzagentur.de/SharedDocs/Downloads/DE/Sachgebiete/Energie/Unternehmen_Institutionen/Ausschreibungen_2017/Hintergrundpapiere/Hintergrundpapier_OnShore_01_11_2017.pdf?__blob=publicationFile&v=3

Festlegung zu Verteilernetzausbaugebieten: Erster Schritt für gemeinsame Ausschreibungen für Windenergie- und Solaranlagen
„Die Bundesnetzagentur hat heute durch eine Festlegung Bestimmungen für die gemeinsamen Ausschreibungen von Windenergieanlagen an Land und Solaranlagen im April 2018 getroffen. In den gemeinsamen Ausschreibungen werden Anlagen, die in einem sogenannten Der Gebotsaufschlag, die sogenannte Verteilernetzkomponente, wird vor der Ausschreibung für jedes Verteilernetzausbaugebiet für Windenergieanlagen und Solaranlagen getrennt berechnet. Mit dem Gebotsaufschlag sollen Kosten der Netz- und Systemintegration, die durch den Zubau neuer Windenergieanlagen und Solaranlagen in den Verteilernetzen entstehen, berücksichtigt werden.
Die Verteilernetzkomponente wird im Rahmen der Gebotsreihung zu dem Gebotswert addiert, nicht aber bei einer möglichen späteren Vergütung berücksichtigt.
Verteilernetzausbaugebiet errichtet werden sollen, mit einem Gebotsaufschlag belegt. […]"
BNetzA, Pressemitteilung v. 22.12.2017
Download:
https://www.bundesnetzagentur.de/SharedDocs/Pressemitteilungen/DE/2017/22122017_GEMA.html?nn=265778

Bundesnetzagentur bestätigt Netzentwicklungspläne 2017–2030 mit Umweltbericht
„Die Bundesnetzagentur hat heute [22.12.2017] den Netzentwicklungsplan und den Offshore-Netzentwicklungsplan Strom 2017-2030 bestätigt. […] Die Bundesnetzagentur hat insgesamt 96 der 165 von den Übertragungsnetzbetreibern vorgeschlagenen Maßnahmen bestätigt. Der Netzentwicklungsplan Strom 2017-2030 umfasst damit im Vergleich zum geltenden Bundesbedarfsplan knapp 1.000 zusätzliche Trassenkilometer, von denen der Großteil als Verstärkung bereits bestehender Verbindungen geplant ist. […] Die Bundesnetzagentur schlägt 16 neue Vorhaben zur Aufnahme in den Bundesbedarfsplan vor. Diese Vorhaben sind unabhängig von zukünftigen Weichenstellungen in jedem Falle notwendig und nachhaltig. […] Für die Anbindung von Offshore-Windparks bestätigt die Bundesnetzagentur für den Zeitraum zwischen 2026 und 2030 je zwei weitere Anbindungssysteme in Nord- und Ostsee. Zusammen mit den bereits in vorangegangenen Offshore-Netzentwicklungsplänen bestätigten Leitungen sind damit insgesamt fünf Anbindungen in der Ostsee und drei in der Nordsee bestätigt. […] Zusammen mit der Bestätigung der Netzentwicklungspläne hat die Bundesnetzagentur auch einen überarbeiteten Umweltbericht veröffentlicht. Er beschreibt und bewertet die Umweltauswirkungen der bestätigten Netzausbauprojekte. […]"

BNetzA, Pressemitteilung v. 22.12.2017
Download:
https://www.bundesnetzagentur.de/SharedDocs/Pressemitteilungen/DE/2017/22122017_ONEP.html?nn=265778
Weiteres unter www.netzausbau.de/2030-nep-ub

Bundesnetzagentur veröffentlicht Auswertung „EEG-in-Zahlen 2016"
„Die Bundesnetzagentur gibt mit dem Bericht „EEG in Zahlen" für das Jahr 2016 einen umfassenden Überblick über die Kernaspekte der erneuerbaren Energien in Deutschland heraus. In diesem Jahr enthält der Bericht erstmals auch Statistiken zu den Ausschreibungen und zur EEG-Umlage für selbstverbrauchten Strom. [...] Die Auswertungen zu den Ausschreibungen zeigen anschaulich, dass sie von einem hohen Wettbewerbsniveau geprägt waren. Dies führte zu sinkenden Zuschlägen. Bei Windenergieanlagen an Land sank der durchschnittliche mengengewichtete Zuschlagswert innerhalb von drei Ausschreibungsrunden von 5,17 ct/kWh auf 3,82 ct/kWh. [...]"
BNetzA, Pressemitteilung v.22.12.2017
Download:
https://www.bundesnetzagentur.de/SharedDocs/Pressemitteilungen/DE/2017/22122017_EEGIZ.html?nn=265778
Weiteres unter: www.bundesnetzagentur.de/eegiz

Bundesnetzagentur beteiligt Öffentlichkeit am Szenariorahmen Strom 2019-2030
„Die Bundesnetzagentur konsultiert ab heute den Entwurf des Szenariorahmens. Die Übertragungsnetzbetreiber haben darin mögliche Szenarien für die Netzentwicklungsplanung im Strombereich bis zum Jahr 2030 abgebildet. [...] Die Übertragungsnetzbetreiber erstellen alle zwei Jahre einen Szenariorahmen. Dieser beschreibt mit Hilfe von vier Szenarien die wahrscheinliche Entwicklung des Stromsektors. Der aktuelle Szenariorahmen reicht bis zu den Jahren 2030 und 2035.
Die Übertragungsnetzbetreiber schlagen aktuell eine Szenariengestaltung vor, in der die Energiewende mit unterschiedlichen technischen Ausprägungen und Umsetzungsgeschwindigkeiten realisiert wird. Die Szenarien orientieren sich dabei an den aktuell geltenden gesetzlichen Rahmenbedingungen und energiepolitischen Zielen der Bundesregierung. [...]"
BNetzA, Pressemitteilung v. 17.01.2018
Download:
https://www.bundesnetzagentur.de/SharedDocs/Pressemitteilungen/DE/2018/20180117_SR2019-2030.html
Dort auch weitere Informationen.

Bundesnetzagentur startet zweite Ausschreibung für Offshore-Windenergieanlagen
„Die Bundesnetzagentur hat heute [30.01.2018] die Bedingungen der zweiten Ausschreibung für die Netzanbindung und Vergütung von Offshore-Windparks bekannt gegeben. […] Den Zuschlag erhalten die Projekte mit den niedrigsten Gebotswerten, das heißt mit dem niedrigsten Förderbedarf. […] Der Gesetzgeber hat […] den Höchstwert für Gebote in der zweiten Ausschreibung von 12 ct/kWh auf 10 ct/kWh abgesenkt. Außerdem hat er Gebote mit einem negativen Gebotswert von der Teilnahme an der zweiten Ausschreibung ausgeschlossen. […] Das Ausschreibungsvolumen beträgt 1.610 Megawatt. […] Anders als in der ersten Ausschreibung sind in der zweiten Ausschreibung Gebote von Offshore-Windparks in der Ostsee bevorzugt zu bezuschlagen. […]
Die zweite Ausschreibung nach dem Windenergie-auf-See-Gesetz erfolgt zum 1. April 2018. Teilnahmeberechtigt sind Offshore-Windparks, die vor August 2016 genehmigt worden sind bzw. einen fortgeschrittenen Genehmigungsstand aufweisen und nach dem 31. Dezember 2020 in Betrieb genommen werden. Weitere Voraussetzungen betreffen die Lage der Offshore-Windparks innerhalb der Nord- und Ostsee. […] Die Gebote sind bis zum 3. April 2018 an die Bundesnetzagentur in Bonn zu richten. […]“
BNetzA, Pressemitteilung v. 30.01.2018
Download:
https://www.bundesnetzagentur.de/SharedDocs/Pressemitteilungen/DE/2018/20180130_
Windaufseeausschreibungen.html
Weiteres unter: www.bundesnetzagentur.de/BK6-18-001

Bundesnetzagentur startet gemeinsame Ausschreibungen für Windenergieanlagen an Land und Solaranlagen
„Die Bundesnetzagentur hat heute [19.02.2018] die erste Ausschreibungsrunde der gemeinsamen Ausschreibungen für Windenergieanlagen an Land und Solaranlagen für den Gebotstermin 1. April 2018 eröffnet.
Bei diesen Ausschreibungen ist die Abgabe von Geboten jeweils für Windenergie- und Solaranlagen möglich. Damit findet zum ersten Mal eine technologieübergreifende Ausschreibung zur Ermittlung der Förderhöhe für die Stromerzeugung aus erneuerbaren Energien statt. Die Technologien treten in einen direkten Wettbewerb um die geringsten Kosten der Stromerzeugung. […]
Bei Geboten für Windenergieanlagen an Land wird die Vergütung anders berechnet, da das sog. Referenzertragsmodell nicht angewendet wird. Der Zuschlagswert wird deshalb unabhängig vom Standort der Anlage zur Berechnung der Förderung verwendet. Zudem werden die Privilegien der Bürgerenergiegesellschaften in den gemeinsamen Ausschreibungen generell nicht angewendet. […]
Die größte Besonderheit bei diesen Ausschreibungen sind – neben der Technologieoffenheit – die sogenannten Verteilernetzausbaugebiete und die Verteilernetzausbaukomponente. Mit ihnen sollen die Kosten der Netz- und Systemintegration, die durch den Zubau neuer Windenergie- und Solaranlagen in den Verteilernetzen entstehen, bei der Ausschreibung berücksichtigt werden. […]

Ausgeschrieben werden 200 Megawatt. Bieter können ihre Gebote bis zum 3. April 2018 abgegeben […]. Das Höchstgebot beträgt für beide Technologien 8,84 Cent/kWh. Weitere Teilnahmevoraussetzung für Windenergieanlagen an Land ist die bundesimmissionsschutzrechtliche Genehmigung zur Errichtung der Anlage und deren Meldung an das Anlagenregister bis zum 13. März 2018. […]“
BNetzA, Pressemitteilung v. 19.02.2018
Download:
https://www.bundesnetzagentur.de/SharedDocs/Pressemitteilungen/DE/2018/20180219_GEMA.html?nn=265778

Bundesnetzagentur gibt Ergebnisse der Ausschreibungen für Wind und Solar zum Gebotstermin 1. Februar 2018 bekannt
„Die Bundesnetzagentur hat heute [20.02.2018] die Zuschläge der Ausschreibungen für Windenergie an Land sowie Solarenergie zum Gebotstermin 1. Februar 2018 erteilt. Die beiden Gebotstermine fielen auf denselben Tag, es waren jedoch zwei getrennte Verfahren. […]
Die Ergebnisse der Ausschreibungen für Windenergie an Land waren mit Spannung erwartet worden, da auch die Bürgerenergiegesellschaften erstmals nur mit einer Genehmigung teilnehmen konnten.
Diesmal wurde die ausgeschriebene Menge von 700 Megawatt nur knapp überzeichnet: Es gingen 132 Gebote mit einem Umfang von 989 Megawatt ein. Davon erhielten 83 Gebote mit einem Volumen von 709 Megawatt einen Zuschlag. 19 Zuschläge gingen an Bürgerenergiegesellschaften. Länder mit den meisten Zuschlägen sind Niedersachsen mit 17 (154 Megawatt), Brandenburg mit 13 (106 Megawatt), Nordrhein-Westfalen mit zwölf (61 Megawatt) und Rheinland-Pfalz mit elf (124 Megawatt) Zuschlägen. Das Netzausbaugebiet hatte in dieser Ausschreibung keine Auswirkungen auf die Zuschlagsentscheidungen. […] Der durchschnittliche Zuschlagswert liegt bei 4,73 ct/kWh. […]
Die nächste Ausschreibung für die beiden Technologien ist die gemeinsame Ausschreibung am 1. April 2018. Die nächste Ausschreibung für Windenergie an Land ist am 1. Mai 2018; der nächste Gebotstermin für Solaranlagen ist der 1. Juni 2018.“
BNetzA, Pressemitteilung v. 20.02.2018
Download:
https://www.bundesnetzagentur.de/SharedDocs/Pressemitteilungen/DE/2018/20180220_Ausschreibungen.html;jsessionid=D47A708B9A52EA9446A42BED554DCEB3

Fördersätze für Windenergie an Land sinken ab Juli 2018 erneut um 2,4 Prozent
„Die Bundesnetzagentur hat heute [28.02.2018] bekannt gegeben, dass die Vergütung nach dem Erneuerbare-Energien-Gesetz (EEG) für Windenergieanlagen an Land außerhalb der Ausschreibung, die ab 1. Juli 2018 in Betrieb genommen werden erneut um 2,4 Prozent gekürzt wird. Das betrifft insbesondere Anlagen, die im Jahr 2016 oder früher genehmigt wurden, noch in diesem Jahr in Betrieb gehen werden und deshalb unter den Bestandsschutz fallen. […]

Maßgeblich für die Berechnung der Vergütungshöhe für Anlagen, die ab dem 1. Juli 2018 in Betrieb genommen werden, ist die Zubauhöhe zwischen Februar 2017 und Ende Januar 2018. Der Brutto-Zubau von Windenergieanlagen an Land lag in diesem Zeitraum mit etwa 5.378 Megawatt deutlich oberhalb des Ausbaupfads. Entsprechend wird die Vergütung um den maximal möglichen Prozentsatz in Höhe von 2,4 Prozent abgesenkt. […]"
BNetzA, Pressemitteilung v. 28.02.2018
Download:
https://www.bundesnetzagentur.de/SharedDocs/Pressemitteilungen/DE/2018/20180228_Foerdersaetze.html?nn=265778

Bundesnetzagentur startet zweite Ausschreibung 2018 für Windenergie an Land
„Die Bundesnetzagentur hat heute [06.03.2018] die zweite Ausschreibungsrunde dieses Jahres für Windenergieanlagen an Land eröffnet.
Das Ausschreibungsvolumen beträgt 670.161 Kilowatt […] Im Netzausbaugebiet, das wesentliche Teile Norddeutschlands umfasst, können 222.713 Kilowatt bezuschlagt werden. Gebotstermin dieser Ausschreibung ist der 1. Mai 2018. Das Höchstgebot beträgt 6,3 Cent/kWh – abzugeben für den Referenzstandort, so dass die Höhe der später für den tatsächlichen Standort zu gewährenden tatsächlichen Zahlungen abweichen kann. Die Gebote mit der niedrigsten Förderhöhe erhalten den Zuschlag, bis das Volumen der Ausschreibungsrunde erreicht ist. Es gilt das Gebotspreisverfahren, in dem der Zuschlagswert dem angebotenen Wert entspricht. Für Bürgerenergiegesellschaften gilt abweichend der letzte und damit höchste Zuschlag, der noch erteilt wurde.
Teilnahmevoraussetzung für sämtliche Gebote – auch diejenigen der Bürgerenergiegesellschaften – ist, dass die Anlage eine Genehmigung nach dem Bundesimmissionsschutzgesetz erhalten hat und die Genehmigung im Marktstammdatenregister bei der Bundesnetzagentur bis zum 11. April 2018 registriert wurde. Die anderen Regelungen für Bürgerenergiegesellschaften, wie zum Beispiel eine verminderte Sicherheitsleistung, gelten in dieser Runde weiter. Bieter können ihre Gebote bis Mittwoch, den 2. Mai 2018, 24:00, abgeben. […]"
BNetzA, Pressemitteilung v. 06.03.2018
Download:
https://www.bundesnetzagentur.de/SharedDocs/Pressemitteilungen/DE/2018/20180306_windausschreibungen18-2.html;jsessionid=B7E9D1DF3B6B339FEAA452AAE3FCA4F3

BUNDESNETZAGENTUR (Hrsg.)
Hinweis zur Zuordnung von Zuschlägen zu genehmigten Windenergieanlagen an Land § 36g EEG,
Berlin, April 2018
Aus dem Inhalt:
„Bürgerenergiegesellschaften, die einen Zuschlag für Gebote erhalten haben, die ohne eine immissionsschutzrechtliche Genehmigung abgegeben wurden, müssen bei der Bundesnetzagentur die Zuordnung des Zuschlags zu genehmigten Windenergieanlagen an Land beantra-

gen. Erst nach erfolgreichem Durchlaufen dieses Zuordnungsverfahrens liegt ein wirksamer Zuschlag vor, der den Netzbetreiber nach der Inbetriebnahme der Anlage zu Zahlungen nach dem EEG berechtigt und verpflichtet.
Das Zuordnungsverfahren ist in § 36g Absatz 2 und 3 EEG normiert: Voraussetzung des Antrags auf Zuschlagszuordnung ist, dass eine Genehmigung nach dem Bundes-Immissionsschutzgesetz (BImSchG) für jede Windenergieanlage an Land vorliegt, der der Zuschlag zugeordnet werden soll. […]"
Download:
https://www.bundesnetzagentur.de/SharedDocs/Downloads/DE/Sachgebiete/Energie/Unternehmen_Institutionen/Ausschreibungen/Onshore/Hinweis36gEEG.pdf?__blob=publicationFile&v=1

Ergebnisse der gemeinsamen Ausschreibung von Wind- und Solaranlagen
„Die Bundesnetzagentur hat heute [12.04.2018] die Zuschläge der ersten gemeinsamen Ausschreibung für Windenergieanlagen an Land und Solaranlagen erteilt. […] Es haben ausschließlich Gebote für Solaranlagen Zuschläge erhalten. […] Es wurden 32 Zuschläge für Gebote in einem Umfang von 210 Megawatt erteilt. […]
Das EEG sieht gemeinsame Ausschreibungen mit Pilotcharakter vor, in denen Technologien in einen Wettbewerb treten. Es sind 54 Gebote eingegangen, davon 18 für Windenergieanlagen an Land und 36 für Solaranlagen. […]
Die bei der Bundesnetzagentur eingegangenen Gebote hatten ein Volumen von 395 Megawatt. Damit war das Ausschreibungsvolumen von 200 Megawatt doppelt überzeichnet. Der mengengewichtete Gebotswert betrug für Solaranlagen 4,82 ct/kWh und für Windenergieanlagen an Land 7,23 ct/kWh. […]
Die nächste Ausschreibung für Windenergie an Land ist am 1. Mai 2018; der nächste Gebotstermin für Solaranlagen ist der 1. Juni 2018. […]"
BNetzA, Pressemitteilung v. 12.04.2018
Download:
https://www.bundesnetzagentur.de/SharedDocs/Pressemitteilungen/DE/2018/20180412_GEMA18_1.html;jsessionid=B3554CD9A83600BB191C7E77A209DBCC

Ergebnisse der zweiten Ausschreibung für Offshore-Windparks
„Die Bundesnetzagentur hat heute [27.04.2018] die Zuschläge in der zweiten Ausschreibung für Offshore-Windparks verkündet. […] Mit 4,66 Cent/kWh liegt der mittlere gewichtete Zuschlagswert über dem entsprechenden Wert der ersten Ausschreibung 2017 von 0,44 Cent/kWh. Dabei ist zu berücksichtigen, dass im Vergleich zur ersten Ausschreibung weniger Gebote abgegeben wurden, da nur bestehende Projekte teilnehmen konnten, die in der ersten Ausschreibung keinen Zuschlag erhalten hatten. Zudem waren, anders als in der ersten Ausschreibung, Gebote von Offshore-Windparks in der Ostsee bevorzugt zu bezuschlagen. […]
Unter Berücksichtigung des verfügbaren Ausschreibungsvolumens von 1.610 Megawatt und der noch freien Kapazität der Anbindungsleitungen konnten sechs Gebote bezuschlagt wer-

den. […] Von den bezuschlagten Projekten liegen jeweils drei in der Nord- bzw. Ostsee. […] Mit der jetzt abgeschlossenen zweiten Ausschreibung endet die sogenannte Übergangsphase, in der insgesamt 3.100 Megawatt unter bestehenden Projekten ausgeschrieben worden waren. […] Für Offshore-Windparkprojekte, die ab 2026 in Betrieb gehen, erfolgt die Ausschreibung ab 2021 im sogenannten ‚zentralen Modell'."
BNetzA, Pressemitteilung v. 27.04.2018
Download:
https://www.bundesnetzagentur.de/SharedDocs/Pressemitteilungen/DE/2018/20180427_Offshore.html?nn=265778

Bundesnetzagentur gibt Netzreservebedarf bekannt
„Die Bundesnetzagentur hat heute [30.04.2018] die erforderliche Netzreserve für das kommende Winterhalbjahr 2018/2019 und das Jahr 2020/2021 bestätigt. […] Der Bedarf an Erzeugungskapazitäten aus Netzreservekraftwerken liegt sowohl im Winter 2018/2019 als auch im Winter 2020/2021 bei jeweils 6.600 Megawatt. Verglichen mit dem im vergangenen Winterhalbjahr festgestellten Bedarf in Höhe von 10.400 Megawatt reduziert sich der Netzreservebedarf um 3.800 Megawatt. Grund hierfür ist insbesondere das am 01. Oktober 2018 startende Engpassmanagementverfahren zwischen dem deutschen und dem österreichischen Marktgebiet. […] Von einer Trendwende bei der vorzuhaltenden Leistung aus Netzreservekraftwerken kann jedoch nicht gesprochen werden. So könnte sich der Netzreservebedarf je nach Entwicklung der Kraftwerksstillegungen sowie durch die Forderungen des ‚Clean Energy Package' der Europäischen Kommission nach deutlich mehr Kapazitäten für den grenzüberschreitenden Handel wieder erhöhen. […] Die Vorhaltung der Netzreserve dient dazu, Überlastungen im Übertragungsnetz zu verhindern, die aufgrund des noch unzureichenden Netzausbaus bestehen. […]"
BNetzA, Pressemitteilung v. 30.04.2018
Download:
https://www.bundesnetzagentur.de/SharedDocs/Pressemitteilungen/DE/2018/20180430_Netzreserve.html?nn=265778

Bundesnetzagentur stellt Jahresbericht 2017 vor
„Die Bundesnetzagentur hat heute [08.05.2018] ihren Jahresbericht für das Jahr 2017 vorgestellt. […] 2017 gab es beim Ausbau der Stromnetze deutliche Fortschritte in den Genehmigungsverfahren. Die Bundesfachplanung, das Verfahren zur Festlegung eines Trassenkorridors, konnte in vielen Projekten vorangetrieben werden. Für die Gleichstromvorhaben SuedLink und SuedOstLink wurden in allen Abschnitten die Antragskonferenzen durchgeführt und die jeweiligen Untersuchungsrahmen festgelegt. Auch bei der Gleichstromverbindung zwischen Niedersachsen und Baden-Württemberg gibt es Fortschritte. […] Parallel prüft die Bundesnetzagentur regelmäßig, welcher zusätzliche Ausbau im Stromnetz für die Energiewende erforderlich sein wird. […] Die Bundesnetzagentur berücksichtigt hierbei die Vorgaben des Koalitionsvertrags. Dies betrifft insbesondere die Erhöhung des Anteils der Erneuerbaren Energien

auf 65 Prozent bis 2030. Eine Erhöhung des Anteils wird voraussichtlich zu einem erhöhten Netzausbaubedarf führen, auch wenn alle Alternativen und Maßnahmen zur Reduzierung des Netzausbaubedarfs berücksichtigt werden. […]"
BNetzA, Pressemitteilung v. 08.05.2018
Download:
https://www.bundesnetzagentur.de/SharedDocs/Pressemitteilungen/DE/2018/20180508_Jahresbericht2017.html?nn=265778

Ergebnisse der zweiten Ausschreibung für Wind an Land 2018
„Die Bundesnetzagentur hat heute [17.05.2018] die Zuschläge der zweiten Ausschreibung für Windenergie an Land in diesem Jahr erteilt. […] Der durchschnittliche Zuschlagswert liegt bei 5,73 ct/kWh. In der vorhergehenden Ausschreibungsrunde aus dem Februar 2018 lagen die Zuschläge im Durchschnitt bei 4,73 ct/kWh.
Mit 5,73 Cent pro Kilowattstunde liegt der durchschnittliche Zuschlagswert auf dem Niveau der Ausschreibung im Mai 2017 (5,71 ct/kWh), an der Bürgerenergiegesellschaften mit Projekten ohne bundesimmissionsschutzrechtliche Genehmigung teilnehmen konnten.
Erstmalig war die ausgeschriebene Menge von 670 Megawatt unterzeichnet: Es gingen 111 Gebote mit einem Umfang von 604 Megawatt ein.
Bürgerenergiegesellschaften waren mit 15 erfolgreichen Geboten im Umfang von 113 Megawatt beteiligt und bekommen als Zuschlagswert den Gebotswert des höchsten noch bezuschlagten Gebots (6,28 ct/kW). Die meisten Zuschläge gingen an Bieter in Nordrhein-Westfalen (33 Zuschläge, 138 Megawatt) und Brandenburg (16 Zuschläge, 87 Megawatt). Das Netzausbaugebiet hatte in dieser Ausschreibung wieder keine Auswirkungen auf die Zuschlagsentscheidung."
BNetzA, Pressemitteilung v. 17.05.2018
Download:
https://www.bundesnetzagentur.de/SharedDocs/Pressemitteilungen/DE/2018/20180517_Windausschreibung.html;jsessionid=7A3F686676A105F6D3F615BE21FBD5AC

Fördersätze für Windenergie an Land sinken ab Oktober 2018 erneut
„[…] Die Bundesnetzagentur hat heute [01.06.2018] die Fördersätze nach dem Erneuerbare-Energien-Gesetz (EEG) für Windenergieanlagen an Land bekannt gegeben, die nicht an Ausschreibungen teilnehmen müssen und von Oktober bis Dezember 2018 den Betrieb aufnehmen werden. Demnach sinken die Zahlungsansprüche für diese Anlagen zum fünften Mal in Folge um maximal mögliche 2,4 Prozent. Seit Anfang 2017 ist die Förderhöhe damit um rund 17 Prozent gefallen. Dies betrifft insbesondere Anlagen, die noch unter den Bestandsschutz fallen. […]"
BNetzA, Pressemitteilung v. 01.06.2018
Download:
https://www.bundesnetzagentur.de/SharedDocs/Pressemitteilungen/DE/2018/20180601_Foerdersaetze.html?nn=265778

Bundesnetzagentur genehmigt neuen Szenariorahmen Strom
„Die Bundesnetzagentur hat heute [15.06.2018] den Szenariorahmen für den nächsten Netzentwicklungsplan Strom genehmigt. Die Übertragungsnetzbetreiber haben damit die Grundlage, um den weiteren Netzausbaubedarf bis zum Jahr 2030 zu ermitteln. […]
Im neuen Szenariorahmen für das Zieljahr 2030 in der Version 2019 haben sich die Szenarien gegenüber dem letzten Szenariorahmen maßgeblich verändert. Der Grund hierfür sind die neuen Zielsetzungen des Koalitionsvertrages. Ein Anteil von 65 Prozent Erneuerbarer Energien am Bruttostromverbrauch bis 2030 ist in allen Szenarien enthalten, wird jedoch durch unterschiedliche Ausbaupfade der Erneuerbaren Energien erreicht. Damit folgt die Bundesnetzagentur vielen Forderungen aus der Öffentlichkeitsbeteiligung.
Sonderausschreibungen für Onshore-Windenergie und Photovoltaik sowie höhere Offshore-Windenergiemengen sind ebenfalls Teil des neuen Szenariorahmens.
Auf Basis des heute genehmigten Szenariorahmens ist jetzt ein Netzentwicklungsplan zu erstellen. Die Übertragungsnetzbetreiber sind verpflichtet, dabei neue und innovative technische Ansätze für Netzbetriebsmittel sowie deren Betrieb darzustellen. Deren Eignung zur Erhöhung der Transportkapazität und die bestmögliche Nutzung des Bestandsnetzes sind zudem von den Übertragungsnetzbetreibern zu bewerten.
Der konsultierte Entwurf für den Netzentwicklungsplan 2019-2030 ist bis zum 15. April 2019 bei der Bundesnetzagentur einzureichen.
Der Szenariorahmen ist unter www.netzausbau.de/2019-2030-sr veröffentlicht."
BNetzA, Pressemitteilung v. 15.06.2018
Download:
https://www.bundesnetzagentur.de/SharedDocs/Pressemitteilungen/DE/2018/20180615_SR.html?nn=265778

Bundesnetzagentur startet dritte Ausschreibung 2018 für Windenergie an Land
„Die Bundesnetzagentur hat heute []26.06.2018] die dritte Ausschreibungsrunde dieses Jahres für Windenergieanlagen an Land eröffnet. Das Ausschreibungsvolumen beträgt 670.161 Kilowatt […]. Im Netzausbaugebiet, das wesentliche Teile Norddeutschlands umfasst, können 314.121 Kilowatt bezuschlagt werden. Gebotstermin dieser Ausschreibung ist der 1. August 2018. Das Höchstgebot beträgt 6,3 Cent/kWh – abzugeben für den Referenzstandort […]. Teilnahmevoraussetzung für sämtliche Gebote – auch diejenigen der Bürgerenergiegesellschaften – ist, dass die Anlage eine Genehmigung nach dem Bundesimmissionsschutzgesetz erhalten hat und die Genehmigung im Marktstammdatenregister bei der Bundesnetzagentur bis zum 11. Juli 2018 registriert wurde. Die anderen Regelungen für Bürgerenergiegesellschaften, wie zum Beispiel eine verminderte Sicherheitsleistung, gelten in dieser Runde weiter. […]"
BNetzA, Pressemitteilung v. 26.06.2018
Download:
https://www.bundesnetzagentur.de/SharedDocs/Pressemitteilungen/DE/2018/20180626_WindAnLand.html?nn=265778

Bundesnetzagentur startet nächste EEG Ausschreibungen

„Die Bundesnetzagentur startet heute [15.08.2018] Ausschreibungen für Windenergieanlagen an Land und für Solaranlagen zum Gebotstermin 1. Oktober 2018.

In beiden Ausschreibungen werden die Zuschläge grundsätzlich nach dem Gebotspreisverfahren vergeben. Im Gebotspreisverfahren erhält jeder Bieter eine Förderung in der Höhe seines Gebots. Abweichend erhalten Bürgerenergiegesellschaften bei der Ausschreibung für Windenergieanlagen an Land den Markträumungspreis.

Für Windenergieanlagen an Land beträgt das Höchstgebot im Jahr 2018 nach Festlegung der Bundesnetzagentur 6,30 ct/kWh. Die Gebote mit dem niedrigsten Gebotswert erhalten den Zuschlag, bis das Volumen der Ausschreibungsrunde erreicht ist: Für diese Runde beträgt das Ausschreibungsvolumen 670.161 Kilowatt. Im Netzausbaugebiet, das wesentliche Teile Norddeutschlands umfasst, können in dieser Runde 311.271 Kilowatt bezuschlagt werden. [...]"

BNetzA, Pressemitteilung v. 15.08.2018

Download:

https://www.bundesnetzagentur.de/SharedDocs/Pressemitteilungen/DE/2018/20180815_Ausschreibungen.html?nn=265778

Ergebnisse der dritten Ausschreibung für Wind an Land 2018

„Ausschreibung leicht überzeichnet. [...] Die Bundesnetzagentur hat heute [17.08.2018] die Zuschläge der dritten Ausschreibung für Windenergie an Land in diesem Jahr erteilt. Die Gebotswerte reichten von 4,00 ct/kWh bis zum Höchstwert 6,30 ct/kWh. Der durchschnittliche Zuschlagswert liegt bei 6,16 ct/kWh. [...] Ausgeschrieben waren 670 Megawatt. 91 Gebote mit einem Volumen von 709 Megawatt haben an der Ausschreibung teilgenommen. Von diesen Geboten wurden fünf mit einer Gebotsmenge von insgesamt 42 Megawatt nicht zugelassen. [...] Die gestiegenen Zuschlagswerte spiegeln den nur noch recht schwachen Wettbewerbsdruck wieder. Gleichzeitig könnte der Anstieg der Förderung in den letzten beiden Runden neue Projekte zu einer Teilnahme angeregt haben.

Die meisten Zuschläge gingen an Bieter in Brandenburg (23 Zuschläge, 136 Megawatt), gefolgt von Nordrhein-Westfalen (12 Zuschläge, 100 Megawatt) und Schleswig-Holstein (16 Zuschläge, 95 Megawatt. Erfreulich ist, dass mit 6 Zuschlägen in Baden-Württemberg (72 Megawatt) und drei Zuschlägen in Bayern (31 Megawatt) etwa 23 Prozent der bezuschlagten Menge an Projekte südlich der Mainlinie erfolgte. [...]"

BNetzA, Pressemitteilung v. 17.08.2018

Download:

https://www.bundesnetzagentur.de/SharedDocs/Pressemitteilungen/DE/2018/20180817_Onshore18-3.html?nn=265778

Bundesnetzagentur startet zweite gemeinsame Ausschreibungsrunde für Windenergieanlagen an Land und Solaranlagen

„Die Bundesnetzagentur hat heute [17.09.2018] die zweite Ausschreibungsrunde der gemeinsamen Ausschreibungen für Windenergieanlagen an Land und Solaranlagen für den Gebotstermin 1. November 2018 eröffnet.

Bei diesen Ausschreibungen ist die Abgabe von Geboten jeweils für Windenergie- und Solaranlagen möglich. Die beiden Technologien treten damit in einen direkten Wettbewerb um die geringsten Kosten der Stromerzeugung. […] Ausgeschrieben werden 200 Megawatt. Bieter können ihre Gebote bis zum 2. November 2018 abgeben […]. Das Höchstgebot beträgt für beide Technologien 8,75 Cent/kWh. Weitere Teilnahmevoraussetzung für Windenergieanlagen an Land ist die Erteilung der bundesimmissionsschutzrechtliche Genehmigung zur Errichtung der Anlage und deren Meldung an das Marktstammdatenregister bis zum 11. Oktober 2018.“

BNetzA, Pressemitteilung v. 17.09.2018

Download:

https://www.bundesnetzagentur.de/SharedDocs/Pressemitteilungen/DE/2018/20180917_GEMA.html?nn=265778

EEG-Umlage sinkt im Jahr 2019 auf 6,405 ct/kWh

„Im kommenden Jahr beträgt die Umlage zur Deckung der Kosten des nach dem Erneuerbare-Energien-Gesetz (EEG) vergüteten Stroms 6,405 ct/kWh. Sie sinkt damit um knapp 6 Prozent. Bereits seit 2014 liegt die EEG-Umlage auf einem stabilen Niveau, obwohl die EEG gefördert Strommenge in dieser Zeit um 50 % gestiegen ist. […] Die in den letzten Jahren umgesetzten Reformen haben die Kostenentwicklung des EEG stark gedämpft. Mit der Umstellung auf Wettbewerb und Ausschreibungen sind die Förderkosten für neue erneuerbare Energie-Anlagen im Jahr 2019 günstig geworden. […] Ein weiterer dämpfender Effekt für die EEG-Umlage 2019 ist ein hoher Stand des EEG-Umlagekontos. Er betrug zum Stichtag 30. September 3,65 Mrd. Euro. Dieser positive Saldo fließt senkend in die Berechnung der EEG-Umlage 2019 ein. […] Für das Jahr 2019 rechnen die Übertragungsnetzbetreiber mit einem weiteren Zubau von Erneuerbaren-Anlagen in Höhe von knapp 6 GW. […]“

BNetzA, Pressemitteilung v. 15.10.2018

Download:

https://www.bundesnetzagentur.de/SharedDocs/Pressemitteilungen/DE/2018/20181015_EEGUmlage.html?nn=265778

Ergebnisse der Ausschreibungen zum Gebotstermin 1. Oktober 2018

„Die Bundesnetzagentur hat heute [19.10.2018] die Zuschläge der Ausschreibungen für Windenergie an Land und für Solarenergie zum Gebotstermin 1. Oktober 2018 erteilt. Die beiden Gebotstermine fielen auf denselben Tag, es waren jedoch zwei getrennte Verfahren.

Zu der ausgeschriebenen Menge von 670 Megawatt wurden 62 Gebote mit einem Volumen von knapp 400 Megawatt eingereicht.

Insgesamt erhielten 57 Gebote mit einem Volumen von 363 Megawatt einen Zuschlag. Davon gingen 9 Zuschläge an Bürgerenergiegesellschaften. Regional betrachtet, wurden die meisten Zuschläge für Windenergieanlagen in Bayern (10 für 69 Megawatt), Brandenburg (9 mit 63 Megawatt), Niedersachsen (6 für 42 Megawatt) und Nordrhein-Westfalen (6 für 25 Megawatt) erteilt. 5 Gebote wurden ausgeschlossen. 14 Zuschläge mit 100 Megawatt Volumen gingen an Projekte südlich der Mainlinie (Bayern 10 für 69 Megawatt; Baden-Württemberg 4 für 31 Megawatt).
Die Gebotswerte der bezuschlagten Gebote reichten von 5,00 ct/kWh bis zu 6,30 ct/kWh. Der durchschnittliche Zuschlagswert liegt bei 6,26 ct/kWh. Das Netzausbaugebiet hatte in dieser Ausschreibung erneut keine Auswirkungen auf die Zuschlagsentscheidungen. […]"
BNetzA, Pressemitteilung v. 19.10.2018
Download:
https://www.bundesnetzagentur.de/SharedDocs/Pressemitteilungen/DE/2018/20181019_Ausschreibungen.html?nn=265778

Ergebnisse der zweiten gemeinsamen Ausschreibung von Wind- und Solaranlagen
„Die Bundesnetzagentur hat heute [19.11.2018] die Zuschläge der zweiten gemeinsamen Ausschreibung für Windenergieanlagen an Land und Solaranlagen erteilt. […] Es wurden 36 Zuschläge für Gebote in einem Umfang von 201 Megawatt erteilt. Der durchschnittliche, mengengewichtete Zuschlagswert beträgt 5,27 ct/kWh. In der letzten gemeinsamen Ausschreibung lag dieser bei 4,67 ct/kWh. Der niedrigste Zuschlagswert liegt bei 4,65 ct/kWh; der höchste Zuschlagswert beträgt 5,79 ct/kWh. Von den Geboten, die einen Zuschlag erhalten haben, bezogen sich zehn in einem Umfang von 65 Megawatt auf Projekte in Brandenburg.
In dem Ausschreibungsverfahren wurden die sogenannten Verteilernetzausbaugebiete eingeführt. Gebote in solchen Gebieten, in denen schon viele Erneuerbare-Energien-Anlagen bestehen, wurden mit einem Gebotsaufschlag belegt und damit ihre Zuschlagschancen reduziert. Damit soll ein erhöhter Verteilernetzausbaubedarf in diesen Gebieten berücksichtigt werden. Diese Sonderregelung hatte keine Auswirkungen für die erfolgreichen Projekte. […] Insgesamt gingen Gebote mit einem Volumen von 307 Megawatt ein, ausgeschrieben waren 200 Megawatt. […]"
BNetzA, Pressemitteilung v. 19.11.2018
Download:
https://www.bundesnetzagentur.de/SharedDocs/Pressemitteilungen/DE/2018/20181119_gema18-2.html?nn=265778

Höchstwert für Ausschreibungen für Wind an Land 2019 festgelegt
„Die Bundesnetzagentur hat den Höchstwert für die Ausschreibungen für Windenergie an Land zu den Gebotsterminen des Jahres 2019 auf 6,20 ct/kWh festgelegt. Es handelt sich dabei um die maximale Vergütung, die ein Anlagenbetreiber erzielen kann. […] Die Bundesnetzagentur hat den Höchstwert für die Ausschreibungen für Windenergie an Land zu den Gebotster-

minen des Jahres 2019 auf 6,20 ct/kWh festgelegt. Es handelt sich dabei um die maximale Vergütung, die ein Anlagenbetreiber erzielen kann. […]“
BNetzA, Pressemitteilung v. 30.11.2018
Download:
https://www.bundesnetzagentur.de/SharedDocs/Pressemitteilungen/DE/2018/20181130_Ausschreibungen.html?nn=265778

Bundesnetzagentur muss Transparenz bei Netzentgelten reduzieren
„Die Bundesnetzagentur wird wegen einer Entscheidung des Bundesgerichtshofs die Veröffentlichung wesentlicher Daten aus der Entgelt- und Kostenprüfung für die Strom- und Gasnetze stark reduzieren. […]
Der Bundesgerichtshof hat die Bundesnetzagentur gestern [11.12.2018] verpflichtet, die Veröffentlichung wesentlicher Daten aus der Netzentgelt- und Netzkostenprüfung zu unterlassen. Hintergrund ist ein Rechtsstreit um die Veröffentlichung von Daten nach § 31 Anreizregulierungsverordnung. Mit dieser Vorschrift hat der Verordnungsgeber den Regulierungsbehörden aufgegeben, die Transparenz der Netzentgeltregulierung zu erhöhen.
Zahlreiche Oberlandesgerichte hatten das Vorgehen der Bundesnetzagentur bei der Veröffentlichung noch bestätigt. […]“
BNetzA, Pressemitteilung v. 12.12.2018
Download:
https://www.bundesnetzagentur.de/SharedDocs/Pressemitteilungen/DE/2018/20181212_TVO.html?nn=265778

Bundesnetzagentur startet die nächsten Ausschreibungen nach dem EEG
„Die Bundesnetzagentur startet heute [17.12.2018] Ausschreibungen für Windenergieanlagen an Land und für Solaranlagen. Gebotstermin ist jeweils der 1. Februar 2019.
In beiden Ausschreibungen werden die Zuschläge grundsätzlich nach dem Gebotspreisverfahren vergeben. Im Gebotspreisverfahren erhält jeder Anlagenbetreiber eine Förderung in der Höhe, die seinem individuellen Gebot entspricht. Abweichend hiervon erhalten Bürgerenergiegesellschaften bei der Windausschreibung den Markträumungspreis. […]
Für Windenergieanlagen an Land beträgt das Höchstgebot nach Festlegung der Bundesnetzagentur 6,20 ct/kWh – abzugeben für den Referenzstandort. Die Gebote mit dem niedrigsten Gebotswert erhalten den Zuschlag, bis das Volumen der Ausschreibungsrunde erreicht ist: Für diese Runde beträgt das Ausschreibungsvolumen 700 Megawatt. Im Netzausbaugebiet, das wesentliche Teile Norddeutschlands umfasst, können in dieser Runde 154.945 Kilowatt bezuschlagt werden. […] Bei dieser Windausschreibung gilt eine verkürzte strafzahlungsfreie Umsetzungsfrist von 24 Monaten. […]“
BNetzA, Pressemitteilung v. 17.12.2018
Download:
https://www.bundesnetzagentur.de/SharedDocs/Pressemitteilungen/DE/2018/20181217_Ausschreibungen.html?nn=265778

BUNDESNETZAGENTUR/BUNDESKARTELLAMT (Hrsg.)
Monitoringbericht 2018.
Monitoringbericht gemäß § 63 Abs. 3 i. V. m. § 35 EnWG und § 48 Abs. 3 i. V. m. § 53 Abs. 3 GWB,
Bonn, Stand: 21. November 2018
Download:
https://www.bundesnetzagentur.de/SharedDocs/Downloads/DE/Allgemeines/Bundesnetzagentur/Publikationen/Berichte/2018/Monitoringbericht_Energie2018.pdf?__blob=publicationFile&v=3

Bundesrechnungshof (BRH)

Energiewende droht zu scheitern
„[...] Der Bundesrechnungshof kritisiert, dass das BMWi die Energiewende unzureichend koordiniert und mangelhaft steuert. Die bisherigen finanziellen Belastungen der Wirtschaft sowie der öffentlichen und privaten Haushalte sind enorm. Der Bundesrechnungshof geht für das Jahr 2017 von mindestens 34 Mrd. Euro aus. Trotzdem wird Deutschland fast alle Ziele der Energiewende bis zum Jahr 2020 verfehlen. Die Prüfung des Bundesrechnungshofes zeigt, dass dies auch auf Mängel bei der Koordination und Steuerung der Energiewende durch das BMWi zurückzuführen ist. [...] Der Bundesrechnungshof hat Möglichkeiten aufgezeigt, die die Koordination und Steuerung der Energiewende verbessern können. So ist beispielsweise eine gesamtverantwortliche und entscheidungsbefugte Stelle für die Umsetzung der Energiewende unerlässlich.
Nicht nur für die Steuerung, sondern auch für die Akzeptanz der Energiewende ist es notwendig, dass das BMWi die Kosten der Energiewende vollständig transparent macht. Es muss außerdem klar machen, was genau es unter den Zielen der Bezahlbarkeit und der Versorgungssicherheit bei der Energiewende versteht. Die Bundesregierung sollte den Ansatz aufgeben, die Energiewende mit einer Vielzahl komplizierter Gesetze und Verordnungen zu regeln. Vielmehr sollte sie einen rechtlichen Rahmen und ökonomische Anreize zu umweltverträglichem Verhalten setzen. In Betracht käme dafür z. B. eine allgemeine CO_2-Bepreisung. Dadurch könnten verschiedene derzeit zu zahlende Umlagen und Steuern entfallen und auch das bisherige Regelungsdickicht könnte erheblich gelichtet werden. [...]“
BRH, Pressemitteilung v. 28.09.2018
Download:
https://www.bundesrechnungshof.de/de/veroeffentlichungen/sonderberichte/energiewende/2018-sonderbericht-energiewende
Dort auch Zusammenfassung des Sonderberichts und Statement des Präsidenten des BRH:
Download:
https://www.bundesrechnungshof.de/de/veroeffentlichungen/sonderberichte/energiewende/2018-sonderbericht-energiewende

und Langfassung des Sonderberichts:

BUNDESRECHNUNGSHOF (Hrsg.)
Bericht nach § 99 BHO über die Koordination und Steuerung zur Umsetzung der Energiewende durch das Bundesministerium für Wirtschaft und Energie
Bonn, 28.09.2018
Download:
https://www.bundesrechnungshof.de/de/veroeffentlichungen/sonderberichte/langfassungen-ab-2013/2018/2018-sonderbericht-koordination-und-steuerung-zur-umsetzung-der-energiewende-durch-das-bundesministerium-fuer-wirtschaft-und-energie-pdf

Umweltbundesamt (UBA)

Rekordhalbjahr für erneuerbare Energien – Jedoch geringerer Ausbau im Windsektor
„Die Stromerzeugung aus erneuerbaren Energien legte auch im ersten Halbjahr 2018 zu. Insgesamt wurden in den ersten sechs Monaten des Jahres etwa 117 Milliarden Kilowattstunden Strom (kWh) erzeugt und damit fast 10 Prozent mehr als im Vorjahreszeitraum – ein Plus von 10 Milliarden kWh. Das zeigen offizielle Daten der Arbeitsgruppe Erneuerbare Energien-Statistik (AGEE-Stat). Die außergewöhnlich gute Entwicklung ist dabei besonders zurückzuführen auf einen Zubau der Windenergie, der in den letzten Jahren die Ziele deutlich übertraf. Zudem herrschten überdurchschnittliche Windbedingungen. Dieser Entwicklung steht allerdings ein geringer Zubau im aktuellen Jahr gegenüber. […]“
UBA, Pressemitteilung Nr. 23 v. 17.08.2018
Download:
https://www.umweltbundesamt.de/sites/default/files/medien/479/dokumente/pm-2018-23_entwicklung_ee_erste_haelfte_2018_final.pdf

EEG-Umlage durch andere Finanzierung senken & Klimaschutz stärken
„Das UBA empfiehlt, die Finanzierung der Förderung erneuerbarer Energien zu reformieren und gerechter zu machen, und hat deshalb ein Gutachten beauftragt. Die Verfasser des Gutachtens empfehlen, künftig auch den Verbrauch von Öl, Kohle, Gas, Diesel und Benzin mit den Kosten des Erneuerbare-Energien-Gesetzes (EEG) zu belasten und diese Energieträger in Abhängigkeit ihrer CO2-Emissionen zu besteuern. Dadurch ist es möglich, die häufig als ‚Preisschild der Energiewende‘ missverstandene EEG-Umlage zu senken. Gleichzeitig entstünden durch die CO_2-Bepreisung mehr ökonomische Anreize für den Klimaschutz. […]“
UBA, Pressemitteilung v. 24.08.2018
Download:
https://www.umweltbundesamt.de/themen/eeg-umlage-durch-andere-finanzierung-senken

3. Länder

Gemeinsames UVP-Portal der Länder

„Willkommen im UVP-Portal der Länder Baden-Württemberg, Bayern, Brandenburg, Berlin, Bremen, Hessen, Hamburg, Mecklenburg-Vorpommern, Nordrhein-Westfalen, Rheinland-Pfalz, Schleswig-Holstein, Saarland, Sachsen-Anhalt, Sachsen, und Thüringen.
Im UVP-Portal können Sie sich über UVP-pflichtige Vorhaben, deren Verfahrensstand, Auslegungs- und Erörterungstermine, eingestellte Unterlagen, Berichte und Empfehlungen sowie die anschließende Entscheidung informieren. [...]
Zuständig für den Betrieb des UVP-Portal Hamburg ist der Landesbetrieb Geoinformation und Vermessung.
Verantwortlich für die elektronische Information der Öffentlichkeit und damit für die Eingabe der entsprechenden Informationen in das UVP-Portal sind diejenigen Dienststellen, die das Trägerverfahren für das UVP-Verfahren, also das Verfahren zur Zulassung eines UVP-pflichtigen Vorhabens, durchführen."
Download:
https://www.uvp-verbund.de/

Grüne Länder-Umweltminister und -ministerinnen: Erwartungen an die neue Bundesregierung

Schreiben v. 27.04.2018 an Bundesministerin für Umwelt, Naturschutz und nukleare Sicherheit Frau Svenja Schulze und Bundesminister für Wirtschaft und Energie Herr Peter Altmaier
Aus dem Inhalt:
„[...] Auch für die Windenergie an Land sollte der Ausbaupfad auf mindestens 5 Gigawatt pro Jahr angehoben werden. Dabei muss sichergestellt werden, dass der Ausbau der Windenergie in allen Regionen Deutschlands vorangetrieben wird – entsprechend der Zusagen im Koalitionsvertrag. Im Rahmen der anstehenden EEG-Novelle muss die regionale Steuerung des Ausbaus der Windenergie an Land und die Möglichkeiten für Mieterstromanlagen insbesondere in Städten weiterentwickelt werden. Im ganzen Land muss ein ausgewogener Ausbau erreicht werden, durch den die Dynamik im Norden nicht gebremst wird, wie derzeit durch das Steuerungsinstrument Netzausbaugebiet, sondern zusätzlich im Süden und in der Mitte Deutschlands eine neue dynamische Entwicklung ermöglicht. Bei der Windenergie Offshore sollte der bisherige Deckel auf 30 GW bis 2035 angehoben werden, mit den entsprechenden Schritten zum Ausbau in den Jahren davor. [...]
Damit sich die Engpasssituation im deutschen Stromnetz nicht weiter verschärft, müssen wir in gemeinsamer Anstrengung parallel zum Ausbau der Erneuerbaren auch das Stromnetz entsprechend ausbauen. Die bereits geplanten Projekte müssen zügig umgesetzt werden, zum Beispiel die Hochspannungs-Gleichstrom-Übertragungs-Leitungen. Um Verzögerungen zu vermeiden und Hindernisse zu identifizieren, schlagen wir der neuen Bundesregierung vor, einen Stromnetzausbaugipfel unter Einbeziehung von Übertragungs- wie Verteilnetzthemen und unter Beteiligung der Länder einzuberufen und anschließende regelmäßige Arbeitstref-

fen zum Ausbaustand anzusetzen. Wir erklären unsere Bereitschaft, hier Verantwortung zu übernehmen. [...]"
Download:
https://www.thueringen.de/mam/th8/tmlfun/aktuell/neues/g-lander-schreiben-an_die_bmwi_und_bmu.pdf

Energieminister der Länder beraten Zukunftsthemen der Energiewende – Regelmäßiger Austausch vereinbart

„Auf Einladung Baden-Württembergs, Bayerns und Niedersachsen hat gestern (25.06.) das erste Energieministertreffen der Länder stattgefunden. [...] Die Vertreterinnen und -vertreter der Ministerien, die in ihren jeweiligen Ländern für die Energiepolitik zuständig sind, haben [...] vereinbart, sich in Zukunft regelmäßig auszutauschen, um über aktuelle Fragen der Energiepolitik zu sprechen. Ob dieser Austausch in eine ordentliche Fachministerkonferenz mündet, die dann, wie andere Ministerkonferenzen auch, Beschlussempfehlungen an die Bundesregierung abgibt, ließen die Beteiligten zunächst noch offen. Eine Entscheidung darüber soll im Herbst fallen, abhängig ist sie unter anderem von Verfahrens- und Abstimmungsfragen sowie von der inhaltlichen Abgrenzung des Energiethemas gegenüber anderen Fachministerkonferenzen, wie die der Wirtschaftsminister- oder der Umweltministerkonferenz. [...] Einig war man sich in der Feststellung, dass die Energiewende nicht mehr nur als Stromwende diskutiert werden dürfe, sondern einen breiteren Denk- und Handlungsansatz erfordere. Dabei wurden Übereinstimmungen, aber auch länderspezifische Unterschiede deutlich, etwa bei Fragen des Netzausbaus, der Sektorkopplung, der Digitalisierung und des mit dem Kohleausstieg verbundenen wirtschaftlichen Strukturwandels. [...]"
UM Baden-Württemberg, Pressemitteilung v. 26.06.2018
Download:
https://um.baden-wuerttemberg.de/de/service/presse/pressemitteilung/pid/energieminister-der-laender-beraten-zukunftsthemen-der-energiewende/

Norddeutsche Bundesländer und Verbände unterzeichnen Aufruf Windenergie

„Die Energieminister und -senatoren der norddeutschen Bundesländer Niedersachsen, Hamburg, Schleswig-Holstein, Bremen und Mecklenburg-Vorpommern haben heute (Dienstag) gemeinsam mit Branchenvertretern auf der WindEnergy in Hamburg den ‚Aufruf Windenergie' unterzeichnet. Darin fordern sie von der Bundesregierung dringende energiepolitische Weichenstellungen ein. Die Unterzeichner berufen sich auf die energiepolitischen Zielvorgaben des Koalitionsvertrages des Bundes. Dazu zählen insbesondere die Sonderausschreibungen für Windenergie an Land, mehr Kapazitäten für Windenergie auf See sowie der Ausbau, die Optimierung und Modernisierung der Stromnetze. Aktueller Anlass sind die Einbrüche bei den Ausbauzahlen für Windenergie an Land, das voraussichtliche Verfehlen der nationalen Klimaziele in 2020 sowie die Entwicklungen auf dem Arbeitsmarkt. [...]"
MUEK NI, Pressemitteilung Nr. 114/2018 v. 25.09.2018

Download:
https://www.umwelt.niedersachsen.de/aktuelles/pressemitteilungen/aufruf-windenergie-norddeutsche-bundeslaender-und-verbaende-unterzeichnen-aufruf-windenergie-auf-der-branchen-leitmesse-windenergy-hamburg-169165.html
Download „Aufruf Windenergie“
https://www.umwelt.niedersachsen.de/download/136346

Baden-Württemberg

Landtag

Kleine Anfrage des Abg. Andreas Glück FDP/DVP
und **Antwort** des Ministeriums für Umwelt, Klima und Energiewirtschaft
Planungsrechtliche Auswirkungen neuer Schallprognoseverfahren
LT-Drs. 16/3406 v. 26.01.2018
Download:
https://www.landtag-bw.de/files/live/sites/LTBW/files/dokumente/WP16/Drucksachen/3000/16_3406_D.pdf

MINISTERIUM FÜR UMWELT, KLIMA UND ENERGIEWIRTSCHAFT BADEN-WÜRTTEMBERG (Hrsg.)
Monitoring der Energiewende in Baden-Württemberg.
Statusbericht 2017,
im Auftrag des Umweltministeriums erstellt vom Zentrum für Sonnenenergie- und Wasserstoff-Forschung Baden Württemberg ZSW,
Stuttgart, Dezember 2017
Aus dem Inhalt:
„[…] Während der Neubau von Photovoltaikanlagen mit rund 140 MW abermals rückläufig war, konnte der Bruttozubau im Bereich der Windenergienutzung um mehr als das Doppelte gesteigert werden. Die installierte Leistung legte um 330 MW zu. Der positive Trend dürfte sich im Jahr 2017 vorerst fortsetzen. So führte der angekündigte Systemwechsel bei der EEG-Förderung zu einem sprunghaften Anstieg der Genehmigungen in ganz Deutschland. Allein in Baden-Württemberg wurden im Jahr 2016 Windenergieanlagen mit einer Leistung von rund 635 MW genehmigt. Die Akteure sicherten sich damit die letzte Möglichkeit, ihre Projekte noch außerhalb des Ausschreibungssystems umsetzen zu können. Mit der Einführung des Wettbewerbs dürfte die Realisierung von Windenergievorhaben in Baden-Württemberg zukünftig deutlich schwieriger werden. Im Hinblick auf die Erreichung der Landesziele gilt es die weitere Entwicklung daher kritisch zu beobachten. […]“
Download:
https://um.baden-wuerttemberg.de/fileadmin/redaktion/m-um/intern/Dateien/Dokumente/2_Presse_und_Service/Publikationen/Energie/Monitoring-der-Energiewende-BW-2017.pdf

Ausbau der Windenergie im Jahr 2017
„Umwelt- und Energieminister Franz Untersteller: ‚Mit 123 neuen Windkraftanlagen hat das Jahr 2017 den Rekord aus dem Vorjahr nochmals übertroffen.‘ […] Damit habe das Jahr 2017 den bisherigen Rekord aus dem Jahr 2016 (120 Anlagen) nochmals überboten. Im Bundesländervergleich belegt Baden-Württemberg beim Zubau somit den 5. Platz. […] Leider habe es im Jahr 2017 allerdings nur eine neue Genehmigung zum Bau einer Windkraftanlage im Land gegeben […] Im Jahr 2016 seien es noch Genehmigungen für 201 Anlagen gewesen. Ursache für den Einbruch sei die Anfang 2017 in Kraft getretene Novelle des Erneuerbare-Energien-Gesetzes (EEG). […] Daher muss die neue Bundesregierung das EEG dringend überarbeiten. […]“
UM BW, Pressemitteilung v. 02.02.2018
Download:
http://um.baden-wuerttemberg.de/de/service/presse/pressemitteilung/pid/ausbau-der-windenergie-im-jahr-2017/

MINISTERIUM FÜR UMWELT, KLIMA UND ENERGIEWIRTSCHAFT BADEN-WÜRTTEMBERG (Hrsg.)
Erneuerbare Energien in Baden-Württemberg 2017. Erste Abschätzung,
Stuttgart, April 2018
Aus dem Inhalt:
„[…] Nach den ersten Schätzungen ging die Bruttostromerzeugung im Land vergangenes Jahr um 4,6 Prozent auf knapp 60 TWh zurück. Rund 16,5 TWh hiervon erzeugten Wind, Sonne, Biomasse und Wasser. Das entspricht einem Anteil von 27,5 Prozent und einer Steigerung um 2,5 Prozentpunkte gegenüber 2016. Damit hat sich der Anteil der erneuerbaren Energien an der Stromerzeugung seit dem Jahr 2000 nahezu verdreifacht.
Hervorzuheben ist die deutliche Zunahme von Strom aus Windenergie um 775 Gigawattstunden auf rund 2,0 TWh. Ihr Anteil an der Bruttostromerzeugung lag damit im zurückliegenden Jahr bei 3,4 Prozent. […]“
Download:
https://um.baden-wuerttemberg.de/fileadmin/redaktion/m-um/intern/Dateien/Dokumente/2_Presse_und_Service/Publikationen/Energie/Erneuerbare_Energien_2017_erste_Abschaetzung.pdf

Netzgipfel – Annäherung, aber auch noch offene Fragen
„Baden-Württembergs Umweltminister Franz Untersteller hat den heutigen (20.09.) Netzgipfel in Berlin als gelungenen Auftakt für einen regelmäßigen Bund-Länder-Dialog zum Netzausbau bezeichnet. […] ‚Es geht darum, den Netzausbau besser zu koordinieren und damit zu beschleunigen. Es ist offensichtlich, dass das nur gelingen kann, wenn Bund, Länder, Netzbetreiber und Bundesnetzagentur intensiver zusammenarbeiten‘ […]

Alle wüssten, dass wir für die Energiewende eine modernere Netzinfrastruktur benötigen, sagte Untersteller weiter. Dem Bund sei es aber bislang nicht gelungen, beim Bau neuer Netze entscheidend vorwärts zu kommen. […]
Untersteller forderte deshalb erneut, dass der Bund im Erneuerbare-Energien-Gesetz Regelungen verankert, die den Süden und den Südwesten Deutschlands beim Windausbau gegenüber Norddeutschland nicht benachteiligen. […]
Eine weitere ungeklärte und strittige Frage sei, ob die Eigentümer von Flächen, die gebraucht werden, um neue Netze zu bauen, entschädigt würden. Aus Sicht Baden-Württembergs berge das ein gigantisches Kosten- und Verfahrensrisiko, so Umweltminister Untersteller.
Schließlich müsse diskutiert werden, wie es gelingen kann, dass Planungs- und Genehmigungsverfahren im Zusammenhang mit dem Netzausbau beschleunigt werden, ohne dass dabei Umwelt-, Naturschutz und Beteiligungsstandards eingeschränkt werden."
UM BW, Pressemitteilung v. 20.09.2018
Download:
https://um.baden-wuerttemberg.de/de/service/presse/pressemitteilung/pid/netzgipfel-darf-kein-einmaliges-ereignis-bleiben/

Umweltministerium veröffentlicht Bericht „Erneuerbare Energien in Baden-Württemberg 2017

„Das Umweltministerium hat heute (20.11.) seinen jährlichen Bericht über die Entwicklung des Beitrags der erneuerbaren Energien im Strom-, Wärme- und Verkehrssektor im Land veröffentlicht. Den Bericht hat das Zentrum für Sonnenenergie- und Wasserstoffforschung Baden-Württemberg im Auftrag des Ministeriums erarbeitet. […]
Die Stromerzeugung aus erneuerbaren Energien weist im Jahr 2017 einen deutlichen Anstieg um 0,8 TWh auf 16,5 TWh auf. Damit ist der Anteil der Erneuerbaren an der Bruttostromerzeugung in Baden-Württemberg auf einen neuen Höchstwert von 27,5 Prozent angewachsen. Dies ist zum einen auf den Ausbau der Windkraft (+ 0,8 TWh) und der Photovoltaik (+ 0,2 TWh) zurückzuführen. […]
Windenergie trägt mit rund 2,0 TWh – das sind 12,2 Prozent – zur Stromerzeugung aus Erneuerbaren bei. […]"
UM BW, Pressemitteilung v. 20.11.2018
Download:
https://um.baden-wuerttemberg.de/de/service/presse/pressemitteilung/pid/anteil-der-erneuerbaren-energien-an-der-bruttostromerzeugung-im-land-auf-275-prozent-gestiegen/

MINISTERIUM FÜR UMWELT, KLIMA UND ENERGIEWIRTSCHAFT BADEN-WÜRTTEMBERG (Hrsg.)
Erneuerbare Energien in Baden-Württemberg 2017,
Stand: Oktober 2018
Download:
https://um.baden-wuerttemberg.de/fileadmin/redaktion/m-um/intern/Dateien/Dokumente/2_Presse_und_Service/Publikationen/Energie/Erneuerbare_Energien-2017.pdf

Monitoring-Bericht zur Energiewende in Baden-Württemberg 2018 veröffentlicht
„Das Ministerium für Umwelt, Klima und Energiewirtschaft hat heute (19.12.) den aktuellen Monitoring-Bericht zur Energiewende in Baden-Württemberg veröffentlicht. Der vom Zentrum für Sonnenenergie- und Wasserstoff-Forschung Baden-Württemberg (ZSW) im Auftrag des Ministeriums erarbeitete Bericht betrachtet den Ausbau der erneuerbaren Energien, die Versorgungssicherheit und die Netzverfügbarkeit im Land. Er beleuchtet den Ausbau der Stromnetze und der Erdgasinfrastruktur sowie die Entwicklung des Energieverbrauchs und der Energieeffizienz. Ein weiteres Kapitel befasst sich mit ökonomischen Aspekten wie der Strompreisentwicklung und den Auswirkungen der Energiewende auf den Arbeitsmarkt. […] Dauerthema bei der Umsetzung der Energiewende ist der verzögerte Ausbau der Übertragungsnetze. Um das Stromnetz auch bei schwankender Stromerzeugung aus Windenergie- und Photovoltaikanlagen stabil zu halten, müssen die Netzbetreiber vermehrt sogenannte Redispatch-Maßnahmen vornehmen. Die Redispatchmengen sind 2017 bundesweit um rund 60 Prozent angestiegen. In Baden-Württemberg haben sich die Mengen im Vergleich zum Vorjahr mehr als verdreifacht. Hier im Land sind dadurch Kosten in Höhe von 11 Millionen Euro entstanden‘, teilte der Umwelt- und Energieminister mit. Dieser Entwicklung müsse dringend Einhalt geboten werden. ‚Um diese Kosten zu senken, gibt es nur eines: Vollgas beim Netzausbau.‘ […]
UM BW, Pressemitteilung v. 19.12.2018
Download:
https://um.baden-wuerttemberg.de/de/service/presse/pressemitteilung/pid/monitoring-bericht-zur-energiewende-in-baden-wuerttemberg-2018-veroeffentlicht/

MINISTERIUM FÜR UMWELT, KLIMA UND ENERGIEWIRTSCHAFT BADEN-WÜRTTEMBERG (Hrsg.)
Monitoring der Energiewende in Baden-Württemberg. Statusbericht 2018,
im Auftrag des Ministeriums für Umwelt, Klima und Energiewirtschaft Baden-Württemberg vom Zentrum für Sonnenenergie- und Wasserstoff-Forschung Baden-Württemberg ZSW erstellt,
Stuttgart, Dezember 2018
Download:
https://um.baden-wuerttemberg.de/fileadmin/redaktion/m-um/intern/Dateien/Dokumente/2_Presse_und_Service/Publikationen/Energie/Monitoring_der_Energiewende_BW_2018.pdf

Konfliktlösung vor Ort – „Forum Energiedialog" des Umweltministeriums wird fortgesetzt

„Nach einer europaweiten Ausschreibung hat die Bietergemeinschaft ‚team ewen GbR ewen knappstein schönfelder' und ‚Genius GmbH' aus Darmstadt vom Umweltministerium den Auftrag erhalten, in den kommenden zunächst zweieinhalb Jahren das ‚Forum Energiedialog' (FED) weiterzuführen. Das Forum berät und unterstützt Kommunen im Land, wenn es bei der Umsetzung der Energiewende vor Ort zu Konflikten kommt oder zu kommen droht. [...] Das FED wird vom Umweltministerium mit rund zwei Millionen Euro bis Mitte 2021 finanziert. Das Forum berät die kommunale Verwaltung und die Gemeinderäte im Land auf Anfrage, vermittelt zwischen widerstreitenden Interessen, initiiert Begegnungen, Runde Tische und Bürgerbeteiligungsformate sowie organisiert und moderiert Informations- und Dialogveranstaltungen im jeweiligen ‚Konfliktgebiet'. Dabei arbeitet es überparteilich und unabhängig. Ziel des FED ist es, dabei zu helfen, dass Konflikte in Kommunen konstruktiv und fair ausgetragen werden. In den vergangenen knapp drei Jahren hat sich das Forum in 30 Kommunen des Landes über einen längeren Zeitraum hinweg engagiert. [...]"

UM BW, Pressemitteilung v. 19.12.2018

Download:

https://um.baden-wuerttemberg.de/de/service/presse/pressemitteilung/pid/konfliktloesung-vor-ort-forum-energiedialog-des-umweltministeriums-wird-fortgesetzt/

Bayern

Landtag

Anfrage zum Plenum des Herrn Abg. Markus Rinderspacher (SPD)

Wie viele Genehmigungsanträge für immissionsschutzrechtlich genehmigungsbedürftige Windenergieanlagen wurden in den Jahren 2016 und 2017 in Bayern gestellt [...], genehmigt [...], ans Netz angeschlossen [...]?

Antwort des Bayerischen Staatsministeriums für Wirtschaft und Medien, Energie und Technologie v. 31. Januar 2018

LT-Drs. 17/20552

Download:

https://www.bayern.landtag.de/www/ElanTextAblage_WP17/Drucksachen/Basisdrucksachen/0000013500/0000013926.pdf

Siehe auch:

https://bayernspd-landtag.de/workspace/media/static/anfrage-5a93f074697ee.pdf

Siehe hierzu auch:

SPD-Anfrage: Windkraftanträge gehen um 99 Prozent zurück

„Im Jahr 2017 hat es in Bayern lediglich vier Anträge für neue Windräder gegeben – ein neuer Negativrekord. Das hat eine parlamentarische von SPD-Landtagsfraktionschef Markus Rinderspacher ergeben. Demnach wurden lediglich im Landkreis Schwandorf drei Anträge und im

Landkreis Neustadt/Aisch-Bad Windsheim ein Antrag gestellt – mit einer Gesamt-Nennleistung von 13.350 kW. Das entspricht einem Antragsrückgang seit 2013 von 99 Prozent. […]“
BayernSPD Landtagsfraktion, Pressemitteilung v. 26.02.2018
Download:
https://bayernspd-landtag.de/presse/pressemitteilungen/?id=391743

Schriftliche Anfrage des Abg. Martin Stümpfig BÜNDNIS 90/DIE GRÜNEN
vom 24.08.2017
Stromerzeugung in Bayern (allgemein)
und **Antwort** des Staatsministeriums für Wirtschaft und Medien, Energie und Technologie
vom 10.11.2017
LT-Drs. 17/19123 [v. 23.02.2018]
Download:
https://www.bayern.landtag.de/www/ElanTextAblage_WP17/Drucksachen/Schriftliche%20
Anfragen/17_0019123.pdf

Schriftliche Anfrage des Abg. Martin Stümpfig BÜNDNIS 90/DIE GRÜNEN
vom 05.09.2017
Windenergie Bayern – Stand 2017
Antwort des Staatsministeriums für Wirtschaft und Medien, Energie und Technologie im Einvernehmen mit dem Staatsministerium des Innern, für Bau und Verkehr vom 13.11.2017
LT-Drs. 17/18986 v. 19.04.2018
Download:
https://s3.kleine-anfragen.de/ka-prod/by/17/18986.pdf

Anfrage zum Plenum des Abg. Martin Stümpfig (BÜNDNIS90/DIE GRÜNEN)
Regionalquote für Ausschreibungen von Windenergieanlagen an Land
mit **Antwort** des Staatsministeriums für Wirtschaft, Energie und Technologie
LT-Drs. 17/22677 v.07.06.2018
Download:
https://www.bayern.landtag.de/www/ElanTextAblage_WP17/Drucksachen/
Basisdrucksachen/0000015000/0000015146.pdf

Schriftliche Anfrage des Abg. Günther Felbinger (fraktionslos) v. 02.08.2018 und
Antwort des Staatsministeriums für Wirtschaft, Energie und Technologie vom 03.09.2018
Windkraftanlagen in Bayern
LT-Drs. 17/23651 v. 19.11.2018
Download:
https://www.bayern.landtag.de/www/ElanTextAblage_WP17/Drucksachen/Schriftliche%20
Anfragen/17_0023651.pdf

BAYERISCHES STAATSMINISTERIUM FÜR WIRTSCHAFT, ENERGIE UND TECHNOLOGIE (Hrsg.)
Fortschrittsbericht 2016/2017 zum Umbau der Energieversorgung Bayerns,
München 2018 (Stand: Juni 2018)
Aus dem Inhalt:
„Der vorliegende Fortschrittsbericht 2016/2017 zum Umbau der Energieversorgung Bayerns dokumentiert die Entwicklung beim Umbau der Energieversorgung der letzten beiden Jahre vor dem Hintergrund der energie- und klimapolitischen Ziele des Bayerischen Energieprogramms. Der Bericht basiert auf aktuellen Daten zur bayerischen Stromerzeugung, die das Bayerische Landesamt für Statistik (LfStat) veröffentlicht, auf den Daten der Bayerischen Energiebilanz, auf Prognosen des Leipziger Instituts für Energie (IE Leipzig) für das Jahr 2016 sowie auf weiteren Datenquellen Dritter, wie z. B. des Energie-Atlas Bayern oder der Biogasbetreiberdatenbank Bayern. […]
Der Fortschritt der Energiewende in Bayern wird im Folgenden ab dem Jahr 2010 betrachtet. Die Wirtschaftskrisenjahre 2008/2009 waren durch Sondereffekte geprägt. In Folge des Unglücks im japanischen Kernkraftwerk Fukushima Daiichi vom März 2011 kam es zu grundlegenden neuen energiepolitischen Weichenstellungen. Das Jahr 2010 bildet deshalb das ideale Referenzjahr zur Dokumentation der Fortschritte beim Umbau der Energieversorgung Bayerns.“
Download:
https://www.stmwi.bayern.de/fileadmin/user_upload/stmwi/Publikationen/2018/2018-07-25_Fortschrittsbericht_20162017.pdf

Fortschrittsbericht 2016/17: Energiewende in Bayern kommt voran
„Bayern hat bei der Umsetzung der Energiewende beachtliche Fortschritte gemacht. Das geht aus dem neuen ‚Fortschrittsbericht 2016/17 zum Umbau der Energieversorgung‘ des Bayerischen Energieministers Franz Josef Pschierer hervor. […] So lag der Anteil der erneuerbaren Energien am Endenergieverbrauch im Jahr 2016 bereits bei 19,8 Prozent. […] Auch der Anteil der erneuerbaren Energien an der Bruttostromerzeugung in Bayern ist seit 2010 von 25,9 Prozent auf 43,3 Prozent im Jahr 2016 deutlich gestiegen. […] Besonders große Fortschritte konnten bei der Energieeffizienz erzielt werden. […] Der Fortschrittsbericht 2016/2017 dokumentiert die Entwicklung beim Umbau der Energieversorgung der letzten beiden Jahre vor dem Hintergrund der energie- und klimapolitischen Ziele des Bayerischen Energieprogramms. […]“
STMWI BAY, Pressemitteilung Nr. 125/18 v. 25.07.2018
Download:
https://www.stmwi.bayern.de/presse/pressemitteilungen/pressemitteilung/pm/125-2018/

BAYERISCHES STAATSMINISTERIUM FÜR WIRTSCHAFT, ENERGIE UND TECHNOLOGIE (Hrsg.)
Daten zur bayerischen Energieversorgung. August 2018,
München, August 2018
Download:
https://www.stmwi.bayern.de/fileadmin/user_upload/stmwi/Publikationen/2018/2018-08-16_Daten_zur_bay_Energieversorgung_08-2018.pdf

Brandenburg

Landtag

Antrag des Abg. Péter Vida (fraktionslos)
Schallbelastung durch Windräder mindern – Umfassende Überprüfungen durchführen
LT-Drs. 6/8010 Neudruck
Download:
https://www.parlamentsdokumentation.brandenburg.de/starweb/LBB/ELVIS/parladoku/w6/drs/ab_8000/8010.pdf
Der Landtag hat den Antrag abgelehnt.
LT-BePr 6/56
Download:
https://www.parlamentsdokumentation.brandenburg.de/starweb/LBB/ELVIS/parladoku/w6/beschlpr/protokolle/56.pdf

Antwort der Landesregierung
auf die **Kleine Anfrage** Nr. 3179 des Abg. Péter Vida (fraktionslos)
Drucksache 6/7803
Immissionsschutzrechtliche Überwachung von Windkraftanlagen
LT-Drs. 6/7989 [Antwort LReg v.16.01.2018]
Download:
https://www.parlamentsdokumentation.brandenburg.de/starweb/LBB/ELVIS/parladoku/w6/drs/ab_7900/7989.pdf

Antwort der Landesregierung
auf die **Kleine Anfrage** Nr. 3268 des Abg. Dierk Homeyer (CDU-Fraktion)
Drucksache 6/7999
Neuregelung der Mindestabstände bei Windkraftanlagen
LT-Drs. 6/8222 [Antwort LReg v. 19.02.2018]
Download:
https://www.parlamentsdokumentation.brandenburg.de/starweb/LBB/ELVIS/parladoku/w6/drs/ab_8200/8222.pdf

Antwort der Landesregierung
auf die **Kleine Anfrage** Nr. 3309 der Abg. Iris Schülzke (fraktionslos)
Drucksache 6/8124
Entsorgung von Windkraftanlagen
LT-Drs. 6/8327 [Antwort LReg v. 02.03.2018]
Download:
https://www.parlamentsdokumentation.brandenburg.de/starweb/LBB/ELVIS/parladoku/w6/drs/ab_8300/8327.pdf

Antrag der Fraktion BÜNDNIS 90/DIE GRÜNEN
Einführung der Bedarfsgerechten Nachtkennzeichnung in Brandenburg beschleunigen
LT-Drs. 6/8253 [Sitzung des LT v. 07.03.2018]
Aus dem Inhalt:
„[…] Der Landtag fordert die Landesregierung auf:
bis spätestens November 2018 dem Landtag eine gesetzliche Regelung vorzulegen oder Verwaltungsvorschrift zu verabschieden, mit dem Ziel

- eine BNK für alle neu genehmigten Windenergieanlagen über 100 m Gesamthöhe in Brandenburg verbindlich vorzuschreiben oder/und
- Anreize zur Installation von BNK-Systemen für Neu- und Bestandsanlagen zu setzen

Zudem sollen Betreiber von Bestandsanlagen mit dem Ziel vernetzt werden, durch Kostenteilung eine preisgünstige Installation von BNK-Systemen zu ermöglichen. Darüber hinaus sollen Ämter, Gemeinden sowie Anwohnerinnen und Anwohner von Windenergieanlagen darüber informiert werden, wie bereits bei bestehender Gesetzeslage die Installation einer BNK für Neuanlagen vorgeschrieben werden kann. […]“
Download:
https://www.parlamentsdokumentation.brandenburg.de/parladoku/w6/drs/ab_8200/8253.pdf

Der Antrag wurde an den Ausschuss für Infrastruktur und Landesplanung – federführend – und an den Ausschuss für Wirtschaft und Energie überwiesen.
LT-BePr 6/57 v. 07.03.2018
Download:
https://www.landtag.brandenburg.de/de/meldungender_57._sitzung_des_landtages_brandenburg_am_mittwoch_dem_7._maerz_2018/855477?_referer=666382

Antwort der Landesregierung
auf die **Kleine Anfrage** Nr. 3324 des Abg. Christoph Schulze (fraktionslos)
Drucksache 6/8159
Entschädigungszahlung für Einspeisemanagement für Windkraftanlagen im Land Brandenburg
LT-Drs. 6/8408 [Antwort LReg v. 16.03.2018]
Download:
https://www.parlamentsdokumentation.brandenburg.de/starweb/LBB/ELVIS/parladoku/w6/drs/ab_8400/8408.pdf

Antwort der Landesregierung
auf die **Kleine Anfrage** Nr. 3344 des Abg. Christoph Schulze (fraktionslos)
Drucksache 6/8190
Rückbau von Windkraftanlagen
LT-Drs. 6/8432 [Antwort LReg v. 19.03.2018]
Download:
https://www.parlamentsdokumentation.brandenburg.de/starweb/LBB/ELVIS/parladoku/w6/drs/ab_8400/8432.pdf

Antwort der Landesregierung
auf die **Kleine Anfrage** Nr. 3362 des Abg. Péter Vida (fraktionslos)
Drucksache 6/8218
Nachfolgeprobleme WEA (1)
LT-Drs. 6/8450 [Antwort LReg v. 22.03.2018]
Download:
https://www.parlamentsdokumentation.brandenburg.de/starweb/LBB/ELVIS/parladoku/w6/drs/ab_8400/8450.pdf

Antwort der Landesregierung
auf die **Kleine Anfrage** Nr. 3348 des Abg. Christoph Schulze (fraktionslos)
Drucksache 6/8194
Horstschutz im Land Brandenburg
LT-Drs. 6/8459 [Antwort LReg v. 22.03.2018]
Download:
https://www.parlamentsdokumentation.brandenburg.de/starweb/LBB/ELVIS/parladoku/w6/drs/ab_8400/8459.pdf

Antwort der Landesregierung
auf die **Kleine Anfrage** Nr. 3361 des Abg. Dierk Homeyer (CDU-Fraktion)
Drucksache 6/8217
Ausbaustand der erneuerbaren Energien in Brandenburg und Ergebnis der Ausschreibung für Windenergieanlagen in 2017
LT-Drs. 6/8480 [Antwort LReg v. 27.03.2018]
Download:
https://www.parlamentsdokumentation.brandenburg.de/starweb/LBB/ELVIS/parladoku/w6/drs/ab_8400/8480.pdf

Antwort der Landesregierung
auf die **Kleine Anfrage** Nr. 3552 des Abgeordneten Dierk Homeyer (CDU-Fraktion)
Drucksache 6/8745
Windkraftausbau in Brandenburg
LT-Drs. 6/8971 v. 11.06.2018
Download:
https://www.parlamentsdokumentation.brandenburg.de/starweb/LBB/ELVIS/parladoku/w6/drs/ab_8900/8971.pdf

Antwort der Landesregierung
auf die **Kleine Anfrage** Nr. 3934 des Abg. Dierk Homeyer (CDU-Fraktion)
Drucksache 6/9678
Windkraftausbau durch Bürgerenergiegesellschaften
LT-Drs. 6/9830 v. 29.10.2018
Download:
https://www.parlamentsdokumentation.brandenburg.de/starweb/LBB/ELVIS/parladoku/w6/drs/ab_9800/9830.pdf

Antwort der Landesregierung
auf die **Kleine Anfrage** Nr. 3996 des Abg. Péter Vida (fraktionslos)
Drucksache 6/9797
Ersetzung des gemeindlichen Einvernehmens bei Windkraftanlagen
LT-Drs. 6/10037 v. 27.11.2018
Download:
https://www.parlamentsdokumentation.brandenburg.de/starweb/LBB/ELVIS/parladoku/w6/drs/ab_10000/10037.pdf

Antwort der Landesregierung
auf die **Kleine Anfrage** Nr. 4010 der Abg. Iris Schülzke (fraktionslos)
Drucksache 6/9836
Immer weiter steigende Lärmbelästigung durch Windenergieanlagen
LT-Drs. 6/10048 v. 29.11.2018
Download:
https://www.parlamentsdokumentation.brandenburg.de/parladoku/w6/drs/ab_10000/10048.pdf

Antwort der Landesregierung
auf die **Kleine Anfrage** Nr. 4027 der Abg. Iris Schülzke (fraktionslos)
Drucksache 6/9877
Pachten aus Windenergieanlagen
LT-Drs. 6/10201 v. 11.12.2018
Download:
https://www.parlamentsdokumentation.brandenburg.de/starweb/LBB/ELVIS/servlet.starweb

Antwort der Landesregierung
auf die **Kleine Anfrage** Nr. 4036 des Abg. Péter Vida (fraktionslos)
Drucksache 6/9918
Landesbürgschaften bei Windkraftanlagen
LT-Drs. 6/10205 v. 12.12.2018
Download:
https://www.parlamentsdokumentation.brandenburg.de/starweb/LBB/ELVIS/parladoku/w6/drs/ab_10200/10205.pdf

Ersatzzahlungen aus Windkraft sollen verstärkt in betroffene Gemeinden fließen
„Der Stiftungsrat des NaturSchutzFonds Brandenburg hatte in seiner Herbst-Sitzung beschlossen, besonders Gemeinden zu unterstützen, auf deren Gebiet Windkraftanlagen errichtet werden. Dazu wurden nun die „Leitlinien und Schwerpunkte für die Arbeit der Stiftung NaturSchutzFonds Brandenburg“ entsprechend angepasst. [...] Mit der Anpassung der Leitlinien will die Stiftung sicherstellen, dass die Ersatzzahlungen aus Windkraftvorhaben vorrangig in die betroffenen Gemeinden zurückfließen und dort für Zwecke des Naturschutzes und der Landschaftspflege verwendet werden.
Die Stiftung wird deshalb in den kommenden Monaten in Zusammenarbeit mit dem Städte- und Gemeindebund sowie den regionalen Planungsgemeinschaften geeignete Veranstaltungen organisieren. Auf diese Weise sollen Gemeindevertreter, die an einer Projektförderung interessiert sind, über die geänderten Leitlinien ausführlich informiert werden. Unter anderem werden in den Veranstaltungen mögliche Projektinhalte vorgestellt und das Verfahren der Antragstel-

lung erläutert. Brandenburgs Agrar- und Umweltministerium wird im Rahmen dieser Informationsveranstaltungen auch über die Anwendung der Eingriffsregelung informieren. […]"
MLUL BB, Pressemitteilung v. 16.01.2018
Download:
http://www.mlul.brandenburg.de/cms/detail.php/bb1.c.546500.de

Siehe hierzu auch:

STIFTUNG NATURSCHUTZFONDS BRANDENBURG
Leitlinien und Schwerpunkte für die Arbeit der Stiftung NaturSchutzFonds Brandenburg.
Beschluss des Stiftungsrates des NaturSchutzFonds Brandenburg vom 12.10.2001, ergänzt am 30.11.2017,
Download:
http://www.naturschutzfonds.de/data/nsf/Dokumente/Satzung_Leitlinien/Leitlinien_und_Schwerpunkte_NSF.pdf

Hessen

Landtag

Kleine Anfrage des Abg. Rock (FDP) vom 11.10.2017
betreffend Immissionsschutz Windkraft
und **Antwort** der Ministerin für Umwelt, Klimaschutz, Landwirtschaft und Verbraucherschutz
LT-Drs. 19/5329 v. 02.01.2018
Download:
http://starweb.hessen.de/cache/DRS/19/9/05329.pdf

Kleine Anfrage des Abg. Franz (SPD) vom 27.02.2018
betreffend Windkraftanlagen in Nordhessen
und **Antwort** der Ministerin für Umwelt, Klimaschutz, Landwirtschaft und Verbraucherschutz
LT-Drs. 19/6105 v. 27.03.2018
Download:
http://starweb.hessen.de/cache/DRS/19/5/06105.pdf

94 neue Windenergieanlagen in 2017
„Hessen kommt beim Ausbau der Windenergie weiter im Rekordtempo voran. Insgesamt wurden im Jahr 2017 nach einer Erhebung der deutschen Windguard im Auftrag des Branchenverbands Windenergie 94 Anlagen mit einer Leistung von 280 Megawatt in Hessen neu errichtet. Im Bundesvergleich steht Hessen damit erstmals auf Platz 6. […] [Wirtschafts- und Energieminister Tarek Al-Wazir] verwies auf eine repräsentative Umfrage des Meinungsfor-

schungsinstituts infratest. Demnach halten 89 Prozent der Hessen die Energiewende für wichtig oder sehr wichtig. Auch bei konkreter Betroffenheit vor Ort ist die Zustimmung hoch. 71 Prozent der Hessen halten Windenergieanlagen in der Nachbarschaft für zumutbar. Gibt es bereits Windenergieanlagen in der eigenen Nachbarschaft, steigt die Akzeptanz sogar auf 75 Prozent. […] In diesem Jahr sind in Hessen – wie in den meisten anderen Bundesländern – nur noch wenige neue Windenergieanlagen beantragt und genehmigt worden. Deshalb muss eine neue Bundesregierung am EEG dringend nachsteuern, damit der Ausbau auch weiterhin in ganz Deutschland stattfinden kann und sich nicht auf die Küstenländer konzentriert. […]"
HMWEVL, Pressemitteilung v. 25.01.2018
Download:
https://wirtschaft.hessen.de/presse/pressemitteilung/94-neue-windenergieanlagen-2017-sorgen-fuer-atom-und-kohlefreien-strom

270.000 Euro für Netzwerk der Bürger-Energiegenossenschaften
„Mit rund 270.000 Euro fördert Hessen das Landesnetzwerk Bürger-Energiegenossenschaften (LaNEG Hessen e.V.) für weitere drei Jahre. Dies teilte Wirtschafts- und Energieminister Tarek Al-Wazir am Montag [26.03.2018] mit.[…]"
HMWEVL, Pressemitteilung v. 01.04.2018
Download:
https://wirtschaft.hessen.de/presse/pressemitteilung/270000-euro-fuer-netzwerk-der-buerger-energiegenossenschaften-0
Siehe auch:
http://www.laneg-hessen.de/

Im ersten Halbjahr 22,5 Prozent des Stromverbrauchs aus Erneuerbaren Energien erzeugt
„Die Energiewende in Hessen ist auch im ersten Halbjahr 2018 mit Rekordtempo vorangekommen. Der Anteil der in Hessen erzeugten Erneuerbaren Energien am Stromverbrauch stieg bis Ende Juni auf 22,5 Prozent. Das ist ein Plus von 2,5 Prozentpunkten. […] Im ersten Halbjahr 2018 wurden Windenergieanlagen mit einer Gesamtleistung von 167 MW neu in Betrieb genommen. Damit setzt sich der positive Trend der vergangenen vier Jahre fort. Bundesweit steht Hessen damit auf Platz 4 aller Bundesländer. […] Auch die Stromerzeugung aus Windenergieanlagen steigt laut Schätzbilanz des Leipziger Instituts für Energie weiter an. Im Jahr 2017 produzierten Windenergieanlagen in Hessen 3.243 GWh Strom. Das waren fast 50 Prozent mehr als im Vorjahr. Im ersten Halbjahr 2018 belief sich die Stromerzeugung laut Schätzbilanz auf 1.880 GWh. […] … waren in Hessen Ende Juni 1.105 Windenergieanlagen mit einer Gesamtleistung von 2.098 Megawatt in Beitrieb. Der Ausbau geht auch in der zweiten Jahreshälfte weiter. Insgesamt sind aktuell 72 Windenergieanlagen (215 MW) genehmigt, aber noch nicht in Betrieb. Darunter befinden sich auch Anlagen, deren Bescheide beklagt werden. Weitere 306 Anlagen (1.006 MW) befinden sich derzeit im Genehmigungsverfahren."
HMWEVL, Pressemitteilung v. 29.08.2018

Download:
https://wirtschaft.hessen.de/presse/pressemitteilung/im-ersten-halbjahr-225-prozent-des-stromverbrauchs-aus-erneuerbaren-energien-erzeugt

Mecklenburg-Vorpommern

Landtag

Kleine Anfrage
der Abg. Dr. Mignon Schwenke, Fraktion DIE LINKE
Zielabweichungsverfahren in Mecklenburg-Vorpommern
und **Antwort** der Landesregierung
LT-Drs. 7/1519 (neu) v. 17.01.2018
Download:
http://www.dokumentation.landtag-mv.de/Parldok/dokument/40424/zielabweichungsverfahren-in-mecklenburg-vorpommern.pdf

Kleine Anfrage
des Abg. Ralf Borschke, Fraktion der BMV
Windkraftanlagen in Mecklenburg-Vorpommern
und **Antwort** der Landesregierung
LT-Drs. 7/2327 v. 23.07.2018
Download:
http://www.dokumentation.landtag-mv.de/parldok/dokument/41373/windkraftanlagen_in_mecklenburg_vorpommern.pdf

Kleine Anfrage
der Abg. Dr. Mignon Schwenke, Fraktion DIE LINKE
Aktueller Sachstand zur Anwendung des Bürger- und Gemeindebeteiligungsgesetzes
und **Antwort** der Landesregierung
LT-Drs. 7/2370 v. 31.07.2018
Download:
http://www.dokumentation.landtag-mv.de/parldok/dokument/41446/aktueller_sachstand_zur_anwendung_des_buerger_und_gemeindebeteiligungsgesetzes.pdf

Kleine Anfrage
des Abg. Stephan J. Reuken Fraktion der AfD
Bürger- und Gemeindenbeteiligungsgesetz
und **Antwort** der Landesregierung
LT-Drs. 7/2448 v. 07.08.2018

Download:
http://www.dokumentation.landtag-mv.de/parldok/dokument/41515/buerger_und_gemeindenbeteiligungsgesetz.pdf

Kleine Anfrage
des Abg. Stephan J. Reuken, Fraktion der AfD
Prüfung von Horstschutzzonen vor einer Errichtung von Windenergieanlagen
und **Antwort** der Landesregierung
LT-Drs. 7/2640 v. 05.11.2018
Download:
http://www.dokumentation.landtag-mv.de/parldok/dokument/41757/pruefung_von_horstschutzzonen_vor_einer_errichtung_von_windenergieanlagen.pdf

Kleine Anfrage
des Abg. Stephan J. Reuken, Fraktion der AfD
Offshore-Windparks in Mecklenburg-Vorpommern
und **Antwort** der Landesregierung
LT-Drs. 7/2691 v. 05.11.2018
Download:
http://www.dokumentation.landtag-mv.de/parldok/dokument/41805/offshore_windparks_in_mecklenburg_vorpommern.pdf

Kleine Anfrage
des Abg. Ralf Borschke, Fraktion Freie Wähler/BMV
Ausnahmegenehmigungen bei Windkraftanlagen
und **Antwort** der Landesregierung
LT-Drs. 7/2774 v. 22.11.2018
Download:
http://www.dokumentation.landtag-mv.de/parldok/dokument/41939/ausnahmegenehmigungen_bei_windkraftanlagen.pdf

Tag der Erneuerbaren Energien 2018
„Zum vierten Mal in Folge wird der Tag der Erneuerbaren Energien in Mecklenburg-Vorpommern mit einem Aktionswochenende begleitet. Mit vielfältigen Angeboten wird das Thema Erneuerbare Energien für Bürgerinnen und Bürger vom 27. bis 29. April [2018] erlebbar gemacht. Unternehmen und Initiativen aus dem Bereich der Erneuerbaren Energien sind eingeladen, sich an diesem Wochenende neugierigen Besuchern vorzustellen. Das Energieministerium koordiniert die Aktivitäten der einzelnen Teilnehmer und unterstützt sie in der Öffentlichkeitsarbeit. […]“

EM MV, Pressemitteilung Nr. 16/18 v. 18.01.2018
Download:
https://www.regierung-mv.de/Landesregierung/em/Presse?id=134857&processor=processor.sa.pressemitteilung&sa.pressemitteilung.sperrfrist=alle
Dort auch weitere Informationen.

Kommunalpolitische Vereinigung der CDU Mecklenburg-Vorpommern (KPV MV)
„Um die Akzeptanz von Windkraftanlagen zu erhöhen fordert die Kommunalpolitische Vereinigung der CDU Mecklenburg-Vorpommern (KPV) die Einführung einer Grundsteuer E (Energieerzeugungsanlagen). […]"
KPV MV, Pressemitteilung v. 22.02.2018
Download:
https://www.kpv-mv.de/kpv-m-v-fordert-grundsteuer-e-fuer-energieerzeugungsanlagen/

Zuschlag für drei Windparks vor M-V steigert Bedeutung der Ostsee als Offshore-Standort
„Drei Windparks in der Ostsee vor Mecklenburg-Vorpommern haben in der zweiten Ausschreibung für Offshore-Windanlagen in Nord- und Ostsee den Zuschlag bekommen. Mit diesen neuen drei Projekten holt die Ostsee ein Stück weit auf gegenüber der Nordsee als Standort für die Windenergieerzeugung auf See', sagt Mecklenburg-Vorpommerns Energieminister Christian Pegel erfreut. […] Die drei Vorhaben sind rund um die Windparks vor Rügen geplant, die bereits in Betrieb oder gerade im Bau sind. Sie sollen insgesamt drei bis vier Millionen Megawattstunden erzeugen, der Jahresbedarf für etwa eine Million Haushalte. […]"
EM MV, Pressemitteilung Nr. 91/2018 v. 27.04.2018
Download:
https://www.regierung-mv.de/Landesregierung/em/Presse?id=137636&processor=processor.sa.pressemitteilung&sa.pressemitteilung.sperrfrist=alle

Energieminister Christian Pegel und IG Metall fordern vom Bund deutliches Engagement für die Windenergie
„Mecklenburg-Vorpommerns Energieminister Christian Pegel fordert gemeinsam mit Betriebsräten und Vertretern der IG Metall Küste ein klares Bekenntnis der neuen Bundesregierung zum Ausbau der Windenergie – und ein entsprechendes Vorgehen, mit dem auch die einheimische Windbranche gestärkt werden soll. […]
Mit Sorge sehen die Gesprächsteilnehmer, dass seit Anfang 2017 mehr als 2.000 Arbeitsplätze in der Windkraftbranche in Norddeutschland gestrichen worden sind. Sie fordern einhellig, dass die neue Bundesregierung mit klaren Entscheidungen zugunsten des Windenergieausbaus für Planungssicherheit und Verlässlichkeit bei den Unternehmen der Branche sorgt. […]
Des Weiteren sei der Bund gefordert, damit Übertragungs- und Verteilnetze zügig ausgebaut und ein intelligentes Lastmanagement entwickelt werden können. […]"

EM MV, Pressemitteilung Nr. 110/18 v. 28.05.2018
Download:
https://www.regierung-mv.de/Landesregierung/em/Presse?id=138554&processor=processor.sa.pressemitteilung&sa.pressemitteilung.sperrfrist=alle

Bundesrat beschließt Anpassung der Stromnetzabgaben ab 2019
„Stromkunden in Mecklenburg-Vorpommern sollen bei den bundesweit noch unterschiedlich hohen Abgaben für die bundesweiten Stromnetze – die sogenannten Übertragungsnetze – ab 2019 schrittweise entlastet werden. Der Bundesrat hat heute unter Mitwirkung des Energieministers aus Mecklenburg-Vorpommern, Christian Pegel, dem Fahrplan der Bundesregierung zugestimmt, der eine schrittweise deutschlandweite Vereinheitlichung der Übertragungsnetzentgelte zum 1. Januar 2023 vorsieht. […]"
EM MV, Pressemitteilung Nr. 131/18 v. 08.06.2018
Download:
https://www.regierung-mv.de/Landesregierung/em/Presse?id=139057&processor=processor.sa.pressemitteilung&sa.pressemitteilung.sperrfrist=alle

Siehe hierzu auch unter I.2. Bund und I.3. > Bundesrat

Verlässliche Rahmenbedingungen für Windkraft gefordert
„Der Chef der Staatskanzlei des Landes Mecklenburg-Vorpommern, Staatssekretär Reinhard Meyer erklärte heute anlässlich der Messe Rostock Wind. […] ‚Die Windenergiebranche hat strategische Bedeutung für die gesamte Wirtschaft in Mecklenburg-Vorpommern.' […] Aktuell stehe die Windenergiebranche vor Herausforderungen. ‚Wir wollen als Landesregierung dazu beitragen, dass sich die Branche gut entwickelt und dass die Arbeitsplätze gesichert werden. […] Deshalb halten wir an den Zielen des Landesenergiekonzepts von 2015 fest. Wir wollen die Windkraft auf See und an Land weiter voranbringen. Und wir wollen ein Windenergie-Cluster MV als Plattform für Markterschließung und Ansiedlung weiterer Unternehmen aufbauen.' Auch auf Bundesebene werde sich die Landesregierung weiter für einen verlässlichen Ausbau der Windenergie einsetzen. ‚Das gilt onshore wie offshore. Wir brauchen faire Ausschreibungs- und Wettbewerbsbedingungen. Wir benötigen eine stärkere Förderung von Innovationen insbesondere bei Sektorenkopplung und Speichertechnologien. Vor allem aber darf es jetzt keinen Stillstand mehr bei der Umsetzung des Koalitionsvertrages geben. Es muss Klarheit herrschen, welche Volumen in den kommenden Jahren ausgeschrieben werden, damit Unternehmen sicher planen können'."
STK MV, Pressemitteilung Nr. 188/2018 v. 10.08.2018
Download:
https://www.regierung-mv.de/serviceassistent/_php/download.php?datei_id=1602950

Niedersachsen

Landtag

Kleine Anfragen für die Fragestunde
1. Niedersachsen Windenergieland Nummer eins – Kontinuierlichen Ausbau sichern
Abg. Marcus Bosse (SPD)
LT-Drs. 18/50 v. 06.12.2017
Download:
http://www.landtag-niedersachsen.de/Drucksachen/Drucksachen%5F18%5F02500/00001-00500/18-00050.pdf
Antwort Niedersächsisches Ministerium für Umwelt, Energie, Bauen und Klimaschutz
PlPr 18/5 v. 14.12.2017, S. 249–266
Download unter:
http://www.nilas.niedersachsen.de/starweb/NILAS/servlet.starweb?path=NILAS/lisshfl.web&id=nilaswebfastlink&format=WEBLANGFL&search=WP=18%20AND%20DART=D%20AND%20DNR=50

Siehe auch:

Niedersachsen Windenergieland Nummer eins – Kontinuierlichen Ausbau sichern
„Der Niedersächsische Minister für Umwelt, Energie, Bauen und Klimaschutz Olaf Lies hat namens der Landesregierung auf eine mündliche Anfrage des Abgeordneten Marcus Bosse (SPD) geantwortet. […]"
MUEBK NI, Pressemitteilung v. 14.12.2017
Download:
https://www.umwelt.niedersachsen.de/aktuelles/pressemitteilungen/niedersachsen-windenergieland-nummer-eins---kontinuierlichen-ausbau-sichern-160293.html

Kleine Anfrage zur schriftlichen Beantwortung
des Abg. Christian Grascha (FDP), eingegangen am 08.02.2018 – Drs. 18/292
Welche Pläne hat die Landesregierung mit dem Windenergieerlass?
Antwort des Niedersächsischen Ministeriums für Umwelt, Energie, Bauen und Klimaschutz namens der Landesregierung vom 13.03.2018
LT-Drs. 18/493
Download:
http://www.landtag-niedersachsen.de/drucksachen/drucksachen_18_02500/00001-00500/18-00493.pdf

Kleine Anfrage zur schriftlichen Beantwortung
der Abg. Dr. Stefan Birkner und Horst Kortlang (FDP), eingegangen am 13.02.2018 – Drs. 18/303
Wird der Rückbau der Fundamente von Windenergieanlagen gesetzeskonform umgesetzt?
Antwort des Niedersächsischen Ministeriums für Umwelt, Energie, Bauen und Klimaschutz namens der Landesregierung vom 20.03.2018
LT-Drs. 18/534
Download:
http://www.landtag-niedersachsen.de/Drucksachen/Drucksachen%5F18 %5F02500/00501-01000/18-00534.pdf

Kleine Anfrage zur schriftlichen Beantwortung
des Abg. Stefan Wirtz (AfD), eingegangen am 04.04.2018 – Drs. 18/628
Rückbau von Windenergieanlagen
Antwort des Niedersächsischen Ministeriums für Umwelt, Energie, Bauen und Klimaschutz namens der Landesregierung vom 30.04.2018
LT-Drs. 18/813
Download:
http://www.landtag-niedersachsen.de/Drucksachen/Drucksachen%5F18 %5F02500/00501-01000/18-00813.pdf

Kleine Anfrage des Abg. Stefan Wirtz (AfD)
Rückbau von Windkraftanlagen
Antwort des Niedersächsischen Ministeriums für Umwelt, Energie, Bauen und Klimaschutz namens der Landesregierung
LT-Drs. 18/01180 v. 26.06.2018
Download:
http://www.landtag-niedersachsen.de/drucksachen/ drucksachen_18_02500/01001-01500/18-01180.pdf

Kleine Anfrage zur schriftlichen Beantwortung gemäß § 46 Abs. 1 GO LT
mit **Antwort** der Landesregierung
Anfrage des Abg. Stefan Wirtz (AfD) – Drs. 18/1658
Antwort des Ministeriums für Umwelt, Energie, Bauen und Klimaschutz namens der Landesregierung
Rückbau von 1 570 Windenergieanlagen in Niedersachsen
LT-Drs. 18/2006 v. 06.11.2018

Download:
http://www.landtag-niedersachsen.de/Drucksachen/Drucksachen%5F18
%5F02500/02001-02500/18-02006.pdf

Kleine Anfrage zur schriftlichen Beantwortung gemäß § 46 Abs. 1 GO LT
mit **Antwort** der Landesregierung
Anfrage der Abg. Stefan Wirtz und Christopher Emden (AfD) – Drs. 18/1885
Antwort des Niedersächsischen Ministeriums für Umwelt, Energie, Bauen und Klimaschutz namens der Landesregierung
Lärmmessungen bei Windenergieanlagen
LT-Drs. 18/2128 v. 19.11.2018
Download:
http://www.landtag-niedersachsen.de/Drucksachen/Drucksachen%5F18
%5F02500/02001-02500/18-02128.pdf

Im Rahmen des Plenums im Niedersächsischen Landtag vom 22.08–24.08.2018 hat der Niedersächsische Minister für Umwelt, Energie, Bauen und Klimaschutz Olaf Lies namens der Landesregierung auf mündliche Anfragen geantwortet.

- Frage 02: Fokus Klima – Arbeitsplatzabbau in der Windenergiebranche: Was tut die Landesregierung, um den Verlust von Arbeitsplätzen in der Windenergiebranche zu verhindern?
- Frage 05: Windenergie in Niedersachsen – Folgen des drohenden Stellenabbaus bei Enercon
- Frage 23: Was kann das Land für die Mitarbeiter der Firma Enercon und deren Zuliefer- und Tochterfirmen tun?

Download der Fragen und Antworten unter:
http://www.umwelt.niedersachsen.de/startseite/aktuelles/niedersaechsischer_landtag_muendliche_anfragen/

Sonderausschreibungen für On-Shore-Windkraftanlagen elementar für niedersächsische Hafenstandorte
„Im Ausschuss für Häfen und Schifffahrt des Niedersächsischen Landtags hat die Landesregierung am Dienstag über die Auswirkungen der Entwicklungen in der Windindustrie auf die niedersächsischen Seehäfen unterrichtet.
Die hafenpolitischen Sprecher der Fraktionen von SPD und CDU, Uwe Santjer und Bernd-Carsten Hiebing, erklären zu den Ergebnissen der Unterrichtung: ‚Die Vorträge der Vertreter des Wirtschaftsministeriums und des Umweltministeriums haben ganz klar deutlich gemacht, dass der derzeitige Fadenriss beim Windenergieausbau massive negative Auswirkungen für

die niedersächsischen Häfen hat. Vor diesem Hintergrund appellieren wir eindringlich an den Bundeswirtschaftsminister, die angekündigten Sonderausschreibungen für On-Shore-Windkraftanlagen schnell in die Tat umzusetzen.‘ […]“
SPD Landtagsfraktion Niedersachsen/CDU Fraktion im Niedersächsischen Landtag, gemeinsame Pressemitteilung Nr. 18/162 v. 28.08.2018
Download:
http://www.spd-fraktion-niedersachsen.de/imperia/md/content/ltf17/pressemitteilungen/2018/18-162_santjer_und_hiebing_-_windkraft_haefen.pdf/18-162_santjer_und_hiebing_-_windkraft_haefen.pdf

Neues zentrales Informationsportal über laufende Umweltverträglichkeitsprüfungen
„Die 16 Bundesländer haben gemeinsam ein neues Internetportal für Informationen über Umweltverträglichkeitsprüfungen (UVP) entwickelt. Grundlage ist eine Änderung der Europäischen UVP-Richtlinie*, welche vorsieht, die Öffentlichkeit elektronisch an zentraler Stelle über sämtliche Zulassungsverfahren mit Umweltverträglichkeitsprüfung zu unterrichten.
In Niedersachsen wird das derzeit im Aufbau befindliche Portal https://uvp.niedersachsen.de zukünftig über sämtliche durchzuführende Zulassungsverfahren mit Umweltverträglichkeitsprüfung Auskunft geben. […]“
MUEK NI, Pressemitteilung v. 25.10.2017
Download:
https://www.umwelt.niedersachsen.de/aktuelles/pressemitteilungen/neues-zentrales-informationsportal-ueber-laufende-umweltvertraeglichkeitspruefungen-158981.html

Niedersachsen: Rekordmarke beim Windenergieausbau in 2017
„Nach dem Spitzenplatz in 2016 landet Niedersachsen beim Zubau auch in 2017 wieder auf Rang eins im Ländervergleich. Das ergibt der Statusreport 2017 der Deutschen Windguard GmbH in Varel, die seit 2012 in Nachfolge des Deutschen Windenergieinstituts den jährlichen Ausbau der Windenergie in Deutschland analysiert. 485 Windenergieanlagen mit zusammen 1436 Megawatt Leistung wurden im letzten Jahr landesweit neu errichtet. Damit setzt Niedersachsen eine historische Rekordmarke beim Zubau. […] Um auch künftig einen kontinuierliche Weiterentwicklung der Windenergienutzung zu gewährleisten, setzt sich Niedersachsen gegenwärtig mit einer Bundesratsinitiative für gesetzliche Korrekturen am Erneuerbare-Energien-Gesetz ein, um eine deutliche Zubaudelle, die sonst in den Jahren 2019 und 2020 zu erwarten ist, abzuwenden. […]“
MUEBK NI, Pressemitteilung v. 26.01.2018
Download:
https://www.umwelt.niedersachsen.de/aktuelles/pressemitteilungen/niedersachsen-setzt-rekordmarke-beim-windenergieausbau-in-2017-161397.html

Niedersachsens Umwelt- und Energieminister Olaf Lies warnt vor einem Ausbremsen der Energiewende

„Niedersachsens Umwelt- und Energieminister Olaf Lies hat Bundeswirtschaftsminister Peter Altmaier vor einem Ausbremsen der Energiewende gewarnt. Energieminister Olaf Lies: ‚Wir werden unsere Klimaziele nicht erreichen können, ohne den Ausbau der erneuerbaren Energien zu verstärken. Das dürfte mittlerweile unumstritten sein. Niedersachsen hat sich im Bundesrat dafür eingesetzt, eine drohende Zubaulücke bei der Windenergie zu verhindern. Der Bundesrat hat einen Beschluss gefasst, der kurzfristig erforderliche Sonderausschreibungen und Anpassungen im EEG fordert. Greift der Bundestag dieses energie- und industriepolitisch Notwendige nicht auf, droht der deutschen Windindustrie in 2019/2020 ein Fadenriss. Dieses wichtige Signal für Klimaschutz und Arbeitsplätze darf jetzt nicht in Frage gestellt werden.‘[…]“
MU NI, Pressemitteilung v. 26.04.2018
Download:
https://www.umwelt.niedersachsen.de/aktuelles/pressemitteilungen/niedersachsens-umwelt--und-energieminister-olaf-lies-warnt-vor-einem-ausbremsen-der-energiewende--163945.html

Energieminister Olaf Lies: „Niedersachsen wird seine Verpflichtungen beim Stromnetzausbau pünktlich erfüllen – Altmaier muss sich zu Ausbauzielen für Erneuerbare Energien bekennen“

„Ein klares Bekenntnis zum erhöhten Ausbauziel für Erneuerbare Energien erwartet Niedersachsens Umwelt- und Energieminister Olaf Lies von Bundeswirtschaftsminister Peter Altmaier bei dessen Besuch in Niedersachsen morgen [15.08.2018]. ‚Der Bund muss seine Blockadehaltung bezüglich der Energiewende endlich aufgeben und verlässliche Rahmenbedingungen für alle Beteiligten schaffen. Die Folgen der Blockade beim Ausbau können wir gerade in Niedersachsen aktuell erleben. Der Verlust von fast 1.000 Arbeitsplätzen bei der Firma Enercon ist ein fatales Signal.[…]‘ Die von Bundeswirtschaftsminister Peter Altmaier angekündigte Absicht, den Netzausbau zu beschleunigen, unterstützt Minister Lies ausdrücklich. Mit dem angekündigten Netzgipfel mit den Ländern komme Altmaier endlich den Forderungen der Länder nach […].
Niedersachsen ist mit 12 landeseigenen Netzausbauvorhaben von 900 km Trassenlänge im Höchstspannungsnetz massiv betroffen. Um Konfliktpunkte frühzeitig zu identifizieren, Lösungsansätze zu entwickeln und die Möglichkeiten zur Verbesserung der Akzeptanz und der Verfahrensbeschleunigung zu erreichen, habe das Land einen Projektsteuerungsprozess zum Netzausbau etabliert […].
„Wir können unsere Klimaschutzziele nur dann erreichen, wenn wir auch die Energiewende vorantreiben. Deshalb setze ich mich dafür ein, dass der Ausbau der On- und Offshore-Windanlagen nicht ins Stocken gerät, ebenso wie der Netzausbau.“
MU NI, Pressemitteilung Nr. 100/2018 v. 14.08.2018

Download:
https://www.umwelt.niedersachsen.de/aktuelles/pressemitteilungen/energieminister-olaf-lies-niedersachsen-wird-seine-verpflichtungen-beim-stromnetzausbau-puenktlich-erfuellen--altmaier-muss-sich-zu-ausbauzielen-fuer-erneuerbare-energien-bekennen-167655.html

Niedersachsens Energieminister Lies lehnt Vorstoß aus Brandenburg ab: Lies: „Energiewende wird Wind aus den Segeln genommen"
„Für Irritation und Verwunderung hat bei Niedersachsens Energieminister Olaf Lies eine Ankündigung des brandenburgischen Ministerpräsidenten Dietmar Woidke beim Ostdeutschen Energieforum in Leipzig gesorgt. Danach will Brandenburg gemeinsam mit anderen Bundesländern mit einer Initiative im Bundesrat die privilegierte Zulassung von Windrädern im Außenbereich der Städte und Gemeinden zu Fall bringen. Sie gilt als die entscheidende planungsrechtliche Sonderregelung, die den starken Ausbau der Windenergie in den letzten Jahren ermöglicht hat. ‚Ausgerechnet in einem Sommer, in dem die unangenehmen Folgen des Klimawandels für alle deutlich spürbar werden macht man sich in einigen Bundesländern Gedanken, wie der Energiewende der Wind aus den Segeln genommen werden kann? Ausgerechnet zu einem Zeitpunkt, wo wir im Norden um Deutschland als Standort für die Windenergieindustrie fürchten müssen sollen neue Hürden für die Windenergie aufgerichtet werden? Das verstehe wer will', kommentiert Niedersachsens Umwelt- und Energieminister Olaf Lies diesen Vorschlag. […]"
MU NI, Pressemitteilung Nr. 106/2018 v. 23.08.2018
Download:
http://www.umwelt.niedersachsen.de/aktuelles/pressemitteilungen/niedersachsens-energieminister-lies-lehnt-vorsto-aus-brandenburg-ab-lies-energiewende-wird-wind-aus-den-segeln-genommen-168067.html

Energiewendebericht 2018
„Niedersachsen ist und bleibt Treiber und Motor der Energiewende in Deutschland: Das belegen die Zahlen des Energiewendeberichts 2018. Demnach kann Niedersachsen bereits 60 Prozent seines Stromverbrauchs aus erneuerbaren Energieträgern decken. Niedersachsen sorgt für mehr als ein Viertel des bundesweiten Windenergiezubaus und belegt damit Platz 1 im Bundesländervergleich. […]"
MU NI, Pressemitteilung v. 31.08.2018
Download:
http://www.umwelt.niedersachsen.de/themen/energie/energiewende/energiewendebericht-2018-119325.html

NIEDERSÄCHSISCHES MINISTERIUM FÜR UMWELT, ENERGIE, BAUEN UND KLIMASCHUTZ (Hrsg.)
Energiewendebericht 2018,
Hannover, August 2018
Inhalt:
„Der Energiewendebericht 2018 dokumentiert den Stand der Energiewende in Niedersachsen und präsentiert Kennzahlen zum Energieverbrauch und zur Energieproduktivität, zu Stromverbrauch und Stromerzeugung sowie zu den Treibhausgasemissionen. Ebenfalls werden die Entwicklung von Beschäftigtenzahlen sowie von Strom- und Gaspreisen dargestellt. Ein thematischer Schwerpunkt liegt auf dem Bereich der energetischen Verknüpfung – sprich der Kopplung – des Stromsektors mit den Sektoren Wärme und Verkehr."
Download:
http://www.umwelt.niedersachsen.de/download/135578/Energiewendebericht_2018.pdf

Nordrhein-Westfalen

Landtag

Antwort der Landesregierung
auf die **Kleine Anfrage** 580 vom 28. November 2017 des Abg. Frank Sundermann SPD, Drucksache 17/1361
Windkraft in NRW – rechtliche Verlässlichkeit statt politischer Verhinderungskampagne
LT-Drs. 17/1714 v. 15.01.2018
Download:
https://www.landtag.nrw.de/portal/WWW/dokumentenarchiv/Dokument?Id=MMD17/1714&quelle=alle

Antwort der Landesregierung
auf die **Kleine Anfrage** 542 vom 3. November 2017 des Abg. Andreas Keith AfD, Drucksache 17/1250
Vogelsterben durch Windkraftanlagen
LT-Drs. 17/1453 v. 13.12.2017
Download:
https://www.landtag.nrw.de/Dokumentenservice/portal/WWW/dokumentenarchiv/Dokument/MMD17-1453.pdf

Antwort der Landesregierung
auf die **Kleine Anfrage** 533 vom 7. November 2017 des Abg. Dr. Christian Blex AfD, Drucksache 17/1235
Scheitert das Entfesselungspaket für erneuerbare Energien am Machbaren?
LT-Drs. 17/1450 v. 13.12.2017

Download:
https://www.landtag.nrw.de/Dokumentenservice/portal/WWW/dokumentenarchiv/Dokument/MMD17-1450.pdf

Antwort der Landesregierung
auf die **Kleine Anfrage** 844 vom 6. März 2018 der Abg. Wibke Brems BÜNDNIS 90/DIE GRÜNEN, Drucksache 17/2103
Überschätzt die Landesregierung das Potenzial für das Repowering von Windenergieanlagen?
LT-Drs. 17/2277 v. 29.03.2018
Download:
https://www.landtag.nrw.de/Dokumentenservice/portal/WWW/dokumentenarchiv/Dokument/MMD17-2277.pdf

Antwort der Landesregierung
auf die **Kleine Anfrage** 915 vom 29. März 2018 der Abg. Wibke Brems BÜNDNIS 90/DIE GRÜNEN, Drucksache 17/2276
Vereinbarkeit von Brutkästen und Windenergieanlagen: Gilt das Bundesnaturschutzgesetz auch für Naturschutzbehörden?
LT-Drs. 17/2500 v. 27.04.2018
Download:
https://www.landtag.nrw.de/Dokumentenservice/portal/WWW/dokumentenarchiv/Dokument/MMD17-2500.pdf

Antwort der Landesregierung
auf die **Kleine Anfrage** 1069 vom 23. Mai 2018 der Abg. Wibke Brems BÜNDNIS 90/DIE GRÜNEN, Drucksache 17/2677
Wie will die Landesregierung die Fesselung der Windenergie ausgleichen?
LT-Drs. 17/2914 v. 28.06.2018 Neudruck
Download:
https://www.landtag.nrw.de/Dokumentenservice/portal/WWW/dokumentenarchiv/Dokument/MMD17-2914.pdf

Antwort der Landesregierung
auf die **Kleine Anfrage** 1072 vom 18. Mai 2018 der Abg. Wibke Brems BÜNDNIS 90/DIE GRÜNEN, Drucksache 17/2686
Windenergie im Wirtschaftswald vor dem Aus?
LT-Drs. 17/3046 v.04.07.2018

Download:
https://www.landtag.nrw.de/Dokumentenservice/portal/WWW/dokumentenarchiv/Dokument/MMD17-3046.pdf;jsessionid=7A79C011717B8414B7B1B602A374843D.ifxworker

Antwort der Landesregierung
auf die **Kleine Anfrage** 1070 vom 18. Mai 2018 der Abg. Wibke Brems BÜNDNIS 90/DIE GRÜNEN, Drucksache 17/2678
Windenergieanlagen im Wirtschaftswald: Redet die Landesregierung ein Umweltschutzproblem herbei?
LT-Drs. 17/3045 v. 04.07.2018
Download:
https://www.landtag.nrw.de/Dokumentenservice/portal/WWW/dokumentenarchiv/Dokument/MMD17-3045.pdf

Antwort der Landesregierung
auf die **Große Anfrage** 9 der Fraktion der AfD, Drucksache 17/3753
Kosten und Nutzen von Windenergieanlagen in Nordrhein-Westfalen
LT-Drs. 17/4634 v. 19.12.2018
Download:
https://www.landtag.nrw.de/Dokumentenservice/portal/WWW/dokumentenarchiv/Dokument/MMD17-4634.pdf

MINISTERIUM FÜR WIRTSCHAFT, INNOVATION, DIGITALISIERUNG UND ENERGIE DES LANDES NORDRHEIN-WESTFALEN
Argumentationspapier zur Zukunft der Windenergie in Nordrhein-Westfalen,
Stand: 07.12.2017
Aus dem Inhalt:
„Der Ausbau der Windenergie stößt in Teilen des Landes auf zunehmende Vorbehalte in der Bevölkerung. Daher soll beim weiteren Ausbau der Windenergie insbesondere **ein angemessener Anwohner-, Landschafts- und Naturschutz** sowie Schutz von Bestandsanlagen sichergestellt, ebenso wie die **Unterstützung des Repowerings bestehender Windparks** und die **Stärkung kommunaler Planungshoheit** ermöglicht werden. […]"
Download:
https://www.wirtschaft.nrw/sites/default/files/asset/document/17-12-07_argumentationspapier_zur_zukunft_der_windenergie_in_nrw.pdf

Rheinland-Pfalz

MINISTERIUM FÜR UMWELT, ENERGIE, ERNÄHRUNG UND FORSTEN RHEINLAND-PFALZ (Hrsg.)
12. Energiebericht Rheinland-Pfalz. Berichtszeitraum der Bilanzen: 2014–2015,
Mainz, Juli 2018
Download:
https://mueef.rlp.de/fileadmin/mulewf/Themen/Energie_und_Strahlenschutz/Energie/12. Energiebericht_RLP.pdf
Download des Anhangs:
https://mueef.rlp.de/fileadmin/mulewf/Themen/Energie_und_Strahlenschutz/Energie/12._ Energiebericht_Rheinland-Pfalz_-_Anhang.pdf

ENERGIEAGENTUR RHEINLAND-PFALZ
Statusbericht 2018 zur Energiewende,
Kaiserslautern o. D. (2018)
Aus dem Inhalt:
„[…] In Rheinland-Pfalz nimmt die Energie aus Wind den größten Anteil bei den Erneuerbaren Energien ein. Mit einem weiteren Zubau von sechs Prozent konnte die installierte Leistung an Windkraft von knapp 2,95 Millionen kW in 2015 auf rund 3,13 Millionen kW in 2016 erneut zulegen. Im Vergleich der installierten Leistung liegt Rheinland-Pfalz damit an neunter Stelle im Bundesvergleich und nimmt unter den Binnenländern weiterhin einen Spitzenplatz ein. […] Es ist zu beobachten, dass die Umsetzung neuer Projekte durch die Veränderung rechtlicher Rahmenbedingungen, insbesondere durch die Ausschreibungspflicht für Windkraftanlagen durch das EEG 2017, schwieriger wird.
Das „Repowering", d.h., das Hoch- und Umrüsten bestehender Windkraftanlagen, wird zunehmend als Schlüsseltechnologie eingesetzt. Neue leistungsstarke Anlagen können deutlich größere Menge an Strom erzeugen und alte Anlagen ersetzen sowie die Zahl der Anlagen insgesamt reduzieren. Gleichzeitig verfügen diese Anlagen über Abschalteinrichtungen für Vogelflug, zum Schutz von Fledermäusen und einen schallreduzierten Betrieb bei Nacht, was die Auswirkungen auf Natur und Umwelt erheblich reduziert. Darüber hinaus spielen Ansätze zur Markt- und Netzintegration sowie der Sektorenkopplung eine zunehmende Rolle. Der Ausbau der Windenergie bietet große Chancen für den Klimaschutz und die regionale Wertschöpfung gerade in den ländlichen Regionen von Rheinland-Pfalz. Die Potentiale zu nutzen und gleichzeitig den Ausbau vor Ort für Natur und Umwelt sowie für die Bevölkerung verträglich zu gestalten wird die weitere Entwicklung prägen. […]"
Download:
https://www.energieatlas.rlp.de/earp/fileadmin/pictures/Downloads/Statusbericht_zur_ Energiewende_2018_web.pdf

STRUKTUR- UND GENEHMIGUNGSDIREKTION NORD (Hrsg.)
Monitoring Erneuerbare Energien 2018,
Koblenz, Oktober 2018
Download:
https://sgdnord.rlp.de/fileadmin/sgdnord/Energie/Monitoring_Erneuerbare_Energien2018.pdf

Siehe hierzu auch:

SGD Nord veröffentlicht aktuellen Monitoringbericht zu Erneuerbaren Energien
„[…] Die über die Regionalplanung und die Flächennutzungsplanung für die Windenergie gesicherte Fläche blieb im vergangenen Jahr auf einem Wert von rund 11.900 Hektar, was 0,91 % der Fläche der SGD Nord entspricht. Durch die dritte Teilfortschreibung des LEP IV zum Thema Erneuerbare Energien ist die Ausschlusskulisse für Windenergieanlagen insbesondere aufgrund der Vorgabe größerer Siedlungsabstände vergrößert worden. Aufgrund dessen wurden im vergangenen Jahr keine neuen Sonderbauflächen Windenergie über die Flächennutzungsplanung ausgewiesen. […]
Zum Stichtag 31.12.2017 waren im Bereich der SGD Nord 1.188 Windenergieanlagen mit einer Gesamtnennleistung von rund 2.432 Megawatt (MW) am Netz oder genehmigt. Die Anlagenzahl stieg somit im Vergleich zum Vorjahr um 58 Anlagen, die Gesamtnennleistung um 188 MW. Die Zahl der am Netz befindlichen Windkraftanlagen hat sich seit 2004 von 463 Anlagen auf 1099 Anlagen etwas mehr als verdoppelt, während sich die installierte Nennleistung im selben Zeitraum von 429 MW auf 2180 MW mehr als verfünffacht hat. Dies ist auf das Repowering zurückzuführen, also den Ersatz bestehender Anlagen durch leistungsstärkere. In der Anlagenplanung ist ein deutlicher Rückgang im Vergleich zum Höhepunkt in den Jahren 2013/2014 zu verzeichnen. Auch die Zahl der Genehmigungen ist rückläufig. […]“
SGD Nord, Pressemitteilung v. 20.11.2018
Download:
https://sgdnord.rlp.de/de/service/pressemitteilungen/detail/news/detail/News/sgd-nord-veroeffentlicht-aktuellen-monitoringbericht-zu-erneuerbaren-energien/

Saarland

Landtag

Antwort zu der **Anfrage** des Abg. Ralf Georgi (DIE LINKE.) u. der Abg. Dagmar Ensch-Engel (DIE LINKE.)
betr.: Aktuelle Situation der Vögel im Saarland – Ursachen des Vogelsterbens
LT-Drs. 16/369 (16/308) v. 30.04.2018
Aus dem Inhalt
„[…] Erneuerbare Energien (Windkraftanlagen und Biogasanlagen)

- Einige Brutvögel (auch Fledermäuse) gelten als windkraftsensibel. Die konsequente Anwendung der artenschutzrechtlichen Regelungen bei den Genehmigungsverfahren mit entsprechenden Auflagen schließt ein signifikant erhöhtes Tötungsrisiko für diese Arten aus. Dennoch kann es bei diesen Vogelarten im Einzelfall zu Schlagopfern (bei Fledermäusen zu Barotraumata) kommen. Abgesehen vom Individuenbezug des artenschutzrechtlichen Tötungsverbots ist dann davon auszugehen, dass es zu keiner erheblichen Auswirkung auf den Erhaltungszustand der Populationen der entsprechenden Arten kommt. […]"
LT-Drs. 16/369 (16/308) v. 30.04.2018
Download:
https://www.landtag-saar.de/Drucksache/Aw16_0369.pdf

Antwort zu der **Anfrage** des Abg. Lutz Hecker (AfD)
betr.: Stand der Genehmigungen von Windparks im Saarland
Welche Windparks sind an welchen Standorten derzeit im Saarland beantragt?
LT-Drs. 16/428 (16/378) v, 30.05.2018
Download:
https://www.landtag-saar.de/file.ashx?FileName=Aw16_0428.pdf

Antwort zu der **Anfrage** der Abg. Dagmar Ensch-Engel (DIE LINKE.)
und des Abg. Ralf Georgi (DIE LINKE.)
betr.: Aktueller Stand Bau von Windkraftanlagen im Saarland
LT-Drs. 16/432 (16/396) v. 01.06.2018
Download:
https://www.landtag-saar.de/Drucksache/Aw16_0432.pdf

Antwort zu der **Anfrage** der Abgeordneten Dagmar Ensch-Engel (fraktionslos)
betr.: Probleme bei der Planung, Genehmigung und beim Bau von Windenergieanlagen
LT-Drs. 16/492 v. 14.08.2018
Download:
https://www.landtag-saar.de/Drucksache/Aw16_0492.pdf

Antwort zu der **Anfrage** der Abgeordneten Dagmar Ensch-Engel (fraktionslos)
betr.: Anwendung des novellierten Saarländischen Waldgesetzes in Bezug auf die Genehmigung von Windkraftanlagen im Saarland
LT-Drs. 16/515 v. 20.08.2018
Download:
https://www.landtag-saar.de/Drucksache/Aw16_0515.pdf

Neues zentrales Internetportal informiert über laufende Umweltverträglichkeitsprüfungen im Saarland
„Nach neuem europäischem Recht (Änderung der EU-Richtlinie 2011/92/EU – UVP-Richtlinie – durch die EU-Richtlinie 2014/52/EU) und der entsprechenden gesetzlichen Umsetzung in Deutschland ist die Öffentlichkeit über sämtliche Zulassungsverfahren mit Umweltverträglichkeitsprüfung (UVP) elektronisch an zentraler Stelle zu unterrichten.
Daher haben alle 16 Bundesländer gemeinsam ein neues Internetportal für Informationen über Umweltverträglichkeitsprüfungen entwickelt. Das Portal https://www.uvp-verbund.de/portal/ gibt künftig über sämtliche durchzuführende Zulassungsverfahren mit Umweltverträglichkeitsprüfungen im Saarland Auskunft. […]“
MUV SL, Pressemitteilung v. 25.10.2017
Download:
https://www.saarland.de/229351.htm

Sachsen

GUTACHTEN EE-AUSBAUPOTENTIALE IN SACHSEN
Auftraggeber: Freistaat Sachsen vertreten durch Staatsministerium für Wirtschaft, Arbeit und Verkehr,
Erarbeitet durch Sächsische Energieagentur – SAENA GmbH,
Autoren: Antje Fritzsche, Uwe Kluge, Martin Reiner, Stefan Thieme-Czach,
Dresden, August 2018
Aus dem Inhalt:
„Ziel dieses Gutachtens ist es, die technischen Potentiale der erneuerbaren Energien im Freistaat Sachsen aus relevanten Studien herauszuarbeiten, eine Zuordnung zu den Anwendungsbereichen Strom, Wärme und Verkehr vorzunehmen sowie auf geänderte Rahmenbedingungen (Plausibilität der Annahmen) einzugehen. Die technischen Potentiale werden für das Jahr 2030 ermittelt.
Die Erarbeitung dieser Analyse erfolgt in enger Abstimmung mit dem Sächsischen Staatsministerium für Wirtschaft, Arbeit und Verkehr (SMWA). Das Gutachten soll eine Grundlage für die Fortschreibung des Energie- und Klimaprogramms des Freistaates Sachsen aus dem Jahr 2012 bilden und geht zurück auf einen Beschluss der Kabinettsvorkonferenz vom 14. August 2017. […]
Für die Bestimmung der Potentiale aus Windenergie wird zuerst eine Flächenanalyse durchgeführt. Im Anschluss werden die ermittelten Flächen mit den Daten der „Windpotentialstudie Sachsen“ verschnitten, so dass im Ergebnis die mögliche Elektroenergieerzeugung in GWh für Sachsen dargestellt werden kann. Die Flächenanalyse erfolgt in drei Varianten, bei denen die Raumwiderstände in verschiedenen Ausprägungen berücksichtigt werden. […]“
Download:
http://www.energie.sachsen.de/download/energie/Gutachten-EE-Ausbaupotentiale-in-Sachsen-final.pdf

SMWA startet Konsultationsverfahren zu Ausbauzielen der erneuerbaren Energien in Sachsen
„[…] Die Sächsische Energieagentur – SAENA GmbH hat im Auftrag des SMWA ein Gutachten erstellt, das die theoretisch nutzbaren Potenziale für die erneuerbaren Energieträger Windkraft, Photovoltaik (PV), Solarthermie, Bio-energie und Wasserkraft in Sachsen darstellt. Wie und in welchem Umfang diese theoretischen Potenziale praktisch genutzt werden sollen, ist Inhalt eines breit angelegten Konsultationsverfahrens, das das SMWA heute [07.09.2018] gestartet hat. […] Das aktualisierte und weiterentwickelte Energie- und Klimaprogramm soll noch 2018 vom Kabinett beschlossen werden. […]“
SMWA, Pressemitteilung v. 07.09.2018
Download:
https://www.medienservice.sachsen.de/medien/news/220451

Sachsen-Anhalt

Landtag

Antwort der Landesregierung
auf eine **Kleine Anfrage zur schriftlichen Beantwortung**, Abg. Andreas Gehlmann (AfD)
Flächenverbrauch durch Windenergieanlagen in Sachsen-Anhalt
Kleine Anfrage – KA 7/1522
LT-Drs. 7/2777 v. 23.04.2018
Download:
https://www.landtag.sachsen-anhalt.de/fileadmin/files/drs/wp7/drs/d2777aak.pdf

Schleswig-Holstein

Landtag

Kleine Anfrage des Abg. Jörg Nobis (Fraktion der AfD) und
Antwort der Landesregierung – Minister für Energiewende, Landwirtschaft, Umwelt, Natur und Digitalisierung
Rückbau von Windkraftanlagen
LT-Drs. 19/615 v. 03.04.2018
Download:
http://www.landtag.ltsh.de/infothek/wahl19/drucks/00600/drucksache-19-00615.pdf

Kleine Anfrage des Abg. Thomas Hölck (SPD)
und **Antwort** der Landesregierung – Minister für Energiewende, Landwirtschaft, Umwelt, Natur und Digitalisierung
Ausschreibung zur Windenergie
LT-Drs. 19/774 v. 15.06.2018

Download:
http://www.landtag.ltsh.de/infothek/wahl19/drucks/00700/drucksache-19-00774.pdf

Kleine Anfrage der Abg. Doris Fürstin v. Sayn-Wittgenstein, AfD
und **Antwort** der Landesregierung – Minister für Energiewende, Landwirtschaft, Umwelt, Natur und Digitalisierung
Höhere Sicherheitsvorgaben für Windkraftanlagen
LT-Drs. 19/780 v. 21.06.2018
Download:
http://www.landtag.ltsh.de/infothek/wahl19/drucks/00700/drucksache-19-00780.pdf

Thüringen

Landtag

Kleine Anfrage des Abg. Gruhner (CDU) und
Antwort des Thüringer Ministeriums für Umwelt, Energie und Naturschutz
Gutachten für den Bau von Windkraftanlagen
LT-Drs. 6/5246 v. 23.01.2018
Download:
http://www.parldok.thueringen.de/ParlDok/dokument/65787/gutachten-f%c3%bcr-den-bau-von-windkraftanlagen.pdf

Kleine Anfrage der Abg. Lehmann (CDU) und
Antwort des Thüringer Ministeriums für Infrastruktur und Landwirtschaft
Überarbeitung und Fortschreibung des Sachlichen Teilplans „Windenergie" im Rahmen des Regionalplans Nordthüringen – Teil I
LT-Drs. 6/4890 v. 21.12.2017
Download:
http://www.parldok.thueringen.de/ParlDok/dokument/65242/%c3%bcberarbeitung-und-fortschreibung-des-sachlichen-teilplans-windenergie-im-rahmen-des-regionalplans-nordth%c3%bcringen-teil-i.pdf

Kleine Anfrage der Abg. Lehmann (CDU) und
Antwort des Thüringer Ministeriums für Infrastruktur und Landwirtschaft
Überarbeitung und Fortschreibung des Sachlichen Teilplans „Windenergie" im Rahmen des Regionalplans Nordthüringen – Teil II
LT-Drs. 6/4891 v. 21.12.2017

Download:
http://www.parldok.thueringen.de/ParlDok/dokument/65238/%c3%bcberarbeitung-und-fortschreibung-des-sachlichen-teilplans-windenergie-im-rahmen-des-regionalplans-nordth%c3%bcringen-teil-ii.pdf

Die CDU-Fraktion
„fordert von der Landesregierung eine Neubewertung und Berücksichtigung der gesundheitlichen Belastungen durch Windenergieanlagen. […]. Anlass ist […] eine aktuelle Studie der Weltgesundheitsorganisation (WHO), die sich mit den gesundheitlichen Folgen des Umgebungslärms auseinandersetzt. Die WHO empfiehlt unter anderem, die durchschnittliche Lärmbelastung durch Windenergieanlagen zu verringern. […]"
CDU-Fraktion im Thüringer Landtag, Pressemitteilung v. 12.10.2018
Download:
https://www.cdu-landtag.de/aktuelles/pressemitteilungen/2018/who-gutachten-sorgt-sich-um-laermbelaestigung-durch-windenergieanlagen

„Wir lassen nichts unversucht, um den SuedLink-Korridor durch Thüringen zu verhindern"
„Wir wollen mögliche Planungsfehler frühzeitig korrigieren und so ein rechtssicheres Planungsverfahren gewährleisten. Daher begrüße ich es, dass das Kabinett sich heute [11.09.2018] auf die frühzeitige Einleitung rechtlicher Maßnahmen gegen die Entscheidung der Bundesnetzagentur zum geplanten Thüringen-Korridor der SuedLink-Stromleitung verständigt hat", sagte Thüringens Ministerin für Infrastruktur und Landwirtschaft, Birgit Keller, nach der Kabinettsitzung in Erfurt. „Wir betreten damit rechtliches Neuland, indem wir bereits vor dem Vorliegen eines Planfeststellungsbeschlusses rechtliche Schritte einleiten." […]
Aus Sicht Thüringens wurden durch die Bundesnetzagentur so weitgehende Vorfestlegungen im Trassenkorridorverlauf getroffen, dass es geboten ist, Verfahrensfehler im Sinne eines effektiven Rechtsschutzes frühzeitig geltend zu machen. […]"
MIL TH, Pressemitteilung v. 11.09.2018
Download:
https://www.thueringen.de/th9/tmil/presse/pm/106715/index.aspx

4. Weitere Meldungen

Agentur für Erneuerbare Energien e. V. (AEE)

Bürgerenergie bleibt Schlüssel für erfolgreiche Energiewende
„Für eine erfolgreiche Energiewende in Deutschland spielen die Bürgerinnen und Bürger als Energieproduzenten eine Schlüsselrolle. Wie aus einer neuen Studie des Instituts trend:research hervorgeht, sind Privatpersonen weiterhin die mit Abstand wichtigsten Investoren für Erneuerbare-Energien-Anlagen. Ihnen gehört in Deutschland knapp ein Drittel der installierten Leis-

tung zur regenerativen Stromproduktion. Damit liegen sie weit vor Energieversorgern, Projektierern, Gewerbebetrieben, Fonds und Banken. […]"
AEE, Pressemitteilung v. 01.02.2018
Download:
https://www.unendlich-viel-energie.de/buergerenergie-bleibt-schluessel-fuer-erfolgreiche-energiewende
Dort auch weitere Informationen zu Inhalt und Bezug der Studie.

Die Bundesländer als Treiber der Energiewende
„Die Bundesländer spielen für die Gestaltung der Energiewende in Deutschland eine wesentliche Rolle: Ob es um die Flächenausweisung für Erneuerbare Energien, den Ausbau der Strom- und Wärmenetze oder – wie aktuell in der Kohlekommission – um den weiteren Umgang mit den bestehenden fossilen Kraftwerken geht, überall haben die Länder einen entscheidenden Einfluss. Die neue AEE-Publikation „Statusreport Föderal Erneuerbar 2018" widmet sich auf knapp 240 Seiten den jüngsten Entwicklungen der Energiewende auf Länderebene. Aktuelle Zahlen, Fakten und Infografiken sowie Interviews mit den zuständigen Ministerinnen und Ministern, energiepolitische Analysen und Best-Practice-Beispiele machen die Schwerpunkte der jeweiligen Landesregierungen bei der Energiewende deutlich. Die Publikation ist ab sofort in Teilkapiteln downloadbar und als Gesamtausgabe über den Shop der AEE bestellbar. […]"
AEE, Pressemitteilung v. 03.07.2018
Download:
https://www.foederal-erneuerbar.de/presse-detail/items/die-bundeslaender-als-treiber-der-energiewende
Siehe auch unter V.5. > AEE

Klares Bekenntnis der deutschen Bevölkerung zu Erneuerbaren Energien
„Die Zustimmung der deutschen Bevölkerung zur Energiewende ist ungebrochen. 93 Prozent der Bevölkerung in Deutschland sprechen sich für eine stärkere Nutzung und den weiteren Ausbau der Erneuerbaren Energien aus – auch wenn dies in ihrer unmittelbaren Nachbarschaft geschieht. Das geht aus der diesjährigen Akzeptanzumfrage der Agentur für Erneuerbaren Energien (AEE) hervor. […]"
AEE, Pressemitteilung v. 05.10.2018
Download:
https://www.unendlich-viel-energie.de/presse/pressemitteilungen/klares-bekenntnis-der-deutschen-bevoelkerung-zu-erneuerbaren-energien

Agora Energiewende

Wie Kommunen und Bürger mehr von neuen Windparks haben: Agora Energiewende legt Gutachten „Wie weiter mit der Windenergie?“ vor

„[…] Kommunen sollen nach einem Vorschlag von Agora Energiewende künftig stärker an den Erträgen von Windkraftanlagen beteiligt werden. Außerdem sollen die Vorstellungen der von neuen Windparks betroffenen Menschen in Zukunft besser berücksichtigt werden als heute. Das schlägt Agora Energiewende in einer heute [15.01.2018] veröffentlichten Studie vor. Beide Beteiligungsmöglichkeiten sollen dabei helfen, die Akzeptanz der Windkraft auf dem heutigen Niveau zu halten – rund 60 Prozent der Menschen in Deutschland unterstützen den Bau neuer Windräder einer Umfrage zufolge, bei Menschen, in deren Wohnumfeld bereits Windenergieanlagen stehen, liegt die Zustimmung sogar höher, nämlich bei fast 70 Prozent. […] Die finanzielle Beteiligung von Kommunen soll dem Vorschlag zufolge in Form einer Sonderabgabe der Betreiber oder Errichter erfolgen […]. Diese Mittel sollen zweckgebunden eingesetzt werden und dadurch die Lebensqualität in umliegenden Kommunen verbessern. Abhängig von der Ausgestaltung könnten sich die Kosten für die Produktion von Windstrom dadurch um etwa ein Prozent erhöhen.
Die Verbesserungen bei der Mitentscheidung über neue Windenergieprojekte, setzen im Genehmigungsprozess an. Unter anderem soll die Öffentlichkeit künftig bei allen Windprojekten mit Nabenhöhen von mehr als 100 Metern schon vor den ersten förmlichen Anträgen beteiligt werden – bislang ist die frühe Öffentlichkeitsbeteiligung erst bei Windparks mit mindestens 20 Anlagen verpflichtend. Außerdem sollen in allen Bundesländern zentrale Stellen geschaffen werden, die Kommunen und Windparkentwickler bei der Öffentlichkeitsbeteiligung unterstützen. […]“
Agora Energiewende, Pressemitteilung v. 15.01.2018
Download:
https://www.agora-energiewende.de/de/presse/pressemitteilungen/detailansicht/news/wie-kommunen-und-buerger-mehr-von-neuen-windparks-haben-agora-energiewende-legt-gutachten-wie-weiter-mit-der-windenergie-vor/News/detail/
Siehe auch unter V.5. > Agora Energiewende

Bundesverband WindEnergie e.V. (BWE)

Leitfaden zu Erlösoptionen außerhalb des EEG

„[…] In Zeiten sinkender EEG-Fördersätze und hoher Hürden, um im Ausschreibungsverfahren überhaupt eine Förderung zu erhalten sowie angesichts der in manchen Regionen zunehmenden Abregelungen im Rahmen des Einspeisemanagements, stellt sich für die Betreiber vieler Windenergieanlagen die Frage, ob es neben dem EEG alternative Optionen gibt, ihre Windenenergieanlagen wirtschaftlich zu betreiben. […]
Der neue BWE-Leitfaden gibt einen ersten Überblick über die juristischen Grundlagen von Eigenversorgung, Direktlieferung, Power-to-X, Regelenergie und sonstigen Erlösoptionen. Im Leitfaden wird etwa erklärt, welche Umlagen, Abgaben und Entgelte bei den verschiedenen Geschäftsmodellen an- bzw. wegfallen. Außerdem zeigt der Leitfaden auf, welche tech-

nischen und juristischen Anforderungen ein Betreiber erfüllen muss, um die einzelnen Geschäftsmodelle zu implementieren. […]“
BWE, Pressemitteilung v. 16.01.2018
Download und Informationen zum Bezug des Leitfadens:
https://www.wind-energie.de/presse/pressemitteilungen/2018/bwe-veroeffentlicht-leitfaden-zu-erloesoptionen-ausserhalb-des-eeg
Dort auch Informationen zum Bezug des Leitfadens.
Siehe auch unter V.5. > Bundesverband WindEndenergie (BWE)

Analyse zu kurzfristigem Potential Wind an Land für 2018/19
„Um einen stabilen Ausbau der Windenergie an Land und damit einen nachhaltigen Beitrag zur Einsparung klimaschädlicher CO2-Emissionen sicherzustellen, fordert der Bundesverband WindEnergie (BWE) die verpflichtende Einführung der BImSchG-Genehmigung als Grundvoraussetzung zur Teilnahme am Ausschreibungsverfahren. Darüber hinaus muss zusätzliches Volumen ausgeschrieben werden, um die für 2019 absehbare Zubaudelle abzufedern. Ob hierfür ausreichend genehmigte Projekte zur Verfügung stehen, hat der BWE in einer Analyse des kurzfristigen Potentials ermitteln lassen. […]“
BWE, Pressemitteilung v. 11.01.2018
Download:
https://www.wind-energie.de/presse/pressemitteilungen/2018/bwe-legt-analyse-zu-kurzfristigem-potential-wind-land-fuer-die-jahre
Siehe auch unter V.5. > EEG-Ausschreibungen

Ausbauzahlen 2017 in Deutschland Windenergie an Land
„Im Gesamtjahr 2017 war der Brutto-Zubau von Windenergieanlagen an Land mit 5.333 Megawatt (MW) bzw. 1.792 Anlagen erwartungsgemäß hoch. Der Zubau entspricht einem Zuwachs von 15 Prozent im Vergleich zum Gesamtjahr 2016. Die durch die Deutsche WindGuard erhobenen Zahlen bestätigen die Prognose von Bundesverband Windenergie (BWE) und VDMA Power Systems.
Parallel zur Einführung von Ausschreibungen wurde im vergangenen Jahr ein großer Teil der bis Ende 2016 erteilten Genehmigungen umgesetzt. Damit ist 2017 das bisher zubaustärkste Jahr. Zum Jahreswechsel waren 28.675 Windenergieanlagen an Land am Netz. […] Für das Jahr 2018 erwarten die Verbände noch einen Zubau von ca. 3.500 MW, vorwiegend aus dem Übergangssystem. Da bei den Ausschreibungen im Jahr 2017 überwiegend nicht genehmigte Projekte mit verlängerten Realisierungszeiten zum Zuge kamen, ist die Prognose für das laufende Jahr mit Unsicherheiten behaftet. […]“
BWE, Pressemitteilung v. 25.01.2018
Download:
https://www.wind-energie.de/presse/pressemitteilungen/2018/ausbauzahlen-fuer-das-gesamtjahr-2017-deutschland-windenergie-land

Windenergie an Land – Politik muss jetzt aktiv werden, um deutsche und europäische Klimaziele zu erreichen
„1.626 Megawatt bzw. 497 Anlagen im ersten Halbjahr 2018 neu errichtet – deutlicher Rückgang beim Zubau der Windenergie an Land – Potential der Windenergie an Land für die Erreichung des 65-Prozent-Ziels wird wegen Genehmigungsflaute nicht ausgeschöpft – Verlässlichkeit der Politik entscheidet über industrielle Entwicklung und Rolle der deutschen Windindustrie – Europa ist auf Kurs für ein solides Jahr, aber der Zubau wird nur von wenigen Märkten getrieben. […]“
BWE, Pressemitteilung v. 26.07.2018
Download:
https://www.wind-energie.de/presse/pressemitteilungen/detail/windenergie-an-land-politik-muss-jetzt-aktiv-werden-um-deutsche-und-europaeische-klimaziele-zu-err/

BUNDESVERBAND WINDENERGIE e.V.
Windenergie im Zeichen des Naturschutzes. Hintergrund,
BWE, o.O. (Berlin), Juli 2018
Inhalt:
„Die Erneuerbaren Energien sind ein wesentliches Standbein für die Umsetzung der Klimaschutzziele. Eine zügige Energiewende trägt zudem wesentlich zum Natur- und Artenschutz bei. Laut des Bundesnaturschutzgesetzes (BNatSchG) kommt „dem Aufbau einer nachhaltigen Energieversorgung [...] eine besondere Bedeutung zu“ (§ 1 Abs. 3 Pkt. 4 BNatSchG). Die Branche widmet sich in aufwändigen Planungs- und Genehmigungsverfahren umfassend den gesetzlichen Anforderungen des Natur- und Artenschutzes. Die konkrete Umsetzung gestaltet sich zwischen Windenergie und Natur- und Artenschutz hingegen spannungsreich. Im Folgenden wird ein Überblick über die wesentlichen Punkte für die Vereinbarkeit von Windenergie und Naturschutz gegeben und Schwierigkeiten und ausgewählte Lösungsansätze in diesem Zusammenhang aufgezeigt.
Die Ausführungen nehmen den Artenschutz in den Fokus. In den letzten Jahren ist ein stetiger Erkenntniszuwachs festzustellen, viele Wissenslücken hinsichtlich der Auswirkungen der Windenergie auf Vögel und Fledermäuse konnten geschlossen werden. Darüber hinaus wurden in verschiedenen Forschungsvorhaben konkrete Lösungsvorschläge untersucht. Zu einigen Sachverhalten nimmt der BWE nachfolgend Stellung.“
Download:
https://www.wind-energie.de/fileadmin/redaktion/dokumente/publikationen-oeffentlich/themen/01-mensch-und-umwelt/03-naturschutz/20181017_BWE_Hintergrundpapier_Naturschutz_Revision_1.pdf

Stärkere Beteiligung der Standortkommunen und der Bürger: Vorschlag einer gesetzlichen Regelung im EEG 2017 zur Stärkung der regionalen wirtschaftlichen Effekte von WEA (RegWirG)
„[…] Der BWE schlägt vor, die Vereinbarung der Koalition zur Beteiligung der Standortgemeinden durch einen neuen § 36 a EEG 2017 mit dem Ziel einer Stärkung der regionalen Wertschöpfung auszugestalten. Er sieht vor, ein bis zwei Prozent des jährlichen Umsatzes der Windenergieanlagen für Maßnahmen zur Stärkung der regionalen Wertschöpfung im Sinne regional-wirtschaftlicher Effekte im Gebiet der Standort- und/oder den angrenzenden Gemeinden zu verwenden. […]"
BWE, o. O. (Berlin), 10.10.2018
Download:
https://www.wind-energie.de/fileadmin/redaktion/dokumente/pressemitteilungen/2018/20181010_BWE_Position_Staerkung_der_regionalen_wirtschaftlichen_Effekte__durch_Windenergie.pdf

Bündnis Bürgerenergie e. V. (BBEn)

Bündnis Bürgerenergie stellt Auftragsstudie „Impulspapier Bürgerstromhandel" vor
„Der Stromhandel zwischen privaten Energieproduzenten und ihren Nachbarn könnte mit einfachen rechtlichen und energiewirtschaftlichen Maßnahmen zu einem dynamischen Markt mit großem Effekt für die Energiewende werden. Zu diesem Ergebnis kommt das „Impulspapier Bürgerstromhandel", welches das Institut „Energy Brainpool" im Auftrag des Bündnis Bürgerenergie heute in Berlin vorgestellt hat. […]"
BBEn, Pressemitteilung v. 13.12.2017
Download:
https://www.buendnis-buergerenergie.de/aktuelles/news/?newsid=299&cHash=e553efe126243f51cce80a50f2580461
Sie auch unter V.5. >Energy Brainpool

Bürgerwindpark Hohenlohe GmbH

Kamerabasiertes Vogelschutzsystem – Neuartige Software
„Die Bürgerwindpark Hohenlohe GmbH geht neue Wege bei der Entwicklung eines kamerabasierten Vogelschutzsystems und setzt dabei auf neuartige Bildverarbeitungstechnologie. Seit März 2018 finden Tests mit unterschiedlicher Hardware sowie die Entwicklung einer Basissoftware statt. Eine Erkennung von Rotmilan und Mäusebussard wird derzeit mittels einer als neurales Netzwerk bezeichneten „Deep Learning Technologie" realisiert. […] Im Praxiseinsatz werden künftig eine individuelle Kombination der Software mit unterschiedlich leistungsfähigen Hardwarekomponenten das automatische Erkennen diverser windkraftempfindlicher Vogelarten je nach Anwendungsfall ermöglichen.
Bürgerwindpark Hohenlohe GmbH, Pressemitteilung v. 12.07.2018

Download:
https://www.buergerwindpark.de/vogelschutz.html

EnergieAgentur.NRW

Bürgerbeteiligung bei Windenergieprojekten,
(EnergieDialog.NRW, 08.01.2018)
Inhalt:
„Zwei neue Infografiken des EnergieDialog.NRW erläutern anschaulich das Flächennutzungsplanverfahren zur Ausweisung von Windkonzentrationszonen und den Genehmigungsprozess von Windenergieanlagen nach dem Bundes-Immissionsschutzgesetz. Dabei werden auch formelle und informelle Maßnahmen der Bürgerbeteiligung dargestellt."
Download:
http://www.energiedialog.nrw.de/buergerbeteiligung-bei-windenergieprojekten/#more-8155
Dort auch Download der Infografiken.

EnergieAgentur.NRW

Auf EnergieDialog.NRW folgt der Blog ErneuerbareEnergien.NRW
„Gebündelte Fachinformationen zu den Erneuerbaren Energien gibt es ab jetzt auf dem ‚Blog ErneuerbareEnergien.NRW'
Ab jetzt berichtet der Blog unter dem Namen „ErneuerbareEnergien.NRW" über neue Entwicklungen im Bereich der Erneuerbaren Energien und deren Umsetzung und Planung. Er liefert Hintergrundwissen und stellt Geschichten des Gelingens vor. […]"
EnergieAgentur.NRW, Meldung v. 20.12.2018
Download:
https://www.energieagentur.nrw/blogs/erneuerbare/auf-energiedialog-nrw-folgt-der-blog-erneuerbareenergien-nrw/#more-10574

Fachagentur Windenergie an Land e.V.

Windenergieausbau stark rückläufig
„[…] Für das Jahr 2018 zeichnet sich ein drastischer Rückgang des Ausbaus der Windenergie an Land ab. Darauf deuten Zahlen des von der Bundesnetzagentur geführten Registers zum Meldestand 31. Oktober hin, welche die Fachagentur Windenergie an Land ausgewertet hat. 646 Windenergieanlagen mit 2.073 Megawatt (MW) Gesamtleistung gingen in den ersten drei Quartalen in Betrieb. Damit liegt der Zubau 50 Prozent unter dem Niveau im letztjährigen Vergleichszeitraum (4.167 MW). Der Abschwung hat sich in den letzten Monaten noch verstärkt, so dass bis Jahresende ein Bruttozubau deutlich unter drei Gigawatt zu erwarten ist. […]"
FA Wind, Meldung v. 14.12.2018

Download:
https://www.fachagentur-windenergie.de/aktuell/detail/windenergieausbau-stark-ruecklaeufig.html

Christlich-demokratische Union Deutschlands (CDU)

31. Parteitag der CDU Deutschlands
7. bis 8. Dezember [2018]
Sammlung der Anträge und Empfehlungen der Antragskommission
Aus dem Inhalt:
„Antrag Nr. C 9 – BV Junge Union, KV Paderborn
Privilegierung der Windkraft abschaffen
‚Die CDU Deutschlands fordert die CDU/CSU-Bundestagsfraktion sowie die Bundesregierung auf, die Privilegierung der Windkraft in §35 Abs. 1 Nr. 5 BauGB abzuschaffen und anstelle dessen ein positives Planungserfordernis einzuführen.'

Die Antragskommission empfiehlt, den Antrag C9 an die CDU/CSU-Bundestagsfraktion zu überweisen.

Antrag Nr. C 29 – BV Junge Union, KV Rhein-Erft
TÜV-Pflicht für Windenergieanlagen
‚Die CDU Deutschlands fordert eine flächendeckende gesetzliche Prüfpflicht nach der Betriebssicherheitsverordnung für überwachungsbedürftige Windkraftanlagen. Diese gesetzlich geregelte, unabhängige Prüfpflicht soll für Gesamtanlagen eingeführt werden.'

Die Antragskommission empfiehlt, den Antrag C29 an die CDU/CSU-Bundestagsfraktion zu überweisen."
Download:
https://www.cdu.de/system/tdf/media/dokumente/antragsbroschuere-delegierte_0.pdf?file=1

Deutsche Energie-Agentur (dena)

dena-Leitstudie Integrierte Energiewende: Deutschland braucht klares Klimaziel 2050
„[…] Die Bundesregierung sollte noch in dieser Legislaturperiode ihr Klimaziel für das Jahr 2050 präzisieren. Der geltende Zielkorridor von 80 bis 95 Prozent weniger CO_2-Emissionen bis 2050 im Vergleich zu 1990 lässt sich zwar mit verschiedenen Ansätzen wie Technologieoffenheit oder Elektrifizierung erreichen. Je nachdem, welches Ende des Korridors realisiert werden soll, ergeben sich aber bereits für die Ausrichtung auf das Jahr 2030 unterschiedliche Weichenstellungen. […]

Bei den erneuerbaren Energien setzt die dena-Leitstudie darauf, dass der Ausbau von Windenergie an Land und Photovoltaik schneller vorangeht als bisher geplant. Allein für diese beiden Technologien ist ein jährlicher Nettozubau von 6 bis 7,6 Gigawatt erforderlich. Das ist ein großer Unterschied zum gesetzlich vorgesehenen Ausbaukorridor von jährlich 5,4 Gigawatt brutto: 2,9 Gigawatt für Windenergie an Land, 2,5 Gigawatt für Photovoltaik. Eine Herausforderung wird es sein, freie Flächen für den Ausbau von Windkraftanlagen an Land zu finden. Umso wichtiger könnte ab 2030 der Ausbau der Windenergie auf See werden. […]"
dena, Pressemitteilung v. 04.06.2018
Download:
https://www.dena.de/newsroom/meldungen/dena-leitstudie-integrierte-energiewende-deutschland-braucht-klares-klimaziel-2050/
Siehe auch unter V.5. > dena

Deutscher Bundestag – Petitionen

Petition 74043

Raumordnung und Bauplanung – Abschaffung der bauplanerischen Privilegierung von Windkraftanlagen
Erstellungsdatum: 04.10.2017
Mitzeichnungsfrist: 26.02.2018–26.03.2018
Anzahl Online-Mitzeichner: 3424
Quorum erreicht: Nein
Download unter:
https://epetitionen.bundestag.de/petitionen/_2017/_10/_04/Petition_74043.nc.html

Hochschule Flensburg

WETI veröffentlicht Leitlinie für faire Windparkplanung
„Das Wind Energy Technology Institute der Hochschule Flensburg (WETI) hat heute eine Leitlinie für ‚faire Windparkplaner in Schleswig-Holstein' veröffentlicht. […] Das Siegel ‚Faire Windparkplaner Schleswig-Holstein' soll als Selbstverpflichtung für Planer und Planungsunternehmen dazu dienen, durch Einhaltung von festgelegten Kriterien eine nachvollziehbare und transparente Projektplanung zu gewährleisten, die folgende Zielsetzungen hat:
- umfassende Information,
- weitreichende Beteiligung,
- Möglichkeiten zur Teilhabe und
- erhöhte Wertschöpfung in der Region.

[…] Ein vom WETI einberufener Sachverständigenbeirat von Planern, Betreibern, Verbänden, Institutionen, Förderinstituten und Behörden war an der Ausarbeitung der Leitlinie beteiligt. Die Initiative für eine faire und transparente Windparkplanung kam sowohl von Seiten des Landes Schleswig-Holstein als auch aus der Windenergiebranche selbst."

Hochschule Flensburg, Pressemitteilung v. 14.04.2018
Download:
https://hs-flensburg.de/hochschule/aktuelles/2018/4/14/weti-veroeffentlicht-leitninie-fuer-faire-windparkplanung

IG Metall Küste

Windindustrie: IG Metall Küste erwartet deutlichen Rückgang der Aufträge und weiteren Arbeitsplatzabbau

„Als ‚extrem angespannt' bezeichnet die IG Metall Küste die Stimmung bei den Beschäftigten der deutschen Windindustrie. Nach einer Befragung, die die Agentur für Struktur- und Personalentwicklung (AgS) aus Bremen im Auftrag der Gewerkschaft durchgeführt hat, erwarten 65 Prozent der Betriebsräte eine negative Marktentwicklung. Das ist der schlechteste Wert seit Beginn der Befragungen vor vier Jahren. Die durchschnittliche Auslastung der Betriebe ist mit 86 Prozent noch zufriedenstellend, aber die Auftragsentwicklung geht für die folgenden Jahre außer im Bereich Service und Wartung deutlich zurück, wie die am Donnerstag in Hamburg vorgestellte Auswertung der Befragung zeigt. […]"
IG Metall Küste, Pressemitteilung v. 12.07.2018
Download:
http://www.igmetall-kueste.de/druckansicht/windindustrie-ig-metall-kueste-erwartet-deutlichen-rueckgang-der-auftraege-und-weiteren-arbeitsplatzabbau

IG Metall Küste, Bundesverband WindEnergie und Stiftung OFFSHORE-WINDENERGIE

Gemeinsamer Appell an Bundesregierung: „Koalitionsvertrag im Interesse des Klimas, der Industrie und der Beschäftigten einhalten und zeitnah umsetzen"

IG Metall Küste, Bundesverband WindEnergie und Stiftung OFFSHORE-WINDENERGIE haben die Bundesregierung zu einem stärkeren und schnelleren Ausbau der Windenenergie an Land und auf See aufgefordert. Die Gewerkschaft und die Wind-Verbände erwarten, dass die im Koalitionsvertrag angekündigten Sonderausschreibungen von vier Gigawatt für Wind sowie der bisher nicht näher spezifizierte „Offshore-Windenergiebeitrag" ohne Verzögerung umgesetzt werden. […]
Sie verweisen insbesondere auf die industriepolitische Bedeutung der Windenergiebranche, die mittlerweile für mehr als 160.000 Arbeitsplätze, davon allein 27.000 im Offshore-Bereich, in ganz Deutschland sorgt. […]
Um die nationalen und internationalen Klimaschutzziele zu erreichen sowie den Anteil der Erneuerbaren Energien an der Stromversorgung bis 2030 auf 65 Prozent zu steigern, fordern Gewerkschaft und Verbände, dieses Ziele mit neuen Ausbaukorridoren zu unterlegen. […]
Stiftung Offshore-Windenergie, Pressemitteilung v. 23.05.2018
Download:
https://www.offshore-stiftung.de/ig-metall-k%C3%BCste-bundesverband-windenergie-und-stiftung-offshore-windenergie-kritisieren

KNE Kompetenzzentrum Neue Energien

Naturschutz in der Energiewende – welche Konflikte landen vor Gericht?
„Die Umstellung der Energieerzeugung auf erneuerbare Energien ist eine herausfordernde Aufgabe. Eingriffe in das Landschaftsbild und die Ökosysteme, aber auch in das Lebensumfeld der Anwohner sind dabei unausweichlich – und damit Auseinandersetzungen hierüber. Nicht immer geht es ohne Konflikte. Können diese nicht geklärt werden, werden sie nicht selten Gegenstand gerichtlicher Auseinandersetzungen.
Vor diesem Hintergrund hat das KNE zur besseren Einschätzung der Konfliktpotenziale und zur Unterstützung seiner Arbeit das wissenschaftliche Gutachten „Gerichtliche Auseinandersetzungen im Konfliktfeld Naturschutz und Energiewende – eine akteursbezogene Analyse im Hinblick auf eine zukünftige Verminderung und Vermeidung gerichtlicher Konfliktlösungen" erstellen lassen. [...]
Die Untersuchung nimmt die vier erneuerbaren Energieträger Photovoltaik, Wasserkraft, Biomasse und Windenergie in den Blick. Die jeweilige Rechtsprechung hierzu ist vom Umfang her sehr unterschiedlich. Den größten Anteil an Gerichtsentscheidungen deren Gegenstand naturschutzrechtliche Fragestellungen bilden, nimmt erwartungsgemäß der Energieträger Wind ein, Solaranlagen bilden den Schluss.
Die Akteurskonstellationen, die Verteilung der Urteile auf die Länder sowie die inhaltlichen Streitpunkte der einzelnen Konflikte – Ausweisungen, Planungen, Artenschutz usw. – können dem Gutachten detailliert und differenziert entnommen werden. Bemerkenswert ist es sicherlich, dass bei den Klägern nicht – wie vielleicht angenommen – Naturschutzorganisationen dominieren. Eine Einordnung der analysierten Urteile in die aktuellen rechtswissenschaftlichen Diskurse war nicht Gegenstand des Gutachtens."
KNE, Pressemitteilung v. 15.12.2017
Download:
https://www.naturschutz-energiewende.de/aktuelles/naturschutz-in-der-energiewende-welche-konflikte-landen-vor-gericht/
Siehe auch unter IV.3. > Gerichtliche Auseinandersetzungen.

K18 – erstes KNE-Jahrbuch erschienen
„Mit ‚K18 – Konflikte in der Energiewende' ist das erste Jahrbuch des Kompetenzzentrum Naturschutz und Energiewende (KNE) erschienen. Angelegt als ein Kompendium von Artikeln, Berichten und Interviews betrachtet das Buch Konflikte im Rahmen einer naturverträglichen Energiewende und innovative und internationale Entwicklungen beim Ausbau der erneuerbaren Energien. [...] Das nun jährlich erscheinende Format soll einen eigenen Beitrag zur Versachlichung von Debatten leisten und will den Diskurs über neue Herausforderungen anregen. Dabei soll in jedem Jahrbuch ein anderer Schwerpunkt aus dem Themenfeld Naturschutz und Energiewende gesetzt werden."
KNE, Pressemitteilung v. 04.07.2018
Download:
https://www.naturschutz-energiewende.de/aktuelles/k18-erstes-kne-jahrbuch-erschienen/

Landesverband Erneuerbare Energien NRW e. V. (LEE NRW)

Studie bestätigt erhebliche Verwerfungen in NRW-Windkraftbranche: Zukunft der Bürgerenergie gefährdet

„Die im vergangenen Jahr erstmals durchgeführten Ausschreibungen bei der Windenergie führen zu einer Verdrängung kleiner, bürgernaher Akteure und begünstigen wenige große Projektierer. Auch die für 2018 eingeführten Änderungen im Erneuerbare-Energien-Gesetz (EEG) werden daran nichts ändern können. Das geht aus der heute vorgestellten Studie „Bürgerwind in NRW" des Weltwindverbandes (WWEA) sowie des Landesverbandes Erneuerbare Energien NRW (LEE NRW) hervor. Die Verbände fordern angesichts dieser Entwicklung die rasche Einführung einer De-minimis-Regelung, um die akzeptanzfördernde Bürgerenergie zu schützen. [...]"

LEE NRW, Pressemitteilung v. 14.02.2018

Download:

http://www.lee-nrw.de/studie-bestaetigt-erhebliche-verwerfungen-in-nrw-windkraftbranche-zukunft-der-buergerenergie-gefaehrdet/

Siehe auch unter V.5. > WWEA/LEE NRW

Stiftung Offshore-Windenergie

Stiftung Offshore-Windenergie kritisiert Fehlen des Sonderbeitrags Offshore-Wind im energiepolitischen Eckpunktepapier der Bundesregierung

„Die Stiftung Offshore-Windenergie kritisiert die jüngsten energiepolitischen Vereinbarungen der Bundesregierung zum weiteren Ökostromausbau: ‚Der im Koalitionsvertrag vorgesehene kurzfristige Sonderbeitrag Offshore-Wind findet sich leider nicht in der Vereinbarung wider. Damit werden klimapolitische und energiewirtschaftliche Chancen unnötig vertan', sagte Andreas Wagner, Geschäftsführer der Stiftung OFFSHORE-WINDENERGIE, heute [31.10.2018] in Berlin.

Auf die Bedeutung der Offshore-Windenergie zur Erreichung der Klimaziele und die Sicherung weiterer Beschäftigung hatten vor kurzem auch die norddeutschen Bundesländer und die Branche in einem gemeinsamen Aufruf Windenergie hingewiesen. [...]"

Offshore-Windenergie, Pressemitteilung v. 31.10.2018

Download:

https://www.offshore-stiftung.de/stiftung-offshore-windenergie-kritisiert-fehlen-des-sonderbeitrags-offshore-wind-im

Projekt zum Rückbau von Offshore-Windparks gestartet – Stiftung Offshore-Windenergie ist Projektpartner

„Wie können Offshore-Windparks effizient zurückgebaut werden? Welche technischen Konzepte gibt es dafür und welche Auswirkungen auf die Umwelt und Rückbaukosten müssen berücksichtigt werden? Ein neues vom Bundeswirtschaftsministerium gefördertes Projekt ***SeeOff – Strategieentwicklung zum effizienten Rückbau von Offshore Windparks*** ist Anfang

November 2018 gestartet und wird entsprechende Rückbaustrategien zusammen mit den beteiligten Unternehmen und der Branche entwickeln. Die Ergebnisse des Forschungsprojekts werden in einem Handbuch zur Ermittlung und Bewertung von Rückbaustrategien zusammengetragen und der Offshore-Windenergie-Branche zur Verfügung gestellt. […]"
Stiftung Offshore-Windenergie, Pressemitteilung v. 28.11.2018
Download:
https://www.offshore-stiftung.de/projekt-zum-r%C3%BCckbau-von-offshore-windparks-gestartet-%E2%80%93-stiftung-offshore-windenergie-ist

Thüringer Erneuerbare Energien Netzwerk (ThEEN) e.V.

Kampagne „THÜRINGEN – Unser Wind. Unsere Energie." gestartet
„Der Bundesverband Windenergie (BWE), das Thüringer Erneuerbare Energien Netzwerk (ThEEN) und die Thüringer Energie- und GreenTech-Agentur (ThEGA) haben sich zusammengeschlossen, um gemeinsam mit ihren Partnern über die Nutzung der Windenergie zu informieren, getreu dem Motto ‚THÜRINGEN – Unser Wind. Unsere Energie.' Wir wollen die Akzeptanz für diese Erneuerbare Energieform in Thüringen stärken, Vorurteile beseitigen und zu verschiedenen Themenbereichen aufklären. […]"
Download:
https://www.windenergie-thueringen.de/

Übertragungsnetzbetreiber (ÜNB)

Deutsche Übertragungsnetzbetreiber berechnen erstmals bundeseinheitliches Netzentgelt
„Im Jahr 2019 werden die Netzentgelte der vier deutschen Übertragungsnetzbetreiber 50Hertz, Amprion, TenneT und TransnetBW erstmals einen bundeseinheitlichen Netzentgeltanteil enthalten. Dieser wird aus 20 Prozent der jeweiligen Kostenbasis (Erlösobergrenze) der Übertragungsnetzbetreiber berechnet, während von den übrigen 80 Prozent die unternehmensindividuellen Netzentgelte der Übertragungsnetzbetreiber bestimmt werden.
Grundlagen sind das Netzentgeltmodernisierungsgesetz (NEMoG), das im Juli 2017 in Kraft getreten ist, sowie die Verordnung zur schrittweisen Einführung bundeseinheitlicher Übertragungsnetzentgelte vom 25. April 2018. Das NEMoG sieht eine schrittweise Vereinheitlichung der Übertragungsnetzentgelte ab 2019 bis zum Jahr 2022 vor, sodass ab 2023 vollständig bundeseinheitliche Übertragungsnetzentgelte bestehen. Dabei steigt der Anteil der einheitlichen Komponente jährlich um 20 Prozent, während der unternehmensspezifische Anteil entsprechend sinkt. […]
Ab dem Jahr 2023 werden die Netzentgelte vollständig vereinheitlicht sein. Die Netzentgelte werden weiterhin in Form von Arbeits- und Leistungspreisen in Cent pro Kilowattstunde und Euro pro Kilowatt berechnet. Am 1. Oktober 2018 werden die vorläufigen Netzentgelte und spätestens am 31. Dezember 2018 die endgültigen Netzentgelte für 2019 veröffentlicht. […]"
ÜNB, Gemeinsame Pressemitteilung v. 27.09.2018

Download:
https://www.transnetbw.de/de/presse/presseinformationen/presseinformation/deutsche-uenb-berechnen-erstmals-bundeseinheitliches-netzentgelt

Offshore-Netzumlage für 2019 nach § 17f Absatz 7 EnWG
„[…] Die Ermittlung der Offshore-Netzumlage basiert zum einen auf den prognostizierten wälzbaren Kosten aus Entschädigungszahlungen an Betreiber von Offshore-Windparks sowie aus Kostenbestandteilen aus der Errichtung und dem Betrieb der Offshore-Anbindungsleitungen für das Jahr 2019 als auch den von den unterlagerten Netzbetreibern sowie vom Bundesamt für Wirtschaft und Ausfuhrkontrolle (BAFA) gemeldeten Prognosewerten der Letztverbräuche. Zum anderen umfasst die Ermittlung der Umlage auch den aus der Jahresabrechnung 2017 (auf Basis vorliegender WP-Bescheinigungen) resultierenden Nachholbetrag.
In Zusammenfassung der o.g. Daten ergibt sich ab dem 01.01.2019 eine Offshore-Netzumlage in Höhe von **0,416 ct/kWh** auf die nicht privilegierten Letztverbräuche. [„,]"
ÜNB, Pressemitteilung v. 15.10.2018
Download:
https://www.netztransparenz.de/EnWG/Offshore-Netzumlage/Offshore-Netzumlagen-Uebersicht/Offshore-Netzumlage-2019

Universität Freiburg

Windenergieanlagen könnten 40 Prozent des derzeitigen Stromverbrauchs in Deutschland decken
„Dr. Christopher Jung und Dr. Dirk Schindler von der Universität Freiburg zeigen in einer Studie, dass es bis zum Jahr 2030 möglich ist, 40 Prozent des derzeitigen Stromverbrauchs allein durch Windenergie zu decken. Voraussetzung ist, dass die Betreiber die Anlagen optimal auf dem deutschen Festland verteilen. Um die nutzbare Windenergie abzuschätzen, haben die Forschenden ein neues dreidimensionales Modell entwickelt. […] Mit dem Modell […] lassen sich die verfügbaren Windressourcen für alle gängigen Anlagetypen bestimmen. Auch das Ausbauziel kann damit beliebig angepasst werden. Die Wissenschaftler können mit dem Modell Szenarien entwickeln und beurteilen, in denen die Anlagendichte, die Ausbaustrategie und die Repowering-Intensität variiert werden. Das Modell ermöglicht es außerdem, eine ausgewogene räumliche Verteilung einzuplanen. […] Außerdem berücksichtigt der Algorithmus, dass die Anzahl neu zu installierender Anlagen so gering wie möglich gehalten wird. […]"
Universität Freiburg, Pressemitteilung v. 05.09.2018
Download:
http://www.pr.uni-freiburg.de/pm/2018/auf-die-verteilung-kommt-es-an
Siehe auch unter V.5. -> JUNG u. a.

Universität Halle-Wittenberg

Windräder: Wie sich der Stress für Anwohner reduzieren lässt
„[…] Die Umweltpsychologen um Prof. Dr. Gundula Hübner und Dr. Johannes Pohl von der MLU untersuchten für ihre Studie einen Windpark in Norddeutschland in der Zeit von 2012 bis 2014. […] Auffällig sei […], dass gerade die Menschen weiterhin die größten Probleme mit den Windrädern hätten, die der Anlage ohnehin sehr kritisch gegenüber eingestellt sind. Diese Gruppe habe auch wenig Interesse daran gezeigt, Methoden zur Stressbewältigung zu lernen, so der Forscher. Das zeige, wie schwer es ist, bereits etablierte Einstellungen wieder zu verändern. Die Umweltpsychologen der Uni Halle schlagen deshalb vor, die Probleme und Bedenken der Anwohner bereits in der Planungsphase offensiv anzugehen. […]
Ihre Studienergebnisse bringen die Psychologen aus Halle unter anderem in das vom Bundesministerium für Wirtschaft und Energie geförderte Projekt „TremAc" ein: Dort arbeiten zehn universitäre und kommerzielle Forschungseinrichtungen an einem neuen Konzept zur Vorhersage von Schall und Erschütterungen durch Windkraftanlagen. Mit diesem Modell soll das Zusammenspiel der beiden Faktoren besser verstanden und vorhergesagt werden können, um unter anderem die Geräusche von Windenergieanlagen auch für Betroffene angenehmer zu gestalten. […]"
Martin-Luther-Universität Halle-Wittenberg, Pressemitteilung Nr. 012/2018 v. 24.01.2018
Download:
http://pressemitteilungen.pr.uni-halle.de/index.php?modus=pmanzeige&pm_id=2816
Siehe auch unter V.5. > Pohl/Gabriel/Hübner

Universität Tübingen

Windparks erzeugen lange Wirbelschleppen
„Ein Forschungsverbund hat erstmals großräumige Nachläufe hinter Windparks in der Nordsee mit einem Forschungsflugzeug nachgewiesen und vermessen. Die sogenannten Nachläufe oder Wirbelschleppen hinter Offshore-Windparks entstehen, weil diese den Wind als Hindernis bremsen und ihm Energie entziehen. Professor Jens Bange und Dr. Andreas Platis vom Zentrum für Angewandte Geowissenschaften (ZAG) der Universität Tübingen waren an dem Projekt beteiligt, das in der Deutschen Bucht unter bestimmten atmosphärischen Bedingungen Nachläufe von bis zu 70 Kilometern Länge nachwies. In diesen wurde das Windfeld merklich abgebremst, es traten verstärkt turbulente Verwirbelungen auf. Die Ergebnisse sollen beim weiteren Ausbau der Windkraftnutzung in der Nordsee berücksichtigt werden. So können die Voraussetzungen für einen effizienten und umweltverträglichen Ausbau der Offshore-Windenergie geschaffen werden. […]"
Eberhard Karls Universität Tübingen, Pressemitteilung v. 01.02.2018
Download:
https://www.uni-tuebingen.de/newsfullview-landingpage/article/windparks-erzeugen-lange-wirbelschleppen/print.html
Siehe auch unter V.5. > PLATIS u. a.

Verband der TÜV e. V. (VdTÜV)

Anlagensicherheitsreport 2018

„[...] Der Anlagensicherheits-Report wertet die Prüfungen aus, die 2017 von den zugelassenen Überwachungsstellen auf gesetzlicher Grundlage vorgenommen wurden. Allerdings sind dadurch nicht alle potentiell gefährlichen Anlagen erfasst. Seit über 20 Jahren sind in Deutschland Windenergieanlagen in Betrieb, die heute einen wesentlichen Beitrag zur Energiewende leisten. Trotz erheblicher Gefahren und zahlreicher Unfälle werden bislang nur einzelne Teile dieser Anlagen nach völlig unterschiedlich geregelten Vorgaben geprüft', kritisiert Bühler [Geschäftsführer des TÜV-Verbandes]. Hier muss die Politik handeln und eine gesetzlich geregelte unabhängige Drittprüfung der Gesamtanlage einführen. Darüber hinaus warnt Bühler vor einer Zersplitterung der gesetzlichen Regulierung in unterschiedlichen Ressorts: Zum Schutz von Beschäftigten und unbeteiligten Dritten müssen die Prüfungen weiterhin einheitlich in einer bundeseinheitlichen Rechtsvorschrift geregelt werden.'[...]
Der Anlagensicherheits-Report 2018 erscheint in der VdTÜV-Zeitschrift ‚Technische Überwachung'. [...]"
VdTÜV, Pressemitteilung v. 27.05.2017
Download:
https://www.vdtuev.de/news/pm-anlagensicherheits-report-2018

Umfassendere Sicherheitskontrollen bei Windrädern gefordert

„[...]. Nach Berechnungen des TÜV-Verbands kommt es zu rund 50 gravierenden Schäden an Windenergieanlagen pro Jahr. [...] Der TÜV-Verband fordert daher von der Bundesregierung, Windenergieanlagen in den Regelungsbereich der Betriebssicherheitsverordnung aufzunehmen. Darin würde unter anderem festgelegt, wie häufig die Windenergieanlage überprüft werden muss, welche Qualifikation die Sachverständigen erfüllen und was die Prüfer bei den Kontrollen im Detail untersuchen müssen. Anders als bei einer Wartung der Anlagen müssten die Betreiber nachweisen, dass die Prüfungen stattgefunden haben. Zudem könnten die Sachverständigen dazu verpflichtet werden, ihre Erkenntnisse aus den Prüfungen im Rahmen eines Erfahrungsaustausches zu teilen. [...]"
VdTÜV, Pressemitteilung v. 08.10.2018
Download:
https://www.vdtuev.de/news/tuev-verband-fordert-umfassendere-sicherheitskontrollen-bei-windraedern
Dort auch Download von:

Verband der TÜV e. V. (VdTÜV)
Wiederkehrende Prüfung von Windenergieanlagen: Sicherheit erhöhen, Rechtssicherheit schaffen, Akzeptanz sichern!
Berlin, 08.10.2018
Download:
https://www.vdtuev.de/dok_view?oid=722826
und:

reuschlaw Legal Consultants
Memorandum. Verband der TÜV e.V.
Windenergieanlagen – Verantwortung zwischen behördlicher Genehmigung und Betreiberhaftung,
Berlin/Saarbrücken, 23.07.2018
Download unter:
https://www.vdtuev.de/dok_view?oid=722829

WWF Deutschland

Umfassende Studien zum Erneuerbaren-Ausbau vorgelegt
„[…] Deutschland steht ausreichend Fläche zur Verfügung, um seinen Strom vollständig erneuerbar zu erzeugen und dabei den Naturschutz zu achten. Dafür ist eine vorausschauende Planung essentiell. Das ist das Ergebnis zweier umfassender Studien, die der WWF am Dienstag [16.10.2018] in Berlin veröffentlicht hat. Darin wurde mithilfe des Öko-Instituts, Prognos und Bosch & Partner erstmals die Flächeninanspruchnahme durch den Ausbau der Erneuerbaren mit einer naturschutzfachlichen Raumbewertung in betroffenen Landkreisen abgeglichen. […] Wichtig ist, den Ausbau der Erneuerbaren deutlich zu beschleunigen und mindestens 2.5 GW pro Jahr netto zuzubauen. Der Ausbau der Photovoltaik sollte gestärkt werden, damit die Energiewende auch in die Städte ziehen kann. Daneben darf die Windkraft nicht allein im Norden forciert werden – auch in Süddeutschland braucht es den Strom aus Wind vor Ort. […] Begleitend hat das Umweltplanungsbüro Bosch & Partner in unserem Auftrag beispielhaft in sechs Landkreisen die Ergebnisse validiert und einer naturschutzfachlichen Raumbewertung bezüglich der Betroffenheit von drei windenergiesensiblen Vogelarten - Mäusebussard, Kiebitz und Rotmilan – unterzogen. Das Ergebnis: Obwohl damit nur ein kleiner Ausschnitt betrachtet wird, zeigt die Untersuchung, dass auch in Landkreisen, in denen mit einem überdurchschnittlich hohen Ausbau der Windenergienutzung gerechnet wird, entsprechende Flächen für diesen Ausbau vorgesehen werden können, ohne hohe Konflikte mit dem Naturschutz hervorzurufen. Es ist Aufgabe von Politik und Behörden, solche Analysen zu vertiefen, damit der Ausbau der Erneuerbaren beschleunigt und in einem für Mensch und Natur verträglichen Maße realisiert werden kann."
WWF Deutschland, Pressemitteilung v. 16.10.2018
Download:
https://www.wwf.de/2018/oktober/energiewende-mit-mensch-und-natur/
Siehe auch unter V.5. > WWF

World Health Organization (WHO)

New WHO noise guidelines for Europe released
"The just released WHO Environmental Noise Guidelines for the European Region provide strong evidence that noise is one of the top environmental hazards to both physical and mental health and well-being in the European Region. Officially launched to countries and stake-

holders in Basel, Switzerland on 10 October 2018, the document identifies levels at which noise has significant health impacts and recommends actions to reduce exposure. For the first time, a comprehensive and rigorous methodological framework was applied to develop the recommendations."
WHO, Press Release, 10.10.2018
Download:
http://www.euro.who.int/en/media-centre/sections/press-releases/2018/press-information-note-on-the-launch-of-the-who-environmental-noise-guidelines-for-the-european-region
Siehe auch unter V.5. > WHO

5. Literatur

AGENTUR FÜR ERNEUERBARE ENERGIEN (AEE)
Bundesländer mit neuer Energie.
Statusreport Föderal Erneuerbar 2018. Zahlen – Daten – Fakten,
Berlin 2018
Download des Einleitungskapitels und der Teilkapitel zu den einzelnen Bundesländern unter:
https://www.foederal-erneuerbar.de/bundeslaender-mit-neuer-energie-statusreport-foederal-erneuerbar-2018
Siehe auch unter V. 4. > AEE

AGORA ENERGIEWENDE
Neue Preismodelle für die Energiewirtschaft.
Reform der Struktur von Netzentgelten und staatlich veranlasster Preisbestandteile. Studie,
im Auftrag von Agora Energiewende erstellt von E-Bridge Consulting GmbH/Zentrum für Europäische Wirtschaftsforschung GmbH (ZEW) Mannheim/TU Clausthal,
Berlin, November 2018 (Stand der Studie: September 2017)
Inhalt:
„Das System von Abgaben, Umlagen, Steuern und Entgelten auf Strom, Benzin, Diesel, Heizöl und Erdgas ist in sich schief: Die staatlich veranlassten und regulierten Energiepreisbestandteile erhöhen die Kosten des Energiesystems und behindern das Erreichen der Energiewende- und Klimaziele.
Mit der im vergangenen Jahr erschienenen Hintergrund-Studie „Neue Preismodelle für Energie. Grundlagen einer Reform der Entgelte, Steuern, Abgaben und Umlagen auf Strom und fossile Energieträger“ haben wir mit Unterstützung von E-Bridge, ZEW und TU Clausthal eine Analyse des aktuellen Preisgefüges vorgelegt und den Lösungsraum sondiert, der für eine grundsätzliche Reform des bestehenden Systems besteht.
In der hier vorliegenden Studie haben E-Bridge, ZEW und TU Clausthal basierend auf dem breiten öffentlichen Diskurs der letzten Jahre nun konkrete Reformoptionen für Steuern, Abgaben und Umlagen einerseits und Netzentgelte andererseits formuliert. Die anschließende

rechtliche und ökonomische Bewertung der Reformoptionen zeigen, in welche Richtung eine Reform der Steuern, Abgaben, Umlagen und Entgelte weisen sollte.
Damit wollen wir einen fundierten Beitrag leisten zur Auswahl konkreter Elemente für die anstehende Reform von Entgelten, Steuern, Abgaben und Umlagen."
Download:
https://www.agora-energiewende.de/fileadmin2/Projekte/2017/Abgaben_Umlagen/146_Neue-Preismodelle_WEB.pdf

AGORA ENERGIEWENDE
Stromnetze für 65 Prozent Erneuerbare bis 2030.
Zwölf Maßnahmen für den synchronen Ausbau von Netzen und Erneuerbaren Energien. Impuls,
Berlin, Juli 2018
Aus dem Inhalt:
„[…] Was bedeuten 65 Prozent Erneuerbare Energien im Stromsektor bis 2030 für den Ausbaubedarf der zentralen Technologien Photovoltaik, Onshore- und Offshore-Windkraft? Und: Welcher jährliche Zubau der einzelnen Technologien muss zugrunde gelegt werden, damit das Ziel zuverlässig eingehalten werden kann? Das ist der erste Fragenkomplex, dem sich dieses Impulspapier widmet.
Der zweite befasst sich mit einem Bündel kurz- und mittelfristig wirksamer Maßnahmen, die angesichts des aktuell verzögerten Ausbaus der Stromnetze helfen können, mehr Strom aus Erneuerbaren Energien in ein modernisiertes Bestandsnetz zu integrieren, ohne die Versorgungssicherheit zu gefährden. Im Kern geht es dabei um teils bereits eingeführte, teils vor der Anwendungsreife stehende Technologien, die eine höhere Auslastung des Bestandsnetzes erlauben. Die vorgestellten Maßnahmen wirken einerseits als Brücke, bis der bereits beschlossene Ausbau der Stromnetze abgeschlossen ist; andererseits treffen sie Vorsorge für den Zubau der Erneuerbaren Energien über 2030 hinaus."
Download:
https://www.agora-energiewende.de/fileadmin2/Projekte/2018/Stromnetze_fuer_Erneuerbare_Energien/Agora-Energiewende_Synchronisierung_Netze-EE_Netzausbau_WEB.pdf

AGORA ENERGIEWENDE
Wie weiter mit dem Ausbau der Windenergie?
Zwei Strategievorschläge zur Sicherung der Standortakzeptanz von Onshore Windenergie. Studie,
Berlin, Januar 2018
Aus dem Inhalt:
„[…] Es ist nicht zu bestreiten, dass die dezentrale Energiewende – mit Sonnen- und Windenergie als Fundament des neuen Energiesystems – näher heranrückt an die Menschen. Dies trifft besonders ländliche Regionen, in denen mit Abstand die meisten Windräder errichtet wer-

den. Das „Gemeinschaftswerk Energiewende“ gelingt dann, wenn an den mit ihr verbundenen Wohlfahrtsgewinnen, zum Beispiel durch die Windenergie, möglichst viele Menschen teilhaben und aus möglichst vielen Zuschauern der Energiewende Beteiligte werden. Deshalb gilt es, bestehende Beteiligungsinstrumente zu verbessern und neue zu entwickeln. Auch diejenigen, die durch Windenergie erhebliche Veränderungen ihres unmittelbaren Lebensumfelds erfahren und dies als Belastung empfinden, müssen umfassender und frühzeitiger als bisher über diese Veränderungen informiert und an den Planungen beteiligt werden.
Darum geht es in den beiden in dieser Publikation zusammengefassten Untersuchungen, die insbesondere konkrete Vorschläge zu den für die Umsetzung notwendigen gesetzlichen und untergesetzlichen Veränderungen unterbreiten.“
Download:
https://www.agora-energiewende.de/fileadmin/Projekte/2017/Akzeptanz_Windenergie/Agora_Akzeptanz_Onshore_Windenergie_WEB.pdf

AGORA ENERGIEWENDE/ENERGYNAUTICS
***Toolbox* für die Stromnetze – Für die künftige Integration von Erneuerbaren Energien und für das Engpassmanagement.**
Studie im Auftrag von Agora Energiewende,
Berlin 2018
Aus dem Inhalt:
„[…] der Übertragungsnetzausbau ist ein wesentlicher Baustein der Energiewende, da nur so die stetig steigenden Windstrommengen von Nord- nach Süddeutschland transportiert werden können. Die beschlossenen Netzausbaumaßnahmen werden jedoch erst nach 2025 vollständig realisiert sein. Bis dahin sind insofern Netzengpässe vorprogrammiert – mit der Folge, dass Windstrom abgeregelt wird und die Netzbetreiber *Redispatch*-Maßnahmen ergreifen, um die einheitliche Preiszone in Deutschland zu stützen. […] Diese Kurzstudie stellt fünf Maßnahmen für eine optimale Ausnutzung der bestehenden Stromnetze und die künftige Integration Erneuerbarer Energien vor. Hierzu gehören netzseitige Maßnahmen, die bereits Stand der Technik sind und kurzfristig umgesetzt werden können. Außerdem öffnet die Studie den Blick für 2030, wenn die großen Stromautobahnen realisiert sind und die fortschreitende Digitalisierung innovative Möglichkeiten bei der Netzsteuerung bietet. […]“
Download:
https://www.agora-energiewende.de/fileadmin/Projekte/2017/Innovative_Netze_Toolbox/Agora_Netze_Toolbox_WEB.pdf

BEDNARZ, LENA-KATHARINA/WILFRIED RICKELS
Maritime Wertschöpfung in Schleswig-Holstein: Einsichten und Implikationen aus dem OCED-Report „The Ocean Economy in 2030“,
Kieler Beiträge zur Wirtschaftspolitik, Nr. 18, November 2018
Aus dem Inhalt:
„[…] Eine besondere Bedeutung kommt der Offshore-Windenergie zu. Hier erwartet die OECD einen Anstieg der Bruttowertschöpfung von 25 Prozent und einen Anstieg der Beschäftigung von 13 Prozent. Von dieser Entwicklung wird Europa überproportional profitieren, da es bei der Stromerzeugung aus Offshore-Windenergieanlagen sowie deren Herstellung als auch Installation und Wartung eine Vorreiterrolle einnimmt. […]“

BEHR, OLIVER/ROBERT BRINKMANN/KLAUS HOCHRADEL u. a.
Bestimmung des Kollisionsrisikos von Fledermäusen an Onshore-Windenergieanlagen in der Planungspraxis (RENEBAT III). Endbericht,
Erlangen/Freiburg/Etttiswil, Juni 2018
Aus dem Inhalt:
„[…] Zentrales Ziel des hier dargestellten BMWi-geförderten Projektes RENEBAT III war es, in Zusammenarbeit mit dem bundesweit größten Hersteller von WEA, der Firma ENERCON, die Erfassung, Analyse und Reduktion des Schlagrisikos von Fledermäusen an WEA zu vereinfachen, in verstärktem Maße zu standardisieren und Kosten sowie Zeitaufwand für entsprechende Untersuchungen auf das notwendige Minimum zu begrenzen.
Um diese wichtige Voraussetzung für einen schnellen, kostengünstigen und umweltverträglichen Ausbau der Windenergie in der Planungspraxis zu schaffen, wurden Fragestellungen bearbeitet, die in der aktuellen Planungspraxis hohe Relevanz haben, in vielen Fällen unabhängig von den im jeweiligen Fall eingesetzten Untersuchungsmethoden (z. B. Schlagopfersuche oder akustische Aktivitätserfassung). Es handelt sich um Fragen zur räumlichen und zeitlichen Verallgemeinerbarkeit von Untersuchungsergebnissen bezüglich des Schlagrisikos von Fledermäusen an WEA und dem resultierenden notwendigen Erfassungsaufwand bei der Eingriffsbegutachtung.
Zu den genannten Fragestellungen existieren nach unserer Kenntnis weltweit noch keine Datensätze, die Aussagen über Einzelstandorte hinaus erlauben. Unsere Untersuchungen ermöglichen daher erstmals Antworten auf Fragen, die derzeit bei der ökologischen Eingriffsbegutachtung im Rahmen der Planung von WEA-Standorten eine große Bedeutung haben. […].
Außerdem präsentieren wir eine Aktualisierung der in den vergangenen Projekten RENEBAT I und II entwickelten statistischen Modelle zur Berechnung der Schlagopferzahl von Fledermäusen an WEA aus der akustischen Aktivität […]. Hauptziel war hier einer stärkere und differenziertere Berücksichtigung des gemessenen Niveaus der Fledermausaktivität sowie von jahreszeitlichen Aktivitätsunterschieden.
Unsere Untersuchungen geben darüber hinaus Hinweise zur Übertragbarkeit der von uns entwickelten Methoden auf aktuell übliche und gegebenenfalls auch zukünftig Anlagentypen (größere Rotordurchmesser, niedrigere oder höhere Türme, etc.) und können damit die Vermittlung der gewonnenen Erkenntnisse in die Planungspraxis beschleunigen. […]“

Download:
http://windbat.techfak.fau.de/Abschlussbericht/renebat-iii.pdf

BLEW, JAN/KLAUS ALBRECHT/MARC REICHENBACH u. a.
Wirksamkeit von Maßnahmen gegen Vogelkollisionen an Windenergieanlagen. Methodenentwicklung für artenschutzrechtliche Untersuchungen zur Wirksamkeit von Vermeidungs- und Minderungsmaßnahmen zur Reduzierung der Auswirkungen von Windenergieanlagen auf die Avifauna,
Bundesamt für Naturschutz, Bonn-Bad Godesberg 2018
(BfN-Skripten 518)
Aus dem Inhalt:
„[…] Ziel des Vorhabens war primär die Auswahl untersuchungswürdiger Vermeidungs- und Minderungsmaßnahmen und die Schaffung von Grundlagen für die Verbesserung des Wissensstandes zur Wirksamkeit dieser Maßnahmen. Dies erfolgte einerseits durch eine Auswertung vorhandener Literatur und andererseits durch die Entwicklung eines Untersuchungskonzeptes zur Überprüfung der Wirksamkeit ausgewählter Maßnahmentypen. Die Auswahl orientierte sich v.a. daran, ob der Wirksamkeitsnachweis über einen absehbaren Projektzeitraum mit vertretbaren Mitteln erzielt werden kann. Eine abschließende Beurteilung der Wirksamkeit bzw. Unwirksamkeit von Maßnahmen war nicht Ziel der Studie. Allerdings wurde das zusammengestellte Wissen genutzt, um bereits auf Grundlage des aktuellen Kenntnisstandes eine Empfehlung auszusprechen, welche der zahlreichen Vermeidungsmaßnahmen fachlich vertretbar im Rahmen einer Projektgenehmigung eingesetzt werden könnten. Diese Empfehlungen ersetzen dabei nicht den Bedarf einer für jeden Einzelfall auf Basis der Vor-Ort-Kenntnisse durchzuführenden Wirksamkeitsprognose. Auch die Prüfung, ob für das konkrete Projekt der Tatbestand der Zugriffsverbote nach § 44 BNatSchG verwirklicht wird, ist im konkreten Einzelfall durchzuführen. […]“
Download:
https://www.bfn.de/fileadmin/BfN/service/Dokumente/skripten/Skript518.pdf

BUNDESAMT FÜR NATURSCHUTZ
Landschaftsbild & Energiewende,
Band 1: Grundlagen; Band 2: Handlungsempfehlungen.
Ergebnisse des gleichnamigen Forschungsvorhabens FKZ 3515 82 3400 im Auftrag des Bundesamtes für Naturschutz,
Bearbeiter: Catrin Schmidt (Gesamtleitung), Maxim von Gagern, Martin Lachor (TU Dresden); Gottfried Hage, Adrian Hoppenstedt, Lena Schuster (HHP Hage & Hoppenstedt Partner); Olaf Kühne, Florian Weber, Altert Rossmeier (Univ. Tübingen); Diedrich Bruns, Daniel Münderlein, Franziska Bernstein (Univ. Kassel)
Bundesamt für Naturschutz, Bonn-Bad Godesberg 2018

Aus dem Inhalt:
„[…] Im nun vorliegenden Endbericht des Forschungs- und Entwicklungsvorhabens ‚Landschaftsbild und Energiewende‘ wird der Umgang mit landschaftsästhetischen Fragen sehr umfassend in den verschiedenen Ebenen der Planung untersucht. Auch auf die Planungspraxis und die Öffentlichkeitsbeteiligung in ausgewählten europäischen Ländern wird eingegangen. Die Auseinandersetzung mit Motiven von Bürgerinitiativen für und gegen ausgewählte Formen erneuerbarer Energien ist ein ebenso wichtiger Arbeitsschritt. Für eine Beispielregion werden kreative, gestalterische Ansätze entwickelt, die im Rahmen eines studentischen Wettbewerbs entstanden sind.
Auf der Basis dieser Arbeiten sind Handlungsempfehlungen entstanden, die in umfassender Weise Notwendigkeiten und Möglichkeiten der Berücksichtigung landschaftsästhetischer Aspekte beim Ausbau der erneuerbaren Energien aufzeigen.
Band 1 widmet sich den fachlichen Grundlagen. Dazu werden die landschaftsästhetischen Folgen der Energiewende und ihre derzeitige Handhabung in Planungs- und Zulassungsverfahren für Anlagen der erneuerbaren Energien analysiert.
In Band 2 werden auf dieser Grundlage strategische Empfehlungen für Gesetz- und Verordnungsgeber gegeben. Es schließen sich Handlungsempfehlungen für Planer und Behörden an, die auf eine umfassendere Berücksichtigung landschaftsästhetischer Aspekte in allen Prozessen der Planung und Zulassung von Anlagen der erneuerbaren Energien abzielen. Insbesondere werden neue Möglichkeiten der Partizipation von Bürgerinnen und Bürgern aufgezeigt. […]“
Download:
Band 1:
https://www.bfn.de/fileadmin/BfN/erneuerbareenergien/Dokumente/LandschaftsbildundEnergiewende_Band1.pdf
Band 2:
https://www.bfn.de/fileadmin/BfN/erneuerbareenergien/Dokumente/LandschaftsbildundEnergiewende_Band2.pdf

BUNDESVERBAND DER ENERGIE- UND WASSERWIRTSCHAFT e. V. (BDEW)
Offshore-Windenergie: Nutzung verfügbarer Anbindungskapazitäten. Beitrag der Offshore-Windenergie zur Erreichung der Klimaschutzziele. Positionspapier,
Berlin, 20.07.2018
Aus dem Inhalt:
„Die bisherige Planung des Offshore-Zubaus gemäß den Ausschreibungsergebnissen des Übergangssystems führt, zusammen mit der einhergehenden Netzplanung, bis 2025 zu zusätzlich verfügbaren Netzanbindungskapazitäten auf See in Höhe von insgesamt rund 1.560 MW. Aus Sicht des BDEW ist es volkswirtschaftlich sinnvoll, diese verfügbaren Kapazitäten frühzeitig zu nutzen und so Leerstandskosten zu vermeiden. Daher spricht sich der BDEW für eine zusätzliche Ausschreibung im Bereich der Offshore-Windenergie aus. […]“
Download:
https://www.bdew.de/media/documents/Stn_20180720_Nutzung-freier-Kapazitaeten-Offshore.pdf

BUNDESVERBAND WINDENERGIE e.V.
BWE-Hintergrundpapier Sicherheit von Windenergieanlagen,
o.O. (Berlin), Oktober 2018
Aus dem Inhalt:
„Windenergieanlagen (WEA) werden in Deutschland auf Basis der Richtlinie des Deutschen Instituts für Bautechnik (DIBt) typengeprüft und genehmigt. Diese Typenprüfung bildet die Basis für BImSchG-Genehmigungen. Die Standards für Konstruktion, Errichtung und Betrieb entsprechen sowohl den allgemein anerkannten Regeln der Technik als auch dem Stand der Technik. In Deutschland produzieren inzwischen knapp 30.000 WEA preiswert sauberen Strom. Die hohen Standards bei der Anlagenherstellung und immer weiter professionalisierte Service- und Wartung stellen heute sicher, dass WEA eine technische Verfügbarkeit von etwa 98 % erreichen. Auch das Regelwerk zur Überprüfung der Windenergieanlagen wurde kontinuierlich weiterentwickelt. [...]"
Download:
https://www.wind-energie.de/fileadmin/redaktion/dokumente/pressemitteilungen/2018/20181009_BWE_Hintergrundpapier_Sicherheit_von_WIndenergieanlagen_01.pdf

BUNDESVERBAND WINDENERGIE e.V. (Hrsg.)
Erlösoptionen außerhalb des EEG: Eigenversorgung – Direktlieferung – Power-to-X und Regelleistung. Wie können sie umgesetzt werden und was ist dabei zu beachten. Leitfaden,
Berlin 2018 (Stand: Januar 2018)
Aus dem Inhalt:
„[...] Zum ersten besteht grundsätzlich auch ohne finanziellen Förderanspruch nach dem EEG die Möglichkeit, den erzeugten Strom weiterhin in das Netz der allgemeinen Versorgung einzuspeisen und dort an Dritte zu vermarkten. Auch dann können Anlagenbetreiber verschiedene Ansprüche gegen den Netzbetreiber geltend machen (z. B. auf Netzanschluss oder Abnahme des Stroms) und den in das Netz eingespeisten Strom im Wege der sog. sonstigen Direktvermarktung an Dritte veräußern. [...]
Welche Möglichkeiten bestehen aber, wenn der Anlagenbetreiber gar nicht seinen gesamten Strom ins Netz einspeisen möchte? Auf welche Arten kann der Strom möglichst sinnvoll außerhalb des Stromnetzes genutzt werden? Können Windenergieanlagen in Power-to-X-Konzepte eingebunden werden? Welche Umlagen, Abgaben und Entgelte fallen dann an bzw. weg und welche Anforderungen sind zu erfüllen? Wie können auch Anlagenbetreiber von Windenergieanlagen von den Privilegien für die Eigenversorgung profitieren? Und können Windenergieanlagen vielleicht sogar ganz unabhängig von der direkten Stromnutzung zusätzlich noch ganz anders vermarktet werden etwa am Regelleistungsmarkt?
Auf diese Fragen soll der vorliegende Leitfaden erste Antworten geben."
Siehe auch unter V. 4. > BWE: Leitfaden

BUNDESVERBAND WINDENERGIE e. V.
LAI–Hinweise Schallimmissionsschutz bei Windkraftanlagen,
Revision 3, Berlin, April 2018
Aus dem Inhalt:
„[…] Die LAI–Hinweise sind keine rechtsverbindlichen Regelungen, sondern stellen eine Empfehlung dar. Es bleibt den Bundesländern überlassen, entsprechende Erlasse zur Anwendbarkeit des Interimsverfahrens zu veröffentlichen oder ihre länderspezifischen Empfehlungen anzupassen.
In nunmehr acht Bundesländern wurden entsprechende Anweisungen der Umweltministerien an die Genehmigungsbehörden zur Anwendung des Interimsverfahrens veröffentlicht: Nordrhein-Westfalen, Sachsen-Anhalt, Brandenburg, Baden-Württemberg, Schleswig-Holstein, Hessen, Bayern und Mecklenburg-Vorpommern.
Die Anwendungserlasse der Länder sind allein bindend für die ausführenden Genehmigungsbehörden. Die Rechtsprechung ist nicht gebunden an diese Erlasse. Die Behörden müssen daher in den entsprechenden Bundesländern zunächst die Erlasse umsetzen und das Interimsverfahren entsprechend den Regelungen in den Erlassen anwenden. Ob dieses Vorgehen rechtlich Bestand haben wird, lässt sich erst mit Sicherheit feststellen, wenn die oberverwaltungsgerichtliche Rechtsprechung hierzu explizit und mehrheitlich entschieden hat. […]“
Download:
https://www.wind-energie.de/sites/default/files/download/publication/neue-lai-hinweise-schallimmissionsschutz-bei-windkraftanlagen-3-aktualisierung/20180403_informationspapier_lai-hinweise-schall_rev._3.pdf

BUNDESVERBAND WINDENERGIE e. V. (Hrsg.)
Gemeinsam gewinnen – Windenergie vor Ort.
Ein Grundlagenpapier zu den Themen Wertschöpfung, Bürgerbeteiligung und Akzeptanz,
Berlin, Mai 2018
Inhalt:
„[…] Laut Koalitionsvertrag planen CDU/CSU und SPD, die Standortgemeinden stärker an der Wertschöpfung der Energiewende zu beteiligen und die Akteursvielfalt zu sichern. Auch sollen Bürger besser an Projekten teilhaben können, ohne dass dies insgesamt zu Kostensteigerungen beim EE-Ausbau führt. Die Diskussion über den ‚richtigen Weg‘, wie Wertschöpfung und Bürgerbeteiligung zu erreichen sind, läuft bereits innerhalb der Windbranche. Vielerorts reagieren Projektträger auf den Wunsch nach Partizipation mit diversen Formen der Beteiligung. Sie binden Anwohner in die Planungsprozesse ein, schaffen regionale Wertschöpfung und Ausgleich für die Landschaftseingriffe. Doch die Bedürfnisse einer Gemeinde unterscheiden sich oftmals von denen anderer. Gleichzeitig nimmt die Zahl an Vorgaben für den Ausbau stetig zu und die Zahl möglicher Flächen ab. Diese Broschüre will eine Grundlage schaffen, um die Möglichkeiten zum Interessenausgleich zwischen EE-Ausbau und Anwohnern zu diskutieren. Sie wirft dafür einen Blick in die Akzeptanz- und Partizipationsforschung und zeigt anhand von Praxisbeispielen und Tipps, wie Beteiligung aussehen kann. Diese sind

für ein schnelleres Auffinden mit ‚B' und ‚T' markiert. Damit kann sie eine Hilfestellung für Bürger, Politik und Kommunen sein."
Download:
https://www.wind-energie.de/fileadmin/redaktion/dokumente/publikationen-oeffentlich/themen/01-mensch-und-umwelt/01-windkraft-vor-ort/20180614_gemeinsam_gewinnen_windenergie_vor_ort_web.pdf

CLEARINGSTELLE EEG KWKG
Clearingstelle nach EEG und KWKG.
Wir klären das für Sie – neutral, fundiert, effizient. 2018,
5. überarbeitete Auflage, Berlin, Februar 2018
Inhalt:
„Die aktuelle Broschüre der Clearingstelle EEG|KWKG für das Jahr 2018 [enthält] vielfältige, grafisch aufbereitete Informationen zu unserem Auftrag, unserer Arbeitsweise und unseren Angeboten sowie statistische Auswertungen unserer Arbeit."
Download:
https://www.clearingstelle-eeg-kwkg.de/files/Brosch%C3%BCre_2018.pdf

DEUTSCHE ENERGIE-AGENTUR (dena), (Hrsg.)
dena-Leitstudie Energiewende.
Impulse für die Gestaltung des Energiesystems bis 2050.
Ergebnisbericht und Handlungsempfehlungen,
Berlin 2018 (Stand: 06/2018)
Download:
https://shop.dena.de/fileadmin/denashop/media/Downloads_Dateien/esd/9261_dena-Leitstudie_Inegrierte_Energiewende_kurz.pdf
Siehe auch unter V.4. > dena

DEUTSCHE WINDGUARD GmbH
Status des Offshore-Windenergieausbaus in Deutschland 2017,
im Auftrag von: Arbeitsgemeinschaft Offshore-Windenergie e. V. (AGOW)/Bundesverband WindEnergie e. V. (BWE)/Stiftung Offshore Windenergie/VDMA Power Systems/WAB Windenergie Agentur e. V.,
Varel, Status: 31.12.2017
Aus dem Inhalt:
„Im Folgenden wird der Ausbauverlauf der Offshore-Windenergie in Deutschland betrachtet. Der Zubau ist eng an die Rahmenbedingungen, wie den Netzausbau und die Ausschreibungsbedingungen, geknüpft. Das Factsheet stellt neben dem aktuellen Status diese Zusammenhänge dar. […] Insgesamt 222 Offshore-Windenergieanlagen (OWEA) mit einer installierten Leistung von 1.250 MW erreichten im Verlauf des Jahres 2017 die erste Einspeisung ins Netz.

[…] Der Jahreszubau liegt […] insgesamt bei 1.279 MW. Damit ist 2017 das zweitstärkste Jahr seit Beginn der Offshore- Entwicklung in Deutschland und übertrifft die Vorjahreswerte um 55 %. […] Von den ‚[…] erstmals einspeisenden OWEA befinden sich 152 in der Nord- und 70 in der Ostsee. […] Insgesamt entfällt ein Anteil von 87 % aller bis zum Jahre-sende 2017 einspeisenden OWEA auf die Nordsee sowie 13 % auf die Ostsee. […]"
Download:
http://www.windguard.de/_Resources/Persistent/005f7376fe568db6655015912203b4170c0d17c2/Factsheet-Status-Offshore-Windenergieausbau-2017.pdf

DEUTSCHE WINDGUARD GmbH
Status des Windenergieausbaus an Land in Deutschland 2017,
im Auftrag von: Bundesverband WindEnergie e. V. (BWE)/VDMA Power Systems,
Varel, Status: 31.12.2017
Aus dem Inhalt:
„Das vorliegende Factsheet gibt eine aktuelle Übersicht zum Windenergiezubau an Land in Deutschland. Besonderer Fokus liegt auf der Höhe des Zubaus im Jahr 2017, weiterhin werden unter anderem die durchschnittliche Anlagenkonfiguration und die regionale Verteilung beleuchtet sowie die im Jahr 2017 durchgeführten Ausschreibungsrunden für Windenergie an Land betrachtet. […] Der (Brutto-)Zubau von Windenergieanlagen an Land (WEA) in Deutschland im Jahr 2017 liegt bei 5.334 MW durch 1.792 neu errichtete WEA. Dies entspricht einer Steigerung von 15 % gegenüber dem Vorjahr. 2017 ist damit das zubaustärkste Jahr seit Beginn der Windenergieentwicklung in Deutschland. […]
Mit 1.436 MW und 27 % der neu zugebauten Leistung erreicht Niedersachsen auch im Jahr 2017 den höchsten Zubau im Bundesländervergleich. Niedersachsen liegt deutlich vor dem Zweitplatzierten Nordrhein-Westfalen, das mit 870 MW einen Anteil von 16 % am Gesamtzubau hat. Schleswig-Holstein (552 MW) und Brandenburg (535 MW) tragen mit jeweils 10 % zum bundesweiten Windenergieausbau bei. […] Im regionalen Vergleich des Brutto-Zubaus entfallen auf die Bundesländer im Norden 42 %, in der Mitte 39 % und im Süden 19 %. […]"
Download:
http://www.windguard.de/_Resources/Persistent/23f0cbcd629af2a24f59e562abbf0d2a936d3abb/Factsheet-Status-Windenergieausbau-an-Land-2017.pdf

DEUTSCHE WINDGUARD GmbH
PERSPEKTIVEN FÜR DEN WEITERBETRIEB VON WINDENERGIEANLAGEN NACH 2020,
im Auftrag des Bundesverbands WindEnergie e. V.,
Varel, Dezember 2017
Aus dem Inhalt:
„Zum Jahresende 2020 endet zum ersten Mal der EEG-Vergütungsanspruch von Wind-energieanlagen, nämlich für alle Anlagen, die bis einschließlich des Jahres 2000 installiert wurden (vgl. EEG 2000). Ende des Jahres 2020 ist hiervon eine Altanlagenleistung von etwa 3.800–

4.000 MW betroffen. In den Folgejahren bis 2025 folgen pro Jahr durchschnittlich weitere 2.300–2.400 MW. Dem gegenüber stehen Ausschreibungsmengen von 2.800 MW bzw. 2.900 MW pro Jahr. Das heißt, dass im Falle eines unmittelbaren Rückbaus der betroffenen Brutto-Altanlagen große Auswirkungen auf den Netto-Zubau bestehen. Die Frage nach der Wahrscheinlichkeit eines Weiterbetriebs unter den gegebenen Rahmenbedingungen gewinnt dadurch an Bedeutung und wurde in der vorliegenden Analyse vertieft untersucht. [...]“
Download unter:
https://www.windguard.de/veroeffentlichungen.html

DEUTSCHE WINDGUARD GmbH
Status des Windenergieausbaus an Land in Deutschland – 1. Halbjahr 2018,
im Auftrag von: Bundesverband WindEnergie e. V. (BWE)/VDMA Power Systems,
Varel, Status: 30.06.2018
Aus dem Inhalt:
„[...] In der ersten Jahreshälfte 2018 sind in Deutschland 497 Windenergieanlagen an Land (WEA) neu errichtet worden. Dies entspricht einem Brutto-Zubau in Höhe von 1.626 MW. Verglichen mit der ersten Jahreshälfte 2017 sank der Brutto-Leistungszubau um 29 %. Der Zubau enthält 88 Repoweringanlagen, [...]. Der erfasste Rückbau im ersten Halbjahr 2018 beläuft sich auf 101 WEA, die zusammen über eine Leistung von 121 MW verfügten. Folglich ist für das erste Halbjahr 2018 ein Netto-Zubau von 1.505 MW zu verzeichnen. Der erfasste kumulierte Anlagen-bestand zum 30. Juni 2018 steigt damit auf 29.071 WEA mit einer Gesamtleistung von 52.282 MW.
Im ersten Halbjahr 2018 erreicht Niedersachsen, wie bereits im Vorjahr, den höchsten Brutto-Zubau im Bundesländervergleich. Es wurden dort im Halbjahresverlauf 130 WEA mit einer Gesamtleistung von 465 MW errichtet. Damit entfallen 29 % des Brutto-Zubaus auf das Küstenbundesland. [...] Im regionalen Vergleich des Brutto-Zubaus entfallen auf die Bundesländer im Norden rund 38 %, in der Mitte rund 45 % und im Süden etwa 17 %. [...]“
Download:
https://www.windguard.de/veroeffentlichungen.html?file=files/cto_layout/img/unternehmen/veroeffentlichungen/2018/Status%20des%20Windenergieausbaus%20an%20Land%20in%20Deutschland%2C%201.%20Halbjahr%202018.pdf

DEUTSCHE WINDGUARD
Status des Windenergieausbaus an Land in Deutschland. Jahr 2018,
im Auftrag von BWE, VDMA
Varel, o. J. (2018)
Aus dem Inhalt:
„Im Jahresverlauf 2018 wurden in Deutschland an Land 743 Windenergieanlagen (WEA) errichtet. Dies entspricht einem Brutto-Zubau in Höhe von 2.402 MW. Nach mehreren Jahren mit starkem Zubau bedeutet dies einen deutlichen Einbruch. Verglichen mit 2017 wurde 55 % weniger Leistung installiert. Unter Berücksichtigung eines Rückbaus von 205 WEA, mit ei-

ner Gesamtleistung von 249 MW ergibt sich für 2018 ein Netto-Zubau von 2.154 MW. Der erfasste kumulierte Anlagenbestand steigt damit zum 31. Dezember 2018 auf 29.213 WEA mit einer Gesamtleistung von 52.931 MW. […]"
Download:
https://www.windguard.de/veroeffentlichungen.html?file=files/cto_layout/img/unternehmen/veroeffentlichungen/2019/Status%20des%20Windenergieausbaus%20an%20Land%20-%20Jahr%202018.pdf

DEUTSCHE WINDGUARD GmbH
Status des Offshore-Windenergieausbaus in Deutschland – 1. Halbjahr 2018,
im Auftrag von: Arbeitsgemeinschaft Offshore-Windenergie e. V. (AGOW)/Bundesverband WindEnergie e. V. (BWE)/Stiftung Offshore Windenergie/VDMA Power Systems/WAB Windenergie Agentur e. V.,
Varel, Status: 30.06.2018
Aus dem Inhalt:
„[…] In den ersten sechs Monaten des Jahres 2018 wurden 62 Offshore-Windenergieanlagen (OWEA) mit einer installierten Leistung von 430 MW errichtet, die Ende Juni noch nicht ins Netz einspeisten. Im ersten Halbjahr wurden insgesamt 75 Fundamente errichtet, von denen 50 noch nicht mit einer OWEA versehen wurden. Zuzüglich der im Vorjahr bereits installierten, noch nicht mit Anlagen bebauten Strukturen sind nun 139 Fundamente installiert, die für die Errichtung von weiteren OWEA bereitstehen. Die kumulierte Leistung aller 1.169 zum 30. Juni 2018 in Deutschland einspeisenden OWEA beträgt, wie bereits zum Vorjahresende, 5.387 MW.[…] Insgesamt entfällt ein Anteil der Gesamtleistung von 87 % aller bis Ende Juni 2018 einspeisenden OWEA auf die Nordsee sowie 13 % auf die Ostsee.[…]"
Download:
https://www.windguard.de/veroeffentlichungen.html?file=files/cto_layout/img/unternehmen/veroeffentlichungen/2018/Status%20des%20Offshore%20Windenergieausbaus%20in%20Deutschland%2C%201.%20Halbjahr%202018.pdf

DEUTSCHE WINDGUARD

Status des Offshore-Windenergieausbaus in Deutschland. Jahr 2018,
im Auftrag von BWE, BWO, Stiftung Offshore Windenergie, VDMA, WAB
Varel, o. J. (2018)
Aus dem Inhalt:
„Im Jahr 2018 haben in Deutschland 136 neue Offshore-Windenergieanlagen (OWEA) mit einer installierten Leistung von 969 MW erstmals ins Netz eingespeist. Die kumulierte Leistung aller 1.305 zum 31. Dezember 2018 in Deutschland einspeisenden OWEA beträgt somit zum Jahresende 6.382 MW. Im Vergleich zum Vorjahr entspricht dies einem um 23 % geringeren jährlichen Zubau.

Zusätzlich zu den bereits einspeisenden Anlagen wurden im Jahresverlauf 46 weitere OWEA mit 276 MW vollständig errichtet, die jedoch zum 31. Dezember 2018 noch nicht ins Netz eingespeist haben. Bis zum Jahresende sind weiterhin 124 Fundamente für die Anlageninstallation vorbereitet worden. […]"
Download:
https://www.windguard.de/veroeffentlichungen.html?file=files/cto_layout/img/unternehmen/veroeffentlichungen/2019/Status%20des%20Offshore-Windenergieausbaus%20in%20Deutschland%2C%20Gesamtjahr%202018.pdf

EEG-AUSSCHREIBUNGEN FÜR WIND AN LAND: MENGENANALYSEN FÜR 2018 UND 2019,
erstellt für den Bundesverband WindEnergie e. V. von der enervis energy advisors GmbH, Berlin, 18.12.2017
Aus dem Inhalt:
„Ziel dieser Studie ist die Abschätzung des Angebotspotenzials (Mengengerüst) von Onshore Windenergieprojekten, die für die EEG-Ausschreibungsrunden in den Jahren 2018 und 2019 zur Verfügung stehen können. Als Voraussetzung dafür wird eine BImSchG-Genehmigung unterstellt.
Kernaufgabe der Studie ist es daher, die Menge von Windenergieprojekten mit BImSchG-Genehmigung im Zeitverlauf für die Jahre 2018 und 2019 abzuschätzen.
Die Studie stellt damit auf Basis von mit dem BWE abgestimmten Annahmen eine quantitative Grundlage zur Evaluation der Mengensituation dar.
Es wurde in diesem Rahmen keine Bewertung der Wettbewerbsfähigkeit der einzelnen Projekte (Standortgüte, Anlagentechnologie, Kosten, etc.) durchgeführt; daher ist aus der Studie auch keine Aussage zur individuellen Erfolgswahrscheinlichkeit in den Ausschreibungen abzuleiten – hierfür bedarf es einer Auktionsmodellierung. Aus diesem Grund erfolgt in der Studie auch keine Betrachtung des Netzausbaugebietes.
Rechtliche Grundlage der Studie ist das EEG 2017 in Verbindung mit der GemAV."
Download:
https://www.wind-energie.de/sites/default/files/download/publication/eeg-ausschreibungen-fuer-wind-land-mengenanalyse-fuer-2018-und-2019/20180111_bwe_potenzialstudie_wind_an_land_enervis.pdf
Siehe hierzu auch V.4. > Bundesverband WindEnergie e. V.

EHLERS-HOFHERR, ANGELA
Mediation als Erfolgsfaktor in der Energiewende.
Konflikte und Konfliktmanagement im Rahmen der Nutzung erneuerbarer Energien,
eNewsletter Netzwerk Bürgerbeteiligung 02/2018 v. 13.07.2018
Inhalt:
„Die Akzeptanz für erneuerbare Energien ist in der Bevölkerung bundesweit hoch. Eine aktuelle Umfrage von Kantar Emnid im Auftrag der Agentur für erneuerbare Energien ergab,

dass 95 % der 1.016 Befragten den Ausbau der erneuerbaren Energien als »wichtig« bis »außerordentlich wichtig« einstufen (Stand 7/2017). Dementsprechend sollte eigentlich auch die allgemeine politische und gesetzliche Förderung der Energiewende positiv bewertet werden. Aber gerade die gesetzliche Bevorzugung der erneuerbaren Energien und die breite gesellschaftliche Anerkennung bergen Konfliktpotential, wenn es um das konkrete Projekt vor Ort geht: Sie führen dazu, dass Planungsträger/innen – z. B. eine Kommune– oder Projektträger rein rechtlich ihr Vorhaben ohne die Unterstützung der örtlichen Bevölkerung realisieren können. Rechtsanspruch und übergeordneter Ausbaubedarf verleihen ihnen eine Machtposition, die einige Betroffene ggf. als Bedrohung wahrnehmen. […]"
Download:
https://www.netzwerk-buergerbeteiligung.de/fileadmin/Inhalte/PDF-Dokumente/newsletter_beitraege/2_2018/nbb_beitrag_ehlershofherr_180713.pdf

ENERGIEAGENTUR.NRW
Analyse der Ausschreibungsergebnisse Windenergie an Land für NRW – Gebotstermin 1. Februar 2018,
EA.NRW, Meldung v. 14.03.2018
Aus dem Inhalt:
„In der 4. Ausschreibungsrunde für Windenergieanlagen (WEA) an Land mit dem Gebotstermin vom 1. Februar 2018 wurden aus NRW 32 Gebote eingereicht. Davon erhielten 12 Bieter einen Zuschlag. Anders als in den vorangegangenen Ausschreibungsrunden dominierten dieses Mal nicht die Bürgerenergieprojekte – zumindest was die eingereichten Gebote betrifft. Lediglich acht Projekte nutzten die besonderen Teilnahmebedingungen für Bürgerenergiegesellschaften (BEG), wovon immerhin sieben einen Zuschlag erhielten und damit zu mehr als die Hälfte zur bezuschlagten Leistung beitrugen. Schaut man sich die BEG-Projekte jedoch genauer an, muss man feststellen, dass es sich im Grunde lediglich um drei Projekte handelt: Einen Windpark mit vier Anlagen in der Gemeinde Gescher, einen Windpark mit fünf WEA in Hürtgenwald und eine Einzelanlage in Münster-Handorf. Bei den Zuschlägen der Nicht-BEG-Projekte handelt es sich um zwei Einzelanlagen in Herzebrock-Clarholz und Mönchengladbach sowie zwei Repowering-Projekte in Lichtenau und Münster-Nienberge. […]"
Download:
http://www.energieagentur.nrw/windenergie/analyse_ausschreibungsergebnisse_windenergie_an_land_nrw_februar_2018?l=1

ENERGIEAGENTUR.NRW
Factsheet – Windenergie und periodischer Schattenwurf,
Düsseldorf 2018 (Stand: 01-2018)
Aus dem Inhalt:
„Wenn die Sonne auf eine Windenergieanlage scheint, entsteht durch die Bewegungen der Rotorblätter ein periodischer Schattenwurf, der von Anwohnern als Belästigung empfunden

werden kann. Doch wie entsteht dieser periodische Schatten, wie viel Beschattung ist zulässig und wie werden die Anwohner vor einem ‚Zuviel' dieser Immission geschützt?"
Download:
http://www.energiedialog.nrw.de/wp-content/uploads/2018/01/EnergieAgentur.NRW-Factsheet-Windenergie-und-periodischer-Schattenwurf.pdf

ENERGIEAGENTUR.NRW
Factsheet – Windenergie und Schall,
Düsseldorf 2018 (Stand: 02-2018)
Aus dem Inhalt:
„In der öffentlichen Debatte über den Ausbau der Windenergie kommt immer wieder das Thema Schall auf. Betroffene Anwohner äußern ihre Bedenken über das Ausmaß der Geräusche geplanter Anlagen. Sie befürchten, der Schall könne gesundheitliche Beschwerden auslösen und ihre allgemeine Lebensqualität beeinträchtigen. Dieser Beitrag gibt Antworten auf die wichtigsten Fragen zu Art und Ausmaß der Geräuschimmissionen von Windenergieanlagen."
Download:
http://www.energiedialog.nrw.de/wp-content/uploads/2018/02/EnergieAgentur.NRW-Factsheet-Windenergie-und-Schall.pdf

ENERGY BRAINPOOL (Hrsg.)
Impulspapier Bürgerstromhandel,
Autoren: Margarete von Oppen/Andreas Streitmayer/Fabian Huneke,
im Auftrag von: Bündnis Bürgerenergie e. V.,
Berlin, 13.12.2017
Aus dem Inhalt:
„Ziel des Impulspapiers ist es aufzuzeigen, wie sich ein direkter und dezentraler Stromhandel zwischen BürgerInnen ermöglichen lässt. Daneben identifiziert das Papier Änderungsoptionen bei den energiewirtschaftlichen und wirtschaftlichen Rahmenbedingungen, die nötig sind, um BürgerInnen den Handel mit dezentral erzeugtem Strom über das öffentliche Netz zu ermöglichen. Darüber hinaus werden die positiven Effekte auf das Gesamtsystem qualitativ dargestellt. […]"
Download:
https://www.buendnis-buergerenergie.de/fileadmin/user_upload/2017-12-12_Brainpool-Oppen_Impulspapier-Buergerstrom_Final.pdf
Siehe auch unter V.4. > BBEn

FACHAGENTUR WINDENERGIE AN LAND e. V. (Hrsg.)
Ausbausituation der Windenergie an Land im Herbst 2017.
Auswertung der registrierten Daten im Anlagenregister (§ 6 Abs. 2 EEG 2017) für den Zeitraum Januar bis September 2017. Analyse,
Autor: Jürgen Quentin; Mitarbeit: Frank Sondershaus,
Berlin, Dezember 2017
Aus dem Inhalt:
„2017 wird aller Voraussicht nach ein neuerliches Rekordjahr für den Windenergieausbau in Deutschland an Land werden. Darauf deuten Zahlen des von der Bundesnetzagentur geführten Anlagenregisters mit Meldestand Ende Oktober hin. Bis Ende September 2017 wurden fast 1.430 Windenergieanlagen mit einer Gesamtleistung von 4.160 Megawatt neu in Betrieb genommen. Im Vergleich zum Vorjahreszeitraum bedeutet dies einen Anstieg um 33 Prozent. Der überaus dynamische Ausbau lässt bis zum Jahresende einen Bruttozuwachs von 5,9 bis 6,2 Gigawatt erwarten. […]“
Download:
https://www.fachagentur-windenergie.de/fileadmin/files/Veroeffentlichungen/FA_Wind_Zubauanalyse_Wind-an-Land_Herbst_2017.pdf

FACHAGENTUR WINDENERGIE AN LAND e. V. (Hrsg.)
Ausbausituation der Windenergie an Land im Frühjahr 2018.
Auswertung windenergiespezifischer Daten im Marktstammdatenregister für den Zeitraum Januar bis März 2018. Analyse,
Autor: Jürgen Quentin
Berlin, Juni 2018
Aus dem Inhalt:
„In den ersten drei Monaten des Jahres 2018 wurden 319 Inbetriebnahmen neuer Windenergieanlagen an Land mit einer Gesamtleistung von 1.042 MW im Register erfasst. Damit liegt der Umfang der Neuanlagenleistung auf vergleichbarem Niveau wie im Vorjahreszeitraum (1.110 MW). Die durchschnittliche Realisierungsdauer (ab Genehmigung) der Neuanlagen lag im ersten Quartal mit rund 16 Monaten deutlich höher als in den Vorjahren, in denen die Realisierungsdauer im Mittel rund 11 Monate betrug. Den Bundesländervergleich führt im ersten Quartal mit großem Abstand Niedersachsen an, wo 310 MW ans Netz gingen. An zweiter Stelle folgt Nordrhein-Westfalen mit 187 MW neuer Anlagenleistung. Auf dem dritter Rang steht Brandenburg mit 152 MW Leistung, die dort zwischen Januar und März 2018in Betrieb genommen wurde. Die Repoweringquote lag im ersten Quartal bundesweit bei 16 Prozent. […] Nach wie vor liegt der Umfang der monatlich genehmigten Windenergieanlagen weit unterhalb dessen was in den Jahren 2014 bis 2016 pro Monat an Genehmigungen erteilt wurde. […]Innerhalb des Netzausbaugebiets sind im ersten Quartal 102 Anlagen mit 349 MW Windenergieleistung in Betrieb gegangen, davon fast 30 Prozent im Rahmen eines Repowering. Zudem waren Ende April 1.210 MW genehmigte Windenergieleistung in diesem Gebiet registriert. Davon können bis zu 730 MW noch in diesem Jahr realisiert werden, ohne den Zubaubeschränkungen im Ausschreibungsregime zu unterliegen. […]“

Download:
https://www.fachagentur-windenergie.de/fileadmin/files/Veroeffentlichungen/FA_Wind_Zubauanalyse_Wind-an-Land_Fruehjahr_2018.pdf

FACHAGENTUR WINDENERGIE AN LAND e.V. (Hrsg.)
Ausbausituation der Windenergie an Land im Herbst 2018.
Auswertung windenergiespezifischer Daten im Marktstammdatenregister für den Zeitraum Januar bis September 2018,
Autor: Jürgen Quentin unter Mitarbeit von Noelle Cremer (Karten)
Berlin, Dezember 2018
Aus dem Inhalt:
„Für das Jahr 2018 zeichnet sich ein drastischer Rückgang des Ausbaus der Windenergie an Land ab. Darauf deuten Zahlen des von der Bundesnetzagentur geführten Registers zum Meldestand Ende Oktober hin. Bis Ende September wurden 646 Windenergieanlagen mit einer Gesamtleistung von 2.073 Megawatt neu in Betrieb genommen. Im Vergleich zum Vorjahreszeitraum entspricht dies einem Rückgang um 50 Prozent. Der Abschwung hat sich in den letzten Monaten noch verstärkt, so dass bis Jahresende mit einem Bruttozubau deutlich unter drei Gigawatt zu rechnen ist. […] Die Inbetriebnahmen in den ersten drei Quartalen 2018 verteilen sich zu 81 Prozent nördlich der Mainlinie, 19 Prozent der Neuanlagen gingen südlich davon ans Netz. […] Die Repowering-Quote liegt bei 21 Prozent, viereinhalb Prozentpunkte über der Quote im Vergleichszeitraum 2017. […] Zum Meldestand 31.10.2018 erfasst das Register 1.278 genehmigte Windenergieanlagen mit einer Gesamtleistung von 4.002 MW. Rund 1.500 MW davon wurden vor 2017 genehmigt. Der Genehmigungsumfang seit 2017 liegt im Monatsdurchschnitt 60 Prozent unterhalb dessen, was in den Jahren 2014 bis 2016 monatlich genehmigt wurde. Innerhalb des Netzausbaugebiets gingen 205 Windturbinen (692 MW) zwischen Januar und September in Betrieb; im Vergleich zum Vorjahr ist dies ein Rückgang von 52 Prozent. […]“
Download:
https://www.fachagentur-windenergie.de/fileadmin/files/Veroeffentlichungen/FA_Wind_Zubauanalyse_Wind-an-Land_Herbst_2018.pdf

FACHAGENTUR WINDENERGIE AN LAND e.V. (Hrsg.)
Ausschreibungen für Windenergieanlagen an Land. Wissenswertes

für Genehmigungsbehörden. Hintergrundpapier,
Autoren: Marike Endell/Jürgen Quentin
Berlin, April 2018
Inhalt:
„[…] Die Fachagentur Windenergie an Land möchte mit diesem Hintergrundpapier speziell Genehmigungsbehörden einen Einblick in das Ausschreibungsregime ermöglichen. Die Publikation soll dazu beitragen, das Verständnis der Behörden für das Ausschreibungsverfah-

ren zu stärken und die Bedeutung ihrer Arbeit im Rahmen dieses Systems verdeutlichen. Bei Fragestellungen soll das vorliegende Papier außerdem als verständliches Nachschlagewerk dienen. […]"
Download:
https://www.fachagentur-windenergie.de/fileadmin/files/Veroeffentlichungen/FA_Wind_Wissenswertes_fuer_Behoerden_Ausschreibungen_WindanLand_04-2018.pdf

FACHAGENTUR WINDENERGIE AN LAND e.V. (Hrsg.)
Frühzeitige Öffentlichkeitsbeteiligung im Kontext der Windenergie. Von der Theorie in die Praxis. Hintergrundpapier,
Autor: Frank Sondershaus,
Berlin, Dezember 2017
Aus dem Inhalt:
„Die Beteiligung lokaler und regionaler Akteure an Planungsprozessen ist ein wichtiges Element zur Stärkung der Akzeptanz von Windenergievorhaben vor Ort. […] Vor diesem Hintergrund wird das Thema informelle Beteiligung im Kontext der Windenergie auf den folgenden Seiten grundlegend und kompakt aufbereitet. Grundlage sind neben Literaturanalyen insbesondere die Ergebnisse mehrerer Workshops zum Thema Beteiligung, die die Fachagentur Windenergie an Land (FA Wind) in den vergangenen Jahren veranstaltet hat.
Eingangs wird das Handlungsfeld Beteiligung und Teilhabe skizziert und die grundsätzlichen Ziele von Öffentlichkeitsbeteiligung reflektiert. Anschließend werden Grundsätze und Potentiale guter Beteiligung dargestellt. Ein Überblick über Beteiligungshemmnisse zeigt, weshalb frühzeitige – und damit informelle – Beteiligung bei der Windenergie noch keine Selbstverständlichkeit ist. Anschließend werden die Rollen von Regionalplanung, Kommunen, Projektierern und Energieagenturen umrissen und jeweils Handlungsfelder formuliert. Ausgewählte Beteiligungsleitfäden zeigen, dass geeignetes Orientierungswissen für unterschiedliche Zielgruppen bereits vorliegt. Anhand unterschiedlicher Projekte aus den Ländern wird dargestellt, wie aktiv mit Beteiligungshemmnissen umgegangen wird. Abschließend liefern zusammenfassende Thesen Anknüpfungspunkte für die weitere Diskussion."
Download:
https://www.fachagentur-windenergie.de/fileadmin/files/Veroeffentlichungen/FA_Wind_fruehzeitige_Oeffentlichkeitsbeteiligung_Theorie_Praxis_2017-12.pdf

FACHAGENTUR WINDENERGIE AN LAND e.V. (Hrsg.)
ON – OFF. Fachaustausch zur bedarfsgerechten Nachtkennzeichnung. Dokumentation,
Berlin, Januar 2018
Aus dem Inhalt:
„[…] Bis die bedarfsgerechte Nachtkennzeichnung [BNK] großflächig angewandt werden kann, gilt es noch verschiedene technische, aber auch rechtliche Fragen zu klären. Auch der Bedarf kann sich regional unterschiedlich darstellen. Die FA Wind hat mit ON – OFF, dem

Fachaustausch zur bedarfsgerechten Nachtkennzeichnung von Windenergieanlagen, am 14. November 2017 in Schwerin Expertinnen und Experten aus Bundes- und Landespolitik, aus Verwaltung, Windenergieunternehmen und Verbänden sowie der Wissenschaft zusammengebracht. Gemeinsam haben wir verschiedene Aspekte und Fragestellungen beleuchtet und Lösungsvorschläge rund um das Thema Befeuerung diskutiert und festgehalten. Die Beiträge der Referentinnen und Referenten wurden im Nachgang verschriftlicht und in dieser Broschüre zusammengestellt. […]“
Download:
https://www.fachagentur-windenergie.de/fileadmin/files/Befeuerung/FA_Wind_ONOFF_Dokumentation_2018-01_Web_M.pdf

FACHAGENTUR WINDENERGIE AN LAND e.V. (Hrsg.)
Technische Systeme zur Vermeidung von Kollisionen von windenergieanlagensensiblen Fledermaus/Vogelarten. Workshop am 30. Mai 2018 in Kassel. Dokumentation,
Autorin: Franziska Tucci,
Berlin, Oktober 2018
Aus dem Inhalt:
„[…] Die FA Wind beschäftigt sich in ihrem Schwerpunktthemengebiet Natur- und Artenschutz bspw. im Rahmen von wissenschaftlichen Untersuchungen, Veranstaltungen und Arbeitskreisen mit Maßnahmen zur Vermeidung von artenschutzrechtlichen Verbotstatbeständen. Mit dem Workshop ‚Wissenschaftlicher Austausch zu technischen Systemen zur Vermeidung von Kollisionen von windenergieanlagensensiblen Fledermaus/Vogelarten‘ im Mai diesen Jahres wurde ein weiterer Beitrag dazu geleistet, Kenntnisse zu Vermeidungsmaßnahmen auszubauen. Auf dem Workshop wurden zunächst rechtliche, naturschutzfachliche und technische Anforderungen an Systeme zur bedarfsgerechten Betriebsregulierung dargestellt. Anhand von (Zwischen-) Ergebnissen aus Forschungs- und Pilotvorhaben sowie Erfahrungen mit der praktischen Anwendung im Ausland konnten offene Punkte und Anforderungen für einen rechtssicheren Betrieb in Deutschland identifiziert und diskutiert werden.
In dieser Dokumentation werden die Beiträge der Referentinnen und Referenten sowie die Diskussionen zusammengefasst. […]“
Download:
https://www.fachagentur-windenergie.de/fileadmin/files/Veranstaltungen/Workshop_Wissenschaftlicher_Austausch_techn._Vermeidung_30-05-2018/FA_Wind_Dokumentation_Techn._Kollisionsvermeidung_10-2018.pdf

FACHAGENTUR WINDENERGIE AN LAND e.V. (Hrsg.)
Umfrage zur Akzeptanz der Windenergie an Land Herbst 2018.
Ergebnisse einer repräsentativen Umfrage zur Akzeptanz der Nutzung und des Ausbaus der Windenergie an Land in Deutschland,
Berlin, November 2018
Aus dem Inhalt:
„Die Ergebnisse der bundesweiten repräsentativen Umfrage zeigen eine breite Akzeptanz für die Nutzung und den Ausbau der Windenergie an Land in der Bevölkerung. Diese bewegt sich in den vergangenen Jahren auf konstant hohem Niveau – sowohl allgemein, als auch vor Ort. […]
Die Umfrage zeigt zudem, dass sich mit 46 % nur knapp die Hälfte der Befragten gut über die Nutzung der Windenergie an Land informiert fühlen – 54 % fühlen sich nicht gut mit Wissenswertem versorgt. Dabei möchte sich eine große Mehrheit der Befragten (69 %) in Veranstaltungen über Windenergie informieren, falls bei ihnen Windenergieanlagen geplant würden. Gedruckte Informationen werden in diesem Zusammenhang mit 55 % von einem größeren Teil der Befragten gewünscht, als Informationen im Internet (45 %) und Berichte im Radio oder Fernsehen (44 %).
Wenn Möglichkeiten finanzieller Teilhabe die Akzeptanz der Windenergie stärken sollen, erscheinen 66 % der Befragten vergünstigte Strompreise als besonders gut geeignet.
Diese und weitere Ergebnisse – z. B. zu Möglichkeiten finanzieller Teilhabe – werden nachfolgend grafisch und schriftlich aufbereitet. Die Fragen werden wörtlich, wie in der Befragung gestellt, wiedergegeben.
Weitere für die Windenergie an Land relevante Umfrageergebnisse werden auf der Homepage der FA Wind als Synopse aufbereitet. Die Sammlung wird kontinuierlich fortgeschrieben. […]“
Download:
https://fachagentur-windenergie.de/fileadmin/files/Veroeffentlichungen/FA_Wind_Umfrageergebnisse_Herbst_2018.pdf

FACHAGENTUR WINDENERGIE AN LAND e.V. (Hrsg.)
Vergleich der Ausbauentwicklung der Windenergie an Land.
Regionale Verteilung bezugschlagter Windenergieprojekte in den Ausschreibungen 2017 versus Ausbau der Windenergie seit 2010,
Autor: Jürgen Quentin; Mitarbeit: Frank Sondershaus,
Berlin, Dezember 2017
Aus dem Inhalt:
„Zu den drei Ausschreibungsterminen im Jahr 2017 wurden Förderzusagen für insgesamt 730 Windenergieanlagen mit einer Gesamtleistung von 2.820 MW vergeben. Die Anlagen sind in 83 der 294 bundesdeutschen Landkreise geplant. Die regionale Verteilung der erfolgreichen Windturbinen konzentriert sich weitaus stärker in der Nordhälfte Deutschlands als dies beim Zubau der letzten Jahre der Fall war. Im Folgenden sollen die regionalen Unterschiede zwischen Standorten von Windenergieprojekten, die in den diesjährigen Ausschreibungen bezuschlagt worden sind, und Standorten der in den letzten Jahren neu in Betrieb ge-

nommenen Windenergieanlagen aufgezeigt werden. Die Veranschaulichung erfolgt anhand der Gebietskulisse, die in den künftigen technologieübergreifenden Ausschreibungen für Solar- und Windenergieanlagen für die Bestimmung des Höchstwerts für Gebote für Windenergieanlagen maßgeblich ist. Diese Gebietskulisse eignet sich deshalb für den Vergleich, weil sie auf Landkreisebene die unterschiedlichen Windverhältnisse auf der Grundlage langjähriger Globaldaten und deren Validierung die Windverhältnisse abbildet."
Download:
https://www.fachagentur-windenergie.de/fileadmin/files/Veroeffentlichungen/FA-Wind_Vgl_Auschreibungen_2017_Windzubau_seit2010_HWG_12-2017.pdf

FACHAGENTUR WINDENERGIE AN LAND e.V. (Hrsg.)
Was tun nach 20 Jahren? Repowering, Weiterbetrieb oder Stilllegung von Windenergieanlagen nach Förderende. Studie,
Autoren: Jürgen Quentin, Dirk Sudhaus, Marike Endell
Berlin, März 2018
Aus dem Inhalt:
„Mit dem Auslaufen des Förderanspruchs nach dem Erneuerbare-Energien-Gesetz (EEG) für die ersten Windenergieanlagen zum Ende des Jahrzehnts wird die Frage zu beantworten sein, ob die Anlagen stillgelegt und zurückgebaut oder ob sie (wirtschaftlich) weiterbetrieben werden können. Ein Ersatz durch modernere und leistungsfähigere Anlagen ist bereits aus baurechtlichen Gründen nicht an jedem Standort möglich. Ob sämtliche Altanlagen, dort wo es zulässig ist, auch repowert werden, ist zudem eine wirtschaftliche Frage. [...] die Fachagentur Windenergie an Land (FA Wind) [hat] Mitte 2017 mit einer Umfrage unter Anlagenbetreibern zahlreiche Daten zu absehbaren Stilllegungen, aber auch zu dem seitens der Betreiber für möglich gehalten Umfang eines Weiterbetriebs nach Förderende oder eines Repowerings erhoben und analysiert.
Aus der Auswertung des umfangreichen Zahlenmaterials wird deutlich, dass ein Repowering nur für einen Teil der Bestandsanlagen möglich ist. Auch der Weiterbetrieb der Anlagen wird unter den derzeitigen Voraussetzungen nur für einen sehr geringen Anteil der Anlagen wirtschaftlich darstellbar sein. Im Rahmen der absehbaren Debatte über die Voraussetzungen, unter denen Bestandsanlagen auch weiterhin ihren Beitrag zum Klimaschutz in Deutschland leisten können, kann auf die hier dargelegten Erkenntnisse über den betroffenen Anlagenpark zurückgegriffen werden. [...]"
Download:
https://www.fachagentur-windenergie.de/fileadmin/files/Veroeffentlichungen/FA_Wind_Was_tun_mit_WEA_nach_20Jahren.pdf

FACHAGENTUR WINDENERGIE AN LAND e.V. (Hrsg.)
4. Ausschreibung für Windenergieanlagen an Land (Februar 2018). Analyse,
Autor: Jürgen Quentin; Mitarbeit Frank Sondershaus (Karten)
Berlin, März 2018
Aus dem Inhalt:
„In der vierten Ausschreibungsrunde für Windenergieanlagen an Land gab es im Vergleich zu den ersten drei Runden eine weitaus geringere Wettbewerbssituation. Die Gebotsmenge wurde 1,4-fach überzeichnet. Durchgesetzt haben sich in dieser Runde, in der nur Gebote für bereits genehmigte Anlagen zugelassen waren, vor allem Anlagenstandorte in Niedersachsen, Brandenburg, Nordrhein-Westfalen sowie Rheinland-Pfalz. Über 60 Prozent der Zuschläge gingen in diese vier Länder. Erstmals wurde auch ein Zuschlag nach Baden-Württemberg vergeben. Die Zuschlagsobergrenze im Netzausbaugebiet wurde – wie schon in der zweiten und dritten Runde – wiederum nicht ausgeschöpft, weshalb dort kein eigener Einheitspreis für Bürgerenergiegesellschaften zustande kam. […] Erfolgreich waren in der Februar-Ausschreibung insgesamt 214 Windturbinen mit zusammen 709 MW Leistung. […] Die kumulierte Betrachtung der bisherigen Ausschreibungen zeigt weiterhin eine starke Konzentration der Förderzusagen im Norden Deutschlands. Südlich der Mainlinie liegen nur acht Prozent der bislang bezuschlagten Windprojekte. Im Vergleich dazu wurde in diesem Jahrzehnt bislang rund ein Fünftel der jährlichen Neuanlagen dort installiert. […]“
Download:
https://www.fachagentur-windenergie.de/fileadmin/files/Veroeffentlichungen/FA_Wind_Analyse_4_Ausschreibung_Wind_an_Land.pdf

FRAUNHOFER-INSTITUT FÜR ENERGIEWIRTSCHAFT UND ENERGIESYSTEMTECHNIK IEE
Windenergie Report Deutschland 2017,
Fraunhofer Verlag, Stuttgart 2018
Aus dem Inhalt:
„Im vergangenen Jahr (2017) wurde der Systemwechsel bei der Förderung der Erneuerbaren Energie vollzogen. Das Ausschreibungsverfahren hat vor allem für die Offshore-Windenergie für Überraschungen gesorgt. Drei von vier Offshore-Projekten, die den Zuschlag bekamen, wurden mit einer Förderhöhe von null ct / kWh angeboten. […] Die Entwicklung der Erneuerbaren Energien, allen voraus der Windenergie, hat in 2017 neue Meilensteine gesetzt. Die Neuinstallationen 2017 an Land liegen bei 1850 Anlagen mit 5514 MW Nennleistung, auf See gingen 221 Anlagen mit 1249 MW Nennleistung neu in Betrieb. Die installierte Leistung hat an Land die 50 GW Marke passiert, die Offshore-Leistung liegt bei knapp 5,4 GW. Die erzeugte Energie aus On- und Offshore-WEA hat mit über 107 TWh eine systembestimmende Größenordnung erreicht. […] Diese Rekordzahlen führen auf der anderen Seite zu negativen Erscheinungen, die durch den zu langsamen Umbau des elektrischen Systems bedingt sind. Der schleppende Netzausbau im Übertragungsnetz und im Verteilernetz führt regelmäßig zum Drosseln bis zum Abschalten von Windenergieanlagen auf Leistung Null im großen Maßstab. Ein weiteres Verschleppen des dringend notwendigen Netzausbaus wird diese Situation zu-

künftig weiter verschärfen und einer zügigen Energiewende entgegenwirken. [...] Der Windenergie Report Deutschland spiegelt einmal jährlich den aktuellen Stand mit einer Vielzahl von Zahlen und Fakten wieder. Weitere, kurzfristiger aktualisierte Informationen sind darüber hinaus auf der Webseite www.windmonitor.de zu finden."
Download:
http://windmonitor.iee.fraunhofer.de/opencms/export/sites/windmonitor/img/Windmonitor-2017/WERD_2017_180523_Web_96ppi.pdf

FRONDEL, MANUEL/STEPHAN SOMMER
Schwindende Akzeptanz für die Energiewende? Ergebnisse einer wiederholten Bürgerbefragung. Diskussionspapier,
RWI – Leibniz-Institut für Wirtschaftsforschung, Essen 2018
(RWI Materialien, Heft 124)
Inhalt:
„Im Zuge der Energiewende geht der Ausbau der regenerativen Stromerzeugung in Deutschland mit hohem Tempo voran. Damit sind steigende Umlagen für die Förderung der Erneuerbaren sowie zunehmende Entgelte für den unvermeidlichen Ausbau der Stromnetze verbunden. Vor diesem Hintergrund untersucht der vorliegende Beitrag das Spannungsfeld zwischen der Befürwortung des Ausbaus der Erneuerbaren und den damit verbundenen Kosten auf Basis einer Erhebung unter mehr als 7.500 Haushalten aus dem Sommer 2017 und vergleicht die Ergebnisse mit früheren Erhebungen aus den Jahren 2013 und 2015. Es zeigt sich, dass die grundsätzliche Befürwortung der Förderung erneuerbarer Energien nach wie vor sehr hoch ist, aber die Zahlungsbereitschaft für grünen Strom im Zeitverlauf gesunken ist. Angesichts dieser Ergebnisse stellt sich die Frage nach der Akzeptanz der Bürger für die als Folge der Energiewende weiter wachsenden Belastungen."
Download:
http://www.rwi-essen.de/media/content/pages/publikationen/rwi-materialien/rwi-materialien_124.pdf

GARDT, MANUEL/TOM BROEKEL/PHILIPP GAREIS/MARIE-LOUISE LITMEYER
Einfluss von Windenergieanlagen auf die Entwicklung des Tourismus in Hessen,
Zeitschrift für Wirtschaftsgeographie, 2018, Heft 1, S. 46–64
Aus dem Inhalt:
„[...] Neben der Emission von tonalem Schall oder der Gefahr für die Avifauna werden Windenergieanlagen immer häufiger für ihre landschaftsüberprägende Eigenart kritisiert. Diese primär durch die Bauhöhe sowie Rotorbewegung herbeigeführte Tatsache steht in direktem Gegensatz zur naturnahen Landschaftserfahrung, wie sie vorwiegend in den deutschen Mittelgebirgslagen im Rahmen der touristischen Naherholung erlebt wird. Allerdings gibt es bisher wenige Untersuchungen zum potentiellen Einfluss der Windkraftanlagen auf den Tourismus und diese sind zumeist wenig repräsentative Fallstudien. Der vorliegende Artikel schließt diese

Lücke mit einer quantitativen empirischen Untersuchung der Beziehung von Windkraftanlagen und regionalem Tourismus in Hessen. Die Ergebnisse bestätigen die Existenz eines schwachen, aber signifikanten negativen Effekts des Windkraftanlagenausbaus auf den Tourismus."

GESELLSCHAFT FÜR WIRTSCHAFTLICHE STRUKTURFORSCHUNG GWS
Erneuerbar beschäftigt in den Bundesländern. Bericht zur aktualisierten Abschätzung der Bruttobeschäftigung 2016 in den Bundesländern,
Autoren: Philip Ulrich, Ulrike Lehr
Osnabrück, März 2018
(GWS RESEARCH REPORT 2018/02)
Aus dem Inhalt:
„[...] Das Bundesland mit den meisten Beschäftigten (Anzahl insgesamt) durch den Ausbau erneuerbarer Energien ist im Jahr 2016 Niedersachsen mit über 56 000. Damit hat dieses Bundesland nun mehr Beschäftigte als Bayern, das im Jahr 2013 noch über 57 500 Beschäftigte hatte und nun 50 600 Beschäftigte aufweist. Über 30 000 Arbeitsplätze entfallen noch auf die Bundesländer Nordrhein-Westfalen und Baden-Württemberg. Am wenigsten EE-Beschäftigte sind im Saarland zu finden und auch Bremen und Berlin zeigen Werte unter 6 000. [...] Wird nicht die Absolutzahl der Beschäftigten, sondern die relative Anzahl mit Blick auf die Gesamtzahl der Beschäftigten im Land zugrunde gelegt, wird deutlich, in welchen Bundesländern der Ausbau erneuerbarer Energien tatsächlich eine größere Rolle für den Arbeitsmarkt spielt. Den höchsten Wert erreicht weiterhin [...] Sachsen-Anhalt mit einem Wert von etwa 27 EE-Beschäftigten je 1 000 Beschäftigte insgesamt. Dahinter folgen Mecklenburg-Vorpommern mit 22 und Brandenburg mit 19 EE-Beschäftigten je 1 000 Beschäftigte. Diese Werte liegen deutlich über dem Durchschnittswert von 8,6 für ganz Deutschland. Die geringsten Werte erreichen wieder die Länder Saarland und Berlin mit Werten von 4.8 und 2,7. Der Wert für das Flächenland Nordrhein-Westfalen liegt hier nur geringfügig höher als in diesen Bundesländern (5,4). Vier von sechs ostdeutschen Ländern weisen einen überdurchschnittlichen Wert auf, was sich auch im Durchschnittswert für Ostdeutschland von 12,6 gegenüber 8,6 für Westdeutschland zeigt. [...]"
Download:
https://www.bmwi.de/Redaktion/DE/Publikationen/Studien/erneuerbar-beschaeftigt-in-den-bundeslaendern.pdf?__blob=publicationFile&v=8

GREBE, CHRISTINA
Auswirkungen Erneuerbarer Energien auf den Erholungswert von Mittelgebirgslandschaften am Beispiel von Nordhessen,
kassel university press, Kassel 2018 (zugl. Kassel, Univ., Diss. 2017)
Inhalt:
„Mit dieser Dissertationsschrift werden Ergebnisse einer empirischen Untersuchung über die Veränderung des wahrgenommenen Erholungswertes von Mittelgebirgslandschaften am Beispiel von Nordhessen durch Erneuerbare Energien vorgelegt. Die Energiewende-Entscheidung

für Erneuerbare Energien ist Spiegel eines Gesellschaftskonsens, und es stellt sich die Frage, wie eben diese Gesellschaft mit Veränderungen in der vertrauten Heimatlandschaft oder Urlaubslandschaft zurechtkommt, die durch Erneuerbare Energien ausgelöst werden. Vertraute Bilder in der menschlichen Umgebung verändern sich durch Anlage dezentraler Formen der Energieversorgung wie etwa Windkraftanlagen in besonders spürbarer Weise. Diese Veränderungen sind jederzeit gegenwärtig, werden aber von verschiedenen Menschen unterschiedlich wahrgenommen. In der vorliegenden Untersuchung liegt der Fokus auf der Frage, ob und wie Windkraftanlagen den wahrgenommenen Erholungswert verändern. Verschiedene Auswirkungen von Windkraftanlagen auf Menschen sind bereits Gegenstand verschiedener Studien, während die systematische Untersuchung von Veränderungen des menschlichen und insbesondere individuell wahrgenommenen Erholungswertes durch Windkraftanlagen noch am Anfang steht. Die Ergebnisse der Arbeit geben differenziert Aufschluss darüber, in wieweit eine Veränderung des wahrgenommenen Erholungswertes durch Windkraftanlagen insbesondere in der Wahrnehmung von Wanderern in einer Mittelgebirgslandschaft eintritt."

HAHN, MICHAEL
Wind: Fundamentale Probleme?
neue energie (ne) 2018, Heft 8, S. 43–48.
Inhalt:
„Wenn es nicht der große Stemmhammer sein soll, dann muss der Sprengmeister ran. Immer häufiger sind Betreiber gezwungen, ihre Windkraftanlagen komplett abzubauen, weil die Mühlen in die Jahre gekommen sind. Gerade der Teil, von dem nicht viel zu sehen ist, hat es dabei in sich: Viel Aufwand – zeitlich, finanziell, technisch und behördlich – ist nötig, wenn es um die Entfernung des Fundaments geht. Das Thema ist umso brisanter, da die Anlagenbetreiber schon bald bei tausenden von Windrädern vor der Frage ‚Rückbau oder Weiterbetrieb?′ stehen werden."

IEA WIND TCP TASK 19
International Recommendations for Ice Fall and Ice Throw Risk Assessments,
Authors: Andreas Krenn et al.
IEA Wind, October 2018
Preface:
"The purpose of this report is to provide the best available recommendations for the assessment of ice fall and ice throw from wind turbines with the aim of reducing the uncertainties involved in such assessments. As the result of a two-year creation process, the recommendations presented here intend to give answers regarding the selection and definition of the essential methodology and input parameters for ice throw / ice fall risk assessments. In this respect, the authors are confident that the findings presented in this document will pave the way forward to more transparency and increase the quality of ice-risk assessments internationally. In addition to the recommendations presented here, the national laws and standards regarding the assessment of ice throw / ice fall risks need to be taken into account. It remains a re-

sponsibility of the authors of a risk assessment to decide to what extent the recommendations provided in this document are used."
Download:
https://community.ieawind.org/HigherLogic/System/DownloadDocumentFile.ashx?DocumentFileKey=3e92fc30-a54a-4888-e612-79126301c58e&forceDialog=0

INSTITUT FÜR ZUKUNFTSENERGIE- UND STOFFSTROMSYSTEME (IZES gGmbH)
Ausschreibungen für Windenergie an Land: Erfahrungen in acht Ländern. Endbericht,
Auftraggeber: IG Windkraft, St. Pölten, Österreich,
Berlin/Saarbrücken, 10.05.2018
Aus dem Inhalt:
„[…] Die vorliegende Studie geht der Frage nach, welche Lehren aus den aktuellen Erfahrungen mit Ausschreibungssystemen für Windenergie in Argentinien, Brasilien, Deutschland, Italien, Spanien und Südafrika sowie den historischen in Großbritannien und Irland für Länder gezogen werden können, in denen ebenfalls über die Einführung von EE-Ausschreibungen nachgedacht wird. Wesentliche Aspekte sind hier die infolge der Ausschreibungen erzielte EE-Zielerreichung, die Kostenentwicklung bei den zu bezahlenden Vergütungen und die Akteursstruktur der in den Ausschreibungen erfolgreichen Unternehmen. Die Ergebnisse werden hier zusammengefasst. […]"
Download:
https://www.igwindkraft.at/mmedia/download/2018.06.07/1528358343748483.pdf

JUNG, CHRISTOPHER/DIRK SCHINDLER/LEONIE GRAU
Achieving Germany's wind energy expansion target with an improved wind turbine siting approach,
Energy Conversion and Management, Vol 173, 1 October 2018, pp. 383–398
Abstract:
"The goals of this study were to develop and to evaluate wind turbine siting scenarios for achieving a share of about 40 % (250 TWh/yr) wind energy in Germany's gross electricity consumption. […] It was found that an installed capacity of less than 100 GW and about 36,000 wind turbines are sufficient to generate 250 TWh/yr wind energy. If the current rate of wind energy expansion in Germany is maintained, this value can be achieved in the early 2030s. The results also demonstrate that inefficient wind turbine siting considerably extends the period and increases the number of required wind turbines. […]"
Siehe hierzu auch unter V. 4. > Universität Freiburg

KLEIN, MALTE
Innovationsstrategien und internationale Wettbewerbsfähigkeit im Bereich der Windenergie,
Springer Fachmedien, Wiesbaden 2018
Inhalt:
„Die Studie gibt einen umfassenden Überblick über die Diffusion und Erfolgsfaktoren seit den Anfängen der Windkraftindustrie in den 1970er-Jahren bis heute und fokussiert sich insbesondere auf die technologischen Innovationssysteme der Länder Brasilien, China, Dänemark, Deutschland und der USA. Der evolutorische Prozess der Technologieentwicklung und die Formierung neuer Industriestrukturen werden aufgezeigt und so das Opportunitätsfenster für Catch-Up identifiziert. Aktuell gibt es kein vergleichbares Opus zur weltweiten Industriedynamik auf diesem wichtigen und zukunftsweisenden Gebiet.“

KOENEMANN, DETLEF
WEA-Condition Monitoring: Lebensverlängernde Maßnahmen,
Sonne Wind & Wärme (SW&W) 2018, Heft 6, S. 54–57.
Inhalt:
„Als vor 18 Jahren das EEG verabschiedet wurde, waren Windkraftanlagen quasi gesetzmäßig auf eine Nutzungsdauer von 20 Jahren ausgelegt, die Anlagentechnik hatte noch mit Kinderkrankheiten zu kämpfen, und man war schon zufrieden, wenn man aufgrund positiver Betriebserfahrungen damit rechnen konnte, dass die Anlage 20 Jahre lang durchhielt. Der Gesetzgeber berücksichtigte dies, und deshalb konnte man genauso lange mit einer relativ hohen, auskömmlichen Vergütung gemäß EEG rechnen. Kaum jemand dachte damals darüber nach, ob eine Windkraftanlage möglicherweise länger als 20 Jahre laufen könnte.“

LETTMANN, ALISA/JÜRGEN SESSELMANN/ANNE KAWOHL
Brandschutztechnische Risikobewertung von Onshore-Windenergieanlagen,
Stahlbau , Vol. 87 (2018), Heft 1, S. 10–16
Aus dem Inhalt:
“[…] Durch Brände an Windenergieanlagen (WEA) entsteht oft ein negatives Bild vom Brandschutz moderner Anlagen, was auch in der öffentlichen Diskussion um die Windenergie spürbar ist. Den verschiedenen Diskussionsinhalten wurde in einer Masterthesis nachgegangen. Der vorliegende Bericht stellt die wesentlichen Ergebnisse vor, darunter eine Statistik zu Bränden von Windenergieanlagen von 2005 bis Mitte 2016 inklusive einer Auswertung hinsichtlich aufgetretener Brandursachen, Schäden und Brandbekämpfungsmaßnahmen. […]“

LIENHOOP, NELE
Acceptance of wind energy and the role of financial and procedural participation: An investigation with focus groups and choice experiments,
Energy Policy, Vol. 118, July 2018, pp. 97–105
Inhalt:
"In the course of its transition of the energy sector Germany aims to provide 80 per cent of the power supply from renewable energy sources. Although it is projected that wind power will be the main contributor in the energy transition, due to its spatial implications it is targeted by considerable local opposition, thus jeopardising the success of many wind energy projects. Previous research has found that distributive and procedural justice issues are common factors influencing local public acceptance. This paper explores local public preferences for different forms of financial and procedural participation by means of choice experiments and focus groups. The results show that wind power projects are generally accepted by the local public if certain condition, i.e. shareholding and high levels of participation in the decision-making process are offered. Policy recommendations are given on how wind power projects should be implemented so as to counteract local opposition. Deepening the understanding of these issues is of practical importance for future wind energy development."

LÖFKEN, JAN OLIVER
Smarter, effizienter, verlässlicher,
neue energie (ne) 2018, Heft 9, S. 85–90.
Inhalt:
„Forscher und Ingenieure arbeiten mit Hochdruck an der Optimierung von Windkrafträdern. Neue Materialien sollen die Mühlenblätter stabiler, elastischer und zugleich leichter recyclebar machen, Sensorsysteme und digitale Modelle die Steuerung der Anlagen erleichtern. Offshore setzen die Entwickler zunehmend auf schwimmende Fundamente."

LÖFKEN, JAN OLIVER
Wind: Energie-Tipps von ganz oben,
neue energie (ne) 2018, Heft 11, S. 50–55.
Inhalt:
„Die Flotte der Wettersatelliten im Erdorbit wird immer größer, der Blick der Atmosphären-Beobachter immer schärfer. Davon profitieren nicht nur Klimaforscher, sondern auch die Betreiber von Erneuerbaren-Kraftwerken. Mit Lasern, Radar und Kameras für sichtbares oder infrarotes Licht tasten zahlreiche Satelliten permanent die Erdoberfläche ab. Was sie erspähen, offenbart nicht nur die Folgen des Klimawandels. Auch die erneuerbaren Energien profitieren von dem immensen Datenschatz der Satelliten. Die besten Standorte für Wind- oder Solarparks und Biomasse-Anlagen lassen sich identifizieren, kurz- und mittelfristige Wettervorhersagen erleichtern die wirtschaftliche Betriebsführung und das Zusammenspiel mit dem Stromnetz."

ÖKO-INSTITUT e.V.
Perspektiven der Bürgerbeteiligung an der Energiewende unter Berücksichtigung von Verteilungsfragen.
Modul 3: Berücksichtigung gesellschaftlicher Faktoren bei der Entwicklung der Stromnetze,
Freiburg, 31.08.2018
Aus dem Inhalt:
„[…] war es Ziel des Teilvorhabens,
- die im Projekt ‚VerNetzen' auf Landkreisebene erhobenen Daten und Informationen zur gesellschaftlichen Akzeptanzbildung zu konsolidieren und dauerhaft verfügbar zu machen,
- die konsolidierten Daten aus dem Projekt ‚VerNetzen' um relevante Informationen zur Akzeptabilität bei lokalen und regionalen Beteiligungsprozessen der Energiewende zu ergänzen – die Modellbildung der Akzeptanz soll mit den Ergebnissen des KWI-Projektes ‚DEMOENERGIE' und des Fraunhofer ISE-Projektes ‚KomMA-P' ergänzt werden,
- in einer Kooperation von Öko-Institut, IZT und Universität Flensburg zu erproben, inwieweit es möglich ist, diese Daten und Informationen als zusätzliche Inputs in das Modell PowerFlex-Grid des Öko-Instituts einzusetzen und hierdurch die Szenarien für die Energiewende weiter zu verbessern – das Modell PowerFlex-Grid ist räumlich deutlich höher aufgelöst als jene Eingangsdaten, die im Zuge des Projekts ‚VerNetzen' im Systemmodell renpass eingesetzt worden sind, und
- zu ermitteln, wie die Inhalte der Datenbank und die Modellergebnisse für gesellschaftliche Akteure optimal verfügbar gemacht werden können und wie weitere Informationen aus lokalen Prozessen in die Datenbank überführt werden können."
Download:
https://www.oeko.de/fileadmin/oekodoc/Endbericht-BuergEn-Stromnetze.pdf

ÖKO-INSTITUT e.V.
Wieviel kostet erneuerbarer Strom? Analyse der EEG-Umlage von 2010 bis 2018. Endbericht für das Bundesministerium für Wirtschaft und Energie im Rahmen des EEG-Erfahrungsberichts,
Autorin: Charlotte Loreck; Übersetzung: Vanessa Cook
Berlin, November 2017
Aus dem Inhalt:
„[…] Wind an Land ist die mit Abstand kostengünstigste Technologie, die zugleich beinahe die Hälfte der erneuerbaren Stromproduktion liefert. Durch die wachsende Strommenge ist ihr Beitrag zum Anstieg der EEG-Umlage seit 2010 stetig gestiegen auf nun knapp 0,7ct/kWh. Seit 2013 bleiben zugleich die spezifischen Kosten der Windenergie in den Prognosen in etwa konstant, und zwar auf einem etwas höheren Wert als noch 2010. Auch hier lässt sich also seit 2010 kein kostendämpfender Preiseffekt beobachten. Es bleibt abzuwarten, ob sich dies durch die Einführung der Ausschreibungen im EEG 2017 ändert. Nach den ersten beiden Ausschreibungsrunden liegen die zu erwartenden spezifischen Kosten mit inzwischen 3,8 – 5,5 ct/kWh für Neuanlagen zumindest deutlich unter dem durchschnittlichen anzulegenden Wert in der

EEG-Prognose 2018, der sich für den gesamten Anlagenbestand über alle Vergütungsregime im Durchschnitt zu 9,0 ct/kWh (inklusive Managementprämie) ergibt.
Die Analyse des Zeitraums bis 2018 legt nahe, dass Wind auf See der neue große Treiber für die EEG-Umlage werden kann. Keine Technologie ist im betrachteten Zeitraum in den EEG-Prognosen so schnell gewachsen. Der Ausbau von Wind auf See trägt 2018 mit 0,9 ct/kWh zum Anstieg der EEG-Umlage bei, 2016 waren es noch 0,6 ct/kWh. Ähnlich wie bei Wind an Land dominiert hier der Mengeneffekt, und auch hier liegen die spezifischen Kosten über denen von 2010, so dass zum Mengeneffekt ein zwar niedriger, aber die Umlage ebenfalls steigernder Preiseffekt hinzukommt. Der spezifische anzulegende Wert lag in der EEG-Prognose 2018 bei 19 ct/kWh. Die erste Ausschreibungsrunde hat allerdings nun deutlich niedrigere Gebote (0 ct/kWh und 6 ct/kWh) ergeben. Möglicherweise wird also auch bei Wind auf See in Zukunft ein sich dämpfend auswirkender Preiseffekt auftreten. Da es sich hier allerdings um so wenige Projekte handelt, bleibt abzuwarten, ob diese für die langfristige Entwicklung der Kosten für Wind offshore repräsentativ sind. […]“
Download:
http://www.erneuerbare-energien.de/EE/Redaktion/DE/Downloads/Berichte/endbericht-analyse-eeg-umlage-2010-2018.pdf?__blob=publicationFile&v=4

PLATIS, ANDREAS/SIMON K. SIEDERSLEBEN/JENS BANGE u. a.
First *in situ* evidence of wakes in the far field behind offshore wind farms,
Scientific Reports 8, Article number: 2163 (2018)
Doi: 10.1038/s41598-018-20389-y
Published online: 01 February 2018
From the abstract:
“[…] The first direct in situ measurements of the existence and shape of large wind farm wakes by a specially equipped research aircraft in 2016 and 2017 confirm wake lengths of more than tens of kilometres under stable atmospheric conditions, with maximum wind speed deficits of 40 %, and enhanced turbulence. These measurements were the first step in a large research project to describe and understand the physics of large offshore wakes using direct measurements, together with the assessment of satellite imagery and models.”
Download:
https://www.nature.com/articles/s41598-018-20389-y
Siehe auch unter V.4. > Universität Tübingen

POHL, JOHANNES/JOACHIM GABRIEL/GUNDULA HÜBNER
Understanding stress effects of wind turbine noise—The integrated approach,
Energy Policy, Volume 112, 2018, pp. 119–128,
doi: 10.1016/j.enpol.2017.10.007
From the abstract:
“To better understand causes and effects of wind turbine (WT) noise, this study combined the methodology of stress psychology with noise measurement to an integrated approach. In

this longitudinal study, residents of a wind farm in Lower Saxony were interviewed on two occasions (2012, 2014) and given the opportunity to use audio equipment to record annoying noise. […]"
Siehe auch unter V.4. > Universität Halle-Wittenberg

RADTKE, JÖRG/NORBERT KERSTING (Hrsg.)
Energiewende. Politikwissenschaftliche Perspektiven,
Springer Fachmedien, Wiesbaden 2018
(Energietransformation ENETRA)
Inhalt:
„Die Energiewende ist inzwischen Gegenstand der sozialwissenschaftlichen Fachdisziplinen geworden. Häufig konzentriert sich die wissenschaftliche Auseinandersetzung auf einen speziellen Themenkomplex. Im vorliegenden Sammelband werden erstmals originär politikwissenschaftliche Beiträge gebündelt. Das Themenspektrum reicht von Energiearmut bis zu Energiewende-Governance: Lokale Konflikte, politische Partizipation und soziales Engagement sowie regionale Strategien werden umfassend dargestellt. Daneben werden Energiepolitiken anderer Länder analysiert sowie eine theoretische Einordnung der Energietransformation vorgenommen. Der Band bietet damit einen ersten Einstieg in die Welt der Energiewende aus politikwissenschaftlicher Perspektive."

ROHDE, STEPHAN
Standortressourcen und strategische Wettbewerbsvorteile in grenzüberschreitenden Clustern. Eine ressourcenorientierte Analyse der Windenergiebranche in Schleswig-Holstein und Süddänemark,
Rainer Hampp Verlag, Augsburg 2018 (zugl. Diss., Europa-Univ. Flensburg, 2017)
(Schriftenreihe Internationale Personal- und Strategieforschung , Bd. 16)
Inhalt:
„Cluster haben sich als Instrument der Wirtschaftsförderung etabliert. Grenzregionen gelten oftmals als wirtschaftlich schwächere Regionen. Hingegen wird die Nähe zu einem Nachbarland häufig als vorteilhaft erachtet. Die Europäische Union forciert beispielsweise gezielt die Entwicklung von grenzüberschreitenden Clustern, um Wachstumsimpulse in Grenzregionen zu erzielen. Hierfür sind ansässige Unternehmen und ihre Wertschöpfungsaktivitäten von zentraler Bedeutung. Von besonderem Interesse ist daher die Problemstellung: Inwiefern können Unternehmen von grenzüberschreitenden Clustern als Standort profitieren? Diese Arbeit wählt ihren Ausgangspunkt in der strategischen Managementforschung, indem eine ressourcenorientierte Perspektive (Resource-based View) für die Untersuchung der Problemstellung eingenommen wird. Diese Perspektive legt den Fokus auf einzelne Unternehmen und ihre Ressourcen. Explizit greift diese Arbeit die Konzeptionalisierung von Clustern als Wertschöpfungsnetzwerke auf und entwickelt diese weiter, indem sie grenzüberschreitende Cluster als grenzüberschreitende Wertschöpfungsnetzwerke konzeptionalisiert. Im Rahmen einer Fallstudienuntersuchung der Windenergiebranche in Schleswig-Holstein und Süddänemark

erfolgt eine eingehende Analyse von Standortressourcen und deren Wertschöpfungspotenziale für einzelne Unternehmen. Diese Arbeit bietet tiefgreifende Einblicke in die Wertschöpfungsaktivitäten der betrachteten Unternehmen der Windenergiebranche und leitet fundierte Implikationen ab, die für die Wissenschaft, Wirtschaft und Politik von Interesse sind."
Download:
https://www.buchhandel.de/buch/Standortressourcen-und-strategische-Wettbewerbsvorteile-in-grenzueberschreitenden-Clustern-9783957102072

ROTH, MICHAEL/SINA RÖHNER/CHRISTIAN TILK/SILVIO HILDEBRANDT
Bundesweite GIS-basierte Landschaftsbildbewertung als Beitrag zur Umweltprüfung im Zuge des Stromnetzausbaus,
AGIT – Journal für Angewandte Geoinformatik (2018), Heft 4, S. 415–424.
Inhalt:
„Für die Bewertung möglicher Eingriffe in das Landschaftsbild im Zuge der Strategischen Umweltprüfung zur nationalen Netzausbauplanung in Deutschland werden bundesweite Daten zur Landschaftsbildqualität benötigt, die auf einer einheitlichen Methodik und Datengrundlage basieren. In diesem Beitrag stellen wir einen Ansatz GIS-basierter Landschaftsbildbewertung auf der Basis empirischer Daten vor. Das Modell, welches auf Bewertungen von 800 Standorten durch über 3.500 Personen basiert, erklärt 64 % der Varianz der wahrgenommenen Landschaftsbildqualität. Durch die flächendeckende Anwendung des Modells wurde eine bundesweite Karte der Landschaftsbildqualität erstellt."
Download unter:
https://gispoint.de/fileadmin/user_upload/paper_gis_open/AGIT_2018/537647052.pdf

SCHIFFER, HANS-WILHELM
Energiemarkt Deutschland.
Daten und Fakten zu konventionellen und erneuerbaren Energien,
Springer Vieweg, Wiesbaden 2019
Inhalt:
„Energiewirtschaftliche Entscheidungen und technische Weichenstellungen erfordern eine fundierte Datenbasis. Die wichtigsten Zahlen und Fakten zu deutschen und europäischen Energiemärkten (Mineralöl, Braunkohle, Steinkohle, Erdgas und Elektrizität), zu den Eigentumsverhältnissen von über 100 Energieunternehmen und Nachfrage- sowie Angebotsstrukturen sind in diesem Buch vermittelt. Es bietet sich als Nachschlagewerk und Einführung in die vielfältige Thematik an. Über 100 Tabellen und mehr als 200 Diagramme erleichtern den Zugang zu den umfangreichen Daten. Ein Glossar hilft dabei, Klarheit in die unterschiedlichen Begrifflichkeiten zu bekommen. Berater, Entscheider und an Kennzahlen interessierte Leser finden in diesem Buch umfangreiches Material für die eigene fachliche Fragestellung. Der Autor ist Executive Chair of the World Energy Resources Programme des World Energy Council, London. Er war viele Jahre in zwei Bundesministerien sowie in leitender Funktion bei einem großen Energieunternehmen tätig und ist Lehrbeauftragter in verschiedenen Masterstudiengängen an der RWTH Aachen."

TU BERLIN – FACHGEBIET UMWELTPRÜFUNG UND UMWELTPLANUNG
Handlungsfeld Windenergie.
Schlussbericht des Vorhabens ‚Innovative Ansätze zur umwelt- und sozialverträglichen Windenergieentwicklung – eine inter- und transdisziplinäre Handlungsfeldanalyse ‘,
Berlin, Stand: Januar 2018
Aus dem Inhalt:
„[…] Gefördert durch die Deutsche Bundesstiftung Umwelt (DBU) erarbeitete das Fachgebiet Umweltprüfung und Umweltplanung der Technischen Universität Berlin (TU Berlin) eine Analyse des Handlungsfeldes Windenergie. Das einjährige Projekt […] verfolgte das Ziel, einen trans- und interdisziplinären Überblick über den Handlungsbedarf im Kontext der Windenergie aus Sicht relevanter Akteursgruppen zu schaffen. Es soll folglich mögliche Handlungsoptionen zur umwelt- und sozialverträglichen Windenergieentwicklung aufzeigen. Im Kern adressiert die vorliegende ‚Handlungsfeldanalyse Windenergie‘ die themengebundene Förderung der DBU zu Position 4 (Erneuerbare Energien) – ‚Entwicklung neuer Konzepte und technischer Lösungen zur umwelt-, gesundheits- und naturschutzverträglichen sowie sicheren Nutzung Erneuerbarer Energie‘ sowie ‚Entwicklung und Erprobung neuer Ansätze zu Qualifikation, Bildung, Beteiligung, Information und Wissenstransfer‘.[…]“
Download:
https://www.dbu.de/OPAC/ab/DBU-Abschlussbericht-AZ-33315.pdf

UMWELTBUNDESAMT (Hrsg.)
Erneuerbare Energien in Deutschland. Daten zur Entwicklung im Jahr 2017,
Dessau-Roßlau 2018
(HINTERGRUND // März 2018)
Aus dem Inhalt:
„Nach Angaben des Anlagenregisters der Bundesnetzagentur hat der Ausbau der Windenergie an Land (onshore) im Jahr 2017 einen neuen Rekordwert erreicht: Windenergieanlagen mit einer Gesamtleistung von 5.484 MW sind neu in Betrieb genommen worden (Bruttozubau) und damit mehr als jemals zuvor innerhalb eines Jahres. Eine neue Höchstmarke erreichte auch die Leistung der im Zuge von Repowering-Maßnahmen gleichzeitig abgebauten Altanlagen (außer Betrieb genommene Anlagen) mit rund 469 MW. In der Summe ergab sich somit für 2017 ein Netto-Zubau von 5.015 MW, der mit Abstand größte bisher für ein Jahr registrierte Wert. […] Der starke Leistungszubau im Jahr 2017 und zum Ende des Jahres 2016 ließen im Zusammenspiel mit deutlich besseren Windverhältnissen als im Jahr 2016 die Stromerzeugung aus Windenergie an Land kräftig ansteigen und mit 88,7 Mrd. kWh einen neuen Höchststand erreichen (2016: 67,7 Mrd. kWh).[…] Auch auf See (offshore) wurde im Jahr 2017 mit 1.275 MW deutlich mehr Windenergieleistung als im Vorjahr (849 MW) in Betrieb genommen. Insgesamt stieg damit die installierte Leistung von Windenergieanlagen auf See von 4.132 MW am Ende des Jahres 2016 um über 30 Prozent auf 5.407 MW zum Ende des Jahres 2017. Der prozentual große Zubau und die günstigen Windverhältnisse führten auch

bei der Windstromerzeugung auf See zu einem starken Anstieg. Sie erreichte 17,9 Mrd. kWh und stieg damit um 46 Prozent gegenüber dem Vorjahr (2016: 12,3 Mrd. kWh). […]
Der Anteil der Windenergie am deutschen Bruttostromverbrauch lag im Jahr 2017 bei 17,7 Prozent. Damit steht die Windenergie an zweiter Stelle der Stromerzeugung – hinter der Braunkohle, aber vor Steinkohle, Erdgas und Kernenergie.
Die vergangenen beiden Jahre machten die Witterungsabhängigkeit der Windstromerzeugung besonders deutlich. Während im Jahr 2016 trotz guter Zubauzahlen schlechte Windverhältnisse zu einem Rückgang der Windstromerzeugung gegenüber dem Vorjahr führten, stieg diese im Jahr 2017 infolge guter Windverhältnisse überproportional stark an. […]"
Download:
https://www.umweltbundesamt.de/sites/default/files/medien/376/publikationen/180315_uba_hg_eeinzahlen_2018_bf.pdf

UMWELTBUNDESAMT (Hrsg.)
Fortentwicklung des UVP-Instrumentariums: Planspiel zur Umsetzung der UVP-Änderungsrichtlinie 2014/52/EU. Abschlussbericht,
Durchführung der Studie: sofia – Sonderforschungsgruppe Institutionenanalyse e.V., Dessau-Roßlau, Februar 2018
(TEXTE 13/2018)
Aus dem Inhalt:
„Das Vorhaben soll zu einer europarechtskonformen und zugleich praxis- und vollzugsgerechten und aus Umweltsicht anspruchsvollen bundesrechtlichen Umsetzung der UVP-Änderungs-Richtlinie 2014/52/EU beitragen. In Planspielen wurden dazu die Arbeitsentwürfe für die neuen Regelungen des Bundes zur UVP getestet. Grundlage der Planspiele war der jeweils zum entsprechenden Zeitpunkt aktuelle Arbeitsentwurf („UVPG-ÄndE") des federführenden Bundesministeriums für Umwelt, Naturschutz, Bau und Reaktorsicherheit. […] Intensive Diskussionen gab es zudem zu Windkraftanlagen, die aufgrund des spezifischen Windfarm-Begriffs und verschiedenen Gerichtsurteilen zu dieser Thematik einen Sonderfall darstellen. […]"
Download:
https://www.umweltbundesamt.de/sites/default/files/medien/1410/publikationen/2018-02-20_texte_13-2018_fortentwicklung_uvp-instrumentarium.pdf

UMWELTBUNDESAMT (Hrsg.)
Windenergie. Auswahlbibliografie Mai 2018,
Dessau-Roßlau, Stand: Mai 2018
Inhalt:
„Die Liste beinhaltet eine Auswahl aktueller Literatur der Fachbibliothek Umwelt zum Thema Windenergie."
Download:
https://www.umweltbundesamt.de/sites/default/files/medien/479/publikationen/auswahlbibliografie_windenergie-05-2018.pdf

WEBER, FLORIAN
Konflikte um die Energiewende. Vom Diskurs zur Praxis,
Springer VS, Wiesbaden 2018
(RaumFragen: Stadt – Region – Landschaft)
Inhalt:
„Die deutsche Energiewende hat sich verstärkt seit der Reaktorkatastrophe in Fukushima 2011 zu einem zentralen gesellschaftlichen Konfliktfeld entwickelt. Ausgehend von einer diskurstheoretischen Grundperspektive in Anschluss an Ernesto Laclau und Chantal Mouffe werden ausführlich Aushandlungsprozesse um den Stromnetz- und den Windkraftausbau beleuchtet. Daran anknüpfend wird eine ‚landschaftsforschungsbezogene' Konzeptionalisierung vorgenommen und mit Hilfe konflikttheoretischer Einordnungen nach Chantal Mouffe und Ralf Dahrendorf der Schritt in Richtung Praxis unternommen, um Empfehlungen zur Konfliktregelung abzuleiten."

WINKLER, MALTE/RUTH DELZEIT
Kein „Weiter so" in der deutschen Klimapolitik: Handlungsvorschläge für die neue Bundesregierung,
KIEL POLICY BRIEF Nr. 113, März 2018, Hrsg. Institut für Weltwirtschaft (IfW)
Aus dem Inhalt:
„[…] Um zukünftige Klimaziele zu erreichen, Handlungswillen zu demonstrieren und so einen Teil der Glaubwürdigkeit beim Klimaschutz zurück zu gewinnen, muss Deutschland zügig konkrete klimapolitische Maßnahmen einleiten bzw. weiter entwickeln. […] Wichtige Maßnahmen im Stromsektor umfassen einen unter Einbeziehung beteiligter Stakeholder-Gruppen partizipativ geplanten Ausstieg aus der Kohleverstromung mit konkretem Zieldatum und der Einhaltung eines Emissionsbudgets sowie eine Strategie für einen intelligenten Netzausbau. […]"
Download:
https://www.ifw-kiel.de/wirtschaftspolitik/zentrum-wirtschaftspolitik/kiel-policy-brief/kpb-2018/kpb_113.pdf

WORLD HEALTH ORGANIZATION
Environmental Noise Guidelines for the European Region,
WHO Regional Office for Europe, Copenhagen 2018
Abstract:
"Noise is an important public health issue. It has negative impacts on human health and well-being and is a growing concern. The WHO Regional Office for Europe has developed these guidelines, based on the growing understanding of these health impacts of exposure to environmental noise. The main purpose of these guidelines is to provide recommendations for protecting human health from exposure to environmental noise originating from various sources: transportation (road traffic, railway and aircraft) noise, wind turbine noise and leisure noise. They provide robust public health advice underpinned by evidence, which is essential to drive policy action that will protect communities from the adverse effects of noise. The guidelines

are published by the WHO Regional Office for Europe. In terms of their health implications, the recommended exposure levels can be considered applicable in other regions and suitable for a global audience."
Download unter:
http://www.euro.who.int/en/publications/abstracts/environmental-noise-guidelines-for-the-european-region-2018
Dort auch Download von Zusammenfassung und Langfassung der Publikation.

WORLD WIND ENERGY ASSOCIATION (WWEA)/ LANDESVERBAND ERNEUERBARE ENERGIEN NORDRHEIN-WESTFALEN (LEE NRW) (Hrsg.) Bürgerwind in Nordrhein-Westfalen. Bürgerwind-Perspektiven aus NRW und der Welt. Stand Januar 2018,
Autor: Fabian Tenk
WWEA Policy Paper Series, Januar 2018 (PP-01-18)
Aus dem Inhalt:
„[…] Die Ergebnisse der vorliegenden Studie zeigen, dass NRW-Bürgerwindakteure das Ausschreibungsmodell als Hauptgrund für die derzeitigen Unsicherheiten sehen. Insgesamt legen die Ergebnisse der Studie sehr eindeutig nahe, dass die Definition Bürgerenergie im EEG 2017 ungeeignet ist, um die Akteursvielfalt in Deutschland zu erhalten. Weitere Unsicherheiten werden vor allem in der 2017 wahrzunehmenden restriktiven Politik der NRW-Landesregierung gesehen. Denn die Umsetzung einer im NRW-Koalitionsvertrag verankerten 1.500 Meter-Abstandsregelung sowie eines weitestgehenden Waldverbots für WKA würde den weiteren Ausbau der Windenergie in NRW fast vollständig zum Erliegen bringen. WWEA und LEE NRW schlagen eine rasche Korrektur des derzeitigen Ausschreibungsmodells vor. Die folgenden Empfehlungen an die Bundes- und Landesregierung NRW werden ausgesprochen:
(1) Ein klares Bekenntnis zu den Zielen der Energiewende, der Notwendigkeit des weiteren Windenergieausbaus und zum Erhalt der Akteursvielfalt.
(2) Die Einführung einer europarechtskonformen De-minimis-Regelung, nach der bis zu drei Windturbinen von der Teilnahme an Ausschreibungen befreit sind und weiterhin eine garantierte, gesetzlich festgelegte Einspeisevergütung erhalten.
(3) Sollte die Regierung anstatt der De-minimis-Regelung Bürgerenergie weiterhin über vereinfachte Rahmenbedingungen unterstützen wollen, sollte die Definition Bürgerenergie die vier Kriterien (lokale Wertschöpfung/ Gewinnausschüttung, Stimmhoheit, Anteil am Eigenkapital sowie eine Mindestanzahl an Beteiligten) beinhalten, die im Rahmen dieser Studie identifiziert wurden.
(4) Eine signifikante Erhöhung des Ausschreibungsvolumens für 2018 ist geboten, um den vielen in der Projektierung weit fortgeschrittenen Bürgerwindprojekten eine Realisierung zu ermöglichen und „stranded investment" zu verhindern.
(5) Ansätze sollten gefördert werden, die einen ganzheitlichen Ansatz für die Erneuerbaren Energien, der Elektromobiliät, Energieeffizienz und Klimaanpassung mit einschließen."

Download:
http://www.lee-nrw.de/wp-content/uploads/2015/10/WWEA-LEENRW-B%C3%BCrgerwind-in-NRW-Januar2018.pdf
Siehe auch unter V.4. > LEE NRW

WURSTER, STEFAN/CHRISTIAN HAGEMANN
Two ways to success expansion of renewable energies in comparison between Germany's federal states,
Energy Policy, Vol. 119, August 2018, pp. 610–619.
From the abstract:
"[...] Apart from the existence of natural energy resources and general economic conditions, do parties in government play an important role for the development at the state level? We consider potentially influential factors in a fuzzy-set Qualitative Comparative Analysis (fsQCA) focusing on the expansion of renewable electricity production in all 16 federal German states from 2004 to 2014. As a result, two promising ways for accelerated expansion of renewable electricity production can be identified. On the one hand, a group of economically less developed states have succeeded in promoting expansion and uses it as part of an economic modernization strategy. Within the economically more developed states, however, the party-political composition of the state governments (Green party's involvement) plays a significant role. These results also have implications for other (federal) countries beyond Germany, pointing to tailor-made policy strategies that consider these specific circumstances."

WWF DEUTSCHLAND (Hrsg.)
Regionale Auswirkungen des Windenergieausbaus auf die Vogelwelt. Eine exemplarische Untersuchung von sechs bundesdeutschen Landkreisen,
Autoren: Sebastian Dijks, Miron Thylmann, Wolfgang Peters (alle Bosch & Partner)
Berlin 2018 (Stand: Oktober 2018)
Aus dem Inhalt:
„[...] Kann es gelingen, den notwendigen enormen Zubau an Onshore-Wind und Fotovoltaik im Einklang mit Mensch und Natur zu gestalten und die schädlichen Auswirkungen, insbesondere auf die Vogelwelt, zu minimieren? Um sich der Antwort auf diese Frage anzunähern, hat der WWF die hier vorliegende Studie in Auftrag gegeben. Der Fokus der Untersuchung liegt auf der exemplarischen Betrachtung der Belange des Naturschutzes mit Schwerpunkt der Beeinträchtigung potenzieller Lebensräume windenergiesensibler Vogelarten in sechs ausgewählten Landkreisen in Brandenburg, Sachsen-Anhalt und Rheinland-Pfalz. In einem zweiten Analyseschritt erfolgt eine artspezifische Betrachtung der Beeinträchtigung potenzieller Brutzeithabitate der Arten Rotmilan, Mäusebussard und Kiebitz in den sechs Beispiellandkreisen. Im Ergebnis kann festgehalten werden, dass auch in Landkreisen, in denen statistisch mit einem überdurchschnittlichen Ausbau der Windenergienutzung gerechnet wird, entsprechende Flächen dafür vorgesehen werden können, ohne sehr hohe Konfliktrisiken hervorzurufen.

Konfliktfrei wird sich der Ausbau jedoch nicht vollziehen lassen, wie vor allem die Situation im Landkreis Havelland zeigt, dem einzigen untersuchten Landkreis, in dem Flächen mit einem hohen Konfliktrisiko beansprucht werden müssen, um das Szenario *Energiewende-Referenz* zu realisieren. In der Hälfte der untersuchten Landkreise kann schutzgutübergreifend mit einer notwendigen Beanspruchung von Flächen mit einem mittleren Konfliktrisiko ausgegangen werden.
Die vorliegende Analyse behandelt die komplexe Fragestellung der Betroffenheit der Vogelwelt durch den Ausbau der Windenergienutzung. Durch die Betrachtung einzelner Beispiellandkreise zeigt sie nur Tendenzen auf, die durch bundesweite Daten und eine methodische Weiterentwicklung präzisiert werden sollten. […]"
Download unter:
https://www.wwf.de/2018/oktober/energiewende-mit-mensch-und-natur/
Siehe auch unter V.4. > WWF

WWF DEUTSCHLAND (Hrsg.)
Zukunft Stromsystem II.
Regionalisierung der Erneuerbaren Stromerzeugung. Vom Ziel her denken,
Studie erstellt von Öko-Institut e. V. und Prognos,
Autoren: Felix Chr. Matthes, Franziska Flachsbarth, Charlotte Loreck, Hauke Hermann (alle Öko-Institut), Hanno Falkenberg (Prognos AG), Vanessa Cook (Öko-Institut, Übersetzung), Berlin 2018 (Stand: Oktober 2018)
Aus dem Inhalt:
„[…] In der WWF-Studie „Zukunft Stromsystem II – Regionalisierung der erneuerbaren Stromerzeugung" gehen das Öko-Institut und Prognos der Frage nach, wie viel Zubau von Windenergie an Land (Onshore-Windenergie) bzw. von Photovoltaik bis 2050 noch erforderlich sein wird für eine vollständig auf Erneuerbaren basierende Stromerzeugung. Sie zeigt im Ergebnis auf, dass es trotz des gewaltigen Handlungsdrucks durchaus vielfältige Handlungsoptionen beim Ausbau der erneuerbaren Energien gibt, sei es im Wechselspiel mit den Aspekten Regionalisierung und Technologiemix der Erneuerbaren hinsichtlich Flächenverfügbarkeit oder der Ausgestaltung von Flexibilitätsoptionen und dem Ausbau der Stromnetzinfrastruktur. Die aufwendig modellierte Studie zeigt: Es sind ausreichend Flächen für die naturverträgliche Realisierung der erneuerbaren Energien vorhanden. Abhängig vom Technologiemix und der Regionalisierung nimmt der Ausbau der Windenergie an Land und der Photovoltaik im Durchschnitt bis zu 2,5 % der Landesfläche in Anspruch. […]
Zusammenfassend kann auf der Basis dieser Ergebnisse davon ausgegangen werden, dass sich die Flächeninanspruchnahme für die Nutzung von Windenergie selbst in den Regionen mit besonders hohem Zubau-Potenzial grundsätzlich naturverträglich, wenngleich nicht überall vollkommen konfliktfrei realisieren ließe. Dafür bedarf es allerdings der kontinuierlichen Weiterentwicklung und Verbesserung planerischer Steuerungselemente, einer strategischen Standortwahl und übergeordneter Abschätzungen von Flächenverfügbarkeiten, um Konflikte von vornherein zu minimieren, sowie neuer Instrumente, um bestehende Belastungen und Erträge aus der Energieerzeugung gerechter zu verteilen. […]"

Download unter:
https://www.wwf.de/2018/oktober/energiewende-mit-mensch-und-natur/
Siehe auch unter V.4. > WWF

ZIMMERMANN, JÖRG-RAINER
Klimaschutz ist Artenschutz,
neue energie (ne) 2018, Heft 10, S. 28–32.
Inhalt:
„Immer häufiger behindern Bedenken um den Schutz von Vögeln und Fledermäusen den Bau von Windparks. Die Kriterien sind allerdings unscharf. Das droht, die Energiewende auszubremsen – und damit letztlich den Erhalt der Artenvielfalt. Die globale Erwärmung bedeutet das Aus für zigtausende Tier- und Pflanzenarten. Um Konflikte zwischen Umweltschützern, Behörden und der Erneuerbaren-Branche zu vermeiden, ist der Gesetzgeber in der Pflicht.“

Autorenverzeichnis

GAWRON, THOMAS, Jurist und Soziologe
Dozent für Umwelt- und Planungsrecht an der Beuth Hochschule für Technik Berlin.

GÜNTER, BERND, Prof. Dr.
Schriftleiter der Koordinierungsstelle Windenergierecht (k:wer); Redaktion des Newsletters WER-aktuell.

HIRSCHNER, RUTHARD, Dr.
Mediator und Rechtsanwalt, Dipl.-Volkswirt; Beigeordneter a. D.

JOSIPOVIC, NEVEN, Dr. rer. pol.
Forschungsreferent der Koordinierungsstelle Windenergierecht (k:wer)

KAHL, HARTMUT, Dr., LL.M. (Duke)
Leiter Forschungsgebiet Recht der erneuerbaren Energien und Energiewirtschaft der Stiftung Umweltenergierecht, Würzburg

STARK, MELF-CHRISTIAN, M. Sc.
Abschlussarbeit am Institut für Rechtswissenschaften der TU Braunschweig.

WEGNER, NILS, Dr., LL.M. (Stockholm)
Projektleiter der Stiftung Umweltenergierecht, Würzburg

Abkürzungsverzeichnis

AbLaV	Verordnung über Vereinbarungen zu abschaltbaren Lasten (Verordnung zu abschaltbaren Lasten – AbLaV)
ACK	Amtschefkonferenz
AEE	Agentur für Erneuerbare Energien e. V.
AG	Aktiengesellschaft
AGOW	Arbeitsgemeinschaft Offshore-Windenergie e. V.
AmtsBl.	Amtsblatt
ARegV	Verordnung über die Anreizregulierung der Energieversorgungsnetze (Anreizregulierungsverordnung – ARegV)
ARL	Akademie für Raumforschung und Landesplanung
Aufl.	Auflage
AVV Kennzeichnung	Allgemeine Verwaltungsvorschrift zur Kennzeichnung von Luftfahrthindernissen
AWZ	Ausschließliche Wirtschaftszone
BAU	Der Senator für Umwelt, Bau und Verkehr der Freien und Hansestadt Bremen
BauGB	Baugesetzbuch (BauGB)
BauNVO	Verordnung über die bauliche Nutzung der Grundstücke (Baunutzungsverordnung)
BauO NRW	Bauordnung für das Land Nordrhein-Westfalen (BauO NRW)
BauR	Baurecht
BAY	Bayern/bayerisch
BayBO	Bayerische Bauordnung (BayBO)
BayVBl.	Bayerische Verwaltungblätter
BayVerfGH	Bayerischer Verfassungsgerichtshof
BayWEE	Hinweise zur Planung und Genehmigung von Windenergieanlagen (WEA) (Windenergie-Erlass – BayWEE)
BB	Brandenburg
BBN	Bundesverband Beruflicher Naturschutz e. B.
BBodSchG	Gesetz zum Schutz vor schädlichen Bodenveränderungen und zur Sanierung von Altlasten (Bundes-Bodenschutzgesetz – BBodSchG)
BE	Berlin

BEG	Bügerenergiegesellschaften
Beil.	Beilage
BePr	Beschlussprotokoll
Beschl.	Beschluss
BFH	Bundesfinanzhof
BfN	Bundesamt für Naturschutz
BGB	Bürgerliches Gesetzbuch (BGB)
BGBl.	Bundesgesetzblatt
BHKW	Blockheizkraftwerk
BImSchG	Gesetz zum Schutz vor schädlichen Umwelteinwirkungen durch Luftverunreinigungen, Geräusche, Erschütterungen und ähnliche Vorgänge (Bundes-Immissionsschutzgesetz – BImSchG)
BLWE	Bund-Länder-Initiative Windenergie
BMF	Bundesministerium der Finanzen
BMU	Bundesministerium für Umwelt, Naturschutz und nukleare Sicherheit
BMVg	Bundesministerium der Verteidigung
BMVI	Bundesministerium für Verkehr und digitale Infrastruktur
BMWi	Bundesministerium für Wirtschaft und Energie
BNatSchG	Gesetz über Naturschutz und Landschaftspflege (Bundesnaturschutzgesetz – BNatSchG)
BNetzA	Bundesnetzagentur für Elektrizität, Gas, Telekommunikation, Post und Eisenbahnen
BPatG	Bundespatentgericht
BPlan	Bebauungsplan
BR	Bundesrat
BR-Drs.	Bundesrats-Drucksache
BFH	Bundesfinanzhof
BReg	Bundesregierung
BRH	Bundesrechnungshof
BSG	Bundessozialgericht
BSH	Bundesamt für Seeschifffahrt und Hydrographie
BT	Deutscher Bundestag
BT-Drs.	Bundestags-Drucksache
BUE	Behörde für Umwelt und Energie der Freien und Hansestadt Hamburg

BüGembeteilG M-V	Gesetz über die Beteiligung von Bürgerinnen und Bürgern sowie Gemeinden an Windparks in Mecklenburg-Vorpommern (Bürger- und Gemeindenbeteiligungsgesetz – BüGembeteilG M-V)
BUND	Bund für Umwelt und Naturschutz Deutschland e. V.
BVerfG	Bundesverfassungsgericht
BVerfGE	Entscheidungen des Bundesverfassungsgerichts
BW	Baden-Württemberg
BWE	Bundesverband WindEnergie e. V.
BWGZ	Die Gemeinde
CDI	Course Deviation Indicator
DFS	Deutsche Flugsicherung GmbH
DIW	Deutsches Institut für Wirtschaftsforschung e. V.
DNR	Deutscher Naturschutzring e. V.
Drs.	Drucksache
NDSchG	Niedersächsisches Denkmalschutzgesetz
DVBl	Deutsches Verwaltungsblatt
DVOR	Doppler Very High Frequency Omnidirectional Radio Range
DWD	Deutscher Wetterdienst
DWDG	Gesetz über den Deutschen Wetterdienst (DWD-Gesetz)
EE	Erneuerbare Energien
EEAV	Verordnung zur Ausführung der Erneuerbare-Energien-Verordnung (Erneuerbare-Energien-Ausführungsverordnung – EEAV)
EEG	Gesetz für den Vorrang Erneuerbarer Energien (Erneuerbare-Energien-Gesetz)
EEG 2014	Gesetz für den Ausbau erneuerbarer Energien (Erneuerbare-Energien-Gesetz – EEG 2014)
EEG 2017	Gesetz für den Ausbau erneuerbarer Energien (Erneuerbare-Energien-Gesetz – EEG 2017)
eG	eingetragene Genossenschaft
EM	Ministerium für Energie, Infrastruktur und Digitalisierung des Landes Mecklenburg-Vorpommern
EM	Ministerium für Energiewende, Landwirtschaft, Umwelt, Natur und Digitalisierung Schleswig-Holstein
EMA	Electromagnetics and Antennas Research Group
ENAC	Ecole Nationale de l'Aviation Civile

EnWG	Gesetz über die Elektrizitäts- und Gasversorgung (Energiewirtschaftsgesetz – EnWG)
EnWZ	Zeitschrift für das gesamte Recht der Energiewirtschaft
ER	EnergieRecht – Zeitschrift für die Gesamte Energierechtspraxis
et	Energiewirtschaftliche Tagesfragen - Zeitschrift für Energiewirtschaft, Recht, Technik und Umwelt
EU	Europäische Union
EuG	Europäisches Gericht
EuGH	Europäischer Gerichtshof
EWeRK	Zeitschrift des Instituts für Energie- und Wettbewerbsrecht in der Kommunalen Wirtschaft e. V.
EWG	Europäische Wirtschaftsgemeinschaft
EWKG	Gesetz zur Energiewende und zum Klimaschutz in Schleswig-Holstein (Energiewende-und Klimaschutzgesetz Schleswig-Holstein – EWKG)
FA Wind	Fachagentur Windenergie an Land e. V.
FFH-RL	Fauna-Flora-Habitat-Richtlinie
FG	Finanzgericht
FM	Finanzministerium Mecklenburg-Vorpommern
Fn.	Fußnote
fub	Flächenmanagement und Bodenordnung
FWS	Forum Wohnen und Stadtentwicklung
GABl.	Gemeinsames Amtsblatt des Landes Baden-Württemberg
GBl.	Gesetzblatt für Baden-Württemberg
GEEV	Verordnung zur Änderung der Grenzüberschreitenden-Erneuerbare-Energien-Verordnung (GEEV)
GemAV	Verordnung zu den gemeinsamen Ausschreibungen für Windenergieanlagen an Land und Solaranlagen (GemAV)
GemFinRefG	Gesetz zur Neuordnung der Gemeindefinanzen(Gemeindefinan zreformgesetz)
GemO BW	Gemeindeordnung für Baden-Württemberg (Gemeindeordnung– GemO)
Gem. RdErl.	Gemeinsamer Runderlass
GenG	Gesetz betreffend die Erwerbs- und Wirtschaftsgenossenschaften (Genossenschaftsgesetz – GenG)
GewA	Zeitschrift für Gewerbe- und Wirtschaftsverwaltungsrecht

GG	Grundgesetz für die Bundesrepublik Deutschland
GmbH	Gesellschaft mit beschränkter Haftung
GMBl	Gemeinsames Ministerialblatt
GO	Gemeindeordnung
GV. NRW	Gesetz- und Verordnungsblatt für das Land Nordrhein-Westfalen
GVBl	Bayerisches Gesetz- und Verordnungsblatt
GVBL	Gesetz- und Verordnungsblatt für das Land Hessen
GVBl.	Gesetz- und Verordnungsblatt für das Land Rheinland-Pfalz
GVBl. LSA	Gesetz- und Verordnungsblatt für das Land Sachsen-Anhalt
GVBl.	Gesetz- und Verordnungsblatt für das Land Brandenburg
GVBl.	Gesetz- und Verordnungsblatt für den Freistaat Thüringen
GVOBl. M-V	Gesetz- und Verordnungsblatt Mecklenburg-Vorpommern
GVOBl. Sch.-H.	Gesetz- und Verordnungsblatt des Landes Schleswig-Holstein
GW	Gigawatt
GWB	Gesetz gegen Wettbewerbsbeschränkungen (GWB)
HB	Bremen
HBauO	Hamburgische Bauordnung (HBauO)
HBO	Hessische Bauordnung (HBO)
HE	Hessen
HGB	Handelsgesetzbuch
HGÜ	Hochspannungs-Gleichstrom-Übertragung
HH	Hamburg
hib	Heute im Bundestag – Aktuelle Meldungen
HLUG	Hessisches Landesamt für Naturschutz, Umwelt und Geologie
HMUELV	Hessisches Ministerium für Umwelt, Klimaschutz, Landwirtschaft und Verbraucherschutz
HMWVL	Hessisches Ministerium für Wirtschaft, Energie, Verkehr und Landesentwicklung
I+E	Zeitschrift für Immissionsschutzrecht und Emissionshandel
IASS	Institute for Advanced Sustainability Studies
ICAO	International Civil Aviation Organization
IEKK	Integriertes Energie- und Klimaschutzkonzept Baden-Württemberg (IEKK)

IFG	Gesetz zur Regelung des Zugangs zu Informationen des Bundes (Informationsfreiheitsgesetz – IFG)
IFG BW	Gesetz zur Regelung des Zugangs zu Informationen in Baden-Württemberg (Landesinformationsfreiheitsgesetz – LIFG)
IHK	Industrie- und Handelskammern
IHKG	Gesetz zur vorläufigen Regelung des Rechts der Industrie- und Handelskammern
IM	Ministerium für Inneres und Bundesangelegenheiten des Landes Schleswig-Holstein
INER	Institut für nachhaltige Energie- und Ressourcennutzung
IÖR	Leibniz-Institut für ökologische Raumentwicklung e. V.
IRENA	International Renewable Energy Agency
ISE	Fraunhofer-Institut für Solare Energiesysteme
ISI	Fraunhofer-Institut für System- und Innovationsforschung
ISIM	Ministerium des Innern, für Sport und Infrastruktur des Landes Rheinland-Pfalz
IWES	Fraunhofer-Institut für Windenergie und Energiesystemtechnik
JURA	Juristische Ausbildung
JuS	Juristische Schulung
KAGB	Kapitalanlagegesetzbuch (KAGB)
KAV	Verordnung über Konzessionsabgaben für Strom und Gas (Konzessionsabgabenverordnung – KAV)
KG	Kommanditgesellschaft
KGaA	Kommanditgesellschaft auf Aktien
KNE	Kompetenzzentrum Naturschutz und Energiewende
KommJur	Kommunaljurist
KonzVgV	Verordnung über die Vergabe von Konzessionen (Konzessionsvergabeverordnung – KonzVgV)
KorrBekG	Gesetz zur Bekämpfung der Korruption
KSG BW	Klimaschutzgesetz Baden-Württemberg (KSG BW)
KWEA	Kleinwindenergieanlage
KWI	Kulturwissenschaftliches Institut Essen
KWK	Kraft-Wärme-Kopplung
KWKG	Gesetz für die Erhaltung, die Modernisierung und den Ausbau der Kraft-Wärme-Kopplung (Kraft-Wärme-Kopplungsgesetz – KWKG)

k:wer	Koordinierungsstelle Windenergierecht (k:wer)
LAG VSW	Länderarbeitsgemeinschaft der Vogelschutzwarten
LAI	Bund/Länder-Arbeitsgemeinschaft Immissionsschutz
LaNEG	Landesnetzwerk BürgerEnergieGenossenschaften Hessen e. V.
LANUV	Landesamt für Natur, Umwelt und Verbraucherschutz Nordrhein-Westfalen
LaplaG	Gesetz über die Landesplanung (Landesplanungsgesetz – LaplaG) Schleswig-Holstein
LBauO M-V	Landesbauordnung Mecklenburg-Vorpommern (LBauO M-V)
LEE	Landesverband Erneuerbare Energien
LEP	Landesentwicklungsplan
LFZ	Luftfahrzeug
LG	Landgericht
LM	Ministerium für Landwirtschaft und Umwelt des Landes Mecklenburg-Vorpommern
LNV	Landesnaturschutzverband
LSG	Landessozialgericht
LSG	Landschaftsschutzgebiet
LT	Landtag
LT-Drs.	Landtagsdrucksache
LROP	Landes-Raumordnungsprogramm
LSG	Landschaftsschutzgebiet
LUBW	Landesanstalt für Umwelt, Messungen und Naturschutz Baden-Württemberg
LufKostV	Kostenverordnung der Luftfahrtverwaltung (LuftkostV)
LuftVG	Luftverkehrsgesetz (LuftVG)
LuftVO	Luftverkehrs-Ordnung (LuftVO)
LUGV	Landesamt für Umwelt, Gesundheit und Verbraucherschutz Brandenburg
LVerfGH	Landesverfassungsgerichtshof
LVwVfG BW	Verwaltungsverfahrensgesetz für Baden-Württemberg (Landesverwaltungsverfahrensgesetz – LVwVfG)
MaStRV	Verordnung über das zentrale elektronische Verzeichnis energiewirtschaftlicher Daten (Marktstammdatenregisterverordnung – MaStRV)
MBl.	Ministerialblatt

MBl. NRW	Ministerialblatt des Landes Nordrhein-Westfalen
MDI	Ministerium des Innern und für Sport des Landes Rheinland-Pfalz
MELUR	Ministerium für Energiewende, Landwirtschaft, Umwelt und ländliche Räume Schleswig-Holstein
MELUND	Ministerium für Energiewende, Landwirtschaft, Umwelt, Natur und Digitalisierung des Landes Schleswig-Holstein
MHKBG	Ministerium für Heimat, Kommunales, Bau und Gleichstellung des Landes Nordrhein-Westfalen
MULNV	Ministerium für Klimaschutz, Umwelt, Landwirtschaft, Natur- und Verbraucherschutz des Landes Nordrhein-Westfalen
MPK	Ministerpräsidentenkonferenz
MsbG	Gesetz über den Messstellenbetrieb und die Datenkommunikation in intelligenten Energienetzen (Messstellenbetriebsgesetz – MsbG)
MU	Niedersächsisches Ministerium für Umwelt, Energie, Bauen und Klimaschutz
MUEEF	Ministerium für Umwelt, Energie, Ernährung und Forsten des Landes Rheinland-Pfalz
MUEK	Niedersächsisches Ministerium für Umwelt, Energie und Klimaschutz
MUKE	Ministerium für Umwelt, Klima und Energiewirtschaft Baden-Württemberg
MUKLV	Hessisches Ministerium für Umwelt, Klimaschutz, Landwirtschaft und Verbraucherschutz
MULE	Ministerium für Umwelt, Landwirtschaft und Energie des Landes Sachsen-Anhalt
MULNV	Ministerium für Umwelt, Landwirtschaft, Natur- und Verbraucherschutz des Landes Nordrhein-Westfalen
MLUL	Ministerium für Ländliche Entwicklung, Umwelt und Landwirtschaft des Landes Brandenburg
MUV	Ministerium für Umwelt und Verbraucherschutz Saarland
MV	Mecklenburg-Vorpommern
MW	Megawatt
MW	Niedersächsisches Ministerium für Wirtschaft, Arbeit, Verkehr und Digitalisierung
MWE	Ministerium für Wirtschaft und Energie des Landes Brandenburg

MWEVL	Hessisches Ministerium für Wirtschaft, Energie, Verkehr und Landesentwicklung
MWIDE	Ministerium für Wirtschaft, Innovation, Digitalisierung und Energie des Landes Nordrhein-Westfalen
NABEG	Netzausbaubeschleunigungsgesetz Übertragungsnetz (NABEG)
NABU	Naturschutzbund Deutschland e. V.
NAV	Verordnung über Allgemeine Bedingungen für den Netzanschluss und dessen Nutzung für die Elektrizitätsversorgung in Niederspannung (Niederspannungsanschlussverordnung – NAV)
ne	neue energie
NEMoG	Gesetz zur Modernisierung der Netzentgeltstruktur (Netzentgeltmodernisierungsgesetz – NEMoG)
NEP	Netzentwicklungsplan
NI	Niedersachsen
NNL	Natürliche Naturlandschaften
NordÖR	Zeitschrift für öffentliches Recht in Norddeutschland
NNA	Alfred Toepfer Akademie für Naturschutz
NRW	Nordrhein-Westfalen
NuL	Naturschutz und Landschaftsplanung
NuR	Natur und Recht
NVwZ	Neue Zeitschrift für Verwaltungsrecht
ÖGUT	Österreichische Gesellschaft für Umwelt und Technik
OHG	Offene Handelsgesellschaft
OLG	Oberlandesgericht
O-NEP	Offshore-Netzentwicklungsplan
OVG	Oberverwaltungsgericht
OWEA	Offshore-Windenergieanlage
OWIA	Offshore-Wind-Industrie-Allianz
OWP	Offshore-Windpark
o. D.	ohne Datum
o. J.	ohne Jahr
o. O.	ohne Ort
PlPr	Plenarprotokoll
ProdHaftG	Gesetz über die Haftung für fehlerhafte Produkte (Produkthaftungsgesetz – ProdHaftG)

PV	Photovoltaik
RdE	Recht der Energiewirtschaft
RdErl.	Runderlass
REE	Recht der Erneuerbaren Energien
ReP	Regionalplan
RH	Rechnungshof
RLP	Rheinland-Pfalz
Rn.	Randnummer
ROG	Raumordnungsgesetz
RP	RaumPlanung
RP	Regierungspräsidium
RPG	Regionale Planungsgemeinschaft
RPV	Regionaler Planungsverband
RREP	Regionales Raumentwicklungsprogramm
RROP	Regionales Raumordnungsprogramm
RuR	Raumforschung und Raumordnung
RV	Regionalverband
RVMO	Regionalverband Mittlerer Oberrhein
SAENA	Sächsische Energieagentur
SeeAnlV	Verordnung über Anlagen seewärts der Begrenzung des deutschen Küstenmeeres (Seeanlagenverordnung – SeeAnlV)
SERA	Durchführungsverordnung (EU) zur Festlegung gemeinsamer Luftverkehrsregeln und Betriebsvorschriften für Dienste und Verfahren der Flugsicherung (Standardised European Rules of the Air)
SGD	Struktur- und Genehmigungsdirektion
SH	Schleswig-Holstein
SK	Senatskanzlei
SL	Saarland
SMI	Sächsisches Staatsministerium des Innern
SMUL	Sächsisches Staatsministerium für Umwelt und Landwirtschaft
SMWA	Sächsisches Staatsministerium für Wirtschaft, Arbeit und Verkehr
SN	Sachsen
ST	Sachsen-Anhalt

STK	Staatskanzlei
STK	Bayerische Staatskanzlei
STMI	Bayerisches Staatsministerium des Innern, für Bau und Verkehr
STMWI	Bayerisches Staatsministerium für Wirtschaft und Medien, Energie und Technologie
StromNEV	Verordnung über die Entgelte für den Zugang zu Elektrizitätsversorgungsnetzen (Stromnetzentgeltverordnung – StromNEV)
StromNZV	Verordnung über den Zugang zu Elektrizitätsversorgungsnetzen
SUP-RL	Strategische Umweltprüfung
TA Lärm	Sechste Allgemeine Verwaltungsvorschrift zum Bundes-Immissionsschutzgesetz (Technische Anleitung zum Schutz gegen Lärm – TA Lärm)
TA Luft	Erste Allgemeine Verwaltungsvorschrift zum Bundes-Immissionsschutzgesetz (Technische Anleitung zur Reinhaltung der Luft – TA Luft)
TH	Thüringen
ThEGA	Thüringer Energie- und GreenTech-Agentur GmbH
TLUG	Thüringer Landesanstalt für Umwelt und Geologie
TMIL	Thüringer Ministerium für Infrastruktur und Landwirtschaft
TMUEN	Thüringer Ministerium für Umwelt, Energie und Naturschutz
UBA	Umweltbundesamt
ÜNB	Übertragungsnetzbetreiber
UIG	Umweltinformationsgesetz (UIG)
UM	Ministerium für Umwelt, Klima und Energiewirtschaft Baden-Württemberg
UMK	Umweltministerkonferenz
UmwRG	Gesetz über ergänzende Vorschriften zu Rechtsbehelfen in Umweltangelegenheiten nach der EG-Richtlinie 2002/35/EG (Umwelt-Rechtsbehelfsgesetz – UmwRG)
Urt.	Urteil
UVK	Senatsverwaltung für Umwelt, Verkehr und Klimaschutz Berlin
UVP	Umweltverträglichkeitsprüfung
UVPG	Gesetz über die Umweltverträglichkeitsprüfung (UVPG)
VBlBW	Verwaltungsblätter für Baden-Württemberg
VDMA	Verband Deutscher Maschinen- und Anlagenbau e. V.
VerfGH	Verfassungsgerichtshof

VerwArch	Verwaltungsarchiv
VG	Verwaltungsgericht
VgV	Verordnung über die Vergabe öffentlicher Aufträge (Vergabeverordnung – VgV)
VGH	Verwaltungsgerichtshof
VIK	Verband der Industriellen Energie- und Kraftwirtschaft e. V.
VOR	Very High Frequency Omnidirectional Radio Range
VORTAC	Very High Frequency Omnidirectional Range Tactical Air Navigation System
VR	Verwaltungsrundschau
VW	Versorgungswirtschaft
VwGO	Verwaltungsgerichtsordnung
VwVfG	Verwaltungsverfahrensgesetz
WAB	Windenergie Agentur e. V.
WEA	Windenergieanlage
WERAN	Wechselwirkung von Windkraftanlagen mit terrestrischer Navigation/Radar
WEPSG	Gesetz zur Änderung des Landesplanungsgesetzes – Windenergieplanungssicherstellungsgesetz (WEPSG) Schleswig-Holstein
WHG	Gesetz zur Ordnung des Wasserhaushalts (Wasserhaushaltsgesetz – WHG)
WindSeeG	Gesetz zur Entwicklung und Förderung der Windenergie auf See (Windenergie-auf-See-Gesetz – WindSeeG)
wistra	Zeitschrift für Wirtschafts- und Steuerstrafrecht
WKA	Windkraftanlage
ZAV	Zielabweichungsverfahren
ZfBR	Zeitschrift für deutsches und internationales Bau- und Vergaberecht
ZfE	Zeitschrift für Energiewirtschaft
ZfU	Zeitschrift für Umweltpolitik & Umweltrecht
zkm	Zeitschrift für Konfliktmanagement
ZNER	Zeitschrift für Neues Energierecht
ZPO	Zivilprozessordnung
ZSW	Zentrum für Sonnenenergie- und Wasserstoff-Forschung Baden Württemberg (ZSW)
ZUR	Zeitschrift für Umweltrecht

Neven Josipovic

Windenergie und Drehfunkfeuer

Stand der Wissenschaft und Perspektiven

Die Anforderung des § 18a Abs. 1 S. 1 LuftVG stellt eine der größten Hürden für den Ausbau der Windenergie an Land dar. Die Norm untersagt die Errichtung von Bauwerken, wenn dadurch Flugsicherungseinrichtungen gestört werden können. Am häufigsten sind Windenergieanlagen im Umfeld sogenannter Drehfunkfeuer betroffen. Seit Jahren diskutieren Wissenschaft und Praxis darüber, wie die Norm zu interpretieren ist und wie sich mögliche Störungen prognostizieren und bewerten lassen. Teilweise wird die Meinung vertreten, die Wissenschaft sei sich in vielen Punkten nicht einig und die Bewertungsmethodik der Deutschen Flugsicherung GmbH (DFS) sei vertretbar. Das Bundesverwaltungsgericht hat die Methodik der DFS unter der Bedingung bestätigt, dass die ihr zugrunde liegenden Annahmen durch wissenschaftliche Gegenpositionen nicht substanziell in Frage gestellt werden. Neven Josipovic klärt, in welchen Punkten sich ein wissenschaftlicher Konsens erkennen lässt und ob die Argumentation der DFS vor dem Hintergrund noch vertretbar ist.

2018, 43 S., 9 s/w Abb., 3 s/w Tab., kart.,
13,– €, 978-3-8305-3911-7
eBook PDF 978-3-8305-4069-4
(k:wer-Texte)
ISSN Print 2367-2900
ISSN Online 2367-2919

DER AUTOR

Neven Josipovic, Dr. rer. pol., Koordinierungsstelle Windenergierecht (k:wer), TU Braunschweig

AUS DEM INHALT

Entwicklungen in der Wissenschaft: Flugvermessungen | Prognosemethoden | Anlagenschutzbereiche | Zwischenergebnis | Diskussion von Annahmen der DFS und des BAF: Prognosemethoden | Interpretation von § 18a LuftVG | Anlagenschutzbereiche | Zwischenergebnis | Entwicklungen in der Rechtsprechung: VG Düsseldorf: Ergebnis und wesentliche Inhalte | Analyse | Zwischenfazit | Ansatzpunkte für eine Weiterentwicklung | Fazit

Berliner Wissenschafts-Verlag | Markgrafenstr. 12–14 | 10969 Berlin
Tel. 030 84 17 70-0 | Fax 030 84 17 70-21
www.bwv-verlag.de | bwv@bwv-verlag.de

Berliner Wissenschafts-Verlag

Janko Geßner,
Edmund Brandt (Hrsg.)

Windenergienutzung – aktuelle Spannungsfelder und Lösungsansätze

Die Umsetzung von Windkraftvorhaben ist auch in den vergangenen Jahren nicht einfacher geworden. Die Auseinandersetzungen mit Genehmigungsbehörden, Fachbehörden, Umweltverbänden und Bürgerinitiativen haben weiter zugenommen. Zu den weiterhin und zunehmend aktuellen Themen gehören z. B. die Ausweisung von Konzentrationszonen in der Regionalplanung, der Natur- und Artenschutz, das Helgoländer Papier, der Denkmalschutz, rechtliche und technische Aspekte bei Flugnavigationsanlagen und Wetterradar, Risiken durch Eisabwurf und die Rolle des externen Projektmanagers im Genehmigungsverfahren. Diesen Themen widmete sich die gemeinsam von DOMBERT Rechtsanwälte und der Koordinierungsstelle Windenergierecht an der TU Braunschweig (k:wer) veranstaltete Tagung „Aktuelle Herausforderungen der Windenergieplanung."
Der Tagungsband fasst die Erkenntnisse in überarbeiteter Form zusammen. Er soll zugleich einen Überblick über die aktuellen Diskussionen in Rechtsprechung und Fachliteratur geben.

2019, 184 S., 8 s/w Abb., 22 farb. Abb.,
2 s/w Tab., kart.,
35,– €, 978-3-8305-3953-7
eBook PDF 978-3-8305-4116-5
(k:wer-Schriften)

ISSN Print 2367-2889
ISSN Online 2367-2897

DIE HERAUSGEBER

Edmund Brandt: Inhaber des Lehrstuhls Staats- und Verwaltungsrecht sowie Verwaltungswissenschaften und Geschäftsführender Direktor des Instituts für Rechtswissenschaften an der TU Braunschweig; Leiter der Koordinierungsstelle Windenergierecht (k:wer).

Janko Geßner: Rechtsanwalt und Fachanwalt für Verwaltungsrecht, DOMBERT Rechtsanwälte, Potsdam; Mitglied im Vorstand des Landesverbandes und des Regionalverbandes Berlin-Brandenburg des Bundesverbandes Windenergie.

MIT BEITRÄGEN VON

Matthias Aden | Geerd Dahms | Andreas Frye | Frank Glaßer | Thomas Hahm | Günter Ratzbor | Jan Thiele

Berliner Wissenschafts-Verlag | Markgrafenstr. 12–14 | 10969 Berlin
Tel. 030 84 17 70-0 | Fax 030 84 17 70-21
www.bwv-verlag.de | bwv@bwv-verlag.de

Berliner Wissenschafts-Verlag